編輯代表 郭 潤 直

民 法 注 解

第 XVI 卷

債 權 (9)

第703條～第733條

博 英 社

編輯代表　郭 潤 直(서울대학교 명예교수)

編輯委員　孫 智 烈(변호사, 전 대법관)

金 滉 植(감사원장, 전 대법관)

梁 彰 洙(대법관, 전 서울대학교 법과대학 교수)

머 리 말

「民法注解」는 民法 전체를 그의 條文順序에 따라 敍述하는 이른바 「코멘타르」(Kommentar)이다. 「코멘타르」에는 그 內容과 目的에 따라 여러 種類의 것이 있다. 이 注解書는 각 條文마다 관련되는 중요한 判決들을 引用해가면서 確定된 判例理論을 밝혀주고, 한편으로는 理論 내지 學說을 모두 그 出典을 正確하게 표시하고, 또한 論據를 客觀的으로 敍述하여 民法 각 條項의 具體的 內容을 밝히려는 것이므로, 獨逸學者들이 말하는 이른바 wissenschaftlicher Großkommentar라고 말할 수 있다. 그 目的하는 바는, 위와 같은 敍述을 통해서 우리의 民法學의 現在水準을 浮刻시키고, 아울러 우리 民法 아래에서 생기는 法的 紛爭에 대한 올바른 解答을 찾을 수 있게 하려는 데 있다.

위와 같은 內容과 目的을 가진 「民法注解」가 우리의 法學發展을 위하여 필요하다는 確信에서 그 刊行을 企劃하게 되었는데, 그 理由는 다음과 같다. 우리의 民法學이 獨自의 길을 걷기 시작한 지 近 50年이 되어간다. 또한 現行 民法이 制定·公布된 때로부터 따진다면 30餘年이 된다. 이 期間 동안에 民法을 研究하는 데 가장 基本的인 道具의 역할을 하는 法律文獻으로서 民法의 각 分野에 관한 體系的 解說書 내지 一般研究者를 위한 이른바 教科書(Lehrbuch)가 相當數 나와 있고, 또한 個別的 問題에 관한 論文도 적지 않게 發表되어 있다. 그러나 一般研究者를 위한 教科書라는 것은 著者의 主觀이 크게 作用하여, 著者에 따라 敍述에 起伏이 심하고 不充分한 점이 많다. 한편, 論文에서 표시되는 見解가 반드시 確實한 것은 아니다. 確實한 見解가 담겨진 論文이란 매우 적다고 하여도 過言이 아닐 것이다. 一般研究用 教科書나 論文이 상당히 있다 하여도 여전히 있게 마련인 空白이나 不充分한 점을 研究者 個個人이 그때 그때 自力으로 채워나간다는 것은 보통 어려운 일이 아니며, 또한 많은 時間과 精力을 쏟아야 하는 힘든 일이다. 만일에 學說·判例를 網羅的·客觀的으로 敍述하고 있어서 모든 研究者가 마음놓고 信賴할 수 있는 것이 하나 있다면, 各自 그것을 바탕으로 해서 獨自의 理論이나 見解를 펴나가는 데 集中할 수 있을 것이다. 그런데 그러한 學界 共有의 資產이라고 할 수 있는 것을 우리는 아직 가지고 있지 않다. 바로 그러한 구실을 할 수 있는 것 하나를 마련해 보겠다는 생각에서 이「民法注解」의 刊行을 꾀하게 된 것이다.

民法은 매우 큰 法律이어서, 그 전체에 관한 大「코멘타르」를 어느 特定人이 單獨으로 지어낸다는 것은 발달된 現代 民法體系 아래에서는 期待하기 어렵다. 多數의 硏究者가 共同으로 協力해서 마련하는 것이 가장 적절한 방법이다.「民法注解」도 그런 방법으로 만들기로 하였다. 그 筆陣을 정하는 것은 매우 어려운 일이었으나, 여러 사정을 고려하여 앞으로 우리의 民法學을 이끌어 갈 비교적 젊은 硏究者들을 많이 포함시켜서 筆陣을 구성하였다.

「民法注解」의 刊行은 우리의 法學史上 劃期的인 事業이라고 自負하고 있다. 그러나 처음으로 試圖하는 일인데다가, 또한 多數의 執筆者를 動員하여야 했기 때문에 均衡 있는 敍述을 期待할 수 없었다. 時間이 흐르면 法令은 變動되고 새로운 理論과 判例가 出現하게 됨은 필연이다. 그러한 變化는「民法注解」의 改訂을 불가피하게 할 것이다. 여러 가지 不充分한 점이나 흠은 改訂版을 낼 때에 是正·補充할 豫定으로 있다. 그러한 改訂을 거듭하면서「民法注解」는 더 滿足스러운 것으로, 또한 우리 나라에서 매우 값진 法律文獻의 하나로 發展할 것이다.

全部 15卷 정도로 豫定하고 있는 이 尨大한 出版을 快히 맡아 준 博英社에 대하여 깊은 謝意를 表示한다.

1992年 2月 20日

編輯代表

郭 潤 直

債權編(契約) 執筆者

高永鍀(대법원 재판연구관)
權五坤(서울지방법원 동부지원 부장판사)
金建植(서울대학교 법과대학 부교수)
金龍潭(서울고등법원 부장판사)
金龍德(청주지방법원 부장판사)
金載亨(서울대학교 법과대학 전임강사)
金滉植(대법원 선임재판연구관)
南孝淳(서울대학교 법과대학 조교수)
閔日榮(사법연수원 교수)
朴一煥(서울지방법원 부장판사)
朴海成(수원지방법원 부장판사)
徐　敏(충남대학교 법과대학 교수)
孫智烈(서울지방법원 형사수석부장판사)
宋德洙(이화여자대학교 법과대학 부교수)
宋興燮(서울지방법원 북부지원 부장판사)
沈在暾(서울지방법원 부장판사)
梁彰洙(서울대학교 법과대학 교수)
吳宗根(한림대학교 사회과학대학 부교수)
柳元奎(사법연수원 교수)
李在洪(법원행정처 인사관리심의관)
李宙興(법원행정처 송무국장)
全孝淑(서울지방법원 부장판사)
池元林(아주대학교 사회과학대학 부교수)

崔秉祚(서울대학교 법과대학 교수)

崔興燮(인하대학교 법정대학 부교수)

韓相鎬(서울지방법원 의정부지원장)

胡文赫(서울대학교 법과대학 부교수)

(가나다順. 現職은 1997년 6월 1일 기준)

債權編(契約) 執筆 內容

凡　　例

1. 條　　文

民 §49 Ⅱ iii ← 民法 第49條 第2項 第3號

民 §312-2 ← 民法 第312條의 2

民 附則 §10 ← 民法 附則 第10條

2. 判　　例

(1) 一　　般

大判 80. 7. 8, 79다1928(集 28-2, 101) ← 大法院 1980年 7月 8日 宣告 79다1928判決(대법원판결집 제28권 2집 민사편 101면)

大決 76. 11. 24, 76마275(公 551, 9634) ← 大法院 1976年 11月 24日 告知 76마275決定(법원공보 551호 9634면)

大判 80. 9. 24, 80다1220(要集 民 Ⅰ-1, 161) ← 大法院 1980年 9月 24日 宣告 80다1220判決(大法院判決要旨集 民事·商事編 Ⅰ-1卷 161면)

서울高判 71. 12. 29, 71나1733(高集 71, 612) ← 서울高等法院 1971年 12月 29日 宣告 71나1733判決(고등법원판례집 1971년 민사편 612면)

大邱地判 88. 2. 10, 87나485(下集 88-1, 226) ← 大邱地方法院 1988年 2月 10日 宣告 87나485判決(하급심판결집 1988년 제1권 민사편 226면)

(2) 기타의 裁判法院 및 裁判種類의 表示

大判(全) ← 大法院全員合議體判決

大邱高判 ← 大邱高等法院判決

서울民地判 ← 서울民事地方法院判決

密陽支院判 ← 馬山地方法院密陽支院判決

(3) 判例의 出典

集 ← 「大法院判決集」(또는 「大法院判例集」)

全集 ←「大法院全員合議體判決集」

公 ←「法院公報」

高集 ←「高等法院判決集」

下集 ←「下級審判決集」

月報 ←「判例月報」

新聞 ←「法律新聞」

總覽 ←「判例總覽」

要集 ←「大法院判決要旨集」

3. 法令略語

(1) 法 律

假登記擔保等에 關한 法律	假擔
家事審判法(폐)	家審
家事審判規則(폐)	家審規
家事訴訟法	家訴
가사소송규칙	가소규
建設機械管理法	建管
建設機械抵當法	建抵
建築法	建築
競賣法(폐)	競
古物營業法(폐)	古物
公益法人의 設立·運營에 關한 法律	公益法人
工場抵當法	工抵
公證人法	公證
供託法	供
供託事務處理規則	供規
鑛業法	鑛業
鑛業財團抵當法	鑛抵
國家賠償法	國賠
國稅基本法	稅基
國稅徵收法	稅徵
國有財產法	國財
國籍法	國籍
國土利用管理法	國土管
歸屬財產管理法	歸財
勤勞基準法	勤基
勞動組合法	勞組
農地改革法(폐)	農改
農地法	農地
農地賃貸借管理法(폐)	農賃
道路法	道
都市計劃法	都計
都市再開發法	都再
獨占規制 및 公正去來에 關한 法律	獨占
民法	民
民事訴訟法	民訴
민사소송규칙	민소규
民事調停法	民調

訪問販賣 등에 관한 法律	訪販
法人稅法	法人
法院組織法	法組
辯護士法	辯
不動產登記法	不登
不動產登記特別措置法	不登特措
不動產仲介業法	不仲
不在宣告等에 關한 特別措置法	不在特措
不正競爭防止法	不正競
佛敎財產管理法(폐)	佛財
非訟事件節次法	非訟
私立學校法	私學
商法	商
相互信用金庫法	信金
船舶法	船舶
涉外私法	涉私
所得稅法	所稅
消費者保護法	消保
訴訟促進 等에 關한 特例法	訴促
水難救護法	水救
水產業法	水產
手票法	手票
身元保證法	身保
信託法	信託
約款의 規制에 關한 法律	約款
어음法	어음
溫泉法	溫泉
原子力損害賠償法	原賠
外國人의 土地取得 및 管理에 關한 法律	外土
外國換管理法	外換
遺失物法	遺失
利子制限法	利制
人事訴訟法(폐)	人訴
立木에 關한 法律	立木
自動車管理法	自管
自動車抵當法	自抵
自動車損害賠償保障法	自賠
傳統寺刹保存法	寺保
著作權法	著作
住民登錄法	住登
住宅建設促進法	住促
住宅賃貸借保護法	住賃
證券去來法	證去
集合建物의 所有 및 管理에 關한 法律	集建
土地區劃整理事業法	區整
土地收用法	土收
特許法	特許
破產法	破
河川法	河川
割賦去來에 관한 法律	割賦
航空法	航空
行政訴訟法	行訴
行政審判法	行審
憲法	憲
憲法裁判所法	憲裁

刑法	刑	環境政策基本法	環基
刑事訴訟法	刑訴	會社整理法	會整
戶籍法	戶籍		

(2) 法律의 施行令 또는 施行規則은 法律略語에 「令」 또는 「規」를 붙인다.

(3) 外國法律

獨民 ← 獨逸民法

佛民 ← 프랑스民法

瑞民 ← 스위스民法

瑞債 ← 스위스債務法

日民 ← 日本民法

墺民 ← 오스트리아民法

伊民 ← 伊太利民法

希民 ← 그리스民法

4. 文獻略語

(1) 敎科書 : 著者名만으로 인용한다.

郭潤直, 債權各論, 再全訂版(1990), 新訂版(1995)

金基善, 韓國債權法各論(1982)

金錫宇, 債權法各論(1978)

金疇洙, 債權各論(1992)

金曾漢, 債權各論(1988)

金曾漢·安二濬 編著, 新債權各論(上)(1961)

__________________, 新債權各論(下)(1965)

金顯泰, 新稿 債權各論(1969)

金亨培, 債權各論(上)(1995)

李銀榮, 債權各論(1992)

李太載, 債權各論新講(1967)

張庚鶴, 新稿 債權各論(1962)

鄭範錫, 新債權法各論(1963)

朱宰璜, 債權各論講義(1950)

崔 栻, 新債權法各論(1961)

黃迪仁, 現代民法論 Ⅳ(1987)

(2) 定期刊行物

法學 ←「서울大學校 法學」

民判硏 ←「民事判例硏究」

諸問題 ←「民事裁判의 諸問題」

新聞 ←「法律新聞」

司論 ←「司法論集」

司行 ←「司法行政」

月報 ←「判例月報」

(3) 기　타

註釋債總 ← 金曾漢 編輯代表, 註釋 債權總則

5. 外國文獻(기타는 그 각 本國에서 통용되는 方式에 의함)

(1) 獨　逸

Staudinger ← Staudingers Kommentar zum BGB, 12. Aufl.

MünchKomm. ← Münchener Kommentar zum BGB, 2. Aufl.

Soergal ← Kommentar zum BGB, begründet von Hs. Th. Soergel, 12. Aufl.

(2) 日　本

日注民 ← 有斐閣 刊行, 注釋民法

차　　례

第13節　組　　合

第14節 終身定期金

第15節 和 解

第13節 組　　合

前　　論

차 례

Ⅰ. 序　　說

1. 民法上 "組合"이라는 用語의 意味

民法典에 사용되고 있는 贈與, 賣買, 交換, 委任 등과 같은 대부분의 典型契約의 標題는 그 자체가 바로 契約의 의미를 가지고 있다. 그러나 "組合"이라는 용어만은 "組合契約"이라는 의미(民 §703 Ⅰ) 외에 "團體로서의 組合"이라는 의미(組合에 관한 그 밖의 規定)로도 쓰이고 있다. 한편 民法은 團體로서의 組合이라는 용어와 명백하게 구별되는 "組合契約"이라는 용어도 사용하고 있다(§§706 Ⅰ, 716 Ⅰ). 물론 民

§703 I 의 규정에 나와 있는 組合이라는 용어에 관하여는 組合契約을 뜻한다는 견해[1]와 團體로서의 組合을 뜻한다는 견해[2]가 있다. 그러나 民法 제3편 제2장 제13절의 組合이라는 標題는 이 두 가지 의미를 포괄하고 있음이 분명하다.[3]

따라서 組合(Gesellschaft)이란 2인 이상이 서로 출자를 하여 공동사업을 경영할 것을 약정하는 "契約"을 의미하기도 하고, 공동사업을 경영할 목적으로 결합한 "團體"를 말하기도 한다. 講學上 前者를 "組合契約"이라고 하고, 後者를 "組合"이라고 표현한다. 組合이 團體라 하여도 그 用語 자체에서 보는 바와 같이 團體性과 契約性은 뗄 수 없는 상호관련을 맺고 있다.

우리 民法의 "組合"이라는 용어는 佛蘭西民法의 société나 獨逸民法의 Gesellschaft를 지칭하는 말이다. 이들은 모두 組合이라는 뜻과 함께 會社라는 뜻을 가지고 있으나, 依用民法인 日本民法은 제정 당시에 회사와 구별하여 組合이라는 용어를 사용하기로 하였고,[4] 우리 민법도 이를 받아들였다.

우리 民法典의 組合에 관한 규정들은 로마법의 組合(societas)理論을 게르만법의 合手的 組合(Gemeinschaft zur gesamten Hand od. Gesamthandgesellschaft) 理論으로 修正·補完한 것이고,[5] 우리의 실생활에서 형성된 法意識을 토대로 한 것은 아니다. 우리의 사회생활에서 組合이라고 볼 수 있는 人的 結合은 "同業"과 "契"라는 것 외에는 별로 찾아볼 수 없었다. 그러나 우리 民法制定時에 이러한 同業關係를 통한 經濟活動을 깊이 조사한 바도 없고, 契에 관하여서도 아무런 연구를 하지 않았다.[6] 民法의 組合에 관한 규정들은 依用民法에 규정된 組合의 규정들을 그대로 답습하면서 獨逸民法·瑞西債務法·佛蘭西民法·中國民法·滿洲國民法 등[7]을 참조하여 제정된 것이다. 民法草案에 대한 民事法學會의 民法案意見書에도 이러한 우리의 법생활의 의식에 관한 아무런 조사 없이 주로 獨逸民法에 근거한 몇 가지 의견을 제시하였을 뿐이다.[8]

---

1) 金基善, 280; 李太載, 347; 權龍雨, 380.
2) 郭潤直, 523-24는, 民 §703 I 을 組合의 成立時期에 관한 것으로 본다면, 민법도 시종일관 組合과 組合契約을 구별하여 조심스럽게 규정하고 있다고 할 수 있을 것이라고 하고, 이 組合은 團體로서의 組合을 의미하는 것으로 이해하고 있다.
3) 日注民(17), 2 참조.
4) 日注民(17), 2.
5) 郭潤直, 519.
6) 民法案意見書, 193.
7) 民法案審議錄(上), 411.
8) 民法案意見書, 189 이하.

이러한 경위로 제정된 民法의 組合에 관한 規定들은 民法制定 이후에는 社團 보다는 團體性이 약간 결여되어 있는 느슨한 人的 結合을 규율하는 根據法規로 작용하고 있다.

2. 組合에 대한 法的 規律의 問題點[9]

조합의 法律關係는 명확하지 않을 뿐만 아니라 소송법적으로도 많은 문제[10]를 내포하고 있다. 그리하여 組合에 관한 訴訟은 매우 어려운 것으로 인식되고 있다. 우리 민법에서 조합에 관한 法律關係나 訴訟關係가 혼란스럽게 보이는 理由는 무엇인가?

첫째, 組合이 團體에서 차지하는 位置가 모호하다는 점이다. 조합은 사단보다 단체성이 약한 단체라고 하지만, 실제로는 社團, 특히 非法人社團과의 구별이 애매하다. 조합에는 다양한 형태의 단체가 있고, 조합의 종류에 따라 그 법률관계가 달라진다. 따라서 모든 조합에 대하여 일률적으로 적용되는 組合法理論은 애당초 불가능하다.

둘째, 조합은 계약성과 단체성을 동시에 가지고 있으므로, 계약법이론이나 단체법이론의 어느 하나로 조합의 법률문제를 해결하기 힘들다. 일반적으로 단체의 법률관계를 內部關係와 外部關係로 구별해볼 수 있는데, 조합의 경우에는, 사단에 비하여 내부관계가 외부관계에 커다란 영향을 미치고 있다. 즉, 조합은 원칙적으로 조합원들의 계약에 의하여 법률관계가 규율되는 데다가, 권리능력도 인정되지 않고 있기 때문에, 조합원들의 계약내용에 따라 외부관계가 다른 모습을 띠게 된다. 또한 조합의 외부관계가 組合債權과 組合債務의 경우에 각각 상이하게 나타나기도 한다.

셋째, 우리 민법에 특유한 문제라고 할 수 있는데, "立法上의 잘못"으로 인하여 조합에 관한 규정들 사이에 "法規의 衝突"이 발생하고 있다. 우리 민법은 채권편에서 조합에 관한 규정을 두었고, 物權編에서 공동소유의 형태로 共有, 合有와 總有에 관한 규정을 두었다.[11] 우리 민법에서 물권편에 공동소유

9) 金載亨, "組合에 대한 法的 規律", 民判硏(XX), 625.

10) 일반적으로 조합에 관한 소송은 필요적 공동소송이라고 하지만, 실제로는 그렇지 않은 경우도 많다.

11) 이와 같이 세 가지 공동소유형태를 규정한 것은 세계에서 유례가 없다고 한다. 물권편에 합유에 관한 규정이 있는 나라도 瑞西民法(§§652, 654)뿐이다. 獨逸民法은 물권편에서 공동소유형태로서 공유에 관한 규정만을 두고 있고, 조합재산의 소유형태에 관하여는 조합편의 §718 이하에서 규정하고 있다. 그리고 佛蘭西民法(§1832)과 일본민법

의 형태로 공유, 합유, 총유를 두게 된 것은 金曾漢 교수의 주장에 따른 것이다.[12] 채권편의 組合 부분에서는 組合의 契約性과 團體性에 초점을 맞추어 규정하고 있다면, 물권편의 합유 부분에서는 개개의 組合財產의 소유형태에 초점을 맞추어 규정하고 있다. 조합재산의 귀속형태가 합유이므로, 위 두 부분은 서로 뗄 수 없는 관련이 있는데도, 통일적으로 규정되어 있지 못하다.[13] 즉, 合手性의 原理가 공동소유 부분에서와는 달리 조합 부분에서는 관철되지 못하고 있는 것으로 보인다. 우리 민법의 조합에 관련된 규정들은 佛蘭西民法의 규정을 변형시킨 日本民法을 토대로 獨逸, 瑞西 등의 입법례를 부분적으로 수용하고 있는데, 이 규정들 사이에 서로 모순되는 경우가 발생하고 있는 것이다. 현행 민법 제정당시 입법자가 조합을 어떻게 취급하여야 할지에 대한 인식이 부족하였던 것으로 생각된다.[14] 그리하여 어떠한 단체를 조합으로 규율하여야 할 것인지, 그러한 단체의 법률관계가 어떻게 되는지가 더욱 불분명하게 되었다.

3. 特別法上의 組合

民法이 사용하고 있는 組合이라는 用語를 쓰고 있지만 그 조직, 관리, 구성원의 권리의무에 관하여 상세한 규정을 두고 法人格까지 인정하고 있는 特別法上의 組合이 있다. 이를 열거하면, 農業協同組合(農業協同組合法)・建設共濟組合(建設共濟組合法)・專門建設共濟組合(專門建設共濟組合法)・山林組合(山林組合法)・水產業協同組合(水產業協同組合法)・人蔘協同組合(人蔘協同組合法)・畜產業協同組合(畜產業協同組合法)・鹽業組合(鹽業組合法)・信用協同組合(信用協同組合法)・中小企業協同組合(中小企業協同組合法)・韓國海運組合(韓國海運組合法)・醫療保險組合(醫療保險法)・食品營業者의 同業者組合(食品衛生法)・自動車運送事業組合(自動車運輸事業法)・都市再開發組合(都市再開發法)・土地區劃整理組合(土地區劃整理事業法)・住宅組合(住宅建設促進法)・農地改良組合(農地改良組合法)・勞動組合(勞動組合法) 등이 있다. 이들은 모두 상호부조의 사상에 입각한 협동조직에 의하여 공동목적을 달하려고 하는 단체들이다.

이러한 단체들은 그 準據法에 組合이라는 명칭을 사용하고 있지만, 民法

(§668)은 조합재산의 소유형태를 공유라고 규정하고 있다.

12) 金曾漢, "共同所有形態의 類型論", 民法論集, 1978, 243; 民事法研究會, 民法案意見書, 96 이하.

13) 李好珽, "우리 民法上의 共同所有制度에 대한 약간의 疑問", 법학 24-2・3호(83. 9), 103 이하; 民法注解(V), 545.

14) 합유에 관하여는 논란이 많지만, 우리 민법이 합유라는 개념을 도입한 것 자체는 공동소유의 형태에 관한 선택의 폭을 넓혀 주었다는 의미에서 바람직한 것이라고 생각된다.

上의 組合과는 법적 성질이 완전히 다르다. 그리하여 이러한 단체들을 "特別法上의 組合"이라고 부를 수 있고, 이에 대하여 民法이 규정하고 있는 組合을 "民法上의 組合"이라고 부를 수 있다. 이 兩者의 개념은 명확하게 구별하여 이해하여야 한다.

Ⅱ. 組合의 本質

1. 組合의 團體性과 契約性

組合은 契約에 의하여 결성된 團體로서, 公共組合이나 社團과 구별된다. 즉 組合의 團體性은 어디까지나 組合契約을 기초로 하는 것이기 때문에 組合의 法律關係는 組合契約을 떠나서 고찰할 수가 없다. 組合이 團體이기는 하지만 이러한 契約的 性格에 의한 制約이 따른다. 組合契約은 공동사업을 경영하기 위하여 단체를 결성하고 그 조직, 관리의 기본을 정하는 約定이지만, 그것은 어디까지나 契約이기 때문에 雙務契約 내지 有償契約의 通則的 規定과 意思表示의 瑕疵의 效果에 관한 原則이 어느 정도 적용될 것인가가 문제될 수밖에 없다.

원래 組合은 로마법상의 societas에 기원하는 것으로, 이 societas는 對外的으로 독자적인 權利能力을 가지는 團體인 universitas와 달리 순수한 개인적 결합으로 權利의 主體가 아닌 契約關係였다. 개개의 조합원의 사유재산과 구별되는 組合財産이라는 것은 존재하지 않았다. 組合으로 인하여 생긴 특정한 물건에 공동소유관계가 성립하기는 하나 채무는 각 조합원이 분담한다. 공동소유관계가 성립한 재산이라 하여도 각 조합원의 소유부분은 유효하게 처분할 수 있다.

獨逸民法 제정 당시 제1초안은 로마법에 따라 societas가 선명하게 부각된 組合의 槪念을 따랐다. 우리 民法 제정 당시 草案은 舊民 §668와 같이 組合財産을 共有로 규정하여 組合의 團體性보다는 契約性이 부각되는 모양새를 갖추었다.[15] 이와 달리 獨逸民法 제2초안은 로마법의 societas개념에 독일법상의 合手的 組合(Gemeinschaft zur gesamten Hand)의 原理를 도입하였으나, 조합의 법률관계를 債權的 契約關係로 구성하였다. 따라서 독일민법상의 조

15) 民法案審議錄(上), 412.

합은 단체법적 요소와 채권법적 요소가 혼재되어 있는 二重的 構造를 가지고 있다.[16] 우리 民法 제정 당시 民事法研究會[17]가 組合에 관한 다른 규정의 초안이 組合의 團體性을 강조하고 있다는 점(民 §§705 I·II, 706, 708)을 들어 組合財産을 合有로 하자고 제안하여 民 §704와 같이 組合財産을 合有로 규정하기에 이르렀다.

결국 우리 民法上의 組合은 대체로 獨逸民法과 같은 合手的 組合의 형태로서, 組合財産의 處分은 組合員의 合意에 의하여서만 가능하고, 組合의 운명은 組合員의 合意에 의하여 결정되며, 組合의 財産은 조합원 개인의 재산과 구별되는 特別財産으로 취급되었다.[18] 우리 민법은 독일민법과 다른 조항을 두고 있기는 하지만, 이러한 團體性과 契約性이라는 두 가지 原理가 부각된 二重的 構造를 가진 독일민법상의 組合이라는 制度가 우리 民法에 繼受되었으므로,[19] 우리 民法의 組合에 관한 규정을 이해하고 組合의 本質을 파악하기 위하여는 이러한 團體性과 契約性이라는 兩面的 性格을 이해하는 것이 선행되어야 한다.

2. 組合과 社團

(1) 개 설

같은 目的을 달성하기 위하여 두 사람 이상이 모였을 때, 우리는 그 人的 結合을 "團體"라고 부른다. 그러한 단체는 대체로 "社團(Verein)"과 "組合(Gesellschaft)"으로 구분된다. 로마법에서도 단체는 대체로 法人格이 있는 universitas와 단순한 契約關係로 이해되는 societas라는 두 가지 형태로 구분되어 왔으며, 독일법에서는 法人格 있는 社團(rechtsfähige Körperschaft)과 合手的 組合(Gemeinschaft zur gesamten Hand)으로 구분되어 오다가, 獨逸民法 제정시 로마법상의 債權法的 要素와 독일법상의 團體法的 要素가 혼합된 새로운 형태의 民法上 組合(BGB-Gesellschaft)이 생겨나게 되었다. 우리 나라의 법체계도 대체로 이러한 구분을 전제로 하고 있다. 따라서 組合의 本質을 알아보기 위하여서는 社團과의 差異點을 밝혀내는 방법이 지름길이라 하겠다.

團體란 원래 그 구성원의 의사를 기초로 하여 성립하는 것이지만 일단 성

16) Staudinger-Keßler, Vorbem zu §705 Rz 6.
17) 民法案意見書, 189 참조.
18) Staudinger-Keßler, Vorbem zu §705 Rz 5.
19) 우리 민법은 독일민법의 조합규정과 다른 조항을 두고 있는데, 특히 民 §§706, 712 등은 많은 논란을 불러일으키고 있다. 자세한 것은 해당 조문의 注解 참조.

립하면 그 구성원으로부터 독립한다는 데 그 특질이 있다. 그러나 단체에 따라서 그 독립의 정도가 차이가 있으며, 社團과 組合의 근본적인 차이도 여기서 찾아볼 수 있다. 社團이라는 단체에서는 그 구성원이 단체 속에 파묻혀 개성을 상실하고 단체가 그 구성원의 개성을 넘어선 독립·단일의 존재가 된다. 이에 반하여 組合에서는 구성원의 개성이 상실되지 않고 組合員 개인은 여전히 독립한 존재이며 組合目的 달성에 필요한 한도에서 제약을 받을 뿐이다. 組合에 있어서는 단체로서의 단일성 보다도 구성원의 개성이 표면상 강하게 나타나는 특징을 가지고 있다.[20]

(2) 양자의 구별기준

(가) 의 의　　사단 중에서 법인격이 있는 사단은 법인등기부에 등기가 되므로, 이것은 다른 단체로부터 명확히 구분된다. 그러나 법인 아닌 사단[21]의 경우에는 법인등기가 되지 아니하므로, 이 점에서는 조합과 차이가 없다.[22] 또한 어떤 단체에 업무집행자가 따로 정해져 있지 않은 경우에는 통상 조합이라고 하겠지만, 조합에 업무집행조합원이 선임되어 있는 경우에는 외형상 권리능력 없는 사단과 거의 차이가 없는 것처럼 보인다.

그러나 양자에 대한 법의 규율 태도가 상이하므로, 양자를 구분하는 것은 매우 중요한 문제이다. 이에 관하여는 매우 다양한 이론이 있다.

---

20) 郭潤直, 517.

21) 법인 아닌 사단 또는 재단을 권리능력 없는 사단 또는 재단이라고 부른다. 현행법상 법인 아닌 사단 또는 재단이 대표자 또는 관리인이 있는 경우에는 부동산등기능력(不登 §30)과 당사자능력(民訴 §48)이 인정되고 있다. 이러한 한도에서 법인 아닌 사단도 부분적으로 권리능력이 있다고 볼 수 있다. 대법원은 비법인 사단이 독자적인 권리능력을 가진다고 표현하는 경우도 상당수 있다[大判 89.10.10, 89다카2902(公 1989, 1663); 大判 94.10.28, 94다24442(公 1994, 3118)]. 그러므로 권리능력 없는 사단 또는 재단은 적어도 "부분적으로 권리능력 있는 사단" 혹은 "법인등기 없는 사단"이라고 할 수 있을 것이다. 독일에서는 비법인사단도 부분적으로 권리주체가 될 수 있고 단지 법인등기가 되어 있지 않을 뿐이라고 하여 "등기되지 않은 사단(nicht eingetragene Verein)"이라는 용어를 사용하기도 한다.

22) 社團은 法人格이 주어지나, 組合은 法人格이 주어지지 않는 것이 원칙이다. 그러나 組合이나 社團이나 모두 단체로서 團體性에 강약의 차이가 있을 뿐이고 단체라는 점에는 변함이 없으므로, 어떤 단체에 法人格을 줄 것인지는 입법정책의 문제이지 논리적으로 필연적인 것은 아니다. 그리하여 組合의 실질을 가지고 있으면서 法人格이 인정되는 경우도 있고, 社團의 실질을 가지고 있으면서 법률상 組合이라는 명칭을 가지고 있는 경우나 法人格을 취득하지 못한 경우도 얼마든지 있다. 前者의 예로는 權利能力 없는 社團(Verein ohne Rechtsfähigkeit)을 들 수 있고, 後者의 예로는 商法上의 合名會社를 들 수 있다. 權利能力 없는 社團은 法人格은 없지만 그 실질이 社團이므로, 民法의 社團法人에 관한 규정에서 법인격을 전제로 하는 규정을 제외하고는 이를 유추적용하여야 한다. 郭潤直, 民法總則, 新訂版, 1989, 223 이하; 金曾漢·金學東, 民法總則, 제9판, 1995, 166.

(나) 학설과 판례

(a) 통설은 구체적으로 사단과 조합에는 다음과 같은 差異點이 있다고 한다.[23)]

첫째, 社團은 통일적인 조직과 기관을 가지고 있고, 대체로 단체의 명칭을 사용하며, 그 기관에 의하여 행동하고, 기관의 행위는 단체 자신의 행위로 되기 때문에, 기관의 행위의 효과는 모두 단체 자체에 귀속한다. 이에 대하여 組合의 경우에는 구성원인 조합원 각자 또는 구성원 전원으로부터 代理權이 주어진 자에 의하여 행동하고, 그 법률효과는 각 조합원에게 귀속한다. 社團은 그 구성원의 가입·탈퇴가 자유스러운 반면, 組合은 그 가입·탈퇴가 자유스럽지 못하다.

둘째, 社團에서는 그 구성원은 총회라는 단체의 의사결정기관을 통하여 "多數決의 原理"에 의하여 단체의 운영에 참여할 수 있을 뿐이다. 그러나 組合에서는 조합원 각자가 직접 단체의 운영에 참여할 권한을 가지고, 組合에서 業務執行者를 선임하는 때에는 각 조합원의 위임에 의하게 된다. 우리 民法의 組合은 業務執行에 관하여 多數決의 원칙을 규정한 반면, 합유재산의 처분, 변경에 관하여는 합유자 전원의 동의를 요하도록 규정하고 있는데, 組合에 있어서는 원래 合手性의 原理(全員一致의 原理)가 원칙이었다.

셋째, 社團에서는 財產은 자산이든 부채든 모두 社團에 귀속하며, 구성원은 規則(定款)에 따라서 社團의 자산으로부터 이익을 얻고, 또한 출자를 하거나 회비를 내어 社團의 부채에 관하여 간접적으로 有限責任을 질 뿐이다. 法人格 없는 社團의 소유개념이 總有라고 하여도 이러한 有限責任을 진다는 점에서는 法人格 있는 社團과 차이가 없다. 이에 대하여 組合에서는 財產은 모두 각 조합원의 소유이다. 즉 자산은 각 조합원의 소유에 속하지만 단체적 구속을 받아야 하는 이른바 "合有關係"에 있으며, 부채도 역시 각 조합원의 채무이므로, 組合員으로서 소유하는 재산(組合財產) 이외에 각자의 개인재산을 가지고서도 그 책임을 져야 한다(無限責任).

넷째, 社團은 원칙적으로 法人格이 주어지나, 組合은 法人格이 주어지지 않는 것이 원칙이다. 그러나 어떤 단체에 法人格을 주느냐는 다분히 立法政策의 문제이다. 그리하여 組合의 실질을 가지고 있으면서 法人格이 인정되는 경우도 있고, 社團의 실질을 가지고 있으면서 법률상 組合이라는 명칭을 가지고

23) 郭潤直, 517 이하.

있는 경우나 法人格을 취득하지 못한 경우도 얼마든지 있다.

다섯째, 社團은 법인인 경우에는 물론 訴訟上 當事者能力이 있고, 權利能力 없는 社團도 代表者 또는 管理人이 있으면 當事者能力이 인정된다(民訴 §48). 組合에 대하여는 當事者能力의 인정 여부에 관하여 學說의 對立이 있는데, 우리나라에서는 대부분 否定說의 입장을 취하고 있다. 이에 관하여는 後述하는 民 §709 注解 참조.

여섯째, 社團을 규제하는 법률은 非營利社團法人에 관하여는 民法總則에서 규정하고, 營利社團法人에 관하여는 각종 회사제도를 규율하는 商法에서 규정하며, 그 밖에 특수한 社團에 관하여는 特別法에서 이를 규제하고 있다(위 I.3. 참조). 組合에 관하여는 民法 債權編의 規定 외에 商法 기타 特別法의 規定에 의하여 규제되고 있다.

이를 간략하게 정리해 보면, 사단과 조합은 ① 통일적인 조직과 기관을 가지고 있고 단체의 명칭을 사용하는지, ② 기관방식으로 행위를 하는지, 아니면 대리방식으로 행위를 하는지, ③ 구성원의 가입·탈퇴가 자유스러운지, ④ 구성원이 의사결정기관을 통하여 "多數決의 原理"에 의하여 단체의 운영에 참여할 수 있는지, 아니면 구성원 각자가 직접 단체의 운영에 참여할 권한이 있는지, ⑤ 財産의 귀속형태가 어떻게 되는지, ⑥ 구성원이 有限責任을 지는지, 아니면 無限責任을 지는지에 관하여 구체적인 차이가 있다는 것이다.

사단과 조합이 전형적인 모습을 띠는 경우에는 위와 같은 특성에 따라 양자를 구분할 수 있을 것이다. 그러나 그렇지 못한 단체들은 사단인지, 조합인지를 판단하기가 어려울 것이다. 그리하여 권리능력 없는 사단과 조합의 구분징표는 단체적으로 규율된 조직, 특히 단체기관의 존재, 전체명칭, 그리고 구성원의 변동과 존속기간이라고 하면서도,[24] 개별적인 경우에 사단법 혹은 조합법의 어느 쪽을 적용하는 것이 조직이나 구성원의 보호가치 있는 이익에 보다 더 적절·합당한지 여부에 따라 결정되어야 할 것이라는 견해도 있다.[25]

(b) 판례의 태도는 어떠한가? 비법인사단과 조합의 구분이 문제가 된

24) 民法注解(I), 477(李宙興 집필부분). 독일에서는, 단체적인 조직, 전체명칭, 그리고 구성원 변동으로부터의 독립이 비법인사단의 본질적인 전제조건이라고 한다. 사단이 성립하기 위하여는 단체로서의 조직, 즉 정관·기관(이사회, 사원총회)을 구비하여야 하고 어느 정도의 존속기간을 가지면서 구성원 변동으로부터 독립적이어야 한다. 그리고 통상 보호되는 명칭을 가진다.

25) 民法注解(I), 480(李宙興 집필부분); 李宙興, "權利能力 없는 社團", 사법논집(22), 154-55.

대법원 판결 중에서 대표적인 것을 살펴보고자 한다.

[1] 大判 74.9.24, 74다573(集 22-3, 6)

이것은 동백홍농계에 관한 사건이다.[26] 이 계는 원래 계원 64명으로 구성되었는데, 그 목적이 公有水面의 埋立과 國有未開墾地의 開拓으로 농지를 조성하여 契員의 농지확보·운영·관리를 공동으로 하는 데 있었다. 대법원은, 이 계의 규약 조항[27]을 보면 "동백홍농계의 실체는 각 계원의 개성이 각기 뚜렷하게 계의 운영에 반영되게끔 되어 있고 사단의 경우처럼 그 사원의 개성이 그 사단에 몰입되고 각기 사원을 집합체의 겉에 현출되지 아니하게끔 되어 있지 아니하다"는 이유를 들어 비법인사단으로 볼 수 없다고 하였다.[28]

그러나 계원의 개성이 단체의 운영에 뚜렷하게 반영되었는지 여부로 조합과 비법인사단을 구별하는 것은 형식적인 이유에 불과한 것으로 보인다. 이 사건에서는 오히려 계의 구성원이 64명이나 되는 점, 단체의 명칭을 사용하고 있는 점, 규약, 총회와 이사회가 있는 점, 계장과 이사가 있는 점 등에 비추어 조합이 아니라, 비법인사단으로 보아야 했을 것이다.[29]

[2] 大判 91.6.25, 88다카6358(公 1991, 1993)

이 판결은 원호대상자광주목공조합을 민법상 조합이라고 하였다. 이 조합은 그 구성원이 10인이고, 조합재산은 원칙적으로 균일지분에 의하여 조합원에게 합유적으로 귀속되어 있었기 때문에, 민법상의 조합에 해당함이 분명한 경우라고 할 수 있다.

[3] 大判 92.7.10, 92다2431[30](公 927, 2361).

水協 共販場에 소속된 鮮魚仲買人 50여명이 鮮魚仲買組合을 설립하고 그 대표자와 정관을 두었다. 대법원은 이 鮮魚仲買組合을 法人格 없는 社團으로 보

26) 大判 67.9.19, 67누39(集 15-3 행 5)에서도 동백홍농계의 성격이 문제되었다. 원심이 동백홍농계를 비법인 사단이었던 것같이 단정하였으나, 대법원은 심리미진을 이유로 파기환송하였다.

27) 동백홍농계의 규약 중 대법원 판결에 나오는 부분은 다음과 같다. 그 가입이나 탈퇴는 이사회의 제청으로 총회의 승인을 얻어야 하고, 계원의 자격은 상속할 수 있다. 계원은 계의 사업으로 취득한 농지를 분배 취득할 수 있는데, 그 한계는 이사회에서 정하고 총회의 승인을 얻어야 한다. 계원에 대한 농지 분배 취득의 방법은 토지대를 5년 내지 10년 연부상환으로 하되, 그 상환이 완료되기까지는 계의 공유재산으로 하고 상환이 완료된 후 소유 등기의 권리가 발생한다.

28) 이 판결에 대하여는, 계의 성질이 조합이고, 동백홍농계의 계원이 개인성으로 돌아갈 생각을 가지고 있었다는 이유로 찬성하는 견해(張庚鶴, "稧의 法的 性質", 법률신문 1117, 8)와, 동백홍농계는 규약, 계원총회와 이사회, 계장 등 집행기관을 갖추었으므로 비법인사단으로 보아야 한다는 이유로 반대하는 견해(金容晋, "동백홍농계의 성질과 그 소송관계에 있어서의 정당한 당사자", 변호사, 1983, 23)가 있다.

29) 계라는 명칭을 가졌다고 해서 조합이라고 할 수는 없다. 한편 동백홍농계는 이 사건 이후 실제로 계의 이름으로 소유권보존등기를 한 적도 있다.

30) 이 판결에 대한 評釋으로는 安榮文, "民法上의 組合과 非法人社團의 區別標準 및 非法人社團의 債務의 歸屬", 法曹 42-9, 89 이하가 있다.

았는데,[31] 조합과 비법인사단의 구별기준을 다음과 같이 상세하게 제시하였다. "민법상의 조합과 법인격은 없으나 사단성이 인정되는 비법인사단을 구별함에 있어서는 일반적으로 그 단체성의 강약을 기준으로 판단하여야 하는바, 조합은 2인 이상이 상호간에 금전 기타 재산 또는 노무를 출자하여 공동사업을 경영할 것을 약정하는 계약관계에 의하여 성립하므로(민법 제703조) 어느 정도 단체성에서 오는 제약을 받게 되는 것이지만 구성원의 개인성이 강하게 드러나는 인적 결합체인데 비하여, 비법인사단은 구성원의 개인성과는 별개로 권리의무의 주체가 될 수 있는 독자적 존재로서의 단체적 조직을 가지는 특성이 있다 하겠는데, 민법상 조합의 명칭을 가지고 있는 단체라 하더라도 고유의 목적을 가지고 사단적 성격을 가지는 규약을 만들어 이에 근거하여 의사결정기관 및 집행기관인 대표자를 두는 등의 조직을 갖추고 있고, 기관의 의결이나 업무집행방법이 다수결의 원칙에 의하여 행해지며, 구성원의 가입, 탈퇴 등으로 인한 변경에 관계 없이 단체 그 자체가 존속되고, 그 조직에 의하여 대표의 방법, 총회나 이사회 등의 운영, 자본의 구성, 재산의 관리 기타 단체로서의 주요사항이 확정되어 있는 경우에는 비법인사단으로서의 실체를 가진다고 할 것이다."[32]

㈐ 양자의 구별기준의 문제점

(a) 조합과 비법인사단은 단체성의 강약을 기준으로 판단하여야 한다고 하나, 어느 정도 단체성이 강해야만 비법인사단으로 볼 수 있는지 의문이다. 비법인사단은 위 ㈏항에서 본 바와 같이 사단으로서의 실체를 가져야 하므로, 그러한 실체가 없는 조합과 명확히 구분된다고 생각할 수 있다. 그러나 실제로는 어떠한 경우에 사단으로서의 실체를 가졌는지를 판단하는 것은 매우 어려운 문제이다.

(b) 사회에서 현실로 존재하는 단체에는 사단적 색채가 농후한 것에서부터 조합적 색채가 농후한 것에 이르기까지 여러 가지 혼합유형이 있을 수 있다. 조합, 권리능력 없는 사단, 사단법인 사이에는 수많은 중간형태가 있다. 따라서 단체의 유형에 따라 그 구별기준을 검토하여야 한다.

대법원도 권리능력 없는 사단의 성립요건으로 일반적으로 사단의 정관(규약), 의사결정기관 및 집행기관인 대표자, 독자적인 사회적 활동 등을 들고 있으나, 구체적인 사안에서는 개별적인 단체의 성격에 따라 그 요건을 완화하고 있는 경우가 있다. 예컨대 자연집단인 종중의 경우에는 관습상 사단이 당연히 성립하는 것이고, 그 성립을 위하여 어떠한 조직행위를 필요로 하지 않

31) 구성원이 60여명으로 다수인 점, 단체의 명칭이 있는 점, 정관, 총회와 이사가 있는 점, 다수결의 원칙이 행해지는 점에 비추어 비법인사단으로 본 것은 정당하다.
32) 同旨: 大判 94. 4. 26, 93다51591(公 1994, 1466).

으며,[33] 규약이나 정관이 서면화될 필요도 없다.[34] 사찰이나 교회의 경우 독자적인 정관이나 규약을 갖지 않고 상급조직체의 종회, 종법 혹은 헌법(교회의 헌법을 가리킴)이나 규약을 그대로 자신의 자치법규로 하여, 비법인사단이 될 수도 있다.[35] 한편 사원총회가 상설되어 정기적으로 활동하여야 하는 것도 아니다.[36] 자연부락의 경우에는 사단의 성립요건이 대폭 완화되어 있다.[37] 학설과 판례는 비법인사단이 되기 위하여 필요한 여러 가지 요소을 들고 있는데, 실제에서는 이러한 요소들이 불분명한 경우에도 비법인사단이 될 수 있다. 여기에서 비법인사단의 성립요건이 완화되고 있는 단체는 종중, 문중, 교회, 자연부락 등이라는 점을 주의하여야 한다. 이 단체들에 관하여 사단이라고 인정하기 위한 요건은 다른 단체와 다르다는 것을 알 수 있다.

㈑ 구체적인 구별기준의 모색 조합과 비법인사단의 구별요소를 검토하면서, 두 단체의 구체적인 구별기준을 모색하여 보고자 한다.

(a) 먼저 조합의 발생근거를 보면, 조합은 계약 또는 법률규정에 의하여 성립한다. 따라서 자연부락이나 종중은 자연발생적인 조직이어서 조합이 될 수 없다. 자연부락은 일시적으로 대표자 등이 없는 경우가 있는데, 이러한 경우에도 단체로서의 실체를 갖추고 있다고 판단되면 비법인사단으로 보아야 한다. 교회나 사찰을 조합이라고 본 예도 없다. 이러한 단체는 단체성이 인정되기만 하면, 비법인사단 또는 재단으로 보고 있으므로, 이러한 단체가 비법인사단인지 여부에 관한 판단기준이 모든 단체에 그대로 적용될 수 없다.

한편 법률에서 조합으로 규정하고 있거나 민법의 조합에 관한 규정을 준용하도록 하고 있는 경우[38]에도 별다른 문제는 없다.

(b) 법률행위에 의하여 성립된 단체중에서 단체명, 기관, 대표자가

---

33) 大判 88. 9. 6, 87다카514(公 1988, 1258); 大判 83. 2. 22, 81다584(集 31-1, 민 119).

34) 大判 66. 7. 26, 66다881(集 14-2, 민 227); 大判 72. 9. 12, 72다1090; 大判 85. 11. 26, 85다카659(集 20-3, 민 5).

35) 大判 89. 10. 10, 89다카2902(公 1989, 1663).

36) 의결기능을 이사회 등 업무집행기관에 대부분 이양하고 목적이나 정관변경 등 가장 중요한 사항에 대하여만 의결할 수 있는 총회가 구성될 수 있으면 된다.

37) 大判 90. 12. 7, 90다카25895(公 1991, 443)는 "오랜 세월이 지나고 사회적 여건이 변화됨에 따라 그와 같은 법인 아닌 사단으로서의 주민공동체의 의사결정기관이나 업무집행기관 및 대표자가 없어져 버려 법인 아닌 사단으로서의 실체로 인정할만한 것이 현실적으로 남아 있지 않게 되었다고 하더라도, 여전히 그 공동체의 명의로 특정한 재산을 소유하고 있는 것으로 토지대장에 기재되어 있다면, 그 재산관계의 청산에 관한 한 그 공동체가 그대로 법인 아닌 사단으로 존속하고 있다"고 한다.

38) 가령 辯護士法 §48의 6은 "합동법률사무소의 조직과 운영에 관하여 이 법에 규정이 있는 경우를 제외하고는 민법 중 조합에 관한 규정을 준용한다"고 규정한다.

정해지지 않은 경우에는 조합이다. 사단은 대외적인 법률행위를 할 수 있는 대표자가 있어야 하므로, 업무집행자가 정해져 있어도 그가 대외적인 법률행위를 할 수 없는 경우에는 조합이라고 보아야 한다.

그리고 조합은 원래 합수성의 원리를 토대로 생성된 것이었다. 따라서 단체의 의사결정을 전원일치로 하게 되어 있다든지, 단체의 주요 재산이 합유로 되어 있으면, 조합에 해당된다. 이러한 경우에는 업무집행자가 선임되어 있는 경우에도 조합으로 보아야 할 것이다. 이와 같이 합수성의 원칙을 토대로 구성된 단체는 보통 그 구성원의 수도 소수일 것이다. 조합의 구성원은 두 사람 이상이면 되고, 당사자가 몇 사람이든 제한은 없다.[39] 그러나 그 數가 너무 많으면 社團이 될 가능성이 많다. 구성원의 가입·탈퇴에 전원일치가 있어야 하는 경우에도 조합에 해당하겠지만, 가입·탈퇴에 상당한 제약이 있다는 이유로 무조건 조합이라고 할 수는 없다. 사단의 경우에도 정도의 차이는 있으나 가입·탈퇴에 제한을 둘 수 있기 때문이다. 그러나 법률행위에 의하여 성립된 단체 중에서 업무집행자가 정해져 있는 경우에는 여러 가지 요소를 고려하여 판단할 수밖에 없다. 조합과 사단은 그 기관, 구성원 변동, 명칭에 따라 명확하게 구별되지 않는 경우가 많기 때문이다.[40] 즉, 사단의 기관인 이사는 대리권이 있는 업무집행조합원[41]과 거의 비슷하고, 사원총회와 같이 의결권이 있는 조합원 총회도 있다. 사단이든 조합이든 그 구성원이 탈퇴하더라도 그 단체가 해산되지 않고 동일성을 유지할 수도 있고, 가입과 탈퇴의 제한은 정도의 차이가 있을 뿐 어느 단체에나 있을 수 있다. 그리고 조합은 사단과 마찬가지로 외형상 독립된 명칭으로 거래할 수 있다. 그리하여 전형적인 조합과 전형적인 사단 사이에 중간형태가 다수 있게 된다. 그러나 이러한 단체를 어느 한쪽에 귀속시켜야 하는데, 이것은 순수하게 논리적인 문제는 아니다.

먼저 그 구별기준을 세우려면, 어떤 단체를 사단으로 규율하는 것이 바람직한지, 조합으로 규율하는 것이 바람직한지에 관한 기본적인 태도를 결정하여야 한다. 우리 민법의 단체에 대한 태도를 어떻게 보아야 할 것인가? 獨民 §54는 "權利能力 없는 社團에 대하여는 組合에 관한 규정을 준용한다"고 규정하고 있으므로, 입법 당시 권리능력 없는 사단을 조합과 유사하게 다루려고

39) 大判 74.9.24, 74다573(集 22-3, 6)은, 64명으로 조직된 동백흥농계를 조합으로 보고 있다.
40) 民法注解(Ⅰ), 505.
41) 보통 業務執行組合員은 대표자, 조합장, 이사, 관리인 등의 명칭을 사용하는 예가 많다.

한 것으로 보인다. 日本民法은 기본적인 출발점이 비법인사단을 예정하지 않고 있었다. 그에 반해 우리 민법은 총유에 관한 규정을 두어 비법인사단을 예정하고 있었던 것이다. 그리고 사단으로 보는 것이 거래행위나 소송행위를 할 때 편리하고, 그 구성원이 다수인 경우 조합으로 본다면 거래행위나 소송행위를 하는 것이 불가능한 경우도 있다.[42] 따라서 우리 민법하에서는 비법인사단의 범위를 넓게 인정하는 것이 바람직하다고 생각한다.

따라서 법률행위에 기하여 생성된 단체 중에서 단체의 명칭, 정관, 총회, 업무집행자와 대표자가 있으면, 그 단체는 사단으로 보아야 한다. 이 때 정관 등의 형식이 사단법인과 같이 명확할 필요는 없다. 비법인 사단은 사단법인과 그 실체가 완전히 동일할 필요는 없고, 어느 정도 완화된 형태로 있을 수 있기 때문이다.

3. 民法上 組合의 特質

(1) 組合은 단체이지만 社團이 2인 이상의 설립자가 합동하여 社團의 설립이라는 목적에 협동하는 合同行爲에 의하여 설립되는 것과 달리, 契約에 의하여 결성된 團體이다. 그러나 이 契約은 당사자가 서로 대립하여 채권·채무를 발생시키는 다른 계약과는 달리, 組合이라는 단체의 설립을 목적으로 하는 계약으로서 社團의 設立行爲와 유사하다.

(2) 民法上 組合은 團體性과 契約性의 二重的 構造를 가진 인적 결합이다. 이 때문에 組合은 사회경제적 거래단위로서 독립된 단체이기는 하지만 그 團體性이 각 조합원의 개성을 무시하지 않는다는 제약을 받는다. 따라서 組合의 단체로서의 단일성 내지 독립성의 정도, 또는 조합원의 개성과 組合의 團體性의 조화가 組合法理論의 해석에 있어서 핵심문제인 것이다.

따라서 團體性은 약하기는 하지만, 조합원 개인의 재산과는 별개로 組合財産을 인정하고, 이를 組合員의 合有로 한 것(民 §704)은 團體性을 어느 정도 존중한 것이다. 또한 組合債務者의 相計의 禁止(民 §715), 業務執行의 多數決原則(民 §706), 組合員의 脫退(民 §§716 내지 719), 解散, 淸算節次 등도 團體性에 관한 규정이다.

이와 달리 各組合員의 持分에 대한 押留(民 §714), 各組合員에 대한 解散請求權의 留保(民 §720) 등은 개인성의 표현이다.

42) 반면에 사단으로 보면, 구성원의 책임이 제한되기 때문에, 채권자 보호에 문제가 있을 수 있다.

(3) 組合은 모든 조합원이 사업을 공동으로 경영할 것을 목적으로 하여야 한다. 사업은 모든 조합원에게 공동의 것이어야 하므로 당사자 일방이 상대방의 영업을 위하여 출자를 하고, 그 영업으로부터 생기는 이익을 분배받는 계약, 즉 소위 匿名組合은 民法上 組合이 아니다.

(4) 組合은 모든 조합원이 出資義務를 지는 단체이다. 출자를 하지 않는 자는 조합원이 아니고, 출자를 하지 않는 자를 구성원으로 하는 단체는 民法上 組合이 아니다.

(5) 民法上 組合은 단체이기는 하지만 民法上 法人格이 없다. 따라서 組合은 權利能力이 없고, 組合의 권리의무는 종국적으로 각 조합원에게 귀속된다. 民法上 組合의 조직은 商法上 人的會社와 마찬가지이고, 조합원 상호간의 法律關係는 개인적 신뢰관계를 형성하는 組合契約에 바탕을 둔 것이어서 對人的 性格을 지니고 있다. 大判 66. 7. 12, 66다996[43]이 組合이 경영하는 商會에서 白米를 조합원 1인에게 맡긴 경우 受置人은 행위를 한 그 사람이 아니라 組合이라고 판시하여 組合이 단체로서 권리의무의 주체가 되는 것처럼 표현하고 있다. 그러나 이는 그 행위를 한 組合員을 포함한 組合員 全員이 책임을 져야 한다는 취지로 이해하여야 할 것이다.[44]

그러나 組合은 단체이므로 그 성질상 많은 수의 組合員이 요구되며, 그 재산이 1 인에게 귀속되면 民法上 組合은 소멸한다. 원칙적으로 1인 組合은 존재하지 않는다.[45]

民法上의 組合이 法人格이 없다고 해서 法人格 없는 단체가 모두 組合은 아니다. 組合이나 社團이나 모두 단체로서 團體性에 강약의 차이가 있을 뿐이고 단체라는 점에는 변함이 없으므로 어떤 단체에게 法人格을 줄 것이냐의 문제는 입법정책의 문제이지 논리적으로 필연적인 것은 아니다. 따라서 社團이면서 法人格이 없는 것이 있는가 하면 組合이면서 法人格이 있는 것도 있다. 前者의 예로는 權利能力 없는 社團(Verein ohne Rechtsfähigkeit)을 들 수 있고, 後者의 예로는 商法上의 合名會社를 들 수 있다. 權利能力 없는 社團은 法人格은 없지만 그 실질이 社團이므로, 民法의 社團法人에 관한 규정에서 법인격을 전제로 하는 규정을 제외하고는 이를 유추적용하여야 한다.[46] 한편 獨民

43) 要集 민 I-2, 1068.
44) 大判 70. 8. 31, 70다1360(集 18-2, 302).
45) Staudinger-Keßler, Vorbem zu §705 Rz 36.
46) 郭潤直, 民總, 223; 金曾漢·金學東, 民總, 제 9 판, 166.

§54[47)]는 "權利能力 없는 社團에 대하여는 組合에 관한 규정을 준용한다"고 규정하고 있는데, 최근 組合 자체에 權利能力을 인정하자는 견해가 주장되고 있다.[48)]

特別法에 의하여 설립된 단체가 組合이라는 명칭을 사용하고 있더라도 法人格이 인정되는 경우에는, 그것은 형식적 명칭만 組合이고 그 실체는 社團이므로, 民法의 組合規定이 적용되지 않는다.[49)] 그러나 組合의 실체를 갖춘 法人格 있는 단체에 民法의 組合規定의 적용이 언제나 배제되는 것은 아니다. 商 §195는 合資會社의 內部關係에 관하여는 定款 또는 商法에 다른 규정이 없으면 組合規定이 준용된다고 규정하고 있다.

4. 組合의 社會的 作用

우리의 사회생활에서 개인만으로 성립하는 사회생활이란 역사상 없었다고 하여도 과언은 아니며, 인류는 언제나 각종의 團體 속에서 그 생활을 영위해 오고 있다. 또한 團體는 그것을 구성하는 개인이 가지는 것보다는 훨씬 강대한 힘으로 개인이 도저히 달성하지 못하는 목적을 달성하여 사회문화의 발전에 이바지하고 있다. 역사상 여러 종류의 團體가 생성·발달·성쇠를 거듭하고 있으나, 가장 기본적인 두 유형은 역시 社團과 組合이다. 일정한 목적을 가지고 결합한 사람의 집단이 어느 유형의 단체를 구성하느냐는 그때 그때의 목적이나 집단의 규모, 기타 사정으로 좌우되겠지만, 그 목적이 주로 구성원 개개인의 이익의 추구에 있을 때, 또는 그 집단이 비교적 소규모일 때에는 구성원 개개인이 단체 속에 매몰되어 버리는 社團보다는 개성을 강하게 나타낼 수 있는 組合의 모습을 택하게 될 것이다. 또한 組合은 그 목적, 출자의 종류나 내용을 묻지 아니하고 당사자가 서로 협력할 것을 약정하면 성립하는 단체이므로, 私人들이 비교적 자유롭고 쉽게 형성할 수 있다는 점도 組合의 有用性을 높여준다. 또한 民法의 組合規定은 대부분이 任意規定이어서, 組合의 구성이나 관리에 관하여 당사자가 자유로이 각각의 경우에 적합한 내용으로 정할 수 있

47) Auf Vereine, die nicht rechtsfähig sind, finden die Vorschriften über die Gesellschaft Anwendung. Aus einem Rechtsgeschäfte, das im Namen eines solchen Vereins einem Dritten gegenüber vorgenommen wird, haftet der Handelnde persönlich; handeln mehrere, so haften sie als Gesamtschuldner.

48) 이에 관하여는 Flume, Allgemeiner Teil des Bürgerlichen Rechts, I /1(Die Personengesellschaft), §1; Erman-Westermann, Vor. §705 Rz 14f. 참조.

49) 위 I. 3. 참조.

는 장점도 있다. 그리하여 組合이 우리의 주변에서 끊임없이 생기고 소멸하는 운동을 계속하면서 큰 작용을 하고 있는 것이다.[50]

그러나 구체적으로 어떠한 면에서 組合이 그 기능을 발휘하고 있느냐는 民法上 組合의 형태를 설명하는 곳에서 잘 나타날 것이므로 다음 항의 설명에 미룬다.

Ⅲ. 民法上 組合의 구체적 형태

1. 槪　說

組合이란 계약에 의하여 성립하는 단체이므로 우리 주변에서 끊임없이 생성, 소멸한다. 이러한 단체 중에 民法上 組合의 규정이 적용되는 단체를 특별한 조사도 거치지 않고 살펴본다는 것은 불가능한 일이다. 判例 등에 나타난 것을 중심으로 개괄적으로 살펴볼 수밖에 없다.

2. 同業關係

組合이란 2인 이상의 사람이 사업을 공동으로 경영할 것을 목적으로 하는 것이므로, 종래 우리 사회에서 同業이라고 부르는 인적 결합은 바로 組合이라고 하겠다. 同業은 몇 사람이 서로 출자를 하여 공동으로 영업 또는 기업을 경영하는 것으로서 우리 나라의 組合의 형태는 바로 同業이라고 하여도 과언이 아니고, 同業契約이란 바로 組合契約을 의미한다.

判例는 共同鑛業權者로 등록하고 이를 공동개발하기로 한 계약,[51] 한 사람은 煉瓦工場을 출자하고, 更生保護會가 현금을 출자하여 공장을 경영하기로 한 계약,[52] 자동차 타이어 판매업·공유수면매립을 공동으로 하기로 한 계약,[53] 白蛤養殖場·두부제조업 등을 공동으로 경영하기로 한 계약,[54] 전자제품 수출판매사업[55]·不動産仲介業[56]·호텔의 건립과 그 후의 호텔업[57] 등을 공동으로

50) 郭潤直, 522-23.
51) 大判 69. 11. 25, 64다1057(集 17-4, 34); 大判 72. 4. 25, 71다1833(集 20-1, 217).
52) 大判 72. 5. 23, 70다2872.
53) 大判 79. 9. 25, 79다1320(公 620, 12223).
54) 大判 76. 6. 8, 76다49(集 24-2, 107); 大判 82. 12. 28, 81도3140(公 700, 447).
55) 大判 86. 3. 11, 85다카2317(公 775, 631).
56) 大判 90. 2. 27, 88다카11534(公 870, 746).
57) 大判 91. 2. 22, 90다카 26300(公 894, 1065).

한 계약을 同業契約이라고 보고, 同業契約은 곧 組合契約이며 同業體는 組合이라 한다.

辯護士·公證人·稅務士·公認會計士·法務士·公認仲介士·建築設計士 등이 2인 이상 모여 合同事務所를 차리거나, 醫師들이 病院을 차려 공동으로 의료사업을 할 때 同業體를 구성하는 경우가 많다. 물론 이러한 사업을 하는 경우에도 구성원들이 사무실과 시설만 공동으로 사용하고 각자 계산으로 자기의 사업을 하는 경우도 있고, 단순한 고용관계도 있을 수 있으므로, 그 구체적인 法律關係는 따져 보아야 할 것이다.[58] 근래에 많이 생겨난 辯護士들의 公證認可合同法律事務所는 대개 民法上 組合形態인 同業關係로 보인다. 辯護士法 §48의 6이 같은 법에 규정이 있는 경우를 제외하고는 民法上 組合에 관한 규정을 준용하고 있는 점으로 보아도 분명하다.

同業의 주체는 자연인이거나 법인이거나 상관없다.[59] 동종산업에 속하는 복수의 기업자인 회사가 시장통제를 목적으로 결성한 카르텔은 일종의 동업으로서 組合關係인 경우가 많다. 그러나 이러한 목적을 달하려고 조직된 中小企業協同組合 등과 같은 協同組合은 特別法에 의하여 규율되고, 그 법에 의하여 法人格이 인정되고 있으므로 民法의 組合에 관한 규정이 적용되지 않는다.

3. 發起人組合

株式會社 또는 民法上 社團法人의 설립을 위하여 數人의 發起人이 협력하는 관계를 發起人組合 또는 設立者組合이라고 부른다. 이 組合이 그의 공동의 목적인 회사 또는 법인설립이라는 사업을 달성하기 위하여 그에 필요한 준비행위, 즉 정관 원안의 작성, 필요한 서류의 작성, 사무소의 임차 등의 행위를 한다. 나아가 이 組合이 組合契約의 이행행위로서 정관을 작성하고 회사 또는 법인의 최초의 구성원을 확정하면, 즉 株式會社의 경우에는 發起人이 1주 이상의 주식을 인수하면, 이 때에는 설립중의 회사 또는 법인이 성립한다.[60] 이러한 설립중의 법인은 설립된 회사 또는 법인의 전신으로서 兩者는 法人格의 유무에 차이가 있을 뿐이고, 실제로는 동일하므로, 이는 法人格 없는 社團이라고 보아야 한다.

그런데 설립중의 법인이 회사의 설립과정에서 회사의 설립을 위하여 필요

58) Staudinger-Keßler, Vorbem zu §705 Rz 140ff.
59) 大決 91.5.15, 91마186(公 901, 1892).
60) 大判 94.1.28, 93다50251(公 964, 830); 大判 90.12.26, 90누2536(公 890, 660).

한 행위로 인하여 취득하게 된 권리의무는 회사의 설립과 동시에 그 설립된 회사에 귀속한다.[61] 그러나 이러한 설립중의 회사로서의 실체를 갖추기 이전에 발기인이 취득한 권리, 의무는 구체적 사정에 따라 發起人 個人 또는 發起人組合에 귀속되는 것으로서 이들에게 귀속된 권리의무를 설립 후의 회사에 귀속시키기 위하여는 양수나 채무인수 등의 특별한 이전행위가 있어야 한다.[62] 과연 법인설립 이전에 어디까지는 發起人 個人 또는 發起人組合이 그 권리의무를 취득하고, 어디까지는 설립중의 법인이 취득하는지를 분간하기는 어렵다. 그리고 일반적으로 發起人組合의 구성원이 설립된 법인의 기관이 되기 때문에 이와 같이 준별하는 것이 옳다고 보기 어렵다.

4. 共同鑛業權者 및 共同鑛業出願人

鑛業 §19 Ⅵ은 共同鑛業出願人間에는 組合契約을 체결한 것으로 보고, §34에서 鑛業權을 공유하는 共同鑛業權者間에 이를 준용하고 있다. 따라서 이들 사이에는 당연히 법률에 따라 組合關係가 성립하는 것으로 의제된다. 共同鑛業出願人이라 함은 공동으로 鑛業權設定의 出願을 한 자이고, 共同鑛業權者는 鑛業權設定의 허가를 받아 광업원부에 그 취지를 등록한 자이다.

單獨鑛業權者가 鑛業權의 持分의 일부를 양도하여 共同鑛業權者로 등록하면 그때부터 組合關係가 성립한다. 그러나 判例가 판시하고 있듯이 共同鑛業權者로 등록한 일방에게 광산의 관리, 경영을 일임하는 방편으로 共同鑛業權을 설정하는 형식을 취하여 鑛業權者 아닌 자를 共同鑛業權者로 등록하였다 하여도 이 계약은 鑛業 §§7, 11, 13, 114 위반으로서 효력이 없다.[63] 따라서 組合關係는 성립하지 않는다.

5. 農地擴大開發促進法上의 開墾許可와 公有水面埋立法上의 免許가 數人名義로 된 境遇 등

判例는 農地擴大開發促進法上의 開墾許可가 數人 명의로 되어 있을 경우 開墾이라는 공동목적을 달성하기 위한 협력적인 인적 결합관계로 보아 다른 공동명의자의 의사에 반하여 제3자가 개간이라는 공동사업에 참여하는 것이

61) 大判 65. 4. 13, 64다1940(集 13-1, 107).
62) 大判 94. 1. 28, 93다50215(公 964, 830); 大判 90. 12. 26, 90누2536(公 890, 660).
63) 大判 81. 7. 28, 81다145(集 29-2, 249). 한편 공동광업권자는 조합계약을 한 것으로 보도록 규정되어 있다고 하더라도, 광산 자체의 운영에 관하여서도 조합관계에 있다고 단정할 수는 없다고 한다[大判 96. 1. 26, 95다43464(公 1996, 760)].

허용될 수 없다고 한다. 共同開墾許可權의 분할청구도 있을 수 없다. 이러한 법률적 성질에 비추어 開墾許可權의 공동명의자들 사이의 관계는 組合體이고 그 소유관계는 合有關係라고 이해하고 있다.[64] 그 밖에도 判例는 一群의 토지들에 대하여 환지작업이 병행되는 開畓工事를 시행하는 토지소유자들의 연합인 단체를 組合이라고 판시한 예도 있다.[65]

公有水面埋立法에 의하여 數人 명의로 받은 公有水面埋立免許權도 그 공동명의자의 合有關係에 있고, 그에 관한 소송은 면허명의자전원을 상대로 한 필요적 공동소송이라 한다.[66] 이러한 공동명의자들의 관계는 公有水面埋立이라는 공동사업을 위한 인적 결합으로서, 組合關係에 있다고 볼 수 있다. 대법원은 契員 64명이 공유수면의 매립과 국유미개간지의 개척으로 농지를 조성하여 契員의 농지확보운영관리를 공동으로 하는 것을 목적으로 한 東栢興農契를 組合이라고 명시적으로 판단한 예도 있다.[67]

6. 酒類共同製造免許의 境遇

주류제조의 면허가 수인 명의로 된 경우에, 공동면허명의자의 상호관계는 民法上 組合關係에 있다고 보아야 한다.[68]

Ⅳ. 非典型的 組合

1. 概 說

民法이 예정하고 있는 典型的인 組合은 數人이 계속적으로 공동사업을 경영하고, 그 재산을 合有하며, 외부에 대하여 구성원 전원의 이름으로 활동하는 것을 기본적 특색으로 하고 있으므로 이른바 合手的 組合(Gesamthandsgesellschaft)이라고 한다. 그러나 組合에 관한 民法의 규정들은 거의가 任意規定이므로 계약자유의 원칙에 비추어 볼 때 그것과 다른 유형의 組合이 성립할 여지가 있게 된다. 民法上의 組合을 典型的 組合(typische Gesellschaft)이라고

64) 大判 74.2.26, 73누171(集 22-1, 행 12).
65) 大判 82.2.9, 80다2731(公 678, 335).
66) 大判 69.11.25, 65다1352(集 17-4, 36); 大判 75.6.10, 74다1113(要集 민 I-2, 1066).
67) 大判 74.9.24, 74다573(集 22-3, 6). 이 판결의 주된 내용은 조합이냐 법인격 없는 사단이냐의 판단에 모아졌다.
68) 大判 93.7.13, 93다12060(公 952, 2272).

한다면, 이러한 組合을 非典型的 組合(atypische Gesellschaft)이라고 부를 수 있다.[69] 그러나 이러한 非典型的 組合은 典型的 組合의 특성을 일부라도 가지고 있는 것이어야 組合이라고 부를 수 있고, 이러한 특성을 전혀 가지고 있지 않다면 組合이라고 할 수 없다.

2. 一時的 組合(Gelegenheitsgesellschaft)

組合의 목적인 공동사업은 계속적인 것이 보통이나, 一時的인 것이라도 상관없다. 자동차나 버스를 임차하여 비용을 각자 분담하되 공동의 계산으로 관광여행을 한다든가, 또는 하나의 큰 공장을 건설하기 위하여 몇 개의 회사가 공동으로 도급을 맡는다든가 하는 것은 그 예이다.[70]

判例도 토지를 1인 명의로 매수하되 그 대가 및 비용을 균등하게 부담하고 같은 권리자로서 재산을 보존하기로 하되 협의에 의하여 매도하여 그 손익을 반분하기로 하는 계약,[71] 甲은 자금을 투자하여 주택분양 후 투자금액에 일정액을 더한 금액을 회수하기로 하고 乙은 연립주택의 건축 및 분양을 그 책임 아래 집행하기로 한 계약[72]을 모두 同業契約 또는 組合契約으로 이해하여 一時的으로만 공동사업을 경영하는 組合의 형태를 인정하고 있다.

3. 持分的 組合(Gesellschaft nach Bruchteilen)

典型的 組合에서는 그 재산이 組合員 全員에게 合手的으로 귀속한다. 즉 組合員 全員이 組合財産을 合有한다. 그러나 組合財産은 반드시 組合員 全員이 合有하여야 하는 것은 아니며, 組合契約을 체결할 때 조합원이 組合財産에 관하여 持分所有權(Bruchteilseigentum)을 보유하도록 합의할 수 있다. 따라서 合有財産이 없는 組合이 유효하게 생겨날 수 있는데, 이를 持分的 組合이라고 한다.[73]

依民 §668가 "各組合員의 출자 기타의 組合財産은 總組合員의 공유에 속한다"고 규정하고 있었기 때문에, 現行民法 시행 전에는 組合財産의 일반적 소유형태는 공유라고 할 수 있었다. 民法은 이러한 持分的 組合의 형태를 규정하고 있지 않으나 組合員의 약정에 따라 이러한 組合의 형태가 발생할 수

69) 郭潤直, 565; Staudinger-Keßler, Vorbem zu §705 Rz 84.
70) 郭潤直, 565.
71) 大判 78. 11. 28, 78다1832.
72) 大判 91. 2. 26, 90다17651(公 894, 1081).
73) 郭潤直, 566; Staudinger-Keßler, Vorbem zu §705 Rz 85ff.

있다.

4. 財產 없는 組合(Vermögenlose Gesellschaft)

組合은 그 목적을 달성하는 경제적 수단으로서 일정한 재산을 갖는 것이 보통이지만, 재산을 반드시 가져야 하는 것은 아니다. 그러므로 財產 없는 組合도 있을 수 있다. 조합원이 일정한 事實行爲 또는 不作爲를 출자한 경우에는 財產 없는 組合이라고 볼 수 있고, 현실적으로도 시장통제를 목적으로 결성한 카르텔에서는 이러한 현상을 볼 수 있다. 또한 어떤 조합원이 그가 소유하는 재산만을 組合의 경제적 기초로 이용할 수 있게 하는 때에도 財產 없는 組合이 생기게 된다.[74]

5. 內的 組合

(1) 意 義

內的 組合(Innengesellschaft)이란 당사자간의 內的 關係에서는 組合關係가 있지만, 대외적 행위는 當事者 全員 내지 組合 자체의 이름으로 하는 것이 아니라 組合員 一人 또는 組合員으로부터 委任을 받은 제3자의 명의로 하는 것으로, 대외적으로는 組合關係가 나타나지 않는 형태의 法律關係를 말한다.[75]

대법원은 甲이 飮食店施設을 제공하고 그 經營은 乙이 단독으로 하여 그로 인한 권리의무관계는 乙에게만 귀속되고 乙은 그 이익 여부에 관계 없이 甲에게 일정액을 지급하기로 한 경우,[76] 甲은 일정액의 자금을 투자하고 乙은 기존시설을 투자하여 自動車整備工場을 동업함에 있어서, 乙은 사업체의 실제 운영을 전담하고 이익이 난 여부에 관계 없이 甲에게 매월 일정액을 지급하기로 하였을 뿐 合有인 組合財產도 없고 대외적인 法律關係를 乙 단독으로 한 경우,[77] 甲과 乙 사이에 甲은 출자금을 지급하고 乙은 공장의 임대보증금과 시설 등을 책임지며 사업은 乙 명의로 하여 그의 책임 아래 공장을 경영하기로 하여 이익금은 공장 내에 유보하되 乙은 甲과 합의한 급여만을 매월 받기로 하고 사업자 등록을 乙 단독명의로 하여 그의 책임 아래 공장을 경영한 경

---

74) 郭潤直, 566.

75) 內的 組合은 상법상의 익명조합과 달리 이익이 났는지 여부와 관계없이 내적 조합원이 이익을 분배받을 수 있다. 양자의 관계를 어떻게 볼 것인지 문제되는데, 상법상의 익명조합은 內的 組合의 특수한 형태라고 말할 수 있다.

76) 大判 83.5.10, 81다650(集 31-3, 7).

77) 大判 84.12.11, 83다카1996(集 32-4, 136).

우[78]에 內的 組合이 성립한다고 하였다.

(2) 對外關係

組合의 對外關係는 組合員 全員의 이름으로 법률행위를 하거나 業務執行者가 다른 조합원을 대리하여 법률행위를 함으로써 형성되는 것이 보통이다. 그러나 內的 組合의 경우에는 대외적으로 組合關係가 나타나지 아니한다. 따라서 대외적으로 사업을 하는 사람의 이름으로 법률행위를 하게 되고, 內的組合員은 內部關係에서만 조합원의 지위에 있게 된다. 內的 組合에서는 조합원 사이의 공동사업도 內部關係에 불과하고, 대외적으로는 그러한 공동사업이 없게 된다. 이러한 內的 組合은 위에서 본 바와 같이 영업허가를 개인 또는 법인의 단독명의로 할 수밖에 없는 경우, 자기이름을 외부에 나타내기를 꺼리는 경우에 나타날 수 있다.[79]

따라서 외부적으로 사업을 하는 자만이 법률행위를 하고 그로 인한 권리의무를 취득하므로, 對外關係에서는 組合에 관한 民法規定이 적용될 수가 없고, 그 법률행위의 효과는 內部的으로만 內的 組合의 계산으로 귀속될 뿐이다. 組合의 경우에는 조합원이 대외적으로 組合債務에 대하여 직접 책임을 지지만, 內的 組合의 경우에는 內的組合員이 대외적으로 직접 책임을 지지 않는다.[80] 즉 民 §§712, 713의 규정은 이러한 內的 組合에 적용되지 않는다. 이는 內的 組合에서 損益比率을 어떻게 정하였는지 여부와 상관없다. 內的 組合의 사업으로 인하여 이익이 발생하였는지 여부와 관계 없이 內的組合員이 일정비율에 따라 정기적으로 일정액을 지급받기로 하였든지,[81] 사업으로 인한 이익을 유보하고 대외적으로 사업을 하는 자가 매월 일정액의 급여만을 받기로 하였든지[82] 內的 組合員은 그 책임을 지지 않는다.

(3) 內部關係

조합원 상호간의 內部關係에 대하여서는 외부관계에 대한 이론에 영향을 받는 것을 제외하고는 組合規定이 원칙적으로 적용된다. 그러므로 內的 組合員은 內部關係에서만 공동의 사업에 참가하고 관리하는 권리의무를 가지며 대외적으로 사업을 하는 자의 업무를 감독할 권한을 갖는다. 業務執行의 方法은

78) 大判 88. 10. 25, 86다카175 (公 837, 1466).
79) 註釋債各(Ⅱ), 596.
80) 大判 84. 12. 11, 83다카1996(集 32-4, 136).
81) 大判 83. 5. 10, 81다650(集 31-3, 7).
82) 大判 88. 10. 25, 86다카175(公 837, 1466).

원칙적으로 약정에 근거할 것이다. 이 때 모든 문제에 관하여 內的 組合員과 합의를 할 수도 있고, 중요한 업무에 관하여서만 합의를 할 수도 있다. 또한 대외적으로 사업을 하는 자의 권리의무에 관하여 약정이 없으면, 民 §707에 의하여 民 §§681 내지 688의 규정이 준용될 것이다.

內的 組合의 경우 損益分配의 비율에 관하여 약정이 있으면 그 약정에 따르고, 약정이 없으면 組合에 관한 民 §711 의 규정이 적용된다.

(4) 財產의 歸屬關係

內的 組合에 있어서는 組合財產이 없을 수도 있고, 內的 組合契約에 따라 재산이 공유일 수도 있고 內的 組合員 1인의 단독 소유일 수도 있다. 그리고 內的 組合員은 業務執行組合員이 가지는 재산에 대하여 단순한 채권적 청구권만을 보유할 수도 있다. 그러나 內的 組合員이 출자한 것은 대개 業務執行組合員의 재산으로 유입되는 것으로 業務執行組合員만이 재산을 소유하게 된다. 따라서 외부의 제3자, 특히 채권자와의 관계에 있어서는 合手的 組合財產은 없는 것이고, 채권자는 業務執行組合員과의 관계에서만 그의 채권행사가 가능하다.[83]

(5) 內的 組合의 특수한 형태

組合員으로 組合에 직접 출자함이 없이 어떤 組合의 出資持分에 내적으로 참가하여 組合員으로서 지위를 가짐이 없이 組合員(Hauptbeteiligte)에 대해서만 채권적 권리를 보유하는 형태의 組合(Unterbeteiligungsgesellschaft)이 있을 수 있다. 이러한 형태의 內的 組合에 있어서는 組合持分이 제3자에게 채권적으로 양도되어 있고 이익과 손실의 부담도 內部的으로 內的 組合員(Unterbeteiligte)에게 양도되어 있을 수 있다. 組合持分의 양도가 불가능한 경우에는 경제적으로 持分讓渡와 같은 효과를 얻을 수 있을 것이다.[84]

6. 契

우리 나라에서 契員 상호간의 친목이나 금융을 목적으로 하는 契가 성행하고 있다. 契의 法律關係에 관하여 여러 가지 견해가 있는데, 契의 종류는 매우 다양하여 그 法律關係도 종류에 따라서 다를 수밖에 없다. 그러나 일반적으로 契는 組合이라고 볼 수 있는 경우가 많다. 契가 우리 사회생활에 있어서,

83) Staudinger-Keßler, Vorbem zu §705 Rz 90ff; 李尙遠, "內的 組合과 民法 제713조의 類推適用 與否," 司法行政, 1983년 8월호, 49 이하 참조.
84) Staudinger-Keßler, Vorbem zu §705 Rz 108ff. 참조.

특히 여자들의 사회생활관계에 있어서 중요한 역할을 하는 것은 주지의 사실이다. 契에 대하여는 별개의 장에서 설명한다.

V. 民法上 組合과 유사한 法律關係

民法上 組合에 해당하지 않지만 民法의 組合規定이 적용되는 특수한 法律關係가 있다. 이를 구체적으로 살펴볼 필요가 있다.

1. 商法上 匿名組合(stille Gesellschaft)

商 §78는 "匿名組合은 당사자의 일방이 상대방의 영업을 위하여 출자하고 상대방은 그 영업으로 인한 이익을 분배할 것을 약정함으로써 그 효력이 생긴다"라고 규정하고 있다. 이 匿名組合은 民法上 組合과 유사한 계약관계이나 출자자는 표면에 나타나지 않고 대외적으로는 영업자의 개인기업일 뿐이다. 따라서 組合財産이 없고 組合代表도 없다. 이 점을 들어서 民法上 組合과 근본적으로 다르다는 견해[85]가 있다. 또한 匿名組合에 있어서는 영업자의 개인사업일 뿐이므로 투자자와 공동사업이 없다. 이 점을 들어 組合으로 볼 수 없다는 견해[86]가 있다. 어느 설에 의하든 匿名組合은 組合의 실질을 갖추지 못한 영업형태로서 民法上 組合의 규정이 적용되지 않는다.[87] 그러나 匿名組合의 외부관계에 관하여는 상법의 규정에 따라야 할 것이지만, 계약자유의 원칙이 적용된다. 따라서 匿名組合員이 영업에 대하여 감독권을 갖는다면 內部的으로 공동사업이라는 것이 존재할 수 있게 된다. 그러나 이러한 法律關係가 형성된다면 商法上 匿名組合이라기보다는 앞에서 설명한 內的 組合과 차이가 없게 된다.[88]

2. 合名會社, 合資會社, 有限會社

合名會社와 合資會社의 內部關係에 관하여 商法에 규정이 없으면 民法의 組合에 관한 규정을 준용하도록 하고 있다(商 §§195, 269). 合名會社나 合資會社는 그

85) 金顯泰, 291; 李太載, 352.
86) 金曾漢, 342.
87) 郭潤直, 520.
88) 日注民(17), 19-20.

실질이 組合的 團體이므로, 內部關係뿐만 아니라 對外關係도 법인화로 인한 형식적 차이를 빼고는 組合的 要素를 인정할 수밖에 없다. 특히 合名會社에 있어서는 持分의 양도에 있어서 他社員의 동의를 얻도록 규정한 점(商§197), 회사채무에 대하여 사원이 보충적으로 연대무한책임을 부담하도록 규정한 점(商§212) 등에서 民法上 組合의 특징이 나타나고 있다.[89]

그 밖에 有限會社는 소규모기업을 위한 간소한 회사형태로서 회사원의 有限責任을 인정하고 회사의 信用의 기초를 회사의 재산에 두는 점에서 物的會社이다. 그러나 사원수의 최대한을 50인으로 제한하고(商§545), 사원의 持分을 유가증권화하지 못하도록 하고(商§555), 持分의 양도에 사원총회의 결의를 요하는(商§556) 점 등에 있어서 組合型 企業이다.[90]

3. 信託法上 共同受託者

信託 §45는 受託者가 數人이 있는 때에는 信託財産은 그 合有로 한다. 合有는 組合關係를 기초로 한다는 이유로, 위 信託法의 규정이 간접적으로 공동수탁자들 사이에 組合關係가 성립함을 규정한 것이라고 해석하는 견해[91]가 있었다. 그러나 信託法이 신탁재산을 공동수탁자의 合有로 하고 있는 것은 공동수탁자들 사이에 組合關係가 생겨난다는 것을 전제로 한 것은 아니고, 신탁의 특수성을 고려한 것이며, 따라서 공동수탁자들 사이에 공동의 사업을 경영하는 것도 아니고, 출자를 하는 것도 아니어서 組合關係가 성립하지 않는다고 보아야 한다.[92]

4. 船舶共有者

船舶共有者는 단순히 선박을 공유할 뿐만 아니라 그 공유의 선박을 위하여 공동으로 이용하고 있으므로 당연히 組合關係가 성립한다는 견해[93]가 있다. 商 §756는 "組合關係가 있는 경우에도"라고 표현하여 마치 組合關係가 있는 경우를 예상하는 표현을 하고 있지만, 해상기업은 거액의 자본을 필요로 하고 위험성이 크기 때문에 각 공유자는 持分의 가격에 따라 업무결정에 참가

89) 日注民 (17), 17 참조.
90) 金曾漢, 341.
91) 金曾漢·安二濬(下), 579. 그러나 金曾漢, 350에서는 신탁법상의 공동수탁자들 사이에 조합관계가 성립하는지에 관한 언급이 없다.
92) 郭潤直, 533; 金疇洙(上), 443-44.
93) 金顯泰, 291; 金疇洙(上), 444; 李太載, 351; 註釋債各(Ⅱ), 606; 日注民(17), 22.

하고(商 §753), 손익을 분담하고(商 §755), 비용을 부담하고(商 §754), 신항해를 개시하거나 대수선을 할 것을 결의한 때에 그 결의에 이의가 있는 공유자는 다른 공유자에 대하여 자기 持分의 매수를 청구할 수 있다(商 §758)는 규정을 두고 있다. 이러한 규정들은 民法上 組合關係를 전제로 하고 있다. 그러나 상법이 규정하는 선박공유의 관계는 組合이라기 보다는 하나의 기업조직으로서 그 법적 성질은 물적회사인 주식회사에 가까운 것이므로 船舶共有者가 商 §756 표현대로 組合을 결성한 경우는 몰라도 당연히 組合關係가 성립한다고 볼 것은 아니다.[94]

5. 建物의 區分所有者

建物의 區分所有者가 건물의 공용부분을 공유하는 경우(民 §215), 區分所有者 사이에 組合關係가 당연히 성립한다는 규정은 없다. 그런데 區分所有者 사이에 공유부분의 관리, 공동생활의 질서와 편의를 위하여 관리자를 선임하는 경우가 많다. 건물의 공용부분의 이용은 區分所有者間의 전유부분의 사용수익에 불가결한 보충적 기능을 하기 때문에 공용부분의 공동소유관계는 단순히 공유관계를 넘어서는 法律關係이다. 다수의 區分所有者가 관리자를 선임하고 집회에서 각종 관리사항을 결정함은 組合關係를 전제로 한다는 견해[95]가 있다. 관리단이 그의 재산으로 채무를 완제할 수 없을 때에는 區分所有者가 持分比率에 따라 관리단의 채무를 변제할 책임을 지는데(集建 §27), 이것은 組合關係를 전제로 한 규정이라고 할 수 있다. 그러나 건물에 대하여 구분소유관계가 성립되면 區分所有者 전원으로 관리단이 당연 성립하고(集建 §23), 그 대표자인 관리인을 선임하도록 하고 있으며(集建 §24), 그 관리단에 규약을 두고 관리인에게 위임한 사항 이외에는 관리단의 집회에 의하도록 하고 있다(集建 §28 이하). 그리고 관리인은 관리단의 사업시행에 관하여 관리단을 대표하여 행하는 재판상 또는 재판 외의 행위를 할 수 있고(集建 §25 I iii), 이러한 대표권을 제한할 수 있으나 선의의 제3자에게 대항할 수 없다(集建 §25 II). 이러한 점에 비추어 보면 관리단을 社團이라고 보아야 할 것이다.[96] 따라서 建物의 區分所有者 사이의 관계를 組合關係로 보는 것은 부당하다.

---

94) 郭潤直, 533; 金曾漢, 343; 鄭熙喆, 商法學原論(下), 補訂版, 1986, 152; 崔基元, 海商法, 1993, 48; 宋相現·金炫, 海商法原論, 1993, 168.
95) 金疇洙(上), 444; 註釋債各(Ⅱ), 595; 郭潤直, 物權, 282.
96) 民法注解(Ⅴ), 279는 관리단의 법적 성격을 "권리능력 없는 사단"으로 보고 있다.

6. 相互賦金

相互賦金은 일제시대에 생겨난 無盡이 변형, 발전되어 온 것인데, 현행법제 아래에서는 國民銀行이 그 업무를 담당한다. 그 法律關係가 契와 유사한 점도 있으나, 이는 가입자와 국민은행 사이의 소비대차에 유사한 특수한 계약관계를 발생시키는 데 불과하다. 이 점에서 契와도 다르고, 종래의 無盡이 多數人으로 구성된 組合員 상호간의 權利義務關係를 발생시키는 것과도 다르다.[97] 相互賦金 加入者들 사이에는 아무런 法律關係가 생기지 아니한다. 따라서 相互賦金 加入者 사이에 組合關係는 생기지 아니한다.[98]

Ⅵ. 다른 法律에서의 民法上 組合

1. 民事訴訟法에 있어서 組合의 取扱

組合은 단체인 점에서 社團과 아무런 차이가 없다. 그러나 민사소송법이 社團의 경우에는 法人인 社團이든 法人 아닌 社團이든 當事者能力이 있고 그 대표자로 하여금 소송을 수행하도록 하고 있다. 이에 반하여 組合은 단체로 취급하기 보다는 특수한 결합관계에 있는 개인으로 취급하고 있다. 이에 관하여는 後述 民 §709 注解 참조.

2. 稅法에 있어서 組合의 取扱

稅法에서 단체를 어떻게 취급하느냐에 관하여는 國稅基本法이 이를 규정하고 있다. 稅基 §13, 稅基令 §8가 대체로 法人格 없는 社團, 財團을 조세부과시에 법인으로 취급하고, 法人稅法 §1 Ⅱ도 바로 이러한 단체를 법인으로 취급하고 있다. 國稅基本法은 組合에 관하여는 특별한 규정을 두지 않고 稅基 §25가 "공유물, 공동사업 또는 당해 공동사업에 속하는 재산에 관계되는 국세, 가산금과 체납처분비는 그 공유자 또는 공동사업자가 연대하여 납무할 의무를 진다"라고 규정하고 있으므로, 組合의 공동사업으로 인한 조세는 組合員이 연대하여 납세할 의무를 부담한다고 볼 수 있다. 그런데 所得稅法 §1 Ⅲ은

97) 金曾漢, 345.
98) 李太載, 352.

法人格 없는 社團, 財團 기타 단체 중 국세기본법의 규정에 의하여 법인으로 보는 단체 외의 단체로서 그 단체의 대표자 또는 관리인이 선임되어 있고, 이익의 분배방법 및 분배비율이 정하여져 있지 아니한 경우에는 이를 거주자로 보아 이 법을 적용한다고 규정하여, 組合이라도 위와 같은 요건에 해당하면 직접 조세채무자가 된다고 생각할 수도 있다. 그러나 組合은 이익의 분배방법 및 분배비율이 정하여져 있지 아니한 경우에도 채권자는 각 조합원에게 균분하여 그 권리를 행사할 수 있으므로 組合을 조세채무자로 하여 조세부과 처분을 하는 예는 없을 것이다.

또한 附加價値稅法 §2 Ⅱ이 납세의무자로 法人格 없는 社團·財團 기타 단체라고 표현하여 組合도 납세의무자로 보고 있는 것처럼 규정하고 있다. 그러나 附加價値稅法의 경우에도 組合은 국세기본법에서와 같이 취급하여야 할 것이다.[99]

[金 載 亨]

第 703 條(組合의 意義)

① 組合은 2人 以上이 相互出資하여 共同事業을 經營할 것을 約定함으로써 그 效力이 생긴다.

② 前項의 出資는 金錢 其他 財産 또는 勞務로 할 수 있다.

차 례

99) 독일에서는 民法上 組合도 원칙적으로 조세채무자가 될 수 있다고 한다. Staudinger-Keßler, Vorbem zu §705 Rz 187ff. 참조.

I. 組合契約의 意義와 法的 性質

1. 組合契約의 意義

(1) 民法上 組合의 意味

組合은 2인 이상이 서로 출자하여 계약에서 정하여진 공동사업을 경영하는 것을 약정함으로써 이루어지는 단체이다. 本節의 標題와 本條가 組合이라는 용어[1]를 명확하게 구분하지 않고 사용하고 있기는 하지만, 組合의 개념은 바로 本條에서 생겨난 것이고, 이 규정이 정한 특징이 있는 단체가 있다면 이는 民法上 組合에 해당한다. 그렇지만 본조의 규정과 같이 모든 組合의 성립에 당연히 組合契約이 전제가 되어야 하는 것은 아니다. 즉 前注 [Ⅲ. 4.]에서 본 共同鑛業出願人 또는 共同鑛業者는 組合이라고 볼 수 있는데, 이러한 경우에는 組合契約이 전제로 되어 있지 아니하다.

(2) 組合契約은 組合創設의 合意

本條에 의하면 民法上 組合에는 組合契約이 당연히 그 전제로 되고 있다. 組合契約이란 바로 이 組合의 창설을 목적으로 하는 합의로서 2인 이상이 서로 출자하여 공동사업을 경영하기로 하는 약정을 의미한다. 공동사업을 경영하기로 약정한다는 것은 그러한 合意 외에 그 團體의 組織, 運營 및 當事者(組合員)의 權利義務 등의 基本을 이루는 規則을 정하는 것을 포함함은 물론이다.

따라서 當事者(組合員)들 사이의 이러한 합의가 組合에 관한 것일 때에는 組合을 창설할 때의 합의 뿐만 아니라 組合의 존속중에 행하여지는 組合의 구성이나 운영에 관한 약정의 수정, 보완에 관한 합의도 역시 組合契約이다.[2] 따라서 組合의 기초가 되는 사항의 보완, 변경은 組合契約에 별도의 규정이 없는 한 조합원 전체의 합의가 필요하다.[3]

2. 組合契約의 法的 性質

(1) 總　說

組合契約은 組合이라는 단체를 창설하여 계약당사자가 그 구성원으로 되

1) 組合이라는 用語에 관하여는 前注의 [Ⅰ. 1.] 참조.
2) 郭潤直, 523; 金疇洙(上), 437.
3) 註釋債各(Ⅱ), 586.

기 위한 합의이다. 民法이 규정하는 典型契約에서는 雙務契約이든 片務契約이든 상대방이 한 급부가 급부를 받은 자에게 귀속된다. 그런데 組合契約에서는 각 당사자의 급부, 곧 출자는 그 처분에 특별한 제한을 받는 組合財產이라는 特別財產을 구성하고, 각 당사자는 그에 대하여 合有持分을 갖게 되는 데 불과하다.

그리하여 組合契約은 民法이 典型契約 중의 하나로 규정하고 있음에도 불구하고 이러한 당사자간의 합의가 과연 계약에 해당하는지 여부에 관하여 다툼이 있어 왔다. 나아가 그것이 계약이라고 하더라도 雙務契約인지 여부와 有償契約인지 여부, 雙務契約이라고 한다면 契約通則에 관한 규정은 어느 정도까지 적용되며, 有償契約이라고 한다면 매매에 관한 규정이 준용되느냐에 관하여도 학설이 대립하고 있다.[4)]

(2) 法的 性質에 관한 學說의 對立

組合契約의 性質에 관한 학설은 ① 契約說, ② 合同行爲說, ③ 契約과 合同行爲의 性質 및 色彩를 아울러 가지는 特殊한 法律行爲라는 說로 나누어 볼 수 있다. 현재 우리 나라에는 첫째의 契約說과 셋째의 特殊한 法律行爲說이 대립하고 있다.

(가) 契 約 說[5)] 契約說에 의하면, 이론상 계약에 의하여서도 어떤 종류의 단체의 창설이 가능할 뿐만 아니라 民法이 組合契約을 典型契約의 하나로 규정하고 있고, 民 §716가 組合契約이라는 用語를 사용하고 있는 이상 組合契約은 債權契約이라고 한다. 이 견해는 나아가 다음과 같이 설명한다. 組合契約이 債權契約이라고 하지만, 매매나 임대차와 같이 다른 債權契約이 서로 채권·채무를 부담하는 대립적 관계에 있는 것과 달리 공동사업을 경영하는 것을 목적으로 서로 급부를 하므로 본질상 계약당사자는 일치하여 협력적 태도를 취하여야 한다. 民法이 組合契約을 債權契約으로 하였음은 2인 이상이 서로 출자하여 협력을 약정하는 점, 즉 각자가 서로 어떤 재산적 가치 있는 出資義務를 부과시킨 점에 근거한 것이다. 그러나 각 당사자가 하는 출자는 상호교환되어 다른 당사자의 이익으로 되지 않고 우선 공동사업의 경영이란 통일적인 목적에 집중한다. 따라서 組合契約이 債權契約이라 하더라도 매우 특이한 성질을 갖는다고 한다.

4) 郭潤直, 524-29.
5) 金曾漢, 347(改說); 金基善, 281; 李太載, 349; 金顯泰, 287; 金疇洙(上), 441; 李銀榮, 443.

(나) 特殊한 法律行爲라는 說[6] 이 견해에 의하면, 組合契約은 합동행위로서의 성질과 계약으로서의 성질을 모두 가지는 特殊한 法律行爲라고 보는 것이 적당하다고 한다. 組合契約에 의하여 組合이라는 하나의 단체가 설립된다는 점을 강조한다면 그것은 社團法人 設立行爲와 마찬가지로 合同行爲라고 새겨야 한다. 일반적으로 계약은 서로 방향을 달리하는 복수의 意思表示의 합치라고 하지만, 組合契約에서는 그러한 보통의 債權契約과는 다른 점이 있다. 民法의 다른 典型契約에서는 재화와 금전(賣買), 금전대차와 이자(消費貸借), 물건대차와 차임(賃貸借) 등과 같이 일정한 이익의 교환이라는, 경제적으로 방향을 달리하는 당사자들의 의사의 합치를 볼 수 있다. 그러나 組合契約에서는 당사자들의 법적 구속은 언제나 공동의 목적을 위한 것이고 그 구속의 경제적 동기도 언제나 공통되는 특색이 있다. 당사자들의 意思表示는 각 당사자에게 같은 의미를 가지는 점에서 계약과 다르고 이른바 합동행위로서의 특징을 갖고 있다. 그렇지만 組合이라는 단체에서는 社團의 경우와 달라서 각 구성원이 단체속에 파묻혀 버려 그 개성을 완전히 잃게 되는 것은 아니고, 오히려 구성원 개인은 여전히 독립한 존재를 가진다. 바꾸어 말하면 組合에서는 단체가 구성원의 개성을 초월한 독립한 단일의 존재가 되지 못한다. 그 결과 組合의 구성, 운영 등에 관한 모든 규범은 組合員의 의사로부터 독립한 객관적 존재가 되지 못하고, 어디까지나 단체의 구성원인 조합원들 사이에서 서로 교환된 의사의 합치에 근거를 두고 있다. 또한 그 당연한 결과로서 組合은 각 조합원이 다른 조합원들에 대하여 出資義務 기타의 공동의 목적 내지 사업의 달성을 위하여 필요한 협력을 요구할 권리를 서로 갖는다는 법적 구성을 통하여 이루어지고 유지되는 것이다. 여기에 組合契約이 비록 단체설립행위라고 하지만 완전한 합동행위가 되지 못하고, 일종의 계약으로서의 성질도 갖게 되는 까닭이 있다고 한다.[7]

(다) 結 語 이상의 설명에서 본 바와 같이 契約說이나 特殊한 法律行爲라는 說이나 그 설명의 표현에 차이가 있을 뿐 계약으로서의 성질과 단체설립행위로서의 특성을 가지고 있다는 점에서는 별로 차이가 없는 듯하다.[8]

---

6) 郭潤直, 524; 金曾漢·安二濬(下), 570; 權龍雨, 385; 註釋債各(Ⅱ), 588.

7) 郭潤直, 525.

8) 독일에서는 組合契約은 곧 계약법적인 내용과 단체법적인 내용을 동시에 지닌 법률행위라고 설명하고(Staudinger-Keßler, Vorbem zu §705 Rz 23ff.), 일본에는 組合契約을 '團體設立型 契約'으로 이해하여야 한다는 견해(日注民(17), 33 참조)도 있다.

조합에 해당하는 단체에는 단체적 성격이 강한 것도 있고 계약적 성격이 강한 것도 있다. 따라서 조합계약의 성질도 각각의 조합에 따라서 다르게 나타날 수 있다. 그러나 실정법이 조합계약을 어떻게 규율하고 있는지가 중요하다. 우리 민법은 조합계약을 契約의 일종으로 규정하고 있으므로, 이론적으로 契約說이 타당하다고 본다. 따라서 조합계약에도 契約自由의 原則이 적용되므로, 그 구성원들은 자유로운 의사에 기하여 조합계약의 내용을 정할 수 있다. 組合에 관한 民法의 規定은 대부분 任意規定으로서 당사자간에 약정이 없는 경우에 비로소 組合에 관한 民法規定이 적용된다. 그러므로 당사자의 의사에 따라 민법이 예정하지 아니한 조합의 형태도 얼마든지 생길 수 있다. 그러나 조합계약을 계약으로 본다고 하더라도 계약에 관한 일반 규정이 조합계약에 그대로 적용된다고 보아야 한다는 것은 아니다.

(3) 組合契約의 契約性

㈎ 組合契約이 계약으로서의 성질을 가지고 있음은 분명하다. 이 때 組合契約이 어떤 종류의 계약인지 문제되는데, 이것은 契約通則과 賣買의 規定이 적용되는지, 그 적용범위가 어떻게 되는지와 관련하여 논의되고 있다.

㈏ 雙務契約 與否

(a) 概 說 組合契約이 계약으로서의 성질을 띠고 있으므로 組合契約에 계약의 통칙규정이 적용된다고 볼 수 있다. 그러나 그 규정들 가운데 同時履行抗辯權과 危險負擔에 관한 규정은 雙務契約에 관한 것이므로, 이 규정의 적용 여부와 관련하여 組合契約이 雙務契約인지 여부가 문제된다.

(b) 學 說 組合契約이 雙務契約인지 여부에 관하여는 雙務契約說[9]과 雙務契約否定說[10]이 대립하고 있다. 雙務契約說은 各組合員은 組合契約의 성립과 더불어 出資義務를 부담하며 그 채무는 대가적 의의를 가지고 있다고 설명한다. 당사자가 교환적 관계에 있는 채무를 서로 부담하는 것은 아니나, 당사자가 서로 상대방이 채무를 부담하므로 자기도 채무를 부담한다는 관련을 가진 채무를 서로 부담한다고 한다.

이에 대하여 雙務契約否定說은 다음과 같이 주장한다. 組合契約에 의하여 모든 조합원은 서로 출자를 하고 공동의 목적을 달성하는 데 필요한 노력을 할 의무를 부담하게 된다. 이 의무를 서로 부담한다고 하는 것은 누구든지 다

9) 金基善, 300; 李太載, 349; 金顯泰, 287; 金疇洙(上), 441; 李銀榮, 444.
10) 郭潤直, 526; 金曾漢, 347; 註釋債各(Ⅱ), 589.

른 組合員 全員에 대한 관계에서 그 의무를 부담한다는 뜻이다. 다만 이 때 全組合員이 자기를 위해서 다른 組合員의 급부를 수령한다는 것을 의미하지는 않는다. 組合員의 급부는 全組合員을 위한 급부이며 어느 특정의 組合員을 위한 급부가 아니기 때문이다. 따라서 어느 組合員이든지 자기 자신을 위하여 다른 組合員에게 급부를 청구하지는 못하며 언제나 全組合員을 위하여 청구할 수 있을 뿐이다. 이 점에서 組合契約은 당사자 사이에서 일정한 이익을 교환하는 것을 목적으로 하는 매매, 임대차 등 다른 債權契約(이른바 給付交換契約 Austauschvertrag)과는 근본적으로 다르다. 組合員들은 각자가 다른 組合員의 급부의 수령자로서 그들의 급부를 교환하는 것이 아니고 각자의 급부에 관한 합의를 통해서 공동의 목적을 달성하고자 서로 급부할 것을 합의하는 것이다.[11) 各組合員의 급부는 다른 組合員의 출자에 대한 대가, 즉 반대급부가 아니고 공동의 목적달성을 위한 전제조건에 지나지 않는다. 그러므로 組合契約은 民 §§536, 537, 538에서 말하는 雙務契約이 아니다. 원래 雙務契約이란 계약에 의하여 쌍방당사자가 견련관계에 서는 급부의무를 부담하고 서로 급부를 교환하여 각자의 이익으로 돌아가게 하려는 관계에 서는 때에 인정되는 것이나 組合契約에는 그런 관계를 인정할 수 없다. 따라서 組合契約은 본래의 의미에 있어서의 雙務契約은 아니다. 대체로 雙務契約否定說이 타당하다고 본다.

㈐ 有償契約 與否

(a) 槪 說 民法上 有償契約에 관하여는 매매에 관한 규정을 준용하도록 되어 있다(民 §567). 따라서 組合契約이 有償契約인지 여부에 관한 논의는 組合契約에도 과연 매매에 관한 규정이 준용되느냐 하는 문제와 관련된다. 有償契約이란 계약당사자가 서로 대가적 의미가 있는 재산상의 출연을 하는 계약이므로 組合契約이 有償契約인지 여부는 各組合員의 出資義務가 서로 대가적 관계에 있는지에 달려 있다.

(b) 學 說 有償契約 肯定說은 組合契約에서 各組合員이 서로 出資義務를 지고 그 채무가 對價的 意義를 갖고 있으며,[12) 그 출자는 그에 상응하는 持分, 이익분배 등의 대가를 염두에 둔 것이므로,[13) 組合契約을 有償契約이라고 한다. 따라서 매매에 관한 규정은 組合의 성질에 반하지 않는 한 준

11) 註釋債各(Ⅱ), 588; Staudinger-Keßler, §705 Rz 6ff.
12) 金基善, 302; 金疇洙(上), 441.
13) 李銀榮, 444.

용된다고 한다.[14)]

이에 대하여 有償契約 否定說은 有償契約의 본질인 당사자의 대가적 출연은 당사자가 상대방의 출연을 자기의 이익으로 차지하는 것을 의미하고 각 당사자가 공동의 목적으로 출연하는 것을 포함하지 않는 것이므로, 組合契約은 有償契約이 아니고 매매에 관한 규정은 組合契約에 준용되지 않는다고 한다.[15)]

組合契約에서 당사자의 출자는 공동의 사업을 경영할 것을 목적으로 재산의 결합을 이루며 그 재산에 관한 持分은 대체로 자기의 출자비율에 따르는 것이지 상대방의 출자로 인한 것이 아니다. 그 이익도 상대방의 급부로 인한 것이 아니고 자기의 출자로 인한 것이다. 따라서 組合員 각자의 출자가 상대방의 급부와 대가적 의미를 가지고 의존관계에 있는 것이 아니다. 즉 상대방의 출자를 자기의 이익으로 하는 관계에 있지 않다. 부정설이 옳다고 본다.

㈑ 諾成·不要式契約　　組合契約은 意思表示의 합치만으로 성립하며 그 성립은 아무런 방식도 요하지 아니한다. 즉 諾成, 不要式契約이다. 이에 관하여는 異說이 없다. 후술하는 [Ⅱ.4]에서 자세히 설명한다.

㈒ 繼續的 契約　　組合契約은 상호신뢰성이 높은 계속적 계약이다. 組合의 목적인 공동사업이 계속적인 것이 아니고 一時的인 것도 있지만 그 한도 내에서는 계속적 계약이다. 그러므로 組合의 사업을 개시하여 제 3 자와의 사이에 거래관계가 이루어진 다음에는 組合契約을 체결 당시의 意思表示의 瑕疵를 이유로 取消하여 조합의 성립 이전으로 환원시킬 수는 없다고 하여야 할 것이다.[16)] 소급적으로 組合契約을 실효케 한다면, 組合이 유효하게 성립된 것으로 믿었던 제 3 자에게 뜻하지 않는 손해를 주기 때문이다.[17)]

3. 組合契約과 契約通則의 적용

(1) 契約通則의 적용

組合契約이 계약으로서의 성질을 가지고 있는 이상 民法이 정하는 계약에 관한 통칙인 民 §§527 내지 553가 모두 組合契約에 적용된다고 생각할 수 있다. 그러나 組合契約이 계약으로서의 성질을 가지고 있지만 이는 일반 債權契約과 다른 특성을 가지고 있으므로, 同時履行抗辯權, 危險負擔 및 契約의 解

14) 李太載, 350; 金顯泰, 287.
15) 金曾漢, 347; 郭潤直, 528.
16) 大判 72. 4. 25, 71다1833(集 20-1, 217). 이 판결에 관하여는 後述 Ⅲ. 2. (2) 참조.
17) 金曾漢, 348.

除, 解止에 관한 規定들이 그대로 적용된다고 보기는 어렵다.

(2) **同時履行抗辯權 規定**

(가) 雙務契約에서 同時履行抗辯權이 적용되는 근본적인 이유는 자기 채무를 이행하지 않고서 상대방 채무의 이행만을 청구하는 것은 공평의 관념 내지 신의칙에 반한다는 것이다. 즉 동시이행항변권은 공평의 원칙에 입각하여 雙務契約에서 생기는 쌍방의 채무 사이에 이행상의 견련관계를 인정하려는 제도이다. 同時履行抗辯權에 관한 民 §536가 組合契約에도 적용되는지 여부는 組合契約을 雙務契約으로 볼 것인지에 관한 견해와 밀접한 관련을 가지고 있다.

그러나 雙務契約說이든 否定說이든 모두 §536의 적용을 제한적으로 인정하고 있으므로 그 결과는 마찬가지이다. 다만 雙務契約說은 組合契約의 특수성,[18] 組合契約의 團體性[19]을 이유로 들어 그 적용을 제한한다. 한편 否定說에서는 組合契約이 쌍무계약은 아니지만, 공평의 원칙에 비추어 동시이행항변권을 인정하는 것이 타당한 경우에는 그 한도에서 同時履行抗辯權을 인정한다.[20] 경우를 나누어서 설명한다.

(나) 業務執行組合員으로부터 出資義務의 이행을 청구받은 組合員은 出資義務를 이행하지 않은 組合員이 있다는 이유로 자기 채무의 이행을 거부할 수 없고, 그 이행을 청구하는 業務執行組合員이 그의 出資義務를 이행하지 아니한 경우에도 同時履行抗辯權을 행사할 수 없다.[21] 業務執行組合員은 全組合員을 대표하여 組合財產에 속하는 출자청구권을 행사하는 것이며, 組合員 사이에서 공평이 문제되는 것은 아니기 때문이다.

(다) 그러나 業務執行組合員이 정해져 있지 않고 各組合員이 업무를 집행하는 경우, 출자를 청구하는 組合員이 자신의 出資義務를 이행하지 않았을 때에는 同時履行抗辯權을 행사할 수 있다. 출자를 청구받은 組合員도 또한 業務執行으로서 상대방의 출자를 청구하는 지위에 있고 그렇게 해석하는 것이 공평에 맞기 때문이다.[22] 出資義務의 이행을 요구하는 組合員이 그 의무를 이미 이행한 경우에는 출자를 요구받은 組合員은 그 의무를 이행하지 않은 다른

18) 李太載, 349.
19) 金顯泰, 287.
20) 金曾漢, 347은 조합계약이 계약이지만 쌍무계약은 아니라고 하면서 동시이행항변권의 적용을 부정한다.
21) 郭潤直, 527; 金基善, 302. 이 문제에 관한 독일의 학설에 관하여는 Staudinger-Keßler, §705 Rz 11ff. 참조.
22) 金疇洙(上), 439; 金基善, 302; 日注民(17), 33-4.

組合員이 있음을 이유로 同時履行의 抗辯을 주장할 수 없다.[23)]

㈑ 2인만으로 구성된 組合에서는 일방의 組合員이 자기의 出資義務를 이행하지 않고 다른 組合員에게 출자를 요구하는 경우에는 공평의 견지에서 同時履行抗辯權을 인정하는 것이 타당하다.[24)]

(3) **危險負擔의 規定**

㈎ 組合契約에 危險負擔의 규정인 民 §§537, 538가 적용될 것인지 여부에 관하여도 학설은 나누어져 있다. 이론적으로는 組合契約이 雙務契約임을 인정하는 학설은 위 규정의 적용을 긍정할 것이고, 否定하는 學說은 그 적용을 부정하여야 할 것이다.[25)]

㈏ 債務者主義(民 § 537)의 規定 　組合契約을 雙務契約으로 보는 견해는 組合員이 2인인 경우와 3인 이상인 경우를 나누어 설명한다. 즉 組合員이 2인인 경우에는 이 규정이 적용되는데, 組合員 1인의 出資義務가 당사자에게 책임 없는 사유로 履行不能으로 된 때에 다른 組合員의 出資義務는 그대로 소멸한다. 組合員이 3인 이상인 경우에는 이행불능이 된 組合員에 대한 관계에 있어서는 다른 組合員의 의무도 소멸하나, 다른 組合員들 사이에서는 채권관계가 그대로 존속한다.[26)] 따라서 組合員이 2인인 경우에는 組合은 解散될 것이고, 3인 이상인 경우에는 出資義務가 이행불능이 된 組合員은 탈퇴하고 나머지 組合員들 사이에서만 組合이 존속되는 것으로 해석된다.[27)]

反對說에 의하면 組合契約에 危險負擔의 규정은 적용되지 않는다고 한다.[28)] 따라서 부동산 등의 특정물을 출자하기로 한 組合員이 불가항력으로 그 출자를 할 수 없게 되었다고 하더라도, 出資義務를 이행한 것으로 되지 않는다. 또한 노무를 출자하기로 한 組合員이 불가항력으로 그 출자를 할 수 없게 되었다고 하더라도 그의 급부의무에 대응하는 다른 組合員의 급부의무가 소멸하는 것도 아니다. 組合契約으로 그 組合員이 다른 출자를 하기로 합의하거나, 勞務를 出資한 경우에 이미 제공한 노무만으로 出資義務를 이행한 것으로 합의하지 않는 한 출자가 불능으로 된 組合員은 組合에서 탈퇴하게 될 뿐이다. 그리고 이행불능으로 된 급부가 組合의 목적을 달성할 수 없거나 달성하기 대단히

23) 郭潤直, 527; 李太載, 349; 金顯泰, 287.
24) 郭潤直, 527.
25) 李銀榮, 444은 조합계약이 쌍무계약임을 인정하면서도 위험부담규정의 적용은 부정한다.
26) 金疇洙(上), 440; 金顯泰, 287; 李太載, 350.
27) 註釋債各(Ⅱ), 590.
28) 郭潤直, 528; 金曾漢, 347.

곤란할 정도로 중요한 것일 때에는 組合을 解散할 수밖에 없다.[29]

兩說은 危險負擔의 적용문제에 관하여 설명의 방법이 다르지만, 組合의 團體性 때문에 같은 결론을 인정하고 있다.

㈐ 債權者主義(民 §538) 規定 한 組合員의 出資義務가 다른 組合員의 책임 있는 사유로 이행할 수 없게 된 때에는 民 §538를 형식적으로 적용한다면 이행불능에 이른 組合員의 出資義務는 소멸하고 결국 出資義務를 이행한 것으로 되나, 그 이행불능에 책임 있는 組合員의 出資義務는 소멸하지 않게 된다. 雙務契約說의 입장을 취하면서 民 §538의 규정까지 그 적용을 긍정하는 견해[30]도 있으나, 組合의 團體性에 비추어 民 §537의 경우와 같이 해결하여야 할 것이다.

(4) 契約解除에 관한 通則의 規定

組合員의 한 사람이 그의 귀책사유로 組合契約上의 채무를 이행하지 않더라도 단체인 組合에 있어서는 契約의 解除 또는 解止를 인정할 것이 아니다. 組合에는 이러한 契約의 解除, 解止의 규정에 대신할 脫退, 除名, 解散에 관한 규정이 있기 때문이다.[31]

判例도 契約의 解除, 解止의 통칙은 組合契約에 적용되지 않는다고 한다.[32] 그러나 대법원은 합의에 의한 組合契約의 解除는 가능한 것처럼 판결한 예가 있고,[33] 同業者가 출자하였던 출자금을 환불하고 현물출자로 제공된 공장을 출자자가 단독으로 활용하기로 합의하였다면 특별한 사정이 없는 한 그 同業契約은 해지된 것이라고 판결한 예도 있다.[34] 그러나 이 判決들은 모두 組合의 解散을 잘못 표현한 것으로 보인다.

4. 組合契約과 賣買의 規定

(1) 組合契約에 賣買의 규정을 준용할 것인지 여부는 前述한 [2. (3) ㈐]에서 설명한 바와 같이 組合契約을 有償契約으로 볼 것인지에 달려 있다. 有償契約이라는 견해에 의하면 組合의 성질에 반하지 않는 한 매매의 규정은 준

29) 郭潤直, 528.
30) 金疇洙(上), 440.
31) 郭潤直, 528; 金曾漢, 348 ; 李銀榮, 444.
32) 大判 62. 8. 2, 4294민상1606(集 10-3, 204); 大判 69. 11. 25, 64다1057(集 17-4, 34); 大判 87. 5. 12, 86도2566(公 803, 1012); 大判 88. 3. 8, 87다카1448(公 823, 657); 大判 94. 5. 13, 94다5157(公 970, 1685).
33) 大判 66. 12. 6, 66다1756(要集 민 I-2, 1079).
34) 大判 60. 5. 5, 4292민상390(要集 민 I-2, 1074).

용된다고 볼 것이고, 反對說에 의하면 組合의 일반이론에 따라 해결할 것이다.

(2) 擔保責任의 효과로서 契約解除權이 발생하는 경우 組合員이 출자를 약속했던 부동산이 타인에게 속하여 그것을 취득하여 組合에 이전할 수 없을 때 組合契約의 解除를 인정해야 하는가? 이 解除를 소급효가 없는 해지로 이해하더라도 이를 인정함은 組合의 團體性에 적합하지 않다. 組合員의 脫退, 除名, 解散請求 등에 관한 규정은 契約解除에 관한 단체법적 특별규정으로 보아야 한다.[35] 위의 경우에는 그 組合員만이 탈퇴하는 방법으로 처리하여야 할 것이나,[36] 부득이한 경우에는 解散할 수밖에 없을 것이다. 組合契約을 有償契約이라고 보는 학설은 組合의 단체법적 성격을 이유로 그 규정의 준용을 거부함으로써 부정설과 동일한 결론에 도달한다.

(3) 賣渡人의 擔保責任으로서 代金減額請求權을 발생케 하는 경우

組合員이 數量을 指定하여 출자했던 土地의 面積이 부족한 경우에는 출자의 평가를 고치거나 다른 종류의 출자를 추가로 하는 합의가 필요하다. 만약 그것이 불가능하다면 그 組合員은 탈퇴하여야 할 것이다. 만일 組合의 목적달성이 현저히 곤란하게 되거나 불가능하게 된다면 組合은 解散될 수밖에 없다.[37]

(4) 擔保責任으로서 賣渡人이 無過失賠償責任을 지는 경우에 해당할 경우

組合員이 출자한 목적물(특정의 자동차)에 숨은 瑕疵가 있어 다액의 수리비가 필요한 경우 등에는 그 組合員이 무과실책임을 져야만 하는가?

瑞債 §531 Ⅲ은 "危險負擔과 擔保責任에 관하여는 개개의 組合員이 출자로서 물건의 사용을 허여할 때에는 임대차의 규정을, 물건의 소유권을 이전하는 때에는 매매의 규정을 준용한다"고 규정하고 있기 때문에 組合契約의 遡及的 解除까지 인정하는 학설도 있다고 한다.

그러나 우리 民法上으로는 組合員은 무과실책임을 지지 않고 채무불이행의 통칙에 따를 뿐이다.[38] 다만 商 §196는 合名會社의 사원이 채권을 출자하는 경우에 대하여 "채권을 출자의 목적으로 한 사원은 그 채권이 변제기에 변제되지 아니한 때에는 그 채권액을 변제할 책임을 진다. 이 경우에는 이자를 지급하는 외에 이로 인하여 생긴 손해를 배상하여야 한다"고 규정하여 회사재산의 충실을 도모하고 있다. 이것은 合名會社가 법인이기 때문에 규정한 것이 아니

35) 註釋債各(Ⅱ), 591-92.
36) 日大判 明 44.12.26(民錄 17, 916).
37) 註釋債各(Ⅱ), 592.
38) 郭潤直, 529.

므로, 영리를 목적으로 하는 組合에는 유추적용할 수도 있다는 견해가 있다.[39)]

(5) **組合契約과 意思表示 瑕疵에 관한 民法總則 規定 및 詐害行爲 規定의 적용 여부**

組合契約에 民法總則에서 규정하는 意思表示 瑕疵에 관한 규정과 詐害行爲에 관한 규정이 적용되는가? 이 문제는 組合의 성립과 관계되므로, 뒤에서 설명하는 組合契約의 瑕疵와 組合의 성립에 관한 부분에서 설명한다.

Ⅱ. 組合의 成立要件

組合은 두 사람 이상이 서로 출자하여 공동사업을 경영할 것을 약정하는 때에 성립한다.

1. 當事者

組合이 성립하려면 두 사람 이상의 當事者가 필요하다. 두 사람 이상이면 되고, 당사가가 몇 사람이든 제한은 없다.[40)] 그러나 그 數가 너무 많으면 權利能力 없는 社團이 될 가능성이 많다.

(1) 自然人이 組合契約의 당사자가 될 수 있음은 당연하다. 自然人이 組合契約의 당사자가 되는 경우에 行爲能力을 요하므로, 行爲無能力者는 법정대리인에 의하여 계약을 체결하여야 한다. 組合이 영업을 하는 경우에 후견인이 組合契約을 체결하려면 친족회의 동의가 필요하다(民 §950). 그렇지 않으면 組合契約의 取消問題가 생길 수 있다.[41)]

(2) 法人도 組合契約의 당사자가 될 수 있다. 예를 들면 회사간의 카르텔을 형성하는 경우이다. 독일에서는 權利能力이 없는 社團이 組合契約의 당사자로서 組合員이 될 수 있다는 것에 거의 異說이 없으며, 民法上 組合이 다른 組合의 組合員이 될 수 있다는 점도 判例나 通說에 의하여 긍정되고 있다.[42)] 組合員의 持分에 대한 內的 組合을 인정한다면, 組合이 組合代表를 통하여 다

---

39) 註釋債各(Ⅱ), 592; 日注民(17), 37.
40) 大判 74. 9. 24, 74다 573(公 500, 8057)은 공유수면의 매립과 국유미개간지의 간척으로 농지를 조성할 것을 목적으로 하여 64명으로 조직된 동백흥농계를 조합으로 보고 있다.
41) 註釋債各(Ⅱ), 579.
42) Staudinger-Keßler, §705 Rz 46.

른 組合의 組合員이 되거나 組合의 연합체인 上部組合의 組合員이 될 수 있다는 견해가 있다.[43]

(3) 判例는 대체로 組合이 組合인 채로 組合契約의 당사자가 되는 것에 관하여 부정적 입장을 취하고 있는 것으로 보인다. 判例[44]는 組合이 組合員 아닌 자와 同業契約을 체결한 것은 組合이 제 3 자와 組合契約을 체결한 것으로 보지 않고 그 제 3 자를 組合員으로 가입시킨 것으로 보았다. 이 同業契約은 그 체결로 인하여 제 3 자에게 組合의 持分을 설정하는 동시에 종전의 組合員의 持分에 중대한 영향을 미치므로, 組合의 業務執行組合員이 同業契約을 체결하였다고 하더라도 다른 組合員의 동의 없이는 組合에 대하여 그 효력이 없다고 보았다. 그러나 組合員 全員의 동의가 있는 경우에는 종전의 組合員과 새로 가입한 組合員으로 구성된 새로운 組合이 된다.[45]

2. 出　資

모든 당사자는 出資義務를 부담한다. 組合의 목적을 달성하기 위한 경제적 수단을 제공하는 것이 출자이다. 당사자들의 出資義務는 組合契約의 요소이며, 당사자 중에 出資義務를 부담하지 않는 자가 있는 경우에는 그 계약은 組合契約이 아니다.[46]

(1) 出資의 客體

㈎ 가장 典型的인 出資의 客體는 金錢이지만, 動產이나 不動產을 출자하는 경우도 많다. 금전 이외의 물건은 통상 그 所有權을 출자하는 것으로 보아야 하지만, 使用權만을 출자할 수가 있다.

㈏ 地上權과 같은 所有權 이외의 物權, 鑛業權,[47] 有價證券과 같은 債券, 特許權, 實用新案權, 意匠權과 같은 無體財產權도 출자의 객체가 된다.

㈐ 특수한 技術, 勞務도 경제적 가치가 있는 한, 출자의 객체가 된다. 이른바 '노하우(knowhow)'라는 것은 특정인만이 이를 알고 계속 제공하면 노무의 제공으로 이해될 수도 있다. 노무는 정신적이든 육체적이든 상관없고, 一時的이든 계속적이든 상관없다.

---

43) 註釋債各(Ⅱ), 579; 日注民(17), 35.
44) 大判 59. 2. 5, 4290민상641(要集, 민 I-2, 1059).
45) 大判 66. 10. 4, 66다1071(要集, I-2, 1060).
46) 郭潤直, 530.
47) 大判 69. 11. 25, 64다1057(集 18-2, 34).

㈑ 商號, 信用과 같은 것도 출자의 객체가 된다. 信用을 출자한다는 것은 組合債務에 대하여 인적, 물적 담보를 제공하거나, 組合員 개인의 사업상의 信用을 이용하게 하는 것이다.[48] 오랫동안 형성한 영업상의 信用을 이용하여 공동사업을 할 수 있는 경우 이 信用이 출자의 대상이 되는 것이다.

㈒ 組合의 事業이 行政官廳의 免許, 예를 들면 酒類製造免許,[49] 養殖漁業免許[50] 등을 전제로 하는 경우, 이러한 免許가 출자의 대상이 됨은 물론이다.

㈓ 종래의 영업활동을 정지하는 것과 같은 不作爲도 組合員으로 부담하는 당연한 競業禁止義務가 아니고 재산적 가치가 있다고 인정되면 역시 출자의 객체가 된다.[51] 결국 재산적 가치 있는 것은 모두 출자의 객체가 된다.

(2) 各 當事者의 出資

㈎ 各組合員이 出資義務를 부담하는 것은 組合의 성립요건이다. 물론 모든 組合員이 동일한 내용의 출자를 하여야 하는 것은 아니다. 甲은 부동산을, 乙은 금전을, 丙은 노무를 출자하여도 상관없다. 그러나 재산적 가치가 있는 출자를 하지 않는 자는 組合員이 아니다. 따라서 출자를 하지 않는 자를 구성원으로 하는 단체는 組合이 아니다. 그러나 이러한 단체에 대하여도 組合과 유사성이 인정되는 한도 내에서 組合에 관한 규정이 준용될 수는 있다.[52]

㈏ 各組合員의 출자에 관한 규정은 당초부터 명시적으로 할 필요는 없으나, 經費를 필요로 하는 사업을 공동으로 하는 것을 약정한 때에는 경비분담, 즉 출자의 약정이 있는 것으로 해석할 것이다. 출자의 비율에 관하여는 명백한 합의가 없으면 평등한 것으로 추정하여야 한다. 그러나 출자의 비율에 관하여 합의가 없지만 損益分配比率에 관하여 약정이 있다면, 특별한 사정이 없는 한 출자비율도 損益分配比率과 같다고 추정된다. 判例[53]는 損益分配比率을 균등하게 정하고 있다면 출자비율도 균등한 것으로 추정함이 타당하다고 한다. 출자비율만 정해놓고 출자금액을 구체적으로 정하지 않은 경우에는 당사자 일방이 자기의 출자금액을 정하고 상대방에게 약정비율에 따른 일정금액의 출자를 요구하여도 상대방은 불이행책임이 없으며, 組合員간에 구체적인

48) 註釋債各(Ⅱ), 600.
49) 大判 65. 1. 19, 64다1371(集 13-1, 30).
50) 大判 82. 12. 28, 81도3140(集 30-4, 형 166).
51) 郭潤直, 530; 李太載, 349.
52) 日注民(17), 45.
53) 大判 86. 3. 11, 85다카2317(公 775, 631).

출자금액을 합의하여야 한다.[54]

㈐ 組合員이 추가적인 出資義務를 부담하느냐 여부는 組合契約의 해석 문제이다. 출자가 정액으로 정하여져 있는 경우에는 추가출자는 組合員의 합의가 필요할 것이나, 출자의 비율이 정하여져 있는 경우에 組合에 계속적인 지출이 필요한 때에는 그 비율에 따라 수시로 출자하여야 한다고 볼 것이다.[55]

㈑ 출자의 청구는 본래 民 §706의 業務執行의 문제이다. 이에 관한 동시이행관계의 성부, 危險負擔의 문제는 前述한 Ⅰ.3에서 언급하였고, 출자의 불이행에 관한 책임은 채무불이행책임에 관한 民 §390의 문제가 아니라 組合에 관한 특칙인 民 §705의 문제로 해결하여야 할 것이다.

3. 共同事業의 經營을 目的으로 할 것

(1) 組合은 목적단체의 일종이다. 組合이 성립하려면 공동사업의 경영을 목적으로 하여야 한다. 예컨대 토지의 공동소유자가 어떠한 공동사업을 위하여 토지를 사용하는 경우는 組合이 되지만, 단순히 공유물의 사용방법을 정하는 것만으로는 組合이 되지 아니한다.[56]

(2) 組合의 目的이 될 수 있는 事業

㈎ 사업의 종류와 성질에는 제한이 없다. 따라서 영리적이든 비영리적이든, 계속적이든 一時的이든 상관없다.[57] 1회에 한하여 어떤 물건을 공동구입하는 것이라도 좋다. 獨逸에서는 그러한 組合을 一時的 組合(Gelegenheitsgesellschaft)이라고 한다. 그러나 社會秩序에 위반하는 것(예를 들면 극단적인 射倖性이 있는 사업)이나 強行法規에 위반하는 것(예를 들면 獨占禁止法에 반하는 사항을 목적으로 하는 카르텔) 등은 허용되지 않는다. 또한 그 목적 사업이 처음부터 불가능한 것이면, 組合契約은 무효이고 組合은 처음부터 성립하지 않는다.[58]

㈏ 組合의 목적사업이 관청의 면허를 필요로 하는 경우에, 면허를 가지고 있는 자가 無免許者와 동업을 하기로 組合契約을 체결하여도 상관없다.

判例는 無免許者와 동업을 특히 금지하는 특별한 규정이 없는 한 免許를 가지고 있는 자와 無免許者의 동업도 유효하다고 판시하고 있다.[59] 주류제조

54) 大判 60. 4. 21, 4292민상28(要集, 민 I-2, 1067).
55) 日注民(17), 47.
56) 日注民(17), 49.
57) 郭潤直, 529.
58) Staudinger-Keßler, §705 Rz 45.
59) 大判 59. 7. 23, 4291민732(集 7, 190).

의 면허를 받은 자가 타인과 양조장을 동업으로 경영하고 있다고 할지라도 이로 인하여 주류제조의 면허가 取消되는 것(酒稅法 §16 I v에 의하여 免許取消事由가 된다)은 별 문제로 하고 그 주류제조를 동업하기 위한 民法上의 組合契約 자체가 당연히 무효가 된다고 볼 수 없다[60]고 한 예가 있으며, 水產業法 §§8, 14에 의하면 養殖漁業免許를 받지 아니하고는 養殖漁業을 경영할 수 없고 이에 위반한 자를 처벌하고 있음에도 불구하고 養殖漁業免許者와 無免許者의 동업을 위한 民法上의 組合契約의 효력이 부정될 수 없다고 한 예가 있다.[61]

(3) 事業의 共同性

사업은 모든 組合員에게 공동의 것이어야 한다. 사업이 동일한 정도로 자기의 것이어야 함과 동시에 타인의 것이어야 한다. 다음과 같은 점에서 그 특성이 나타난다.

㈎ 組合員 全員이 組合의 목적인 사업의 수행에 어떤 형태로든 關與할 수 있어야 한다. 組合員이 관여하는 정도는 일정하지 아니하고, 최대의 경우는 스스로 사업을 집행하고 組合을 대리하는 권한까지 갖고 있지만 최소의 경우에는 組合의 業務 및 財產狀態를 檢査할 수 있는 권한만을 갖고 있는 경우도 있다. 그러나 당사자가 이 최소한의 권리도 갖지 않고 있는 경우에는 組合契約이 아니다. 예컨대 甲이 乙에게 기업설비일체를 대여하고 乙로 하여금 기업을 경영하게 하며, 대가로서 일정한 비율의 기업수익을 배당받는 계약이라도 甲이 그 기업의 경영에 관해서 위의 최소한의 권한조차 가지지 않는 경우에는 組合이 아니고 기업의 임대차이다.[62]

㈏ 모든 당사자가 사업의 성공에 이해관계가 있는 것이 필요하다. 그 이해관계는 경제적인 것이든 정신적인 것이든 관계가 없고, 일부 당사자에게는 경제적이고 다른 당사자에게는 정신적인 것이라도 좋다. 그러나 영리사업을 목적으로 하면서 당사자 중의 일부만이 이익을 분배받고 다른 자는 전혀 이익분배를 받지 않는 경우에는 民法上의 組合이 아니다. 그러나 이익분배의 비율은 出資價額에 비례하지 않고 달리 정하여도 좋다. 各組合員이 받는 이익에 차등이 있어도 좋다. 그러나 各組合員이 이익을 받은 이상, 어느 組合員만

60) 大判 65. 1. 19, 64다1371(集 13-1, 30).

61) 大判 82. 12. 28, 81도3140(集 30-4, 형 166). 大判 81. 7. 28, 81다145(集 29-2, 249)는 공동광업권설정의 형식을 취하여 광업권자가 아닌 자를 공동광업권자로 등록하여 사실상 광업의 관리경영을 일임한 계약은 실질상 덕대계약으로 무효라고 하였다. 이는 실질적으로 조합계약이 아니므로 이상의 설명과는 관련이 없다.

62) 金曾漢·安二濬(下), 576 이하.

이 손실을 부담하고 다른 자에게는 손실을 부담시키지 않는다는 특약을 하여도 무방하다.[63] 그러나 內部關係에서 그러한 특약이 있더라도, 組合의 채권자에 대한 관계에서 損失分擔을 하지 않는다는 취지의 주장을 할 수 있는 것은 아니다.[64]

(다) 사업을 공동으로 "經營"할 것을 필요로 한다. 따라서 당사자 일방이 상대방의 영업을 위하여 출자를 하였으나 그 영업으로 인한 이익의 분배만을 받는 匿名組合은 組合이 아니다.[65]

4. 合 意

(1) 組合契約은 특별한 方式을 필요로 하는 것은 아니다. 즉 不要式契約이다. 그러나 이 합의는 組合을 구성하려는 당사자의 의사의 합치이므로, 당사자의 의사가 외부적으로 인식될 수 있어야 한다. 그 한도 내에서 명시적이든 묵시적이든 상관없다. 이 합의에 組合이라는 단체의 대내적·대외적인 권리의무관계의 기본이 되는 사항이 포함되어 있으면, 書面化하는 것이 좋을 것이다.

組合契約은 諾成契約이다. 組合員은 출자를 하여야 하지만, 출자를 할 때에 계약이 성립되는 것은 아니다. 組合은 당사자들이 상호출자하여 공동사업을 경영하기로 하는 약정이 있으면 곧 조직되는 것이며, 그 약정에 의한 출자가 있을 때에 조직되는 것은 아니다.[66] 따라서 組合은 계약체결과 동시에 各組合員에 대한 출자청구권만을 갖는 組合이 성립한다고 볼 것이며, 만일 이 출자청구권이 組合財産을 구성하지 않는다고 하면, 財産 없는 組合이 성립되었다고 볼 것이다.

(2) 모든 당사자들 사이에 합의가 이루어져야 한다. 그렇다고 하여 그 계약이 동시에 이루어져야 한다는 의미는 아니고 그 意思表示가 순차로 이루어지거나 한사람이 나중에 하더라도 상관없다.[67] 또한 당사자 전원이 설립총회를 개최하고 전원이 직접 합의에 도달하여야 할 필요가 있는 것이 아니다. 發起人에게 당사자 전원이 代理權을 수여함으로써 합의를 성립시키는 것이 가능하다. 社團法人의 설립행위와 같은 합동행위에 원칙적으로 民 §124가 적용

63) 郭潤直, 530; 註釋債各(Ⅱ), 599.
64) 註釋債各(Ⅱ), 599.
65) 郭潤直, 530.
66) 大判 55. 3. 31, 4287민330(要集 민 Ⅰ-2, 1059).
67) Soergel-Hadding, §705 Rz 4.

되지 않으므로,[68] 組合契約을 계약으로서의 성질을 가지는 합동행위라고 보는 학설에 의하면 民 §124는 당연히 적용되지 않을 것이다. 契約說에 의하더라도 組合의 특성상 民 §124의 적용을 긍정할 수는 없을 것이다.

(3) 組合契約이 유효하게 성립하기 위하여서는 최소한 당사자 전원이 공동사업을 경영할 것을 목적으로 하여야 하고, 전원이 그 목적달성을 위하여 요구되는 출자를 하기로 하는 의사가 성립되어야 한다.[69] 組合契約에는 이러한 최소한의 사항만이 아니고 組合의 業務執行方法, 損益分配, 存續期間 등 組合의 구성에 관한 사항, 즉 "組合規約"을 정해 두는 것이 좋다. 民法에 규정한 組合에 관한 규정은 任意規定이므로, 당사자가 이러한 사항에 관하여 특별한 意思表示가 있으면 民法의 규정에 우선하여 당사자간의 意思表示에 의하여 규율된다.[70] 그러나 業務執行, 損益分配, 존속기간 등에 관한 약정은 명시적으로 할 필요는 없고, 이러한 약정이 없으면 民法上 組合에 관한 규정을 적용하여 해결할 것이다.[71]

(4) **組合契約의 追加, 變更**

組合契約에 부족한 점이 있으면 全組合員의 합의에 의하여 추가, 변경할 수 있다. 組合契約에 組合의 근본에 관련된 사항에 대하여 다수결에 의하여 결정한다는 규정을 둔 경우에는 이에 따라 組合契約을 추가하거나 변경할 수 있을 것이다.

(5) 組合契約에도 조건과 기한을 붙일 수 있다. 組合契約에 조건과 기한이 붙어 있을 때에는 組合은 그 조건이 성취되었을 때나 기한이 도래한 때에 성립될 것이다. 組合이 성립되면서 組合의 解散에 조건과 기한을 붙인 경우에는 그 조건의 성취와 기한의 도래로 組合이 解散될 것이다.[72]

Ⅲ. 組合契約의 瑕疵와 瑕疵 있는 組合

1. 組合契約의 瑕疵

(1) 組合契約은 모든 법률행위에 적용되는 무효사유로 인하여 그 전부

68) 郭潤直, 民總, 239.
69) 郭潤直, 530.
70) 大判 64. 12. 8, 64다1340(要集 민 I-2, 1060).
71) 大判 59. 7. 9, 4291민상 668 (集 7, 155).
72) Soergel-Hadding, §705 Rz 4.

또는 일부가 무효로 될 수 있으며, 개개의 組合員의 가입의사가 무효일 수도 있다. 그 사유로는 組合의 목적이 사회질서 및 강행법규에 반하는 경우, 組合의 目的이 처음부터 不能인 경우, 그 意思表示에 當事者의 無能力, 意思의 欠缺, 錯誤, 詐欺, 強迫 등의 瑕疵가 있는 경우, 代理權의 欠缺이 있는 경우 등을 들 수 있다.

組合契約에 이러한 瑕疵가 있는 경우에는 民法總則의 규정이 적용된다. 따라서 組合契約은 원칙적으로 無效이거나 取消되어 그 효력이 없게 된다.[73] 그러나 組合契約은 당사자간에 일정한 권리의무관계를 발생시킴과 동시에 組合이라는 단체를 생기게 하므로 民法上의 다른 典型契約의 경우와는 다른 면이 있다.

(2) 組合契約이 성립하였으나 組合이 事業을 開始하여 제 3 자와 거래관계를 시작하기 전에는 組合關係는 당사자간의 權利義務關係로 존재할 뿐이고 객관적인 단체로서 대외적인 활동을 하지 않는 상태이다. 그러므로 제 3 자의 이익을 해하는 경우란 없다. 따라서 組合契約의 瑕疵에 民法總則의 일반규정을 그대로 적용하여도 상관없다. 組合의 목적이 사회질서 및 강행법규에 반하는 경우에 組合契約은 무효일 것이나, 組合契約의 본질에 관한 것이 아닌 한 계약의 일부만이 무효인 경우도 있을 수 있다. 이러한 경우는 民 §137 但書에 의하여 해결될 수 있을 것이다.

組合契約을 체결한 당사자 자신이나 그 意思表示에 瑕疵가 있는 경우 組合契約의 당사가가 2 인인 경우에는 그 계약을 무효로 처리하거나 그냥 取消하여도 상관없을 것이다. 그러나 당사가가 3 인 이상인 경우는 그 중 1 인에게만 無效, 取消事由가 있는 경우라도 개개인의 組合契約을 체결하여 組合에 가담하려는 의사는 組合契約의 성질에 비추어 볼 때 분리할 수 있는 것이 아니므로, 일부 무효의 이론이 그대로 적용되기는 어렵다. 다만 나머지 組合員들 사이에 瑕疵 있는 당사자의 협동이 없이도 組合契約을 체결하였으리라고 인정되는 경우에는 나머지 組合員들 사이에서만 유효한 것으로 처리하여도 좋을 것이다.[74] 만일에 당사자들이 組合員의 탈퇴가 있더라도 組合은 나머지 組合員들로만 계속 존속하는 것으로 합의한 계약조항을 두고 있다면, 위와 같은 경우에 瑕疵 있는 당사자를 제외하고도 組合契約을 그대로 유지하였으리라고

73) 郭潤直, 531.

74) Soergel-Hadding, §705 Rz 39ff.; 金疇洙(上), 445는 조합계약은 전체로서 유효하고 瑕疵 있는 당사자만 조합에서 탈퇴할 수 있다고 설명한다.

인정할 수 있는 근거가 될 것이다.[75]

2. 瑕疵 있는 組合

(1) 組合契約의 체결에 있어서 당사자 전부 또는 일부에 無效 또는 取消事由가 있는 경우에는 법률상 유효한 組合이라는 단체가 창설된다고 볼 수 없다. 그럼에도 불구하고 이 組合이 그 공동목적을 수행하기 위하여 사업을 이미 개시하여 제3자와 법률적 관계를 맺었을 경우에는 組合關係를 소급적으로 실효시키는 것은 組合이 유효하게 성립된 것으로 믿고 거래를 한 제3자의 이익을 크게 해칠 것이다. 따라서 이러한 瑕疵 있는 組合關係의 대내외적 문제를 해결하기 위하여서는 적용이 가능한 組合에 관한 각종 규정을 종합하여 결론을 내려야 하고, 法律行爲의 無效, 取消에 관한 일반적 규정을 그대로 적용해서는 안 된다. 이러한 瑕疵 있는 組合契約으로 인한 組合을 瑕疵 있는 組合(fehlerhafte Gesellschaft) 또는 事實上 組合(faktische Gesellschaft)이라고 부른다.[76]

(2) 瑕疵 있는 組合의 법률관계를 어떻게 처리하여야 할지에 관하여는 두 가지 견해가 있다. 첫째, 이 문제를 事實的 契約關係의 한 유형으로 설명하는 견해[77]이다. 이 견해에 의하면 제3자의 신뢰보호를 이유로 조합계약에 관하여는 당사자의 무능력 등으로 조합이 소급적으로 성립하지 않은 것으로 할 것이 아니라, 사실상 조합으로서 활동한 동안은, 마치 유효하게 조합이 성립하였던 것과 같이 다루어서 처리하는 것이 타당하다고 한다. 둘째, 瑕疵 있는 組合에 관하여 事實的 契約關係論을 적용하는 것에 반대하는 견해[78]이다. 이 견해에 의하면 瑕疵 있는 組合의 法律關係는 비록 무효이기는 하지만 역시 당사자가 의욕한 법률행위에 기초하고 있는 것이고, 이와 遊離하여 존재하는 '事實'에 기초하고 있는 것은 아니라고 한다. 후자의 견해가 타당하다고 생각된다. 조합계약이 무효이거나 취소된 경우에 조합계약의 특수성에 비추어 장래에 대해서만 효력이 있다고 보아야 할 것이다. 이것을 굳이 사실적 조합관계론으로 설명할 필요는 없을 것이다.

---

75) 郭潤直, 531.

76) 독일에서 초기에는 事實上 組合 문제로 논의되었으나, 현재의 판례와 학설은 瑕疵 있는 組合의 문제로 논의하고 있다. 이에 관하여는 Soergel-Hadding, §705 Rz 70ff. 등 참조.

77) 郭潤直, 532.

78) 李英俊, 民總, 133; 孫智烈, "事實的 契約關係論", 민사재판의 제문제(상), 1995, 338.

한편 大判 72. 4. 25, 71다1833[79]은 "본건 광산의 광업자로 된 이상 원고들은 조합계약을 한 것으로 간주되는 것인데 그 조합체는 원고의 사기를 이유로 한 본건 계약의 취소 의사표시 전에 이미 본건 계약의 실행에 착수하여 많은 노무자를 고용하고 기구 등을 장만하여 배수작업 내지 채굴작업을 해왔음은 기록상 분명하므로 조합이 사업을 개시하고 제 3 자와 사이에 거래관계가 이루어지고 난 다음에 조합계약 체결 당시의 그 의사표시의 하자를 이유로 취소하여 조합성립 전으로 환원시킬 수 없다고 판단하였는바 이는 정당하다"고 판시하였다. 이 판결이 사실적 계약관계론을 인정한 것이라는 견해[80]도 있으나, 사실적 계약관계론을 인정하지 않는 견해에서도 마찬가지 결론을 도출할 수 있다.

(3) 瑕疵 있는 組合에 관하여 법률행위에 관한 일반적 규정을 적용하지 않고 組合法의 원리에 따라 해결하기 위하여서는 組合契約의 전부에 그러한 瑕疵가 존재하여야 한다.[81] 組合契約의 일부조항만이 무효인 경우에는 보충적인 계약해석이나 법규에 따라 유효한 계약으로 처리하여야 할 것이다. 다만 그 조항이 組合의 본질에 관한 것인 한 民 §137의 일부 무효이론이 적용될 것이다.

瑕疵 있는 組合에 관하여 이러한 組合에 관한 규정에 따라 해결하는 것은 앞에서 본 바와 같이 組合契約에 법률적으로 無效 또는 取消事由가 있음에도 불구하고 당사자들 사이에 組合契約을 체결하였으리라고 보이고, 內部的으로 組合財產을 형성함과 동시에 대외적으로 제 3 자와 법률적 관계를 맺은 경우에 한정할 것이다. 이러한 경우에는 組合關係를 처음부터 효력이 없는 것으로 취급할 것이 아니라 瑕疵를 주장할 때까지는 유효한 것으로 취급하고, 다만 장래에 한하여 組合法의 일반원칙에 따라 解散할 수 있다고 보아야 한다.

이 경우에 對外的인 法律關係는 완전히 유효한 것으로 보아 組合代理나 委任에 관하여는 民法上 組合에 관한 법률규정이 적용된다. 이 때 對外的인 法律關係는 책임질 법적 외관을 창출한 것을 신뢰한 데 대한 책임의 문제가 아니다. 따라서 제 3 자가 組合이 유효하게 존재한다고 믿었는지 여부는 고려할 필요가 없다. 組合契約의 瑕疵를 알고 있는 제 3 자에 대하여도 組合은 유효한 것으로 간주될 것이다.

---

79) 集 20-1, 217.
80) 郭潤直, 532.
81) Soergel-Hadding, §705 Rz 71f.

(4) 그러나 組合의 목적이 처음부터 私娼業이나 密輸業과 같이 사회질서나 강행법규에 위반된 영업을 목적으로 한 경우에는 그 組合契約은 처음부터 무효이고 이러한 사업에 관하여 法律關係를 맺은 제 3 자는 보호받을 여지가 없다.

그 밖에 組合契約에 行爲無能力者의 關與, 意思表示의 瑕疵가 있음으로 말미암아 組合契約이 효력이 없게 되는 경우에는 瑕疵 있는 組合의 이론이 적용될 것이다. 組合員이 3인 이상인 경우에 組合契約의 전부가 무효가 되느냐 여부는 일부 무효의 이론으로 해결하여야 한다. 전부가 무효로 된다면 瑕疵 있는 組合의 이론이 적용될 것이나, 행위무능력자의 보호는 거래의 안전에 우선하는 것이므로, 나머지 組合員들 사이에서만 瑕疵 있는 組合이 구성되었다고 보는 것이 좋다.[82]

組合員 一部에만 瑕疵가 있고 나머지 組合員들이 組合을 그대로 유지할 의사가 분명하다면 瑕疵 있는 組合이 아니라 그냥 組合의 규정이 적용된다. 다만 瑕疵 있는 組合員이 瑕疵를 주장한다면 그 組合員만이 탈퇴하는 것으로 처리하고 그 組合員과의 사이에서만 瑕疵 있는 組合의 이론을 적용하여야 한다.

3. 組合과 詐害行爲의 規定

(1) 채무자가 組合契約에 의하여 출자하는 것이 채권자에 대하여 詐害行爲가 되는 경우에 民 §406를 그대로 적용할 것인지 문제된다. 商 §185가 合名會社의 설립이 詐害行爲가 되는 경우에 設立取消의 訴를 제기할 수 있도록 규정하고 있으나 組合에 관하여는 그러한 규정이 없다. 다음과 같이 나누어 볼 수 있다.

(2) 組合이 아직 사업을 개시하지 아니하고 제 3 자와 거래관계가 생기지 않은 단계에서는 民 §406를 그대로 적용할 수 있다. 따라서 채권자는 詐害行爲取消의 訴를 제기하여 채무자인 組合員의 出資行爲를 取消하고, 出資의 返還請求를 할 수 있다고 볼 것이다.[83] 商 §185의 경우와는 달리 수익자라 할 수 있는 기타의 組合員의 惡意가 필요하지만, 組合員 중에 1인이라도 惡意이면 충분하고 전원에게 惡意가 있어야 하는 것은 아니다. 詐害行爲라는 이유로 組合契約이 取消된 경우에, 組合契約이 그 채무자에 대한 관계에서만 取消된

82) Soergel-Hadding, §705 Rz 82.
83) 大判 55. 5. 31, 4287민상330(要集 민 I-2, 1065).

다고 한다면, 取消된 出資行爲로 인한 財産은 다른 사람과의 관계에서도 合有財産이 될 수 없기 때문이다. 그러나 이 取消에 의하여 組合契約 전부가 소급하여 효력을 상실하는 것은 아니고, 合名會社의 경우와는 달리 다른 組合員만으로 組合의 계속을 바라는 경우에는 특별한 사정이 없는 한 組合은 존속한다고 볼 것이다.[84)]

(3) 組合이 사업을 개시하여 제3자와 거래관계가 생긴 후에는 채권자는 組合契約의 取消請求를 할 수 있지만, 그 효과는 그 組合員의 탈퇴와 그 持分의 返還을 청구할 수 있는데 불과할 것이다. 한 명의 組合員의 詐害行爲에 의하여 組合契約 전체에 결정적 타격을 가하는 것은 그 단계에서는 특히 피하여야 할 필요가 있을 뿐 아니라 채권자로서도 출자의 반환으로 충분하기 때문이다. 일반적으로 詐害行爲를 取消하는 경우에 轉得者에 해당하는 자는 組合과 거래한 제3자이나, 이들의 선의·악의를 구별한다는 것은 取消의 請求를 위와 같이 보는 한 의미가 없다. 출자의 목적이 특정물인 경우 그 반환을 구할 수 있느냐는 문제이다.[85)] 탈퇴 당시의 組合財産 상황에 따라 組合員의 持分을 계산하여 그 반환만을 청구할 수 있다고 보아야 한다.

Ⅳ. 組合契約의 當然成立

共同鑛業權者 또는 共同鑛業出願人 사이에 鑛業 §§19 Ⅵ, 34가 당연히 組合契約을 체결한 것으로 보고 있다. 農地擴大開發促進法上의 開墾許可權과 公有水面埋立法上의 埋立免許가 數人 명의로 된 경우에 특별한 사정이 없는 한 組合體를 구성한 것으로 보아야 할 것이나, 組合契約이 당연 성립되는 경우라고 보기는 어렵다. 또한 信託法上의 共同受託者, 船舶共有者, 建物의 區分所有者의 관계는 組合關係가 성립된 것으로 보기 어렵다. 이에 관하여는 前注[前論] Ⅳ·Ⅴ 참조.

[金 載 亨]

84) 日注民(17), 42.
85) 日注民(17), 42.

第704條(組合財産의 合有)

組合員의 出資 其他 組合財産은 組合員의 合有로 한다.

차 례

Ⅰ. 特別財産으로서의 組合財産

1. 組合財産의 概念

民 §271 Ⅰ은 "법률의 규정 또는 계약에 의하여 수인이 조합체로서 물건을 소유하는 때에는 합유로 한다. 합유자의 권리는 합유물 전부에 미친다"라고 규정하고 있고, 本條는 다시 "조합원의 출자 기타 조합재산은 조합원의 합유로 한다"라고 규정하고 있다. 本條는 民 §271 Ⅰ 本文의 내용과 중복되는데, 조합재산이 조합원들의 합유에 속함은 분명하다.

組合은 2인 이상의 당사자가 공동사업을 경영할 것을 약정한 계약관계이지만, 대외적으로는 組合員 全員이 하나의 단체를 구성하여 활동한다. 組合은 그 자신이 하나의 사회적 활동의 단위이며, 그러한 활동을 위하여 그 기초가 되는 재산을 취득하며 그 활동의 결과로서 재산을 얻기도 하고 채무를 부담하기도 한다. 組合을 이러한 사회적 활동의 단위인 단체로 인정하여 組合에게 고유한 업무의 집행이 있다고 본다면, 組合員 개개인의 재산과 구별되는 組合自身의 固有財産, 즉 "組合財産"의 존재를 인정하여야 할 것이다. 우리 民法도 이러한 組合財産의 관념을 인정하고 있다. 그러나 組合이 단체라고 하지만 社團法人과 같이 그 구성원으로부터 독립된 인격을 가지지 못하므로, 그 구성원 개개인을 떠나서 스스로 권리의무의 주체가 되지 못한다. 組合은 組合員의 공동목적의 달성을 위하여 필요한 한도에서 통제되는 團體性을 가지는 데 불과하다. 組合 자신의 재산이나 채무도 결국 組合員 개개인을 떠나서는 생각할 수 없게 된다. 組合財産은 법률적으로 各組合員에게 귀속되고, 다만 그 團體性 때문에 순수한 개인의 재산과 같이 개인의 자유의사에 따라 관리, 처분할 수 없는 것이다. 즉 組合財産은 組合員 全員에게 공동으로 귀속된다. 이와 같이 組合財産은 형식적으로 全組合員에게 속하나 실질적으로 組合이라는 단체에 속하여 組合員의 개인 재산과 구별되는 "特別財産"으로 취급된다. 組合財産에 속하는 개개의 權利, 義務는 형식적으로는 各組合員에게 귀속함에도 불구하고, 실질적으로는 各組合員의 고유재산에 혼입되지 않고, 各組合員의 개인적인 권리의무관계로부터 차단되며, 전체로서 그것과 구별되는 별개의 法律關係를 이룬다.[1] 民法은 이리한 전제 아래 組合財産의 귀속형태를 규정하고 있지만, 실제로 존재하는 組合의 형태는 다양하고 재산의 귀속형태도 가지가지일 것이다.

2. 組合財産의 構成內容

(1) 組合財産의 構成對象

組合財産은 대체로 組合員이 출자한 재산, 組合이 그 업무를 수행하는 과정에서 취득한 재산, 組合財産으로부터 생긴 재산 등으로 구성된다. 組合財産이 될 수 있는 것은 물권적 권리뿐만 아니라 그 밖의 권리, 특히 채권과 내부적으로 가치가 있는 것이라고 평가되는 모든 것이다. 前注 民 §703 注解 [Ⅱ. 2]에서 설명한 출자의 객체가 될 수 있는 것은 모두 이에 속한다.

(2) 組合員이 出資한 財産

모든 組合員은 組合契約에서 약정한 출자를 할 의무를 부담하며, 組合員이 출자한 각종재산이 組合財産을 구성하는 요소임은 당연하다.

다만 아직 그 출자를 이행하지 않는 상태에서 出資請求權이 발생하는데, 이 출자청구권도 組合財産의 내용이 된다. 組合員이 組合契約에서 일정한 출자를 하기로 약속하였으나 아직 그것을 이행하지 않고 있다면, 다른 모든 組合員이 출자청구권을 가지게 되는데, 이는 組合員이란 지위에서 생기는 순수한 개인적 청구권이라고 볼 수 없다. 出資義務를 불이행한 組合員은 다른 組合員 全員에 대하여 채무자가 되고, 다른 組合員들은 공동으로 채권자가 되는 독특한 法律關係를 형성한다.[2] 그러나 부동산의 소유자가 조합계약에 의하여 부동산의 사용권만을 투자하기로 한 경우는 말할 것도 없고 소유권을 투자하기로 한 경우에도 아직 그의 소유로 등기가 되어 있고 조합원의 합유로 등기

1) 郭潤直, 541-42.

2) 朝高判 1926. 11. 30(朝高民集 13, 413): 조합계약에 있어서 출자의 수령자 또는 업무집행자를 정한 것이 아닌 한 조합원 각자는 타조합원에 대하여 그 자의 출자의 전부든지 일부든지를 불문하고 이를 청구할 수 있다.

되어 있지 않다면 그와 조합 사이에 채권적인 권리의무가 발생하여 그로 하여금 조합에 대하여 그 소유권을 이전할 의무 내지 그 사용을 인용할 의무가 있다고 할 수는 있을 망정 그 동업계약을 이유로 위 조합계약당사자 아닌 사람에 대한 관계에서 위 부동산이 조합원의 합유에 속한다고 할 근거는 없으므로, 위 조합원이 아닌 제3자에 대하여는 여전히 소유자로서 그 소유권을 행사할 수 있다.[3)]

한편 組合의 債權者는 출자청구권을 押留하여 그로부터 채권의 만족을 얻을 수 있고, 業務執行組合員이 정해진 경우 이 출자이행청구는 業務執行組合員의 業務로 보아야 한다.

(3) **組合의 業務執行으로 取得한 財産**

組合의 業務執行을 통하여 組合의 이름으로 취득한 모든 재산은 組合財産이 된다. 全組合員 또는 業務執行組合員이 組合의 業務執行을 하면서 취득한 재산은 모두 여기에 속한다. 動産·不動産뿐만 아니라 債權·無體財産權과 같은 모든 종류의 권리가 이에 해당할 수 있다.

그러나 業務執行組合員이 組合의 계산이지만 자기 자신의 이름으로 취득한 재산은 業務執行組合員으로부터 全組合員 앞으로 이전하는 행위가 필요하다. 業務執行組合員은 組合契約에 반대의 규정이 없으면 業務執行組合員 명의로 취득한 재산을 全組合員 앞으로 이전할 의무가 있다고 보아야 할 것이다. 부동산은 組合員의 공동명의로 이전하여야 하나, 동산이나 채권은 業務執行組合員과 다른 組合員의 합의로써 충분한다. 이러한 이전행위가 이루어지기 전에 다른 組合員들이 갖는 이전청구권 역시 組合財産이며, 業務執行組合員이 業務執行으로 인하여 組合에 손해를 끼친 경우에 발생하는 組合員들의 損害賠償請求權도 組合財産이다.[4)]

(4) **組合財産에서 생긴 財産**

組合財産으로부터 생긴 果實, 利子, 組合財産의 멸실, 훼손, 침탈 등으로 인한 損害賠償請求權,[5)] 보험금, 수용보상금, 부당이득반환청구권 등이 組合財産이 된다.

---

3) 大判 91. 7. 12, 90다13161(公 1991, 2141). 한편 大判 96. 2. 27, 94다27083, 27090(公 1996상, 1078)은 토석채취권을 매수한 자가 그 권리를 조합에 출자하고 별도의 권리이전절차를 밟지 않은 경우, 다른 조합원이나 매도인이 그 권리가 조합재산임을 주장할 수 없다고 하였다.

4) Staudinger-Keßler, §706 Rz 3ff.

5) 大判 63. 9. 5, 63다330(要集 민 I-2, 1065); 大判 96. 9. 20, 94다52881(公 1996, 3100).

(5) 組合의 債務

組合이 業務執行을 하면서 부담하게 된 채무, 예를 들면 자금의 차용, 물건의 구입, 사무소의 임차로 인한 채무, 종업원의 임금, 타인에게 가한 손해배상채무 등은 소극적인 組合財産으로서 組合員의 개인채무와는 구별된다(組合債務에 대한 자세한 설명은 後述하는 民 §712 注解 참조).

Ⅱ. 組合財産의 歸屬形態: 組合員의 合有

1. 總 說

民法은 하나의 물건이나 권리가 數人에게 귀속되는 공동소유의 형태로 共有, 合有, 總有의 세 가지를 규정하고 있다. 이러한 공동소유의 형태는 공동소유자간의 인적 결합형태가 물권법에 반영된 결과이다.

共有는 개인본위의 법률원리를 토대로 하는 로마법상의 공동소유의 형태로서, 로마법에서 이러한 공동소유의 배후에 있는 인적 결합을 societas 라고 불렀다. 그들의 관계는 순수한 채권관계이고 그 소유형태는 오늘날의 공유관계와 같다. 이러한 인적 결합은 오늘날에도 당사자의 합의에 의하여 얼마든지 가능하다. 이에 반하여 總有는 게르만의 村落共同體(Dorfgenossenschaft)의 소유형태로부터 나온 개념으로서, 개인이 갖는 권리는 단체의 구성원이 됨으로써 취득하는 이용권에 불과하고, 단체원의 지위를 떠나서 독립한 재산권으로서의 성질을 갖지 않는다. 오늘날에는 주로 權利能力 없는 社團, 특히 宗中 및 敎會의 財産에 관한 法律關係를 규율하는 역할을 하고 있다.

合有는 계약관계이면서 단체로서의 성질을 가진 組合財産의 소유형태이다. 組合의 재산은 組合이 존속하고 있는 동안 개인 재산과 구별되는 "特別財産"을 형성하고 있기 때문에, 組合員은 組合財産에 대한 持分權을 제한적으로만 주장할 수 있고, 組合이 解散된 후에 비로소 그 持分權에 기한 권리를 완전히 주장할 수 있다. 이러한 공동소유의 형태는 게르만의 고대사회의 合手的 共同體(Gemeinschaft zur gesamten Hand)의 소유형태에 연원을 두고 있다. 合有關係에서는 持分이 合有關係가 해소될 때까지 잠재적으로만 존재한다. 組合은 그 인적 결합의 모습이 단순한 공유관계보다 두텁고, 權利能力 없는 社團의 총유관계보다 느슨한 형태인데, 合有는 이러한 인적 결합의 형태를 반영한 것이다.

2. 組合財産 "合有"의 法律關係

(1) 組合財産의 所有形態에 관한 民法의 規定

組合財産의 공동소유형태에 관하여, 우리 民法은 獨逸民法이 §719 이하의 組合部分에서만 규정하고 있는 것과는 달리, 債權編의 組合部分과 物權編의 共同所有部分에 따로 따로 규정하고 있다. 組合에 관한 규정에서는 組合의 團體性에 초점을 맞추어 규정하고 있다면, 공동소유에 관한 규정에서는 개개의 組合財産의 소유형태에 초점을 맞추어 규정하고 있다.

(2) 組合財産의 處分問題

(가) 組合財産의 處分, 變更과 組合의 業務執行 組合財産의 處分이라 함은 組合財産에 속하는 개개의 목적물을 양도하거나 그 위에 물권을 설정하는 행위를 뜻하고, 變更이라 함은 사실적, 물리적 변화를 가하는 행위를 뜻한다. 組合員 각자의 持分의 처분은 民 §273 I 에 의하여 규율될 문제이고, 여기에서 組合財産의 처분, 변경이라 함은 성질상 全組合員의 持分을 한꺼번에, 곧 개개의 組合財産이나 全體組合財産을 일체로서 처분, 변경하는 것을 말한다.

그런데 조합재산의 처분 등을 둘러싸고 물권법 규정과 채권법 규정이 서로 모순되는 면이 있다. 즉, 民 §272 本文은 "合有物을 처분 또는 변경함에는 보유자 전원의 동의가 있어야 한다"고 규정하여 合有物의 처분, 변경에 관하여 合手性의 原理를 선언하고 있다. 반면에 民 §706 II 는 "組合의 業務執行은 組合員의 과반수로써 결정한다. 業務執行者가 數人인 때에는 그 과반수로써 결정한다"고 규정하여 組合의 業務執行에 관하여 多數決의 原則을 채택하고 있다. 먼저 組合財産의 처분, 변경에 관하여 組合의 業務執行에 속할 수도 있고 속하지 아니할 수도 있다는 견해[6]와 組合財産의 처분, 변경이 業務執行에 속하지 않는 경우란 있을 수 없다는 견해[7]가 있다. 組合은 원래 공동사업을 경영하기 위하여 결합된 단체이므로 그 목적달성을 위하여 일정한 활동을 하여야 한다. 통설은 組合의 단체로서의 활동을 組合의 業務執行이라 한다. 그런데 組合財産의 처분은 組合의 목적달성에 영향을 미치는 행위임이 분명하기 때문에 바로 組合의 業務執行이라고 설명한다. 이와 같이 組合財産의 처분, 변경을 組合의 業務執行으로 본다면, 民 §272와 民 §706 II 의 규정은 외형상

6) 金曾漢·安二濬(下), 601-2.
7) 郭潤直, 546; 金曾漢, 361; 金疇洙(上), 461; 註釋債各(II), 607.

서로 충돌되는 것처럼 보인다. 한편 후술하듯이 民 §706의 업무집행을 대내적 업무집행만을 가리키는 것으로 본다면, 대외적인 처분행위는 업무집행에 속하지 않는다고 볼 수 있다. 그러나 이 때에도 업무집행자는 대리권이 있는 것으로 추정되므로(民 §709), 조합원의 과반수 또는 업무집행자의 과반수로 조합재산을 처분, 변경한 경우에 그 유·무효를 판단하려면, 위 두 조문의 관계를 명확히 해야 한다. 결국 업무집행에 관하여 어떤 견해를 따르든지 상관없이 위 두 규정의 관계를 어떻게 이해할 것인지는 매우 어려운 문제로서 학설이 심각하게 대립하고 있다.

(나) 學說의 對立

(a) 제 1 설: 組合財產에 속하는 물건의 처분이 組合의 業務執行에 속하는 경우에는 民 §706가 특별규정으로서 적용된다는 견해이다. 따라서 組合財產의 처분이 組合의 業務執行이라고 인정되는 경우에는 組合의 業務執行에 관한 조항인 民 §706 Ⅱ이 적용되고, 組合의 존립과 불가분의 관계에 있는 組合의 기본적 재산을 처분하는 것과 같이 組合의 業務執行으로 인정할 수 없는 경우에는 合有物의 처분에 관한 일반적 조항인 民 §272에 의하여 組合員 全員의 합의를 필요로 한다고 설명한다.[8)]

(b) 제 2 설: 업무집행조합원이 선임되어 있는지 여부에 따라 구분하는 견해로서, 조합재산의 처분, 변경에 관하여 보면, 업무집행조합원이 따로 없는 경우에는, 民 §272 本文이 적용되지만, 業務執行組合員이 있는 경우에는, 民 §706 Ⅱ 後段이 적용된다고 한다. 즉, ① 民 §706 Ⅱ, Ⅲ은 組合의 業務執行을 通常事務와 특별사무로 나누어 규정하고 있는데, 組合財產의 관리·처분이 組合業務라면, 보존과 같은 관리행위는 通常事務이고, 처분·변경에 관한 것은 특별사무라고 하여야 한다. ② 民 §272 但書와 民 §706 Ⅲ은 결국 같은 내용이기 때문에 아무런 충돌이 생기지 않는다. ③ 문제가 되는 것은 특별사무, 즉 合有物의 처분·변경에 관한 것이다. 그런데 民 §706 Ⅱ 前段은 業務執行組合員이 없는 경우이고, 後段은 그것이 있는 경우에 관한 것이다. 民 §272에는 그러한 구별이 없다. 그리하여 民 §272는 業務執行組合員이 없는 경우의 집행방법을 규정한 것이라고 한다. 즉 그것은 民 §706 Ⅱ 前段과의 관계에 있어서 특별규정이라고 해석하여여야 한다. 그렇다면 民 §272는 組合의

8) 이 견해는 金曾漢·安二濬(下), 601에서 이 문제에 관하여 최초로 주장된 것이었으나, 金曾漢 교수는 그 후 저서에서 제 3 설과 같은 입장으로 改說하였다. 현재는 黃迪仁, 債權法各論, 1996, 261이 이 견해를 취하고 있다.

業務執行組合員이 없는 경우에 조합의 합유물을 처분 또는 변경하는 데에 관한 것이고, 民 §706 Ⅱ 前段은 그 밖의 특별사무에 관한 것이라고 할 수 있을 것이다. ④ 요컨대, 업무집행조합원이 따로 없는 경우에, 합유물의 처분이나 변경은 民 §272 本文에 의하여 組合員 全員의 합의를 필요로 하나, 그 밖의 조합업무는 民 §706 Ⅱ 前段에 따라 조합원의 과반수로 결정할 수 있고, 특히 보존행위는 民 §706 Ⅱ에 의하여 단독으로 할 수 있다. 그러나 業務執行組合員이 있는 경우에는, 民 §706 Ⅱ 後段에 따라서, 합유물의 처분이나 변경은 그들 사이의 과반수로 결정할 수 있다. 만일에 업무집행조합원이 한 사람뿐이면, 합유물의 처분·변경도 혼자서 할 수 있다. 業務執行組合員이 있는 경우를 이렇게 특별히 규정한 것은, 去來의 安全과 迅速을 위한 것이다.[9)]

(c) 제 3 설: "조합재산의 처분 또는 변경"에 대해서는 民 §272는 적용되지 않으며, 따라서 民 §706 Ⅱ이 적용된다. 따라서 業務執行組合員이 없는 경우에는 組合員들의 과반수의 결정으로, 業務執行組合員이 있는 경우에는 그 과반수의 결정으로 조합재산을 처분 또는 변경할 수 있다.[10)] 그 이론적 근거로 두 가지를 든다. ① 조합의 합유에 관한 특별법인 民 §706이 합유에 관한 일반법인 民 §272에 우선하여 적용된다. ② 합유에 관한 民 §271 Ⅱ은 "합유에 관하여는 …… 계약에 의하는 외에 다음 3조의 규정에 의한다"고 규정하고 있다. 당사자들이 民 §703 이하에 따라 조합계약을 체결하여 조합을 설립하였다면, 조합재산의 처분 등의 문제를 포함하여 모든 조합업무에 대하여 民 §703 이하의 조합규정에 따르겠다고 하는 계약이 존재한다고 해석할 수 있다. 따라서 이 경우에는 民 §271 Ⅱ의 이른바 "계약에 의하는" 경우에 해당하므로 조합재산의 처분에 대해서는 民 §272의 적용은 배제되며 조합법의 규정, 즉 民 §706 Ⅱ이 적용된다.[11)]

(d) 제 4 설: 民 §272의 합유물처분에 관한 부분과 民 §706는 규율대상이 다르므로 서로 일반법·특별법의 관계에 있지 않다는 견해이다. 즉, ① 民 §272가 말하는 동의란 조합원들 사이의 내부적 합의가 아니고, 합유물

9) 郭潤直, 547-48; 金疇洙(上), 460-61; 金相容, 物權法, 改訂版, 1995, 468.

10) 李好珽, "우리 民法上의 共同所有制度에 대한 약간의 疑問", 법학 24-2·3호(83.9), 108; 金曾漢, 361-62; 民法注解(Ⅴ) 608-9.

11) 李好珽(註 10), 108-9. 이 견해는 계속해서 "합유에 관한 제272조는 우리 민법이 명문으로 합유로(제704조) 인정하고 있는 유일한 케이스인 조합재산의 합유에는 적용되지 않는다는 허망한 사실이 입증되게 된다. 우리는 이러한 시니컬한 결과를 솔직이 인정하여야 한다"고 한다.

처분의 법률행위는 합유자 전원이 제 3 자에 대하여 행하여야 한다는 것을 의미한다. 즉 합유물의 처분에는 합유자 전원의 처분의 의사표시가 있어야 한다. 이러한 民 §272 의 해석결과는 조합의 대외업무의 집행에서 전조합원의 법률행위를 요하는 것(이에 관하여는 민법에 명문규정이 없으나 조합에 법인격이 인정되지 않는 결과 그러한 방법에 의할 수밖에 없다)과 일치한다. ② 民 §706 는 조합업무의 내부적 수임관계 및 대리권수여관계를 규율함에 불과하다.[12]

(e) 제 5 설: 조합재산의 처분, 변경에는 民 §272 가 적용되어야 한다는 견해이다. 그 근거는 다음과 같다. ① 民 §706 Ⅱ 이 特別事務에 관한 일반적인 원칙을 규정하고 있다. 組合財産의 처분, 변경은 組合의 特別事務에 해당하므로, 별도의 규정이 없다면, 조합재산의 처분은 民 §706 Ⅱ 에 의하여 규율되어야 할 것이다. 그러나 "組合財産의 처분은 특별사무이기는 하지만, 組合의 존속, 그 목적의 달성과 밀접 불가분의 관계가 있기 때문에, 民 §272 가 組合員 全員의 동의가 필요한 것으로 취급하고 있다." 業務執行組合員이 없는 경우에는 원칙적으로 조합원들이 공동으로 업무집행권을 가지므로 民 §706 Ⅱ 前段, 後段의 구별없이 民 §272 가 조합의 업무집행에 관한 民 §706 Ⅱ 의 특별규정으로 이해하는 것이 옳다. ② 民 §42에서 社團法人의 정관변경에 특별결의를 요구하고 있고, 商 §374 에 주식회사의 영업양도 등에 특별결의를 요하도록 하고 있다. 조합재산의 처분에 전원의 동의가 있어야 한다는 것은 民 §42나 商 §374와 그 궤를 같이한다. 조합재산의 처분은 조합의 존속과 밀접한 관계가 있기 때문이다. 물론 주식회사의 영업양도에 있어서와 같이 組合의 존립과 직접적인 관련이 있는 기본적 재산을 처분하는 경우에만 組合員의 동의를 요하도록 하는 것이 합리적 방안이라고 보이지만, 현행법의 체계상 위와 같이 해석할 수밖에 없다.[13]

㈐ 結 語 民 §272 와 民 §706 Ⅱ 의 衝突問題는 근본적으로 입법의 잘못에 있다. 즉 民法 제정 당시 民 §272 를 비롯한 合有에 관한 일반규정을 신설하였는데도, 이러한 규정이 없었던 舊民法 아래서의 §670 를 현행 民 §706 으로 그대로 답습하였기 때문에, 이러한 혼란이 발생한 것이다. 입법론적으로는 이를 통일적으로 규정하여 組合財産의 처분을 포함한 組合의 業務執行에 관하여 해석상의 논란을 없앨 필요가 있다. 獨民 §709 Ⅰ 은 "組合의 業務執行은 組合員에게 공동으로 귀속한다. 각 업무에 관하여는 모든 組合員의 동

12) 李銀榮, 451-52.

13) 李容勳, "組合財産의 處分과 民法 第272條, 第273條", 法學論集(翠峰 金容喆先生古稀紀念論文集), 557.

의를 필요로 한다"고 규정하여 합수성의 원리를 관철시키고 있다. 입법론으로서는 獨逸民法의 태도가 組合의 본질에 부합한다고 볼 수 있다.[14] 그렇다고 하더라도 법해석론의 입장에서는 이를 조화롭게 해석하는 것이 필요하다.

조합재산의 처분, 변경에 관해서는 民 §272 本文을 적용해야 한다고 본다.[15] 결론적으로 이 문제에 관한 제5설과 같은 입장이다.

위의 학설들에서 네 번째 견해[16]를 제외하고는 정도의 차이는 있지만, 民 §272와 民 §706 Ⅱ의 규정 중의 하나가 특별규정이라고 하여 결론을 도출한다. 그러나 위 두 조문은 규정형식만으로 어느 규정이 특별규정인지 단정할 수 없다. 법률에서 특별법이라고 명시하는 경우는 별다른 문제가 없지만, 그렇지 않은 경우에는 단순히 규정형식이나 내용에 따라 논리적으로 판단할 수 있는 것은 아니다.

먼저 조합재산의 처분에 관하여 民 §706 Ⅱ가 적용되어야 한다는 견해에 관하여 보자.

民 §271 Ⅰ은 "……數人이 組合體로서 物件을 所有하는 때에는 合有로 한다"고 규정하므로, 조합재산에 관하여 물권편의 합유규정이 적용되지 않는다는 것은 곤란할 것이다. 그리고 조합재산이 합유라고 하면서, 그 처분 또는 변경을 다수결로 할 수 있다면, 더 이상 합유라고 할 수 없을 것이다. 총유와 합유의 가장 큰 차이는 재산을 처분할 때 과반수의 결의로 가능한지, 아니면 전원의 동의가 있어야 하는지에 있기 때문이다. 조합재산을 합유로 해놓고 그 재산의 처분이 과반수의 결의로 가능하다고 한다면, 우리 민법에서 합유라는 개념 자체를 존속시킬 필요성이 없을 것이다. 당사자들이 조합계약을 체결했으면, 조합부분의 규정의 적용을 받으려는 의사가 있다고 보아야 한다고 하나, 이와 같이 볼 근거는 없다. 오히려 당사자들이 조합계약을 체결하였으면, 그 재산을 합유로 하고 그 처분, 변경에는 전원일치를 요하도록 의도하였다고 보는 것이 당사자의 의사에 더욱 부합할 것이다. 업무집행조합원이 다른 조합원의 의사와 상관없이 조합재산을 처분할 권한이 있다고 보는 것은 그에게 너무 많은 권한을 주는 것이다.

---

14) 郭潤直, 534.
15) 金載亨, "組合에 대한 法的 規律," 民判硏 XX, 642 이하.
16) 이 견해에 따르면 業務執行組合員이 조합재산을 처분할 수 있으나, 그 처분은 民 §272에 따라 全組合員 이름으로 하여야 한다고 한다. 그러나 民 §272를 처분행위의 방식만을 정한 것이라고 볼 근거는 전혀 없다. 民 §706가 대리권 수여관계를 정한 것이라고 볼 수 있는지도 의문이다.

업무집행조합원이 선임되어 있는지 여부에 따라 다르게 볼 수 있는가? 업무집행조합원이 선임되어 있지 않으면, 전조합원이 공동으로 업무집행을 하여야 하기 때문에, 업무집행조합원이 선임되었는지에 따라 두 조문의 관계를 다르게 볼 수 없다. 또한 비법인사단의 경우와 비교해 볼 필요가 있다. 비법인사단은 대표자가 재산을 처분할 때에도, 사원총회의 결의를 거쳐야 한다(民 §276).[17] 조합의 경우에 업무집행조합원이 선임되어 있다고 하여 조합원의 결의를 거치지 않아도 된다고 하면, 그 구성원의 개성이 비법인사단보다 강하게 나타나는 것과 맞지 않게 된다.

判例도 組合財産의 처분에는 組合員 全員의 동의가 있어야 한다는 것을 전제로 한다. 즉, 大判 90. 2. 27, 88다카11534(公 1990, 746)는, 조합재산인 채권의 양도에 관하여 타조합원과의 합의없이 조합원 1인 단독으로 양도한 것은 효력이 없다고 한다.[18] 그리고 大決 91. 5. 15, 91마186(公 1991, 1892)은, 공동으로 공유수면매립면허를 받아 매립공사를 동업하는 두 회사 중 한 회사가 조합재산인 위 면허권 전부를 다른 회사의 동의 없이 타인에게 양도하였다면, 이는 합유물을 합유자 전원의 동의 없이 처분한 것이 되어 무효라고 판단하였다. 이 판결들은 모두 2인 조합에 관한 것이므로, 어떤 견해를 취하더라도 결론은 마찬가지라고 할 수 있다. 그러나 위 판결들은 조합재산의 처분에 관하여 民 §272로 해결하려는 입장에 서 있고, 民 §706를 전혀 고려하지 않고 있다. 民 §706에 따라 판단하는 것이라면, 과반수의 결의가 없어 무효라고 판시했을 것이다. 등기실무도 이를 전제로 하고 있다. 즉, 합유물을 처분하기 위하여는 그 등기신청서에 합유자 전원의 동의와 인감증명의 첨부가 있어야 한다고 한다.[19]

이러한 해석은 입법자의 의사에도 부합한다. 民 §706는 日本民法에서 유래하는 것인데, 日本民法에서는 조합재산을 공유로 하고 있었다. 그런데 우리 민법 제정 당시 獨逸民法의 태도를 본받아 조합재산을 합유로 한데다가 처분, 변경에 전원일치를 요구하는 民 §272를 신설하였다. 이러한 입법과정을 볼 때 조합재산의 처분을 엄격하게 하려고 한 것이 입법자의 의사라고 할 수 있는 것이다.

---

17) 또한 法人에 대하여 民 §59 I은 "理事는 法人의 事務에 관하여 각자 法人을 代表한다. 그러나 定款에 규정한 취지에 위반할 수 없고 특히 社團法人은 總會의 議決에 의하여야 한다"고 규정하고, 民 §75 I은 "總會의 決議는 本法 또는 定款에 다른 규정이 없으면 社員過半數의 出席과 出席社員의 決議權의 過半數로써 한다"고 규정하고 있다.
18) 同旨: 大判 75. 9. 9, 74다1893(要集 민 I-2, 1066).
19) 등기선례요지집 Ⅲ, 법원행정처, 1993, 195(92. 2. 28. 등기 제457호).

따라서 業務執行組合員이 있는 경우에도 全組合員이 동의하지 않으면 그에게 組合財産의 처분, 변경에 관한 권한이 없다고 보아야 한다. 다만 조합계약에서 業務執行組合員에게 조합재산의 처분, 변경에 관한 권한을 부여할 수 있음은 당연하다. 民 §272와 民 §706는 모두 任意規定이기 때문이다. 실제로도 組合契約에서 사소한 재산의 처분, 변경은 모든 조합원의 동의가 필요 없다고 정하거나, 그러한 합의가 있다고 볼 수 있는 경우가 많을 것이다.

(3) 組合財産의 管理·利用·保存行爲와 組合員의 異議權

組合財産을 구성하는 개개의 목적물은 組合의 목적달성을 위하여 존재하는 것이므로 그에 대하여 組合員들이 개인적인 사용권을 갖는 것은 아니다. 그 목적물에 대한 사용, 수익과 같은 관리, 이용은 組合의 業務執行이 될 것이므로 그 기준과 방법은 組合의 規約이나 組合의 業務執行에 관한 民法의 규정(民 §706)에 따라야 할 것이다.

다만 民 §706 Ⅲ에 의하면 組合의 通常事務는 組合員이나 業務執行者 각자가 행할 수 있으나 그 사무 완료 전에 다른 組合員 또는 業務執行者가 異議를 할 때에는 즉시 중지하여야 한다고 규정하고 있다. 이에 반하여 民 §272에 의하면 보존행위는 합유자 각자가 할 수 있다고 규정함으로써 아무런 제한을 두지 않고 있다. 組合財産의 보존행위[20]가 通常事務에 해당한 것임에도 불구하고 民 §706과 §272의 규정의 내용이 서로 배치되고 있는 것처럼 보인다. 이 두 조문을 어떻게 볼 것인지가 문제된다.

이 경우에도 組合財産의 처분, 변경에 있어서와 같이 民 §706 Ⅲ은 通常事務의 집행에 관한 일반적 규정이고, 그 중에서 組合財産의 순수한 보존행위[21]에 속하는 通常事務는 組合員 각자가 다른 組合員의 제약 없이 民 §272 但書에 의하여 단독으로 처리할 수 있다고 볼 수 있다는 견해가 있다.[22] 즉 民 §272 但書가 民 §706 Ⅲ의 특별규정이라고 한다.

그러나 특별규정인지 여부는 항상 규정형식에 의하여 논리적으로 판단할 수 있는 것만은 아니고, 그것이 불분명한 경우에는 그 실질을 보아 판단하여야 한다. 民 §706 Ⅲ은 통상사무를 수행하는 조합원 이외의 조합원이 가지는

20) 보존행위와 통상사무는 그 개념이 일치하지는 않는다. 통상사무를 보존행위보다 넓게 보아야 할 것이다.

21) 大判 74. 9. 24, 74다573(集 22-3, 6)은 "동백홍농계의 실체를 조합체로 본다면 조합체의 재산은 합유관계에 속하고, 합유자의 1인은 각자 보존행위를 할 수 있는 것이다"라고 판시하였다.

22) 李容勳(註 13), 558.

異議權을 규정한 것이다. 조합원의 異議權은 조합원의 지위에서 당연히 가지는 권리라고 할 수 있으므로, 이는 業務執行權의 일종이다. 어떤 조합원이 보존행위를 단독으로 하는 경우에도 다른 조합원이 이의를 할 수 있다고 보아야 한다. 이와 같이 보존행위에 대한 이의가 있으면, 단독으로 보존행위를 하던 조합원은 이를 중단하여야 한다. 보존행위에 관하여도 다른 組合員은 역시 공통적인 이해를 가지기 때문이다.[23)]

共有의 경우에는 이러한 異議權에 관한 규정이 없는데도 대법원[24)]은 이와 유사한 판결을 하였다. 즉, "공유물의 보존행위는 공유물의 멸실·훼손을 방지하고 그 현상을 유지하기 위하여 하는 사실적·법률적 행위로서, 이러한 공유물의 보존행위를 각 공유자가 단독으로 할 수 있도록 한 취지는 그 보존행위가 긴급을 요하는 경우가 많고 다른 공유자에게도 이익이 되는 것이 보통이기 때문이므로, 어느 공유자가 보존권을 행사하는 때에 그 행사의 결과가 다른 공유자의 이해와 충돌될 때에는 그 행사는 보존행위로 될 수 없다"고 한다.[25)] 합유재산의 경우에 어떤 조합원이 단독으로 보존행위를 할 때 다른 조합원이 이의를 하였다면, 조합원들 사이의 이해가 충돌한다고 볼 수 있다. 이러한 경우에 합유물의 보존행위라고 하여 단독으로 할 수 있다고 해서는 안 될 것이다.

(4) 合有財産의 持分의 處分

持分의 處分이란 持分의 讓渡뿐만 아니라 持分에 대한 저당권 등 담보물권의 설정, 채권의 일부양도 등을 포함한다.[26)] 民 §273 I 은 "합유자는 전원의 동의 없이 合有物에 관한 持分을 처분하지 못한다"고 규정하여, 合有物에 관한 持分의 처분을 제한하고 있다.

그런데 組合財産에 대한 持分이라는 개념은 개개의 組合財産에 대한 持分과 全體組合財産에 대한 持分으로 나누어 생각할 수 있다. 獨民 §719 II 前段은 "組合員은 組合財産 또는 그에 속하는 개개의 목적물에 관한 그의 持分을 처분하지 못한다"고 규정하여, 이 개념을 분명하게 나누고 있다.

㈎ 개개의 組合財産에 대한 持分의 處分 組合財産은 개별적인 목

23) 金載亨, "組合에 대한 法的 規律," 民判硏(XX), 646.
24) 大判 95. 4. 7, 93다54736(公 1995, 1810).
25) 이 判決에 대한 評釋으로 金載亨, "共有物에 대한 保存行爲의 範圍," 判例月報, 305호(1996. 2), 9 이하 참조.
26) 民法注解(V), 610.

적물로 구성된다. 組合財產을 이루는 개개의 목적물을 組合財產에서 분리하여 다른 사람에게 양도하는 것은 법률상 아무런 문제가 없다. 그러나 개개의 목적물에 대한 各組合員의 持分은 組合이 존속하는 동안 組合員이 단독으로 관리, 처분할 수 있는 권리로 부상되지 않고 全體組合財產에 잠재적으로 매몰되어 있다. 이와 같은 合有의 법률적 성질에 비추어 볼 때, 개개의 組合財產에 대한 各組合員의 持分은 처분될 수 없다. 만일 이러한 처분이 가능하다고 한다면, 組合員의 지위가 변동되지 않은 채 그 일부 合有物의 持分權者만이 변동되어, 組合員이 아닌 자가 組合財產의 일부에 관하여 合有持分權을 갖게 될 수도 있다. 따라서 民 §273 I 의 규정에도 불구하고, 개개의 목적물에 대한 持分의 처분은 全組合員의 동의가 있더라도 허용할 수 없다. 위 조항은 입법상의 잘못이라고 할 수 있다. 이에 관하여는 학설이 일치되어 있다.[27]

(나) 全體로서의 組合財產에 대한 持分의 處分 組合財產 전체에 대한 組合員의 持分은 組合員이라는 지위에서 갖는 당연한 권리이다. 그러므로 組合員의 지위는 그대로 놓아둔 채 組合財產에 대한 持分만을 처분할 수 없다. 組合財產에 대한 持分의 처분은 바로 組合員의 지위의 변동을 가져 오기 때문이다. 組合員인 자와 組合員이 아닌 자의 合有關係는 법률상 허용되지 않는다.[28]

判例도 舊民法 아래서의 사안이지만 組合員의 자격과 분리하여 組合財產에 대한 持分權을 처분할 수 없다고 판시하였다.[29] 組合財產에 관한 持分은 組合員의 지위변동과 함께 이전되는 것이다. 그러므로 組合財產에 관한 持分만의 처분은 全組合員의 동의가 있더라도 組合員의 탈퇴와 신규가입의 절차 없이는 불가능하다.[30] 全組合員의 동의가 持分處分이라는 단순한 재산처분에 대한 동의에 그치는 것이 아니라 持分讓受人을 새로운 組合員으로 받아들이는 동의가 있을 때 組合財產에 관한 持分의 변동이 이루어진다.

그런데 民 §273 I 은 組合員의 地位의 讓渡, 즉 組合員의 탈퇴와 가입에

27) 郭潤直, 544; 李好珽(註 10), 109; 民法注解(V), 610.
28) 獨民 §719 I 은 이러한 취지를 분명히 하고 있다.
29) 大判 58. 2. 6, 4290민상693(要集 민 I-2, 1059); 大判 60. 11. 20, 4292민상837(要集 민 I-2, 1065).
그런데 大判 57. 2. 23, 4289민상654(要集 민 I-2, 1065), 大判 61. 7. 20, 4293민상669(要集 민 I-1, 540)은, 전조합원의 동의가 없는 지분의 처분은 무효라고 판시하였으나, 이는 전원의 동의가 있으면 지분을 조합원의 지위와 별도로 처분할 수 있다는 것은 아니다.
30) 郭潤直, 544; 李好珽(註 10), 110; 李容勳(註 13), 550; 民法注解(V), 610.

관한 물권법적 표현이라고 볼 수 있다. 그러나 합유자가 전원의 동의를 얻으면, 組合員의 지위와 상관없이 組合財產에 관한 持分을 처분할 수 있는 것처럼 규정하고 있다. 따라서 이 조문은 組合에 관한 한 그 법률적 성질을 제대로 파악한 것이라고 보기는 어렵다.[31)]

(다) 準合有財產의 持分處分　　소유권 이외의 재산권(예를 들면 지상권·전세권·지역권·저당권 등의 物權과 주식·鑛業權·특허권·영업권·채권 등)이 組合財產에 속하는 경우에는 準合有關係가 성립하고, 이에 관하여는 물건의 合有와 같은 원칙에 의하여 규율된다(民 §278). 그 결과 그러한 재산권은 모두 組合員 全員에게 合手的으로 귀속하고 組合員의 持分은 組合員의 지위와 별도로 처분하지 못한다. 組合의 債權이나 債務가 可分給付를 목적으로 하는 경우에도 組合員이 그의 持分만을 양도하지는 못한다. 組合의 채권액과 채무액이 그 持分에 따라 분할되지 않으며, 各組合員은 그 채권, 채무에 관하여 潛在的 持分을 가질 뿐이다. 債權의 推尋은 全組合員이 合手的으로 공동하여 행할 수 있을 뿐이고,[32)] 推尋한 것은 組合財產이 된다. 그 처분도 공동으로 하지 않으면 효력이 없다.[33)]

(5) 分割의 禁止

(가) 組合員은 組合財產의 분할을 청구하지 못한다(民 §273 II). 공유관계에서는 공유자 상호간에 아무런 인적 관계가 없고 단순히 동일한 물건을 공동으로 소유하는 데 불과하므로 언제라도 공유물의 분할을 청구하여 공동 소유관계를 종료시킬 수 있다. 그러나 組合關係가 존속하는 한 一部 組合員이 전체로서의 組合財產이든 개개의 組合財產이든 合有物을 분할하여 組合關係를 종료시킬 수 없다. 組合財產은 組合의 목적을 달성하기 위한 경제적 수단이어서, 一部 組合員의 청구에 따라서 이를 분할하여야 한다면, 그 合有物은 組合財產에서 떨어져 나가고, 組合의 목적을 달성하는데 지장을 가져오기 때문이다. 또한 組合財產 전체를 一部 組合員의 청구로 분할한다는 것은 組合關係의 종료를 의미하게 되므로, 함부로 組合財產의 분할을 인정할 수 없다.[34)] 組合이 解散되어 청산이 종료된 경우에 殘餘財產에 대하여 분할을 청구할 수 있음은 물론이다(民 §274 I·II).

(나) 그러나 組合의 解散前이라도 組合員 全員의 합의에 의하여 組合財

31) 그래서 학설은 組合財產의 持分의 처분에 관하여 民 §273 I 의 규정은 적용되지 않는다고 한다. 李好珽(註 10), 110; 李容勳(註 13), 550; 民法注解(V), 610.

32) 大判 63. 9. 5, 63다330(要集 민 I-2, 1065).

33) 大判 75. 9. 9, 74다1893(要集 민 I-2, 1066); 大判 90. 2. 27, 88다카11534(公 870, 746).

34) 郭潤直, 544-45.

產 전체를 분할하거나 개개의 組合財產을 분할하는 것은 가능하다.[35] 일부의 組合財產을 분할하면 組合財產이 감소될 것이고, 組合財產 전부를 분할하면 組合이 解散되어 組合關係가 종료되거나, 財產 없는 組合으로 존속하게 될 것이다. 이 때에 채권자를 보호하는 특별한 규정이 없어 채권자에게 불이익을 줄 위험이 있으나, 各組合員의 개인 재산도 組合債務에 대하여 책임을 지기 때문에 특별한 문제는 없다.

㈐ 組合財產의 분할은 어느 경우에나 공유물분할에 관한 규정에 의한다(民 §274 Ⅱ).

(6) 組合財產과 그 登記

組合이 組合財產으로 부동산을 취득하는 경우, 예를 들면 組合員이 組合에 부동산을 출연한 경우나 組合成立 후에 組合이 이를 취득한 경우에는 組合員 全員의 合有로 등기한다. 등기를 신청하면서 그 신청서에 合有의 취지를 표시하여야 한다(不登 §44 Ⅱ). 合有로 등기할 때에는 공유의 경우와는 달리 合有持分의 표시를 하지 아니한다.

부동산을 출자한 경우에는 출연자 단독 명의로부터 그를 포함한 全組合員의 이름을 함께 기재하고 合有라는 표시를 한 소유권이전등기를 한다. 組合이 그 성립 후에 부동산을 취득한 경우에는 全組合員의 合有로 소유권이전등기를 한다.

組合財產에 관한 合有持分의 처분은 불가능하므로 合有持分移轉登記는 행하여질 수 없고, 다만 組合員의 가입, 탈퇴가 있을 때에는 合有名義者 變更登記를 한다. 組合員이 가입이 있었을 때에는 全組合員으로부터 새로 가입한 組合員을 포함한 全組合員 명의로 변경등기를 할 것이며, 탈퇴가 있었을 때에는 全組合員으로부터 탈퇴한 組合員을 제외한 나머지 全組合員 명의로 합유자명의 변경등기를 한다. 組合員이 死亡한 경우와 같이 非任意脫退의 경우에도 동일하다.[36]

判例는 鑛業權 持分의 이전등록에 관하여 共同鑛業權者 전원으로부터 양도 후의 共同鑛業權者가 될 전원 앞으로 鑛業權 자체의 이전등록이 되어야 한다고 한다.[37] 判例가 持分移轉이란 표현을 사용하고 있으나 이는 組合員의 탈퇴와 組合員의 신규가입으로 이해하여야 할 것이다. 또한 組合財產에 대한 組

35) 郭潤直, 545; 金曾漢, 361-62; Staudinger-Keßler, §719 Rz 14.
36) 法院行政處 刊, 不動產登記記載例集, 1992, 19.
37) 大判 69.12.23, 68다1495(集 17-4, 202).

合員 각자의 持分에 다른 용익물권이나 제한물권을 설정할 수 없고, 組合財産 全體에 이러한 물권을 설정하여 등기할 수 있을 뿐이다. 소유권 이외의 물권이 組合財産인 경우 그 등기방법은 소유권의 경우와 같다.

(7) **合有持分의 對外的 主張**

組合員은 각자 제 3 자에 대하여 자기의 合有持分權을 주장할 수 있는가? 즉 各組合員 단독으로 제 3 자에 대하여 合有物에 대한 방해배제청구나 合有物의 반환청구를 할 수 있는가?[38]

合有財産에 대한 방해배제의 청구나 반환청구는 通常事務로 보아야 한다. 따라서 各組合員이 業務執行權이 있는 때에는 各組合員이, 業務執行組合員이 정하여 진 경우에는 그 業務執行組合員이 이러한 청구를 할 수 있다고 보아야 한다.

3. 組合의 債權

組合의 債權, 예컨대 組合이 他人에게 物件을 판 代金債權, 組合財産의 不法侵害者에 대한 損害賠償請求權 등은 組合員 全員에게 合有的으로 귀속하고 各組合員의 個人財産과는 다른 존재이다(獨立性 내지 團體性). 즉, 그러한 債權이 可分給付를 목적으로 하는 것이더라도 數額的으로 분할되지 않으며, 各組合員은 전액에 대해서 比率에 따른 잠재적인 持分을 가질 뿐이다. 따라서 組合債權은 組合員 全員에 의하지 않으면 이를 청구할 수 없다.[39] 이행의 최고, 변제의 수령도 마찬가지다. 業務執行組合員이 정해져 있는 경우에는 그가 청구할 수 있다.

組合의 債權은 組合의 組合員에 대한 債權(後述 注解 §705 참조)과 組合의 제 3 자에 대한 債權(後述 注解 §709 참조)으로 나눌 수 있다.

[金 載 亨]

38) 이에 관한 학설과 판례에 관하여는 우선 民法注解(V), 610 참조.

39) 大判 63. 9. 5, 63다330(要集 민 I-2, 1065): 제 3 자가 불법하게 조합재산을 침해한 경우 이로 인하여 발생한 손해배상청구권은 조합재산으로 조합원의 합유에 속하는 것이고 그 채권이 지분의 비율에 의하여 조합원에게 분할되어 귀속하는 것은 아니므로 조합이 해산이나 청산의 방법으로 조합채권을 분할귀속키로 하였다면 별 문제이지만 그렇지 아니한 경우 조합원의 한 사람은 그 채권을 직접 청구할 수 없다.

第 705 條(金錢出資遲滯의 責任)

金錢을 出資의 目的으로 한 組合員이 出資時期를 遲滯한 때에는 延滯利子를 支給하는 外에 損害를 賠償하여야 한다.

I. 意 義

組合員의 出資는 組合契約의 요건인데, 出資의 種類에는 아무런 制限이 없다. 따라서 組合員은 金錢·物件뿐만 아니라, 勞務·信用 등을 출자할 수도 있다. 그리고 組合員이 出資義務를 불이행한 경우에 債務不履行責任을 지는 것은 당연하다. 金錢債務不履行의 경우 損害賠償으로 遲延利子를 지급하는 것이 원칙이다(民 §397). 本條는 金錢을 出資의 목적으로 한 組合員이 그 出資義務를 지체한 때에는 遲延利子를 지급하는 외에 損害를 賠償하여야 한다고 규정하고 있는데, 金錢債務不履行으로 인한 損害賠償에 관하여 例外를 인정한 것이다.

出資請求權은 組合의 組合員에 대한 債權으로서, 組合財産에 속한다. 出資義務는 組合契約에 기하여 발생하는 것이므로, 그 履行請求權은 우선 組合員 全員에 의하여 주장될 수 있다. 또한 組合員 個個人이 상호간에 組合契約을 통하여 出資를 約定한 것이기 때문에, 組合員 個個人이 組合員 全員을 위하여 出資請求權을 행사할 수도 있다. 따라서 出資請求權의 債權者는 한편으로는 合手的 關係에 있는 組合員 全體이지만, 다른 한편으로는 個別組合員이다.[1)]

Ⅱ. 出資義務不履行으로 인한 損害賠償

1. 組合員이 出資義務를 이행하지 않는 경우에, 다른 組合員은 出資義務의 이행과 함께 出資義務不履行을 이유로 한 損害賠償을 청구할 수 있다. 이러한 請求權도 組合內部關係에서 발생하는 請求權으로서 組合財産을 구성한다. 그리고 出資의 請求나 出資義務不履行으로 인한 損害賠償請求는 組合의

1) Staudinger-Keßler, §706 Rz 5; MünchKomm-Ulmer, §705 RdNr. 166ff.; Soergel-Hadding, §705 Rz 47; Hueck, Gesellschaftsrecht, 19. Aufl., 1991, §7 Ⅰ.3. 독일에서는 조합의 출자청구권 등 조합이 조합원에 대하여 가지는 권리를 Sozialanspruch라고 설명하는데, 조합원 개개인이 이를 행사하는 것을 actio pro socio(Einzelklagebefugnis)라고 한다.

業務執行에 해당한다.[2)]

그런데 出資義務不履行으로 인한 責任이 발생하려면, 出資義務가 確定되어 있어야 한다. 判例는 출자의 비율만 정하고 구체적으로 출자금액을 정하지 않은 2인간의 同業契約에 있어서는 당사자의 일방이 자기출자금액을 자의로 정하여 다른 당사자에게 소정 비율에 의한 금원을 출자하라고 통고함으로써 상대방의 出資義務範圍가 확정되는 것은 아니고 양 당사자간에 출자금액에 관하여도 합의가 있어야 할 것으로 해석하여야 할 것인바, 그러므로 어느 당사자가 임의로 출자금액을 정하여 소정비율에 의한 출자금의 출자를 다른 당사자에게 청구하고 그 다른 당사자가 아무런 출자를 하지 않았다 하여도 출자금액에 대한 합의가 없는 이상, 상대방에게 出資義務不履行의 책임이 없다고 한다.[3)]

2. 金錢을 出資의 目的으로 한 組合員이 出資義務를 이행하지 않은 경우에 損害賠償義務를 지는 것은 당연하다. 그런데 本條는 金錢出資義務를 불이행한 경우에는 일반적인 金錢債務를 불이행한 경우와 달리, 延滯利子 이외의 損害도 賠償해야 한다고 한다. 따라서 金錢出資義務의 不履行으로 인한 損害는 延滯利子와 그 이외의 損害로 나눌 수 있다.

(1) 延滯利子

組合契約으로 出資義務不履行으로 인한 延滯利子를 약정한 경우에는 그 약정에 따른다. 이 때 利子制限法은 적용되지 않는다. 왜냐하면 利子制限法은 "금전대차에 관한 계약상의 최고이자율"을 정한 것인데, 組合員의 金錢出資는 消費貸借가 아니기 때문이다. 判例는 契의 경우 組合契約에 해당된다는 이유로 이자제한법이 적용되지 않는다고 하였다.[4)] 延滯利子에 관한 약정이 없으면 法定利率에 의한다. 組合員이 金錢出資義務를 지체한 경우 다른 組合員이 延滯利子를 구할 때에는 그 손해의 증명을 요하지 아니하고 그 金錢出資義務를 불이행한 組合員은 過失이 없다는 抗辯을 할 수 없다(民 §397 II).

(2) 延滯利子 이외의 損害

組合員이 金錢出資義務를 지체한 경우 延滯利子 이외의 損害가 발생한 경우 이를 배상하여야 한다. 延滯利子 이외의 損害에 관하여는, 延滯利子와 달리 그 損害의 證明을 요하고 채무자인 組合員이 지체에 대하여 過失이 없다는 抗

2) Larenz, Lehrbuch des Schuldrechts, Bd. II, 12. Aufl., §60 II; 日注民(17), 47.
3) 大判 60. 4. 21, 4292민상28 (要集 민 I-2, 1067).
4) 大判 65. 12. 21, 65다1886(要集 민 I-2, 1060); 大判 58. 2. 13, 4290민상502(集 6-1, 1).

辯을 할 수 있다.

[金 載 亨]

第706條(事務執行의 方法)

① 組合契約으로 業務執行者를 定하지 아니한 境遇에는 組合員의 3分의 2 以上의 贊成으로써 이를 選任한다.

② 組合의 業務執行은 組合員의 過半數로써 決定한다. 業務執行者 數人인 때에는 그 過半數로써 決定한다.

③ 組合의 通常事務는 前項의 規定에 不拘하고 各組合員 또는 各業務執行者가 專行할 수 있다. 그러나 그 事務의 完了前에 다른 組合員 또는 다른 業務執行者의 異議가 있는 때에는 卽時 中止하여야 한다.

차 례

Ⅰ. 序 論

1. 意 義

(1) 組合 그 自體가 行爲를 할 수 없기 때문에, 組合員이 個人으로서든 全體로서든 組合을 위하여 行爲를 해야 한다.

모든 組合員들은 組合의 業務執行에 참여할 권리, 즉 業務執行權을 가지는 것이 원칙이다.[1] 왜냐하면 組合은 社團과는 달리 組合員들의 개성이 중요

1) 郭潤直, 534; 金曾漢, 350; 註釋債各(Ⅱ), 625.

시되기 때문이다. 우리 民法에는 이에 관한 명문의 규정이 없으나, 學說[2]은 組合員의 業務執行權을 固有權으로서 인정하고 있다. 本條 Ⅰ은 "조합계약으로 업무집행자를 정하지 아니한 경우에는 조합원의 3분의 2 이상의 찬성으로써 이를 선출한다"고 규정하고 있으므로, 각 조합원이 각자 業務執行權을 행사할 수는 없고 반드시 業務執行을 담당하는 조합원을 따로 정하여야 하는 것처럼 보이지만, 이것은 業務執行權을 일부의 조합원에게 맡기는 경우에, 그 業務執行組合員의 선정방법을 규정한 것에 지나지 않는다고 보는 것이 타당하다.[3] 이와 같이 각 조합원이 그 業務執行權을 일부 조합원에게 위탁시키는 경우에도 위탁한 조합원은 조합의 업무나 재산상황을 검사할 권한(監視權)과 業務執行組合員을 일정한 조건하에 해임할 수 있는 권한을 갖는다.

(2) 모든 組合員들이 業務執行權을 가지고 있다고 하더라도 구체적인 業務執行의 方法에 관하여는 입법례가 나뉘어진다. 獨民 §709 Ⅰ은 "組合의 業務執行은 組合員에게 공동으로 귀속한다. 각 업무에 관하여는 모든 組合員의 동의를 필요로 한다"고 규정하여 합수성의 원리를 관철시키고 있다. 舊民 §670는 本條와 동일하게 組合의 業務執行을 多數決의 原則에 따르도록 하였다.

그런데 現行民法 제정 당시 民 §272를 비롯한 合有에 관한 일반규정을 新設하면서 이러한 규정이 없었던 舊民法 아래서의 民 §670를 그대로 답습하였다. 특히 民 §272는 "合有物을 처분 또는 변경함에는 합유자 전원의 동의가 있어야 한다. 그러나 보존행위는 각자 할 수 있다"고 규정함으로써, 合有物의 처분, 변경에 관하여 合手性의 原理를 선언하고 있는데, 本條 Ⅱ은 "組合의 業務執行은 組合員의 과반수로써 결정한다. 業務執行者 數人인 때에는 그 과반수로써 결정한다"고 규정하여 組合의 業務執行에 관하여 多數決의 原則을 규정하고 있다.

그리하여 民 §272와 本條 Ⅱ이 어떤 관계에 있는지에 관하여 어려운 문제가 발생한다. 이 문제는 근본적으로 입법의 잘못에 있다. 입법론적으로는 이를 통일적으로 규정하여 組合財產의 처분을 포함한 組合의 業務執行에 관하여 해석상의 논란을 없앨 필요가 있다. 그렇다고 하더라도 법해석론의 입장에서는 이를 조화롭게 해석하는 것이 필요하다.

우리 民法下에서 組合의 業務執行은 일반적으로 通常事務와 特別事務로

2) 郭潤直, 534; 金疇洙(上), 447.
3) 金曾漢, 350; 金疇洙(上), 447.

나눌 수 있다. 民 §706 Ⅲ이 通常事務에 관한 원칙을 규정한 것이라면, 民 §706 Ⅱ은 특별사무에 관한 일반적인 원칙을 규정한 것이다. 그런데 組合의 특별사무 중에서도 組合財產의 處分, 變更에 관하여는 民 §272가 적용되어 組合員 全員의 동의가 필요하다. 이는 業務執行組合員이 정하여져 있는지 여부와는 상관없다. 즉 民 §272는 組合의 業務執行에 관한 民 §706 Ⅱ의 특별규정이라고 할 수 있다. 그러나 합유물의 보존행위는 조합의 通常事務에 속한다고 볼 수 있다. 따라서 이러한 경우에는 조합원이 각자 조합의 통상사무를 처리할 수 있으나,[4] 다른 조합원의 이의가 있으면 이를 중지하여야 한다. 이에 관한 學說 및 判例에 관하여는 前注 民 §704 注解 참조.

2. 業務執行의 概念

(1) 通說[5]은 組合의 業務執行에 관하여 대체로 다음과 같이 설명한다.

組合은 공동사업을 목적으로 결합한 단체이므로, 그 목적을 달성하기 위하여 일정한 활동을 하게 된다. 이 組合의 단체로서의 활동이 組合의 業務執行이다. 이 활동 내지 업무집행은, 組合의 의사를 결정하고, 그 결정된 의사에 의거하여 각종의 사실행위를 하며, 또한 외부의 제 3 자와 법률행위를 하는 것 등이다. 따라서 組合의 業務執行은 이를 크게 나눈다면 대내적인 것과 대외적인 것으로 구별할 수 있다. 대내적 업무집행은 組合員들 서로가 목적달성을 위하여 무엇을 어떻게 할 것인가를 결정하고(組合意思의 決定), 그 결정에 따라서 일을 처리하는 행위(事實行爲)를 하는 것이며, 이것이 組合의 본래의 業務執行이다. 이를 組合의 對內關係 또는 狹義의 業務執行이라고도 말한다. 이에 대하여 對外的 業務執行은 이른바 組合代表라고 말한다. 組合은 法人格이 인정되지 않으므로 社團法人에서와 같은 대표기관이 없다. 그리하여 組合의 對外關係는 오로지 代理의 理論에 의하게 된다. 즉 組合의 對外關係로서 주로 문제되는 것은 "組合代理"이다. 즉 組合의 대외적인 법률행위는 통상 대리행위에 의하여 행해지는데, 通說은 이것을 組合의 業務執行에 포함시키고 있다.[6] 또한 組合의 業務執行을 對內的 業務執行과 對外的 業務執行으로 나누고 있는

4) 大判 74. 9. 24, 74다573(公 500, 8057)은 "동백흥농계의 실체를 조합체로 본다면 조합체의 재산은 합유관계에 속하고, 합유자의 1인은 각자 보존행위를 할 수 있는 것이다"라고 판시하였다.
5) 郭潤直, 533-34; 金疇洙(上), 446.
6) 註釋債各(Ⅱ), 623.

것처럼 보이는 판결도 있다.

(2) 그런데 組合의 業務執行에 관한 通說의 입장에서도 對外的인 業務執行은 組合의 對外關係 또는 組合代理라고 하여, 組合의 對內關係와 구별하고, 특히 本條는 對內的인 業務執行에 관한 것이고, 組合의 對外關係에 관하여는 적용되지 않는다는 견해[7]도 있다. 組合의 業務執行을 어떻게 이해하든지 對內的 業務執行에 관하여는 本條가 그대로 적용되나, 對外的 業務執行에 관하여는 本條가 그대로 적용되지 않는다는 것은 분명하다. 對外的 業務執行이라고 볼 수 있는 組合의 제3자와의 법률행위에 관하여는 업무집행자의 대리권추정에 관한 民 §709와 합유재산의 처분, 변경에 관한 民 §272의 규정이 우선적으로 적용될 것이다.

원래 組合의 경우 業務執行(Geschäftsführung)은 內部的으로 組合의 업무를 집행하는 것으로, 組合이 외부적으로 제3자와 법률행위를 하는 것과 구별된다.[8] 이러한 組合의 業務執行에는 法律行爲와 事實行爲가 포함된다. 이에 반하여 組合이 외부의 제3자와 法律行爲를 하는 것은 組合員 全員이 공동으로 할 수도 있고, 대리에 의하여 할 수도 있는데, 여기에는 事實行爲가 포함될 수 없음은 당연하다. 어떤 組合員에게 內部的인 業務執行權이 있다고 하더라도 그와 동시에 외부적인 代理權이 수여되어 있는 것은 아니다(이에 관하여는 後述하는 §709 注解 참조).

舊民法에서는 組合의 內部的인 業務執行과 組合의 대외적인 법률행위를 구별할 명문의 규정은 없었으나, 現行民法은 業務執行者의 代理權推定에 관한 民 §709를 신설하여, 業務執行權과 代理權을 개념적으로 구별하고 있다고 볼 수 있다.[9] 組合의 內部的인 業務執行은 舊民法時代와 마찬가지로 本條에 의하여 규율된다. 그러나 組合의 대외적인 법률행위에 관하여는 代理權推定에 관한 民 §709가 적용되고, 나아가 組合의 대외적인 법률행위에 속하는 組合財產의

7) 註釋債各(Ⅱ), 624.

8) Staudinger-Keßler, §714 Rz 1ff.; Larenz, Lehrbuch des Schuldrechts, Bd. Ⅱ, 12. Aufl., 1981, §60 Ⅲ. 한편 Hueck, Gesellschaftsrecht, 19. Aufl., §8 Ⅰ은, 代理權과 業務執行權을 구별하면서 그 관계를 다음과 같이 설명한다. 즉 조합을 위한 조합원의 활동이 두 부분으로 나뉘어져, 일정한 행위가 業務執行에 속하고, 다른 행위가 代理에 속하는 식으로 되는 것은 아니다. 오히려 어떤 행위는 業務執行行爲이면서 동시에 代理行爲이다. 그 區別은 어떠한 觀點에서 行爲를 보느냐에 달려있다. 組合을 위한 活動이 內部關係로부터 보면 業務執行이고, 外部關係로부터 보면 代理行爲이다. 業務執行은 內的인 責任이 문제되고, 代理行爲는 外部에 대한 效力이 문제된다. 물론 生產管理, 帳簿의 記載와 같이 외부적으로 나타나지 않는 행위는 業務執行에만 속한다.

9) 이에 관하여는 後述하는 民 §709 注解 참조.

처분, 변경에 관하여는 民 §272에 따라 全組合員의 동의가 필요할 것이다.[10]

결국 本條의 業務執行은 組合員들이 공동의 사업을 경영하기 위하여 組合의 의사를 결정하고 이에 기하여 內部的으로 행하는 법률행위나 사실행위를 말한다. 그러나 조합계약의 체결과 그 변경, 출자의 감액 또는 증액, 새로운 조합원의 가입과 기존의 조합원의 제명 등과 같이 조합의 설립 또는 조합원 상호간의 관계에 관한 행위는 業務執行에 속하지 않는다. 그러한 행위는 業務執行組合員의 권한에 속하지 않고 조합계약에서 특약이 없는 한 모든 조합원의 동의가 있어야 한다.[11]

물론 業務執行權을 가진 組合員은 民 §709에 의하여 代理權이 있다고 추정되기 때문에, 本條가 組合의 대외적인 법률행위에 영향을 미치는 것은 당연하다. 그런데 組合의 대외적인 법률행위는 통상 組合代理의 방식으로 행해지므로, 通說이 對外的 業務執行으로 설명한 부분에 관하여는 後述하는 民 §709 注解에서 다루겠다.

3. 任意規定

組合의 業務執行을 모든 組合員이 항상 같이 하는 것은 불편한 경우가 많다. 그리하여 組合契約이나 모든 組合員들의 합의로 業務執行組合員을 정하고 業務執行方法을 상세히 약정하는 경우가 있다. 이 때 組合員 중의 1인 또는 數人을 業務執行者로 정할 수 있고, 제3자에게 業務執行을 위임할 수도 있다. 이러한 組合契約이나 組合員들의 합의가 유효함은 물론이다. 그러므로 本條는 任意規定에 해당하고, 組合契約으로 業務執行者나 業務執行方法을 정하지 않은 경우에 本條가 적용된다.

組合의 業務執行은 모든 組合員이 그 業務執行을 담당하는 경우와, 일부의 組合員이나 외부의 제3자에게 業務執行을 맡기는 경우가 있다.

Ⅱ. 모든 組合員이 業務를 執行하는 경우

모든 組合員은 원칙적으로 業務執行權을 가진다. 이것은 社團法人이나 權

10) 조합에 대하여 民 §272가 적용되는지 여부에 관하여는 前注 民 §704 참조.
11) Hueck(註 8), §8 I.

利能力 없는 社團의 경우와 다르다. 이와 같이 모든 組合員이 業務執行權을 가지는 경우 本條의 규정에 따라 業務執行을 하여야 한다.

1. 多數決의 原則

(1) 組合員 全員이 업무를 집행하는 경우에는, 組合員 사이에서 의견이 대립될 수 있다. 이러한 경우에 대비하여, 本條 Ⅱ 前段은 "組合의 業務執行은 組合員의 과반수로써 결정한다"고 규정한다. 즉 組合員들이 다수결의 원칙에 따라 組合의 業務執行을 결정한다. 이 때 發議權은 전조합원이 가진다. 이 규정에서 말하는 업무는 本條 Ⅲ의 통상사무와 구별하여 특별사무라고 할 수 있다. 또한 특별사무 중 조합재산의 처분, 변경에 관하여는 民 §272 本文이 적용될 것이다(前述한 [Ⅰ. 1. (2)] 참조).

(2) 이 규정은 어떻게 業務執行을 할 것인가를 결정하는 방법에 관한 것이고, 집행 그 자체를 과반수로써 한다는 의미가 아니다. 이 때 過半數는 出資額에 의하여 계산할 것이 아니라, 組合員의 人員數에 의하여 계산하여야 한다. 그러나 組合契約에서 出資額으로 계산한다고 정하는 것은 유효하다.[12)]

(3) 獨民 §709 Ⅰ은 다수결의 원칙이 아니라 "全員 一致"(合手性)를 원칙으로 하고 있다. 입법론으로서는 獨逸民法의 태도가 組合의 본질에 부합한다고 볼 수 있다.[13)]

2. 通常事務의 執行

(1) 通常事務란 일상 반복하여 행하는 통상적인 사무이다. 예컨대 물건의 판매를 목적으로 하는 조합에 있어서 점포 안에서의 진열이나 선전방법을 바꾸는 것은 대체로 통상사무일 것이다.[14)] 위와 같이 모든 組合員이 업무를 집행하는 때에는 多數決에 의하는 것이나, 組合의 通常事務만은 各組合員이 專行할 수 있다(本條 本文 Ⅲ). 경미한 通常事務에 대하여는 組合員 상호의 신뢰에 맡기는 것이 좋고, 일일이 결의를 거친다는 것은 번잡하기 때문이다.

(2) 그러나 通常事務라 하더라도 그 사무의 완료전에 다른 組合員의 異議가 있는 때에는 즉시 中止하여야 한다(本條 但書 Ⅲ). 通常事務에 관하여 다른 組合員은 역시 공통적인 이해를 가지기 때문이다. 이를 組合員의 異議權이라고 할

12) 郭潤直, 534; 金曾漢, 351; 註釋債各(Ⅱ), 625.
13) 郭潤直, 534.
14) 金曾漢, 351.

수 있는데, 이는 業務執行權의 일종이다. 이와 같이 通常事務에 대하여 適法한 異議가 제기된 경우에 그 事務를 執行하기 위해서는 一般原則에 따라 過半數의 同意가 필요하다.

組合員의 異議는 個別的인 通常事務에 대하여 하여야 한다. 만일 일반적인 異議를 할 수 있다고 한다면, 各組合員의 業務執行權을 박탈할 수 있기 때문이다.[15] 그리고 통상사무를 행하는 조합원이 다른 조합원에게 그 사실을 통지하여 이의를 말할 기회를 주어야 할 필요는 없다.[16]

(3) 어떤 組合員이 通常事務로 오신하여 專行하거나, 다른 組合員의 이의가 있는데도 중지하지 아니하고 계속하거나, 또는 通常事務의 집행을 잘못하여 組合에게 불리하게 된 때에는, 다른 組合員에 대하여 손해배상의 책임을 진다.[17]

3. 委任規定의 準用

組合員이 組合員 全員을 위하여 업무를 집행하는 때에는 그 한도에서 委任에 있어서의 受任人과 유사한 지위에 있으므로 위임에 관한 많은 규정이 준용되다(民 §707).

Ⅲ. 일부의 組合員을 業務執行者로 한 경우

1. 業務執行組合員의 選任

組合契約으로 일부의 組合員에게 업무의 집행을 맡기는 것은 상관없다. 그리고 組合契約으로 業務執行者를 정하지 않았더라도, 필요한 경우에는 언제든지 組合員의 3분의 2 이상의 찬성으로 業務執行者를 선임할 수 있다(本條 I).
보통 業務執行組合員은 대표자, 조합장, 이사, 관리인 등의 명칭을 사용하는 예가 많다.

2. 業務執行組合員의 權限

業務執行組合員의 권한은 특별한 약정이 없는 한, 조합업무 전반에 미친

15) 註釋債各(Ⅱ), 625.
16) 金疇洙(上), 448.
17) 郭潤直, 535; 註釋債各(Ⅱ), 625.

다. 그러나 組合契約의 變更, 組合員의 加入과 除名, 組合의 解散 등 조합 자체의 존립에 관한 사항은 業務執行에 속하지 않는다고 보아야 한다.[18]

業務執行組合員이 1인인 경우에는 그가 단독으로 業務執行을 하고, 業務執行組合員이 數人인 때에는, 業務執行은 그 과반수로써 결정한다(本條 後段 Ⅱ). 判例[19]는 "조합대의원회의의 점포배정방법에 관한 결의에 따라 점포를 배정한 후에는 조합장은 조합원 전원의 약정 또는 대의원회의의 새로운 결의에 의하지 않고는 단독의 의사로써 이미 점포를 배정받은 조합원으로부터 그 점포의 사용권을 제한 또는 박탈하지 못한다"고 한다.

그리고 組合의 通常事務는 각 業務執行者가 단독으로 專行할 수 있고(本條 本文 Ⅲ), 다만 다른 業務執行者가 그 사무의 완료 전에 異議를 한 때에는 이를 중지하여야 한다(本條 但書 Ⅲ). 그러나 業務執行組合員이 있는 경우에 業務執行權이 없는 組合員은 異議를 제기할 수 없다. 業務執行組合員을 선임함으로써 다른 組合員은 業務執行權이 없어지는데, 通常事務의 執行에 있어서 異議權은 業務執行權의 一部이기 때문이다.[20]

3. 다른 組合員과의 관계

業務執行者가 있는 경우에는, 그에게 맡겨진 범위의 업무에 관하여는, 다른 組合員은 비록 組合의 通常事務일지라도 이를 집행하지 못한다.[21] 그러나 이러한 경우에도 業務執行者가 아닌 組合員들은 組合의 업무 및 재산상태를 검사할 수는 있고(民 §710), 業務執行組合員을 일정한 조건하에 해임할 수 있는 권한을 가진다(民 §708). 이러한 권한마저도 가지지 않는다는 특약이 있을 때에는 그 관계는 이미 조합이 아니다. 그러한 때에는 공동사업을 경영한다고 하는 조합의 본질에 반하기 때문이다.[22]

그리고 업무를 집행하는 組合員은 위임에 있어서의 수임인과 유사한 지위에 있으므로, 위임에 관한 많은 규정이 준용되다(民 §707).

18) 註釋債各(Ⅱ), 626.
19) 大判 56. 4. 12, 4289민상32.
20) Staudinger-Keßler, §711 Rz 3ff.
21) 郭潤直, 536; 金曾漢, 353; 金疇洙(上), 449; 註釋債各(Ⅱ), 626.
22) 金疇洙(上), 447.

Ⅳ. 第三者에의 業務執行의 委任

組合契約으로 組合員이 아닌 제3자에게 組合의 業務執行을 위임할 수 있음은 물론이다. 組合은 業務執行方法으로서 개개의 사무를 제3자에게 위임할 수 있을 뿐만 아니라 組合의 業務執行을 포괄적으로 제3자에게 위임할 수도 있는 것이다. 이 경우에는 組合과 수임인인 제3자와의 사이에 순수한 위임계약이 있는 것이고,[23] 그 業務執行의 관계는 위임계약과 위임에 관한 규정에 의하여 규율된다.

그런데 組合의 業務執行을 수임받은 제3자가 數人 있는 경우에 業務執行方法에 관하여 위임에 특별한 규정이 없다. 이러한 경우에는 특약이 없는 한, 本條 Ⅱ·Ⅲ이 유추적용된다. 따라서 이러한 경우에 通常事務는 각자가 전행할 수 있으나, 기타의 업무는 과반수로써 결정하여야 한다.[24] 그리고 業務執行을 제3자에게 위임하면 組合員은 모든 사무의 처리를 위임하였으므로 위임계약을 해지하지 않는 한 組合事務를 집행할 수 없다. 그러나 이 때에도 各組合員은 組合의 업무 및 재산상태를 검사할 수 있다.

業務執行者의 權利·義務는 위임에 관한 규정에 의하여 규율되므로 제3자의 辭任, 解任에 대하여 民 §708가 적용되지 아니하고, 위임에 관한 규정이 적용된다. 따라서 제3자는 언제든지 辭任할 수 있고, 組合은 언제든지 解任할 수가 있다(民 §689).

그러나 조합으로부터 해임되려면, 그 선임이 전조합원의 일치로 되었는지, 아니면 3분의 2 이상의 찬성으로 되었는지에 따라서 전조합원의 일치 또는 3분의 2 이상의 찬성을 필요로 한다고 해석하여야 할 것이다.[25]

[金 載 亨]

---

23) 郭潤直, 536; 註釋債各(Ⅱ), 627.
24) 郭潤直, 536; 註釋債各(Ⅱ), 627.
25) 金疇洙(上), 449. 註釋債各(Ⅱ), 627은, 위임이 組合契約에 기할 때에는 解任을 할 때 全組合員의 合意가 필요하다고 한다.

第 707 條(準用規定)

組合業務를 執行하는 組合員에는 第681條 乃至 第688條의 規定을 準用한다.

I. 意義 및 性質

어떤 組合員이 組合員 全員을 위하여 업무를 집행하는 때에는, 다른 組合員에 대한 관계에서는 마치 위임을 받은 것과 같은 관계가 된다. 즉 組合의 業務執行者가 다른 組合員에 대하여 갖는 權利, 義務는 수임자의 위임자에 대한 권리의무와 같다.[1] 그리하여 本條는 업무를 집행하는 組合員에게 위임에 관한 民 §§681 내지 688의 규정을 준용하고 있다.

本條는 물론 任意規定이다. 따라서 組合契約에서 業務執行組合員의 권리의무에 관하여 위임에 관한 규정과 다르게 정할 수 있는 것이고, 組合契約에서 業務執行組合員의 권리의무에 관하여 규정하지 아니한 경우에 비로소 本條가 적용되는 것이다. 獨逸民法(§ 713)과 瑞西債務法(§540 I)은 이를 분명히 하고 있다.

Ⅱ. 本條의 適用範圍

1. 本條는 "組合業務를 執行하는 組合員"이라고 규정하고 있기 때문에, 組合員이 組合의 업무를 집행하는 경우에만 적용되고, 組合의 業務執行을 組合員 이외의 제 3 자에게 맡긴 경우에는 本條가 적용되지 않는다는 것은 문언상 분명하다. 이 때 組合의 業務執行을 담당하는 제 3 자의 권리의무는 組合과 제 3 자와의 계약에 의하여 정해진다.

2. 業務執行組合員을 정하지 아니한 경우에는, 各組合員이 業務執行을 공동으로 수행하는데, 대부분 업무를 집행하는 組合員의 권리의무에 관하여는 아무런 약정이 없다. 이러한 경우에 本條가 적용된다는 것은 의문의 여지가 없다.[2]

그런데, 組合契約으로 業務執行組合員을 정한 경우에는 業務執行組合員과 다른 組合員 사이에 위임계약이 체결된 것과 같으므로 위임에 관한 모든 규정

1) 郭潤直, 535; 註釋債各(Ⅱ), 635.
2) 郭潤直, 535; 註釋債各(Ⅱ), 635.

이 당연히 적용되고, 本條가 적용될 여지가 없다고 생각할 수 있다. 그러나 組合契約에서 業務執行組合員을 정한 경우에도 組合契約과 동시에 위임계약이 체결된 것으로 볼 수는 없다.[3] 따라서 이러한 경우에도 組合契約에서 業務執行組合員의 권리의무를 정하지 않았다면, 本條에 따라 위임에 관한 규정을 준용해야 한다. 또한 民 §706 I에 의하여 業務執行組合員을 선임한 경우에도 本條가 적용된다.

Ⅲ. 業務를 執行하는 組合員의 權利·義務

業務執行組合員을 포함한 모든 組合員은 조합의 공동의 목적을 추구하고 조합의 이익을 보호할 의무가 있다. 나아가 업무를 집행하는 組合員의 권리의무는 組合關係의 일부를 이루기 때문에, 일차적으로 組合契約과 組合에 관한 民法規定에 의하여 정해지고, 보충적으로 本條에 의하여 위임에 관한 民 §§681 내지 688의 규정이 준용된다.

위임에 관한 民 §§681 내지 688의 규정을 준용하는 결과 업무를 집행하는 組合員은 다음과 같은 권리의무를 갖는다. 여기에서 업무를 집행하는 組合員에는 業務執行組合員이 정해져 있는 경우와 各組合員이 업무를 집행하는 경우를 모두 포함한다.

1. 組合事務處理義務

(1) 업무를 집행하는 組合員은 組合契約의 본지에 따라 선량한 관리자의 주의로써 組合事務를 처리하여야 한다(民 §681 준용).

(2) 업무를 집행하는 組合員은 다른 組合員의 승낙이나 不得已한 事由 없이 제3자로 하여금 자기에 갈음하여 組合事務를 처리하게 하지 못한다(民 §682 I 준용).

업무를 집행하는 組合員이 제3자에게 조합사무를 처리하게 한 경우에는 다른 組合員에 대하여 제3자의 선임, 감독에 관한 책임이 있고, 다른 組合員이 지명하여 제3자에게 조합사무를 처리하게 한 때에는 그 부적임 또는 불성실함을 알고 다른 組合員에 대한 통지나 그 解任을 게을리한 때가 아니면 책임이 없다. 업무를 집행하는 組合員에 의하여 선임된 제3자는 피용자가 아니

3) 註釋債各(Ⅱ), 635; 日注民(17), 120.

라 수임자의 지위에 있다 할 것이므로 그 권한 내에서 다른 組合員을 대리하고, 업무를 집행하는 組合員과 동일한 권리·의무가 있다(民 §§682 II, 121, 123 준용). 組合事務의 위임에 과실이 있는 경우에만 업무를 집행하는 組合員이 책임을 지고, 제3자는 자기의 책임하에서 업무를 수행한다.

2. 報告義務

업무를 집행하는 組合員은 다른 組合員의 청구가 있는 때에는 組合事務의 처리상황을 보고하고, 어떤 업무를 처리한 후에는, 지체없이 그 顚末을 보고하여야 한다(民 §683 준용). 組合解散 후에도 解散時까지의 組合事務의 처리상황을 보고할 의무가 있다.

또한 民 §710는 組合員의 업무 및 재산상태 검사권을 규정하고 있다.

3. 取得物引渡義務 및 取得權利移轉義務

업무를 집행하는 組合員이 組合事務의 처리로 인하여 받은 금전 기타의 물건 및 그 수취한 과실은 조합에 인도하여야 한다(民 §684 I 준용). 또한 업무를 집행하는 組合員이 業務執行의 일환으로 자기의 명의로 취득한 권리도 조합에 이전하여야 한다(民 §684 II). 이 때 인도 또는 이전의 청구권자는 원칙적으로 組合員全員이다.

그런데, 業務執行組合員이 정해져 있는 경우는 業務執行組合員이 통상 組合財産을 관리하는 경우가 많을 것이다. 따라서 業務執行組合員이 數人인 경우 조합사무의 처리로 인하여 받은 금전 기타의 물건 및 그 수취한 과실은 보통 業務執行組合員 전원의 공동관리로 이전하면 될 것이다.

4. 金錢消費의 責任

업무를 집행하는 組合員이 組合에 인도한 금전 또는 組合의 이익을 위하여 사용할 금전을 자기를 위하여 소비한 때에는 소비한 날 이후의 이자를 지급하여야 하며, 그 외에 손해가 있으면 이를 배상하여야 한다(民 §685 준용).

5. 報酬請求權

업무를 집행하는 組合員은 보수가 없는 것이 원칙이다. 그러나 특별한 약정이 있으면 보수를 받게 된다(民 §686 I 준용).

업무를 집행하는 組合員이 보수를 받을 경우에는 組合事務를 완료한 후가 아니면 이를 청구하지 못한다. 그러나 기간으로 보수를 정한 때에는 그 기간이 경과한 후에 이를 청구할 수 있다(民 §686 Ⅱ 준용).

업무를 집행하는 組合員이 組合事務를 처리하는 중에 업무를 집행하는 組合員의 책임 없는 사유로 인하여 組合關係가 종료된 때에는, 업무를 집행하는 組合員은 이미 처리한 사무의 비율에 따른 보수를 청구할 수 있다(民 §686 Ⅲ 준용).

6. 事前費用請求權

組合事務의 처리에 비용을 요하는 때에는, 업무를 집행하는 組合員이 미리 그 비용을 청구할 수 있다(民 §687 준용).

7. 必要費償還請求權 등

업무를 집행하는 組合員이 組合事務의 처리에 관하여 필요비를 지출한 때에는 組合에 대하여 지출한 날 이후의 이자를 청구할 수 있다. 업무를 집행하는 組合員이 組合事務의 처리에 필요한 채무를 부담한 때에는 組合에게 자기에 갈음하여 이를 변제하게 할 수 있고, 그 채무가 변제기에 있지 아니한 때에는 상당한 담보를 제공하게 할 수 있다. 업무를 집행하는 組合員이 組合事務의 처리를 위하여 과실 없이 손해를 받은 때에는 組合에 대하여 그 배상을 청구할 수 있다(民 §688 준용).

[金 載 亨]

第 708 條(業務執行者의 辭任, 解任)

業務執行者인 組合員은 正當한 事由 없이 辭任하지 못하며 다른 組合員의 一致가 아니면 解任하지 못한다.

I. 意 義

業務執行組合員에게는 위임에 관한 규정이 다수 준용되고 있지만, 本條는 業務執行組合員에 대하여 위임의 해지에 관한 民 §689(委任의 解止의 相互 自由)의 준용을 배제한 것이다.

業務執行權은 業務執行組合員과 다른 組合員 상호간의 신뢰를 전제로 한다. 이러한 신뢰가 깨어진 경우 業務執行組合員은 辭任을 하거나 다른 組合員은 業務執行組合員을 解任할 수 있다. 그러나 組合의 業務執行組合員은 수임인과 달리 그 지위가 보장되는데, 그 이유는 組合의 사업을 달성하기 위하여 組合員 상호간의 신뢰관계와 業務執行者의 지위의 안정을 필요로 하기 때문이다. 業務執行組合員은 正當한 事由 없이 辭任하지 못하고 또한 解任당하지도 않는다. 그리고 正當한 事由가 있어서 解任하려면 다른 組合員의 일치가 있어야 한다.

물론 組合契約에서 解任事由 등을 本條와 달리 정할 수 있을 것이다.

Ⅱ. 適用範圍

1. 本條는 組合契約에서 業務執行組合員을 정한 경우에 한하여 적용된다. 本條가 "業務執行者인 組合員"이라고 규정하여, 各組合員이 業務執行權을 갖는 경우에도 本條가 적용되는지 문제된다.

獨民 §712는 組合契約에서 業務執行權限이 組合員에게 위임된 경우에 관하여 業務執行組合員의 辭任과 解任을 제한함으로써, 이를 명백히 하였다. 組合契約으로 業務執行組合員을 정하지 아니한 경우에는 各組合員에게 業務執行權이 귀속되는데, 이 때에는 解任이나 辭任이 불가능하다고 한다.[1] 우리 民法의 해석론으로도 이와 동일하게 볼 수 있다. 왜냐하면 業務執行組合員을 정하지 아니한 경우 各組合員이 業務執行權을 갖게 되는데, 이는 組合員으로서 가지는 고유권이기 때문이다. 各組合員이 가지는 業務執行權은 業務執行組合員을 선임하는 경우 외에는 박탈될 수도 없고 포기될 수도 없는 것이다.

2. 또한 組合契約으로 組合員 이외의 제3자에게 業務執行을 위임한 경우에는 순수한 위임계약이므로 그 제3자의 辭任이나 解任에 대하여는 本條가 적용되지 아니한다. 그 결과 제3자는 위임의 규정에 따라 언제든지 辭任할 수 있고, 組合員은 그 제3자를 언제든지 解任할 수 있다. 다만 業務執行의 위임이 組合員 全員의 일치에 의한 것이면 組合員 全員의 일치를 요한다.[2]

1) Staudinger-Keßler, §712 Rz 2.
2) 註釋債各(Ⅱ), 637.

Ⅲ. 解　任

1. 解任의 要件

組合契約에서 1인 또는 數人의 組合員을 業務執行組合員으로 정한 때에는 業務執行組合員은 正當한 事由가 없이 辭任하지 못한다는 것은 명백하다. 그런데, 다른 組合員이 業務執行組合員을 解任할 경우에는 다른 組合員의 一致가 있는 것으로 충분한지, 아니면 解任의 경우에도 正當한 事由가 있어야 하는지는 문언상으로는 불분명하나, 이 경우에도 正當한 事由가 있어야 解任할 수 있다고 보아야 할 것이다.

2. "正當한 事由"의 判斷基準

결국 業務執行組合員의 辭任이나 解任에 있어서 중요한 것은 正當한 事由가 있는지 여부이다. 獨民 §712는 '重大한 事由'가 있는 경우에 辭任이나 解任을 할 수 있다고 하고, 重大한 事由라 함은 주로 業務執行組合員이 중대한 의무를 위반하였거나 적절하게 업무를 수행할 능력이 없는 경우를 말한다고 규정하고 있다. 우리 民法은 '正當한 事由'라고 하여 解任이나 辭任의 요건을 완화하고 있는데, 이것은 不確定概念이라고 할 수 있다. 그리하여 구체적 사안에서 業務執行組合員을 지속시킴으로써 얻을 수 있는 이익과 그로 인한 해악을 비교형량하여 '正當한 事由'를 판단하여야 한다.

3. 解任의 方法

業務執行組合員을 解任하려면 다른 組合員의 결정으로 할 수 있고, 원칙적으로 다른 組合員의 전원일치를 요하지만, 組合契約에서 다수결로 業務執行組合員을 解任할 수 있다고 규정할 수도 있다. 이 때 業務執行組合員은 그를 解任하는 결정에 참여할 수 없다고 보아야 한다. 왜냐하면 業務執行組合員의 解任은 그의 의사에 반하여 組合의 이익을 해하였다고 볼 만한 사정이 있는 경우 業務執行權을 박탈하는 것이기 때문이다.

그리고 業務執行組合員의 解任을 위하여 재판상 청구를 할 필요는 없다. 다만 解任에 관하여 다툼이 있는 경우에는 그 解任의 유·무효의 확인을 구하는 소를 제기할 수 있을 것이다.[3] 그리고 당해 業務執行組合員에게 解任 결정을 통지하지 않으면, 除名의 경우(民 §718 II)와 마찬가지로 그 業務執行組合員에게 대항하지 못한다.

4. 二人組合의 경우

2인으로 구성된 組合에서 1인이 組合의 業務執行을 담당하고 있는 경우 解任이 가능한가? 2인조합(Zweimann-Gesellschaft)에서 除名은 불가능하다. 그러나 業務執行으로부터 배제된 組合員은 正當한 事由가 있으면 業務執行組合員을 解任하여 業務執行權을 박탈할 수 있다.[4]

IV. 辭 任

業務執行組合員은 正當한 事由가 있으면 辭任할 수 있다. 辭任은 業務執行組合員으로서의 행위의무를 면하는 것으로, 業務執行權을 박탈하는 解任에 상응하는 것이다. 辭任은 組合契約을 변경하는 것이기 때문에 모든 組合員에 대한 意思表示로써 하여야 한다.

그런데, 組合契約으로 業務執行組合員을 정할 때 어떠한 경우에도 辭任을 하지 않겠다는 약정을 할 수 있는가? 이러한 약정은 무효라고 보아야 한다. 이러한 약정을 한 경우에도 本條에 따라서 業務執行組合員이 正當한 事由가 있는 경우에는 辭任할 수 있는 것이다. 이 점에 관하여는 本條가 強行規定이다.

V. 解任, 辭任의 效力

業務執行組合員이 적법하게 解任되거나 辭任하여 業務執行組合員이 없게 되면 組合의 業務執行은 民 §706에 의하여 하게 된다.

[金 載 亨]

---

3) Staudinger-Keßler, §712 Rz 4.
4) Staudinger-Keßler, §712 Rz 4.

第709條(業務執行者의 代理權推定)

組合의 業務를 執行하는 組合員은 그 業務執行의 代理權 있는 것으로 推定한다.

차 례

Ⅰ. 意　義

1. 組合代理

民法上의 組合에는 法人格이 인정되지 않으므로, 권리의 주체가 되지 못하고, 또한 법인에서와 같은 대표기관이 없다. 그 결과 組合의 對外關係, 즉 組合이 그 목적을 달성하기 위하여 외부의 제3자와 법률행위를 하는 관계(組合代表)는, 組合 자체와 제3자와의 관계가 아니라, 組合의 구성원인 모든 組合員과 제3자와의 관계이다. 바꾸어 말하면, 組合은 외부에 대하여 스스로를 대표하는 행위주체가 되지 못한다. 따라서 대외적인 법률행위는 組合 자신의 이름으로 할 수 없고, 언제나 組合員 全員의 이름으로 하여야만 한다. 즉 全組合員이 공동으로 행위를 하여야 하는 것이 원칙이다. 이 때에 전원이 組合을 조직하고 있음을 표시하여야 한다. 그렇지 않으면 원칙적으로 분할채권·채무관계가 성립하게 되기 때문이다(民 §408 참조). 그런데 組合이 외부의 제3자와 어떤 행위를 하려면 위와 같이 언제나 組合員 全員이 공동으로 하여야 한다는 것은, 매우 번잡하고 불편한 일이다. 이러한 불편을 피하기 위하여 이용되는 제도가 대리제도이다. 예컨대, 甲·乙·丙 세 사람이 어떤 조합을 만든 경우에, 제3자 丁과 법률행위를 하게 되었다면, 원칙적으로 조합을 이루는 甲·乙·丙

이 공동으로 행위의 일방 당사자가 되어 丁과 행위를 하여야 하나, 만일에 세 사람 중의 한 사람, 예컨대 甲을 乙·丙의 대리인으로 하여서 丁과 거래행위를 하게 하면, 세 사람에 갈음하여 甲이 혼자서 丁과 거래행위를 할 수 있게 되어 편리하다. 이 때에 甲은 乙·丙의 대리인으로서 행동할 뿐만 아니라, 한편으로는 자신이 직접 丁과 법률행위를 하는 것이다. 그 결과 대리의 이론에 의하여 甲·乙·丙 세 사람이 丁에 대한 관계에서 직접 권리를 얻고 의무를 부담하게 된다. 組合의 대외활동은 이러한 대리의 형식으로 행해지는 경우가 많기 때문에, 組合의 對外關係를 흔히 組合代理라고 부르기도 한다. 그런데 이와 같이 業務執行組合員이 대리하여 대외적인 법률행위를 하는 경우에도, 그는 組合 자체의 代理人이 아니라, 다른 組合員의 代理人이나 受任人에 불과하다.[1)]

한편 組合은 사회적으로 組合을 초월하여 1개의 단체로서 어느 정도 독립성을 갖고, 組合財產은 組合員의 개인재산과 구별된다. 이를 이유로 組合의 대리인이 組合名義로 법률행위를 한 경우 그 효력이 全組合員에게 미친다는 견해[2)]가 있다. 그러나 組合은 현행법상 權利能力이 없어 권리의무의 주체가 될 수 없으므로 組合의 대리인이라는 것은 있을 수 없다. 다만 組合 명의로 법률행위를 하였더라도, 組合員 全員이 법률행위의 당사자가 된 것으로 볼 수 있는 경우(예를 들면 어음행위)가 있는데, 이 때에도 법률행위의 당사자는 組合이 아니라 組合員 全員이고, 그 효력도 組合員 全員에게 귀속한다.

2. 代理權과 業務執行權

民 §709는 "조합의 업무를 집행하는 조합원은 그 업무집행의 대리권 있는 것으로 추정한다."고 규정하고, 民 §706에서 업무집행에 관하여 규정하고 있다. 두 조문의 관계, 즉, 대리권과 업무집행권에 관하여 검토할 필요가 있다.

(1) 通說[3)]은 組合의 業務執行을 크게 대내적인 것과 대외적인 것으로 구별한다. 그리고 組合의 대외적인 법률행위는 통상 대리행위에 의하여 행해지는데, 通說은 이것을 組合의 業務執行에 포함시키고 있다.

1) 金曾漢, 353은 "조합의 대외관계, 즉 조합이 그 목적을 달성하기 위하여 타인과 법률행위를 하는 관계를 조합대표 또는 조합대리라고 말하는 일이 있지만, 조합에는 인격이 없기 때문에 조합을 대표할 기관도 없고 또 대리를 받을 본인이 될 수도 없는 것이므로, 그것은 조합을 대외적으로 대표한다든가, 조합이라는 본인의 대리인이 된다는 뜻이 아닌 것은 분명하다"고 한다.

2) 註釋債各(Ⅱ), 628.

3) 郭潤直, 533-34; 金疇洙(上), 446. 상세한 것은 前述한 §706 注解 Ⅰ.2. 참조.

(2) 그러나 업무집행과 조합대리는 구분할 필요가 있다. 組合의 業務執行(Geschäftsführung)은 內部的으로 組合의 업무를 집행하는 것으로, 組合員들이 공동의 사업을 경영하기 위하여 組合의 의사를 결정하고, 이에 기하여 內部的으로 행하는 법률행위나 사실행위를 말한다. 이에 반하여 조합대리는 組合과 제3자의 법률행위에 관한 것이다. 내부적인 업무집행을 할 수 있는 권한이 업무집행권이고, 대외적으로 조합원을 대리하여 법률행위를 할 수 있는 권한이 대리권이다.

(가) 兩者를 구분하는 근거는 다음과 같다.

첫째, 舊民法에서는 組合의 內部的인 業務執行과 組合의 대외적인 법률행위를 구별할 명문의 규정은 없었으나,[4] 現行民法은 독일민법의 영향으로 業務執行者의 대리권추정에 관한 民 §709를 신설하여, 業務執行權과 代理權을 개념적으로 구별하고 있다고 볼 수 있다. 업무집행조합원이 무조건 대리권을 가진다면, 이러한 추정 규정을 둘 필요가 없을 것이기 때문이다.

둘째, 業務執行權과 代理權은 발생원인이 다르다. 業務執行權은 組合契約, 위임계약 또는 民 §706에 의하여 발생하고, 代理權은 授權行爲에 의하여 발생한다. 실제로는 代理權 授與行爲가 組合契約이나 委任契約 속에 포함되어서 하나의 행위로서 행하여지는데, 이는 보통의 授權行爲와 마찬가지이다.

셋째, 어떤 組合員에게 內部的인 業務執行權이 있다고 하더라도 그와 동시에 외부적인 代理權이 수여되지 않을 수도 있고[5] 그 범위가 다를 수도 있다.

넷째, 조합의 대리권은 법인의 대표권에 상응하는 것이다.[6] 법인의 경우에 업무집행권과 대표권을 구분하고 있는데, 별다른 제한이 없으면 이사 등 기관에 위 두 권리를 부여하고 있으므로, 양자를 구별할 실익이 적다고 할 것이다. 그러나 조합의 경우에는 이론상 업무집행권과 대리권의 귀속주체가 다르게 될 여지가 많이 있다.

(나) 組合의 內部的인 業務執行은 舊民法時代와 마찬가지로 民 §706에 의하여 규율된다. 그러나 조합대리에 관하여는 民 §709와 대리에 관한 민법총

---

4) 구민법에서는 업무집행에 대리권을 포함시켜 볼 필요가 있었다고 볼 수도 있다. 이것은 일본민법 제정당시 입법자의 의사이다. 그러나 일본에서도 현재는 업무집행권과 대리권을 구분하고 있다.

5) 組合契約으로 代理權 없는 業務執行을 정할 수 있다. 예를 들면 組合員이 단지 사실상의 사무만을 수행해야 하는 경우가 이에 속한다. 반대로 組合契約으로 業務執行權 없는 대리도 정할 수 있다. 組合契約에서 어떤 組合員에게 代理權을 수여하였다고 하더라도, 그로부터 그에 상응하는 業務執行權이 반드시 수반되는 것은 아니다.

6) 이 경우에도 통설은 양자를 명확하게 구분하지 않는다.

칙 규정이 적용된다. 民 §709는 業務執行權을 가진 組合員은 그 업무집행의 代理權이 있다고 추정한다. 따라서 業務執行組合員에게 업무집행의 대리권이 없다고 주장하는 자가 그에 관한 입증책임을 진다.

Ⅱ. 代理權의 發生

일부 조합원이 다른 조합원을 대리하여 제3자와 法律行爲를 한다고 하면, 그 代理權은 어떻게 수여되는가? 代理權은 內部的인 業務執行의 권한과는 관념상 별개의 것으로, 代理權授與行爲에 의해서 발생한다.[7] 이러한 代理權은 組合契約으로 정할 수도 있고, 個別的인 授權行爲로 정할 수도 있다. 이 때 業務執行組合員을 대리인으로 선임할 수도 있으나, 業務執行組合員과 다른 組合員을 대리인으로 선임할 수도 있다. 이와 같이 대리인을 선임한 경우에는 本條가 적용될 필요가 없다.

그러나 組合契約 등에서 대리인을 정하지 아니한 경우에는 本條의 규정에 따라 代理權이 정해진다. 즉 組合의 業務를 執行하는 組合員은 그 業務執行의 代理權을 가진 것으로 추정한다. 따라서 組合契約 등에서 대리인을 정하지 아니한 경우에는, 業務執行組合員이 組合을 대리할 권한이 있다. 이 때 代理權의 範圍는 보통 당해 組合員의 業務執行權의 範圍에 의해서 정해진다. 業務執行組合員을 둔 경우와 두지 않은 경우로 나누어 보기로 한다.

1. 業務執行者를 정하지 않은 경우

(1) 組合契約에서 業務執行者를 정하지 않았거나 또는 선임하지 않은 경우(民 §706 Ⅰ)에는, 各組合員은 각각 단독으로 組合의 목적을 달성하는 데 필요한 범위 내에서 모든 組合員을 대리할 권한이 있는 것으로 추정된다. 組合契約에서 各組合員이 서로 代理權을 수여한 것이라고 보아야 한다.[8]

(2) 各組合員이 組合의 通常事務에 관하여 제3자와 법률행위를 하는 경우에는 各組合員이 단독으로 대리할 수 있다. 또한 組合契約이나 組合員의 합의에 의하여 모든 組合員이 단독으로 대리할 수 있다고 정할 수 있음은 물론

---

7) 金曾漢, 353.
8) 註釋債各(Ⅱ), 628.

이다. 그런데, 그러한 약정이 없는 경우 各組合員이 通常事務 이외의 사항에 관하여도 각자 단독으로 대리권을 갖는지, 아니면 공동으로 대리행위를 하여야 하는지 문제된다.

組合의 경우에 모든 組合員은 單獨代理權을 갖는 결과 組合에서 1인이 제3자와 법률행위를 하면 대리의 이론에 기하여 組合員 全員이 그 제3자에 대하여 직접 권리를 취득하고 의무를 부담한다는 견해[9]가 있다. 왜냐하면 業務執行組合員을 정하지 않은 조합은 보통 소수의 긴밀한 결합이며, 거기서는 각자 단독대리의 합의가 있다고 추정하는 것이 적당하기 때문이라고 한다.

그러나 모든 組合員이 서로 代理權을 갖는다 하더라도, 원칙적으로 모든 組合員은 內部的인 의사결정을 공동으로 하여야 한다는 점은 의문의 여지가 없다. 한편 民 §119는 "대리인이 數人인 때에는 각자가 본인을 대리한다. 그러나 法律 또는 授權行爲에 다른 정한 바가 있는 때에는 그러하지 아니하다"고 규정하고 있다. 따라서 組合의 경우에 法律 또는 授權行爲에서 共同代理를 정하였다고 볼 수 있는지 여부가 검토되어야 한다.

먼저 組合의 代理에 관하여는 民 §272와 民 §706에 의한 제약이 있다. 즉 民 §272는 組合財產의 처분, 변경에 組合員 全員의 同意를 요하고, 民 §706 Ⅱ은 通常事務 이외의 業務執行에 관하여 多數決의 원칙을 규정한다. 따라서 組合員이 組合財產의 처분, 변경에 관한 대리행위를 할 때에는 組合員 全員의 內部的인 위임을 받아야 하고, 그 이외의 대리행위를 할 때에는 多數決에 의한 內部的 의사결정이 필요하다. 따라서 組合에 관하여는 法律上 共同代理를 정한 것이라고 볼 수 있다. 그리고 조합계약 당시의 조합원들의 의사가 원칙적으로 共同代理를 意圖하고 있다고 보는 것이 조합의 단체로서의 성격에 부합한다. 원래 共同代理의 경우 특정한 사항에 관하여 內部的으로 共同代理人들 전원의 의사합치가 있는 한, 반드시 전원이 공동으로 意思表示를 할 필요는 없으며, 共同代理人 중 1인에게 意思表示의 실행을 위임할 수 있다고 하는데,[10] 이는 組合의 경우에도 마찬가지일 것이다. 그러므로 業務執行者를 정하지 아니한 경우에는 各組合員이 共同으로 代理權을 갖는다고 보아야 하고, 여기에서 共同으로 代理權을 갖는다는 것은 內部的인 意思決定을 공동으로 한다는 의미이다. 따라서 業務執行의 경우와 마찬가지로 최소한 內部的으

9) 金曾漢, 354; 註釋債各(Ⅱ), 628.
10) 民法注解(Ⅲ), 62; 李英俊, 民總, 524.

로는 다수결로 의사를 결정하여 대리행위를 하여야 한다. 그러나 受動代理의 경우에는 상대방의 보호와 거래상의 편리를 위하여 各組合員이 단독으로 意思表示를 수령할 권한이 있다고 보아야 한다.

일부의 組合員이 모든 組合員의 동의 없이 組合財産을 처분하였거나 通常事務가 아닌 사항을 과반수에 의한 결정을 거치지 않고서 대리행위를 한 때에는, 그 대리행위가 대리권의 범위를 넘은 행위로서 民 §126에 의한 表見代理가 성립될 수 있다.[11]

各組合員이 대리행위를 하는 경우에는 선량한 관리자의 주의로써 하여야 하고 이 의무를 태만히 한 경우 조합 內部的으로 손해배상책임을 지는데, 이것은 內部關係에 관한 것이므로 대외적인 대리행위의 효력에 직접적인 영향을 미치지는 않는다.[12]

2. 業務執行組合員을 정한 경우

(1) 組合契約으로 業務執行組合員을 정하였거나 또는 선임한 때에는, 그 業務執行組合員은 組合의 목적을 달성하는 데 필요한 범위에서 組合을 위하여 모든 행위를 할 代理權이 있는 것으로 추정된다. 원래 對內的인 業務執行은 원칙적으로 그 범위 안에서의 대외적인 대리행위를 필요한 수단으로 하는 것이며, 따라서 業務執行組合員을 정하는 행위는 동시에 代理權의 수권행위로 볼 수 있기 때문이다.[13]

(2) 業務執行者가 數人 있는 때에는 組合의 通常事務 이외의 사항에 관한 內部的인 결정은 과반수에 의하여야 한다(民 §706 Ⅱ·Ⅲ). 그러나 業務執行者의 한 사람이 이에 위반하여 대리행위를 하였더라도, 그 대리행위가 당연히 무효라고 할 것은 아니며, 역시 代理權의 범위를 넘은 행위로서 表見代理가 성립할 수 있다.[14] 또한 組合契約 등으로 業務執行者의 代理權을 제한하고 있는 경우 業務執行者가 이 제한을 초과하여 대리행위를 한 경우에도 民 §126의 表見代理가 성립할 수 있다.

11) 郭潤直, 538; 金曾漢, 354; 註釋債各(Ⅱ), 628.
12) 註釋債各(Ⅱ), 629.
13) 金曾漢, 355.
14) 郭潤直, 538; 金曾漢, 355.

Ⅲ. 組合契約에 의한 代理權

組合契約으로 本條와 달리 代理權을 규정할 수 있다. 組合契約으로 일부의 組合員에게 代理權을 수여한 경우에는 다른 組合員은 代理權이 없게 된다.[15] 이러한 경우에는 組合契約으로 대리인으로 정해진 組合員만이 제3자와 법률행위를 유효하게 할 수 있다.

1. 組合契約으로 代理權 없는 業務執行을 정할 수 있다. 예를 들면 組合員이 단지 사실상의 사무만을 수행해야 하는 경우가 이에 속한다. 그리고 組合員에게 內部的 권한보다도 외부적으로 더 큰 권한이 부여될 수도 있다. 즉 組合員에게 외부적으로 단독대리권이 있지만, 內部的으로 業務執行을 위하여 다른 組合員의 동의를 필요로 한다는 약정을 하기도 한다.

2. 組合契約으로 業務執行權 없는 대리도 정할 수 있다. 組合契約에서 어떤 組合員에게 代理權을 수여하였다고 하더라도, 그로부터 그에 상응하는 業務執行權이 반드시 수반되는 것은 아니다.

3. 그리고 일부의 組合員에게 代理權을 수여한 경우에는, 그 組合員이 대리인으로서의 지위를 辭任하거나 또는 組合이 解任하는 데는, 民 §708의 규정에 따라야 한다[16](獨民 §715). 그러나 組合契約에 기하지 않고 代理權이 수여된 경우에는 위임의 규정에 따라 解任할 수 있다.

Ⅳ. 代理行爲의 方式

1. 顯名主義와의 관계

民法은 대리행위에 관하여 顯名主義를 채택하고 있다. 그런데 組合은 法人格이 없으므로, 組合 자체가 '本人'이 될 수는 없다. 따라서 組合의 경우에는 本人에 해당하는 모든 組合員의 이름으로 하여야 한다. 그러나 보통의 대리에 있어서도 代理意思의 表示(顯名主義)는 반드시 본인의 성명을 명시하여서 하여야 하

15) 註釋債各(Ⅱ), 630.
16) 郭潤直, 538.

는 것은 아니고, 모든 사정으로부터 그 뜻을 알 수 있으면 되는만큼, 組合代理에 있어서도 組合員 全員의 성명을 제시할 필요는 없는 것이며, 상대방이 알 수 있을 정도로(某 組合의 代表者 또는 業務執行者 등으로) 組合을 표시하는 것으로 충분하다고 새겨야 한다.[17]

2. 金融去來

組合의 경우 組合員 全員의 共同名義로 預金을 하는 것이 원칙일 것이다.[18] 組合員이 少數인 경우에는 組合員 全員의 공동명의로 예금을 할 수 있으나, 組合員이 多數인 경우에는 현실적으로 통장에 예금주를 모두 기재할 수 없으므로, 조합원 중 한 사람의 성명을 통장에 기재할 수밖에 없을 것이다. 종래에는 은행거래에서 組合이 예금을 하는 경우에는, ○○組合 대표자 ○○○라 하여 組合名義로 예금하는 것이 허용된다고 하여 이를 組合의 權利主體性이 인정되는 경우로 들기도 하였다.[19] 그러나 조합명의로 예금하는 것이 허용된다는 것과 조합에 권리주체성이 인정되는 것은 별개의 문제이다. 또한 金融實名制의 실시로 금융기관은 거래자의 實地名義에 의하여 금융거래를 하여야 하는데, 民法上 組合名義는 實地名義로 인정되지 않는다.[20] 따라서 예금거래에서

17) 瑞債 §543 Ⅱ은 '組合 또는 全組合員의 이름으로'(im Namen der Gesellschaft oder sämtlicher Gesellschafter)라고 규정하고 있다.

18) 大判 89. 1. 17, 87다카8(集 37-1, 1)은 "공동명의의 예금채권자들은 공동으로 이행의 청구나 변제의 수령을 하고 채무자의 이행도 예금채권자 전원에 대하여 하여야 할 것이며 채권의 양도 등 처분행위도 예금주들이 공동으로만 하여야 할 것"이라고 판시하였다.

한편 大判 94. 4. 26, 93다31825(公 1994, 1461)는 "은행에 공동명의로 하는 예금은 여러가지 원인과 약정하에 개설되는 것이므로, 그 예금채권의 법적성질이나 예금주가 누구라고 보아야 할 것인가는 일률적으로 정의할 수는 없다"고 한 다음, "만일 동업자들이 동업자금을 공동명의로 예금한 경우라면 채권의 준합유관계에 있어 합유의 성질상 은행에 대한 예금반환청구가 필요적 공동소송에 해당한다고 볼 것이나, 공동명의 예금채권자들 중 1인이 전부를 출연하거나 또는 각자가 분담하여 출연한 돈을 동업 이외의 특정 목적을 위하여 공동명의로 예치해 둠으로써 그 목적이 달성되기 전에는 공동명의 예금채권자가 자신의 예금에 대하여도 혼자서는 인출할 수 없도록 방지, 감시하고자 하는 목적으로 공동명의로 예금을 개설한 경우에는 그 예금에 관한 관리처분권까지 공동명의 예금채권자 전원에게 공동으로 귀속된다고 볼 수 없으므로, 이러한 경우에는 은행에 대한 예금반환청구가 민사소송법상의 필요적 공동소송에 해당한다고 할 수 없을 것이다"라고 판시하였다. 따라서 공동명의의 예금채권자들 사이에 항상 조합관계가 있는 것은 아니다.

19) 郭潤直, 539.

20) 大判 95. 7. 14, 94다44262(公 1995, 2794)는, 민법상 조합 명의가 실지명의에 해당되지 않는다는 것을 분명히 하고 있다. "金融實名去來 및 秘密保障에 관한 緊急財政·經濟命令의 시행을 위한 대통령령" §3에 의하면 부가가치세법상의 고유번호를 부여받은 단체는 그 단체명과 고유번호를 실명으로 인정하고, 그렇지 않고 사업자등록번호를 부여받았을 뿐인 단체는 그 단체명과 사업자등록번호를 실명으로 보지 않고 대표자 개인의 실지명의를 실명으로 보고 있다. 여기에서 부가가치세법상 고유번호가 부여되는 단체는 모두 단체의 재산과 개인의 재산이 구분되고 이익분배가 예정되지 않은 단체로서 민법상의 조합보다 단체성이 강한 단체에 한정하고 있다고 한다.

그런데 위 대통령령 §3 iii의 "법인 아닌 단체"에 어떤 종류의 단체가 포함되는지가 명

조합의 권리주체성이 인정된다고 볼 수는 없을 것이다.

그리고 종래에도 은행이 대출을 하는 경우에 組合을 채무자로 하지 아니하고 대표자 등 개인을 채무자로 하고, 다른 組合員을 연대보증인이나 연대채무자로 하는 형식을 취한다. 세법상으로도 조세부과처분은 組合에 대하여 행하여지는 것이 아니라, 各組合員에 대하여 행하여진다(所得稅法 §43 II 참조).

물론 組合도 일종의 단체라는 점을 강조한다면, 그 권리주체성을 인정할 수도 있는데, 그것은 입법정책의 문제이다. 그러나 우리 나라에서는 民法上의 組合에 실체법상의 權利能力이 인정되는 경우는 없다고 보아야 할 것이다.

3. 어음행위

組合이 어음행위를 하는 방식에 관하여 종래부터 논의되고 있다. 組合이 어음행위를 하려면 어음에 組合員 全員이 기명날인 또는 서명을 하든가 또는 組合員 全員의 성명을 기재하고 業務執行者가 대리인으로서 기명날인 또는 서명을 하는 것이 원칙이지만, 이렇게 하면 불편하고 번잡하기 때문에 실제로는 組合 名義로 기명날인을 하는 경우가 많다. 즉 組合의 대표자 명의로 어음행위를 하고 있다. 이와 같이 대표자 명의의 어음행위가 유효한지 문제된다.

대표자 명의의 어음행위에 관하여 肯定說과 否定說이 있다. 긍정설은 다시 대표자 명의의 어음행위를 組合員 全員의 어음행위라고 해석하는 견해와 조합 자체의 어음행위라고 해석하는 견해로 나뉘어지는데, 兩說은 조합 자체에 어음행위능력을 인정할 것인가에 달려 있다.

否定說은 대표자 명의의 어음행위를 부정하는데, 組合은 권리의무의 주체가 아니므로 組合의 명칭을 어음면에 기재하지 않더라도 그 표시가 組合員 全員의 표시로 볼 수 없고, 또한 조합장, 이사 등 業務執行者의 표시는 各組合員의 대리인의 표시로 볼 수 없다고 한다.

그러나 組合의 대표자가 그 組合의 대표자 명의로 어음행위를 하면 그것이 組合을 위하여 한 것이 어음면상 명백하고, 그 행위의 효과는 법률상 組合員 全員에게 귀속되므로, 조합의 대표자 명의의 어음행위를 組合員 全員의 어음행위로 볼 수 있다. 즉 조합 명의에 의한 본인의 표시는 組合員 全員의 표시로 인정된다. 이 경우 그 組合員이 구체적으로 누구인가는 어음 외의 사실에 의하여 정하여지는데, 어음행위의 대리의 경우 본인의 성명이나 명칭은

확한 것은 아니다. 이에 관하여는 우선, 金載亨, "組合에 대한 法的 規律," 民判硏(XIX), 653.

반드시 기재되어야 하는 것은 아니고 본인임을 확정할 수 있는 기재가 있으면 충분하다고 한다. 組合員이 多數인 경우 이러한 어음행위의 방식을 인정하지 않으면 組合의 어음행위가 번잡하고 거래의 원활·신속을 존중하는 상거래의 요구에 부응할 수 없을 것이다.[21]

한편 대표자 명의의 어음행위를 組合 자체의 어음행위라고 해석하는 견해는 組合의 어음행위능력을 인정한다. 그러나 組合은 권리의무의 주체가 아니므로 組合 자체의 어음행위능력도 인정할 수 없다.

大判 70. 8. 31, 70다1360[22]은 "조합의 어음행위는 전조합원의 어음상의 서명에 의한 것은 물론 대표조합원이 그 대표자격을 밝히고 조합원 전원을 대리하여 서명하였을 경우에도 유효하며, 이 경우 대표조합원은 그 조합의 대표자격을 밝히기만 하면 되고, 반드시 어음행위의 본인이 되는 전조합원을 구체적으로 표시할 필요는 없다는 것이 판례이다"라고 하였다. 즉 判例는 組合의 대표자가 그 권한에 의하여 직접 組合의 명칭을 기재하고 組合의 인장을 찍어 어음을 발행한 때에는 그것이 실질상의 의무자인 全組合員을 집합적으로 표시한 것이라고 해석할 수 있는 한 全組合員은 그 어음에 대하여 본인으로서의 책임을 부담할 것이라고 한다. 이 때 전조합원의 책임은 조합채무라고 할 수 있다. 따라서 조합원은 조합재산에 의한 공동책임과 개인재산에 의한 책임을 진다.[23] 그런데 금융기관이 어음, 수표를 할인하는 것도 "金融實名去來 및 秘密保障에 관한 緊急財政·經濟命令"의 적용을 받게 되어, 조합이 金融機關에 어음·수표를 할인받으려고 할 때에는 위 命令 등에 정한 절차를 따라야 한다.

V. 組合에 관한 訴訟

組合은 組合員 全員의 공동명의로만 원고 또는 피고가 된다. 대법원은 원

21) 註釋債各(Ⅱ), 632.

22) 集 18-2, 302. 이 판결에 대한 평석으로는 崔秉祚, "組合의 어음行爲의 方式", 商事判例研究(Ⅲ), 1996, 3 이하가 있다.

23) 鄭東潤, 어음·手票法, 第四訂版, 1996, 136는 이러한 경우에 조합원은 제1차적으로 조합재산으로 책임을 지고, 그것으로 부족한 때에는 각 조합원이 분담부분의 범위 내에서 개인재산으로 책임을 진다고 한다. 그러나 조합채무에 대한 조합원의 개인책임은 보충성이 없기 때문에, 조합재산이 부족하지 않은 경우에도 각 조합원이 개인재산으로 책임을 진다. 또한 조합 명의의 어음행위는 각 조합원이 공동으로 어음행위를 한 것이라고 보아야 하기 때문에, 각 조합원은 어음법상 합동책임을 지고 民 §712의 분할책임은 그 적용이 없다. 이에 관하여는 後述하는 民 §712 注解 참조.

고 외 4인을 조합원으로 하는 全國特殊印刷社라는 組合의 債權에 관한 訴訟[24]에서 "조합재산에 속하는 권리에 관한 소송에 있어서는 다른 조합원 전원이 본건 채권의 추심을 원고에게 위임하였다는 사실만 가지고서는 원고 단독 명의로 본건 소송을 제기할 권한이 발생하였다고는 볼 수 없고 본건 소송은 필요적 공동소송에 속한다 할 것이므로 원고단독으로 제기한 본건소송은 부적법하다"고 판시하였다.[25]

그런데 民法上의 組合에 民事訴訟에 있어서의 當事者能力이 있는지, 組合員에 의한 訴訟代理가 가능한지, 組合에 관한 訴訟이 항상 必要的 共同訴訟에 해당하는지, 任意的 訴訟信託은 許容되는지 여부가 논의되어 왔다.

1. 組合의 當事者能力

民法上의 組合에 민사소송에서의 當事者能力이 있는지, 즉 組合 자체의 이름으로 소송당사자가 될 수 있는지 논의되고 있다. 이것은 組合 자체의 이름으로 소송당사자가 될 수 있도록 하는 것이 조합의 소송관계를 간명하게 처리할 수 있다는 데서 나온 것이다. 그리하여 이 문제는 民法上의 組合에 民訴 §48의 적용 여부의 형식으로 다루어지고 있다.

학설은 組合이라 하더라도 대표자 또는 관리인이 정하여져 있고, 또한 계속적인 것일 때에는, 民訴 §48를 적용하여 當事者能力을 인정하는 것이 타당하다는 肯定說[26]과, 民訴 §48는 組合에는 적용이 없다는 否定說[27]로 나뉘어져 있다.[28] 判例는 否定說을 취하고 있다.[29]

24) 大判 67.8.29, 66다2200(集 15-2, 247).
25) 同旨 大判 94.10.25, 93다54064(公 981, 3081).
26) 李太載, 360; 金顯泰, 295.
27) 郭潤直, 540; 金曾漢, 356; 宋相現, 民事訴訟法, 全訂版, 1995, 143; 李時潤, 民事訴訟法, 新訂3版, 1997, 142; 姜玹中, 民事訴訟法, 第二全訂版, 1995, 145; 尹載植, "組合과 訴訟", 民判硏(Ⅶ), 제2판, 237.
28) 독일의 통설(Rosenberg/Schwab/Gottwald, Zivilprozeßrecht, 15. Aufl., 1993, §43 Ⅱ; Jauernig, Zivilprozessrecht, 23. Aufl., 1991, §19 Ⅱ)과 판례(BGHZ 80, 227)는 민법상 조합의 당사자능력을 부정한다.
일본에서는 조합이 日本 民訴 §46(우리 民訴 §48에 해당)의 "법인 아닌 사단"에 포함되는지에 관하여 학설의 대립이 있다(日注民(17), 112 참조). 그러나 일본의 판례는 대표자를 정한 조합에 관하여는 당사자능력을 인정하고 있다. 日最判 昭 37.12.18(民集 16, 12, 2422)은 회사의 경영을 관리하여 그 영업의 재건을 도모함과 동시에, 회사에 대한 채권을 보전회수하는 것을 목적으로 하는 債權管理委員會에 관하여, 그것을 조합이라고 인정하고, "대표자를 정한 민법상 조합은 소송당사자능력을 가진다"고 판시하였다.
우리의 契에 유사한 단체로 일본에 講, 講會, 賴母子, 賴母子講이 있는데, 이것에 대해서도 대표자가 있는 경우에 당사자능력을 인정하고 있다. 日大判 昭 15.7.20(民集 19, 1210) 참조.
29) 大判 91.6.25, 88다카6358(公 1991, 1993).

否定說이 타당하다고 본다. 民訴 §48는 "法人이 아닌 社團이나 財團"의 경우에 한하여 적용되는 것이고, 組合은 그러한 社團이나 財團이 아니다. 따라서 組合에는 民訴 §48가 적용된다고 볼 수 없다. 또한 긍정설이 대표자나 관리인의 유무를 기준으로 하여 社團性을 판단하려고 하나, 그것은 너무나 형식적이어서 부당하다.[30)]

組合員 全員이 소송에 관여하게 됨으로써 소송이 번잡하게 되는 점은, 選定當事者制度(民訴 §49)를 이용함으로써 피할 수 있을 것이다.[31)]

물론 組合이라는 명칭을 사용하지만 그 실체가 民訴 §48의 權利能力 없는 社團에 속할 경우에는 當事者能力이 인정된다.

2. 組合員에 의한 訴訟代理

各組合員 또는 業務執行組合員은 조합의 업무에 관하여 재판상의 모든 행위를 대리할 권한이 있는가? 경우를 나누어 보기로 한다.

(1) 業務執行組合員을 따로 정하고 있지 않은 경우에는, 各組合員은 다른 組合員들을 대리할 권한이 있다. 이 때 各組合員이 가지는 代理權은 소송행위의 代理權도 포함한다는 견해가 있다.[32)] 이 견해는 다시 訴訟代理權이 있음을 이유로 各組合員이 자기의 이름으로 원고 또는 피고가 될 수 있다는 견해[33)]와 소송행위를 하는 組合員은 다른 組合員을 대리하여 소송행위를 하는 것으로 소송위임에 기한 소송대리인에 지나지 않으므로, 특정의 사건에 관하여 개별적으로 訴訟代理權의 수여를 필요로 하는 것이고, 그 존재와 범위는 서면으로 증명하여야 한다는 견해[34)]가 있다. 業務執行組合員을 정하지 않은 경우에는 各組合員을 지배인 등 법령상의 대리인과 같이 볼 수 없으므로 後說이 타당하다. 따라서 業務執行組合員이 없는 경우에는, 各組合員에게 일반의 법률행위에 관한 代理權이 있다는 사실로부터 당연히 訴訟代理權이 있다고 할 수는 없다.

(2) 業務執行組合員은 組合의 목적을 달성하는 데 필요한 범위에서 全組合員을 위하여 代理權이 있는데, 이러한 代理權에는 재판상의 행위에 관한 代理權도 포함되어 있다고 볼 수 있다.[35)] 그런데 業務執行組合員의 소송상의 지

30) 郭潤直, 540.
31) 郭潤直, 540.
32) 註釋債各(Ⅱ), 634.
33) 金曾漢, 356; 李太載, 359.
34) 郭潤直, 540.
35) 郭潤直, 541; 註釋債各(Ⅱ), 634.

위를 지배인 등 법령상의 소송대리인과 같이 볼 수는 없다. 業務執行組合員의 경우에는 지배인 등 법령상의 소송대리인의 경우와는 달리, 그 代理權의 범위가 지나치게 불명확하고 등기를 할 수 있는 방법이 없다.[36] 本條는 業務執行組合員은 代理權이 있는 것으로 추정하고 있으나, 그 권한은 組合契約으로 제한할 수도 있고, 數人의 業務執行組合員이 있는 경우 소송행위에 관한 代理權이 있는지 여부를 판명하기 어려운 경우가 많기 때문에, 業務執行組合員에게 법령상의 소송대리인의 지위를 부여하는 것은 법원이나 상대방에게 예측할 수 없는 불이익을 줄 우려가 있다. 따라서 業務執行組合員은 변호사가 아닌 경우에 단독판사가 심판하는 사건에서만 법원의 허가를 얻어 소송행위를 할 수 있고, 業務執行組合員이라는 사실을 서면으로 증명하여야 한다(民訴 §80). 그리하여 業務執行組合員에게 이러한 소송위임에 의한 代理權을 인정하여도 별로 의의가 없다.

3. 必要的 共同訴訟

(1) 조합에 관한 소송은 매우 복잡한 양상을 띠고 있다. 조합에는 당사자능력이 인정되지 않기 때문에, 조합원들이 당사자가 될 수밖에 없다. 이 때 조합과 제3자 사이의 소송이 必要的 共同訴訟인지 문제된다. 組合에 관한 訴訟이 必要的 共同訴訟에 해당하는 경우가 많지만, 반드시 그러한 것은 아니다. 우선 조합이 적극적 당사자가 되는 能動訴訟과 조합이 소극적 당사자가 되는 受動訴訟으로 나누어 보아야 한다.[37]

(2) 組合의 能動訴訟의 경우에는 원칙적으로 소송의 목적이 조합원 전원에 대하여 합일적으로 확정되어야 하는 필요적 공동소송이라고 한다. 조합재산에 속하는 채권에 관한 소송[38]이 대표적이다. 예컨대 조합이 제3자에게 부동산에 관한 소유권이전등기를 청구하는 소를 제기하는 경우에는 조합원 전원이 원고가 되어야 한다. 대법원은 同業約定에 따라 同業者인 원고와 피고보조참가인이 共同으로 土地를 매수한 事案[39]에서, "원고와 참가인은 이 사건 토지에 대한 소유권이전등기청구권을 준합유하는 관계에 있고, 합유재산에 관한 소는 이른바 고유필요적 공동소송이라 할 것이므로, 위 매매계약에 기하여 소

36) 尹載植(註 23), 219.
37) Rosenberg/Schwab/Gottwald, Zivilprozeßrecht, 15. Aufl., 1993, §49 Ⅲ는 조합에 관한 소송을 能動訴訟과 受動訴訟으로 나누고, 이를 다시 이행의 소, 확인의 소, 형성의 소로 나누어 필요적 공동소송인지 여부를 개별적으로 살피고 있다.
38) 大判 67. 8. 29, 66다2200(集 15-2, 247).
39) 大判 94. 10. 25, 93다54064(公 1994, 3081).

유권이전등기의 이행을 구하는 소를 제기하려면, 원고와 참가인이 공동으로 하지 않으면 안 된다"고 판시하였다.

조합의 소송형태는 실체법적인 내용과 밀접한 관련이 있다. 조합재산은 組合員 全員에게 合有的으로 귀속하고 各組合員의 個人財産과는 다른 존재이다. 조합재산을 처분하려면 조합원 전원의 동의가 있어야 한다.[40] 組合의 債權(예컨대 組合의 物品代金債權, 組合財產의 不法侵害者에 대한 損害賠償請求權 등)이 可分給付를 목적으로 하는 것이더라도 그 채권이 數額的으로 분할되지 않으며, 各組合員은 그 전액에 대해서 比率에 따른 잠재적인 持分을 가질 뿐이다. 따라서 全組合員은 공동으로 채권을 추심하여야만 한다.[41] 그리하여 조합채권의 지급을 구하는 소송을 필요적 공동소송이라고 한 것이다. 그러나 합유물의 보존행위(§272 단서) 또는 조합의 통상사무(§706 Ⅲ)에 관하여는 조합원이 단독으로 할 수 있기 때문에, 이에 관한 소송은 필요적 공동소송이 아니다.

또한 出資請求權은 組合의 組合員에 대한 債權으로서, 組合財產에 속하고, 出資義務는 組合契約에 기하여 발생하는 것이므로, 그 履行請求權은 우선 組合員 全員에 의하여 주장될 수 있다. 한편 組合員 個個人이 상호간에 組合契約을 통하여 出資를 約定한 것이기 때문에, 組合員 個個人이 組合員 全員을 위하여 出資請求權을 행사할 수도 있다. 따라서 出資請求權의 債權者는 한편으로는 合手的 關係에 있는 組合員 全體이지만, 다른 한편으로는 個別組合員이다.[42] 따라서 組合員이 다른 組合員에 대하여 출자금청구를 하는 경우에는 必要的 共同訴訟에 해당한다고 볼 수 없다.

(3) 조합의 受動訴訟의 경우, 특히 조합채무에 관한 소송의 경우에는 그 채무가 대체성이 있는지 여부에 따라 달라진다. 예컨대 제3자가 조합재산인 부동산을 매수하였다는 이유로 그 소유권이전등기를 구하는 경우에 조합원 전원을 피고로 삼아야 한다. 즉 필요적 공동소송이다. 왜냐하면 대체성이 없는 조합채무에 대하여는 조합재산만이 책임재산이 되기 때문이다. 그러나 제3자

40) 大判 75. 9. 9, 74다1893(要集 민 I-2, 1066); 大判 90. 2. 27, 88다카11534(公 1990, 746).

41) 大判 63. 9. 5, 63다330(要集 민 I-2, 1065); 大判 67. 8. 29, 66다2200(集 15-2, 247).
大判 63. 9. 5, 63다330(要集 민 I-2, 1065): 제3자가 불법하게 조합재산을 침해한 경우 이로 인하여 발생한 손해배상청구권은 조합재산으로 조합원의 합유에 속하는 것이고 그 채권이 지분의 비율에 의하여 조합원에게 분할되어 귀속하는 것은 아니므로 조합이 해산이나 청산의 방법으로 조합채권을 분할귀속키로 하였다면 별 문제이지만 그렇지 아니한 경우 조합원의 한 사람은 그 채권을 직접 청구할 수 없다.

42) Staudinger-Keßler, §706 Rz. 5; Hueck, Gesellschaft, 19. Aufl., §7 I.

가 조합에 대하여 금전채권 등 대체성이 있는 채권을 가지고 있는 경우에는, 조합원 1인을 상대로 소를 제기할 수 있다. 따라서 조합채권자는 항상 조합원 전원에게 공동으로 채무의 이행을 청구하여야만 하는 것은 아니다.

4. 任意的 訴訟信託

본래의 권리관계의 주체인 자가 그 의사로 제3자에게 자기의 권리에 대하여 소송수행권을 수여하는 것을 任意的 訴訟信託이라고 한다. 이러한 任意的 訴訟信託은 우리 나라 법제하에서는 그 허용되는 경우가 극히 제한적이나, 소송대리를 변호사에 한하게 하고 소송신탁을 금지하는 것을 피하는 등의 탈법적 방법에 의한 것이 아니고 이를 인정하는 합리적 필요가 있다고 인정되는 경우가 있다. 組合의 경우에 任意的 訴訟信託이 허용되는지 문제된다.

大法院은 組合員 29명 중 그 일부만이 반소원고가 된 사안[43]에서 "만일 위와 같은 반소원고들의 반소청구가 위 조합의 원고에 대한 채권을 행사한 것이라면 위의 조합에 있어서의 조합계약에 그 業務執行者에 관한 규정이 있었는지의 여부와 그와 같은 규정이 없다면 반소원고들은 위 조합의 業務執行者로 선출되었는가의 여부(조합원 전원은 그 전원으로서 조합의 채권을 행사할 수 있다고 가정하더라도 본건 반소원고들은 위 조합의 조합원 전원이 아니다) 및 과연 본건과 같은 원고에 대한 조합의 채권을 행사하는 것이 위 조합의 상무에 속하는 것인가의 여부의 점들을 석명하고 심리판단하여야 할 것"이라고 하였는데, 이는 業務執行組合員에 대하여 任意的 訴訟信託을 허용할 수 있다는 것을 시사한 것이다. 나아가 大判 84.2.14, 83다카1815[44]는 "민법상의 조합에 있어서 조합규약이나 조합결의에 의하여 자기 이름으로 조합재산을 관리하고 대외적 업무를 집행할 권한을 수여받은 업무집행조합원은 조합재산에 관한 소송에 관하여 조합원으로부터 임의적 소송신탁을 받아 자기 이름으로 소송을 수행하는 것이 허용된다"고 하여 任意的 訴訟信託이 허용된다는 입장을 분명히 하였다. 위 판결은 東栢興農契員 臨時總會가 20여건에 이르는 소송수행 등 계의 효율적 운영을 위하여 피고 甲을 계장 겸 계업무 특별수권집행자, 피고 乙을 상임이사 겸 계업무 특별수권집행자로 각 선출한 경우, 그 의결이 任意的 訴訟信託을 포함한 것이라면 피고에게 당사자 적격을 인정하여야 한다고 한 것이다. 이 때 당사자의 표시는 "피고 동백흥농계의 업무집행자 甲, 乙"이

43) 大判 68.2.27, 67다2104, 2105(集 16-1, 101).
44) 公 726, 508.

라고 하여야 할 것이다.

그러나 조합의 경우 임의적 소송신탁을 허용한다고 하더라도, 업무집행조합원으로 선임되었다고 하여 무조건 임의적 소송신탁이 되었다고 볼 수는 없다. 업무집행조합원을 선임하는 것과 임의적 소송신탁을 하는 것은 별개의 문제이다. 가령 업무집행조합원이 대내적인 업무집행권만 가지고 있는 경우에는 임의적 소송담당에 해당하지 않는다. 또한 위 대법원 판결에서, 업무집행조합원이 내부적인 업무집행권뿐만 아니라 대외적인 대리권이 있는 경우에도 소송에 관하여 별도로 임의적 소송신탁을 받아야 하는지 여부가 명확하게 되어 있지 않다.[45]

Ⅵ. 代理權의 效果

組合의 경우 대리에 의하여 법률행위를 할 경우 대리행위의 本人은 組合 자체가 아니라 "組合員들"이다. 따라서 代理權者가 組合을 위하여 代理權의 범위 안에서 제 3 자와 법률행위를 하면, 모든 組合員은 그 법률행위로부터 직접 권리를 취득하고 의무를 부담한다. 代理權者가 위와 같은 법률행위로 재산을 취득하면, 그것은 組合財産에 속한다. 또한 채무에 대하여는 모든 組合員이 채무자가 되고, 組合財産과 組合員 개인의 재산으로써 책임을 진다. 왜냐하면 組合은 권리를 취득하고 의무를 부담하는 독립된 단체가 아니기 때문이다. 組合財産으로 책임을 제한하는 약정도 가능하나, 선의의 제 3 자에게는 대항할 수 없다.

業務執行組合員이나 代理權이 있는 組合員은 組合의 기관이 아니기 때문에, 법인의 불법행위능력에 관한 民 §35가 적용될 여지는 없다. 그런데 業務執行組合員이나 대리인이 組合의 業務執行과 관련하여 제 3 자에 대하여 불법행위를 한 경우 다른 組合員들이 사용자책임을 지는지 문제된다. 判例[46]는 民 §756의 사용관계는 단지 고용관계에 있는 경우에 한다는 것이 아니고 同業關係라 하더라도 業務執行에 관하여 지휘감독하에 집무하는 관계가 있는 이상, 이도 포함된다고 한다.

45) 任意的 訴訟信託이 가능한 정도의 단체라면, 非法人社團으로 보아 당사자능력을 인정하여야 하지 않았을까 한다.

46) 大判 61. 10. 26, 4293민상288(要集 민 Ⅰ-2, 1234).

Ⅶ. 內的 組合의 경우

內的 組合의 경우에는 組合의 대외적인 법률행위를 수행하는 자가 다른 內的 組合員을 대리할 필요 없이 자기명의로 단독으로 하고 이를 위한 권리의무가 그에게 귀속된다. 이러한 內的 組合은 民法上의 組合과 구별되는 特殊組合이라고 할 수 있는데, 오로지 영업을 경영하는 자만이 권리를 취득하고 의무를 부담한다. 그의 행위의 효과인 이익과 손실은 직접적으로는 행위자에게 생기고, 그것이 다른 內的 組合員에게 미치는가의 여부는 그 內部關係의 문제이다.

그리고 內的 組合의 경우에는 대외적으로 법률행위를 하는 자가 자기의 이름으로 소송을 할 수 있다. 판결의 효력은 직접 대외적으로 법률행위를 하는 자에게만 귀속하고 다른 內的 組合員에게는 미치지 아니한다. 內的 組合關係에 있는 자들은 內部的으로 채권채무관계를 주장할 수 있을 뿐이다.[47]

[金 載 亨]

第710條(組合員의 業務, 財産狀態檢査權)

各組合員은 언제든지 組合의 業務 및 財産狀態를 檢査할 수 있다.

Ⅰ. 本條의 趣旨

本條는 모든 組合員에게 組合의 업무 및 재산상태를 검사할 권한이 있다고 한다. 民§707는 民§683를 준용하여, 業務執行權이 없는 組合員도 業務執行의 보고를 요구할 권리가 인정되고 있지만, 各組合員은 本條에 의하여 적극적으로 스스로 장부 기타 서류를 열람하고 재산의 유무를 조사할 수 있다.

組合이 業務執行者를 정한 때에는 다른 組合員은 함부로 組合의 업무에 관여할 수 없다. 그러나 組合의 사업은 모든 組合員의 공동사업이고 組合財産은 모든 組合員의 合有財産이므로, 業務執行權이 없는 組合員도 조합업무가

47) 前論(組合) Ⅳ.5. 참조.

적절하게 집행되고 있는가, 組合財産의 재산상태는 어떠한 상태에 있는가를 검사할 권리가 있다.[1] 業務執行組合員은 그의 활동을 통하여 조합의 업무 및 재산상태에 관하여 충분히 알고 있거나 언제든지 알 수 있지만, 다른 組合員은 대체로 組合의 업무 및 재산상태에 관하여 모르는 경우가 많기 때문에 本條의 검사권을 인정할 필요성이 있다.

Ⅱ. 檢査權의 性質

本條의 檢査權은 組合關係에서 당연히 인정되는 것이다. 즉 이 권리는 業務執行權의 일부가 아니라, 各組合員이 자기의 이익을 보호하기 위하여 組合員이라는 자격에서 향유하는 권리이다. 따라서 특약으로 本條의 檢査權을 완전히 박탈하는 것은 허용되지 않는다.[2] 檢査權을 전혀 갖지 않는다는 특약이 있는 때에는 그 관계는 이미 組合이 아니다.

Ⅲ. 檢査權의 行使方法

本條의 檢査權은 組合員이 스스로 행사하는 것이 원칙이다. 검사권은 組合員이라는 자격에서 나오는 것이므로 다른 사람에게 양도할 수 없다는 것은 당연하다.[3] 그리고 원칙적으로 제3자에게 그 행사를 위임할 수는 없다고 보아야 한다. 왜냐하면 組合 내부의 사정인 組合의 업무 및 재산상태를 제3자에게 열람시키는 것은 모든 組合員이 동의하는 경우에만 허용된다고 보아야 하기 때문이다.

그러나 組合員이 病, 長期不在 등 不得已한 事由로 직접 검사권을 행사할 수 없을 때에는 다른 사람에게 위 검사권의 행사를 위임할 수 있다. 이를 인정하지 아니하면, 그 사이에 業務執行상의 부정행위를 야기할 위험이 있기 때문에 不得已한 事由가 있는 때에는 다른 사람에게 검사권의 행사를 위임할 수 있다고 하여야 하다.[4] 또한 일반인은 영업장부 등을 제대로 이해하기 힘들기 때문에

1) 註釋債各(Ⅱ), 638.
2) 註釋債各(Ⅱ), 638.
3) MünchKomm-Ulmer, §716 RdNr. 10.
4) 註釋債各(Ⅱ), 639; 日大判 昭 19. 8. 11(民集 23, 452); MünchKomm-Ulmer, §716

공인회계사나 감정인 등에게 의뢰하여 영업장부 등을 조사하게 할 수 있다.

組合員이 검사권을 행사할 때, 業務執行組合員이 正當한 事由 없이 검사를 거부한 때에는 解任事由가 되고, 그로 인하여 손해가 발생할 때에는 손해배상의무를 부담한다.

[金 載 亨]

第711條(損益分配의 比率)

① 當事者가 損益分配의 比率을 定하지 아니한 때에는 各組合員의 出資價額에 比例하여 이를 定한다.

② 利益 또는 損失에 對하여 分配의 比率을 定한 때에는 그 比率은 利益과 損失에 共通된 것으로 推定한다.

Ⅰ. 意　義

組合이 사업을 경영함으로써 이익과 손실이 발생하는데, 이러한 이익과 손실은 결국 各組合員에게 돌아가게 된다. 즉 이익은 組合員들에게 분배되고, 또한 손실도 組合員들이 분담하여야 한다. 本條는 組合 內部關係에서 組合員들의 損益分配에 관하여 규정하고 있는데, 組合의 손익에 대한 組合員의 持分을 정하는 표준을 정한다. 그리하여 本條에 의해서 이익에 대한 組合員의 청구권의 범위나 손실을 부담하는 의무의 범위가 간접적으로 정해진다.[1)]

本條는 任意規定으로서, 組合契約이나 組合員들의 합의를 보충하는 해석규정이다. 따라서 組合契約이나 組合員들의 합의로 本條와 다른 내용을 정할 수 있다.

Ⅱ. 利益과 損失

組合財産에는 적극적 재산으로 組合員이 출자하는 재산, 組合의 業務執行

RdNr. 12.

1) Soergel-Hadding, §722 Rz. 1.

으로 취득한 재산, 組合財產에서 생긴 재산(예컨대, 組合財產의 과실, 수용의 대가, 제3자에 대한 손해배상청구권 등)이 있고, 소극적 재산으로 組合의 채무가 있다. 利益은 보통 組合의 활동으로 인하여 취득한 재산에서 비용 등을 공제하고 남은 것을 말한다. 이에 반하여 적극재산이 組合債務를 변제하기에 부족한 경우 그 채무초과액을 損失이라 한다.

그런데 손익에는 대차대조표상의 손익과 특정영업연도의 손익이 있다. 주식회사의 경우에는 대차대조표상의 손익을 가리키고, 合名會社의 경우에는 특정영업연도의 손익을 가리킨다. 組合의 경우에는 組合契約 또는 모든 組合員의 합의로 손익에 관하여 정하였으면, 그것에 따라야 한다. 組合契約으로 組合의 재정적 기반을 확보하기 위하여 대차대조표를 작성하고 대차대조표상 이익이 생기는 경우에만 이익을 분배한다고 정할 수 있다. 그러나 組合契約에 손익에 관하여 정하지 아니한 경우에는 특정영업연도의 손익을 가리킨다. 현영업연도에 이익이 있으면, 전영업연도에 손실이 있더라도 전영업연도의 손실을 전보할 필요 없이 현영업연도의 이익을 분배할 수 있다.[2)]

Ⅲ. 損益分配의 比率

1. 損益分配의 비율을 組合契約에서 정할 수 있음은 물론이다. 그 비율을 어떻게 약정하느냐는 자유이며, 반드시 출자의 비율에 따라야 하는 것도 아니다. 또한 損益分配의 비율과 손실부담의 비율이 같아야 하는 것도 아니며, 이를 다르게 약정하는 것도 상관없다.[3)] 그러나 損益分配의 비율을 組合員의 다수결로 정한다는 약정은 무효라고 해석하여야 한다.[4)]

손실을 부담하지 않는 組合員이 있어도 상관없다. 모든 組合員은 출자를 하여야 하나, 손실의 부담은 組合의 본질상 요구되지 않는다. 이에 반하여 이익의 분배는 組合의 공동사업의 불가분의 내용을 이루는 것으로서, 영리를 목적으로 하는 組合에 있어서는 모든 組合員이 이익의 분배를 받아야 한다. 즉 이익을 분배하는 이상 모든 組合員이 이익의 분배를 받아야 하며, 일부의 組合員만이 이익을 분배받는 관계(이른바 獅子組合)는 組合이 아니다.[5)]

2) 日注民(17), 125.
3) 郭潤直, 552; 註釋債各(Ⅱ), 640.
4) 郭潤直, 552.
5) 郭潤直, 553; 註釋債各(Ⅱ), 640.

2. 損益分配의 비율을 組合契約에서 약정하지 않은 경우에 本條가 적용된다.

(1) 이익의 분배 또는 손실의 부담 중의 어느 한쪽에 관하여서만 그 비율이 정하여져 있는 때에는, 그 비율은 이익분배와 손실부담의 양자에 공통한 것으로 추정된다(本條Ⅱ).

(2) 이익분배, 손실부담의 어느 쪽에 관하여서도 비율을 정하고 있지 않은 때에는, 損益分配의 비율은 各組合員의 出資價額에 비례하여 정해진다(本條Ⅰ). 勞務나 信用 등으로 출자한 경우에, 미리 組合契約으로 그 평가를 하고 있으면 좋으나, 만일에 그러한 평가를 하고 있지 않은 때에는 문제가 된다. 이 때에는 全組合員의 합의에 의하여 평가, 결정하는 수밖에 없을 것이다.[6] 그리고 조합원이 당초 약정된 투자비율에 따른 출자를 이행하지 않았다고 하더라도 특별한 약정이 없는 한 그것만으로는 당초에 약정된 이득분배비율이 실제 출자가액비율로 변경된다고 볼 수 없다.[7]

한편 判例[8]는 "동업자들이 처음부터 각자 자기 몫의 출자를 하는 통상적인 경우가 아니라 동업자 중 1인의 부동산을 담보로 한 융자금을 전체출자금으로 삼아 위 차용금으로서 동업체의 운영경비 일체에 충당키로 약정한 외에 달리 실질적인 출자약정을 한 바 없으나 동업자간의 損益分配比率을 균등하게 정하고 있다면 특단의 사정이 없는한 위 차용금액에 의한 出資比率은 균등한 것으로 함이 타당하다"고 한다.

Ⅳ. 損益分配의 時期

손익분배의 시기에 관하여는 組合契約으로 정하는 것이 보통이겠지만, 이를 정하고 있지 않을 때에는, 대체로 다음의 표준에 의하게 될 것이다.

1. 利益分配의 時期

조합의 목적이 영리를 목적으로 하는 것일 때에는, 이익의 분배는 組合의 업무의 일부가 된다. 따라서 組合의 業務執行의 규정에 따라서 분배하여야 한

6) 郭潤直, 553; 註釋債各(Ⅱ), 640.
7) 大判 93. 5. 25, 92다5744, 5751(公 949, 1834).
8) 大判 86. 3. 11, 85다카2317(公 775, 631).

다. 業務執行組合員이 정하여져 있으면, 그가 적당히 분배시기를 결정할 수 있다. 한편 組合의 목적이 문화, 친목 등과 같이 비영리적인 것인 때에는, 이익분배는 그 組合의 업무라고 할 수 없다. 따라서 全組合員의 합의로 분배하거나 또는 청산할 때에 분배하게 될 것이다.[9)]

2. 損失負擔의 時期

손실의 부담에 관하여는 組合契約에서 따로 정한 바가 없으면, 組合이 解散, 淸算함에 있어서 組合財產으로 組合債務를 완제할 수 없게 된 때에 비로소 손실을 부담하는 것으로 해석된다. 왜냐하면 組合의 계속중에는 組合員은 出資義務 이상으로 재산을 제공할 의무가 없는 것이고, 또한 손실부담의 비율이 정하여져 있더라도, 그것은 손실이 발생한 영업연도에서 그 손실을 전보하여야 한다는 것을 의미하지는 않기 때문이다.[10)] 조합계약에서 청산시에만 손실을 부담한다고 정하고 있다고 하더라도, 이것이 組合債權者가 조합의 계속중에 民 §712에 기하여 組合員에 대하여 채권을 행사하는 것을 방해하지 않는다. 그러나 모든 組合員이 합의한 경우에는 組合業務의 계속중 組合員에게 손실의 전보를 청구하는 것도 가능하다.

V. 損益分配의 方法

1. 이익의 분배는 各組合員에게 현실로 금전으로 분배하는 것이 통례이다. 분배액이 결정된 때에 各組合員은 組合에 대하여 이익분배청구권을 취득한다. 判例[11)]는 同業者간에 同業契約에 따라 각 영업기간의 영업상의 이익금 및 영업에 부수하여 얻은 영업 외의 이익금이 이미 수시 결산 확정된 경우에는 그 이익배당청구권은 그 이행기가 경과하여 同業者의 독립채권으로 이미 확정된 것이라 보여지므로 위 배당청구권은 동업체의 재산이라 볼 수 없다고 한다.

組合契約이나 모든 組合員의 합의에 의하여 이익을 현실로 분배하지 않고 분배한 이익의 일부 또는 전부를 組合財產으로 하고 各組合員의 持分內容을 증가시키는 방법에 의하여 이익분배를 할 수도 있다.

9) 郭潤直, 553; 註釋債各(Ⅱ), 640-41.
10) 郭潤直, 553f; 註釋債各(Ⅱ), 641.
11) 大判 76.6.8, 76다49(公 541, 9252).

2. 損失의 負擔도 組合契約 또는 부담자 전원의 합의에 의하여 組合 존속중에 할당액을 현실로 부담할 것을 정한 경우를 제외하고는 현실로 組合員이 출연하여 손실을 전보할 것이 아니고 組合財産을 처분한다든지 손실부담자의 組合財産上의 持分을 감소시키는 방법에 의할 수도 있다. 실제로는 단순히 계산상으로 손실을 부담할 組合員의 持分이 감소하게 되고, 組合이 解散, 淸算할 때에 실제의 출연 등에 의한 손실전보를 하는 것이 보통이다.[12]

損失負擔은 組合內部關係이고, 組合債權者와의 관계는 아니다. 따라서 손실부담의 비율을 알지 못하는 組合의 채권자는 그 부담비율에 관계 없이 各組合員의 개인재산에 대하여 균분하여 권리를 행사할 수 있다(民§712). 組合員이 組合契約에서 부담하기로 약정된 손실부담액 이상으로 변제한 경우에는, 손실부담을 하기로 되어 있는 다른 組合員에 대하여 구상할 수 있다.

[金 載 亨]

第712條(組合員에 對한 債權者의 權利行使)

組合債權者는 그 債權發生當時에 組合員의 損失負擔의 比率을 알지 못한 때에는 各組合員에게 均分하여 그 權利를 行使할 수 있다.

차 례

12) 註釋債各(Ⅱ), 641.

I. 組合債務의 意義

組合債務(Gesellschaftsschulden)라는 용어를 흔히 사용하고 있지만, 그 의미가 명확한 것은 아니다. "組合"이라는 용어가 "組合契約"을 뜻하기도 하고, "組合이라는 團體"를 뜻하기도 하는 것과 비슷하다.

組合債務는 "組合의 債務"라고도 하는데, 조합에는 권리능력이 없기 때문에, 조합 자체가 채무의 귀속주체가 될 수 없다. 그러나 組合債務를 단순히 각 조합원의 채무로 환원시킬 수도 없다. 왜냐하면 조합의 재산인 합유물의 이전을 구하는 소송은 필요적 공동소송인데, 이러한 소송은 그 전제로서 조합원들이 "공동으로" 지는 채무의 존재를 예정하고 있기 때문이다. 따라서 組合債務라는 개념을 인정할 필요가 있는지, 조합채무는 어떠한 의미를 가지고 있는지를 명확히 할 필요가 있는 것이다.[1)]

조합에 법인격이 인정되지 않기 때문에, 組合財產도 결국 組合員 개개인을 떠나서는 생각할 수 없게 된다. 組合財產은 법률적으로 各組合員에게 귀속되고, 다만 그 團體性 때문에 순수한 개인의 재산과 달리 개인의 자유의사에 따라 관리, 처분할 수 없는 것이다. 즉 組合財產은 組合員 全員에게 "공동으로" 좀더 정확히 말하면 "합수적으로" 귀속된다고 할 수 있다. 전술한 바와 같이 組合財產은 형식적으로 全組合員에게 속하나 실질적으로 組合이라는 단체에 속하여 組合員의 개인 재산과 구별되는 "特別財產"으로 취급된다.[2)]

재산이라는 관념은 적극재산뿐만 아니라 소극재산도 포함하는 것이다. 組合財產도 적극재산만으로 구성되는 것은 아니며, 소극재산인 채무도 그에 포함된다. 따라서 組合債務도, 各組合員의 개인적인 채무와는 구별되어, 組合財產의 하나로서 組合員들에게 合有的으로 귀속한다고 하여야 한다. 이를 채무의 "準合有"라고도 한다.[3)] 따라서 組合의 채무액은 그 持分에 따라 분할되지 않으며, 組合員들은 그 채무에 관하여 潛在的 持分을 가질 뿐이라고 보아야 한다.

---

1) 金載亨, "組合債務", 民法學論叢·第二(厚巖 郭潤直 先生古稀紀念), 1995, 395.
2) 이에 관하여는 前注 §704 I.1. 참조.
3) 郭潤直, 債權總論, 295.

Ⅱ. 組合債務의 性質

民法은 §712에서 "組合債權者는 그 채권발생 당시에 組合員의 손실부담의 비율을 알지 못한 때에는 各組合員에게 균분하여 그 권리를 행사할 수 있다"라고 규정하고 있다. 이 규정은 組合債務에 대한 組合員의 개인책임에 관하여 규정한 것이다. 한편 민법에는 組合員 全員이 組合財產을 가지고 지게 되는 共同責任에 관하여는 아무런 규정이 없다. 그리하여 민법이 마치 組合債務와 組合員 개인의 채무를 구별하지 않는 않는 것과 같은 인상을 준다. 조합채무에 관한 학설과 판례를 살펴보겠다.

1. 通說[4]은 조합채무에 관하여 다음과 같이 설명한다. 즉, "組合財產이 組合員 個人의 財產과 구별되는 것과 같이, 組合債務도 組合員 個人의 債務와는 구별된다. 組合債務에 대하여 組合員은 그의 個人財產에 의한 責任과 함께 組合財產에 의한 共同責任을 진다. 組合債務는 그것이 가분급부를 목적으로 하는 경우에도, 분할되지 않고 전체로서 모든 組合員에게 귀속하고, 組合財產이 그에 대하여 책임을 져야만 한다." 이러한 입장은 그 전제로서 조합채무라는 개념을 인정하고 있다고 볼 수 있다.

民法上 組合에는 權利能力이 인정되지 않으므로, 組合의 권리의무는 종국적으로 각 조합원에게 귀속된다. 따라서 組合債務는 組合員 全員의 채무이고 組合 자체의 채무는 아니라고 할 수 있다. 그렇다고 하더라도 조합채무를 곧바로 부정할 수는 없다. 조합원의 개인 재산으로 조합채무에 대하여 책임을 지는 것은 별도의 문제이다. 組合債務는 組合員이 組合員이라는 지위에서 부담하는 채무이므로, 결국 組合債務는 組合員 全員에게 合有的으로 귀속된다. 이 때 組合員은 組合財產의 귀속주체임과 동시에 개인 재산의 귀속주체이다. 따라서 組合債務에 대하여 組合員은 組合財產과 個人財產으로써 책임을 진다. 이 점에서 組合員 개인의 채무와는 명백히 구별되는 것이다.

判例도 통설을 따르고 있다고 볼 수 있다.

大判 1972. 5. 23, 70다2872(民判原 175-260)는, 現行民法 시행 후 民 §712에 관한

---

4) 郭潤直, 549; 金曾漢, 364; 金疇洙(上), 458; Staudinger-Keßler, §714 Rz 13; Larenz, Lehrbuch des Schuldrechts, Bd. Ⅱ, 12. Aufl., 1981, §60 Ⅳ; Hueck, Gesellschaftsrecht, 19. Aufl., 1991, §9 Ⅳ. 1.

最初의 大法院 判決로 보인다. 이 판결은, 반소원고들이 반소피고들의 피상속인 甲 등 3인으로 구성된 조합으로부터 연와공장을 임차하여 사용하던 중 위 연와공장의 보존에 관한 필요비로서 금원을 지출하였다고 주장하면서, 반소피고들에게 다른 조합원과 연대하여 위 필요비의 상환을 구한 사실관계에 관한 것이다. 原審은, 반소원고들의 주장이 반소원고들과 위 甲 사이에 임대차계약을 체결한 것임을 전제로 한 것이라는 이유로 반소원고들의 청구를 기각하였는데, 大法院은 "반소원고들의 주장은 위 甲 개인과의 사이에 위 연와공장에 대한 임대차계약을 맺었다기보다는 위 조합과의 사이에 임대차계약을 맺었다는 취지로 볼 수 있다 할 것이고, 조합에 대하여 채권을 가진 자는 각 조합원에 대하여 원칙적으로 채권발생 당시의 손실분담의 비율에 의하여 또는 균일하게 그 권리를 행사할 수 있다"고 하여 파기환송하였다. 이 판결은 구민법시대의 판결(大判 1957. 10. 31, 4290민상459(카 4654); 大判 1957. 12. 5, 4290민상508(民判原 27-690))을 그대로 따르고 있는데, 개개의 조합원은 조합채무에 대하여 民 §712의 규정에 따른 책임이 있음을 밝히고 있을 뿐이다.

한편 大判 85. 11. 12, 85다카1499(公 767, 30)[1 판결]은, "조합의 채무는 각 조합원의 채무로서 그 채무가 불가분채무이거나 연대의 특약이 없는 한 조합채권자는 각 조합원에 대하여 지분의 비율에 따라 또는 균일적으로 변제를 청구할 수 있을 뿐이지 달리 그 금원 전부나 연대의 지급을 구할 수 없다"(밑줄은 필자가 그은 것임. 이하 같다)고 하였고, 大判 92. 11. 27, 92다30405(公 936, 257)[2 판결]은, "조합의 채무는 조합원의 채무로서 특별한 사정이 없는 한 조합채권자는 각 조합원에 대하여 지분의 비율에 따라 또는 균일적으로 변제를 청구할 수 있을 뿐"이라고 하였다. 위 판결들의 文言에 의하면, 조합채무를 단순히 "조합원의 채무로서 분할책임의 원칙이 적용되는 것"이라고 볼 수 있다.

그러나 大判 91. 11. 22, 91다30705(公 912, 272)[3 판결]은, "조합의 채권자가 조합원에 대하여 조합재산에 의한 공동책임을 묻는 것이 아니라 각 조합원의 개인적 책임에 기하여 당해 채권을 행사하는 경우에는 조합원 각자를 상대로 하여 그 이행의 소를 제기할 수 있다"고 하고 있는데, 이는 조합재산에 의한 공동책임을 추궁할 수 있음을 전제로 한 것이다.

위 판결들을 모순 없이 이해하려면, 위 [1 판결]과 [2 판결]의 위 각 판시부분은 위 [3 판결]에 비추어 조합채권자가 각 조합원의 개인적 책임에 기하여 채권을 행사하는 경우에 관한 것으로 보아야 할 것이다. 그렇지 않고 조합채무를 단순히 "조합원의 채무"라고 하는 것은 부적절하다고 생각한다. 특히 조합원들이 합유인 부동산에 관한 소유권이전등기의무를 부담하는 경우에는, "조합채무를 조합원의 채무로서 분할책임의 원칙이 적용된다"라고는 말할 수 없다는 것이 명백하게 드러난다. 왜냐하면 조합의 채권자가 그 이전등기만을 구할 때 조합재산에 의한 공동책임만을 추궁할 수 있는 것이고, 그 소송형태도 필요적 공동소송이기 때문이다. 그리고 조합재산은 특별재산으로 취급되는데, 이것에 대한 강제집행은 원칙적으로 조합채무에 기해서만 가능하다고 보아야 할 것이다. 組合債權은 분할되지 않는 것이 원칙인데, 조합채무가 대체성이 있는 경우에는 무조건 조합원의 채무로 분할된다고 한다면, 이는 매우 이상한 논리가 될 것이다. 위 판결들은 조합채무가 모두 금전채무 또는 종류채무에 관한 것이었기 때문에, 民 §712에 기하여 조합채권자가 각 조합원에게 분할하여 그 책임을 추궁할 수 있다는 점에서는 타당하지만, 조합채무가 조합원의 채무로 분할되는 것으로 이해해서는 안 될 것이다.

이와 같이 組合債務는 조합 자체가 부담하는 채무도 아닌 반면에, 組合員의 개인적 채무로 환원될 수 없다. 이 점에 組合債務의 특수성이 있고, 組合債務에 관하여 이해하기 힘든 문제가 발생하는 것이다.

組合은 단체의 성질을 띠고 있고, 단체로서 공동의 목적을 위하여 활동하면서 組合債務를 부담하게 된다. 다만 조합이라는 단체는 단체성이 약하기 때문에 권리주체로 보지 않을 뿐이다. 그래서 組合의 채무에 대하여 조합원이 組合의 적극재산으로써 책임을 지고, 그와 함께 개인 재산으로도 民 §712에 따라 책임을 부담하는 것이다. 일반적으로 組合債務를 "組合員 全員이 이행할 의무가 있고, 따라서 組合財產이 책임을 지는 모든 채무"라고 정의하는 것은 조합채무의 이러한 특수성을 제대로 반영하고 있다고 보기 어렵다. 나아가 民 §713에 의하면 조합원 중에 무자력자가 있는 경우에 다른 組合員이 보충적으로 책임을 진다. 또한 民 §715는 組合의 채무자는 그 채무와 組合員에 대한 채권으로 상계하지 못한다고 규정하고 있는데, 이는 組合債務를 組合員의 개인적 채무와 구별하고 있다는 것을 전제로 하고 있는 것이다. 組合의 채무에 관한 위 규정들을 통일적으로 이해하기 위하여는 組合債務라는 개념을 긍정하여야 한다.

2. 한편 組合債務에 관하여 다수의 채무자와 채권자(제3자) 사이의 法律

關係가 생긴다고 보고, 원칙적으로 분할채무로 다루어진다(民 §408)는 견해[5]가 있다. 이러한 분할채무의 원칙은 채권자에게 불리하므로, 民 §713가 이를 보완하기 위하여 組合員 중에 변제할 자력이 없는 자가 있는 때에 그 변제할 수 없는 부분은 다른 組合員이 균분하여 변제하도록 규정한 것이라고 한다.

이 견해에 의하면, 組合債務는 원칙적으로 각 조합원의 채무로 分割되어, 民 §713가 적용된다는 점을 제외하고는 조합원의 개인채무와 구별할 수 없게 되는데, 이와 같이 보면 결국 組合債務의 특수성을 이해할 수 없게 된다.

3. 組合債務의 개념과 그 성질을 어떻게 볼 것인지는 組合의 법적 지위와 밀접하게 관련된다. 만일 조합에 법인격이 있다고 보면 조합채무는 조합 자체의 채무가 될 것이다.

독일에서는 組合에 대하여 권리주체성을 긍정하고 組合債務는 組合員의 채무가 아니라, 의무주체로서의 "組合"의 채무라고 하는 견해[6]가 있다. 이 견해는 組合의 團體性을 강조하고 組合債務의 개념을 명확히 정비하려는 시도에서 주장되고 있다.

먼저 우리 民法의 해석론으로 이 견해를 도입할 수 없다고 본다. 組合이 일종의 단체이기는 하지만, 현행법상 組合은 權利能力이 인정되지 아니하여, 스스로 權利·義務의 主體가 되지 못한다.

大判 66.7.12, 66다996(要集 민 I-2, 1068)은, 組合이 경영하는 商會에서 白米를 조합원 1인에게 맡긴 경우 受置人은 행위를 한 그 사람이 아니라 '組合'이라고 판시하였다. 이 판결에서 組合이 단체로서 권리의무의 주체가 되는 것처럼 표현하고 있다. 그러나 이는 그 행위를 한 組合員을 포함한 組合員 全員이 책임을 져야 한다는 취지로 이해하여야 할 것이다.[7] 즉 조합원 1인이 백미를 보관받았다고 하더라도, 백미를 보관받은 효과가 그 조합원 1인에게 귀속되는 것이 아니라, 조합을 구성하는 조합원 전원에게 귀속된다는 것이다. 이러한 경우 소송당사자는 "조합"이 아니라 "조합원 전원"이 되어야 하는 것이다.

다음으로 입법론적으로도 組合에 권리주체성을 인정하는 것은 바람직하지 못하다고 생각한다. 우리 民法은 §706에서 업무집행 방법에 관하여 多數決의 원칙을 채택하고 있으나, 원래 組合은 合手性의 原理에 기초를 두고 생성된

5) 李銀榮, 452.
6) 독일의 학설에 관하여는 Staudinger-Keßler, §718 Rz 8; Larenz(註 4), §60 Ⅳ 참조.
7) 大判 70.8.31, 70다1360(集 18-2, 302).

개념이었다. 이것은 組合의 구성원이 소수일 것을 예정한 것이고, 많은 사람이 단체를 구성할 때는 社團을 구성하는 것이 바람직할 것이다. 또한 현실사회에서 組合은 同業關係, 契, 共同鑛業權者 등에서 이루어지고 있으나, 組合規約이 명확하지 않은 경우가 많고 공시방법도 마련되어 있지 아니하다. 따라서 組合 자체에 권리주체성을 부여하는 것은 組合의 본래적 성격이나 실상에 부합하지 않는다.

Ⅲ. 組合債務에 대한 二重責任

1. 二重責任의 根據

民 §712는 組合債務에 관하여 各組合員이 개인적으로 부담하는 擔保的 債務 또는 責任을 규정하고 있다. 組合債務는 組合員의 個人債務로부터 獨立性을 가지고 있는데, 조합원들은 조합재산으로써 책임을 질 뿐만 아니라 民 §712에 의하여 개인 재산으로써도 책임을 진다. 이를 二重責任(eine doppelte Haftung 또는 Doppelverpflichtung)[8]이라고 할 수 있을 것이다. 그 근거는 무엇인가?

일반적으로 단체의 채무에 관하여는 단체 자체가 단체의 재산을 가지고 책임을 지지만, 그와 함께 단체의 구성원이 개인 재산을 가지고 책임을 부담하는 경우도 있다. 이것은 단체의 경제적 실태와 단체에 대한 채권자의 보호를 고려하여 정해야 하고, 法人格의 유무와 직접적인 관련은 없다. 예를 들면 合名會社는 法人格은 있으나(商 §171 Ⅰ), 社員이 무한책임을 진다(商 §212).

民法上의 組合은 사회적으로 1개의 단체로서 활동하는 것이고, 법적으로도 어느 정도의 團體性을 인정하고 있지만, 개개의 組合員을 초월한 단체가 아니라, 組合의 활동은 組合員 全員의 활동이라고 볼 수 있다. 그리고 組合財産은 組合員들에게 合有的으로 귀속하고, 各組合員으로부터 독립성이 매우 불완전하다. 즉 組合의 재산상태에 관계 없이 組合員에게 이익을 배당할 수도 있고, 組合員이 탈퇴할 때에는 民 §719에 의하여 持分을 환급받을 수 있다. 組合財産이 組合債務에 대하여 1차적으로 책임재산을 구성하는데, 民法은 組合財産의 유지를 위한 규제를 거의 하지 않고 있다.[9] 따라서 各組合員이 개인

8) 독일에서의 논의에 관하여는 Larenz(註 4), §60 Ⅳ; Hueck(註 4), §9 Ⅳ.1.

9) 組合이 解散되어 청산이 종료된 경우에 殘餘財産에 대하여 분할을 청구할 수 있음은 물론이다(民 §274 Ⅰ·Ⅱ). 그러나 組合의 解散前이라도 組合員 全員의 합의에 의하여

재산으로써 組合債務에 대하여 인적, 무한책임을 지는 것은 당연하다고 볼 수 있다. 특히 組合代理의 경우에는 다른 組合員이 合有財產의 주체이면서 동시에 개인으로서, 業務執行組合員에게 代理權을 수여한 것이라고 볼 수도 있을 것이고, 법률행위로 인한 조합채무의 경우에는 이 점에서도 二重責任의 근거를 찾을 수 있다.[10)]

2. 兩責任의 關係

그렇다면, 組合債務에 대한 組合員의 共同責任(合有財產으로 써 지는 책임)과 各組合員의 個人責任(개인 재산으로 써 지는 책임) 사이의 관계는 어떻게 되는가?

組合의 채권자는 먼저 組合財產으로부터 변제를 받고, 변제받지 못한 한도에서 各組合員에게 청구하여야 하는 것은 아니다. 組合債權者는 바로 各組合員에게 청구할 수도 있다. 이러한 의미에서 두 책임은 併存的이다. 즉 各組合員의 책임에는, 合名會社의 무한책임사원의 책임[11)]과는 달리, 보충성이 없다. 組合債務에 대하여 各組合員은 組合財產으로써 책임을 부담함과 동시에 個人財產으로써 책임을 부담한다.

그런데 各組合員의 個人的 責任은 채무 없는 책임이라는 견해[12)]가 있었다. 말하자면 組合債務는 모든 組合員이 合手的으로 부담하는 하나의 채무에 관하여 두 개의 책임을 부담하는 것이고, 組合財產에 의한 組合員의 共同責任은 그들이 合有的으로 부담하는 채무에 대한 책임이어서, 채무 있는 책임이지만, 各組合員의 책임은 채무 없는 책임이라는 것이다.

그러나 各組合員의 個人的 責任도 組合債務에 대한 책임으로서, 채무 있는 책임이라고 보아야 하고,[13)] 組合員들이 2중의 방법으로 책임을 지는 것이다. 조합원들은 한편으로는 組合員의 자격에서 組合財產을 가지고 合手的으로 책임을 지고, 다른 한편으로는 개인재산을 가지고 책임을 진다.

組合財產 전체를 분할하거나 개개의 組合財產을 분할하는 것은 가능하다(郭潤直, 545; Staudinger-Keßler, §719 Rz 14). 일부의 組合財產을 분할하면 組合財產이 감소될 것이고, 組合財產 전부를 분할하면 組合이 解散되어 組合關係가 종료되거나, 財產 없는 組合으로 존속하게 될 것이다. 이 때에 채권자를 보호하는 특별한 규정이 없어 채권자에게 불이익을 가할 위험이 있으나, 各組合員의 個人財產도 組合債務에 대하여 책임을 지기 때문에 특별히 문제될 것은 없을 것이다.

10) Larenz(註 4), §60 Ⅳ.

11) 商 §212 Ⅰ은 "회사의 재산으로 회사의 채무를 완제할 수 없는 때에는 각 사원은 연대하여 변제할 책임이 있다"고 규정한다.

12) 金曾漢·安二濬 編著, 新債權各論(下), 1965, 605.

13) 郭潤直, 550.

3. 組合財産에 의한 共同責任

組合의 채권자는 채권의 전액에 관하여 組合財産으로부터 변제를 받을 권리가 있다. 組合員의 한 사람이 組合에 대하여 채권을 가지는 경우에도 마찬가지이다. 따라서 제3자의 組合에 대한 채권을 組合員의 한 사람이 양도받더라도, 混同은 일어나지 않는다. 예컨대, 甲·乙·丙 세 사람의 組合에 대하여 丁이 30만원의 채권을 가지고 있는 경우에, 甲이 丁의 채권을 양도받더라도 채권액이 20만원으로 줄어들지 않는다. 組合財産에 의한 共同責任과 各組合員의 個人的 責任을 구별한 것으로부터 나오는 당연한 결과이다. 그리고 이러한 결과를 인정하지 않는다면, 甲이 丁으로부터 양도받은 組合에 대한 30만원의 채권은 20만원으로 줄게 되어, 甲은 자기도 다른 組合員과 함께 合有하는 組合財産으로부터 20만원을 받을 수 있을 뿐이어서 부당한 손실을 입게 된다.

물론 組合은 組合債務와 그 채권자에 대한 組合債權을 相計할 수 있다. 예를 들면 탈퇴한 同業者의 출자금반환청구에 있어서 그 탈퇴자가 공동영업사무집행중 동업체의 금원을 횡령하였다면, 탈퇴자는 동업체에 이를 변상할 책임이 있다고 할 것이므로 동업체의 業務執行者는 위 손해배상채권을 自動債權으로 하여 탈퇴자의 출자금반환청구와 相計를 주장할 수 있다.[14]

4. 組合員의 個人財産에 의한 責任

(1) 責任의 性質

各組合員이 組合債務에 대하여 個人財産으로 지는 責任은, 그 分擔額에 관하여 "無限責任"이다. 그 책임이 出資義務에 따라 제한되는 것도 아니고, 組合契約으로 손실부담액을 제한하고 있더라도 이는 채권자에 대하여 효력이 없다. 또한 組合財産에 대한 관계에서는 補充性은 없다. 그러나 各組合員의 책임은 組合債務에 대하여 지는 것이고 組合債務가 소멸하면 당연히 各組合員의 채무도 소멸하므로, 組合債務에 대하여 附從性은 있는데, 이 점은 合名會社의 社員의 責任과 마찬가지이다. 따라서 組合債務에 대하여 抗辯權·相計權·取消權·解除權이 있는 경우 各組合員은 이를 행사할 수 있다.[15]

14) 大判 83.10.11, 83다카542(公 717, 1660).
15) 註釋債各(Ⅱ), 644.

(2) 分割責任

(가) 組合員이 組合債務에 대하여 지는 개인책임에 관한 입법례로는 연대주의와 분담주의가 있다. 獨逸民法은 조합부분에 이에 관한 규정이 없다. 그러나 民 §427가 "수인이 계약에 의하여 공동으로 가분급부를 할 의무를 지는 경우에는 연대채무자로서 책임을 지는 것으로 추정한다"고 규정하고 있어, 조합채무에 대하여 조합원들이 연대책임을 지는 것으로 보고 있다. 瑞債 §544 Ⅲ은 "조합원이 공동으로 또는 대리에 의하여 제3자에게 의무를 부담하는 경우에는 제3자에 대하여 연대하여 책임을 진다. 다만 이와 다른 약정을 한 경우에는 그러하지 아니하다"라고 규정함으로써, 원칙적으로 各組合員 사이의 연대책임을 인정하고 있다.

佛蘭西民法은 조합채무에 대하여 各組合員이 손실부담의 비율로 책임을 지는 분할주의를 채택하였다. 원래 프랑스에서는 조합재산을 공유라고 하였는데, 이에 상응하여 조합원의 개인책임에 관하여 분담주의를 규정한 것이 아닌가 생각된다. 한편 우리 민법에서는 단체를 크게 社團과 組合으로 분류하고 있지만, 프랑스에서는 단체를 營利團體(société)와 非營利團體(association)로 나누고 있어, 우리 나라와는 단체를 보는 태도가 다르다. 그런데 佛蘭西民法은 1978년 판례와 학설을 수용하여 société에 法人格을 인정하여 조합재산의 독립성이 매우 강화되었다. 그리하여 組合財産은 組合債權者의 배타적, 독점적 책임재산이라고 해석된다고 한다.[16)]

(나) 우리 民法은 各組合員의 個人責任에 대하여 분담주의를 채택하고 있다. 그리하여 各組合員은 組合契約에서 미리 정하여진 손실부담의 비율로 책임을 지는 것이 원칙이다. 組合에 대하여 채권을 가지는 자가 組合員에 대하여 그 채권을 행사하는 때에는 組合의 채무가 성질상 불가분이거나 또는 그 채무에 관하여 組合員이 連帶責任을 부담하기로 하는 특약이 있는 경우를 제외하고는 組合債務는 各組合員에게 분할채무로서 분담된다.[17)] 그러나 組合債務가 특히 組合員 全員을 위하여 商行爲가 되는 행위로 인하여 부담하게 된 것이라면 그 채무에 관하여 組合員들에 대하여 商 §57 Ⅰ을 적용하여 連帶責任을 인정해야 한다.[18)]

16) 日注民(17), 133.
17) 大判 57.12.5, 4290민상508(要集 민 Ⅰ-2, 1070); 大判 85.11.12, 85다카1499(集 33-3, 161).
18) 大判 76.12.14, 76다2212(公 552, 9819); 大判 91.11.22, 91다30705(公 912, 272); 大

(3) 損失負擔의 比率

손실부담의 비율에 관한 특약이 없으면, 평등한 비율로 책임을 진다. 民 §712에 의하면, 손실부담의 비율에 관한 특약이 있더라도, 組合債權者가 채권이 발생할 당시에 그 손실부담의 비율을 알지 못한 때에는, 各組合員에 대하여 균등한 비율로 변제를 청구할 수 있다.[19] 왜냐하면 조합원간의 내부적인 계약내용은 공시되지 아니하고 제3자가 이를 조사할 의무가 없기 때문이다.[20]

判例는 "조합원의 손실부담비율을 정함에 있어서 조합원간의 내부사정인 조합원간의 약정이나 출자가액을 조합채권자가 쉽게 알 수 있는 것은 아니므로, 조합원에 대하여 균분하여 권리를 행사하는 조합채권자에 대하여 손실부담비율이 이와 다른 조합원이 있는 경우에는 그 조합원이 손실부담비율이 다른 점을 주장입증할 책임이 있다고 보는 것이 조합채권자를 보호하려는 本條의 취지에 합치된다"고 한다.[21] 따라서 손실부담이 없거나 다른 組合員보다 적고, 組合債權者가 이를 알고 있었다는 사실에 관하여는, 그 組合員이 주장입증하여야 한다.

(4) 組合員의 地位와의 關係

民 §712의 債權者는 組合員일 수도 있다. 어떤 組合員이 組合에 대하여 채권을 가지고 있는 경우 그는 淸算節次와는 상관없이 組合債權者로서 직접 다른 組合員들에게 각자의 손실부담에 따라 그 권리를 행사할 수 있다.[22]

그리고 各組合員이 부담하는 이 책임은 組合員 개인으로서 부담하는 것이기 때문에, 組合員으로 있는 동안에 생긴 組合債務에 한하여 책임을 진다. 따라서 가입 전 또는 탈퇴 후에 생긴 채무에 대하여는 책임을 지지 않는다. 그러나 組合이 解散하여도 일단 생겼던 책임은 소멸하지 않고, 탈퇴를 하여도 그 전에 생긴 채무에 대하여는 여전히 책임을 지게 된다.[23] 다만 탈퇴한 組合員은 共同債務로서의 組合債務關係로부터 이탈한 것이므로 탈퇴자가 변제한

判 95.8.11, 94다18638(公 1000, 3117). 또한 大判 92.11.27, 92다30405(公 936, 257)은 같은 취지로 판시하면서 "피고들은 광산을 경영하기 위한 공동 광업권자로서의 지위에 있고, 이에 따라 소외인과 조광권설정계약을 체결하였다가 사정에 의하여 이를 합의해지하면서 그 원상회복으로 수령하였던 보증금을 반환하기로 한 것이라면, 위 보증금반환채무는 본래 상행위로 인하여 발생한 것이어서 피고들은 연대하여 이를 지급할 의무가 있다"고 하였다.

19) 大判 57.12.5, 4290민상508(要集 민 Ⅰ-2, 1070).
20) 註釋債各(Ⅱ), 642.
21) 大判 75.5.27, 75다169(公 517, 8514).
22) 大判 93.3.23, 92다42620(公 944, 1270).
23) 郭潤直, 552.

경우에는 실질적으로 타인의 채무를 변제하는 것이 되고 다른 組合員에게 구상할 수 있는 경우가 있다.[24)]

5. 無資力組合員의 債務에 대한 補充責任

民 §713는 "組合員 중에 변제할 자력 없는 자가 있는 때에는 그 변제할 수 없는 부분은 다른 組合員이 균분하여 변제할 책임이 있다"고 규정하고 있다. 民 §713는 現行民法 제정 당시 신설된 것으로, 民 §712와 함께 組合債務에 대한 組合員의 個人的 責任에 관한 것이다. 民 §712는 各組合員의 個人的責任에 관하여 분할책임의 원칙을 채택하였는데, 이것은 組合債權者를 보호하는데 미흡하다. 그리하여 이를 보충하기 위하여, 民 §713가 組合員 중에 변제할 자력 없는 자가 있는 때에는 그 변제할 수 없는 부분은 다른 組合員이 균분하여 변제할 책임이 있다고 규정한 것이다.

따라서 組合債權者는 組合員 중에 그의 부담부분을 변제할 자력이 없는 자가 있으면, 그 변제받을 수 없는 부분에 관하여 다른 組合員을 상대로 균분하여 변제할 것을 청구할 수 있다. 이 때 組合員 중에 그의 부담부분을 변제할 자력이 없다는 것은 組合債權者에게 입증책임이 있다.

6. 結　語

조합채무에 대한 조합원의 분할책임의 원칙을 정한 民 §712가 적절한지는 의문이다. 이 규정은 佛蘭西民法을 모범으로 한 것인데, 우리 民法과 佛蘭西民法은 組合을 보는 태도가 다르다(前述 4. (2) (가) 참조).

우리 민법에서 組合財産의 귀속형태를 合有로 하여 모든 조합원의 합의하에서만 조합재산을 처분할 수 있고, 조합원들 사이의 결합의 정도는 최소한 연대채무자들 사이의 결합정도와 비슷하다고 보아야 할 것이다. 따라서 組合債務에 대한 組合員의 個人責任에 관하여는 분담주의를 취하고 있는 것은 자연스럽지 못하다. 그리고 民 §§712, 713가 조합원의 책임에 관하여 모호한 태도를 취함으로써 組合債務의 성질에 관하여 많은 혼란을 초래하고 있을 뿐만 아니라, 民 §712에 기한 책임과 民 §713에 기한 책임을 동시에 추궁할 때 판결주문을 내기가 곤란하게 되었다. 또한 組合은 공동의 사업을 목적으로 결합된 단체인데, 실제로는 商人에 해당하는 경우가 많기 때문에, 各組合員의 個人

24) 註釋債各(Ⅱ), 643.

的 責任에 관하여 연대책임이 인정되는 경우가 많을 것이다.

그러므로 立法論으로서는 各組合員의 책임을 連帶責任으로 규정하는 것이 바람직하다고 본다.

Ⅳ. 組合債務에 대한 個別的 檢討

조합채무는 조합 외부관계에서 발생하는 채무와 조합 내부관계에서 발생하는 채무로 나누어 볼 수 있다. 조합 외부관계에서 발생하는 채무는 그 발생 원인에 따라 법률행위에 의한 채무와 법률행위에 의하지 아니한 채무로 구분된다. 조합채무의 종류에 따라 어떤 차이점이 있는지에 관하여 개별적으로 검토할 필요가 있다.

1. 法律行爲에 기한 債務

(1) 組合債務는 대부분 법률행위에 의하여 발생한다. 조합의 법률행위는 모든 組合員이 전원의 이름으로 하거나 조합대리의 방식으로 한다. 조합대리란 대리권이 있는 組合員이 모든 組合員을 위하여 법률행위를 하는 것이다. 이러한 경우에 법률행위에 기한 組合債務가 성립한다. 예컨대 組合이 銀行으로부터 借用한 資金의 返還債務, 原材料·商品 등을 구입한 代金債務 등이 이에 속한다.

모든 組合員이 법률행위에 의한 채무에 대하여 책임을 지는 것은 당연하다. 왜냐하면 代理權 있는 組合員(業務執行組合員)은 "다른 組合員"을 대리한다고 보아야 하기 때문이다. 組合財産은 "組合員"의 공동재산이고, 代理權 있는 組合員이 대리하는 것은 조합이 아니라 다른 組合員이다.[25)]

조합재산의 처분에 관하여는 학설의 대립이 있지만, 判例[26)]는 組合財産의 처분에는 組合員 全員의 동의가 있어야 한다는 것이다.

(2) 그러나 채권자와의 개별적인 약정에 의하여 組合財産에 책임을 제한한다고 할 수 있다. 또한 組合契約으로 組合員의 代理權을 제한할 수 있기 때

---

25) 이에 대하여 조합채무는 조합 자체의 채무라는 견해에 의한다면, 대리권 있는 조합원은 다른 조합원을 대리하는 것이 아니라 우선 단체로서의 조합을 대리한다고 할 것이다.

26) 大判 90.2.27, 88다카11534(公 870, 746); 大決 91.5.15, 91마186(公 901, 1892); 大判 75.9.9, 74다1893(要集 민 Ⅰ-2, 1066).

문에, 법률행위로 인한 책임을 組合財產에 한정한다는 제한하에서 代理權을 수여할 수도 있다. 이와 같이 組合契約으로 組合員의 代理權을 제한한 경우에, 그 組合員이 그 범위를 넘어 법률행위를 하였으면 民 §126의 表見代理가 성립할 수 있다.

(3) 組合債務 중에는 채무의 내용에 비추어 組合財產만이 책임을 부담하는 경우가 있다. 조합채무가 대체가능성이 없는 특정물인 경우에 그러하다.[27] 예를 들면, 組合員 全員이 合有인 부동산을 매도한 경우에 組合員 全員은 그 부동산의 매수인에 대하여 소유권이전등기의무를 부담한다. 이러한 소유권이전등기의무는 組合債務에 해당하고, 그 채무는 組合員 全員의 準合有狀態에 있는 것이다. 이 경우에 소유권이전등기의무를 조합원 個人財產으로 책임질 수 없는 것이다. 그러나 組合債務의 不履行으로 인한 損害賠償에 대하여, 각 組合員은 個人財產으로써도 책임을 진다.

한편 조합이 제3자에게 소유권이등기의무를 부담하는 경우 조합 내부의 사정을 이유로 제3자에게 그 소유권이전등기를 거부할 수 없을 것이다.[28]

2. 法律行爲에 의하지 아니한 債務

(1) 法律行爲에 의하지 아니한 債務에는 不當利得에 의한 組合債務와 不法行爲에 의한 組合債務가 있다. 우리 민법에서는 조합채무에 관하여 법률행

27) 合資會社의 무한책임사원의 책임에 관하여 大判 56.7.5, 4289민상147(카 5420)은, "합자회사가 무자력인 경우에 무한책임사원이 그 책임을 지는 것은 대체할 수 있는 채무이행에 한하고 본건과 같이 특정한 권리의 이전을 목적으로 하는 청구에는 적용할 수 없다"고 판시하면서, 전화가입권의 명의변경을 구할 수 없다고 하였다. 代替性이 없는 債務에 관하여는, 합자회사만이 이를 이행할 수 있고, 무한책임사원이 個人財產으로써 이를 이행할 수는 없기 때문에, 합자회사의 채권자가 무한책임사원에게 그 채무의 이행 자체를 청구할 수 없다는 것은 당연하다. 그렇다고 하더라도 무한책임사원이 이러한 채무에 대하여는 아무런 책임을 지지 않는다고 할 수는 없다. 즉 합자회사의 채권자는 무한책임사원에게 채무불이행으로 인한 손해배상책임을 추궁할 수는 있는 것이다.

28) 大判 91.2.26, 90다17651(公 894, 1081): 甲은 자금을 투자하여 주택분양 후 투자금에 일정액을 더한 금액을 회수하기로 하고, 건축업자인 乙은 연립주택의 건축 및 분양을 그 책임하에 집행하기로 하는 동업계약을 체결하였다. 한편 甲의 투자금 회수를 담보하기 위하여 대지 및 그 지상에 건립된 연립주택에 대하여 甲 명의의 소유권이전등기 및 소유권보존등기를 경료하였다. 乙은 위 연립주택 중 2세대를 丙에게 분양하고 그 대금을 모두 받았다.

대법원은, "甲이 그 투자금의 회수를 담보하기 위하여 이 사건 연립주택의 건축주를 그 명의로 하여 둔 것이라 하더라도 乙과 甲 간의 판시 동업계약에 의하여 위 연립주택의 건축은 물론 그 분양에 관한 일체의 업무도 乙이 도맡아서 그 책임하에 집행하기로 한 것이라면, 甲으로서는 설사 乙과 사이에 투자금이 정산되지 않고 있는 사정이 있다 하더라도 위 연립주택의 분양권을 가진 乙로부터 정당하게 분양을 받은 丙에게 그 소유권이전을 거부할 수 없다"고 하였다.

위에 의한 경우와 그 이외의 경우를 구분하지 않고 있는데, 民 §712에 따라서 法律行爲에 의하지 아니한 組合債務에 대하여 개인재산으로도 책임을 진다고 하여야 할 것이다.[29)]

(2) 먼저 不當利得에 기한 組合債務는 組合財産이 법률상 원인 없이 제3자의 손실로 증가한 경우에 발생한다. 최소한 조합이 취득한 물건이나 그 가치가 組合財産에 현존하고, 어떤 組合員에게 귀속되지 않는 한 組合債務이다.

대법원 판결에서 부당이득에 의한 조합채무를 긍정한 사례가 있다. 즉 대법원[30)]은 "甲이 부당하게 이 사건 공탁금을 찾아갔기 때문에 甲이 업무집행 조합원으로 있는 동업체에서 부당이득으로 그 반환채무를 부담하게 되는 이 사건에 있어서는 그 채무가 본래 상행위로 인하여 발생한 자동차수리비 및 유류대금 일부의 부당이득반환채무이므로 甲이 대표로 있는 공업사의 조합채무로서 그 공동경영자 전원을 위하여 상행위가 되는 행위로 인하여 부담하게 된 채무라고 보는 것이 상당하다"고 하였다.

(3) 다음으로 業務執行組合員이나 代理人이 사무집행과 관련하여 불법행위를 한 경우에, 그 행위를 한 業務執行組合員이 책임을 지는데, 다른 組合員도 책임을 지는지 문제된다. 이것을 긍정한다면, 이것도 組合債務에 속한다. 이에 대하여 법인의 불법행위책임에 관한 民 §35와 사용자책임에 관한 民 §756가 준용되는지가 검토되어야 한다. 먼저 법인의 불법행위책임에 관하여는, 民法上의 組合은 법인이 아니기 때문에 부정되어야 한다. 다음으로 使用者責任은 대법원 판결에서 긍정된 사례가 있다. 判例[31)]는 民 §756의 사용관계는 단지 고용관계에 있는 경우에 한한다는 것이 아니고 同業關係라 하더라도 業務執行에 관하여 지휘감독하에 집무하는 관계가 있는 이상, 이도 포함된다고 한다.

3. 組合員에 대한 組合債務

(1) 組合債務에는 제3자에 대한 채무가 아니라 組合內部關係에서 발생하는 債務가 있다. 예컨대 利益分配債務, 殘餘財産分配債務, 組合帳簿에 대한 閱覽을 承認할 債務, 費用賠償債務 등이 이에 속한다. 이러한 채무는 조합원

29) 獨逸民法에는 조합편에 우리 民 §712와 같은 규정이 없는바, 법률행위에 의하지 않은 채무에 대하여는 공동으로 계약을 체결하거나 組合代理가 성립될 여지가 없기 때문에 모든 組合員이 책임을 질 가능성이 적다고 한다.

30) 大判 76. 12. 14, 76다2212(公 552, 9819).

31) 大判 61. 10. 26, 4293민상288(要集 민 I-2, 1234).

전원이 아니라 일부 조합원이 다른 조합원에게 이행해야 하는 것이기는 하나,[32] 이를 조합원 개인의 채무라고 할 수는 없다. 組合內部關係에서 발생하고 채권자가 조합원이기 때문에, 조합원 전원이 부담하지 않을 뿐이다. 이를 편의상 조합원에 대한 조합채무라고 하겠다. 이러한 債務는 그 발생원인이 組合關係 자체에 있고, 組合員들 사이에서 존재한다는 점에서, 다른 組合債務와 구별된다.[33]

(2) 이와 같이 組合關係로부터 생기는 組合員에 대한 조합채무에 대하여, 組合員은 組合財産으로써 책임을 지는 것은 당연하다. 그러나 이러한 경우에 民 §712가 적용되지 않을 것이다. 왜냐하면 民 §712는 조합의 채권자가 제3자인 경우에 관한 규정으로 보아야 하기 때문이다. 따라서 조합원에 대한 조합채무에 대하여 각 조합원이 개인재산으로써도 책임을 지는지는 組合契約의 解釋을 통하여 해결하여야 할 것이다.

(3) 한편 組合債務는 모든 組合員들에게 合有的으로 귀속되기 때문에, 組合員 1인이 組合債務를 면책시키고 다른 組合員에게 구상할 수 있다. 이러한 경우에 組合債務를 면책시킨 組合員은 다른 組合員에 대하여 구상권을 행사할 수 있을 것이다. 이것은 組合의 解散이나 淸算時에 損失을 負擔하는 것과는 다른 문제이다.

V. 組合債務에 관한 訴訟과 強制執行

1. 組合債務에 관한 訴訟

제3자가 조합채무의 이행을 청구하는 소송이 필요적 공동소송에 해당하는지, 이러한 경우 임의적 소송신탁이 허용되는지 여부가 문제된다. 이에 관하여는 前注 §709 V. 참조.

---

32) Larenz(註 4), §60 Ⅳ. 獨逸에서는 이러한 채무를 제3자에 대한 채무와 구별하여 "Sozialverbindlichkeiten"이라고 한다.

33) 組合員의 出資義務도 조합내부관계에서 발생하지만, 이것은 조합채무가 아니라 조합원의 개인적인 채무에 불과하다. 따라서 어떤 조합원의 출자의무에 대하여 다른 組合員이 보충적으로 책임을 지지 않음은 당연하다.

한편, 어떤 조합원에 대하여 조합이 채무를 지는 것은, 예컨대 조합이 그 조합원으로부터 금원을 차용한 경우에도 발생한다. 그러나 이것은 조합관계와는 상관이 없으므로 위에서 본 조합원에 대한 조합채무와 구별되고, 조합이 제3자로부터 금원을 차용하는 경우와 다르게 취급할 필요가 없다.

2. 組合債務와 強制執行

(1) 組合의 채권자는 組合員 全員을 상대로 하여 채권액 전액에 관한 이행의 소를 제기하고, 그 판결에 기하여 組合財産에 대하여 집행하게 된다. 즉 組合債權者가 組合財産에 강제집행하려면 組合員 全員에 대한 채무명의를 필요로 한다.[34] 다만 組合 內部關係에서 발생하는 組合債務의 경우에는 다른 組合員에 대한 채무명의를 필요로 할 것이다. 조합원에 대하여 개인적으로 채권을 가진 자는 원칙적으로 조합재산에 대하여 강제집행을 할 수 없고, 다만 民 §714에 의하여 "組合員의 持分에 대한 押留"만이 가능하다. 그러나 組合債務가 아닌 채무에 기하여 組合財産에 대하여 강제집행을 할 수 있는 경우도 있다. 예를 들면 제3자가 組合員 全員의 공동불법행위로 인한 손해배상청구권에 기하여 組合財産에 강제집행을 할 수도 있을 것이다. 이러한 경우는 組合債務의 범위에 속하지 않지만, 組合財産이 그 채권자에게 직접 책임을 부담하게 된다.[35]

(2) 組合債權者가 各組合員의 個人財産에 대하여 강제집행하려면, 各組合員을 상대로 소를 제기하여, 그 組合員에 대한 채무명의로 강제집행을 할 수 있다. 또한 組合員 全員에 대한 채무명의를 가지고서도 各組合員이 부담하는 채무액을 증명하여 그 個人財産에 대한 강제집행을 할 수도 있다.[36]

Ⅵ. 內的 組合

어떤 단체가 組合이라는 명칭을 사용하더라도 실제의 모습은 매우 다양하다. 조합채무에 대한 이중책임은 民法上의 典型的 組合에 대한 것이다. 그러므로 民法上의 典型的인 組合과 다른 형태의 組合에 관하여는 앞에서 본 조합채무에 대한 논의가 적용되지 않을 수도 있다.

판례는 內的 組合에 관하여는 組合債務가 발생하지 않는다고 한다. 內的 組合은 內部關係에서는 民法上의 組合의 일종이라고 할 수 있을 것이나, 대외적으로는 組合員들의 合有인 組合財産이 없고 대외적인 법률행위를 할 때 組

34) 大判 72. 1. 31, 71다2480(要集 민 I-2, 1065).
35) Larenz(註 4), §60 Ⅳ.
36) 郭潤直, 552.

合員인 甲이 다른 組合員인 乙을 대리할 필요 없이 단독으로 하고 이를 위한 권리의무가 甲에게 귀속된다. 判例[37]는 이러한 형태의 組合을 民法上의 통상의 組合과는 구별되는 일종의 특수한 組合이라고 하고, 이러한 특수한 組合에 있어서는 대외적으로는 오로지 영업을 경영하는 甲만이 권리를 취득하고 채무를 부담하는 것이어서 民 §713가 적용될 여지가 없고, 또 대외적 관계에 있어서는 民 §§711, 712가 적용될 여지가 없다고 한다. 이러한 경우에는 甲이 乙로부터 對外的 業務執行을 그 개인의 책임하에 그의 이름으로 처리할 권한을 부여받은 것이고, 甲이 한 행위로 인한 권리의무는 甲 개인에게 귀속되는 것이며, 이것이 다시 甲과 乙에게 이전되어 그들에게 귀속되는지는 그들 내부의 문제[38]로서 그들 사이의 組合契約에 따라 결정하여야 한다.

[金 載 亨]

第 713 條(無資力組合員의 債務와 他組合員의 辨濟責任)

組合員中에 辨濟할 資力 없는 者가 있는 때에는 그 辨濟할 수 없는 部分은 다른 組合員이 均分하여 辨濟할 責任이 있다.

本條는 前條와 함께 組合債務에 대한 組合員의 個人的 責任에 관한 것으로, 現行民法 제정 당시 신설되었다. 民法上 組合은 法人格이 없고, 組合財産의 독립성도 매우 불완전하기 때문에, 各組合員이 組合債務에 대하여 個人財産으로써 책임을 부담하도록 하였다. 그러나, 前條에서 본 바와 같이 民法은 各組合員의 個人的 責任에 관하여 분담주의의 원칙을 채택하였는데, 이것은 組合債權者를 보호하는데 미흡하다. 그리하여 이를 보충하기 위하여, 本條가 組合員 중에 변제할 자력 없는 자가 있는 때에는 그 변제할 수 없는 부분은 다른 組合員이 균분하여 변제할 책임이 있다고 규정한 것이다.

따라서 組合債權者는 組合員 중에 그의 부담부분을 변제할 자력이 없는

37) 大判 83. 5. 10, 81다650(集 31-3, 7); 大判 84. 12. 11, 83다카1996(集 32-4, 126); 大判 88. 10. 25, 86다카175(公 837, 1466).
38) 大判 88. 10. 25, 86다카175(公 837, 1466).

자가 있으면, 그 변제받을 수 없는 부분에 관하여 다른 組合員을 상대로 균분하여 변제할 것을 청구할 수 있다. 이 때 組合員 중에 그의 부담부분을 변제할 자력이 없다는 것은 組合債權者에게 입증책임이 있다.

[金 載 亨]

第714條(持分에 對한 押留의 效力)

組合員의 持分에 對한 押留는 그 組合員의 將來의 利益配當 및 持分의 返還을 받을 權利에 對하여 效力이 있다.

I. 意 義

本條는 現行民法 제정 당시 신설된 조문이다. 舊民法 시대에는 組合員의 채권자가 그 組合員의 持分을 押留할 수 있는지 여부에 관하여 논란이 있었다. 舊民法 당시의 判例[1]는 組合員의 채권자는 組合員의 脫退 또는 組合의 解散으로 인한 청산에 의하여 組合員의 組合에 대한 반환청구권이 확정된 후가 아니면 組合員의 持分을 押留 또는 轉付할 수 없다고 판시하였다. 그러나 本條는 組合員의 채권자가 組合의 持分을 押留할 수 있음을 전제로 하고 있기 때문에 組合員의 持分은 押留의 대상이 된다는 것을 입법적으로 명백히 하였다. 이 때 그 押留는 그 組合員의 장래의 이익배당 및 지분의 반환을 받을 권리에 대하여 효력이 있다고 규정한다.

조합재산은 각 조합원의 고유재산으로부터 분리되어 전조합원에게 합유적으로 귀속되는 특별재산으로서, 조합이 공동사업을 경영하기 위하여 결합된 것이기 때문에, 각 조합원이나 그의 채권자가 조합재산을 처분 또는 압류하여 다른 조합원에게 손해를 주거나 조합의 목적을 방해하는 것을 막을 필요가 있다.[2] 따라서 조합원의 채권자가 조합재산을 직접 압류할 수 없는 것은 당연하다고 볼 수 있다. 그러나 재산권인 조합원의 "지분"을 압류할 수 없도록 할 필요는 없을 것이다.

1) 大判 55. 3. 31, 4287민상330(要集 민 I-2, 1065).
2) 金曾漢, 362.

Ⅱ. 組合員의 "持分"

組合員의 持分에는 두 가지가 있다. 즉 組合財產을 구성하는 개개의 물건에 대하여 各組合員은 持分을 가질 뿐만 아니라, 전체로서의 組合財產에 대하여서도 持分을 가진다. 本條에서 말하는 組合員의 持分이라 함은 組合財產을 이루는 個個의 目的物에 대한 持分이 아니고, 全體로서의 組合財產에 대한 組合員의 持分을 의미한다.[3] 즉 組合員의 채권자는 그 組合員이 組合財產에 대하여 가지는 持分을 押留할 수 있다. 獨民 §725는 "組合財產에 대한 組合員의 持分(Anteil des Gesellschafters an dem Gesellschaftsvermögen)"이라고 하여 이를 분명히 하였다. 組合員의 持分權에 기하여 현실화된 청구권은 이미 組合財產이 아니고 組合員의 個人財產이다. 예를 들면 이미 발생한 이익배당청구권, 組合員이 組合으로부터 탈퇴할 때 持分을 환급받을 권리, 組合의 청산시 殘餘財產을 분배받을 권리 등은 組合員의 개인재산에 속한다. 이와 같이 持分權에서 발생한 현실의 청구권에 관하여는, 組合員이 이를 양도할 수 있고 組合員의 채권자가 押留할 수도 있다는 것은 당연하다. 그러나 組合員의 지위와 밀접한 관련이 있는 업무집행권은 조합원의 채권자에 의하여 압류될 수 없을 것이다.[4]

本條는 組合員이 아직 이러한 청구권을 갖지 못하더라도 組合員의 채권자가 組合員의 "持分" 자체를 押留할 수 있다고 한 것이다. 그리하여 그 持分이 장래에 현실화될 때 組合員의 채권자가 그 채권을 확보할 수 있도록 한 것이다.

Ⅲ. 持分에 대한 押留의 效力

組合員의 持分에 대한 押留는 民訴 §584 I 에 의하여 준용되는 同法 §561에 의한다. 즉 채권자가 組合員의 持分을 押留할 때에는, 법원은 제 3 채무자에 해당하는 다른 組合員이 채무자인 組合員에게 利益配當 및 持分返還을 금하고, 채무자인 組合員에게 그 권리의 처분과 영수를 금하여야 한다. 押留命令은 채무자인 組合員과 제 3 채무자인 다른 組合員들에게 송달하여야 하는데,

3) 郭潤直, 548; 金曾漢, 362; 註釋債各(Ⅱ), 646.

4) 독일의 경우에 관하여는 MünchKomm-Ulmer, §725 RdNr. 18f.

제 3 채무자인 다른 組合員들에 대한 송달이 있으면 押留의 효력이 생긴다. 持分에 대한 押留의 효력이 미치는 것은 채무자인 組合員이 가지는 장래의 이익배당청구권과 지분을 반환받을 권리이다.

持分이 押留된 경우 다른 組合員은 채무자인 組合員에게 이익배당을 하거나, 持分을 반환받을 권리에 상응하는 금전 등의 반환을 하여서는 안되고, 채권자는 법원의 推尋命令 또는 轉付命令에 의하여 채권의 변제에 충당하게 된다. 合名會社의 경우에는, 商 §224가 "사원의 持分을 押留한 채권자는 영업연도 말에 그 사원을 퇴사시킬 수 있다. 그러나 회사와 그 사원에 대하여 6월 전에 그 예고를 하여야 한다"고 규정하고 있는데, 이를 組合의 경우에 유추적용할 수는 없을 것이다.[5] 그리하여 組合의 경우에는 民法이나 民事訴訟法에 商 §224와 같은 조문이 없기 때문에 채권자가 채무자인 組合員을 組合으로부터 탈퇴시킨 후에 그의 持分을 환급받아 변제에 충당하는 방법이 없다. 또한 組合員의 채권자가 組合員 개인에 대한 채권을 집행하기 위하여 組合에서 組合員을 탈퇴하게 하는 것은 조합목적 수행을 방해하는 결과가 된다.[6]

民 §273는 "합유자는 전원의 동의 없이 合有物에 대한 持分을 처분하지 못한다"고 규정하고 있다. 따라서 組合員의 채권자도 組合員의 持分을 押留하였다고 하더라도 民 §273의 제한을 받게 된다. 그리하여 本條는 組合員의 持分에 대한 押留는 그 組合員의 장래의 이익배당 및 持分의 반환을 받을 권리에 대하여 효력이 있다고 한 것이다.

[金 載 亨]

第 715 條(組合債務者의 相計의 禁止)

組合의 債務者는 그 債務와 組合員에 對한 債權으로 相計하지 못한다.

1. 本條는 組合의 債務者가 組合員에 대한 개인적 채권을 自動債權으로

5) 한편 獨民 §725 I 은 조합원의 채권자가 조합재산에 대한 조합원의 지분을 압류한 경우에 조합의 해산을 청구할 수 있다고 한다. MünchKomm-Ulmer, §725 RdNr. 1ff.
6) 註釋債各(Ⅱ), 647.

하여 組合의 채무자에 대한 채권과 상계할 수 없다고 규정한다. 여기에서 "組合의 債務者"라 함은 組合財產에 속하는 채권의 채무자를 가리키는 것이고, 채무가 組合 자체에 귀속한다는 것은 아니다. 또한 "組合員에 대한 債權"은 組合員 全員이 合有的으로 부담하는 組合債務에 상응하는 것이 아니라 組合員에 대하여 개인적으로 가지는 채권을 의미한다. 그리고 組合債權은 組合員 全員에게 合有的으로 귀속되는데, 그 채무를 부담하는 자는 組合員에 대한 개인적 채권을 자동채권으로 하여 그 組合員의 組合債權에 대한 持分과도 상계할 수 없다.[1] 예를 들면 甲·乙·丙 3인의 組合에 대하여 금 300만원의 채무를 부담하는 丁은 組合員 甲에 대하여 개인적으로 금 300만원의 채권을 가지고 있더라도 이를 상계할 수 없고, 금 100만원의 채권이 甲의 持分인 경우 그에 대하여도 상계할 수 없다.[2]

2. 물론 組合의 채무자는 그 채무와 組合에 대한 채권을 상계할 수 있고, 組合의 입장에서도 마찬가지이다.[3] 예를 들면 탈퇴한 同業者의 출자금반환청구에 있어서 그 탈퇴자가 공동영업사무집행 중 동업체의 금원을 횡령하였다면, 탈퇴자는 동업체에 이를 변상할 책임이 있다고 할 것이므로 동업체의 業務執行者는 위 손해배상채권을 자동채권으로 하여 탈퇴자의 출자금반환청구와 상계를 주장할 수 있다.[4]

3. 결국 本條는 組合의 債權이 組合員 全員에게 合有的으로 귀속하고, 各組合員의 개인채권으로부터 독립한 재산이라는 것을 명확히 한 것이다. 즉 組合財產을 各組合員의 固有財產과 구별되는 特別財產으로 취급하여야 한다는 것을 전제로 한 것이다. 그러나 組合員 全員의 합의로 組合債權을 분할한 때에는 이미 組合員 개인의 채권이므로, 組合員의 債權者는 그 組合員이 分配받은 債權에 대하여 相計할 수 있다.[5]

4. 民 §273 I 은 "합유자는 전원의 동의 없이 合有物에 대한 持分을 처분하지 못한다"고 규정하고, 이 규정은 民 §278에 의하여 소유권 이외의 재

1) 本條는 獨民 §719 II 와 동일한 내용인데, 독일에서도 위와 같이 보고 있다. MünchKomm-Ulmer, §719 RdNr. 10f.
2) 註釋債各(II), 647.
3) MünchKomm-Ulmer, §719 RdNr. 12.
4) 大判 83. 10. 11, 83다카542(公 717, 1660).
5) 註釋債各(II), 647.

산권에 준용된다. 따라서 各組合員은 組合채권의 持分을 자동채권으로 하여 자기의 개인적 채무와 상계하려면, 다른 組合員 全員의 동의가 있어야 할 것이다. 判例[6]는 民法上 組合의 조합장은 조합의 채권을 양수받지 않은 이상, 조합의 채권을 자기에 대한 채무와 상계할 권한이 없다고 한다.

[金 載 亨]

組合員의 變動 前論

I. 序 論

組合이 아직 존속하고 있는 동안에 종래 組合員이 아니었던 자가 새로이 組合員으로서의 자격을 얻게 되는 것을 "加入"이라 하고, 그와 반대로 組合員이 그 組合員으로서의 지위 내지 자격을 벗어나는 것을 "脫退"라고 부른다. 이러한 加入과 脫退로 組合의 구성원에 증감이 있게 되는 것을 組合員의 變動 또는 交替라고 한다. 이와 같이 組合員의 變動이 있더라도 組合은 그 동일성을 유지하고 존속하는가?

組合을 단순한 당사자 사이의 계약관계로 보는 때에는, 당사자의 변동으로 組合은 그 동일성을 잃게 되어 解散하게 될 것이다. 이에 반하여 組合의 團體性 내지 獨立性을 인정한다면, 그러한 당사자의 변동으로 組合의 동일성은 손상되지 않는다고 보게 될 것이다. 결국 가입이나 탈퇴로 組合員의 인적 구성이 변하는 경우에, 組合의 동일성이 유지되느냐 않느냐는 논리의 문제라기 보다는 법률정책의 문제라 하겠다. 예컨대, 로마법에서는 societas는 당사자의 변경이 생기면 그 法律關係는 곧 해소하고, 組合員의 교체 내지 변동은 전혀 인정되지 않았다. 獨逸民法은 組合員의 解止, 死亡, 破産이 있게 되면, 원칙적으로 組合이 解散되나, 組合契約으로 殘存組合員 사이에서 組合이 존속하는 것으로 약정하는 것을 인정한다(獨民 §§ 723, 727, 728, 736, 737 참조). 瑞西債務法과 같이 다른 組合員의 동의로 가입을 인정하는 입법례도 있다(瑞債 § 542 I 참조).

6) 大判 59. 9. 10, 4191민상539(要集 민 I-2, 822).

우리 民法의 태도는 어떠한가? 民法에 組合員의 탈퇴에 관하여는 규정이 있으나, 組合員의 가입에 관하여는 아무런 규정이 없다. 어떻든 우리 民法이 조합원의 탈퇴를 명시적으로 긍정하고 있는 점을 보면 근본적으로는 組合員의 변동으로 組合이 그 동일성을 잃지 않는다는 입장이라고 할 수 있다. 이러한 民法의 입장은 組合도 社團보다는 團體性이 약하지만 어느 정도의 團體性을 가지고 있다는 점에서 타당하다고 할 것이다. 만일 組合員의 변동을 인정하지 않는다면, 組合은 예컨대 한 組合員의 死亡으로 解散하여야 하고, 나머지 組合員들이 사업을 계속하기를 원한다면 다시 組合을 설립하여야 하는 불필요한 수고와 경제적 손실을 겪게 되는 점을 생각할 때, 우리 民法의 태도는 사회생활상의 실제의 요구에도 가장 적합한 것이라고 할 수 있을 것이다.[1)]

組合員의 脫退에 관하여는 해당조문에서 다루기로 하고, 여기서는 組合員의 加入과 組合員의 地位의 讓渡에 관하여 살펴보겠다.

Ⅱ. 組合員의 加入

1. 意 義

組合員의 加入에 관하여 규정하는 입법례도 있으나, 우리 民法은 이에 관한 규정이 없다. 그러나 탈퇴를 인정하고 조합의 단체성을 인정하는 이상, 가입도 당연히 인정된다는 데 異說이 없다.[2)]

2. 加入의 要件과 方法

加入은 새로 組合員으로서 가입하려는 자와 組合員 全員 사이의 加入契約에 의한다. 그리고 조합원의 가입은 가입계약으로 효력이 생기는 것이고, 따로 공시할 필요가 없다.

새 組合員의 가입은 조합업무의 집행범위에 속하는 것이 아니므로, 業務執行組合員의 권한에 속하지 아니하고, 組合員 全員이 관여하여야 하는 것이 원칙이다. 그러나 組合契約에서 가입의 요건과 방법을 따로 정하는 것은 상관없다.[3)]

1) 郭潤直, 555; 金曾漢, 369.
2) 郭潤直, 561; 金曾漢, 374; 金疇洙(上), 469.
3) 郭潤直, 561; 金疇洙(上), 469.

3. 加入의 效果

(1) 조합에 새로이 가입한 조합원은 가입한 때로부터 조합계약에 따라서 業務執行權이나 업무 및 재산상태의 검사권 등을 취득한다. 그리고 加入組合員은 조합계약에서 정하여진 출자의 의무를 부담하며, 또한 가입 당시의 組合財産에 관하여 다른 組合員과 合有關係에 서게 되어, 이른바 持分을 취득한다.[4] 말하자면 종래의 組合員의 合有持分은 새 가입자로 말미암아 당연히 축소된다. 그러나 새 조합원의 지분취득은 권리의 양도가 아니므로 조합채권의 채무자에게 그 청구를 할 때에도 채권양도의 대항요건은 필요 없다. 그러나 조합재산 중 부동산에 관해서는 등기를 효력발생요건으로 보아야 한다.[5]

(2) 加入者는 그의 가입 후에 생기는 組合의 채무에 대하여는 보통의 組合員으로서의 책임을 지게 된다. 그리고 가입 전의 組合債務에 대하여 個人財産으로써 책임을 지지 않음은 명백하다. 그런데 가입 전에 생긴 組合債務에 대하여 그의 合有持分을 가지고 책임을 지느냐는 문제이다. 가입에 의하여 組合의 동일성에 어떤 변동이 있는 것은 아니고, 組合財産은 언제나 組合債務에 대한 책임을 지게 되는 것이므로, 가입 전에 성립한 組合債務에 관하여서도 加入組合員이 취득한 合有持分은 당연히 책임을 진다고 새겨야 할 것이다.[6]

Ⅲ. 組合員의 地位의 讓渡

1. 組合關係에 있어서 組合員은 각종의 권리를 가지고 의무를 부담한다. 組合에 참여할 권리, 組合財産에 대한 合有持分權, 손실부담의 비율에 따라 손실을 부담할 책임, 이익배당청구권, 탈퇴시의 持分還給請求權·解散時의 殘餘財産分配請求權 등은 그 주요한 것이다. 이들 權利·義務는 모두 組合員이라는 지위 내지 자격에서 발생하는 것이다. 그리고 組合員이라는 지위 내지 자격은, 가입·탈퇴에 의하여 취득·상실된다. 社團의 구성원의 지위 내지 자격은 이를 社員權이라 부르며, 그 법률적 성질이 다투어지고 있으나, 組合員의 지위도 이 社員權과 비슷하다. 그러나 組合員의 지위를 하나의 특수한 권리로서 보고 있

4) 郭潤直, 561; 金曾漢, 374.
5) 金疇洙(上), 470.
6) 郭潤直, 561; 金曾漢, 374; 金疇洙(上), 470.

지는 않으나, 흔히 "持分"이라고 부르고 있다.

2. 만일에 위와 같은 組合員의 지위 내지 자격을 양도할 수 있다면, 가입·탈퇴의 절차를 밟지 않고서도 組合員의 변동 내지 교체를 이룰 수 있을 것이다. 瑞西債務法은 전원의 동의가 있으면 持分(組合員의 지위)의 양도로 組合員이 변경되는 것을 인정한다(瑞債 § 542 II). 獨逸民法에는 아무런 규정이 없지만, 組合契約에서 그 양도를 인정하는 때, 또는 組合員 全員의 동의가 있을 때에는, 組合員으로서의 지위를 양도할 수 있다고 한다.

判例는 조합에 있어서 조합원이 타조합원의 동의를 얻어 조합의 지분을 양도한 경우에 양수인은 특별한 약정이 없는 한 그 조합원의 조합에 대한 권리의무를 승계한 것이라고 하여, 조합원의 지위의 양도를 인정하고 있다.[7] 또한 조합원이 조합재산을 구성하는 개개의 물건 또는 권리에 대한 지분을 양도하는 경우에 타조합원의 동의 없이는 타조합원에 이를 대항할 수 없다는 취지의 특약은 유효하다고 한다.[8] 그리고 조합재산에 대한 각 조합원의 지분은 조합원의 자격에 수반하는 것으로 조합원의 자격을 떠나서 조합재산에 대한 지분권이란 생각할 수 없는 것이고, 조합원의 지분은 조합의 목적과 단체성에 의하여 제한을 받아 조합원의 자격과 분리하여 지분권만을 임의로 처분할 수 없다고 보아야 한다.[9]

3. 組合員의 地位의 讓渡는 讓渡契約으로써 효력이 생긴다. 組合員의 地位의 讓渡가 있으면, 讓渡人은 組合員으로서의 지위를 잃고, 讓受人이 讓渡人의 지위에 들어서게 된다. 그리하여 양도인은 탈퇴자와 같은 책임을 지고, 讓受人은 가입자와 같은 책임을 지게 된다.[10]

4. 또한 共同鑛業權者는 組合契約을 한 것으로 간주되는데, 共同鑛業權者의 持分은 다른 共同鑛業權者의 동의를 얻어 양도하거나 저당권의 목적으로 할 수 있으나(鑛業 §§ 19 V, 34), 鑛業權의 持分 移轉에 관하여 등록을 할 수 있는 규정이 없으므로(同法 §§ 43, 44 참조), 共同鑛業權者들 중의 1인이 鑛業權의 持分을 양도한 경우에, 양수인을 포함하여 양도 후 새로이 共同鑛業權者가 될 전원의 명의로

7) 大判 58. 2. 6, 4290민상693(要集 민 I-2, 1059).
8) 大判 61. 7. 20, 4293민상669(大民原 50집, 783).
9) 大判 60. 11. 10, 4292민상837(要集 민 I-2, 1065).
10) 郭潤直, 562.

鑛業權에 관한 등록을 하여야 한다. 만일 양도인이 이러한 등록에 필요한 절차를 이행하지 않으면, 양수인은 양도인을 포함한 종전의 共同鑛業權者 전원을 공동피고로 삼아, 양수인을 포함하여 양도 후 새로이 共同鑛業權者가 될 전원의 명의로, 鑛業權 자체(持分이 아닌)의 이전등록절차를 이행하라는 소를 제기하지 않으면 안 된다는 것이 判例[11]이다.

그리고 공동광업권자는 광업권 및 광업권 침해로 인한 손해배상청구권을 준합유한다고 할 것이므로, 기존의 공동광업권자가 손해배상청구소송을 제기하였다면 그 손해배상청구권 전부에 대하여 소멸시효가 중단되는 것이고, 그 후에 광업권의 지분을 양수한 공동광업권자는 조합원의 지위에서 기존의 공동광업권자와 함께 소멸시효가 중단된 손해배상청구권을 준합유한다고 보아야 할 것이므로, 새로 공동광업권자가 된 자의 지분에 해당하는 부분만 따로 소멸시효가 중단됨이 없이 진행되는 것은 아니다.[12]

[金 載 亨]

第716條(任意脫退)

① 組合契約으로 組合의 存續期間을 定하지 아니하거나 組合員의 終身까지 存續할 것을 定한 때에는 各組合員은 언제든지 脫退할 수 있다. 그러나 不得已한 事由 없이 組合에 不利한 時期에 脫退하지 못한다.

② 組合의 存續期間을 定한 때에도 組合員은 不得已한 事由가 있으면 脫退할 수 있다.

I. 意 義

組合員의 탈퇴에는 任意脫退와 非任意脫退가 있다. 任意脫退는 組合員의 의사에 기한 탈퇴이고, 非任意脫退는 組合員의 의사와는 상관없이 또는 組合員의 의사에 반하여 행해지는 탈퇴이다.

本條는 일정한 제한 아래 組合員의 任意脫退를 인정한다.

11) 大判 68. 9. 30, 68다1496, 1497(集 16-3, 민 81); 大判 69. 12. 23, 68다1495(集 17-4, 민 202).
12) 大判 97. 2. 11, 95다55009(公 1997, 725).

Ⅱ. 任意脫退의 要件

1. 組合의 存續期間이 정하여져 있지 않은 경우

組合契約으로 組合의 존속기간을 정하고 있지 않거나, 또는 組合員의 종신까지 존속하는 것으로 정하고 있는 때에는, 各組合員은 언제든지 탈퇴할 수 있다(本條 I 本文). 다만 組合에 불리한 시기에 탈퇴하려면 不得已한 事由가 있어야 한다(本條 I 但書). 따라서 不得已한 事由 없이 組合에 불리한 시기에 탈퇴의 의사를 표시하여도 탈퇴의 효력은 생기지 않는다.

㈎ 組合에 不利한 時期라 함은, 주로 組合의 目的, 事業經營의 狀況, 經濟界의 動向 등 여러 가지 사정에 비추어 보아 그 組合員이 그 시기에 탈퇴하는 것이 組合의 목적을 달성하는 데 특히 불이익한 시기를 의미한다.[1] 그러나 그 시기에 탈퇴함으로써 그 組合員이 부당하게 큰 이익을 얻게 되고, 그 반면에 다른 組合員 全員에게 불이익하게 되는 경우에도 포함된다.[2] 組合은 단체의 일종이기는 하지만 組合員의 개인성이 강한 것이기 때문이다.

㈏ 한편 不得已한 事由라 함은 탈퇴하려는 組合員의 主觀的인 事情을 의미하는 것이며, 組合員이 移徙를 하였기 때문에 공동사업에 참여할 수 없게 된 경우나, 組合業務의 不振이나 다른 組合員의 無誠意 등도 不得已한 事由가 된다고 보아야 한다.

㈐ 어떤 組合員이 組合을 위하여 불리한 시기에 탈퇴의 의사를 표시하였거나 또는 不得已한 事由 없이 그런 탈퇴의사를 표시한 때에, 만일에 다른 組合員 全員이 그 탈퇴에 동의하고 아무런 이의가 없다면, 그 탈퇴의 意思表示는 유효한가? 합수성의 원리가 지배하는 組合의 본질에 비추어, 그러한 경우에는 탈퇴의 효과가 생긴다고 보아야 한다.

㈑ 2인으로 구성된 組合에서 탈퇴를 인정할 수 있는가? 원래 2인 組合의 경우에는 탈퇴하려는 자는 解散을 요구하여 청산하는 것이 組合의 성질에 부합된다고 한다. 그러나 두 사람만으로 구성된 組合에 있어서 組合員 한 사람이 탈퇴할 수 있다.

大判 87. 11. 24, 86다카2484[3]는, "2인으로 된 조합관계에 있어 그 중 1인

1) 金曈洙(上), 465.
2) 郭潤直, 556.
3) 集 35-3, 261. 同旨 大判 61. 12. 28, 4293민상202(要集 민 I-2); 大判 72. 12. 12, 72다

이 탈퇴하면 조합관계는 종료된다 할 것이나 특별한 사정이 없는 한 조합은 해산되지 아니하고, 따라서 청산이 뒤따르지 아니하며, 다만 조합원의 합유에 속한 조합재산은 남은 조합원의 단독소유에 속하며 탈퇴자와 남은 자 사이에는 탈퇴로 인한 계산을 하는데 불과하다"고 판시하였다. 2인으로 된 組合에 있어서 그 중 1인이 탈퇴하면 '共同'이라는 組合의 成立 및 存續要件이 소멸되므로 조합 자체는 종료된다 할 것이나, 이미 이루어진 사업만은 존속, 유지시키도록 함이 국가적·경제적 견지로서나 당사자의 의사에도 합치된다고 할 것이다. 따라서 組合員 2인 중 1인이 解散을 청구한 때는 解散될 수 있으나, 탈퇴의 의사를 표시한 경우에는 組合 자체는 그 성질상 종료한다 하더라도 組合員의 合有에 속한 組合財産은 탈퇴하지 아니하는 잔존자의 단독재산으로 귀속하여 그 사업을 계속 유지케 하는 반면, 탈퇴자와 잔존자와의 사이에는 탈퇴로 인한 계산을 하게 되는 데 불과하다.

2. 組合의 존속기간이 정하여져 있는 경우

組合의 존속기간을 정하고 있는 경우에는 그 기간 동안은 탈퇴하지 못하는 것이 원칙이나, 이 때에도 不得已한 事由가 있는 경우에 한하여 예외적으로 탈퇴할 수 있다(本條 II). 그와 같은 부득이한 사유에 해당하는지 여부는 조합원 일신상의 주관적인 사유 및 조합원 개개인의 이익뿐만 아니라 단체로서의 조합의 성격과 조합원 전체의 이익 등을 종합적으로 고려하여 판단하여야 한다.[4] 또한 다른 組合員의 전원일치에 의한 동의가 있는 때에도 탈퇴할 수 있다.

Ⅲ. 脫退의 方式

이 任意脫退는 탈퇴하려는 자가 다른 組合員 全員에 대한 意思表示로 하여야 한다.[5] 따라서 業務執行者가 정하여져 있더라도, 그에 대한 意思表示로

1651(集 20-3, 188); 大決 78.7.7, 78마129(公 592, 10973); 大判 87.11.24, 86다카2484(公816, 151).

4) 大判 97.1.24, 96다26305(公 1997, 633)는, 증권시장의 안정을 도모함을 목적으로 하여 설립된 증권시장안정기금의 공익단체로서의 성격과 설립목적, 업무내용 등에 비추어 볼 때 증권시장안정기금의 출자 조합원인 회사가 자금사정 악화 등 회사의 주관적인 사정만으로는 이를 증권시장안정기금에서 탈퇴할 수 있는 부득이한 사유에 해당한다고 볼 수 없다고 한 원심판결을 정당하다고 판결하였다.

5) 大判 59.7.9, 4291민상668(集 7, 155)은, 組合員의 任意脫退는 다른 組合員에 대한 意思表示로 하여야 한다고 하였다.

는 충분하지 않으며, 역시 모든 組合員에 대하여 탈퇴의 의사를 표시하여야 한다. 왜냐하면 탈퇴는 組合契約에 관한 일종의 解止라고 할 수 있으며, 그 意思表示의 수령은 組合의 業務執行이 아니므로, 다른 계약당사자에 대한 意思表示를 필요로 하는 것이다. 그러므로 조합원의 일부나 업무집행조합원에 대해서 한 탈퇴의 의사표시는 무효이다. 그러나 組合契約에서 탈퇴의사의 표시방법을 따로 정하는 것은 상관없으며, 그러한 특약은 유효하다.[6] 한편 組合員의 탈퇴 여부가 쟁점이 되었을 때에는 탈퇴를 주장하는 組合員에게 그 입증책임이 있다.[7]

Ⅳ. 本條의 性質

本條는 強行規定인가? 바꾸어 말하면 동조의 요건을 강화해서 탈퇴를 보다 좁은 범위에서만 할 수 있도록 하는 특약 또는 任意脫退를 전혀 인정하지 않는 특약은 유효한가? 本條는 존속기간을 정하고 있는 때나 또는 정하고 있지 않은 때나, 어느 경우에 있어서나 不得已한 事由가 있으면 탈퇴할 수 있다는 점만이 強行規定이라고 해석하여야 한다. 즉 任意脫退의 요건을 本條가 정하는 것보다 무겁게 하는 것은 상관없으나, 어떠한 경우에도 탈퇴하지 못한다고 하여 組合員의 탈퇴를 금지하는 특약은 무효이다.

Ⅴ. 組合契約의 解除, 解止

탈퇴는 그 성질상 組合契約의 解止라고 할 수 있다. 그러나 組合契約의 특수성으로 本條에 따른 탈퇴 이외에는 일반적인 解除나 해지는 인정되지 않는다. 따라서 民法의 계약의 解除, 해지의 통칙이 적용되지 않는다. 判例[8]도 組合契約에 있어서는 組合의 解散請求를 하거나 탈퇴를 하거나 다른 組合員을 除名할 수 있을 뿐이고, 契約解除에 관한 계약법 총칙규정에 의하여 組合契約을 解除하고 상대편에게 원상회복의 의무를 부담시킬 수 없다고 한다.

[金 載 亨]

6) 金疇洙(上), 464.
7) 大判 59.7.9, 4291民上668(集 7, 155).
8) 大判 62.8.2, 4294민상1606(集 10-3, 204).

第717條(非任意脫退)

前條의 境遇外에 組合員은 다음 各號의 事由로 因하여 脫退된다.

1. 死亡
2. 破產
3. 禁治產
4. 除名

I. 意 義

本條는 組合員의 死亡, 破產, 禁治產, 除名을 탈퇴사유로 정하고 있다. 이러한 사유가 발생하면, 組合員은 그 의사와는 상관없이 組合에서 탈퇴하게 되므로, 組合員의 의사에 기한 任意脫退와 대비하여 非任意脫退라고 한다.

II. 組合員의 死亡

1. 組合員이 死亡하면 원칙적으로 組合에서 脫退하게 되고, 그의 相續人이 組合員의 地位를 承繼하지 않는다.[1] 判例도 共同鑛業權者의 地位의 相續,[2] 組合員의 地位의 相續[3]은 특별한 約定이 없는 한 인정되지 않는다고 판시하였다. 이것은 組合員의 지위가 당연승계되는 것을 부정한 것이다. 즉 組合員이 死亡하면 組合財產에 대한 持分이 당연히 相續人에게 승계되는 것이 아니라 組合員의 死亡으로 組合員의 탈퇴가 발생하고, 組合財產에 대한 持分이 이전되는 것은 아니다.

부동산의 합유자 중 일부가 死亡한 경우에는, 합유자 사이에 특별한 약정이 없는 한, 死亡한 합유자의 상속인은 民 §719의 규정에 의한 持分返還請求權을 가질 뿐 합유자로서의 지위를 승계하는 것이 아니므로,[4] 死亡한 합유자의 持分에 관하여 그 상속인 앞으로 상속등기를 하거나 해당 부동산을 그 상

1) 大判 81. 7. 28, 81다145(集 29-2, 249).
2) 大判 81. 7. 28, 81다145(集 29-2, 249).
3) 大判 87. 6. 23, 86다카2951(公 806, 1230).
4) 大判 94. 2. 25, 93다39225(公 966, 1093); 大判 96. 12. 10, 96다23238(公 1997, 309).

속인 및 잔존 합유자의 合有로 하는 변경등기를 해서는 안 되고, 잔존 합유자 명의로 변경등기를 하여야 한다.[5] 그런데 死亡으로 탈퇴가 되는 것은 殘存組合員이 2인 이상 있는 경우에 한하고, 만일에 殘存組合員이 한 사람 뿐이라면, 組合은 解散하게 된다는 견해[6]가 있다. 그러나 判例는 이러한 경우에도 組合의 解散을 청구한 경우가 아니면 組合員이 탈퇴할 뿐이라고 한다.[7]

이와 같이 組合員의 死亡을 당연한 탈퇴사유로 한 것은, 공동으로 사업을 경영하는 것을 목적으로 하는 組合에 있어서는 組合員들 사이의 個人的인 信賴關係가 그 기초를 이루기 때문이다. 그러나 死亡組合員의 相續人이 그가 상속하는 持分還給請求權을 출자하기로 하여 殘存組合員과 加入契約을 맺는 것은 상관없다.

2. 組合員의 地位의 相續에 관한 特約

組合員이 死亡한 때에 그 상속인이 死亡組合員의 지위를 승계한다는 특약을 組合契約에서 한 때에 이 特約은 유효한가? 입법례를 보면, 獨民 §727 I은 組合契約에서 다른 약정을 하고 있지 않은 때에 組合員의 死亡은 解散事由가 된다고 규정하고, 瑞債 §545 I ii는 死亡이 組合의 解散事由가 되는 것은 組合契約에서 상속인이 승계한다는 약정을 하지 않은 때라고 규정하고 있기 때문에, 組合契約에서 상속을 인정하는 특약은 유효하다.[8]

우리 民法은 명문의 규정은 없으나, 學說[9]은 組合契約에서 상속을 인정하는 특약을 한 때에는, 유효하다고 한다. 判例[10]도 "組合에 있어서 組合員의 1인이 死亡한 때에는 本條에 의하여 그 組合關係로부터 당연히 탈퇴하고 특히

5) 1988. 11. 18 등기 제652호 각 지방법원장 대 법원행정처장 통첩(대법원예규집 등기편, 191).
6) 郭潤直, 557.
7) 大決 78. 7. 7, 78마129(公 592, 10973).
8) MünchKomm-Ulmer, §727 RdNr. 2ff.
9) 郭潤直, 558; 金疇洙(上), 466.
10) 大判 87. 6. 23, 86다카2951(公 806, 1230).

공동광업권자의 1인이 사망한 경우에 관한 것으로는, 大判 81. 7. 28, 81다145(集 29-2, 249)가 있는데, "공동광업권자의 1인이 사망한 때에는 공동광업권의 조합관계로부터 당연히 탈퇴되고, 특히 조합계약에서 사망한 공동광업권자의 지위를 그 상속인이 승계하기로 약정한 바가 없는 이상 사망한 공동광업권자의 지위는 일신전속적인 권리의무관계로서 상속인에게 승계되지 아니하고, 따라서 동 망인이 제소한 공동광업권관계소송은 그의 사망으로 당연히 종료된다"고 판시하였다. 따라서 조합계약에서 사망한 공동광업권자의 지위를 그 상속인이 승계하기로 약정하였으면, 상속인에게 상속될 것이다.

또한 부동산의 합유자 중 일부가 사망한 경우에 관한 것으로는, 大判 94. 2. 25, 93다39225(公 966, 1093)가 있다.

組合契約에서 死亡한 組合員의 지위를 그 상속인이 승계하기로 약정한 바 없다면 死亡한 組合員의 지위는 상속인에게 승계되지 아니한다"고 한다.

Ⅲ. 破 產

組合員이 破產하면, 다른 組合員에 대한 관계에 있어서 재산적 채무관계가 끝나게 될 뿐만 아니라, 그 組合員의 채권자의 입장에서 보더라도 그 組合員의 持分을 변제에 충당하지 않으면 破產의 목적을 달성할 수 없기 때문이다. 따라서 破產으로 탈퇴하지 않는다는 뜻을 組合契約에 의하여 정하더라도, 그것은 채권자를 침해하는 것으로 무효라고 하여야 한다.[11]

破產은 宣告를 한 때로부터 그 效力이 생기므로(破 §1), 조합원에 대한 破產宣告時에 그 조합원이 탈퇴하게 된다.[12]

Ⅳ. 禁 治 產

組合員이 禁治產의 宣告를 받으면, 組合에서 탈퇴하는 것이 된다. 그런데, 組合員이 禁治產의 선고를 받아도 제3자에게는 영향이 없다. 다만 다른 組合員과의 사이에서 지장이 있게 될 뿐이다. 따라서 組合契約에서 다른 약정을 하는 것은 상관없다.

Ⅴ. 除 名

組合員이 除名되면 그 組合員은 조합에서 당연히 脫退한다. 이에 관하여는 後述하는 §718 注解 참조.

[金 載 亨]

11) 金疇洙(上), 476.
12) 독일의 경우에 관하여는 MünchKomm-Ulmer, §728 RdNr. 5.

第 718 條(除名)

① 組合員의 除名은 正當한 事由 있는 때에 限하여 다른 組合員의 一致로써 이를 決定한다.

② 前項의 除名決定은 除名된 組合員에게 通知하지 아니하면 그 組合員에게 對抗하지 못한다.

Ⅰ. 意 義

本條는 비임의탈퇴의 하나인 除名의 요건과 그 대항요건을 규정하고 있다. 合名會社(商 §220), 合資會社(商 §229)의 경우에는 除名의 宣告를 법원에 청구하도록 하고 있으나, 민법상 조합의 경우에는 법원에 그러한 청구를 할 필요가 없다.

Ⅱ. 除名의 要件

1. 組合員의 除名은 正當한 事由가 있는 때에 한하여 다른 組合員의 一致로써 할 수 있다.

2. 除名의 正當한 事由라 함은 出資義務 기타의 의무불이행이나, 조합업무집행에 있어서의 부정행위 등으로, 그를 계속 組合員으로 한다면 組合의 원활한 운영이 방해되는 사유를 말한다.

3. 除名에는 다른 組合員의 일치된 합의를 필요로 한다. 제명되어야 할 조합원은 의결권이 없다.[1)] 그러나 두 사람만으로 구성된 組合에서는 除名은 있을 수 없다. 왜냐하면 除名의 요건으로서 '다른 組合員의 一致'라는 것은 다른 組合員 2인 이상의 존재를 전제로 하고 있기 때문이다.[2)] 그리고 2인 이상을 한꺼번에 除名할 수도 없다. 組合員들에 대한 除名事由가 같다고 하더라도, 除

1) MünchKomm-Ulmer, §737 RdNr. 12.

2) 大判 91. 7. 26, 90다19206(公 904, 2241)은 "합자회사에 있어서 사원에게 제명사유가 있는 경우에는 다른 사원 과반수의 결의에 의하여 그 사원의 제명을 구할 수 있다는 상법 제220조 제1항, 제269조의 다른 사원 과반수의 결의란 제명대상인 사원 이외에 다른 사원 2인 이상의 존재를 전제로 하고 있으므로 무한책임사원과 유한책임사원 각 1인만으로 된 합자회사에 있어서는 한 사원의 의사에 의한 다른 사원의 제명을 할 수 없다"고 하였다.

名되는 組合員 1인씩 개별적으로 다른 組合員 全員의 일치가 있어야 한다. 만일 한꺼번에 2인 이상을 除名할 수 있다면, 組合員 사이에 다툼이 생긴 경우에, 다수자가 소수자를 除名하거나, 소수자가 다수자를 除名할 수 있게 되어 불합리하기 때문이다.[3] 組合員 사이에 다툼이 생겨 除名을 할 수 없는 경우에는, 組合員들 중 일부가 탈퇴를 하거나, 解散을 청구하여 따로 새 조합을 조직할 수밖에 없다.

4. 組合契約으로 除名의 요건을 가볍게 할 수 있는가? 組合契約으로 除名事由를 정한다든가 또는 除名決議를 전원일치가 아닌 다수결로 정하는 것은 모두 유효하다.[4]

Ⅲ. 對抗要件

조합원에 대한 제명결정은 결의함으로써 그 효력이 생기지만, 제명된 조합원에게 통지하여야만 그에게 제명을 가지고 대항할 수 있다(本條 Ⅱ). 따라서 탈퇴조합원과 조합과의 계산은 그 통지가 도달한 때를 표준으로 하여야 한다. 그러나 다른 조합원 전원이 통지하여야 할 필요는 없다. 또한 제명을 통지하는 조합원이 업무집행조합원이 아니더라도 상관없다.[5]

[金 載 亨]

3) 郭潤直, 559.
4) MünchKomm-Ulmer, §737 RdNr. 11.
5) MünchKomm-Ulmer, §737 RdNr. 12.

第 719 條(脫退組合員의 持分의 計算)

① 脫退한 組合員과 다른 組合員間의 計算은 脫退當時의 組合財產狀態에 依하여 한다.

② 脫退한 組合員의 持分은 그 出資의 種類如何에 不拘하고 金錢으로 返還할 수 있다.

③ 脫退當時에 完結되지 아니한 事項에 對하여는 完結後에 計算할 수 있다.

Ⅰ. 意 義

脫退에 의하여 脫退組合員은 장래에 향하여 組合員으로서의 지위를 잃게 된다. 그러나 組合 자체는 殘存組合員 사이에서 그 동일성을 유지하면서 존속하게 된다. 이 때 組合과 脫退組合員 사이에서 재산관계를 청산한다는 문제가 생긴다.

Ⅱ. 持分의 計算

組合員의 탈퇴가 있더라도 組合은 그대로 존속하기 때문에, 脫退組合員은 그가 組合財產에 관하여 가지고 있는 合有持分을 떼어 가지는 못한다. 그러나 脫退組合員이 組合財產에 관하여 가지고 있었던 이익은 보호되어야 하기 때문에, 그의 合有持分을 계산하여 환급받아야 한다. 이것이 脫退組合員과 다른 組合員 사이의 "持分의 計算" 문제이다.

1. 탈퇴한 組合員과 다른 組合員 사이의 계산은 本條 Ⅰ에 의하여 탈퇴 당시의 組合財產狀態에 따라서 행하여야 하므로, 그 持分計算에 있어서 자산평가의 기준시기는 탈퇴 당시라고 보아야 한다.[1] 그러나 탈퇴 당시에 아직 완결되지 않은 사항에 관하여는, 그 완결시까지 그에 관한 계산을 보류할 수 있다.

그리고 대법원은 조합원인 사업체에 있어 사업소득에 대응하는 소득세, 방위세, 주민세 및 동업기간 중의 매출액에 대한 부가가치세 등 동업기간 중

1) 大判 87.6.23, 86다카2951(公 806, 1230); 大判 96.9.6, 96다19208(公 1996, 2982).

의 영업활동에 대하여 부과된 추징 세금은 동업자인 조합원이 공동으로 부담할 채무인바, 다만 사업체의 사업자등록상 조합원 중의 1인만이 대표자로 되어 있는 관계로 그 대표자에 대하여 그 추징 세금이 부과된 경우, 대표자는 그 부과처분의 취소 또는 납부 면제 등의 특별한 사정이 없는 한 탈퇴 조합원이 분담할 부분까지 포함한 추징 세금 전액을 과세 관청에 납부하여야 할 채무를 부담하게 된 것이므로, 비록 대표자가 그 추징 세금을 현실로 납부하기 전이라고 하더라도 탈퇴 조합원에 대한 지분 환급채무에서 탈퇴 조합원이 분담하여야 할 세금액을 공제하는 것이 동업계약의 성질상 형평에 맞는다고 한다. 또한 영업권은 사업체가 동종 기업의 정상 이익률을 초과하는 수익력을 갖는 경우 그 초과 수익력을 평가한 것이므로 이와 같은 영업권을 갖는 사업체가 거래의 객체가 되는 경우, 당연히 그 부분에 대한 대가가 수수될 것이 예상되고, 따라서 영업권을 갖는 사업체를 동업으로 경영하다가 사망으로 인하여 동업관계에서 탈퇴한 조합원의 그 사업체에 대한 지분을 평가함에 있어서는 당연히 그 영업권을 포함하여 평가하여야 한다고 한다.[2)]

2. 탈퇴자의 合有持分을 현물로 반환하는 것이 곤란하거나 불가능한 경우가 많을 뿐만 아니라, 그렇게 한다면 그 후에 있어서 組合의 사업이 어렵게 되기 때문에, 脫退組合員의 持分은 그 출자의 종류를 불문하고 언제든지 금전으로 환급할 수 있다. 그러나 반드시 금전으로 환급하여야 하는 것은 아니므로, 전부 또는 일부를 현물로 돌려 주는 것도 상관없다. 이와 같이 脫退組合員에게 그 持分을 환급하는 것은, 탈퇴 당시의 組合財産을 계산한 결과, 組合의 재산상태가 적자가 아닌 경우에 한함은 물론이며, 적자인 때에는 오히려 脫退組合員이 그의 손실부담의 비율에 따라서 손실을 부담하여야 한다.

判例[3)]는, 원고가 피고와 토지를 매수하여 공동사업을 경영하기 위하여 組合契約을 체결하였다가 그 후 組合에서 탈퇴하고 組合財産인 위 토지의 분할을 청구하는 경우에 "조합청산시의 잔여재산은 각 조합원의 출자가액에 비례하여 이를 분배하도록 되어 있는 것"이므로, 원·피고 사이의 위 토지 매수대금을 확정짓지 않고서는 위 토지의 분할을 명할 수 없다고 한다.

그리고 2인의 同業關係가 종료된 경우 나머지 영업을 계속하는 자는 다른 특별한 사정이 없는 한 同業契約이 종료된 당시의 평가액에 의하여 그 1/2

2) 大判 97.2.14, 96다44839(公 1997, 761).
3) 大判 80.8.12, 79다1315(公 641, 13083).

을 탈퇴하는 자에게 지급하여야 할 것이고, 따라서 그 영업시설인 지상건축물과 구축물에 대한 평가도 同業關係 종료시를 기준으로 하여야 하고 그 후에 생긴 사정을 참작할 것이 아니다.[4)]

3. 脫退組合員의 持分의 計算에 관하여는 합의를 할 수 있다. 그런데, 2인으로 된 組合에서 한 사람이 탈퇴한 경우 持分의 計算에 관한 합의를 함에 있어, 탈퇴한 사람의 출자금에 출자했을 때로부터 이자를 붙여서 반환하되 거기에 담보까지 설정제공해 주는 것은, 단독소유로 된 組合財産의 수익성이 탈퇴자에게 주기로 약속된 것에 비하여 경제적 가치면에서 적어도 동등하거나 그 이상 된다고 예측되는 등의 사정이 없이는 있을 수 없다고 보는 것이 경험칙에 맞는다고 한다.[5)]

Ⅲ. 脫退組合員의 還給請求權

위와 같은 계산에 의하여 脫退組合員은 組合에 대하여 그의 持分에 해당하는 것의 환급을 청구할 수 있으나, 이 환급청구권[6)]은 組合에 대한 債權에 불과하다. 따라서 組合의 재산은 이 환급채무를 포함해서 殘存組合員들이 合有하게 된다. 바꾸어 말하면 脫退組合員의 合有持分은 殘存組合員들에게 각자의 持分에 따라서 분배되어, 殘存組合員의 持分이 확대된다. 이와 같이 각자의 持分이 당연히 확대될 뿐이고, 脫退組合員의 持分의 양도가 있는 것은 아니므로, 組合債權에 관하여서도 脫退組合員으로부터의 채권양도의 절차를 밟을 필요는 없다.

그러나 組合財産에 속하는 부동산에 관하여는 등기를 하여야 한다. 즉 脫退組合員을 제외한 殘存組合員의 合有로 등기를 하지 않으면, 부동산에 관한 殘存組合員의 지분이 脫退組合員의 合有持分에 확대되지는 않는다. 다만 組合員이 死亡한 경우에는 당연히 사망한 조합원의 지분이 殘存組合員에게 귀속된다.[7)]

---

4) 大判 90. 3. 9, 89다카24728(公 871, 872).
5) 大判 88. 6. 14, 86다카617(公 828, 1016).
6) 이것은 조합원의 탈퇴시에 발생한다. MünchKomm-Ulmer, § 738 RdNr. 14.
7) 大判 94. 2. 25, 93다39225(公 966, 1093)는, “부동산의 합유자 중 일부가 사망한 경우 합유자 사이에 특별한 약정이 없는 한 사망한 합유자의 상속인은 합유자로서의 지위를

또한 共同鑛業權者는 組合契約을 한 것으로 간주되는데, 그 중 한 사람이 탈퇴하는 경우에는 그 持分이 나머지 共同鑛業權者에게 귀속하는 것이고, 이 持分歸屬의 성질은 持分權의 移轉이라고 한다.[8)]

Ⅳ. 脫退 후의 脫退組合員의 責任

脫退組合員은 대내적 관계뿐만 아니라 대외적 관계에서도 組合員으로서의 자격을 잃는 것이므로, 그 脫退組合員이 가지고 있었던 組合代理權 등은 당연히 소멸한다. 다만 탈퇴를 공시하는 방법이 없기 때문에 제3자에게 불측의 손해를 입힐 염려가 있는데, 이는 부득이하다. 만일 탈퇴 후에도 종전의 조합대리권에 기하여 제3자와 법률행위를 한 때에는 民 §129의 表見代理가 성립될 수 있다.

그리고 탈퇴 후에 組合이 부담하는 채무에 대하여는 책임을 지지 않는다. 물론 탈퇴 전의 組合債務에 대하여는 탈퇴 후에도 책임을 진다.

脫退組合員은 組合에 대하여 組合債務에 대한 면책을 청구할 수 있는가? 첫째, 脫退組合員의 持分의 計算에 있어서, 그 脫退組合員이 그가 부담하여야 할 組合債務 중의 채무액을 장차 그의 個人財産으로 책임지는 것으로 하여 계산한 때에는(바꾸어 말하면 脫退組合員이 부담할 채무액을 共濟하지 않고서 환급액을 계산한 경우), 그러한 면책청구를 할 수 없음이 명백하다. 그러나 組合債務를 모두 組合의 손실로 계산하여 脫退組合員의 환급금액을 결정한 경우(바꾸어 말하면 脫退組合員이 그가 부담할 채무액을 共濟한 것을 환급금으로 받은 때)에는, 殘存組合員이 脫退組合員이 부담할 채무에 관하여 그 이행을 인수한 것으로 볼 수 있을 것이므로, 이 때에는 脫退組合員은 組合에 대하여 면책의 청구를 할 수 있다고 보아야 한다.[9)]

[金 載 亨]

승계하는 것이 아니므로, 해당 부동산은 잔존 합유자가 2인 이상일 경우에는 잔존 합유자의 합유로 귀속되고 잔존 합유자가 1인인 경우에는 잔존 합유자의 단독소유로 귀속한다"고 판시하였다.

8) 大判 62. 1. 25, 4294민상691(大民原 53집, 343).

9) 郭潤直, 560-61; 金疇洙(上), 469.

解散과 清算 前論

차 례

Ⅰ. 意　　義

組合은 組合契約으로 성립하지만, 法人과 마찬가지로 解散 및 清算을 거쳐 소멸한다. 組合은 團體性과 契約性의 二重的 構造를 가진 人的 結合이라고 할 수 있는데, 組合의 解散 및 清算에 관한 규정은 組合의 團體性을 표현하는 것이다.

民法은 組合의 解散事由와 清算에 관하여 규정하고 있다. 이러한 규정은 任意規定이다. 이것은 법인의 해산과 청산에 관한 규정을 강행규정으로 보는 것과 다르다. 따라서 당사자가 民法의 解散事由와 清算에 관한 규정과 다른 내용의 특약을 한 경우, 그 특약은 유효하다고 한다.

Ⅱ. 組合의 解散

1. 意　　義

組合의 解散이란 組合이 소멸하기 위하여 그의 목적인 사업을 수행하기 위한 적극적인 활동을 중지하고, 組合財産을 정리하는 단계에 들어가는 것이다. 組合이 종료함에 있어서 아직 처리되지 못한 組合財産이 남아 있으면, 그에 관한 組合員들의 合有關係를 처리하여 개인적 재산관계로 환원시켜야 한다. 이러한 특수성이 있기 때문에, 組合에 관하여서도 法人에 있어서와 마찬가지로 解散이라는 제도를 둔 것이다.

그러나 組合의 解散으로 바로 組合이 소멸하는 것은 아니다. 法人에 관하여는 "해산한 법인은 청산의 목적범위 내에서만 권리가 있고 의무를 부담한다"고 규정되어 있는데(民 §81), 組合에 관하여는 그와 같은 규정이 없다. 그러나 組合이 解散한 후에도 淸算節次가 끝날 때까지는 組合關係는 그대로 존속한다고 보아야 한다(獨民 §730 참조).

2. 解散事由

民法은 組合의 解散事由에 관하여 포괄적인 규정을 두고 있지 않다. 그러나 일반적으로 組合은 그 目的事業을 성공하였든지 이를 성공할 수 없게 된 때, 存續期間의 경과 기타 組合契約에서 정한 解散事由가 발생한 때, 組合員 全員의 合意로 解散하기로 한 때에는 解散한다. 예컨대 業務執行組合員의 決議 또는 組合員의 過半數의 決議로 解散한다고 約定한 경우 그와 같은 요건이 충족되면 組合은 解散된다.

또한 民 §720는 "不得已한 事由"가 있는 때에는 各組合員은 組合의 解散을 청구할 수 있다고 규정하고 있다.

Ⅲ. 組合의 淸算[1)]

組合이 解散하면, 통상 그 財產關係를 정리하기 위하여 淸算節次에 들어가게 된다. 民法은 組合의 淸算節次를 규정하고 있다. 組合員들 사이에 淸算에 관하여 아무런 約定이 없으면, 民法上의 淸算節次를 거쳐야 한다. 그러나 이것은 매우 번거로운 일이고, 民法規定은 組合의 淸算에 있어서 발생하는 많은 법률적인 문제를 해결하기에 불충분하다. 특히 2인으로 구성된 이른바 '2인 組合(Zweimann-Gesellschaft)'의 경우에는 두 組合員의 의견이 대립하면 民法上의 淸算節次를 거치는 것은 사실상 불가능하다. 그리고 組合의 解散時에 殘餘財產이 있으면, 이를 組合員들에게 分配하여야 하는데, 이에 관하여 民法은 1개의 條項만을 두고 있기 때문에, 淸算人이 선임되더라도 殘餘財產分配를 둘러싸고 組合員들의 분쟁이 계속되는 경우가 많다.

그리하여 判例는 일정한 경우에 民法上의 淸算節次를 거칠 필요 없이 殘餘財產分配가 가능하도록 하고 있다. 즉 判例는 組合解散時의 殘餘財產分配에 관

1) 金載亨, "組合解散時의 殘餘財產分配請求權", 民判硏(XVIII), 288 이하 참조.

한 原則으로서 "組合이 解散된 경우 당사자 사이에 별도의 約定이 없는 이상 清算節次가 종료되지 아니한 상태에서 殘餘財産의 分配를 청구할 수는 없다"고 하고, 그 例外로서 "組合의 殘務로서 처리할 일이 없고 다만 殘餘財産의 分配만이 남아 있을 때에는 따로 清算節次를 밟을 필요가 없이 각 組合員은 자신의 殘餘財産의 分配比率의 範圍 내에서 그 分配比率을 초과하여 殘餘財産을 보유하고 있는 組合員에 대하여 바로 殘餘財産의 分配를 청구할 수 있다"고 한다.

組合解散時에 殘餘財産의 分配를 위하여 民法上의 清算節次를 거쳐야 하는지 여부에 관하여, 判例는 '組合員들 사이의 約定'과 함께 '組合의 殘務 有無'를 判斷基準으로 제시하고 있다. 따라서 組合의 殘務가 남아 있으면 清算節次를 거쳐야 하고, 그렇지 않으면 清算節次를 거칠 필요가 없다. 이 때 組合의 殘務라는 것은 '殘餘財産分配 이외에 清算節次에서 처리하여야 할 組合의 事務'라고 볼 수 있다. 그러나 어떠한 경우에 殘務가 없다고 보아야 하는지는 명확한 것은 아니다. 民法上의 清算節次를 통하여 殘餘財産을 分配하는 것에 관하여는 後述 民 §724 注解部分에서 다루기로 하고, 여기서는 清算節次를 거치지 아니한 殘餘財産의 分配에 관하여 살펴보겠다.

Ⅳ. 清算節次를 거치지 아니한 殘餘財産分配

1. 組合의 清算에 관한 규정은 모두 任意規定이다. 따라서 組合契約에서 組合의 清算에 관하여 정할 수 있다.[2] 예를 들면 조합원들이 同業契約을 체결함에 있어 원고가 동업체로부터 탈퇴하거나 동업체가 解散되었을 경우에 殘餘財産의 分配請求를 할 수 없는 대신 동업체가 부담한 채무에 대한 변제책임도 면하고 民法에 의한 清算節次에 갈음하여 자기가 출자한 금원을 반환받는 것만으로 同業關係를 종료시키기로 특약을 한 경우에는, 組合의 해산시에 清算節次를 거칠 필요가 없을 것이다.[3] 또한 組合員 全員의 合意로 청산이라는 특별한 절차를 밟음이 없이 적당한 방법으로 組合財産을 처분하여도 좋다.[4]

2) 獨民 §731는 이를 명백히 하고 있다. Larenz, Lehrbuch des Schuldrechts Ⅱ, 12. Aufl., §60 Ⅵ; MünchKomm-Ulmer, §731 RdNr. 2.

3) 大判 93. 2. 9, 92다21098(公 941, 935).

4) 大判 66. 9. 27, 66다1509(要集 민 Ⅰ-2, 1080)은, "원·피고 및 소외인 등 3인이 공동으로 출자하여 토지를 사들인 뒤에 위 3인 사이의 합의에 의하여 위의 사들인 토지 일부를 분할처분하여 매수대금과 그 밖의 잡비에 충당하고 나머지 토지인 본건 토지를 공

그리고 組合員 全員의 합의로 청산이라는 특별한 절차를 밟음이 없이 적당한 방법으로 組合財産을 처분하여도 좋다. 判例[5]는 "원·피고 및 소외인 등 3인이 공동으로 출자하여 토지를 사들인 뒤에 위 3인 사이의 합의에 의하여 위의 사들인 토지 일부를 분할처분하여 매수대금과 그 밖의 잡비에 충당하고 나머지 토지인 본건 토지를 공동분배하기로 하고 등기명의는 피고의 단독명의로 하여 신탁하였다면, 이는 위의 조합원 3인이 합의에 의하여 위의 조합을 해산하고 그 청산인은 총조합원이 공동으로 되며 위 조합재산을 청산하는 방법으로는 잔여재산이라고 볼 수 있는 현재 피고 명의로 등기되어 있는 본건 토지를 조합원 3인이 평등하게 분배하기로 합의한 것"이라고 할 수 있다고 한다.

그러나 組合員의 합의에 의하여 組合契約이 解除되었다고 하여 당연히 組合의 清算節次가 있었다고는 추정할 수 없다.[6]

2. 그리고 判例는 組合의 殘務로서 처리할 일이 없고 다만 殘餘財産의 分配만이 남아 있을 때에는 따로 清算節次를 밟을 필요가 없이 바로 殘餘財産의 分配를 청구할 수 있다고 한다.[7] 이에 관한 종래의 判例를 세 가지로 나누어 살펴보겠다.

① 組合員의 한 사람이 出資義務를 이행하고 다른 組合員이 出資義務를 이행하지 아니한 경우

[1] 大判 64.12.22, 63다831(要集 민 I-2, 1077; 大民原 85집(중), 294)

事案은 다음과 같다. 즉 원고는 그 소유인 鑛業權을 出資하고, 피고는 채굴비로 금원을 출자하기로 하여 同業契約을 체결한 다음, 원고가 피고를 共同鑛業權者로 登錄하여 주었다. 그런데도 피고가 그 出資義務를 이행하지 아니하자, 원고는 피고 명의의 共同鑛業權 持分登錄의 抹消를 청구하였다.

대법원은 "조합에 있어 조합원의 한사람이 출자의무를 다하고 다른 조합원

동분배하기로 하고 등기명의는 피고의 단독명의로 하여 신탁하였다면, 이는 위의 조합원 3인이 합의에 의하여 위의 조합을 해산하고 그 청산인은 총조합원이 공동으로 되며 위 조합재산을 청산하는 방법으로는 잔여재산이라고 볼 수 있는 현재 피고 명의로 등기되어 있는 본건 토지를 조합원 3인이 평등하게 분배하기로 합의한 것"이라고 할 수 있다고 한다.

5) 大判 66.9.27, 66다1509(要集 민 I-2, 1080).

6) 大判 66.12.6, 66다1756(要集 민 I-2, 1079).

7) 또한 組合員이 단지 2명인 경우에 그 중 1인의 組合員이 남은 1인의 組合員에 대하여 組合財産인 토지의 분할을 청구하였으면, 그가 組合을 탈퇴하고 그 解散을 구함과 동시에 위 組合關係의 종료에 따른 組合財産인 토지의 분할을 청구하고 있는 것으로 볼 수 있다고 한다. 大判 78.11.28, 78다1827(集 26-3, 277); 大判 78.11.28, 78다1832(要集 민 I-2, 1074) 참조.

이 출자의무를 이행하지 아니하는 경우에는 출자의무를 다한 조합원은 부득이 한 사유가 있다고 하여 조합의 해산을 청구할 수 있다고 할 것이며, 또 조합의 해산의 경우 당사자 사이에 별도의 특약이 없는 이상 청산수속을 함이 통례이나, 조합의 잔무로서 처리를 요하는 일이 없고 다만 잔여재산의 분배만이 남아 있을 경우, 따로 청산이 필요 없다고 할 것이며, 잔여재산은 조합원 사이에 별도의 특약이 없는 이상, 각 조합원의 출자가격에 비례하여 분배하게 되어 있으므로 위와 같은 경우에 출자의무를 이행한 조합원은 바로 자기가 출자한 재산의 반환을 청구할 수 있다"고 하였다.

[2] 大判 91.2.22, 90다카26300(公 894, 1065)

사안은 다음과 같다. 즉 甲과 乙의 2인이 상호출자하여 甲 소유의 대지상에 호텔을 건립, 공동 운영하기로 하는 同業契約을 체결하면서 그 소요되는 모든 비용을 균분하여 반씩 부담한다는 대전제 아래, 우선 호텔부지로 제공된 원고 소유인 대지의 시가 2분의 1 해당액인 금 4,900만원을 피고가 원고에게 지급하기로 약정하고, 원고가 피고로부터 우선 금 1,000만원을 지급받은 후 위 토지에 관하여 피고를 채권자로 하는 抵當權設定登記를 하였는데, 피고가 나머지 금원을 출자하지 아니하여 위 組合이 解散되었다. 그 후 원고는 피고에게 위 금 1,000만원과 그 이자를 피고에게 제공하였다가 수령거절당하자 이를 공탁하였다.

大法院은 위 [1]판결을 인용한 다음, 원심이 이 사건 해산청구 당시 원고 스스로 호텔 신축을 위한 공사 착수에 들어 갔을 정도의 미미한 조합업무만이 진행되고 있었고, 組合의 殘務로서 처리를 요하는 일이 없었으며, 조합의 재산도 원고가 출자한 이 사건 토지 이외에는 존재하지 아니하였으므로 출자의무를 이행한 원고는 자기가 출자한 재산의 반환을 구하는 의미에서 위 토지에 대한 피고 명의의 抵當權設定登記의 抹消를 청구할 수 있다고 판시한 것은 정당하다고 하였다.

위 [1]판결은 組合의 殘務가 없는 경우 淸算節次를 거칠 필요 없이 殘餘財産分配가 가능하다고 한 最初의 大法院判決로 보인다. 組合員의 한 사람이 出資義務를 이행하였는데도 다른 組合員이 出資義務를 이행하지 아니하여 조합이 해산하게 되었으므로, 組合의 殘務가 없다고 볼 수 있다. 이러한 경우에 淸算節次를 거치는 것은 무의미한 것이고, 출자의무를 이행한 組合員이 출자한 것을 반환받는 것으로 殘餘財産分配가 종료된다. 왜냐하면 조합을 청산함에 있어 출자가액에 비례하여 殘餘財産을 분배해야 하기 때문이다. 이와 같이 처리하는 것이 간명하게 殘餘財産을 분배하는 방법일 것이다.[8] 이것은 契約의

8) 독일민법에서는 조합재산으로 출자금을 상환한 나머지를 잔여재산으로 보고 있으므로, 어떤 조합원이 출자의무를 이행하지 아니하여 조합이 해산된 경우 다른 조합원이 출자금의 반환을 청구할 수 있다는 것은 당연하다.

解除로 인한 原狀回復을 인정하는 것과 동일한 결과로 되지만, 이것이 組合에서 解除, 解止에 관한 契約總則의 규정이 적용되지 않는다는 것[9]과 모순되는 것은 아니다. 위 [2]판결은 위 [1]판결의 입장을 再確認한 것이다.

나아가 대법원은 "조합이 해산되고 별도의 청산절차를 밟을 필요가 없어 출자의무를 이행한 조합원이 출자의무를 이행하지 아니한 다른 조합원들에 대하여 그 출자재산의 반환채권을 갖게 되는 경우, 다른 조합원의 반환채무 부담 비율은 조합계약에서 정한 손실부담의 비율에 의함이 상당하고 그 부담부분의 특약이 없었다면 균등한 것으로 추정해야 할 것"이라고 하였다.[10]

② 組合이 目的事業의 성공으로 解散하고 殘餘財產으로 現物이 남아 있는 경우

[3] 大判 79. 9. 25, 79다1320(公 620, 12223)

사안은 다음과 같다. 즉 원·피고 사이의 공유수면매립공사에 관한 동업계약을 체결함에 있어서 공사준공 후 취득토지를 원·피고가 합의하여 타에 처분하여 그 동안 소요된 총 공사비 및 제세공과금 등 일체의 비용을 공제한 순이익을 원고 6대 피고 4의 비율로 분배하기로 약정하였으나, 위 합의처분이 어렵게 되어 원고의 출자금반환과 원고에게 배당될 이익에 해당하는 부분을 殘餘財產인 이 사건 土地의 持分으로 請求한 것이다.

원심은 이 사건 토지를 원심변론종결 당시의 시가에 따라 평가한 후, 피고 몫을 이 사건 토지 중 1,893평으로 산정하고 피고 앞으로 등기된 지분 중 피고 몫을 공제한 2,679평에 해당하는 지분에 대한 원고의 청구를 인용하였는데, 大法院은 "조합의 목적인 사업의 성공으로 인하여 그 조합관계가 종료하고 다만 잔여재산의 분배만이 남아 있을 경우 조합원 사이의 약정에 따른 잔여재산의 분배가 어렵게 되어 재판상 청구에 이른 때에는, 특별한 사정이 없는 한, 잔여

9) 大判 62. 8. 2, 4294민상1606(集 10-3, 204); 大判 69. 11. 25, 64다1057(集 17-4, 34); 大判 87. 5. 12, 86도2566(公 803, 1012); 大判 88. 3. 8, 87다카1448(公 823, 657); 大判 94. 5. 13, 94다5157(公 970, 1685). 大判 1983. 5. 24, 82다카1667(集 31-3, 17)은, 원·피고가 원고 소유의 토지에 피고가 태양열주택을 건설하여 이를 원·피고 공동명의로 분양하기로 하는 태양열주택건설 동업계약을 체결하고 원고가 이 약정에 따라 그 토지에 식재되어 있는 관상수를 이식하고 이를 제공하였으나 피고는 착공기일을 준수하지 아니하였으며 공사를 중단하고 모델하우스도 건립하지 아니하였을 뿐만 아니라 신의칙에 반하여 공사를 제3자에 하도급하고 원고에게 부당한 요구를 하는 등 채무를 이행하지 아니하여, 원고가 위 동업계약을 해제하였으나 피고는 원고에게 원고가 관상수를 이식하는데 지출한 비용 및 이식으로 고사한 관상수대금 등을 배상할 책임이 있다고 청구한 사안에서, "낙성계약인 조합계약의 해지로 인하여 종료된 동업관계의 계산으로 위와 같은 비용의 청산을 구함은 별론으로 하고 원고가 동업계약의 약지에 따라 그 출자의무의 이행으로 소요된 이와 같은 비용을 채무불이행으로 인한 손해로서 배상을 구할 수는 없다"고 판시하였다.

10) 大判 96. 10. 25, 96다32201(公 1996, 3440).

재산에 대하여 사실심변론종결 당시의 시가에 따라 평가하여 분배하는 것이 상당하다"고 하면서 원심판결을 지지하였다.

이 판결에서 토지를 처분하여 그 대금을 분배하기로 하는 清算에 관한 約定이 있었으나, 그 처분이 어렵게 되어 清算約定에 따라 금전으로 殘餘財産分配를 할 수 없게 되었다. 그리하여 피고 명의로 등기가 되어 있는 이 사건 土地에 관하여 그 持分移轉登記를 명한 것이다. 組合員 1인 명의로 등기된 土地가 殘餘財産으로 남아 있는 경우에, 分配比率이 정해지면 그 分配比率에 따라 持分移轉登記를 하더라도 부당하지 않을 것이다. 組合員들도 分配比率이 확정된 상태에서는 그 分配比率에 따라 持分移轉登記를 하는 것에 반대하지 않을 것이다.

[4] 大判 81. 1. 13, 80다1672(公 652, 13630)

事案: 원·피고들 사이의 동업계약에서 전기설비공사 완공 후 제비용을 공제한 순이익의 1/2을 원고가 차지하기로 약정하였고, 피고측은 건축주로부터 공사비조로 아파트 방실을 대물변제로 수령하였다. 그런데 위 아파트의 합의처분이 어렵게 되자, 원고는 그가 수령해야 할 순이익금에 해당하는 아파트 부분의 시가 상당의 금액을 청구하였다.

대법원은 위 [3]판결을 인용한 다음, 이 사건에서 원심이 변론종결일에 가까운 1980.1.25.의 시가에 따라 이를 평가하여 원고의 몫을 산정한 판단부분은 정당하다고 하였다.

위 [3]판결과 [4]판결을 비교하여 볼 필요가 있다. 두 판결은 모두 조합이 그 목적사업의 성공으로 해산된 경우의 殘餘財産分配에 관한 것이고, 殘餘財産으로 現物인 부동산이 남아 있었는데, 組合員인 피고 명의로 등기가 되어 있었다. 그리고 두 판결 모두 변론종결 당시의 시가로 殘餘財産을 평가하여 이를 기초로 殘餘財産을 분배하고 있다. 그런데, 위 [3]판결은 不動産에 대한 持分移轉登記를 명하고 있고, 위 [4]판결은 代金支給을 명하고 있다. 이러한 차이는 어디에서 나온 것인가? 大法院이 殘餘財産으로 組合員 1인 명의로 등기된 不動産이 남아 있는 경우에, 다른 組合員은 持分移轉登記請求와 金錢請求를 선택적으로 행사할 수 있다는 입장에 서 있는 것인가?

위 [3]판결에서는 殘餘財産인 不動産이 4,572평의 토지로서 면적이 넓고 분할이 가능하기 때문에, 피고가 단독으로 위 토지를 소유하되 그 대가를 원고에게 지급하는 價格賠償의 方法으로 殘餘財産을 分配하기로 합의하지는 않았을 것으로 보인다. 그러나 위 [4]판결에서는 殘餘財産이 피고 명의로 등기된 아파트 방실로서 분할이 불가능하므로, 피고측이 위 아파트 방실을 그대로 차지하는 대신 원고에게 금원을 지급하기로 하는 합의가 있었을 것이라고 추측해 볼 수 있다. 어쨌든 두 판결에서 殘餘財産의 評價時期가 쟁점이었을 뿐이고, 殘餘財産으로 組合員 1인 명의로 등기된 不動産이 남아 있는 경우 持分移轉登記請求를 해야 하는지, 또는 금원지급청구도 할 수 있는지 등 殘餘財産의 分配方法이 쟁점이 된 것은 아니었기 때문에, 大法院이 위와 같은 경우 持分移轉登記請求와 金錢請求가 선택적으로 가능하다고 본 것은 아니라고 생각한다. 결국 組合解散時에 殘務가 없고 殘餘財産으로 組合員 중 1인 명의로 등기된 不動産이 남아 있는 경우에, 특별한 약정이 없는 한 다른 組合員은 殘餘財産分配로서 持分移轉登記를 청구할 수 있다고 보아야 한다. 왜냐하면 어떤 組合員으로 하여금 殘餘財産分配의 방법으로 다른 組合員의 持分에 해당하는 부분까지 現物로 분배받고 그 대가를 지급하도록 強制할 아무런 근거가 없기 때문이다.[11)]

이와 같은 殘餘財産의 分配方法은 合有物의 分割方法에 관한 物權編의 規定과 비교하여 볼 필요가 있다. 즉 民 §274 Ⅱ "조합체의 해산으로 합유가 종료한 경우에 合有物의 분할에 관하여는 공유물의 분할에 관한 규정을 준용한다"고 규정하고, 民 §269 Ⅰ은 共有物分割의 方法으로 協議分割을 원칙으로 하고 協議不成立時에는 裁判上 分割을 인정한다. 따라서 組合解散時에 殘餘財産은 이러한 共有物分割의 방법으로 하여야 할 것인데도, 殘餘財産이 不動産으로 남아 있는 경우 위 [3]판결이 殘餘財産分配의 방법으로 不動産에 관한 持分移轉登記를 명한 것은 民法이 예정하고 있는 것이 아니라고 생각할 수 있다.

그런데 共有物分割의 경우 부동산의 지분을 매수하였으나 아직 持分移轉登記를 경료하지 아니한 자는 共有物分割의 訴를 제기할 수 있는지에 관한 논의가 있다. 이에 관하여 持分權 確認의 訴를 제기하거나 持分移轉登記를 받은 후에야 分割請求를 인정한다면 절차가 번잡하여진다는 이유로 이를 긍정하는 견해[12)]가 있다. 그러나 이는 物權變動에 관하여 成立要件主義를 취하는 우리

11) 공유물의 협의분할에 있어서는 현물분할, 대금분할, 가격배상 등 어떠한 방법으로 공유물을 분할하더라도 상관 없다. 그러나 재판상 분할에 관하여는 民 §269 Ⅱ이 "현물로 분할할 수 없거나 분할로 인하여 현저히 그 가액이 감손될 염려가 있는 때에는 법원은 물건의 경매를 명할 수 있다"고 규정하고 있는데, 학설은 재판상 분할의 경우에 가격배상에 의한 분할을 인정하지 않고 있다(民法注解(Ⅴ), 593; 李英俊, 物權法, 全訂版, 1996, 608).

12) 李英俊(註 11), 605.

民法의 解釋論으로는 부당하다고 할 것이다. 持分移轉登記를 하기 전에는 共有者가 될 수 없으므로 그가 共有物分割을 청구한다는 것은 불가능하기 때문이다.[13)]

이러한 論理는 合有物에도 적용될 수 있을 것이다. 組合의 殘餘財產이 不動產으로 合有登記가 되어 있는 경우에는 組合員 全員의 協議가 成立하지 아니하는 한, 組合員이 共有物의 分割에 관한 규정에 따라 法院에 그 分割을 청구할 수 있다. 그러나 組合의 殘餘財產이 組合員 1인 명의로 등기된 부동산으로 남아 있는 경우에는 위 [3]판결에서와 같이 다른 組合員이 持分移轉登記를 구해야 할 것이다.[14)] 또한 殘餘財產이 조합의 제 3 자에 대한 不動產所有權移轉登記請求權의 형태로 있는 경우에도 共有物分割의 방법으로 이를 분배할 수는 없을 것이다. 왜냐하면 제 3 자 명의의 不動產에 관하여 分割을 할 수는 없을 것이기 때문이다.

③ 殘餘財產이 金錢 또는 金錢債權으로 남아 있는 경우

[5] 大判 92. 4. 24, 92다2509(公 922, 1681)

原審이 "피고는 유일한 조합재산인 이 사건 부동산을 임의로 매각처분함으로써 조합에게 그 처분 당시의 시가 상당의 손해를 입힘과 아울러 이로 인하여 위 조합은 그 목적달성이 불가능하게 되어 종료되고 잔여재산으로는 조합의 피고에 대한 위 손해배상채권만이 남게 되었으므로, 결국 피고는 원고에게…… 위 손해배상채권액 중 원·피고의 출자가액 비율에 의하여 원고 몫에 해당하는 금 55,782,860원을 잔여재산분배금으로 지급할 의무가 있다"고 판단하였다.

大法院은 原審判決이 정당하다고 하면서, "2인으로 구성된 조합원 중 1인이 불법행위 등으로 인하여 조합에 대하여 손해배상책임을 지게 되고 또한 그로 인하여 조합관계마저 그 목적달성이 불가능하게 되어 종료됨으로써 조합재산의 분배라는 청산절차만이 남게 된 경우에, 다른 조합원이 불법행위를 저지른 조합원을 상대로 그 불법행위에 따른 손해배상을 청구하는 것은 곧 조합관계의 종료로 인한 잔여재산 분배청구"라고 하였다.

이 판결에서 組合의 組合員 1인에 대한 損害賠償債權이 있는데, 이 債權을 推尋하지 않은 상태에서도 이른바 "殘務가 없다"고 보았다. 원래 債權의

13) 民法注解(V), 591; 金昭英, "共有物分割의 訴에 대하여", 司法論集 24집, 152.

14) 부동산에 관하여 지분이전등기를 하는 것은 분배비율만 정해지면 된다. 그러나 분할을 하는 것은 비용이 많이 들고 공평하게 분할하기가 어렵다. 또한 조합원들이 부동산을 분할하지 않고 지분이전등기만 경료하였다가 매각할 수도 있으므로 항상 분할을 하여야 하는 것은 아니다.

推尋(§§724 I, 87 I ii)은 清算人의 직무에 해당하고, 이 債權에는 組合의 제3자에 대한 債權뿐만 아니라 組合의 組合員에 대한 債權도 포함된다. 따라서 組合의 組合員에 대한 損害賠償債權이 남아 있는데도, “殘務가 없다”고 할 수는 없을 것이다. 그러나 組合員이 組合에 대하여 不法行爲責任이 있는 경우에는 그 組合員에 대하여 다른 組合員이 책임을 추궁할 수 있기 때문에, 바로 殘餘財産의 分配請求를 할 수 있다고 하더라도 상관없을 것이다. 이 사건에서 清算節次를 거치지 않더라도 組合의 債權者를 해할 우려도 없고, 組合員 사이의 公平한 清算이 저해되지도 않는다.

이 판결이 殘餘財産으로 組合의 組合員에 대한 債權만이 남아 있는 경우 清算節次를 거치지 않고 殘餘財産分配가 가능하다는 것으로 일반화될 수 있을지는 단언하기 힘들다.[15] 그런데 ‘殘務가 없다는 것’을 ‘殘餘財産分配를 제외하고 清算人의 職務로서 할 일이 없다는 것’으로 이해하면, ‘組合의 殘務가 있는지 여부’가 殘餘財産分配를 위하여 清算節次를 거치야 하는지를 判斷하는 基準으로서는 더 이상 적절하지 않다고 볼 수 있다.

[6] 大判 95.2.24, 94다13749(公 989, 1425)

㉠ “소외 회사와 피고 등이 1971.9.28. 소외 회사가 시행하던 나머지 택지조성공사를 피고 등이 승계하여 완공하기로 하되 그 수익금을 반분하기로 약정하고, 이에 따라 피고 등이 위 공사를 수행하여 1972.6.30.경 완공하고 1974.4.20. 그 준공검사까지 마친 것이라면, 소외 회사와 피고 등은 위 택지조성공사의 완공을 공동사업으로 하여 조합관계를 맺었는데 그 후 그 목적 달성으로 해산사유가 발생한 것”이고 “위 해산사유가 발생한 때로부터 이 사건 전부명령이 제3채무자인 피고에 대하여 송달된 때까지는 무려 17년 이상의 장기간이 경과한 점에 비추어 볼 때 일반적으로 이 때까지도 처리되지 아니한 조합의 잔무가 여전히 남아 있었다고 보기는 어려울 것”이다.[16]

---

15) 順番契는 통상 組合에 해당하는데, 順番契가 파계 등으로 解散하는 경우 당사자 사이에 特約이 없으면 民法의 組合規定에 따라서 清算節次를 밟아야 하는지 문제된다. 大判 62.7.26, 62다265(集 10-3, 194)는, 이러한 경우 清算節次에 의하여 각 契員에게 귀속하게 된 債權에 관하여는 각자 그 금원을 請求하는 訴를 提起하거나 또는 契員끼리 相計를 할 수 있게 되나, 그러한 清算節次에 의하여 각 契員에게 귀속하기 전에는 債權은 여전히 契員全員이 合有하는 것이 되어 各自가 單獨으로 그 금원을 請求하는 訴를 提起하거나 서로 相計하지는 못한다고 한다.

그런데 順番契 등 金融契의 경우에는 對外的으로 去來를 하는 일이 거의 없으므로 그 清算節次에서도 제3자와의 去來關係를 整理하는 節次는 필요하지 않을 뿐만 아니라 청산인을 선임하여 청산절차를 진행하는 것이 불가능한 경우가 많을 것이다. 그리고 잔여재산은 계원들에 대한 계불입금청구권만이 남게 되므로, 민법상의 청산절차를 거치지 않고 잔여재산분배가 가능하다고 보아야 할 것이다.

16) 위 택지공사가 완료되어 준공검사를 받은 때 조합이 그 목적 달성으로 해산사유가 발

㉡ 이와 같이 조합의 목적달성으로 인하여 조합이 해산된 경우 당사자 사이에 별도의 약정이 없는 이상 청산절차를 밟는 것이 통례로서 조합원들에게 분배할 잔여재산과 그 가액은 청산절차가 종료된 때에 확정되는 것이므로 원칙적으로 청산절차가 종료되지 아니한 상태에서 잔여재산의 분배를 청구할 수는 없는 것이지만, "조합의 잔무로서 처리할 일이 없고 다만 잔여재산의 분배만이 남아 있을 때에는 따로 청산절차를 밟을 필요가 없이 각 조합원은 자신의 잔여재산의 분배비율의 범위 내에서 그 분배비율을 초과하여 잔여재산을 보유하고 있는 조합원에 대하여 바로 잔여재산의 분배를 청구할 수 있다."

㉢ "만일 목적 사업의 완료로 해산된 위 조합관계에 있어서 달리 조합의 잔무로서 처리할 일이 없고 다만 위 토지 매매대금 등 잔여재산의 분배만이 남아 있다고 인정된다면 따로 청산절차를 밟을 필요 없이 소외 회사는 피고에 대하여 바로 위 토지 매매대금의 분배를 청구할 수 있다고 보아야 할 것이며, 원고가 전부받은 이익금 채권이라는 것은 소외 회사가 피고에 대하여 가지는 위 토지 매매대금에 대한 분배청구권을 가리키는 것이라고 볼 수 있을 것이므로, 원심으로서는 청산절차가 종료되지 아니하였다는 이유만으로 곧바로 원고의 청구를 배척할 것이 아니라, 이 사건 전부명령이 피고에게 송달된 당시까지 처리되지 아니한 조합의 잔무가 남아 있었는지 여부 및 나아가 위 토지 매매대금이 전여재산인지 여부와 소외 회사 및 피고 등의 잔여재산 분배비율 등에 관하여 심리, 확정한 다음 비로소 그 당부를 판단하여야 옳았다 할 것이고, 한편 잔여재산이 금전으로 남아 있고, 더구나 따로 청산절차를 밟을 필요 없이 곧바로 분배청구를 할 수 있는 경우라면, 그와 같은 분배청구권에 대하여는 전부명령도 가능하다고 보아야 할 것이다."

[6]판결에서 "조합의 잔무로서 처리할 일이 없고 다만 잔여재산의 분배만이 남아 있을 때에는 따로 청산절차를 밟을 필요가 없이 각 조합원은 자신의 잔여재산의 분배비율의 범위 내에서 그 분배비율을 초과하여 잔여재산을 보유하고 있는 조합원에 대하여 바로 잔여재산의 분배를 청구할 수 있다"라고 판시하면서, 위 [2]판결을 인용하고 있다. 그러나 이 文言은 위 [2]판결과 동일한 것은 아니다.[17] 또한 위 [2]판결은 組合事業의 目的達成不能으로 解散된

생했다고 볼 수 있는지는 의문의 여지가 있다. 왜냐하면 공사를 목적으로 한 조합의 경우 공사를 완공한 다음 공사비를 수령하거나 공사로 인하여 생긴 부동산을 처분하여 그 이익금을 분배하는 것도 조합의 사업에 속하는 경우가 많기 때문이다. 그렇다고 하더라도 이 判決에서는 최소한 소외 회사가 피고 등으로부터 위 공사의 완공으로 인한 투자금 및 수익금 명목으로 1977. 12. 28.경 반포동 토지를 받았을 때에는 해산사유가 발생했다고 보아야 할 것이다.

17) 東京高判 昭和 60. 2. 28.(判例時報 1149호, 107)은, 조합재산이 이미 모두 환가되어 있고 달리 종료되어야 할 현존사무 기타 잔무가 없는 때에는, 별도의 청산절차를 거침이 없이 잔여재산을 출자비율을 초과하여 보유하고 있는 조합원에 대하여 분배의 청구가 가능하다고 판시하였다.

경우에 관한 것이고, 殘餘財産으로 원고가 출자한 재산만이 남아 있었다. 따라서 잔여재산을 원고에게 귀속시키는 것으로 殘餘財産分配가 종료되었다고 볼 수 있었고, 따라서 殘餘財産의 分配比率은 따질 필요도 없었다. 그러나 위 [6]判決은 조합의 사업으로 이익금이 발생한 경우에 관한 것이고, 殘餘財産이 금전으로 남아 있으면 殘餘財産分配로 금원청구가 가능하다고 하였으며, 나아가 이러한 경우에 殘餘財産分配請求權은 金錢債權으로서 被轉付適格이 있다고 하였다. 결국 위 [6]판결은 위 [5]판결과 같이 殘餘財産이 금전 또는 金錢債權으로 남아 있는 사안에 관한 것으로, 殘餘財産分配請求權에 관하여 一般論과 具體的인 判斷에서 위 [6]판결이 인용하고 있는 위 [2]판결에 비하여 진일보한 태도를 보이고 있다.

그런데 事實關係를 보면 組合員 1인이 매매대금으로 받은 금원을 그 명의로 金融機關에 예치해 두었다. 즉 殘餘財産이 金融機關에 대한 預金債權으로 남아 있었다고도 볼 수 있다.[18] 그러나 殘餘財産分配에 있어서 금융기관에 組合員 1인 명의로 예치해 둔 금원은 현금과 거의 동일하게 볼 수 있을 것이다. 왜냐하면 다른 組合員의 이의가 없는 한 예금채권 명의자는 언제든지 예금을 인출할 수 있으며, 예금채권을 분할하는 방식으로 殘餘財産을 분배하는 것은 매우 번잡한 일이기 때문이다. 또한 위 [5]판결에서 組合員 1인이 금원 등을 횡령하여 殘餘財産으로 조합의 組合員에 대한 損害賠償請求權을 가지고 있는 경우에, 다른 組合員이 자신의 지분범위 내에서 그 組合員에게 직접 금원청구를 할 수 있다는 것과 비교하여 볼 때, 위 [6]판결에서 殘餘財産으로 금원이 남아 있는 것과 같이 보고 殘餘財産分配請求權을 金錢債權으로 본 것은 정당하다고 할 것이다.

또한 [6]判決에서 殘餘財産이 금전의 형태로 남아 있는 경우 이에 대한 殘餘財産分配請求權이 被轉付適格이 있다고 본 부분은 先例로서의 가치가 있다고 할 것이다.

3. 위 判決들은 2인 組合에 관한 것들이기 때문에 組合解散時의 殘餘財

---

18) 大判 87. 10. 28, 87다카946(公 814, 1784)은 "금융기관에 대한 기명식 예금에 있어서는, 명의의 여하를 묻지 아니하고, 또 금융기관이 누구를 예금주로 믿었는가에 관계 없이, 예금을 실질적으로 지배하고 있는 자로서 자기의 출연에 의하여 자기의 예금으로 한다는 의사를 가지고 스스로 또는 사자, 대리인을 통하여 예금계약을 한 자를 예금주로 봄이 상당하다"고 판시하였다. 同旨 大判 88. 12. 27, 88누10060(公 842, 250); 大判 92. 1. 21, 91다23073(公 916, 882).

産分配請求權을 행사하는 것이 必要的 共同訴訟인지 여부가 문제되지 않았다. 그런데 3인 이상의 組合員으로 구성된 조합의 경우에 어떤 組合員이 殘餘財産을 가지고 있는 組合員 1인만을 상대로 殘餘財産의 분배를 청구할 수 있는지 문제된다.

組合에 관한 訴訟은 민사소송법상 必要的 共同訴訟에 해당하는 경우가 많지만, 조합에 관한 소송이라도 반드시 필요적 공동소송에 해당하는 것은 아니다. 대체로 能動訴訟인 경우에는 必要的 共同訴訟이고, 受動訴訟인 경우에는 必要的 共同訴訟이 아니다.

組合解散時의 殘餘財産分配請求權은 조합내부관계에서 발생하는 것으로, 조합원들이 반드시 공동으로 행사하여야 하는 것은 아니다. 따라서 이를 행사하는 것이 必要的 共同訴訟에 해당한다고 보아야 할 필요는 없다고 본다. 예컨대 일부 조합원이 출자의무를 이행하였으나, 일부 조합원이 출자의무를 이행하지 아니하여 공동사업을 진행하지 못한 채 조합이 해산된 경우에는 組合員 全員이 합수적으로 殘餘財産分配請求權을 행사할 필요는 없다. 많은 조합원들 중에 일부 조합원 사이에서 殘餘財産分配請求權이 문제되는 경우 이를 필요적 공동소송으로 보는 것은 불필요한 경우가 많고 잔여재산분배의 문제를 지나치게 곤란하게 만들 우려가 있다.

한편 組合解散時에 殘餘財産分配를 위하여 清算節次를 거쳐야 하는지 여부는 必要的 共同訴訟인지 여부와는 상관이 없다. 殘餘財産分配請求權을 행사하는 소송이 必要的 共同訴訟이라면, 清算節次를 거치든지 아니든지 공동으로 소송을 하여야 하고, 必要的 共同訴訟이 아니라면 組合員이 개별적으로 殘餘財産分配請求權을 행사할 수 있는 것이다.

V. 殘餘財産分配請求權의 被轉付適格

1. 組合解散時의 殘餘財産分配請求權은 被轉付適格이 있는지 문제된다.

轉付命令은 押留된 債權을 지급에 갈음하여 압류채권자에게 이전시키고 그것으로 채무자가 채무를 변제한 것으로 간주하는 것이므로, 轉付命令의 대상인 채권은 執行債權과 마찬가지로 金錢債權이어야 한다. 따라서 金錢債權이 아닌 債權은 被轉付債權으로서의 適格이 없다.

나아가 金錢債權이라 하여도 이른바 券面額을 가진 것이어야 轉付命令의 對象이 되는지는 견해가 대립된다. 學說로는 채권이 券面額을 가질 것이 轉付命令의 요건이 아니라는 견해도 있으나,[19] 多數說은 전부될 채권은 반드시 券面額을 가진 것이어야 한다고 주장한다.[20] 判例는 장래의 채권, 조건부채권 등 학설상 券面額이 없다고 보는 채권의 대부분에 관하여 轉付命令을 허용하고 있다.

2. 組合員의 持分權에 기하여 현실화된 청구권은 이미 組合財産이 아니고 組合員의 개인재산이다. 예를 들면 이익배당청구권, 組合員이 組合으로부터 탈퇴할 때의 持分還給請求權, 組合解散時의 殘餘財産分配請求權 등이 이미 현실화된 경우에 이것은 組合員의 개인재산에 속한다. 이와 같이 持分權에서 발생한 현실의 청구권에 관하여는, 押留 및 轉付命令의 대상이 된다는 것은 당연하다. 民 §714는 "組合員의 持分에 대한 押留는 그 組合員의 장래의 이익배당 및 持分의 반환을 받을 권리에 대하여 효력이 있다"고 규정하고 있는데, 이 규정은 組合員이 아직 이러한 청구권을 갖지 못하더라도 組合員의 채권자가 組合員의 "持分" 자체를 押留할 수 있다고 한 것이다. 그리하여 그 持分이 장래에 현실화될 때 組合員의 채권자가 그 채권을 확보할 수 있도록 하였다. 持分에 대한 押留의 효력은 채무자인 組合員이 가지는 장래의 이익배당청구권, 지분환급청구권 및 殘餘財産分配請求權에도 미친다. 따라서 압류채권자는 이익배당, 지분반환청구권 등이 구체화되어 그 행사를 할 수 있는 시기가 도래할 때마다 그 채권에 대한 推尋命令이나 轉付命令을 얻어 채권의 만족을 얻을 수 있다고 한다.[21]

3. 組合解散時의 殘餘財産은 不動産, 動産 등 다양한 형태로 존재하는데, 殘餘財産이 어떠한 종류의 재산인지에 따라 그 殘餘財産分配請求權에 대한 轉付命令이 적법할 수도 있고 그렇지 않을 수도 있다.

㈎ 먼저 殘餘財産이 不動産 등 現物로 남아 있는 경우에 관하여 본다. 殘餘財産이 組合員 1인 명의로 된 부동산으로 남아 있는 경우에, 사실심변론

19) 金鍾大, "賃借保證金의 法的 性質과 그 轉付에 따른 實務上 諸問題", 司法論集 18집, 132 이하.
20) 註釋 強制執行法(Ⅱ), 260 이하; 金榮一, "將來債權의 被轉付適格", 司法論集 11집, 464 이하.
21) 註釋 強制執行法(Ⅱ), 458.

종결 당시의 시가를 기준으로 하여 지분에 대한 이전등기를 명한 사례([3]판결)와 금전의 지급을 명한 사례([4]판결)가 있었다. 이러한 경우 위 Ⅲ.2.② 항에서 본 바와 같이, 특별한 약정이 없는 한, 다른 組合員은 持分移轉登記請求만이 가능하다고 보아야 한다. 殘餘財產이 組合員들의 合有로 등기된 경우에는 組合員 全員의 합의에 의하여 殘餘財產을 분배하여야 하고, 이러한 합의가 성립되지 않으면 共有物分割에 관한 규정에 따라 法院에 分割을 청구할 수 있다.

결국 殘餘財產이 부동산 등 現物로 남아 있는 경우에는 이에 대한 殘餘財產分配請求權을 金錢債權으로 볼 수는 없으므로, 그 被轉付適格도 없을 것이다. 가령 組合員이 금전지급과 현물반환의 선택권을 가진다 하더라도 그 선택권이 행사되지 아니한 상태에서는 마찬가지로 보아야 한다.

(나) 다음으로 殘餘財產이 金錢으로 남아 있는 경우에 관하여 본다. 위 [6]판결은 組合의 殘務로서 처리할 일이 없고, 다만 殘餘財產의 分配만이 남은 때에는 淸算節次를 거치지 않고 바로 殘餘財產의 分配를 청구할 수 있고, 이 때 殘餘財產이 금전으로 남아 있으면, 이에 대한 轉付命令이 가능하다고 하였다.

그러나 殘餘財產이 금전으로 남아 있다고 하더라도, 殘務가 남아 있어 淸算節次를 거쳐야 하는 경우에는 組合員의 殘餘財產分配請求權이 將來의 債權에 해당되어 被轉付適格이 있는지에 대하여는 견해가 나뉠 수 있을 것이다. 장래의 채권도 전부명령의 대상이 된다는 判例[22]의 입장에 따른다면, 殘餘財產이 金錢으로 남아 있기만 하면, 殘餘財產分配請求權에 대하여 轉付命令이 가능하다고 해야 할 것이다.

(다) 한편 殘餘財產이 現物 및 金錢으로 남은 경우에 관하여는, 組合員들의 合意에 의하여 그 분배방법을 정하는 경우라면 어느 組合員은 現物만을, 다른 組合員은 金錢만을 가지기로 할 수도 있을 것이나, 그러한 합의에 의한 분배가 어렵게 되어 재판상 청구에 이른 경우라면, 現物에 대하여는 持分移轉

22) 大判 78.10.31, 78다1290(總覽 民事訴訟法 559조 (4))은, 합자회사의 유한책임사원이 회사에 대하여 출자의무의 이행을 완료하면, 그때에 벌써 지분환급채권은 권리성이 부여되어 발생하므로 비록 위 사원이 퇴사하기 전이라서 현실적으로 확정된 채권은 아니라도 押留 및 轉付命令의 대상이 될 수 있다고 하고, 大判 78.5.23, 78다441(集 26-2 민 84)은, 사법서사 합동사무소 구성원의 위 합동사무소에 대한 배당금청구채권은 그가 계속 위 구성원으로서 근무하고 또한 그의 활동으로 배당할 이익이 생기는 것을 정지조건으로 발생하는 채권이지만 그에 대한 轉付命令은 유효하다고 한다.

登記 또는 現物分割을, 金錢에 대하여는 金錢支給을 각 별도로 구할 수 있을 것이다. 따라서 적어도 金錢인 殘餘財産에 대한 분배청구권에 대하여는 轉付命令이 가능할 것이다. 결국 殘餘財産으로서 金錢이 일부라도 남아 있으면 그 부분에 대한 殘餘財産分配請求權은 被轉付適格이 있다고 볼 수 있다.

Ⅵ. 結 論

1. 判例에 의하면, 組合解散時에 組合財産이 없다든가 또는 처리하여야 할 殘務가 없는 경우에는, 民法上의 清算節次를 밟을 필요가 없다. 組合解散時에 殘務가 남아 있더라도 清算節次를 거치지 않은 상태에서 殘務가 모두 처리된 경우에도 마찬가지이다. 이와 같은 組合解散時에 民法上의 清算節次를 거치지 아니하고 殘餘財産分配가 가능하다는 判例의 태도는 어디에 根據를 두고 있는가?

첫째, 組合의 清算에 관한 규정은 任意規定에 해당한다. 그리하여 당사자 사이에 約定이 있는 경우는 물론이고 그러한 約定이 없는 경우에도 일정한 요건하에서 民法上의 清算節次를 거치지 아니하고 殘餘財産分配請求가 가능하게 된다.

둘째, 組合의 殘務가 없는데도 殘餘財産分配를 위하여 清算人을 선임하는 등 清算節次를 거치는 것은 의미가 없는 경우가 많다. 殘餘財産의 분배시에 출자비율을 확정하여야 하는데, 이것은 清算人에게 위임되어 있지 않는 한 清算人의 權限을 넘는 것이기 때문에, 清算人을 선임하여 清算節次를 거치는 것이 殘餘財産分配를 위하여 반드시 필요한 것이 아니다.

셋째, 清算에서 중요한 것은 債權者의 保護와 殘餘財産의 公平한 分配이다. 組合의 경우에는 청산이 끝난 후에도 各組合員은 그의 個人財産을 가지고 組合債權者에게 책임을 진다. 民法이 정하는 組合의 清算節次는 組合債權者의 保護를 위한 것이라기보다는 組合員 사이의 財産關係의 公平한 處理를 목적으로 하는 것이다.[23] 따라서 組合의 경우에는 法人의 清算에 비하여 清算에 관한 규정도 간단하고 清算節次를 거칠 필요성도 적다. 나아가 組合의 殘務가 없는 경우에는 債權者의 保護나 組合員들 사이의 公平한 分配를 위하여 民法

23) Hueck, Gesellschaftsrecht, 19. Aufl., §11 Ⅳ.

上의 淸算節次를 거칠 필요가 전혀 없을 것이다.

2. 組合解散時의 殘餘財産分配에 있어서 淸算節次를 요하지 않는 경우를 확대하여 온 判例의 態度는 정당하다고 생각한다. 判例는 '殘務가 있는지 여부'를 가지고 殘餘財産分配를 위하여 淸算節次를 거쳐야 하는지를 결정하고 있다. 여기에서 '殘務가 없다'는 의미는 '淸算人의 직무, 권한에 속하는 일체의 사무가 없다'는 것은 아니다. 왜냐하면, 현존사무가 모두 완결되어도, 조합의 채권 및 채무가 없는 경우는 매우 드물기 때문이다.[24]

따라서 어느 정도로 殘務가 없는 경우에 淸算節次를 거치지 않고 殘餘財産分配가 가능한지 문제된다. 그 범위는 앞으로 점차 넓게 인정할 필요가 있을 것이다. 그렇지 않고서는 組合解散時의 殘餘財産分配가 너무 어렵게 되기 때문이다. 組合解散時의 殘餘財産分配에 있어서 淸算節次를 요하는지에 관한 基準은 앞으로 判例의 축적을 통하여 좀더 구체화될 것이지만, '債權者의 保護와 殘餘財産의 公平한 分配'라는 청산의 두 가지 목적을 고려하여 정해져야 할 것이다. 民法上의 淸算節次를 거치지 않는 것이 組合債權者의 保護에 큰 장애가 되는 경우에는 淸算節次 없이 殘餘財産을 분배해서는 안 된다. 예를 들면 조합이 제3자에 대하여 부동산소유권이전등기의무를 합수적으로 부담하고 있는 경우가 그러하다. 이에 반하여 조합채권자의 보호나 殘餘財産의 공평한 분배에 지장이 없다면 淸算節次 없이 殘餘財産을 분배해도 좋을 것이다. 判例는 組合의 殘務가 없고 단지 殘餘財産이 부동산, 금전, 조합의 組合員에 대한 손해배상채권의 형태로 남아 있는 경우에 民法上의 淸算節次를 거칠 필요가 없다고 하였다.

만일 殘餘財産이 제3자에 대한 債權의 형태로 존재하는 경우에는 어떻게 이를 분배할 것인가? 예컨대, 殘餘財産으로 제3자에 대한 不動産所有權移轉登記請求權, 組合員들 共同名義의 預金債權 등이 있는 경우 이러한 殘餘財産을 어떻게 分配할 것인가? 이 문제는 앞으로 해결되어야 할 중요한 문제이다. 왜냐하면 조합의 경우 한 組合員이 債權의 推尋을 반대하면, 組合債權에 관한 訴訟은 必要的 共同訴訟이므로 채권의 추심 자체가 곤란해질 것이기 때문이다. 이러한 경우 어떤 組合員이 다른 組合員에 대하여 解散 및 殘餘財産分割請求를 함과 동시에 債權推尋節次에 협력할 것을 구하거나, 제3자에 대하여

24) 組合財産에 통상 부과되는 제세공과금도 組合債務에 해당할 것이다.

預金返還請求[25] 또는 不動産에 관한 持分移轉登記請求를 할 수 있는가? 현재의 判例하에서 清算節次를 거칠 필요 없이 殘餘財産分配가 가능하다고 할 것인지는 의문이다. 왜냐하면 債權의 推尋은 組合의 清算事務에 속하는 것이기 때문에 '殘務가 없다'고 볼 수 없기 때문이다. 組合이 解散한 경우 組合債權者의 保護를 위하여 組合財産으로 組合債務를 변제한 다음에 殘餘財産을 分配하여야 할 것이지만, 組合의 債權이 남아 있는 경우에는 清算事務로서 債權을 推尋한 다음에야 비로소 잔여재산을 분배할 수 있다고 볼 필요가 없을 것이다.

최근 조합의 청산절차에 관하여 중요한 대법원 판결[26]이 나왔다. 이 판결에서, 원고의 출자재산이 피고의 소외 A에 대한 임차보증금 반환채권으로 변환되어 존재하고 있고, 조합에 다른 채권이나 채무가 없는 경우에 어떻게 출자재산을 회수할 수 있는지가 문제되었다. 대법원은 원고가 피고에 대하여 위 임차보증금 반환채권의 양도 및 A에 대한 양도통지절차의 이행을 구할 수 있다고 하였다. 이것은 원고가 A에 대하여 위 임차보증금 반환채권을 직접 청구할 수 있도록 하기 위한 것이다. 이 판결은 조합의 청산절차를 진일보시킨 것으로 보인다.

[金 載 亨]

25) 공동명의 예금채권자들의 예금반환청구방법에 관한 판결을 살펴볼 필요가 있다. 大判 94. 4. 26, 93다31825(公 969, 1461)는, 공동명의 예금채권자들이 동업 이외의 특정 목적을 위하여 공동명의로 예금을 한 경우에는 필요적 공동소송에 해당한다고 할 수 없으나, 필요적 공동소송에 해당하지 않는 경우에도 "공동명의 채권자들은 은행을 상대로 공동으로 그 반환청구를 하여야 하고 이 경우 만일 다른 공동명의 예금채권자가 그 공동반환절차에 협력하지 않을 때에는, 예금주는 먼저 그 사람을 상대로 제소하여 예금주 단독으로 하는 반환청구에 관하여 승낙의 의사표시를 하라는 등 공동반환절차에 협력하라는 취지의 판결을 얻은 다음 이 판결을 은행에 제시함으로써 예금을 반환받을 수 있고, 이와 같은 방식에 의하여 약정에 의한 공동반환청구의 요건이 충족되었음에도 불구하고 은행이 정당한 이유 없이 예금의 반환을 거절하는 경우에는 그 예금주가 은행을 상대로 단독으로 예금의 반환을 소구할 수밖에 없을 것이고, 미리 청구할 필요가 있을 때에는 다른 공동명의 예금채권자와 은행을 공동피고로 하여 위와 같은 제소를 할 수도 있다"고 한다.

26) 大判 96. 3. 26, 94다46268(公 1996, 1367).

第 720 條(不得已한 事由로 인한 解散請求)

不得已한 事由가 있는 때에는 各組合員은 組合의 解散을 請求할 수 있다.

I. 意 義

本條는 組合員의 解散請求權을 규정한 것이다. 獨民 §723 I은 조합의 존속기간을 정한 경우와 그렇지 않은 경우에 각각 다른 해산사유를 정하고 있으나, 우리 民法은 그러한 구분을 하지 않고 있다. 언제 不得已한 事由가 있다고 볼 수 있는지, 조합의 해산에 책임 있는 조합원도 해산을 청구할 수 있는지 등이 문제된다.

II. 不得已한 事由

조합의 목적인 사업이 성공하거나 성공할 수 없게 된 것이 本條에 규정된 組合의 解散事由인 不得已한 事由에 해당한다.[1] 그리고 이러한 不得已한 事由에는, 경제계의 사정변경이나 組合의 재산상태의 악화 또는 영업부진 등으로 組合의 목적달성이 현저히 곤란하게 된 경우, 組合員 사이의 반목, 불화로 인한 대립으로 신뢰관계가 파괴되어 組合의 원만한 공동운영을 기대할 수 없게 된 경우[2]가 포함된다. 이러한 사례로는, 원고와 피고들 사이에 娛樂室同業契約이 체결된 후 이익금배당과 원고의 경영참여를 둘러싼 시비로 반목, 불화가 발생하여 서로 오락실출입금지가처분과 영업방해금지가처분신청을 하고 또 형사고소를 하여 기소되기에 이르러 서로의 신뢰가 회복 불가능할 정도로 파괴된 경우[3] 등이 있다.

그리고 判例[4]는 組合員의 한 사람이 出資義務를 다하고 다른 組合員이 出資義務를 이행하지 아니한 경우에는 出資義務를 다한 組合員은 組合의 解散을 청

1) 民法案審議錄(上), 425 참조.
2) 大判 59.12.3, 4292민상84(要集 민 I-2, 1077)는 "조합원들이 장기간 심한 반목불화로 대립하여 조합업무를 수행하기 곤란할 경우에는 조합원이 해산을 청구할 부득이한 사유가 있다"고 한다. 同旨 大判 93.2.9, 92다21098(公 941, 935); 大判 91.2.22, 90다카26300(公 894, 1065); 大判 96.3.26, 94다46268(公 1996, 1367).
3) 大判 93.2.9, 92다21098(公 941, 935).
4) 大判 64.12.22, 63다831(要集 민 I-2, 1077).

구할 수 있다고 한다. 또한 組合員이 단지 2명인 경우에 그 1인이 탈퇴하고 그 解散을 청구하는 때에는, 특별한 사정이 없는 한 이는 組合의 解散事由가 된다.[5)]

그러나 단순히 組合員 한 사람에 관련된 사유는, 그의 脫退나 除名의 사유가 될 수 있을 뿐이고, 解散請求의 사유는 되지 않는다고 한다. 즉 조합원 사이에 불화가 있다고 하더라도 脫退 또는 除名에 의하여 처리할 수 있는 경우에는 해산사유가 되지 않는다고 보아야 한다.

Ⅲ. 解散請求

1. 물론 不得已한 事由가 있는 경우에는 組合員이 解散請求를 하여야만 組合이 解散하게 된다. 이 때 組合員의 解散請求는 다른 組合員 全員에 대한 意思表示로 하여야 한다. 그러나 組合契約으로 解散請求의 방법을 규정할 수 있다. 그리고 동업계약의 해지통고는 통상 조합의 해산청구로 볼 수 있다.[6)] 이러한 해산청구는 조합계약의 해지의 의사표시라고 할 수 있으나, 民 §543 이하의 해지에 관한 규정은 적용되지 않는다. 즉 동업계약과 같은 조합계약에 있어서는 조합의 해산청구를 하거나 조합으로부터 탈퇴를 하거나 또는 다른 조합원을 제명할 수 있을 뿐이지 일반계약에 있어서처럼 조합계약을 해제하고 상대방에게 그로 인한 원상회복의 의무를 부담지울 수는 없다.[7)]

이러한 解散請求는 소의 제기로써 할 수도 있는데, 判例[8)]는 組合員이 단지 2명인 경우에 그 중 1인의 組合員이 남은 1인의 組合員에 대하여 組合財產인 토지의 분할을 청구하였으면, 그가 組合을 탈퇴하고 그 解散을 구함과 동시에 위 組合關係의 종료에 따른 組合財產인 토지의 분할을 청구하고 있는 것으로 볼 수 있다고 한다.

따라서 2인으로 된 組合의 경우에도 同業契約이 해지되어 組合員 1인만 남게 되었다 하더라도 組合關係는 종료된다 할 것이나, 특별한 사정이 없는 한 組合은 解散되지 아니하고 청산이 뒤따르지 아니한다.[9)]

---

5) 大判 78.11.28, 78다1827(集 26-3, 277); 大判 78.11.28, 78다1832(要集 민 I-2, 1074).
6) 大判 91.2.22, 90다카26300(公 894, 1065); 大判 96.3.26, 94다46268(公 1996, 1367).
7) 大判 94.5.13, 94다7157(公 970, 1685).
8) 大判 78.11.28, 78다1827(集 26-3, 277); 大判 78.11.28, 78다1832(要集 민 I-2, 1074).
9) 大決 78.7.7, 78마129(公 592, 10973); 大判 96.9.6, 96다19208(公 1996, 2982).

2. 有責當事者의 解散請求

組合員 사이의 반목, 불화로 인한 대립으로 신뢰관계가 파괴되어 組合의 원만한 공동운영을 기대할 수 없게 된 경우에 신뢰관계의 파괴에 책임이 있는 당사자도 組合의 解散請求權이 있다.[10] 왜냐하면 組合은 組合員 사이의 신뢰관계를 기초로 하고 있는데, 신뢰관계의 파괴원인이 일방 당사자에게 있다고 하더라도 그 파괴의 정도가 심하여 組合體의 목적달성이 불가능하게 된 경우에는 組合을 더 이상 유지할 수 없기 때문이다.

[金 載 亨]

第 721 條(淸算人)

① 組合이 解散한 때에는 淸算은 總組合員 共同으로 또는 그들이 選任한 者가 그 事務를 執行한다.

② 前項의 淸算人의 選任은 組合員의 過半數로써 決定한다.

I. 民法上의 淸算節次

1. 解散한 組合의 재산관계를 정리하는 것이 淸算이며, 이 淸算이 완료하는 때에 組合은 완전히 소멸하고, 그 法律關係는 종료한다. 組合이 解散되어도 淸算節次를 거치지 않으면, 특별한 약정이 없는 한, 淸算金을 청구할 수는 없다.[1] 判例[2]는 "조합이 해산된 경우에도, 청산절차를 거쳐 조합재산을 조합

10) 大判 93.2.9, 92다21098(公 941, 935); 大判 91.2.22, 90다카26300 (公 894, 1065); 大判 59.12.3, 4292민상84(要集 민 I-2, 1077).

1) 大判 1983.5.24, 82다카1667(集 31-3, 17)은, 원·피고가 원고 소유의 토지에 피고가 이 태양열주택을 건설하여 이를 원·피고 공동명의로 분양하기로 하는 태양열주택건설 동업계약을 체결하고 원고가 이 약정에 따라 그 토지에 식재되어 있는 관상수를 이식하고 이를 제공하였으나 피고는 착공기일을 준수하지 아니하였으며 공사를 중단하고 모델하우스도 건립하지 아니하였을 뿐만 아니라 신의칙에 반하여 공사를 제3자에 하도급하고 원고에게 부당한 요구를 하는 등 채무를 이행하지 아니하여, 원고가 위 동업계약을 해제하였으나 피고는 원고에게 원고가 관상수를 이식하는데 지출한 비용 및 이식으로 고사한 관상수대금 등을 배상할 책임이 있다고 청구한 사안에서, "낙성계약인 조합계약의 해지로 인하여 종료된 동업관계의 계산으로 위와 같은 비용의 청산을 구함은 별론으로 하고 원고가 동업계약의 약지에 따라 그 출자의무의 이행으로 소요된 이와 같은 비용을 채무불이행으로 인한 손해로서 배상을 구할 수는 없다"고 판시하였다.

2) 大判 92.10.9, 92다28075(公 933, 3121).

원에게 분배하지 아니하는 한, 조합재산은 계속하여 조합원의 합유이고, 청산이 종료할 때까지 조합은 존속한다"고 한다.

2. 組合의 경우에는 청산이 끝난 후에도 各組合員은 그의 個人財産을 가지고 組合債權者에게 책임을 진다. 따라서 民法이 정하는 組合의 淸算節次는 組合債權者의 보호를 위한 것은 아니며, 그것은 오로지 組合員 사이의 재산관계의 공평한 처리를 목적으로 하는 것이다. 그리고 組合의 淸算은 제3자에게 미치는 영향이 없으므로, 組合의 淸算에 관한 규정은 모두 任意規定이다. 그러므로 組合의 淸算節次라는 것은 반드시 거쳐야 하는 것은 아니다. 예컨대 組合財産이 없다든가 또는 처리하여야 할 殘務가 없는 경우에는, 청산이라는 절차를 밟을 필요가 없다.[3] 이러한 경우에는 組合의 解散으로 組合이 바로 소멸한다.[4] 조합이 해산된 경우에 민법상의 청산절차를 거치지 않는 경우에 관하여는 [解散과 淸算 前論] 注解 참조.

民法이 정하는 組合의 淸算節次는 淸算人을 선임하고 淸算人이 合有財産을 정리하고, 殘餘財産을 各組合員에게 분배하는 것인데, 本條는 淸算人의 選任에 관하여 규정하고 있다.

Ⅱ. 淸 算 人

1. 組合이 解散된 경우에 먼저 淸算人을 選任하여야 한다.

(1) 組合이 解散한 때에는 원칙적으로 모든 組合員이 淸算人이 되어 공동으로 청산사무를 집행한다(本條 I).

(2) 組合員들은 따로 淸算人을 선임할 수 있는데, 淸算人의 선임은 組合員의 過半數로써 결정한다(本條 Ⅱ). 淸算人의 數에는 제한이 없다. 또한 반드시 組合員 중에서 선임하여야 하는 것도 아니다. 組合員 중에서 淸算人을 선임한 때에는 그 辭任 또는 解任이 제한된다(後述 民 §723 注解 참조).

(3) 本條는 任意規定이므로 業務執行者를 淸算人으로 하는 것과 같이 組合契約으로 本條와 달리 정할 수가 있다.

---

3) 大判 91. 2. 22, 90다카26300(公 894, 1065); 大判 64. 12. 22, 63다831(要集 민 I-2, 1077).

4) 大判 93. 2. 9, 92다21098(公 941, 935)은, 이와 같이 동업체가 소멸한 경우에 동업지분의 확인을 구하는 것은 과거의 권리 또는 법률관계에 관한 것으로서 확인의 이익이 없다고 한다.

2. 그런데 업무집행조합원이 부도를 내고 도주하거나, 조합원들의 의사가 심각하게 대립하는 경우에는 청산인을 선임하기가 어렵게 된다.[5] 청산인이 선임되어 있는 경우에도 청산절차가 지지부진한 경우가 많다.

대법원[6]은 조합의 일부 청산인이 清算節次에 협력하지 아니하기 때문에 清算節次가 진행되지 않고 있는 경우, 그들을 상대로 직무집행정지가처분을 신청하는 등 清算節次를 진행하기 위한 다른 수단을 강구할 수 있다고 판시한 바 있다. 그러나 가처분을 신청하려면 피보전권리가 있어야 하는데, 위와 같은 경우에 피보전권리가 있는지 의문이다.[7] 組合의 清算人에 대하여 法院에 그 해임을 청구할 권리가 조합원에게 인정되지는 않는다.[8] 따라서 현행법하에서는 청산인에 대한 직무집행정지가처분은 조합원의 多數決로 청산인을 적법하게 해임한 다음에야 비로소 가능할 것이고, 실제로는 불가능한 경우가 많을 것이다.

이러한 경우를 대비하여 임시청산인제도를 신설하여, 법원에서 임시청산인을 정할 수 있도록 하는 것이 바람직할 것이다.

[金 載 亨]

第 722 條(清算人의 業務執行方法)

清算人이 數人인 때에는 第706條 第2項 後段의 規定을 準用한다.

清算人이 數人인 때에는 그 業務執行方法에 관하여 組合存續중의 業務執行方法에 관한 규정을 준용하도록 한 것이다. 따라서 선임된 清算人이 數人인

5) 2인 조합에서 조합원의 이해가 대립하면, 청산인을 선임할 수 없다.
6) 大判 93. 5. 15, 92다42620(公 1993, 1270)은, 일부 清算人들이 清算節次에 협력하지 아니하기 때문에 清算節次가 진행되지 않고 있다고 하더라도, 그들을 상대로 清算人으로서의 직무를 집행하지 못하도록 함과 아울러 그 직무를 대행할 자를 선임하여 줄 것을 법원에 신청하는 등 清算節次를 진행하기 위한 다른 수단을 강구하는 것은 별론으로 하고, 清算節次가 종결되지 아니한 상태에서 바로 殘餘財産의 分配나 精算金의 支給을 청구할 수는 없다고 하였다.
7) 불교 조계종 종정에 대하여 극히 예외적으로 직무집행정지가처분을 인정한 사례도 있으나[大判 79. 6. 26, 78다15469(公 1979, 12036)], 이것을 조합에 적용하기는 곤란하다고 생각한다.
8) 조합에는 주식회사의 이사해임청구의 소에 관한 商 §385 II은 유추적용되지 않는다.

경우에, 그 業務執行은 業務執行者가 數人 있는 경우와 마찬가지로 淸算人의 과반수로써 결정한다.

組合存續중에 業務執行에 대하여 全員一致에 의한다는 규정이 있더라도 이는 청산사무에는 적용이 없다.[1] 왜냐하면 청산단계에서 조합원들의 이해관계가 대립하는 것이 보통이므로, 淸算人들이 전원일치에 도달하지 못한 경우에 청산사무를 수행할 수 없다면 이는 청산의 목적에 반하기 때문이다.[2]

[金 載 亨]

第723條(組合員인 淸算人의 辭任, 解任)

組合員中에서 淸算人을 定한 때에는 第708條의 規定을 準用한다.

組合員 중에서 淸算人을 선임한 때에는, 그의 辭任·解任에는 일정한 제한을 받게 된다. 民 §708는 業務執行者인 組合員에 대하여는 위임의 해지에 관한 규정보다 엄격한 제한하에서 辭任과 解任이 인정되지만, 組合員이 淸算人이 된 때에도 이와 같은 제한을 둠으로써 淸算人의 지위의 안정을 도모하고 청산사무의 집행의 성과를 기대하는 것을 목적으로 한다.

組合員 중에서 淸算人을 선임한 때에는 그 淸算人은 正當한 事由 없이 辭任할 수 없다. 또한 解任은 正當한 事由가 있는 때에도 다른 組合員의 전원의 일치가 필요하다. 이러한 요건에 관하여는 前注 民 §708 注解 참조.

[金 載 亨]

1) 東京高判 昭 32. 8. 5(下民集 8-8, 1452).
2) 日注民(17), 187.

第 724 條(清算人의 職務, 權限과 殘餘財產의 分配)

① 清算人의 職務 및 權限에 關하여는 第87條의 規定을 準用한다.

② 殘餘財產은 各組合員의 出資價額에 比例하여 이를 分配한다.

차 례

Ⅰ. 清算人의 職務, 權限

清算人의 직무 및 권한에 관하여는 法人의 清算人에 관한 규정(民 §87)이 준용된다. 清算人이 정해진 경우 다른 組合員은 清算人의 직무나 권한에 속하는 사무를 처리할 수 없다.

1. 現存事務의 終結(§87 Ⅰ i 준용)

현재 계속중인 거래나 기타의 업무를 종결하는 것이다. 예를 들면 組合의 解散 후 組合財產에 관한 가처분취소의 신청을 하는 것은 이에 속한다. 그리고 업무의 종결에 필요한 범위 내에서 매매계약의 이행을 위하여 상품을 매입하거나 제 3 자와 새로운 법률관계를 체결하는 것도 포함된다.

2. 債權의 推尋(§87 Ⅰ ii 준용)

변제기가 도래한 채권의 추심 외에 상계, 화해, 채권의 양도, 환가, 채권회수를 위하여 하는 저당권의 실행도 포함된다. 변제기가 도래하지 않은 채권이나 조건부채권은 즉시 추심할 수가 없으므로 양도 기타 환가처분을 하거나, 또는 殘餘財產으로서 組合員에게 양도하여야 한다.

그리고 組合員 중에 出資義務의 이행을 하지 않은 자가 있으면 그 추심을 할 수 있고, 또한 組合員에게 비용부담액의 청구를 할 수도 있다.

3. 債務의 辨濟(§87 I ii 준용)

이에 관하여는 法人의 淸算에 있어서와 같은 특별한 규정은 없다. 즉 民 §§88 내지 92는 준용되지 않는다. 法人의 경우에는 淸算이 종료하면 法人의 債務에 대하여 責任을 지는 자가 없어지지만, 組合의 경우에는 淸算 후에도 組合員이 그의 個人財産을 가지고 責任을 지기 때문에, 法人과 달리 특별한 고려를 하지 않은 것이다. 그러나 淸算人은 적당한 방법을 강구하여 組合債權者에게 부당한 손해를 주지 않도록 하여야 한다. 따라서 淸算人은 組合財産으로 가능한 한 組合債務를 辨濟하도록 하고 이를 변제하기에 不足한 때에는 損失負擔의 비율에 따라 組合員으로부터 부담액을 추심하여야 할 것이다.[1] 淸算人은 선량한 관리자의 주의로써 淸算事務를 집행하여야 할 의무를 부담하는데, 이 의무를 위반하여 組合債權者에게 부당한 손해를 끼칠 때에는 組合債權者에게 그 손해를 배상하여야 한다.[2]

4. 殘餘財産의 分配

(1) 意 義

本條 I에 의하여 준용되는 民 §87 I iii는 殘餘財産의 引渡를 규정하고 있는데, 本條 II은 "殘餘財産은 各組合員의 出資價額에 비례하여 이를 분배한다"고 규정하고 있다.[3]

本條의 "殘餘財産"이 무엇을 가리키는지 문제된다. 獨逸民法(§§734, 735)은 먼저 組合債務를 辨濟하고, 出資를 償還한 다음, 그래도 남은 것이 있을 때에 이를 殘餘財産이라고 한다.[4] 그러나 우리 나라의 學說은 本條의 殘餘財産이란 組合財産으로 組合債務를 변제하고 남은 積極財産이라고 한다.[5] 즉 출자를 상

1) 日注民(17), 190.
2) 註釋債各(Ⅱ), 664; 金疇洙(上), 473.
3) 조합의 존속중에는 손익분배의 비율에 따라 이익을 분배하거나 손실을 부담하지만(民 §711), 조합이 해산되면, 원칙적으로 출자가액에 비례하여 잔여재산을 분배하게 된다.
4) 獨逸民法에서는 잔여재산을 이익분배의 비율에 따라 분배하여야 한다고 규정하고(獨民 §734), 조합채무를 변제하고 출자를 상환하기에 부족한 때에는 손실분담의 비율에 따라 이를 전보하여야 한다고 규정하고 있다(獨民 §735). 따라서 조합사업의 성공으로 이익금이 발생한 경우 조합의 해산 여부와 상관없이 이익금의 분배는 이익분배의 비율에 따라 행해진다. 입법론적으로 참고할 필요가 있다.
5) 郭潤直, 565; 李銀榮, 455.

환한 나머지를 殘餘財産으로 분배하는 것이 아니다.

組合解散時의 殘餘財産分配는 淸算人을 선임하는 등 民法에 규정된 淸算節次를 거쳐 組合債務를 변제한 다음에 하는 것이 원칙이라고 하지만, 淸算人이 殘餘財産의 分配에 관한 모든 사항을 정할 수 있는 것은 아니다.

殘餘財産의 分配比率이 확정되고 殘餘財産이 金錢인 경우에는 淸算人이 이를 분배할 수 있다. 또한 殘餘財産이 現物이더라도 分配比率에 따라 쉽게 분배할 수 있는 경우에도 이는 淸算人의 권한에 속한다. 그러나 組合員들은 殘餘財産의 分配比率에 관하여 중대한 이해관계가 있기 때문에, 이를 정하는 것은 淸算人의 권한을 초과하는 사항이다. 勞務出資나 信用出資를 평가하여 출자액을 확정하여야 하는 경우나 여러 가지 종류의 現物을 組合員들에게 분배하는 경우에는 組合員 全員의 合意에 의하여 결정하여야 한다.[6] 組合員들 사이에 出資比率에 관하여 다툼이 있는 때에는 경우에 따라서는 그 確認을 구하는 訴를 제기할 수 있을 것이다.

(2) 殘餘財産 分配의 基準

㈎ 殘餘財産 分配의 比率　　殘餘財産은 各組合員에게 그의 出資價額에 비례하여 이를 분배한다. 出資價額이란 名目上으로 出資한 價額이 아니라 實際로 出資한 價額이다.[7] 判例는 조합청산시의 殘餘財産은 各組合員의 實出資價額에 비례하여 분배하도록 되어 있으므로, 원·피고 사이의 위 토지대금 출자액을 확정짓지 않고서는 위 토지의 분할을 명할 수 없는데도 組合財産의 종료에 따라 위 토지의 合有關係도 종료되어 당연히 그 2분의 1의 권리가 원고에게 있다고 보아 공동분할을 명한 것은 위법하다고 한다.[8] 그리고 2인 조합에서 최초의 조합계약시부터 조합관계가 종료하기까지 동일성을 유지한 채 존속되어 왔고, 또한 출자가액의 산정방법에 관하여 특별한 약정이 없으면, 조합관계 개시로부터 종료시까지 각각 실제로 출자한 가액을 계산하여 그에 비례하여 조합의 잔여재산 분배비율을 정하여야 한다.[9] 組合員이 勞務나 信用을 출자한 경우에는 이를 평가하여 잔여재산 분배비율을 정하여야 할 것이다.

그런데 組合의 淸算時에 殘餘財産을 出資價額에 따라서 분배하도록 한 것은, 民 §711의 규정과 관련하여 살펴볼 필요가 있다. 즉 民 §711 I은 당사자

6) 註釋債各(Ⅱ), 665.
7) 註釋債各(Ⅱ), 664.
8) 大判 80. 8. 12, 79다1315(公 641, 13083).
9) 大判 92. 4. 24, 92다2509(公 922, 1681).

가 損益分配의 비율을 정하지 아니한 때에는 各組合員의 出資價額에 비례하여 이를 정한다고 규정하고 있으므로, 組合員들은 損益分配의 비율을 出資價額과 관계없이 정할 수 있다(이에 관하여는 前注 民 §711 참조). 따라서 組合員들이 損益分配의 比率을 出資價額과 다르게 약정한 경우 組合이 淸算되기 전에는 利益을 그 損益分配의 比率에 따라 분배하고, 組合淸算時에는 殘餘財産을 損益分配의 比率과는 다른 實際의 出資價額에 따라 분배하여야 하는 결과가 된다. 이와 같이 利益의 分配比率과 殘餘財産의 分配比率은 다르게 될 수 있는 것이다. 出資를 많이 한 組合員이 다른 組合員과 동일한 利益分配를 받기로 約定하는 경우도 많은데, 이 때 組合의 淸算時에도 殘餘財産을 實際의 出資價額과 무관하게 利益分配의 比率에 따라 분배하는 것은 바람직하지 않을 것이다.

(나) 殘餘財産의 評價 判例[10]는 "조합의 목적인 사업의 성공으로 인하여 그 조합관계가 종료하고 다만 잔여재산의 분배만이 남아 있을 경우 조합원 사이의 약정에 따른 잔여재산의 분배가 어렵게 되어 재판상 청구에 이른 때에는, 특별한 사정이 없는 한, 잔여재산에 대하여 사실심 변론종결 당시의 시가에 따라 평가하여 분배하는 것이 상당하다"고 한다.

(3) 殘餘財産의 引渡時期

殘餘財産의 分割請求는 일반적으로 모든 淸算事務가 完了된 후에 하여야 한다. 즉 組合員들에게 분배할 殘餘財産과 그 가액이 淸算節次가 종료된 때에 확정되는 것이므로, 조합원들 사이에 특별한 다른 약정이 없는 이상 淸算節次가 종료되지 아니한 상태에서 殘餘財産의 分配를 청구할 수 없다. 일부 淸算人들이 淸算節次에 협력하지 아니하기 때문에 淸算節次가 진행되지 않고 있다고 하더라도, 淸算節次가 종결되지 아니한 상태에서 바로 殘餘財産의 分配나 精算金의 支給을 청구할 수는 없다.[11]

그러나 淸算完了 전이라도 組合員들의 同意에 의하여 조합재산의 일부를 분할하는 것이 허용된다. 또한 淸算人은 組合債權者나 組合員의 권리를 침해하지 않는 한 청산의 상황에 따라서 組合財産을 組合員에게 분할할 수 있다.[12] 즉 조합원의 출자가 제대로 이행되지 않은 경우 자기의 출자의무를 이행한 조합원은 부득이한 사유가 있다고 하여 조합의 해산을 청구할 수 있으며, 조합이 해산된 때에 처리하여야 할 잔무가 없고 殘餘財産의 分配만이 남아 있을 경우에

---

10) 大判 79. 9. 25, 79다1320(集 27-3, 53); 大判 81. 1. 13, 80다1672(公 652, 13630).

11) 大判 93. 5. 15, 92다42620(公 944, 1270).

12) 註釋債各(Ⅱ), 664.

는, 따로 清算節次를 밟을 필요가 없고, 殘餘財産은 조합원 사이에 별도의 특약이 없는 이상 각 조합원의 출자가액에 비례하여 분배하게 되어 있으므로, 출자의무를 이행한 조합원은 바로 자기가 출자한 재산의 반환을 구할 수 있다.[13)]

그리고 判例는 "2인으로 구성된 조합원 중 1인이 불법행위 등으로 인하여 조합에 대하여 손해배상책임을 지게 되고 또한 그로 인하여 조합관계마저 그 목적달성이 불가능하게 되어 종료됨으로써 조합재산의 분배라는 청산절차만이 남게 된 경우에, 다른 조합원이 불법행위를 저지른 조합원을 상대로 그 불법행위에 따른 손해배상을 청구하는 것은 곧 조합관계의 종료로 인한 잔여재산 분배청구"라고 한다.

(4) **殘餘財産의 分配에 관한 清算人의 權限**

組合員들은 殘餘財産의 分配에 관하여 중대한 이해관계가 있고, 殘餘財産의 分配比率을 정하는 것은 清算人의 권한을 초과하는 사항이다. 다만 殘餘財産의 分配比率이 확정되고 殘餘財産이 金錢인 경우에는 清算人이 이를 분배할 수 있다. 또한 殘餘財産이 現物이더라도 분배비율에 따라 쉽게 분배할 수 있는 경우에도 이는 清算人의 권한에 속한다.

그러나 勞務出資나 信用出資를 평가하여 분배율을 확정하여야 하는 경우나 여러 가지 종류의 現物을 組合員들에게 분배하는 경우에는 組合員 全員의 合意에 의하여 결정하여야 한다.[14)] 물론 組合契約으로 이러한 권한을 清算人에게 부여한 경우에는 清算人이 이를 할 수 있다.

殘餘財産의 分配方法에 관하여 組合員 全員의 協議가 成立하지 아니한 때에 殘餘財産을 어떻게 分配할 것인지가 문제된다. 이 때에는 組合員이 共有物의 分割方法에 관한 民 §269 I 의 규정에 따라 法院에 그 分割을 청구할 수 있다. 왜냐하면 民 §274 II 은 '조합체의 해산으로 합유가 종료한 경우에 합유물의 분할에 관하여는 공유물의 분할에 관한 규정을 준용한다'고 규정하고 있고, 民 §269 I 은 "분할의 방법에 관하여 협의가 성립되지 아니한 때에는 공유자는 법원에 그 분할을 청구할 수 있다"고 규정하고 있기 때문이다.

5. 其他의 權限

清算人은 위와 같은 행위를 하기 위하여 필요한 모든 행위를 할 수 있

13) 大判 91.2.22, 90다카26300(公 894, 1065); 大判 64.12.22, 63다831(要集 민 I-2, 1077).
14) 註釋債各(II), 665.

다(民 §87 Ⅱ 준용). 이러한 청산사무로서 필요한 행위에는 다음과 같은 것이 속한다. 즉 組合債務의 변제를 위하여 필요한 때에는 組合財產을 처분할 수가 있고, 또한 組合債務의 변제에 부족할 때에는 손실부담의 비율에 따라서 組合員으로부터 부담액을 추심할 수가 있다.

Ⅱ. 清算人의 代理權

清算人은 청산사무의 범위 내에서 모든 組合員을 대리할 권한이 있다. 清算人은 자기의 이름으로 組合을 위하여 法律行爲를 할 수 있다. 청산사무를 맡긴 경우에는 원칙적으로 자기의 이름으로 組合에 속하는 모든 권리를 행사할 권한을 부여한 것이다. 청산사무는 현존의 재산관계를 정리하는 것이고, 組合員을 위하여 새로운 法律關係를 형성하는 경우가 드물고, 清算人은 자기의 이름으로 행위를 하는 것이 편리하기 때문이다.[15]

Ⅲ. 清算人의 訴訟代理權

清算人은 청산에 필요한 범위에서 組合員 全員의 代理人으로서 소송행위를 할 수 있다는 견해가 있다.[16] 이 때 組合契約으로 訴訟代理權이 부여되었는지 여부는 관계가 없다고 한다.

Ⅳ. 清算事務에 관한 組合員의 監視權

清算人이 아닌 組合員은 清算事務에 관여하지 못하고 또한 다른 組合員을 대리할 수도 없다. 그러나 清算事務를 監視할 權限은 가진다.

[金 載 亨]

15) 註釋債各(Ⅱ), 665.
16) 註釋債各(Ⅱ), 665.

契

차 례

Ⅰ. 序　論

1. 意　義

우리 사회생활에서 성행하고 있는 "契"는 보통 民法上 組合으로 다루어지고 있는데, 우리 민법에는 契에 관하여 아무런 규정을 두지 않고 있다.[1] 그리하여 契의 법률적 성질에 관하여는 많은 논란이 있다. 契는 일률적으로 組合이라고 볼 수는 없고, 그 유형에 따라 組合에 해당하는 경우, 消費貸借에 해당하는 경우, 組合이나 消費貸借가 아닌 無名契約에 해당하는 경우가 있다.

契는 우리 나라에서 오래 전부터 발전한 제도로서, 그 종류가 매우 다양하다. 契란 多數人이 정기적으로 소액의 출자를 하여 자금을 마련하고, 그 자금으로부터 契員에게 순차적으로 또는 약정사유가 생긴 때에 목돈을 지급하는 利益共同體關係를 말한다는 견해[2]가 있으나, 이것은 단지 金融契에 관련된 것으로 모든 契를 포괄하는 설명이 될 수는 없다. 契가 組織되는 範圍나 目的은 매우 광범위하였고, 현재에도 우리 사회에서 다양한 형태의 契가 존속하고 있

1) 민사법연구회, 民法案意見書, 193. "계가 광범하게 성행되는 만큼 우리 신민법제정시에 이에 관한 규정을 설치할 만하지 않았는가 하는 의심을 품게 되나, 계의 종류가 하나 둘에 그치지 않고 상당히 다종이며 또 그것이 현재에도 계속 발달하는 과정중에 있어 다양의 발전을 보이고 있기 때문에 그 전형적 유형을 파악하기가 지극히 곤란한 현상이므로 영구성을 가지게 될 민법전에 그것에 관한 규정을 설치하지 않았다."

2) 李銀榮, 456.

다. 그러나 우리 나라에서 資本主義의 發達과 함께 契가 점차 消滅될 것이다.[3]

2. 起　源

契의 起源[4]에 관하여는 上古時代에 공동생활을 위하여 여러 사람들이 협동하게 될 때부터 시작된다는 설, 新羅時代에 부녀자들이 手紡共同作業團體로서 조직된 嘉俳契로부터 시작된다는 설, 高麗時代의 戶布契 또는 軍布契로부터 시작된다는 설 등이 있다. 우리 나라에서 契라는 이름을 가진 것이 文獻에 나타난 것은 高麗時代이며, 크게 발전하여 널리 보급된 것은 朝鮮時代라고 한다. 그것은 혈연적·지역적으로 혹은 직업적으로 공동의 이해관계를 가진 사람들이 일정한 공동의 목적을 위하여 서로 협력·협조하고자 곡물·노무·금전 등을 갹출하여 조직되는 단체였다. 契는 聚의 뜻이고, 契會 즉 모임을 의미한다. 말하자면 契會가 契라고 불리고, 그것은 일정한 목적하에 결합한 사람의 團體를 의미하는 것이다. 契가 성행하였던 朝鮮末期에는 그 종류가 매우 많았으며, 그 규모도 몇 사람에서 수백명에 이르러 극히 다양했다고 한다. 예를 들면 親睦을 목적으로 하는 것으로서 門中契·鄕約契·義信契·回甲契·詩契·山遊契 등을 들 수 있고, 農漁村에서는 각종의 協業을 목적으로 하는 契로서 農契·漁網契 등과 같이 생산용구의 공동구입과 공동사용을 위한 것과 洑契·堰堤契·牛契·馬契 등의 공동노동과 그 분배를 위한 것을 흔히 볼 수 있었다. 그 밖에도 冠婚喪祭를 위한 葬契·爲親契·扶助契와 같은 보험적인 것이 있는가 하면, 공공사업적인 洞契·道路契·橋梁契·山林契 또는 金融·貯蓄을 목적으로 하는 契도 있었다. 이들 각종의 契는 그 조직에 있어서 契長이 있고, 金穀의 出納과 財産의 管理를 담당하는 자(掌財 또는 會計라고 함)와 業務執行員(有司, 色掌이라고 함) 등의 약간의 임원을 두고 있었으며, 단체의 운영은 매년 또는 매월 정하여진 契日(總會日)에 契員이 집합하여 契錢(契金)의 납부, 이익금처분 혹은 사업집행 등을 논의하였다.

위와 같이 매우 넓은 범위에 걸쳐서 보급되었던 契는, 日帝時代에서는 식민당국의 직접·간접의 억압으로 상당한 위축을 보여 그 목적은 아주 좁혀졌

3) 金三守, "契·消滅論", 숙명여대논문집 12, 9. 契는 近代化에 敵對的인 存在이며, 契의 消滅 또는 殘存은 韓國近代化의 바로메터라고 한다.

4) 郭潤直, 567; 李永範, "契의 法的 性質", 司法硏究資料 제2집, 법원행정처, 1975, 146f; 金然泰, "契의 運營實態와 그 慣行 —— 金融契를 중심으로 ——", 재판자료 제12집, 법원행정처, 1982, 574 이하; 註釋債各(Ⅱ), 667 이하.

으며, 相互扶助的·親睦的인 것(주로 農村에서)과 殖利的·金融的인 것(주로 都市에서)만을 볼 수 있었고, 그 이용도도 낮아서 미미한 것이었다. 그 후 해방을 맞이하여 서서히 일반화·보편화되었으나, 특히 6·25동란을 계기로 하여 당시의 악성인플레이션이라는 경제사정을 틈타서 契는 이른바 高利契로서 이자의 수탈을 위한 담당자가 되어 사회를 휩쓸게 되었다. 때로는 그 파탄은 연쇄반응을 일으켜 이른바 契騷動으로서 커다란 경제적·사회적 문제를 제기하기도 하였다. 60년대에 들어서면서 경제가 차차 안정되고 발전하면서 契에 대한 열기가 상당히 식어간 느낌이 있으나, 아직도 사회 각계각층에서, 특히 부녀자층에서 저축·금융의 목적으로 또는 친목의 목적으로 상당히 성행되고 있다.[5)]

契는 우리 나라 고유의 제도이지만, 이러한 제도가 다른 나라에 전혀 없는 것은 아니다. 일본의 賴母子講, 중국의 會合, 인도의 Kuttachittu(奪標制) 또는 Nidhi(友助會)는 우리 나라의 契와 매우 유사하다고 한다.[6)]

Ⅱ. 契의 分類

契는 그 기능에 따라 金融契·協同契·親睦契 등으로 분류된다.

1. 金融契

(1) 意 義

金融契란 契員들이 서로 저축이나 금융의 목적으로 조직하는 契이다. 金融契의 형태나 기능도 시대의 변화에 따라 달라지고 있다. 즉 해방 직후에는 은행 등 금융기관이 일반서민층에게 금융의 혜택을 거의 주지 못하여 친지간에 상호 일정한 금원을 출자하여 추첨 또는 순번 기타의 방법으로 契金을 교부받는 契를 조직함으로써 상호 금융의 목적을 해결하려고 하였다. 최근에는 契員들끼리 信用度를 알지 못하는 사이일지라도 信用이 있는 契主 등을 중심으로 그의 책임하에 조직·운영되는 契가 주류를 이루고 있으며,[7)] 그 대신 契員들의 신용도를 모르는 경우가 많아져 契拂入金의 확보를 위하여 보증인을 세우거나 약속어음 공정증서를 작성함으로써 분쟁의 소지를 없애려고 한다.

5) 郭潤直, 567-68.
6) 金容晋, "契의 法律的 性質", 法曹 12-2, 59; 李永範(註 4), 147 이하.
7) 註釋債各(Ⅱ), 671.

이러한 金融契가 계속 성행하는 이유[8]는, ① 은행 등 금융기관의 여신력이 일반서민의 수요에 미치지 못한다는 점, ② 契員들이 신뢰관계를 기초로 조직되었기 때문에 契金을 탈 때에 담보를 요하지 않거나 다른 契員의 보증으로 충분하다는 점, ③ 초기에 契金을 탄 契員의 경우 장기간의 契拂入金의 납부에 의한 방법으로 契金을 분할반환할 수 있고, 나중에 契金을 타는 契員의 경우 은행에 예금하는 것보다 더 많은 이윤을 얻을 수 있는 등으로 다양한 사람의 금융에 관한 욕구를 충족시킬 수 있는 점, ④ 융자와 변제의 절차가 간단한 점, ⑤ 오랜 역사를 가지고 있기 때문에 우리 국민들에게 친숙하다는 점, ⑥ 契의 조직이 쉽고 契金의 수령을 불명예로 생각하지 않는다는 점, ⑦ 계원 전원이 契金을 수령함으로써 융자를 받을 수 있다는 점 등을 들 수 있다. 이러한 점은 契의 장점이기도 하지만 그에 따른 문제점도 내포하고 있다.

金融契에는 반드시 곗돈이 따르는데 곗돈이라는 말은 흔히 2가지의 뜻이 있다. 하나는 契員들이 契員들이 契主로부터 받게 되는 급부금을 뜻하는데, 이 때에는 "곗돈을 탄다"고 하고, 다른 하나는 契員들이 급부금을 받기 위하여 契를 모일 때마다 부어 넣게 되는 拂入金을 뜻하는데, 이 때에는 "곗돈을 넣는다"고 한다. 대법원 판결에서 用語가 통일되어 있지 않은데, 契員이 契主로부터 받는 곗돈을 契金, 給付金, 契給付金이라고 하고(落札契의 경우에는 낙찰금이라고 한다), 契員이 내는 곗돈을 契拂入金·拂入金·납입금·계부금·계분납금·契金·부금·할부금이라고 한다.[9] 여기에서는 契員이 契主로부터 받는 곗돈을 契金, 契員이 내는 곗돈을 契拂入金이라고 하겠다.

(2) 種　類

金融契는 시대의 변화에 따라 다양한 종류가 생성·소멸하여 왔다. 金融契는 그 조직 및 운영방식에 따라 番號契·落札契·日收契·추첨계·은행계·하와이계·새마을계·정액계 등의 여러 형태가 있으며, 각각 운영방법이 다르다. 여기서는 최근에 많이 이용되는 順番契·落札契·日收契에 관하여만 살펴보겠다.

㈎ 順番契　　順番契는 番號契라고도 하는데, 미리 번호를 정하여 그 번호에 정해진 契拂入金을 납부하고 그 번호에 따라 契金을 타며, 번호가 늦을수록 契拂入金을 적게 하는 방식으로 운영하는 契이다. 이러한 順番契에는, 契金을 탄 후에 각자의 바로 다음 번호분담금을 끝까지 납부함으로써 당

8) 李永範(註 4), 152.

9) 孟千鎬, "庶民金融의 手段으로서의 契——대법원판례와 광주지방의 실태——", 재판자료 12, 504 이하.

초 契約金과 일치시키는 방식과 번호에 따른 일정한 契拂入金을 납부하는 방식이 있다. 順番契가 가장 전통적이고 典型的이다.

(나) 落 札 契　　落札契는 미리 번호를 정하지 아니하고 契員 전원이 동일금액을 납부하여 그 총액을 입찰에 붙이는 방식으로 운영하는 契이다. 곗날에 낙찰금을 가장 적게 부르거나 포기금을 가장 많이 부르는 사람에게 契金이 낙찰된다. 이 때 남은 금원은 다음 곗날로 이월되거나 포기금을 契員이 나누어 가지게 된다. 대체로 초기에는 급하게 돈을 쓸 사람이 낙찰금을 적게 불러서 낙찰을 받게 되고, 대신 나중에 낙찰을 받는 사람은 낙찰금을 많이 받게 된다. 이 契는 투기성이 강하다.

(다) 日 收 契　　日收契는 매일매일의 푼돈으로 저축도 하고 융자의 요행을 바라 볼 수 있는 契이다. 이 契는 상인·노점행상들이 많이 이용한다. 그 방식은 대개 10명이 1조를 이루어 매일 일정한 금액(예컨대 契金이 1,000,000원인 경우 10,000원씩)을 10일간 적립하였다가 첫번째는 우선 급부해 주고 두 번째부터는 추첨에 의하여 낙찰자에게 契金을 급부하며, 기수급자는 1.5%를 가산하여 납부함으로써 후순위자에게 일정한 금리를 부여하는 것이다.[10)]

2. 協同契와 親睦契

協同契는 결혼·초상·질병 등 뜻밖의 금전수요에 대비한 위험분산의 목적으로 행해지는 契이다. 혼수·가전제품·농기구·어구 등의 구입을 위한 契를 조직하고 그의 협동구입, 판매사업을 운영하는 경우, 또는 부상·질병·死亡 등의 불의의 사고에 대비하여 그에 대한 위로금을 지급하기 위한 契도 協同契에 해당한다. 그리고 親睦契는 契員들이 비용을 마련하여 회식이나 여행을 하는 契이다.

Ⅲ. 契의 法的 性質

1. 學　說

協同契나 親睦契는 民法上 組合에 해당한다. 그러나 법률적으로 중요한 것은 金融契인데, 金融契의 법적 성질에 관하여는 많은 논란이 있다. 金融契는

10) 李永範(註 4), 155.

民法上 組合과 비슷한 면도 있고 消費貸借와 비슷한 면도 있다. 契의 법적 성질에 관하여는 組合說·無名契約說이 있는데, 契를 유형별로 나누어 법적 성질을 고찰하여야 한다는 견해도 있다.[11] 그런데 이러한 학설은 모두 金融契에 관한 것이다.

(1) 組 合 說

이 견해는 契가 여러 사람이 일정한 시기마다 일정한 금원을 거출하여 순번 또는 추첨 등의 방법으로 모든 당사자로 하여금 순차로 재산상의 이익을 받게 함을 목적으로 하는 계약이므로 그 계약은 各組合員이 상호 출자하여 공동의 사업을 경영하는 民法上의 組合의 성질을 가지고 있다고 한다. 이와 같이 契는 그 본질에 있어서 組合의 성질을 가지는 것이나, 그것은 民法上의 組合과는 다른 점이 있는 특수한 組合이라고도 한다.[12]

그러나 金融契에서 契員이 매 기의 契拂入金을 지급하는 것은 예금의 성격을 가지며, 契員이 契金을 契主로부터 받는 것은 대부의 성격을 갖는데, 여러 명의 契員이 돈을 모아 한 契員에게 목돈을 마련해 주는 관계는 組合과 유사하지만, 金融契에는 공동사업의 경영, 組合財產의 合有, 業務執行者의 代理權, 이익분배청구권 등의 組合의 본질적 요소가 결여되어 있으므로 組合規定의 유추적용은 곤란하다는 견해가 있다.[13]

(2) 無名契約說

이 견해는 契가 民法上 組合이나 消費貸借 등 어느 典型契約에도 속하지 않는다는 것이다.[14] 契를 契員들의 공동사업으로서 경영되는 契와 契主의 개인사업으로서 경영되는 契로 나누어, 前者는 組合에 유사한 無名契約이라고 하고, 後者를 消費貸借에 유사한 無名契約이라고 하기도 한다.[15]

(3) 契를 類型別로 나누는 見解

이 견해는 契의 조직형태를 크게 契員 전원의 공동사업으로 운영되는 집단형 계와 契主의 개인사업으로 운영되는 個別型 契로 나누어 볼 수 있다고 한다.[16] 集團型 契는 일정한 기간, 일정한 시기(곗날)마다 일정한 契拂入金을

11) 우리 나라의 계와 유사한 일본의 頼母子講의 법적 성질에 관하여는 조합설, 소비대차설, 무명계약설이 있다고 한다. 이에 관하여는 李永範(註 4), 157-62; 註釋債各(Ⅱ), 675-78에 자세히 소개되어 있다.

12) 郭潤直, 569은 順番契에 관하여 이를 組合의 일종이라고 한다.

13) 李銀榮, 458.

14) 李光信, "계계약", 法學論叢 5집, 단국대학법률학연구부, 1965, 42.

15) 金容晋, "契에 관한 若干의 考察", 단국대학법률학회 편, 法學論叢 제6집, 13.

16) 李永範(註 4), 162 이하; 또한 金容晋(註 6), 56 이하는 "계주가 자기의 사업으로서

거출하여 순번이나 추첨 등으로 순차 전계원에게 일정한 契金을 지급하기로 하는 것이므로 組合員들이 상호 출자하여 공동사업을 경영하는 民法上의 組合에 해당하고, 個別型 契는 契主와 각 契員 사이에 개별적으로 契員이 일정한 기간 곗날마다 契主에게 일정한 契拂入金을 납부하기로 하고 契主는 순번 또는 추첨 등 일정한 방법에 의하여 契員에게 일정한 契金을 지급하기로 하는 약정을 함으로써 계약이 성립되고, 각 契員간에는 직접적으로 아무런 약정도 없는 것이므로 그 법적 성질을 組合이나 消費貸借 등 어떤 典型契約에도 속하지 않는 일종의 無名契約으로 보아야 한다고 한다.

2. 判 例

判例는 組合의 법적 성질에 관하여 개별적으로 판단하여야 한다고 한다. 대법원판결[17]은 "소위 계는 다같이 금전을 급부물로 하는 것이라 할지라도 그것을 조직한 목적과 방법, 급부물의 급여방법과 급부 전 또는 그 후의 계금 지급방법, 계주의 유무 및 계주와 계 또는 계원과의 관계나 계원상호간의 관계의 여하와 기타의 점에 관한 태양의 여하에 따라 그 법률적 성질을 달리하는 것이니만큼, 특정의 계가 조합적 성질을 띤 것인가 소비대차적 성질을 지닌 것인가 그렇지 않으면 무명계약적인 성질의 것인가는 위에 적은 여러 가지 점을 심리한 후 그 것들을 종합고찰함으로써 이를 판단하여야 할 사항이라고 하지 않을 수 없다"고 하였다. 따라서 대법원이 경우에 따라 계를 조합이라고 보기도 하고, 소비대차라고 보기도 하고 무명계약이라고 보기도 한 것이다.

(1) 組合이라고 본 判決

"계는 계원의 집합으로서 계원 전체가 일정한 시기마다 일정한 순번에 따라 계원에게 계금을 교부할 것을 약정하여 조직되고 계주 또는 계장이 계원의 위임에 의하여 계에 관한 업무를 처리하는 계원상호간의 금융저축을 목적으로 하는 일종의 조합계약이라고 봄이 타당하므로, 각 계원의 계금 채무관계에 관하여 이식제한령이 적용되지 않는다"고 하여 契의 법적 성질이 組合이라고 한 判例[18]

계를 운영하는 경우에는 이를 소비대차에 유사한 무명계약"이라고 하고, "계원들이 자기들의 공동사업으로서 계를 운영하는 경우에는 이를 조합계약에 유사한 무명계약"이라고 한다.

17) 大判 67.7.18, 67다1052(集 15-2, 218).
同旨 大判 1982.6.22, 81다카1257(公 678, 335); 大判 82.9.28, 82다286(集 30-3, 106); 大判 83.3.22, 82다카1686(集 31-2, 38).

18) 大判 58.2.13, 4290민상258(要集 민 I-2, 1059); 大判 58.2.13, 4290민상502(集 6, 1); 大判 65.12.21, 65다1886(要集 민 I-2, 1060).

가 있다. 또한 원심이 "순번계는 특단의 사정이 없는 한 계원 상호간의 금융저축을 목적으로 하는 일종의 조합이라고 보아야 한다"고 하였으나, 대법원은 "계원 전원의 합의에 의하여 조직된 순번계는 일반적으로 그 법적 성질이 조합이라고 볼 것이지만 조직실태의 여하를 불문하고 그것이 순번계라면 그 전부가 조합이라고 할 수는 없다"고 하여 원심판결을 파기한 사례[19]가 있다.

契가 解散한 경우에 契를 중심으로 한 채권에 관하여 契員 단독으로 이를 청구할 수 있는가가 다투어진 사안에서, 대법원은 "계는 당사자 사이에 어떠한 특별한 약정한 바가 없다면 대체로 계원 상호간의 금융, 저축을 목적으로 하는 하나의 조합계약으로 보는 것이 타당할 것인바, 만일 본건 계가 민법상 조합의 성격을 가진다면 계가 해산한 경우에 있어서는 계를 중심으로 하는 채권·채무를 포함하는 재산은 원래 각 계원의 합유에 속한 것이므로 당사자 사이의 어떠한 특약이 없다면 민법의 규정에 따라서 청산절차를 밟아야 할 것이며, 이 결과에 따라서 각 계원에게 귀속하게 된 채권에 관하여 비로소 각 계원은 이를 원인으로 하여 각자가 그 청구소송을 제기할 수 있을 뿐이며 이러한 절차를 밟을 때까지는 계를 중심으로 한 채권·채무관계는 각 계원의 합유에 속하므로 계원 각 개인은 이를 단독으로 청구하는 소송을 제기할 수 없다 할 것이다"라고 판시하였다.[20]

(2) **消費貸借라고 본 判決**

원심이 "계주가 계를 조직함에 있어서 자기는 그 계의 좋은 번호인 첫 번과 마지막 번을 차지하는 대신 그 책임하에 각 계원들로부터 매월 납입금의 수금과 각 계원에 대한 납부금의 지급 등 계 운영에 관한 일체의 업무를 맡아 보기로 하고 각 계원들은 상호간의 신용상태를 모르면서도 계주의 신용과 능력만을 믿고서 계에 가입함으로써 조직된 계를 계주와 계원간의 일종의 소비대차적 성격을 지닌 것"이라고 하였는데, 대법원은 원심판단을 정당하다고 하였다.[21]

(3) **無名契約이라고 본 判決**

判例는 落札契가 組合이 아니라는 입장을 분명히 하고 있다. 즉 落札契는 契主와 契員間의 縱的인 關係에서 가입·운영되고 契員 상호간에는 누가 契員

19) 大判 68. 6. 11, 68다627(集 16-2, 125).
20) 大判 62. 7. 26, 62다265(集 10-3, 194).
同旨 大判 58. 2. 13, 4290민상502(集 6-1, 1); 大判 64. 9. 22, 64다548(集 12-3, 117); 大判 65. 12. 21, 65다1886(要集 민 I-2, 1060); 大判 68. 11. 26, 68다1468, 1469(集 16-3, 238).
21) 大判 71. 8. 31, 71다1615(總 598조, 28).

인지조차 알 수 없을 만큼 橫的인 身分이나 信用關係가 전혀 없는 것으로, 이는 民法上 組合契約을 띤 것이 아니라 契主의 個人事業으로 조직·운영되는 것으로 보아야 하고,[22] "계주의 개인사업으로 운영되는 상호신용금고법 §2 소정의 상호신용계에 유사한 무명계약의 일종"이라고 한다.[23]

(4) 結 語

이러한 판결들은 契의 法的 性質을 契의 組織目的과 方法, 給付物의 給與方法, 給付 전후의 契金支給方法, 契主의 有無 및 契主와 契員과의 관계나 계원 상호간의 관계 등을 고려하여 판단하여야 하고, 그 組織實態에 따라 組合에 가까운 것, 消費貸借에 가까운 것 및 양자 어느 것에도 가깝다고 할 수 없는 無名契約이라고 보아야 하는 것이 있다고 한다. 즉 判例는 落札契에 관하여는 相互信用契에 유사한 無名契約이라고 하고, 대체로 順番契에 관하여는 組合이라고 하고 있으나, 契의 類型이 매우 다양하기 때문에 일률적으로 판단할 수는 없고, 결국 구체적 사안에서 그 組織實態를 고려하여 組合이나 消費貸借 또는 無名契約에 해당하는지를 판단하여야 한다는 것이다.

Ⅳ. 契의 法律關係

契의 法律關係는 契의 種類에 따라 다를 수밖에 없다. 協同契와 親睦契는 民法上 組合에 해당하며, 業務執行者는 契의 目的에 組合財産을 사용해야 한다. 契員은 出資義務를 부담하며, 契員이 출자한 재산은 組合財産을 이룬다. 이 組合財産은 契員의 個人財産과 구별된다. 金融契의 法律關係는 주로 契員들 사이의 內部關係가 문제된다. 여기서는 組合과 가장 유사한 형태를 띠는 順番契를 중심으로 契의 法律關係를 살펴보겠다.

1. 契의 特質

順番契는 多數人이 상호간의 금융·저축을 목적으로 정기적으로 일정한 契拂入金을 거출하여 일정한 순번에 따라서 전 계원에게 순차로 契金을 교부할 것을 약정하여 조직되고, 契主가 契員의 委任에 의하여 契에 관한 業務를

22) 大判 83.3.22, 82다카1686(集 31-2, 38); 大判 82.12.28, 81도3140(公 700, 447).
23) 大判 79.12.26, 79다1750(公 626, 12493); 大判 93.9.10, 93다21705(公 955, 2735).

처리하는 단체이다. 順番契는 組合의 性質을 띠는 경우가 많으나 당연히 組合에 속하는 것은 아니다. 順番契는 典型的인 組合과 비교하여 다음과 같은 特性이 있다.[24)]

(1) 첫째로, 契員들 사이에 이미 契金을 탄 契員과 아직 타지 못한 契員의 利害가 날카롭게 대립되는 점이 특이하다. 즉 이미 契金을 탄 契員은 그가 받은 契金 중 그가 이미 지급 내지 납부한 금액을 공제한 액에 관하여는 다른 契員들로부터 利子附消費貸借를 한 것이 되고, 장차 그가 每期에 납부하는 금액, 즉 契拂入金은 利子와 元金의 分割辨濟의 실질을 가지게 된다. 한편 契金을 아직 타지 못한 자는 장차 契金을 타게 된다는 기대하에 每期마다 일정한 契拂入金을 납부하는 것이어서, 그가 납부하는 契拂入金은 契金을 타는 契員에게 利子附消費貸借로 꾸어 주는 것이 된다. 이와 같이 契員들은 서로가 利子附消費貸借에서 借主 또는 貸主로서 얽히게 되어 그들의 利害關係는 對立한다. 契金을 이미 탄 자는 每期에 契拂入金을 내야 할 의무만을 부담하게 되어 契의 존속에 대하여 무관심해지는 경향이 있고, 契金을 아직 타지 못한 자는 그 동안 義務만을 이행하고 아직 利益을 얻지 못하고 있어서 契金을 탄 자의 의무불이행으로 契金을 받지 못하게 될 위험이 있게 되어 契가 사고 없이 운영되기를 바라는 마음이 강하다.

(2) 둘째로, 契의 業務는 곗날에 契員들로부터 契拂入金을 거두어 그 기에 契金을 탈 順番의 契員에게 이를 교부하는 것이 전부이어서 비교적 경미하다. 이미 契金을 탄 契員들로부터 每期의 契拂入金을 확실하게 徵收하는 것만이 문제이다. 이와 같이 契員 사이에서 契拂入金의 徵收와 順番에 따른 交付만이 업무의 전부이어서, 보통의 組合에서처럼 組合財產을 수단으로 하여 外部의 제3자와 어떤 거래를 한다는 일은 없다. 따라서 제3자에 대한 組合債務가 成立하는 일이 원칙적으로 없고, 組合財產이라는 것은 각 契員에 대한 每期의 契拂入金의 支給請求權이 있을 뿐이다. 이러한 特性 때문에 契의 業務執行者인 契主가 강한 권한을 갖게 된다.

2. 契의 成立

보통의 組合에 있어서와 마찬가지로 全員의 일치된 合意에 의하여 契는 성립한다. 契契約에는 반드시 合意되어야 할 사항이 몇 개 있다. 첫째로 각 契

24) 郭潤直, 569-70; 金曾漢, 344-45.

員이 契金을 타게 되는 順位와 契金에 관하여 합의가 있어야 하고, 둘째로 각 契員이 매 회에 납부할 契拂入金의 金額이 결정되어야 하며, 셋째로 곗날에 관한 합의·결정이 있어야 한다.[25]

3. 契의 業務執行

契에 따라서는 대외적 활동을 하는 것도 있을 수 있으나, 契員 상호간의 저축·금융을 목적으로 하는 順番契에 있어서는 대외적 활동은 없고, 對內的인 業務執行이 있을 뿐이다.

(1) 일반적으로 契主가 중심이 되어 契를 조직하는데, 契의 業務執行을 전담한다. 契主는 契長이라고도 하는데, 오야라고 속칭된다. 契主가 契의 조직에 가장 중심적 역할을 하고 契의 業務執行者가 된다. 契主는 처음부터 정해져 있는 것이 보통이다.

契主는 辭任하지 못하는 것이 원칙이나, 契員 전원의 동의가 있으면 辭任 또는 解任할 수 있을 것이다. 이 때에 특히 중요한 것은 아직 契金을 타지 못한 契員의 의사이며, 따라서 規約으로 契員의 과반수로 辭任, 선임 또는 개임할 수 있도록 정한 때에도, 아직 契金을 타지 못한 契員 전원의 동의가 필요하다고 보아야 한다. 이들의 이익을 특히 보호할 필요가 있기 때문이다.[26] 만일 契主가 중간에 死亡 등으로 없게 되었을 때 契金을 타지 못한 契員의 과반수의 동의는 반드시 필요하다.

(2) 契主의 職務 權限은 契會의 開催, 契拂入金의 추심 및 보관, 契金의 교부 등이다. 契主의 가장 주요한 임무는 契拂入金을 징수하는 것이다. 契主가 이 契拂入金을 징수하기 위하여 자기의 이름으로 재판상, 또는 재판 외의 필요한 모든 행위를 할 수 있는가? 契主는 契員으로부터 契拂入金을 징수할 권한이 있는 이상 그 채권은 契主에게 신탁적으로 귀속한다고 할 수 있고, 따라서 자기의 단독의 이름으로 재판상 청구를 할 수 있다고 하는 견해[27]가 있다. 契拂入金을 청구하는 것은 契主와 契員 사이의 內部關係에 관한 것이고, 외부의 제 3 자와는 아무런 관계가 없다. 順番契나 落札契의 경우 契主는 다른 契員들로부터 契拂入金을 징수할 권한을 위임받았고, 契員이 契拂入金을 내지 않을 경우 契主가 그 契員을 상대로 契拂入金을 청구하는 소를 제기할 수 있

25) 郭潤直, 570.
26) 郭潤直, 571.
27) 郭潤直, 571; 金疇洙(上), 477.

다고 하여야 한다. 이와 같이 契主가 자기의 이름으로 裁判上의 行爲를 할 경우에, 그것은 契員으로부터의 任意的 訴訟信託이다.

(3) 契主는 契拂入金을 징수하여 契金을 탈 契員에게 契金을 교부하여야 한다. 이 때 契主는 契金을 타는 契員에게 차용증서 또는 약속어음공정증서를 작성하게 하거나 담보를 제공하게 하는 경우가 많다. 契主가 契拂入金을 징수하고도 契金을 지급하지 않는 경우 契金을 지급받지 못한 契員은 契主를 피고로 하여 契金請求의 訴를 제기할 수 있다.[28] 契主는 契의 內部關係에서 다른 契員들로부터 신탁적으로 업무의 집행을 위탁받고 있기 때문이다. 契 자신이 法人 아닌 社團으로서 訴訟當事者能力(民訴 §48)을 갖는다는 견해[29]도 있으나, 이것은 그 契가 組合에 해당하는가 아니면 社團에 해당하는가에 따라 결정된다. 契는 보통 組合에 해당하는 경우가 많은데, 이러한 경우에는 訴訟當事者能力이 없다고 보아야 한다.

만일에 契拂入金을 곗날에 납부하지 않은 契員이 있어서 契金을 제대로 타지 못하게 될 契員이 있게 되는 때에는, 契主가 자기의 부담으로 契金을 교부할 책임이 있는가? 이 문제는 契契約 내지 契의 規約에 따라 결정된다고 하여야 하겠지만, 契는 契員 전원의 협력으로 운영하는 일종의 組合이라는 점을 생각한다면 이론상으로는 契主에게는 그러한 무거운 책임은 없다고 하여야 할 것이다.[30] 그러나 일반적으로 契主는 그러한 책임을 진다고 생각하는 것이 보통이라고 한다.[31]

4. 契員의 權利·義務

(1) 契員의 權利로서 가장 중요한 것은 契金을 탈 순위가 돌아왔을 때에 가지게 되는 契金支給請求權이다.

(2) 契員의 義務로서 가장 중요한 것은 곗날에 契拂入金을 지급할 의무이다. 그러나 契員이 契金을 탈 차례에 契金을 지급받지 못하였으면 그 후에는 契拂入金의 지급을 거절할 수 있을 것이다.[32]

契員의 이 義務와 관련하여 문제가 되는 것은 利子制限法이 적용되는지

28) 李永範(註 4), 165.
29) 註釋債各(Ⅱ), 680.
30) 郭潤直, 571; 註釋債各(Ⅱ), 680.
31) 金然泰(註 6), 598.
32) 大判 62. 2. 15, 4294민상515.

여부이다. 원래 오늘날 가장 널리 이용되는 順番契는 고리계로서의 성질을 가지고 있다. 즉 契金을 탄 후의 契拂入金은 원본과 이자의 분할변제로서의 실질을 가지며, 그 이율은 이자제한법의 제한을 훨씬 넘는다. 判例[33]는 契員의 계금채권·채무에 관하여는 이자제한법이 적용되지 않는다고 하고 있다. 契를 통하여 당사자들은 실질적으로는 서로 消費貸借를 하는 것이 되나, 그 본질은 역시 일종의 組合契約이므로 이에 利子制限法을 적용하는 것은 적당하지 않을 것이다. 또한 契가 破契된 후에 契主가 그 청산관계로 부담한 채무를 변제하기 위하여 代物辨濟의 豫約을 한 경우에는 民 §§607, 608가 적용되지 않는다. 왜냐하면 위 규정들은 消費貸借物에 관한 代物辨濟豫約 등에 대해서만 적용되기 때문이다.[34]

契金을 수령하지 않은 契員은 장차 契金을 수령할 기대를 갖고 있으므로 契拂入金을 정확히 납부하는 것이 보통이지만, 契金을 수령한 후에 契拂入金을 내지 않는 경우가 있다. 그리하여 契金 수령시에 차용증서를 작성하면서 契拂入金을 1회라도 지체하면 기한의 이익을 상실한다고 약정하는 경우가 있는데, 이러한 약정은 契의 성질에 반하지 아니하여 유효하다고 한다.[35] 契員의 契拂入金債務는 契員 전체를 위해서 존재하는 것이므로, 契員이 契主에 대하여 개인적으로 갖는 債權으로써 이를 相計할 수 없다. 그러나 契員의 債權이 계 자체에 기한 債權인 경우에는 相計가 허용된다고 보아야 한다.

그리고 落札契에서 매월 낙찰받아 계금을 수령한 契員이 불입할 불입금을 공제한 나머지를 균등분할한 금액을 契拂入金으로 불입하는 것은 契主로부터 대여받은 금원에 해당하는 契金에 관한 원리금 변제의 성질을 가지고 있다고 보아야 하고, 따라서 계불입금 채권은 채권관계가 일시에 발생하여 확정되고 변제방법에 있어서 매월 분할변제로 정하여진 것에 불과하여 정기금 채권에 기한 채권이라고 할 수 없기 때문에 3년의 소멸시효가 적용되지 않는다.[36]

5. 契員의 變動

契는 그 성립 당시에 口座와 契員이 확정된다. 따라서 契가 성립된 후에 契員의 加入·脫退에 의한 變動을 인정한다면 여러 가지 곤란한 문제가 생기

33) 大判 65.12.21, 65다1886(要集 민 I-2, 1060); 大判 58.2.13, 4290민상502(集 6-1, 1).
34) 大判 64.9.22, 64다548(集 12-3, 117); 大判 68.11.26, 68다1468, 1469(集 16-3, 238).
35) 註釋債各(Ⅱ), 681.
36) 大判 93.9.10, 93다21705(公 955, 2735).

기 때문에, 새 契員의 加入이나 기존 契員의 任意脫退는 전혀 인정되지 않는다고 하여야 한다. 그리고 組合에서는 組合員의 死亡이 非任意脫退의 原因이 되나, 契는 組合과 달리 人格的 要素를 중시하지 않고 단지 契拂入金의 納付만이 문제되므로, 특별한 약정이 없는한 契員의 死亡이 脫退의 原因이 되지 않는다는 見解[37]가 있다. 이에 대하여는 反對說이 있다.[38]

다만 契員의 地位의 讓渡에 의한 契員의 變動은 이를 인정하여도 상관없으며, 실제에서도 가끔 볼 수 있다. 그리하여 이미 契金을 탄 契員의 地位의 讓渡는 일종의 債務引受로 볼 수 있고, 契金을 아직 타지 않은 契員의 地位의 讓渡는 보통의 組合員의 地位의 讓渡와 같은 것으로 생각할 수 있다. 다만 어느 경우에나 契員의 變動은 의무이행 등의 중요한 영향이 있으므로 全契員의 同意를 필요로 한다고 하여야 한다.[39] 그러나 契員의 地位의 讓渡에 관하여 契規約에서 契員 過半數의 同意로 가능하다고 정할 수 있음은 물론이다.[40]

判例[41]는 "피고가 계주가 되어 계불입금의 수령, 계금의 지급 등 일체의 책임을 지기로 하여 조직한 계의 3구좌에 가입하였던 소외인으로부터 피고의 승낙 아래 3구좌를 양도받아 그 불입금으로 합계 설시액을 불입하여 왔으나 피고가 태도를 돌변하여 원고의 계원 지위를 부인하면서 원고에게 계금을 지급하지 아니할 뜻을 명백히 함에 이르러 드디어 원고가 그 계에서 탈퇴하고 피고에게 위 불입금의 반환을 최고한 경우…… 원고의 위 불입금반환청구를 인용한 조치는 정당"하다고 하였는데, 이 사건에서 원고가 契金을 청구한 것이 아니라 契拂入金을 청구하였기 때문에 契의 性質이 무엇인지 혹은 契員의 地位의 讓渡가 인정되는지 여부는 문제되지 않을 것이다.

6. 契의 解散·清算

契는 契員이 모두 契金을 수령하여 契가 終了되거나 契員 全員의 協議에 의하여 解散되는 경우 이외에 契員의 解散請求에 의하여 解散되는 경우가 있다. 民法은 組合의 解散事由로서 "不得已한 事由가 있는 때"를 정하고 있는데, 契에서는 契主가 징수한 契金을 橫領하여 契金을 타야 할 契員이 契金을

37) 李永範(註 4), 166; 金然泰(註 4), 593; 金容晋(註 15), 17; 註釋債各(Ⅱ), 680.
38) 金然泰(註 4), 593에 의하면 계원이 사망한 경우 계주가 그 구좌를 책임진다고 생각하는 사람이 많다고 한다.
39) 郭潤直, 572.
40) 註釋債各(Ⅱ), 683.
41) 大判 80.2.26, 79다2291(公 629, 12628).

수령하지 못하게 되는 경우 등이 不得已한 事由가 있는 때에 해당한다.[42] 이러한 경우를 契가 깨졌다고 하여 이른바 破契라고 한다.

契가 破契된 이후에 발생하는 契員과 契主 사이의 法律關係는 契의 性質에 따라 달라 契主와 契員 사이의 約定內容, 契의 運營形態, 契員들 相互間의 關係 등을 종합하여 그 淸算關係를 판단하여야 한다.

順番契는 통상 組合에 해당하므로, 契가 解散되면 淸算을 하게 된다. 이때 당사자 사이에 特約이 없으면 民法의 組合規定에 따라서 淸算節次를 밟아야 한다. 淸算節次에 의하여 각 契員에게 귀속하게 된 債權에 관하여는 각자 그 금원을 請求하는 訴를 提起하거나 또는 契員끼리 相計를 할 수 있게 되나, 그러한 淸算節次에 의하여 각 契員에게 귀속하기 전에는 債權은 여전히 契員全員이 合有하는 것이 되어 各自가 單獨으로 그 금원을 請求하는 訴를 提起하거나 서로 相計하지는 못한다고 한다.[43] 그런데 金融契의 경우에는 對外的으로 去來를 하는 일이 거의 없으므로 그 淸算節次에서도 제3자와의 去來關係를 整理하는 節次는 필요하지 않게 된다. 따라서 組合의 淸算에 관한 民法의 規定 중 제3자와의 去來關係가 있음을 전제로 하는 規定은 契에 適用될 여지가 없다.[44]

落札契의 경우에는 組合이 아니므로 組合의 解散이나 淸算에 관한 규정은 적용되지 않는다.[45] 落札契는 契員이 다른 契員들과는 상관없이 契主와의 約定만으로 契에 加入하고, 契의 運營에 관하여 契主가 전적으로 책임을 지며, 契員들 상호간에는 서로 契約關係가 존재하지 않으므로, 이러한 契는 契員 각자와 契主와의 하나하나의 契約이 여러 개 집적되어 있는 형태로 보아야 할 것이다. 落札契의 契主가 契를 더 운영할 수 없게 되었을 때, 契員과 契主와의 精算은 각 契員과 契主 사이의 約定에 따라야 한다.[46] 따라서 落札契가 破契된 경우 契員이 파탄 직전까지 불입한 契拂入金과 그 동안 契員이 契主로부터 받은 落札金의 원금을 대등액에서 相計할 수 있다.[47]

[金 載 亨]

42) 李永範(註 4), 167.
43) 大判 62.7.26, 62다265(集 10-3, 194).
44) 李永範(註 4), 167.
45) 大判 82.9.28, 82다286(集 30-3, 106).
46) 大判 87.4.28, 86다카1426(公 802, 874).
47) 大判 62.5.31, 4294민상1246(集 10-2, 385).

第14節 終身定期金

前 論

I. 終身定期金契約의 역사

1. 로 마 법

終身정기금계약(民 §725)은 로마법상 존재하지도 않았던 게르만고유법제도라는 견해가 있으나(조규창 (주 2)), 이는 잘못이다. 물론 로마법에서 終身정기금이라는 고유한 단일명칭이 사용되지 않은 것은 사실이지만, 이것은 현행법에서도 볼 수 있듯이(후술 §725 1.(1) 참조) 終身정기금약정이 통상 다른 계약과 견련되어 나타났었던 데 기인하는 것일 뿐, 그 실질은 두루 현행되었고 심지어는 법학자들의 論究의 본격적인 대상이었다.[1] 정기금의 급부가 문제된 사안을 중요한 사료를 중심으로 정리하여 보면 다음의 표와 같다. 이들 로마법의 사안에서는 현대법의 경우와 달리 금융기관 등의 법인단체와 개인 간의 계약형태가 아니라 개인과 개인 간의

〈終身정기금의 설정사례〉

그의 終身이 조건인 인물	생전행위로 설정된 경우	유증으로 설정된 경우
채무자	Scaev. D.44.7.61.1	Ulp. D.2.14.52.3
권리자	Paul. D.17.1.59.5	Scaev. D.10.2.39.2 D.33.1.13.pr D.33.1.19.pr D.33.1.19.2 D.33.2.38 D.34.1.20.2 D.34.3.28.5 D.34.4.30.pr D.34.5.29(30) Paul. D.31.86.1 Mod. D.31.34.7

1) Antonio Guarino, Diritto Privato Romano (nona edizione 1992) 804 (n.74.6); Mario Amelotti, "Rendita- I.a) Diritto romano", in: Enciclopedia del Diritto 39 (1988) 817ff. 참조.

계약이라는 원형적인 모습으로 終身정기금이 문제되고 있는 것이 특징이다. 또 정기금급부와 기능면에서 동일선상에 있는 거주권(habitatio), 용익권(usus fructus) 등의 役權을 終身급부의 내용으로 하는 계약이나 유증도 잘 알려져 있었다. 중요한 사료를 중심으로 정리하면 다음 표와 같다.

〈終身역권 등의 설정사례〉

그의 終身이 조건인 인물	생전행위로 설정된 경우	유증으로 설정된 경우
권리자	Iul. D.45.1.56.4 Pomp. D.19.1.7 Paul. D.19.1.21.6	Cels. D.21.2.62.2 Marcell. D.33.2.15.pr D.35.2.55 Scaev. D.8.2.41.pr D.33.2.32.1 D.33.2.34.pr D.34.1.18.1 Ulp. D.7.4.3.pr D.7.8.10.3

2. 서양중세 및 보통법

채무자가 타인의 사망시까지 정기금지급채무를 부담하는 終身정기금계약은 서양에서 13세기 이래 정기금매매(Rentenkauf)에서 분화, 발달한 제도이다. 終身정기금계약은 채권자가 일시에 원본금액을 채무자에게 지급하고 채무자는 원본사용의 대가로 채권자가 사망할 때까지 정기금 급부의무를 부담하는 요물계약이었다. 정기금액은 원본액과 채권자의 연령을 기준으로 결정되었다. 또 제3자를 위한 終身정기금계약이 현행법상의 연금제도와 유사한 기능을 수행함으로써 중세 이래 대가족제도가 붕괴된 후 노후의 생계보장을 담당했다.[2] 그러나 중세를 통하여 그리고 그 이후로도 단순한 채권적 형태의 정기금계약보다는 토지에 物的 負擔을 설정함으로써 토지의 소유자가 바뀌는 경우에는 정기금급부의 의무까지를 이전받는 형태가 성행하였다. 보통법학은 이것을 이론구성하는 데에 어려움을 겪었다.[3] 종신정기금계약에 관한 한, 어쨌든 이미 1382년에는 reditus vitalicius라는 라틴어용어가 전문술어로 사용된 논문이 나

2) 玄勝鍾 著, 曺圭昌 增補, 게르만法(증보판 1989), 506f.

3) 상세는 H. Coing, Europäisches Privatrecht Ⅰ(1985) 378ff.; Ⅱ(1989) 412f.; Isidoro Soffietti, “Rendita- I.b). Diritto intermedio ß) rendita vitalizia”, in: Enciclopedia del Diritto 39(1988) 847ff. 참조.

왔고, 1504년에는 reditus vitalis라는 용어를 사용한 논문이 나왔다.4) 보통법학에서는 원본이 금전으로 주어지는 경우에는 정기금매매로, 원본이 금전 이외의 물건인 때에는 do ut des 유형의 無名계약으로(전거로서 Diocletianus et Maximianus C.4.64.8 [a. 294]를 들었다) 파악하였다.5) 그 밖에 교회법상 法定의 또는 천연의 果實을 낼 수 있는 타인의 물건으로부터 年租를 수령할 수 있는 권리인 Census도 금전급부를 내용으로 하고(pecuniarius) 관련당사자의 종신까지 존속하는 것(vitalitius)으로 약정된 경우에는 종신정기금의 한 형태였다고 할 것이다.6)

Ⅱ. 우리 民法

우리 민법의 종신정기금에 관한 조항은 구민법의 규정(§§ 689-694)을 답습한 것이다.7)

[崔 秉 祚]

4) Christian Helfer, Lexicon auxiliare(1991) s.v. Leibrente (p. 345).

5) Glück, Ausführliche Erläuterung der Pandecten, Bd. 21(1820) 219f.(220면에 계약서식).

6) Remigius Maschat, Institutiones Juris Civilis et Canonici(4a ed. Augustae Vindelicorum 1761), lib. V tit. XIX § III n. 35f.(p. 635f.). 가톨릭윤리신학이론도 같다: Domingo de Soto, De Iustitia et Iure(Salamanticae 1556/reprint Madrid 1967), lib. VI quaest. V art. II (p. 570ff.); Constantinus Roncaglia, Universa Moralis Theologia, I (Lucae 1773), tract. XIV quaest. V cap. II (p. 574)(사행성 강조).

7) 註釋債權各則(Ⅱ), 684f.(황적인).

第 725 條(終身定期金契約의 意義)

終身定期金契約은 當事者 一方이 自己, 相對方 또는 第三者의 終身까지 定期로 金錢 其他의 物件을 相對方 또는 第三者에게 支給할 것을 約定함으로써 그 效力이 생긴다.

차 례

Ⅰ. 終身定期金契約의 의의

終身定期金(Leibrente; rente viagère; rendita vitalizia)契約은 法定의 定義와 같이 (1) 當事者 一方이, (2) 自己, 相對方 또는 第三者의 終身까지, (3) 定期로, (4) 金錢 其他의 物件을, (5) 相對方 또는 第三者에게, (6) 支給할 것을 約定함으로써 그 效力이 생기는 낙성계약이다.

1. 終身定期金契約의 발생원인

(1) 終身定期金契約은 정기금채무자와 정기금채권자 사이에 체결되는 낙성계약이다. 계약의 기본적 내용은 채무자의 정기금급부이다. 채무자가 그와 같은 정기금의 지급의무를 부담하는 법적인 원인은 다양할 수 있다. 다시 말하면 본조가 정하는 것은 거래상의 계약유형이 아니라 지급방식(Zahlungsmodalität)이다.[1] 따라서 채권자의 권리는 당사자들의 경제적 관계와 무관하게, 그리고 부양목적에 기속됨이 없이 존재한다.[2]

(가) 독립계약인 경우　　첫째로, 당사자들은 그들 사이에 달리 채권관계가 없거나, 또는 있더라도 이와는 독립하여 다름아닌 終身정기금채권을

1) 同旨 MünchKomm-Pecher, §759 RN.1.
2) 同旨 MünchKomm-Pecher, §759 RN.4 mit Fn.19.

발생시킬 목적으로 계약을 성립시킬 수 있다. 이 경우에는 (a) 정기금채무자가 無償으로 정기금채무를 부담했거나, (b) 정기금채무의 발생을 위하여 채권자가 자기쪽에서 채무자에게 일정한 급부를 했거나, 두 경우 중 하나이다.

(a) 無償契約인 경우 이 경우는 채무자가 증여를 하는 경우인데, 증여의 이행을 정기금 형식으로 하는 것이고, 따라서 증여에 관한 규정이 아울러 적용된다(통설. 同旨 佛民 §1969; 伊民 §1872 Ⅱ).[3] 우리 민법은 특히 定期증여와 관련하여 그것이 관련자의 終身을 조건으로 하지 않은 경우에도 증여자나 수증자가 약정기간의 만료 전에 사망하는 경우에는 그 효력을 잃는다고 규정함으로써(民 §560), 이 한도 내에서 증여자에게 유리하게 終身정기금계약과 같이 해석하는 특별규정을 두었다(통설)(그러나 후술 Ⅱ. 2.(1) 참조).

증여와 유사한 것으로 유증의무자가 수유자에게 유언에서 정해진 종신정기금 급부를 이행하는 경우가 있다(民 §730). 이 때에는 마찬가지 이치로 유증에 관한 규정도 적용된다.

(b) 有償契約인 경우 이 경우는 終身정기금을 有償으로, 즉 동산이나 부동산의 양도 또는 일정자본의 양도의 대가로(§727에서 말하는 "원본을 받은 경우"란 이를 가리키는 것이다), 또는 화해(§ 731)로써 설정하는 경우이고(同旨 伊民 §1872 Ⅰ), 이 때에는 당사자 사이의 법률관계는 終身정기금계약에 의해 규율된다(후술 2 참조). 奧民 §1284는 有償의 정기금계약만을 終身정기금계약으로 정한다.

(나) 견련계약인 경우 둘째로, 당사자들은 그들 사이에 이미 법정 또는 약정의 채권관계가 발생하고 있어서 채무자가 일정한 급부의무를 부담하는 경우에(例: 매매대금, 손해배상[瑞債 §527 Ⅲ 참조],[4] 부양,[5] 영업양도,[6] 사회보장금, 보험금 등) 그 급부의 실현을 정기금을 지급하는 방식으로 정할 수 있다.[7] 이 때에는 기존의 원인관계에 대하여 終身정기금계약은 이와 견련하여 이행의 방법을 정하는 부가적인 有償계약의 성질을

3) 有償의 경우에만 종신정기금계약으로 인정하는 오스트리아에서는 無償의 경우는 단순한 증여로 보지만 종신정기금계약에 관한 법규정의 준용은 긍정한다. Rummel, Kommentar zum Allgemeinen bürgerlichen Gesetzbuch, Ⅱ.Bamd(1984), §§1284-1286 Rdz.24(Heinz Krejci)(이하 Rummel-Krejci, ABGB §§1284-1286 Rz.로 인용한다).

4) 실무의 예: 大判 1967. 8. 29, 67다1021(집 15-2 민 261).

5) 미망인을 신분에 합당하게 부양하기 위한 (로마법과 교착되면서 발전한) 독일법상의 寡婦資제도(Wittum, vidualitium, vitalitium, viduvium; Leibzucht, Leibgeding, dotalitium) 일반 및 그것이 종신정기금매매의 형태를 취하였던 경우에 관해서는 Glück, Ausführliche Erläuterung der Pandecten, XXV/2 (1824) 319ff. 참조.

6) Giorgio Cian/Alberto Trabucchi, Commentario al Codice Civile, Complemento giurisprudenziale(2a edizione 1992), art.1872 n.V.1.(이하 C/T-C §로 略한다).

7) Heinrich Honsell, Schweizerisches Obligationenrecht Besonderer Teil(1991) 281(이하 Honsell로 略한다).

가지게 되며, 따라서 그 실질 내용은 원인관계에 의하여 결정된다. 다시 말하면 이 경우 終身정기금계약은 有因的이다(통설).[8] 終身정기금계약을 要式계약으로 정하는 입법례(가령 獨民 §761; 瑞債 §517)에서는 이러한 요식의 준수 여부에 따라서 계약의 유·무효가 좌우되므로 終身정기금약정과 연계된 다른 계약의 이행방식(Erfüllungsmodalität)을 그 계약의 범위 내에서 정한 것인지, 아니면 독자적으로 완결적인 하나의 終身정기금계약이 체결된 것인지 하는 劃定의 문제가 중요한 의미를 갖게 된다. 그러나 우리 법과 같이 不要式계약으로 정한 경우(통설)에는 그러한 구별의 문제는 실익이 없다.[9] 민법의 종신정기금규정은 다른 사정이 없는 한 원칙적으로 견련계약의 경우에도 적용된다고 보아야 한다. 負擔附증여(§561)에서 부담의 내용이 終身정기급부인 때에도 終身정기금계약에 관한 법규정이 적용된다고 새긴다.

(다) 제3자를 위한 계약인 경우 終身정기금계약은 제3자를 위한 계약의 형식으로도 가능하다(통설. 同旨 佛民 §1973; 伊民 §1875)(후술 5.(1) 참조).

(2) 노동법상의 퇴직연금은 본조의 終身定期金이 아니다.[10]

2. 終身定期金契約의 本質素 I: "終身"

(1) 終身정기금계약을 다른 계약과 본질적으로 구별짓는 것[11]은 정기금채무자의 급부의무가 "자기, 상대방 또는 제3자의 終身까지"만 존속한다는 사실이다(同旨 瑞債 §516 I; 奧民 §1285 S.1). 즉 그의 終身을 조건으로 하는 특정인(이른바 vita contemplata)의 사망까지라는 불확정기한(terminus certus an, incertus quando)이 붙어 있다는 사실이다(同旨 奧民 §1285 S.2 후단). 따라서 채무자가 이행해야 하는 급부의 총량은 특정인의 사망이라는 불확정한 장래의 사건에 달려 있고, 계약은 이 점에 있어서 射倖的(aleatorisch) 성격을 띤다고 할 수도 있지만,[12] 계약의 취지나 목적은 분명 다른 사행계약과는 달리 경제적으로 보호할 가치가 있는 이익(가령 생계부양)에 이바지

8) 同旨 Theo Guhl, Das Schweizerische Obligationenrecht(8. Auflage, bearbeitet von Alfred Koller und Jean Nicolas Druey, 1991), 573, 574.(이하 Guhl로 略한다.)

9) 역시 불요식계약으로 정하는 오스트리아의 경우에도 학설은 同旨이다. Rummel-Krejci, ABGB §§1284-1286 Rz.5 참조.

10) 同旨 Rummel-Krejci, ABGB §§1284-1286 Rz.23.

11) C/T-C §1873 n.1.

12) 同旨 註釋債權各則(Ⅱ), 691(안이준); Guhl, 573; Giovanni Dattilo, "Rendita-I.c) Diritto privato", in Enciclopedia del Diritto 39 (1988) 853ff., 875ff.; Cian/Trabucchi, Commentario al Codice Civile (4^a edizione 1992), art.1872 n.3(이하 C/T §로 略한다); C/T-C §1872 n.Ⅰ.2-8.

하는 것이므로 사행계약으로 분류하는 것(가령 奧民 §1269)은 타당하지 않다고 본다.[13)]

이미 사망한 사람의 終身 동안 설정된 終身정기금계약은 원시적 불능이므로 무효이다(同旨 佛民 §1974; 伊民 §1876). 佛民 §1975는 vita contemplata가 계약체결시에 병에 걸려 있었고 그로 인해 계약체결 후 20일 내에 사망하는 경우에는 계약의 무효를 규정한다.[14)] 이러한 명문규정이 없는 우리 법에서는 다른 사정이 없는 한 유효로 보아야만 할 것이다. 아직 태어나지 않은 자의 終身을 조건으로 한 때에는 출생을 정지조건으로 한 것으로 새긴다.[15)] 법인도 채무자나 채권자가 될 수 있으나 終身이란 자연인의 사망을 의미하는 고로 그의 終身을 조건으로 하는 자는 될 수 없다.[16)]

(2) 누구의 終身을 조건으로 하는가에 따라서 계약의 사회적인 모습은 각기 달리 나타난다.

① 첫째로, 終身정기금채무의 존속기간이 債務者 자신의 終身까지인 경우(전술 로마법상의 사례 참조)에는 보통 채무자의 사망을 넘어서는 급부는 무의미한 경우에 약정될 것이고, 대개는 報恩的인 형태의 정기금약정이 이에 해당한다. 無償증여의 형태를 취하는 경우가 많을 것이다.

② 둘째로, 상대방 즉 債權者의 終身까지인 경우는 정기금채권자를 위한 (특히 노후의) 생계보장적인 의미가 강하고, 終身정기금이 사회적으로 가장 의미 있는 경우라고 할 수 있다. 獨民 §759 Ⅰ; 瑞債 §516 Ⅱ; 中民 §731 Ⅰ이 의심스러운 경우에는 채권자의 終身까지로 한다고 정하는 것도 모두 이런 이유 때문이다.[17)] 전형적인 계약목적에 부합하기 때문이다. 현실적으로 개인간에 이러한 終身정기금계약이 체결되는 예는 거의 전무하고(전술 로마법의 경우와 비교), 보험이나 은행 등의 금융기관이 판매하는 연금상품의 형태가 보편적인 것이다. 이 경우에는 일반거래약관의 적용과 규제가 문제가 된다.

---

13) 조규창(주 2). 그러나 역사적으로 보면 14세기 이래 영주, 도시, 수도원 등이 정기금채권자의 사망을 예상하여 많은 수익을 노리고 자본조달(起債)의 수단으로 종신정기금계약을 이용한 예를 볼 수 있으므로(W. Ogris, "Leibrente", in: Handwörterbuch zur deutschen Rechtsgeschichte, Ⅱ(1978) Sp.1800f.; "Rente", in: HRG (1987) Sp.895ff., 897) 사행성 여부의 판단은 예상되는 경제적 효과의 불확실성이라는 객관적 측면 이외에 정기금채무자의 의도와 관련하여 고려할 문제이지만, 제도의 본래의 중점은 어디까지나 정기금채권자의 생활급부 확보에 있다. 그래서 Rummel-Krejci, ABGB §§1284-1286 Rz.2는 광의의 사행계약으로 본다.

14) 同旨 C/T §1872 n.3.

15) 同旨 C/T §1873 n.1.

16) 同旨 C/T §1873 n.4.

17) 同旨 Rummel-Krejci, ABGB §§1284-1286 Rz.19.

③ 셋째로, 第三者의 終身까지인 경우의 제 3 자란 일반적인 제 3 자를 말하는 것이 아니라, 제도의 취지로 볼 때 정기금을 지급받는 제 3 자를 가리킨다고 새기는 說이 있다.[18] 그러나 文理上으로나 논리상으로나 그와 같이 제한해석할 이유는 없다고 본다(同旨 佛民 §1971).[19]

(3) 정기금채무의 終期로서의 終身이란 自然死이든 事故死이든 불문하지만[20] 채무자에게 귀책사유 없는 사망을 가리키며, 채무자에게 책임이 돌아갈 사유가 있는 경우에는 제729조가 적용된다.

(4) 특별한 소멸사유에 대한 부수약정(예: 권리자의 혼인 또는 재혼, 기타 정지조건)이 있더라도 終身정기금계약으로서의 성질은 유지된다.[21] 따라서 "향후 30년 동안 원고가 생존할 것을 조건으로" 정기급부를 약정한 때에도 유효한 종신정기금계약이며, 이 때 終身의 조건은 원고가 앞으로 30년 이내에 사망한다면 그로써 정기금채권이 소멸하는 것에 지나지 않으므로, 정기금지급청구권의 발생 여부를 따지기 위하여 원고가 앞으로 30년간 생존할 수 있느냐의 여부를 심사 확정할 필요는 없는 것이다.[22]

(5) 단일한 정기금채권에 대하여 數人의 권리자가 동시에 vita contemplata인 경우(이른바 "verbundene Rente"[23])는 이들이 동시적으로(이른바 rendita vitalizia congiuntiva) 또는 순차적으로(vitalizio successivo) 관여할 수가 있고(후술 5.(2) 참조), 전자의 경우에는 가장 長壽하는 자의 終身까지로 정할 수 있고, 또 그러한 것이 보통이다.[24]

3. 終身定期金契約의 本質素 Ⅱ: "定期"給付

(1) 채무자가 부담하는 의무는 급부를 정기적으로 이행하는 것이다. 정기적이란 일정한 시간적 간격을 두고 급부가 규칙적·回歸的으로 반복되는 것을 말한다. 급부액은 기간에 대해 결정된다. 이 지분(Raten; rata)급부의 내용은 동질적이어야 하지만 기간마다 반드시 동일할 필요는 없고 漸增하거나 漸減하더라도 무방하다고 새긴다[25](후술 4.(1) 및 Ⅱ.2.(3) 참조).

18) 李銀榮, 460.
19) 또한 C/T §1873 n.1; Rummel-Krejci, ABGB §§1284-1286 Rz.19.
20) 同旨 Rummel-Krejci, ABGB §§1284-1286 Rz.18.
21) 同旨 註釋債權各則(Ⅱ), 690 Fn.2(안이준); MünchKomm-Pecher, §759 RN.18; C/T-C §1872 n.Ⅰ.12.
22) 大判 67.8.29, 67다1021(집 15-2 민 261).
23) W. Ogris, "Rente", in: HRG(1987) Sp.895ff., 895 참조.
24) 同旨 MünchKomm-Pecher, §759 RN.19; C/T §1873 n.1; Rummel-Krejci, ABGB §§1284-1286 Rz.20.
25) 同旨 註釋債權各則(Ⅱ), 689(안이준).

(2) 每期의 급부를 先給할 것인가 後給할 것인가는 약정에 따르고 약정이 없는 경우에는 생활급의 성격이 있는 경우라도 아른상 후급으로 보아야 한다고 새긴다(통설).[26] 이처럼 정해진 每期마다 발생하는 支分채무(Einzelforderungen)는 終身정기금계약에 의하여 장래의 모든 정기급부의무를 발생시키는 기본적인 채무(Stammrecht)를 기초로 한 것이다(통설)(후술 II. 3. 참조). 각 지분채무는 약정한 이행기에 이행하여야 한다.

(3) 그의 終身이 終期인 특정인이 어느 기간의 도중에 사망한 때에는 우리 민법은 생존기간에 상당하는 몫의 급부만을 이행하면 되는 것으로 정하고, 그 계산은 다른 약정이 없으면 日數로 하도록 하였다(民 §726).

4. 定期給付의 목적물

(1) 정기급부의 목적물은 금전 기타의 "물건"이다. 정기적인 급부가 가능하기 위해서는 대체물이지 않으면 안 되므로 법문의 물건이란 대체물로 새겨야 한다(異說 없음). 民 §726의 日數계산도 이를 전제한 것이다. 민법은 금전급부가 거의 예외 없는 통상의 모습이므로 이를 기준으로 하여 終身정기"金"계약이라는 명칭을 사용하였다.[27] 금전 및 대체물에 관해 적용되는 일반법리가 적용됨은 물론이다.

이 정기급부는 그 액수가 확정적이어야 한다. 따라서 권리자의 변동하는 수요에 따라서 급부해야만 하는 계약은 부양계약이지 終身정기금계약이 아니다.[28] 그러나 액수가 계속 동일하게 남아 있어야만 하는 것은 아니다(전술 3.(1) 및 후술 II.2.(3) 참조).

(2) 금전 또는 대체물(예: 곡식, 의류)의 제공이 아닌 다른 모든 형태의 급부(예: 終身거주권, 노무청구권, 介護)는 終身정기금계약이 아닌 다른 유형의 계약에 속한다.[29]

---

26) 同旨 일본 통설. 獨民 §760 I은 일반적으로 선급을 규정하고, 中民 §732 I은 1/4년마다의 선급으로, 墺民 §1285 S.2 전단은 의심스러운 경우에는 1/4년마다의 선급으로 규정한다. 또 瑞債 §518 I은 반년마다의 선급으로 규정한다.

27) 註釋債權各則(II), 684(황적인). 中民 §729는 아예 금전에 한한다.

28) 同旨 Rummel-Krejci, ABGB §§1284-1286 Rz.11. 異見 註釋債權各則(II), 689(안이준).

29) 가령 終身부양계약(Verpfründungsvertrag: 瑞債 §521). 同旨 註釋債權各則(II), 687(황적인); Rummel-Krejci, ABGB §§1284-1286 Rz.9. 伊太利의 판례는 종신부양계약(소위 vitalizio alimentare 또는 contratto di mantenimento)을 종신정기금계약의 일종으로 파악했으나, 학설은 無名계약설이 통설이었고, 이의 영향하에 판례도 종신정기금규정의 적용에 제한을 붙이기에 이르렀다고 한다. C/T §1872 n.6; C/T-C §1872 n.IV.1-4; 또한 Dattilo, 앞의 글, 872f.

5. 定期金權利者

(1) 終身定期金契約은 보통은 계약당사자인 채권자를 위하여 체결되지만, 제3수익자를 위한 제3자를 위한 계약의 형태로 체결될 수도 있다(전술 1.(1)③ 참조). 제3자가 자신의 청구권을 계약채권자의 사망으로 비로소 취득하기로 정한 경우에도 생전의 정지조건부 출연행위이지, 유산으로부터 비로소 시행할 출연행위가 아니라는 독일의 판례가 있다.[30]

(2) 권리자는 1인이거나 數人일 수 있다. 단일한 정기금채권에 대하여 數人이 권리자인 때(佛民 §1972 참조)에는 공동으로 권리를 행사하거나 순차로 권리를 행사하는 것으로 정할 수 있다(전술 2.(5) 참조). 伊民 §1874는 수인의 권리자를 위한 경우에 먼저 사망한 자의 지분은 다른 약정이 없는 한 생존자의 지분을 증가시킨다고 규정한다.[31] 우리 법상으로도 이와 같이 새기는 것이 타당할 것이다.[32] 그러나 각 권리자에게 그의 몫이 분할채권으로서 인정된 경우에는 어느 권리자의 사망으로 다른 권리자의 몫이 증가하지는 않는다고 새길 것이다.[33]

6. 定期金義務者

부담부증여의 부담의무자를 포함하여 계약으로(전술 1. 참조) 정기금채무를 인수한 자가 정기금채무자이다(후술 II. 2 참조). 유증의무자도 같게 취급됨은 전술한 바와 같다.

II. 終身定期金契約의 효과

본절의 법규정은 원칙적으로 임의규정이다.

30) MünchKomm-Pecher, §759 RN. 39.
31) C/T § 1874 n. 이른바 톤티式계약의 경우가 대표적인 예이다. 이것은 먼저 사망한 자의 지분이 생존자에게 계속 부가되는 방식의 종신정기금계약으로 나폴리의 의사 L. Tonti에 의하여 1658년 프랑스에서 도입되고 프랑스국가가 자금조달을 위하여 복권과 같이 활용했던 계약형태라고 한다. Rummel-Krejci, ABGB §§ 1284-1286 Rz. 20-21 참조.
32) 同旨 프랑스 이론. Ferid/Sonnenberger, Das Französische Zivilrecht II (2. Aufl., 1986), 2 M 118(S. 392)(이하 F/S로 略한다).
33) 同旨 Rummel-Krejci, ABGB §§1284-1286 Rz. 20.

1. 定期金債權者의 義務

有償의 終身정기금계약인 경우에는 정기금채권자는 약정한 자신의 급부의무를 先이행하여야 한다. 통상은 물건(특히 부동산)의 양도나 원본금원의 양도가 그 내용이다. 전자의 경우에는 매매에 관한 규정이 적용된다.[34] 일정한 기간 동안 할부금의 선이행이 있은 후에 비로소 정기금지급을 청구할 수 있는 경우(연금계약)도 終身정기금계약이다.

2. 定期金債務者의 義務

(1) 정기금채무자는 계약에서 정한 내용의 정기금을 每期에 지급할 의무를 부담한다. Vita contemplata가 채무자 또는 수익자 아닌 제3자인 경우에 권리자가 먼저 사망하면 다른 약정이 없는 한 정기금채권은 권리자의 상속인에게 상속된다고 새긴다(同旨 瑞債 §516 Ⅲ). 定期증여(民 §560)의 경우 권리가 소멸하는 것과 다르다(전술 Ⅰ. 1. (1) (가)(a) 참조).

(2) 정기금채무자가 破産한 경우에는 정기금채권자는 장래의 지분채권액에 상당하는 가액으로 파산절차에 참여하여 배당을 받으며, 그 가액은 공인된 금융기관의 料率表에 따라서 산정하여야 할 것이다(同旨 瑞債 §518 Ⅲ).

(3) 終身정기금계약관계는 통상 계속적 공급계약과 유사한 계속적 관계로서 長期에 걸칠 수도 있으므로 경제사회의 사정변동에 대하여 당사자들은 중요한 利害관계를 가진다. 화폐가치의 하락에 대비한 가치확보조항(Wertsicherungsklausel; clauses d'échelle mobile, clauses d'indexation)은 유효하다.[35] 행위기초(Geschäftsgrundlage)의 변경에 관해서는 일반법리가 적용된다.[36]

(4) 채무불이행시에는 §727와 §728가 적용된다.

---

34) 同旨 F/S, 2 M 121(S.393).

35) 同旨 MünchKomm-Pecher, §759 RN.21; F/S, 2 M 126; Rummel-Krejci, ABGB §§1284-1286 Rz.14.

36) MünchKomm-Pecher, §759 RN.27ff.; Rummel-Krejci, ABGB §§1284-1286 Rz.26 참조. 伊民 1879 Ⅱ는 급부가 아무리 어려워졌다 하더라도 전기간에 대한 정기금을 급부할 의무가 있다고 규정한다. 그러나 판례와 학설은 이 규정이 당사자의 다른 약정으로 배제가능하고, 또 화폐가치의 변동에 따른 주기적 조정조항(clausola di adeguamento periodico della misura della rendita)도 유효하다고 새긴다. C/T §1879 n.2/3; C/T-C §1879 n.1.

3. 定期金債權의 消滅時效

정기금채권자는 정기금의무 그 자체인 기본채권과 시간이 경과하면서 변제기에 이르는 개별적인 지분채권을 갖는다(전술 I.3.(2) 참조). 이러한 이중성은 소멸시효와 관련해서도 의미가 있다. 즉 §163 i에 의하여 3년의 단기소멸시효에 걸리는 것은 이행기가 1년 이내인 終身정기금계약의 지분채권[37]만이다.[38]

4. 定期金債權에 대한 처분

終身정기금계약의 기본채권은 일신전속적인 성격이 있는 경우에는 그 전체를 양도할 수 없으나, 지분채권은 이미 변제기에 이른 것이든 장래의 것이든 §449에 따라 양도할 수 있다고 새긴다. 권리질권을 설정하는 경우에도(民 §345 이하) 마찬가지이다.[39] 당사자들은 양도금지를 약정할 수 있다.

[崔 秉 祚]

第 726 條(終身定期金의 計算)

終身定期金은 日數로 計算한다.

정기급부이행기(periodo rateale)의 長短은 終身정기금계약에서 정하는 바에 의하지만, 終身정기금계약 자체가 예정하는 급부기간이 통상 長期인 점을 고려해 보면 대개는 月 이상의 단위로 정하여지는 것이 보통이고 日을 단위로 하는 경우는 거의 없을 것이다. 따라서 어느 기간중에 관련자가 사망하는 때에는 그 기간의 급부의무의 범위는 어떻게 되는가 하는 문제가 발생한다. 본조는 이러한 경우에 대하여 終身정기금은 日數로 계산한다는 해석규정을 둠으로써, 당사자 사이에 다른 약정이 없을 때에는 全기간에 대한 급부의무가 아니라 사망시까지의 生前日數의 全기간日數에 대한 비율에 따르는 급부의무만

37) 民法注解(Ⅲ) 總則(3), 441 Fn.7(윤진수) 참조.
38) 同旨 Honsell, 280; Guhl, 575.
39) Honsell, 280; Guhl, 5575f.; MünchKomm-Pecher, §759 RN.33 참조.

이 있다고 정하고 있다(이른바 rate posticipate 방식. 同旨 伊民 §1880 I).[1] 따라서 정기급부를 선급받은 때에는 잔여일수에 대한 것은 반환하여야 한다. 한편 獨民 §760 Ⅲ; 瑞債 §518 Ⅱ; 伊民 §1880 Ⅱ; 中民 §732 Ⅱ는 정기급부를 선급하는 경우(rate anticipate)에는 全기간의 정기급부가 채권자 또는 그 상속인에게 귀속함을 규정하여(이미 同旨 Gaius D. 33. 1. 8) 우리 민법과는 다른 태도를 취하고 있는데, 임의규정으로 새긴다.[2)]

[崔 秉 祚]

第727條(終身定期金契約의 解除)

① 定期金債務者가 定期金債務의 元本을 받은 경우에 그 定期金債務의 支給을 懈怠하거나 其他 義務를 履行하지 아니한 때에는 定期金債權者는 元本의 返還을 請求할 수 있다. 그러나 이미 支給을 받은 債務額에서 그 元本의 利子를 控除한 殘額을 定期金債務者에게 返還하여야 한다.

② 前項의 規定은 損害賠償의 請求에 影響을 미치지 아니한다.

第728條(解除와 同時履行)

第536條의 規定은 前條의 境遇에 準用한다.

民 §727는 정기금채무의 불이행과 그 효과를 규정한다.

1) 註釋債權各則(Ⅱ), 691(안이준)은 본조가 日數계산을 정한 취지가 종신정기금의 성질이 法定果實에 유사한 것이기 때문이라고 하지만, 이는 잘못이다. 이 주장은 無償의 종신정기금에는 전혀 타당하지도 않을 뿐더러, 본조는 정기금의 법적 성질이 이자이든 법정과실이든 또 다른 무엇이든 아무런 상관없이 급부의 양적 산정을 위한 단순한 기술적인 규정에 불과하기 때문이다.

2) C/T §1880 n.2. 墺民 §1418은 부양급부에 관하여 동일한 규정을 두고 있다.

1. 契約의 解除(1항)

(1) 요 건

규율의 대상은 정기금채무자가 정기급부의 반대급부로서 “정기금채무의 원본을 받은 경우”, 즉 有償의 종신정기금계약이다. 따라서 無償으로 종신정기급부를 증여한 경우에는 본조가 아니라 증여와 해제에 관한 일반 법규정이 적용된다. “원본”이란 정기금채무를 부담시키는 경제적 기초가 되는 금전 기타 재산가치 있는 모든 급부(부동산·기업·재산)를 의미한다. 금전 이외의 급부인 경우에 가액을 평가하여 이전했을 필요는 없고 평가할 수 있는 것이면 족하다. 또 당사자들이 移轉物의 가액에 관하여 합의하고 있어야만 하는 것도 아니라고 새길 것이다.[1] 원본의 가치는 반대급부를 결정하는 데 통상 중요한 역할을 한다. 채무가 모두 이행된 후에는 원본은 채무자에게 확정적으로 귀속한다. 채무불이행의 모습은 정기금지분급부를 해태하거나, 기타 계약에서 정한 의무를 불이행하는 것이다. 즉 채무불이행의 일반법리에 따른다.

(2) 효 과

채권자는 이와 같은 채무불이행이 있으면 통상 일반법리에 따라서 계약을 해제할 수 있는 것이지만(民§543 이하), 본조는 나아가 이행의 催告(民§544) 없이 즉시 해제할 수 있도록 함과 동시에, 해제에 따르는 원상회복(民§548)과 관련하여 그 방법을 약간 다르게 明定함으로써 채권자에게 유리한 정산방식을 규정하고 있다.[2] 즉 채무자는 받은 원본에 이자를 가하여 반환하여야 하고, 채권자는 수령한 급부를 반환해야 한다는 점에서는 §548에 의하는 것과 결과적으로 아무런 차이도 없지만, 그러나 이자 상당액을 미리 공제하고 반환하게 한 것은(이들 반환의무들이 §728에 의하여 동시이행관계에 있음을 고려하면) 그 한도에서는 확실한 선급부를 받은 것에 상당하므로 채권자에게 유리한 조치이다. 특히 다툼이 거의 있을 수 없는 원본과 달리 이자에 관해서는 당사자 사이에 분쟁이 발생할 수 있는 점을 고려하면 본조의 조처는 §548에 대한 특칙으로서의 의미가 인정된다. 이자는 다른 특약이 없는 한 법정이율(民§379)에 의한다. 그리고 §549와 같은 법리가 §728에 의하여 적용되어 원본반환과 이자액을 공제한 旣급부분의 반환은 동시이행관계에 선다. 외국의 입법례들은 해제를 제한하는 경향이 있다(예컨대 佛民 §1978; 伊民 §1878).

1) 同旨 Rummel-Krejci, ABGB §§1284-1286 Rz.22.

2) 同旨 註釋債權各則(Ⅱ), 692f.(안이준); 일본 통설. 基本法コンメンタール 債權各論, 193(平野克明).

2. 損害賠償(2항)

그 밖에 본조의 경우에도 §551와 같은 법리가 적용되어 손해배상의 청구가 가능하다(民 §727 Ⅱ).

[崔 秉 祚]

第729條(債務者歸責事由로 因한 死亡과 債權存續宣告)

① 死亡이 定期金債務者의 責任 있는 事由로 因한 때에는 法院은 定期金債權者 또는 그 相續人의 請求에 依하여 相當한 期間 債權의 存續을 宣告할 수 있다.

② 前項의 境遇에도 第727條의 權利를 行使할 수 있다.

1. 本條의 의의

그의 終身이 조건이 된 자(vita contemplata)의 終身은 정기금채무의 終期이기 때문에(民 §152 Ⅱ) 채무자는 그에 관하여 중요한 경제적 이해관계를 가진다. 본조는 일반법리인 §150 Ⅱ과 같은 정신에서 사망이 그로 인하여 이익을 받을 채무자에게 귀책할 수 있는 사유로 인한 경우에 신의성실의 원칙상 그 이익이 그 채무자에게 돌아가는 것을 저지하기 위하여 권리의 존속을 선고할 수 있는 제도를 마련한 것이다. 원래 정기금채무자의 귀책사유로 사망이 야기된 경우에는 정기금채무의 종료를 인정하면서 손해배상이나 부당이득반환의 방식으로 문제를 처리할 수도 있을 것이다. 실제로 명문의 규정이 없는 외국의 경우에는 학설상 다툼이 보인다.[1] 본조는 이러한 다툼의 여지를 입법적으로 해결한 것이다. 물론 권리자는 정기금채권의 존속선고를 반드시 청구해야만 하는 것은 아니며, 그 대신에 손해배상이나 부당이득반환청구를 할 수도 있다. 또 채무자가 원본을 받은 경우에는 채권자 또는 그 상속인은 권리존속청구에 갈음하여 §727의 권리를 행사할 수도 있다(본조 Ⅱ). 中民 §733도 同旨이다.

1) Rummel-Krejci, ABGB §§1284-1286 Rz.39. 오스트리아의 경우 채무의 존속으로 처리하려는 설이 소수설이다.

2. 定期金債權의 존속선고

(1) 정기금채권의 존속선고는 채무자가 사망하거나(가령 자살 또는 범죄로 인한 사형) 또는 제3자가 사망한 경우에는 정기금채권자가, 그리고 채권자가 사망한 경우에는 그의 상속인의 청구가 있어야만 한다. 상속인이 될 자가 정기금채무자이고 피상속인이 될 자가 정기금채권자인 경우에 채무자가 채권자를 사망에 이르게 한 때(§1004 i 및 ii)에는 그 채무자는 상속인이 되지 못하므로 차순위로 상속인이 된 자의 청구에 의하여 계속 정기금채무를 부담한다.

(2) 또 원고는 채무자의 귀책사유도 입증하여야 한다. 채무자 이외의 자(무관한 제3자는 물론, 권리자 및 그의 종신이 조건인 특정인을 포함하여)에게도 귀책사유가 있을 때에는 어찌되는가? Vita contemplata가 채무자인 경우까지를 포함하여 이를 고려하여야 할 것이다. 즉 채무자는 그에게 귀책되는 과실에 상당하는 몫만을 책임진다고 보아야 한다. 사망에 대한 타인의 귀책분에 대해서까지 채무자가 모두 책임을 지는 것은 타당하지 않기 때문이다. 특히 권리자의 기여과실이 있는 경우에는 과실상계(民 §396)의 이론이 적용된다고 보지 않으면 안 될 것이다. 그리고 손익상계의 일반이론도 적용된다.

(3) 본조에서 말하는 "상속인"이란 통설이 이해하듯이 엄밀한 의미의 상속인(民 §1000 이하)에 한하지 않고, 상속인이 부존재하는 경우에 상속재산의 전부 또는 일부를 分與받을 수 있는 특별연고자(民 §1057의 2)는 물론, 상속재산의 국가귀속시의 국가(民 §1058)도 포함하는 것으로 새겨야 할 것이다. 상속인이라는 인적 지위가 중요한 것이 아니라, 종신정기금채권자의 재산에 마땅히 귀속했을 몫(suum)이 일차적으로 중요하고, 이들도 이 재산으로부터 일정한 이득을 얻는 것이며, 그래야만 본조가 이차적으로 추구하는 귀책자에 대한 민사적 제재가 관철될 수 있기 때문이다.

(4) "相當한 期間"이란——일반적으로 계약체결시의 정기금의 액수산정에 있어서와 마찬가지로[2)]——원본의 가액은 물론, 사망자의 연령, 건강상태, 생활환경 기타 생활관계 등과 평균수명 등을 종합적으로 검토하여, 그러한 귀책사유가 없었더라면 계속 생존했을 기간을 의미한다(통설).[3)] 그리고 손해배상으로서의 위자료산정과는 다르므로 채무자의 고의의 유무나 과실의 輕重 같은

2) Rummel-Krejci, ABGB §§1284-1286 Rz.12 참조.
3) 同旨 일본 통설. 基本法コンメンタール 債權各論, 194(平野克明).

것은 고려할 필요가 없다.[4] 법원이 선고한 기간 이내에 채권자가 사망하면 그 권리는 상속된다고 새긴다(전술 §725 Ⅱ. 2.(1) 참조).

[崔 秉 祚]

第730條(遺贈에 依한 終身定期金)

本節의 規定은 遺贈에 依한 終身定期金債權에 準用한다.

유증에 의한 종신정기금급부는 유언에 따라서 유증의무자가 수유자에게 자기의무의 이행으로서 급부하는 것이고 유증의무자와 수유자 사이에 체결된 종신정기금계약에 기한 것이 아니다. 그러나 의무발생의 원인만 달리할 뿐 종신정기금 규정의 핵심인 지급방식과 그와 관련된 제반 문제의 면에서는 다른 바가 없으므로 이 경우에도 본절의 규정을 준용하도록 한 것이다(同旨 中民 §735; 瑞民 §563 Ⅰ). 유증에 관한 법규정도 적용됨은 물론이다.

부담부증여(民 §561)에서 부담의 내용이 終身정기급부인 때에도 終身정기금계약에 관한 법규정이 적용된다(民 §725 Ⅰ.1.(1)(4) 참조).

[崔 秉 祚]

4) 同旨 註釋債權各則(Ⅱ), 695(안이준).

第15節 和 解

第 731 條(和解의 意義)

和解는 當事者가 相互 讓步하여 當事者間의 紛爭을 終止할 것을 約定함으로써 그 效力이 생긴다.

차 례

Ⅰ. 總 說

1. 和解의 制度的 意義

和解는 당사자가 서로 양보하여 그들 사이의 紛爭을 해결하고 終止할 것을 약정하는 契約이다.

和解는 私法上의 契約으로서 굳이 국가기관이 개입할 필요가 없이 계약당사자들이 자치적으로 紛爭을 解決하는 수단이다. 무릇 분쟁해결의 방법에는 여러 가지가 있다. 사법상의 분쟁을 해결하는 가장 전형적이고 원칙적인 방법은 民事訴訟을 통하여 이루어지는 法院의 裁判이다. 裁判으로써 권리를 실현하거나 분쟁을 해결하는 것은 권리자의 권리가 법이 정한 바 내용대로 실현됨을 뜻하므로 정의를 실현하고 法治主義를 구현하는 지름길이다. 그러나 분쟁을 이처럼 해결하는 것은 당사자 사이에 감정적인 앙금이 남게 되어 내심에서까지 분쟁이 해결되었다고는 할 수 없는 경우가 많다. 和解는 양 당사자가 상호 讓步하여 일정한 합의에 도달하여 분쟁을 종지시키는 것이므로 비록 권리가 법의 내용대로 실현되지 못하는 수가 생기지만 '진정하고 궁극적인' 분쟁해결이 될 수 있다. 和解의 이러한 장점을 높이 사서 民事訴訟法에서는 그 효력을 확고히 하기 위하여 裁判上和解 제도를 인정하고 있다(民訴 §§ 206, 355~359, 431).

2. 沿 革

고전시대의 로마법에서 和解(transactio)는 의심스러운 사안과 불안하고 아직 종료되지 않은 소송에 관하여 체결하는 계약(pactum[1])이며, 贈與를 위하여 계약을 체결하는 이는 확실하고 의심 없는 대상을 임의로 면제하는 것이었다.[2] 이는 대부분 反對給付의 수령이나 약속에 대응하여 actio를 포기하는 것으로 이루어졌는데, 유스티니아누스 황제 때에 이르러서는 pactum과 분리되었다.[3]

3. 立 法 例

佛民은 §2044 이하에서 和解를 상세히 규율한다. §2044 Ⅰ은 和解를 당사자가 이미 생긴 紛爭을 終止하거나 장래 생길 분쟁을 예방할 것을 목적으로 하는 契約이라고 정의하고 그 Ⅱ에서는 和解契約은 서면으로 작성하여야 한다고 규정한다. 그리고 和解의 效力의 범위(§§2048-2051), 和解의 效力(§2052), 和解의 取消(§§2053-2057) 등에 관하여 규정한다.

1811년 墺民(ABGB)은 和解에 관하여 §1380 이하 여러 조문을 두고 있는데, §1380 Ⅰ은 분쟁이 있거나 의심스러운 권리에 관하여 각 當事者가 상호 무엇인가를 주거나 부작위를 하도록 하는 更改契約을 和解라고 한다고 和解契約의 개념을 규정하고, §1381에서 로마법에 따라서 의무자의 동의를 얻어 다툼 없거나 의심스러운[4] 권리를 무상으로 면제하는 것은 贈與라고 하였다. 그리고 법률관계의 내용상 和解가 효력이 없는 경우들(§§1382-1384)과 瑕疵로 효력이 없는 경우들(§§1385-1388)을 규정하고, §1389에서 和解이 효력 범위를 규정한다.

獨民은 和解에 관하여 §779 단 하나의 조문을 두고 있다. 그 Ⅰ은 和解를 법률관계에 관한 紛爭이나 당사자들의 不安定을 상호 양보에 의하여 배제하는 契約이라고 규정지으면서 그 계약이 무효가 되는 경우를 규정하고, Ⅱ에서는

1) pactum은 로마 市民法(ius civile)에 의하여 訴求할 수 없는 債權契約을 지칭하는 일반적인 표현으로서, 일종의 無名契約이었다. 폐쇄적인 시민법의 한계에 불편을 느껴, 이를 해결하기 위하여 pactum 중 일부는 법무관에 의하여 소구할 수 있는 것으로 되었고, 나머지는 후대에 황제의 입법으로 소구할 수 있는 것으로 되었다(vgl. Kaser, Römisches Privatrecht, 11. Aufl., München 1979, §38 Ⅲ 1, §45 Ⅰ 1).

2) Ulp. D. 2, 15, 1.

3) Kaser, a. a. O., §53 Ⅱ 3 c).

4) 조문에는 "의심스러운(zweifelhaft)"이라고 되어 있으나 이는 "의심 없는(unzweifelhaft)"이라고 할 것이라고 한다(vgl. Byndlinski, Österreichische Gesetze, S. 262).

請求權의 실현이 불확실한 경우도 법률관계가 불안정한 것과 같다고 한다.

日民은 和解에 관하여 두 개의 조문을 두고 있다. §695가 우리 民 §731와 같다.

瑞西에서는 民法이나 債務法에서 화해에 관하여 아무런 규정도 두고 있지 않지만 判例로써 和解契約을 인정한다. 학설은 대체로 獨民 §779 I 의 해석론을 그대로 받아들이는 것으로 보인다.[5)]

4. 和解의 法的 性質

和解는 有償·雙務·諾成·不要式의 契約이라는 것이 통설이다. 和解는 당사자 쌍방이 서로 양보하여야 하므로 양보하는 부분에 대하여는 對價關係에 있으므로 有償契約이라고 한다. 그리고 양 당사자가 서로 양보하여 합의한 것을 실현할 債務를 진다는 점에서 雙務契約이라고 한다.

이에 대하여 和解契約이 반드시 有償·雙務契約인 것은 아니라는 異說이 있다. 이 견해에 의하면 불확정한 법률관계에 있어서 각자가 자기의 주장으로부터 양보한 것은 和解契約 체결의 動機이지 契約의 內容이 될 수는 없고, 따라서 그러한 양보 자체가 화해계약에 有償性이나 雙務性을 부여하지는 않는다고 한다. 그리하여 和解契約의 성격은 그 契約에 의하여 생기는 債務가 하나인가, 둘인가, 그리고 둘인 경우에는 相換性·對價性을 갖는가에 의하여 결정되어야 한다고 본다. 예를 들면 贈與契約의 내용에 대한 분쟁의 화해와 같은 경우는 片務·無償契約이 된다고 한다. 그리고 실제로 화해계약은 화해 전의 법률관계인 雙務의 債務 중에서 하나의 債務의 내용에 관해서만 체결되는 경우가 많고, 이 때에는 화해 전 계약 중에서 다툼 없는 하나의 債務는 그대로 존속하고, 불확정인 債務만이 和解에 의한 법률관계로 대체된다고 한다.[6)]

이 견해는 當事者의 '相互 讓步'에 별다른 의미를 부여하지 않는 입장에서 나온 것으로[7)] 보인다. 이에 의하면, 화해 이전의 상호 給付의 내용이 무엇이었는가는 관계 없이 화해계약 자체의 內容에 따라서 그 性格이 정해진다는 것이다. 이는 賣買 目的物의 인도에 관하여는 아무런 다툼이 없고 오로지 賣買代金에 관하여만 분쟁이 있을 때 賣渡人이 주장하는 대금이 500만원이고, 買受人이 주장하는 대금이 300만원인데, 400만원으로 합의하였으면 이는 목적물

5) Bucher, Obligationenrecht, Besonderer Teil, 3. Aufl., 1988, §2 IX 1 a).
6) 李銀榮, 463.
7) 前註 464-65.

인도와는 별개로 오로지 買受人이 400만원을 지급할 의무만을 정한 것이라는 논리이다. 이 때 상호 양보가 和解契約의 내용이 되지 않는다고 보므로 和解契約으로 생기는 채무가 하나이며, 따라서 이 계약은 無償·片務契約이라는 결론이 될 것이다. 그러나 이러한 결과를 인정한다면 賣渡人의 목적물 인도의무와 買受人의 대금지급의무는 아무런 관계가 없는 전혀 별개의 의무로 되어 賣買契約의 有償·雙務契約으로서의 성격이 파괴되고 만다. 따라서 설사 서로 양보하여 합의한 부분이 매매대금에 관한 것에 한정되어 있다 하더라도 그와 對價關係에 있는 債務도 화해 내용에 포함된다고 새겨야지 각각의 급부를 분리하여 따로 볼 것이 아니다. 이러한 결과는 화해계약의 내용에 그 계약으로 인하여 새로이 발생한 債務만을 포함시킨 데에서 오는 것이다. 그러므로 이를 전제로 화해계약의 성격을 그 계약에 의하여 생기는 債務의 個數나 상환성·대가성 등에 따라 정해야 한다는 것도 타당하지 않다. 비록 계약 當事者들의 相互 讓步가 주관적인 측면이 있어서 일반적인 有償·雙務契約과는 그 모습이 다르지만, 어차피 양보란 객관적 진실인 權利·法律關係를 전제로 하는 것이 아니라 당사자들이 주장한 것을 출발점으로 이루어지는 것이다. 뿐만 아니라 和解는 본래 분쟁의 종지를 목적으로 하는 계약이기 때문에 상호 讓步가 그 본질적 요소가 되는 것이다. 따라서 讓步를 별다른 의미가 없다고 보는 소수설은 和解의 본질을 간과한 것으로, 타당하지 않다.

5. 和解와 구별되는 제도

민법상의 和解와 비슷하거나 공통점을 갖고 있지만 그것과 구별되는 제도가 몇 가지 있다. 裁判上和解, 調停, 仲裁, 斡旋 등이 그것으로 이들은 제3자가 개입하여 분쟁을 해결하는 節次라는 점에서, 양 당사자 사이의 합의만으로 분쟁을 해결하고 따로 節次가 상정되어 있지 않은 民法上 和解와 다르다. 이러한 절차는 분쟁 해결의 원칙적 형태인 法院의 裁判에 의하지 않는다는 점에서, 이들을 통틀어 裁判外 紛爭解決節次(alternative dispute resolution=ADR)라고 한다.[8] 이들이 민법상 和解와 구체적으로 어떤 차이가 있는지, 그 문제점은 무엇인지를 살펴본다.

8) 이 밖에 合意를 언급하는 수도 있으나(註釋債各(Ⅱ), 704-5), 이는 하나의 독자적인 제도라기 보다는 和解나 기타 無名契約의 기본 요소라고 보는 것이 정확할 것이다.

(1) **裁判上和解**

㈎ 意義와 效力 裁判上和解는 다툼이 있는 當事者가 法院에서 서로 양보하여 다툼을 그만두는 것을 말한다. 양 당사자가 서로 양보하여 合意에 이르러야 한다는 점에서 民法上 和解와 같으나, 法院에서 이루어진다는 점에서 이와 다르다. 裁判上和解는 법원이 和解調書를 작성함으로써 성립하고,[9] 이 調書는 確定判決과 같은 효력을 가진다(民訴 §206). 민법상 和解에는 그러한 형식이 요구되지 않고, 和解 내용을 서면으로 작성하더라도 判決과 같은 효력이 부여되지 않음은 물론이다. 和解調書가 가지는 확정판결과 같은 효력에 執行力과 形成力이 포함됨은 물론이다. 즉 그 和解의 내용에 채무자에게 이행할 의무를 부과하는 것이 있으면 그 調書가 債務名義가 되어 그로써 強制執行을 할 수 있다(執行力). 그리고 화해의 내용이 새로운 法律關係를 形成하는 것이 있으면 그 내용대로 법률관계가 형성된다(形成力). 旣判力에 관하여는 견해의 대립이 있는데, 이에 관하여는 뒤에 설명한다.

㈏ 種 類 裁判上和解에는 訴訟上和解와 提訴前和解가 있다. 전자는 訴訟係屬 중에 양 당사자가 종래의 주장에서 서로 양보하여 訴訟物에 관하여 합의하고 법원이 이를 調書에 기재하는 것을 말한다. 法院이나 受命法官 또는 受託判事는 소송의 정도에 관계 없이 和解를 권고할 수 있다(民訴 §135). 후자는 제소 전에 한 당사자가 請求趣旨, 原因과 爭議의 실정을 명시하여 상대방의 普通裁判籍 소재지의 지방법원에[10] 신청을 하는 것으로(民訴 §355 Ⅰ) 역시 화해가 성립되면 調書를 작성하게 된다(民訴 §356). 그러나 화해가 성립하지 않으면 당사자의 提訴申請으로 민사소송으로 옮겨 갈 수 있다(民訴 §358). 提訴前和解에 관하여는 民訴 §355 이하에 상세한 규정이 있다. 이 提訴前和解는 公正證書를 작성하는 것보다 간편하여 많이 이용된다. 그러나 특히 법률을 모르는 분쟁 당사자는 자기도 모르는 사이에 提訴前和解를 위한 代理人 선임을 상대방에게 위임하여 생각지도 못한 내용의 제소전화해가 이루어지는 등 사회·경제적 강자가 그의 요구를 약자에게 강요하는 수단으로 악용되어 왔다. 그리하여 이를 방지하려는 한 방법으로 1990년 民事訴訟法 개정시에 提訴前和解를 위한 대리인 선임권을 상대방에게 위임하지 못한다는 규정(民訴 §355 Ⅱ)을 신설하였다. 그러나

9) 당사자들이 서로 양보하여 合意하였어도 法院이 和解調書를 작성하지 않았으면 이는 裁判上和解로서는 성립하지 않는다. 大判 91. 6. 14, 90다16825(公 901, 1917) 참조.

10) 제 1 심 地方法院의 재판은 單獨判事가 하는 것이 원칙이므로(法組 §7Ⅳ) 별도의 표시가 없으면 提訴前和解 역시 單獨判事가 담당함은 물론이다.

다른 방법으로 사회적 강자가 부당한 이득을 취하는 경우에 대하여는 방지책을 마련하지 못하고 있다.

(다) 本 質 裁判上和解에는 민법상 和解와 같이 당사자 쌍방의 양보에 의한 合意가 필수적이다. 이러한 점에서 裁判上和解에 민법상 和解가 포함되어 있다거나 이것이 전제되어 있다고 볼 수 있다.[11] 여기서 裁判上和解의 법적 성격이 문제된다. 이에 관하여는 裁判上和解는 그 본질상 사법상의 和解契約에 지나지 않는다는 私法行爲說, 순수한 訴訟行爲라는 訴訟行爲說, 私法行爲와 訴訟行爲의 두 성질을 모두 가진다는 兩性說(兩行爲倂合說)이 주장되었으나, 현재 사법행위설은 주장하는 이가 없다. 訴訟行爲說에 의하면 裁判上和解는 오로지 소송법에 의하여서만 규율되어야 하며, 민법상의 意思表示에 관한 규정이 적용되지 않는다고 한다. 따라서 裁判上和解의 의사표시에 錯誤, 詐欺 또는 強迫 등이 개입되어도 和解의 효력에 아무런 영향이 없다고 한다. 이 견해는 특히 우리 民事訴訟法이 和解調書에 確定判決과 동일한 효력을 인정하였는데(民訴 §206), 여기서 말하는 동일한 효력에는 旣判力도 포함된다고 본다. 그 근거로는 이러한 調書에 잘못이 있으면 準再審節次에 의하여 다투도록 한 民訴 §431를 드는데, 이는 再審 내지 準再審制度가 이미 생긴 旣判力을 배제하는 제도라는 성격을 가진다고 보기 때문이다. 兩性說은 裁判上和解라도 사법행위로서의 성질을 겸유하고 있으므로 意思表示에 無效나 取消事由 등의 흠이 있으면 그 효력을 다툴 수 있다고 한다. 즉 裁判上和解가 가지는 확정판결과 동일한 효력에 旣判力은 포함되지 않는다고 본다. 兩性說이 독일의 통설이다. 우리 나라에서는 과거에는 兩性說이 통설·판례였으나, 1961년에 民事訴訟法 개정으로 準再審 대상에 和解調書를 포함시킨 이후로 判例가 訴訟行爲說을 취하게 되었고,[12] 학설로서도 소송행위설이 유력하게 되었다.

(라) 問題點 判例가 소송행위설을 취하여 민법상 무효나 취소 사유가 있는 裁判上和解라도 재심사유가 없으면 다툴 수 없게 되어 앞서 말한 提訴前和解의 폐단이 극심하게 되었다. 이러한 문제점을 해결하기 위하여 裁判上和解에 旣判力을 제한적으로 인정하자는 견해(制限旣判力說)가 등장하였

11) 이러한 전제에서 前註 判例는 쌍방이 裁判上和解를 하기로 하고 그 내용을 서면으로 작성하여 法院에 제출하였으면 비록 그 내용이 訴訟物과 차이가 있어 裁判上和解로 성립되지 않아도 민법상 和解는 성립되었으므로 당사자 쌍방은 여전히 그 和解 내용대로 이행할 의무를 부담한다고 하였다.

12) 大判 62. 2. 15, 4294民上914(集 10-1, 122).

다. 이 견해에 의하면 裁判上和解의 내용에 실체법상 아무런 瑕疵가 없으면 旣判力이 생기지만, 無效·取消事由가 있으면 旣判力이 없는 것으로 하자고 한다.[13] 이렇게 하여 실질적으로 兩性說을 취한 경우와 같은 결과를 얻어 裁判上和解의 폐단을 막으려는 것이다. 그러나 이러한 理論은 그 결과가 타당하다 해도 理論으로서는 성립할 수가 없다. 이는 裁判上和解가 실체법상 하자 없이 제대로 된 것이면 旣判力이 생기고, 하자가 있으면 旣判力이 생기지 않는다는 것인데, 이러한 이론 구성은 법적 안정성을 도모하자는 旣判力의 본질에 정면으로 배치된다. 이 이론을 確定判決에 옮겨 놓으면 정당한 判決에는 旣判力이 생기고, 부당한 判決에는 기판력이 생기지 않는다는 말이 된다. 그러나 旣判力이라는 제도는 判決이 오판이더라도 법적안정성을 위하여 일단 확정된 것이면 그대로 관철시켜야 한다는 요청에서 나온 것이기 때문에, 이러한 결과는 바로 旣判力 제도 자체를 否定하는 것이 되어서 타당하지 않다. 결국 裁判上和解, 특히 提訴前和解의 폐단은 制限旣判力說로 해결할 것이 아니라 民訴 §431의 準再審의 대상에서 調書를 삭제함으로써 해결하여야 한다. 이러한 법개정이 이루어지기 전에는 訴訟行爲說을 취하여 和解調書에 旣判力을 인정하는 것은 부득이하고, 다만 提訴前和解를 담당하는 법관이 화해 당사자들의 意思를 제대로 確認하도록 하여야 할 것이다.

(2) 기타 紛爭解決節次

(가) 調 停　　調停은 當事者들이 합의에 의하여 분쟁을 해결하도록 法院이나 기타 국가기관이 주재하는 절차이다. 일반 民事事件의 調停에 관하여는 民事調停法(1990. 법 4202호)이 규율한다.[14] 그 밖에 家事調停(家訴 §49 이하), 勞動爭議調停(勞動爭議調停法 §22 이하), 醫療調停(醫療法 §54-2 이하) 등이 있다.

調停은 당사자의 다툼이 訴訟으로 발전하는 것을 막고 미리 해결할 수 있는 절차라는 점에서 提訴前和解와 비슷하다. 그리고 調停의 결과 和解가 성립하는 경우도 많다. 그러나 調停에 있어서 반드시 당사자 쌍방이 서로 讓步하여야 하는 것은 아니고 일방 당사자의 주장이 전부 관철되는 수도 있다. 民事紛爭의 當事者는 法院에 調停을 신청할 수 있고(民調 §2), 訴訟의 진행중이라도 法院은 필요하면 사건을 調停에 회부할 수 있다(民調 §6). 民事調停은 調停擔當判事가 처리하는데, 이 判事는 스스로 調停을 할 수도 있고, 調停委員會로 하여금

13) 李時潤, 654.

14) 民事調停法의 제정으로 종래 시행되던 借地借家調停法은 폐지되었고, 少額事件調停을 규정한 少審 §13도 삭제되었다.

이를 하게 할 수 있다(民調 §7 I·II). 그리하여 調停이 성립하면 裁判上和解와 같은 효력이 있다(民調 §29). 調停이 성립하지 않더라도 調停擔當判事나 調停長이 직권으로 조정에 갈음하는 決定을 할 수 있다(民訴 §30). 조정절차에서 조정에 갈음하는 決定이 없이 조정이 성립하지 않을 경우 당사자가 提訴申請을 하면 民事訴訟으로 옮겨 가게 된다(民調 §36).

일반적으로 당사자 사이의 분쟁 해결에 제3자가 개입하는 것을 調停이라고 하지만 그 모든 것이 법률제도로서의 調停이 되는 것은 아니다. 국가기관이 개입하여 분쟁을 해결하고 調停調書를 작성하여야 調停이 성립한 것이다. 그러므로 예컨대, 근로자와 사용자측이 해외 주재 노무관의 조정으로 紛爭事項을 종결하기로 約定하였다면 이는 노동쟁의조정법상의 알선이나 조정 또는 중재가 아니라 노무관의 개입으로 당사자간에 和解契約이 성립한 것으로 보아야 한다.[15)]

(나) 仲 裁 이는 당사자들이 분쟁의 해결을 私的 裁判機關이라고 할 수 있는 제 3 자(仲裁人)에게 맡기기로 하는 계약(仲裁契約)을 체결하고 분쟁이 생기면 그에 따라 仲裁人의 판정으로 해결하는 것을 말한다. 이것도 역시 당사자들이 자치적으로 서로 양보해서 분쟁을 해결하는 것이 아니기 때문에 和解와는 성질이 다르다. 仲裁判定은 당사자 사이에서는 법원의 確定判決과 같은 효력을 가지며(仲 §12), 이를 집행하려면 法院의 執行判決이 있어야 한다(仲 §14 I). 仲裁判定에 대하여는 상소가 인정되지 않고 單審으로 끝나며, 그에 하자가 있으면 法院에 仲裁判定 取消의 訴를 제기할 수 있다. 우리 나라에서는 仲裁法의 위임에 의하여 설치된 大韓商事仲裁院이 정한 商事仲裁規則이 중재절차에 관한 세부적인 사항을 정하고 있다(仲 §§4 III, 7 III). 仲裁에는 중재법에 의한 중재 이외에, 勞動災害에 관한 仲裁(勤基 §§88, 89), 勞動爭議에 관한 중재(勞動爭議調停法 §§30-39) 등 특별법이 규정한 仲裁가 있다. 근래 국제거래가 활발해지면서 그에 따른 분쟁해결 수단으로 國際仲裁가 각광을 받고 있다.

II. 和解의 要件

和解契約이 성립하려면 당사자 사이에 紛爭이 존재하여야 하고, 당사자들

15) 大判 80. 12. 9, 80다1616(集 28-3, 225).

이 處分權을 가진 사항에 관하여, 서로 讓步하여 合意에 도달함으로써 새로운 法律關係를 발생시키고 분쟁을 終止하여야 한다.

1. 紛爭의 存在

和解는 당사자 사이의 분쟁을 종지하는 것을 목적으로 하는 계약이므로 당사자 사이에 어떤 紛爭이 존재하는 것을 전제로 한다. 그러므로 구체적인 분쟁이 없으면 和解도 있을 수 없다.[16] 장래 발생할 紛爭의 예방도 목적으로 하는 佛民 §2044 I 이나, 權利의 존부가 의심스러운 경우도 포함하는 墺民 §1380 I, 당사자들의 不安定을 배제하는 것도 포함하는 獨民 §779 등과는 달리 우리 民法은 日民 §695와 같이 '紛爭의 終止'를 그 목적으로 명시하고 있다.

여기서 '紛爭'이 무엇을 의미하느냐에 관하여 견해의 대립이 있다. 紛爭을 法律關係의 存否, 範圍, 態樣 등에 관하여 당사자들의 주장이 일치하지 않는 것을 말한다고 보는 견해가 다수설이고,[17] 不明確한 法律關係를 확정할 필요가 있는 경우에도 분쟁이 있는 것이라고 보는 견해가 소수설이다.[18] 전자에 의하면 다툼이 없이 단순히 불명확한 法律關係를 확정하기 위한 계약은 화해가 아니라 일종의 無名契約이라고 한다. 후자에 의하면 이러한 경우도 분쟁에 포함되므로 和解가 되고, 따라서 民 §§732, 733이 적용된다고 한다.

생각건대 '紛爭'과 '불명확한 法律關係'를 개념상 구별하고 있는 다른 나라의 입법례에 비추어 볼 때 우리 民法이 적어도 표현상으로는 불명확한 법률관계를 화해계약의 대상에서 배제하고 있음은 부인할 수 없을 것이다. 소수설은 그럼에도 불구하고, 불명확한 법률관계를 확정하는 것도 和解에 포함시키는 외국의 立法을 해석으로써 우리 民法에 끌어들이려는 시도라고 할 수 있다. 다수설과 소수설의 차이는 不明確한 法律關係를 확정짓는 契約에 民 §§732, 733이 적용되는가에 있다. 그런데 이러한 契約을 화해계약이라고 하면 이 조문들이 직접 적용된다고 할 것이고 無名契約이라고 하면 이들이 필요에 따라 유추적용된다고 할 수 있기 때문에 실제로 어느 견해를 취하든 별 차이는 나지 않는다고 간단히 말할 수 있을 것이다. 그러나 이러한 契約의 내용과

16) 따라서 채권자와 채무자간의 잔존 채무액의 계산행위는 다른 특별한 사정이 없는 한 채무자가 채권자에게 지급할 채무액을 새로이 확정하는 채권자와 채무자간의 화해계약이라고는 볼 수 없다. 大判 84. 3. 13, 83다358(集 32-2, 3).
17) 郭潤直, 578; 金基善, 332; 金錫宇, 421; 金顯泰, 306; 註釋債各(Ⅱ), 709-10.
18) 金曾漢, 384; 李銀榮, 464.

성질상 民 §733이 적용될 수 있다는 점은 별로 의심스럽지 않으나, 民 §732는 문제가 된다. 이 점은 獨民 §799의 해석론에서도 제대로 논의하고 있지 않으나, 여기서 검토해 볼 필요가 있다.

本條는 당사자 사이에 紛爭이 있어서 그에 관하여 당사자들이 서로 讓步하여 합의를 하는 것을 和解라고 하였고, 이러한 契約에 대하여 民 §732는 이른 바 創設的 效力을 부여하고 있다. 이 두 조문의 관련성을 주의 깊게 살펴볼 필요가 있다. 和解의 창설적 효력이란 民 §732의 문언대로 하자면 한 당사자가 객관적으로 존재하는 權利를 양보하면 그 부분이 소멸하고 상대방이 그에 상응하는 權利를 취득하는 것을 말한다. 객관적으로 존재하지도 않는 權利의 양보를 法이 인정한다는 것이 논리적으로 어색하기 때문이다. 그러나 民 §732를 이렇게 엄밀히 새기면 이 조문이 적용되는 경우란 거의 없을 것이다. 분쟁관계에 있는 두 당사자가 주장하는 實體法上의 權利義務가 모두 객관적으로 존재하는 法律關係와 합치하는 경우는 거의 없을 것이기 때문이다. 어느 한 당사자의 주장만 객관적 진실에 합치하거나 아니면 두 당사자의 주장이 모두 진실에 합치하지 않는 경우가 대부분일 것이다. 그러므로 民 §732의 취지는 오히려 양 當事者가 주장하는 權利義務가 객관적 진실에 합치하는지 여부를 묻지 않고 일단 각기 그러한 權利義務가 존재한다고 想定하여 주고, 이를 기준으로 상호 양보하여 기존의 法律關係를 변경하는 것, 즉 새로운 權利義務를 창설하려는 것이라고 보아야 할 것이다. 그러나 不明確한 法律關係를 확정짓는 계약은 양 당사자가 서로 일정한 내용의 權利義務가 존재한다고 주장하는 것을 전제로 하지 않기 때문에[19] 어떤 법률관계가 존재한다고 想定할 것이 없다. 단지 당사자 사이에 法律關係가 존재하는지가 불분명하거나 그 내용이 불분명하여 이를 확정하는 것에 불과하다. 즉 이러한 계약은 법률관계의 존부나 그 내용을 確認하는 것이 그 내용이지 새로운 法律關係를 창설하는 것을 그 내용으로 하지 않는다. 이 점은 訴訟에서 確認의 訴가 새로운 법률관계를 창설하려는 목적으로 제기하는 것이 아니고, 이에 대응하는 確認判決에 형성력이 인정되지 않는 것을 보면 쉽게 알 수 있다.[20] 그러므로 전자는 形成的 行爲로서의 성질을 갖고, 후자는 確認的 行爲로서의 성질을 가진 것으로 서로

19) 만일 이를 전제로 한다면 紛爭이 있는 경우와 구별되지 않을 것이다.

20) 더구나 確認의 訴는 양 당사자가 일정한 權利義務의 존부를 '주장하고 다투는' 경우에 구체적인 權利侵害가 발생하지 않았지만 法的 不安이 있는 때에 인정됨에도 불구하고 形成的 效力을 주장하는 것이라고 인정되지 않는다.

구별된다. 이러한 의미에서 紛争이 있는 경우의 和解契約을 變更契約(Änderungsvertrag)이라고 하고, 不明確한 法律關係를 확정짓는 계약을 確認契約(Feststellungsvertrag)이라고 하는 것이다.[21] 따라서 不明確한 法律關係를 확정짓는 契約에는 성질상 民 §732가 적용될 여지가 없고, 本條가 말하는 紛争에는 이처럼 法律關係가 불명확한 경우는 포함되지 않는다고 새기는 것이 타당하다. 그러므로 이러한 契約은 확인적 행위의 성질을 갖는 일종의 無名契約이고, 다만 당사자들의 자발적 의사로 法律關係를 특정하였다는 내용 때문에 民 §733이 경우에 따라 유추적용될 수 있을 것이다.

2. 處分 可能性

和解는 처분 가능한 法律關係에 관하여 處分의 能力이나 權限을 갖고 있는 당사자에 의하여 체결되어야 한다. 이는 當事者의 양보가 다툼 있는 法律關係에 관한 處分이라는 성질을 가지기 때문이다. 이를 나누어 본다.

(1) 우선 和解의 대상 자체가 당사자들이 處分할 수 있는 것이어야 한다. 財産權은 원칙적으로 처분할 수 있는 것이어서 和解의 대상이 될 수 있다. 相續法上의 法律關係 중에서 재산적인 의미를 가지는 것, 예를 들면 相續回復請求權 같은 것은 화해의 대상이 될 수 있다. 家族法上의 법률관계 중에서 親子關係나 親族關係의 존부나 확인과 같이 당사자가 자유로이 처분할 수 없는, 즉 당사자가 어떻게 합의하든 변경시킬 수 없는 법률관계에 관하여는 和解가 인정되지 않는다.[22]

(2) 다음으로 和解의 當事者가 그 法律關係를 처분할 權限이나 能力를 갖고 있어야 한다. 그러므로 사망한 피해자의 遺族에게 慰藉料를 지급하기로 하는 화해를 한 경우에 그 慰藉料의 請求權은 그 유족들에게만 귀속된다 할 것이고 유족이 아닌 사람이 遺族代表者로서 위 약정에 관여하였다고 하여 그 사람에게 慰藉料請求權이 있다고 볼 수는 없다.[23]

문제가 되는 것은 주로 代理人에 의한 和解인데, 이러한 경우 和解를 할

21) 용어상 이렇게 구별하는 것은, AK-BGB-Dubischar, §779, Rz.7 참조. 그러나 독일에서는 이처럼 양자를 구별하는 Dubischar뿐만 아니라 일반적으로 확인적 효력과 형성적 효력을 제대로 구별하지 않는다. 이는 로마법의 영향으로 양자를 모두 和解의 대상으로 삼는 獨民 §799 때문인 것으로 보인다. 이러한 점에서 不明確한 法律關係를 和解의 대상에서 제외한 우리 民法의 태도가 체제상 더 우수하다고 생각된다.

22) 註釋債各(Ⅱ), 710. 墺民 §1382는 배우자 사이의 婚姻의 효력에 관한 다툼은 和解로 해결할 수 없고, 法律이 정한 法院의 裁判으로만 해결할 수 있다고 규정한다.

23) 大判 71.4.30, 71다456(集 19-1, 411).

권한이 代理權의 범위에 포함되어 있어야 함은 물론이다. 판례는 親權者의 和解에 관하여, "친권자 본인이 부상을 입어 가해자측과 손해배상에 관한 합의를 하는 경우 특별한 사정이 없는 한 미성년자인 자녀들 고유의 위자료에 관하여도 그 친권자가 법정대리인으로서의 합의도 함께 하였다고 보는 것이 우리의 경험칙에 합당하다"고 판시하였다.[24] 和解를 위한 代理權 없는 자의 화해에 관하여는 일반적인 無權代理나 表見代理의 법리가 적용될 것이다. 訴訟代理人은 일반적으로 소송수행에 필요한 일체의 訴訟行爲를 다 할 수 있고, 이 代理權은 제한하지 못하지만(民訴 §82 Ⅰ·Ⅲ), 裁判上和解를 함에는 特別授權이 있어야 한다(民訴 §82 Ⅱ ii). 소송당사자가 訴訟代理人에게 和解의 特別授權을 한 경우에 代理人이 재판외 화해, 즉 민법상 和解도 할 수 있는지가 문제될 수 있으나, 당사자가 민법상 和解는 제외하고 오로지 裁判上和解만 授權한 것이라고 볼 특별한 사정이 없는 한 和解契約을 할 代理權도 있다고 보는 것이 타당할 것이다.[25] 債權者代位權은 債務者의 채권에 대한 관리권이므로 代位權을 행사하는 債權者는 임의로 第三債務者와 화해를 할 수 없다. 破産管財人이 破産財團의 법률관계에 관하여 화해를 하려면 監査委員의 同意를 얻어야 한다(破 §187 xi).

3. 當事者들의 相互 讓步

和解는 당사자 쌍방이 서로 讓步하여야 성립한다. 한 당사자만이 양보한 경우는 和解가 아니라 權利의 拋棄이거나 상대방 권리의 承認이 된다.[26]

讓步에는 주장한 權利를 포기하거나 義務를 승인하는 것, 자신에게 불리한 法律關係를 발생시키거나 유리한 法律關係를 소멸시키는 것, 債權者가 채무의 이행기를 연장해 주거나 債務者가 期限의 利益을 포기하는 것 등이 포함된다. 讓步는 자신에게 불리한 처분을 하는 것이므로 讓步가 있었는지, 그 내용이 무엇인지를 확정함에 있어서는 當事者의 의사가 제대로 반영되었는지를 신중히 심리해야 한다. 判例는 원고가 피고 회사의 피용자인 운전사의 不法行爲를 내세워 100여만원의 상실이익과 10만원의 위자료의 지급을 구하는 소송

---

24) 大判 75. 6. 24, 74다1929(集 23-2, 146).

25) 朝高判 23. 6. 19(總 4-1(A) 835).

26) 權利를 주장하는 자가 그 주장을 포기하는 것을 自白이라고 설명하는 수가 있는데(註釋債各(Ⅱ), 711), 이는 엄밀한 의미의 自白이 아니다. 自白은 본래 상대방의 事實主張 중에서 자기에게 불리한 것을 시인하는 陳述을 말한다. 權利·法律關係 자체에 관하여 자기에게 불리한 진술을 하는 것을 權利自白이라고 하는 수가 있지만, 이는 소송에서 自白으로 취급되지 않는다.

에서, 원고와 피고 회사 사이에 원고의 손해에 관하여 그 중 치료비를 제외한 損害의 배상조로 5만원을 지급받기로 하는 내용의 和解가 이미 성립되었다고 원심법원이 인정한 사안에 관하여, "본소와 같은 청구를 할 수 있었던 원고가 특단의 사정 없이 금 50,000원을 받고 화해를 한다는 것은 이례에 속하는 사실이라 할 것이고, 원심이 피해자인 원고의 화해 당시의 사정이나 그 경위 및 화해가 계약서의 작성도 없이 이루어지게 되었던 이유 등의 특단의 사정에 관하여 아무런 심리판단을 하지 아니하였음은 심리미진으로 인한 이유불비의 위법이 있다"고 하여[27] 讓步가 이례적인 내용일 경우에는 신중하게 심리해야 한다고 판시하였다.

紛爭의 의미를 넓게 새기는 입장에서는 相互 讓步의 의미도 넓게 보아 당사자가 화해전 법률관계의 실체가 설혹 和解에 의한 법률관계와 다를지라도 후자를 받아들이겠다는 의도로 계약을 체결하였으면 그것으로 相互 讓步가 있는 것으로 본다. 그리하여 예를 들면 피해자가 가해자가 제시하는 손해배상액을 듣고 내심으로는 좀 더 받았으면 하면서도 그대로 수락한 경우도 양보한 것으로 본다. 그 근거로는 각자가 자기 주장에서 양보했다는 것은 법적으로 큰 의미가 없다는 점을 든다.[28] 그러나 앞에서도 언급하였듯이 구체적으로 분쟁이 있고 이를 종지하기 위하여 당사자들이 상호 讓步하는 것을 和解의 본질로 하고, 당사자들이 주장하는 權利義務를 일단 존재하는 것으로 상정하여 서로 양보한 내용대로 法律關係가 형성되는 것으로 하는 화해제도의 성질상 紛爭을 넓게 보는 견해는 타당하지 않고, 따라서 이를 전제로 讓步의 의미를 퇴색시키는 이 견해도 타당치 않다.

4. 法律關係의 變動

和解는 당사자들이 상호 讓步한 결과 종전에 주장하던 法律關係와는 다른, 즉 내용이 변경된 法律關係를 발생시키는 것을 내용으로 한다. 그 결과 당사자들은 새로운 내용의 權利義務를 부담하게 된다.[29] 和解의 목적이 되는 法律關係에 관하여는 法律行爲의 目的에 관한 일반 원칙이 적용된다. 특히 그

27) 大判 69. 5. 27, 69다392(要集 民 731, 1). 이와 마찬가지로 和解의 내용을 신중하게 심리해야 한다고 한 判例는, 大判 87. 4. 28, 86다카2348; 大判 92. 5. 12, 91다35823.

28) 李銀榮, 464-65.

29) 和解의 목적을 法律關係에 '갈음하여' 새로운 법률관계를 발생시키는 것이라고 하는 견해가 있으나(李銀榮, 465), 이 점에 관하여는 和解의 창설적 효력(§732)과 관련하여 뒤에 검토한다.

목적이 善良한 風俗 기타 社會秩序에 위반하여서는 안 되고(民 §103), 不公正한 것이어서도 안 된다(民 §104). 판례도 농촌에서 농사만 짓다가 처음 사고를 당한 無經驗者인 遺族이 사고로 가장을 잃고 경제적·정신적으로 窮迫한 상태에서 배상받을 수 있는 액수가 얼마인지도 모르는 상태에서 배상 받을 수 있는 금액의 1/8밖에 되지 않는 금액을 받기로 合意하고 合意書를 작성하였다면 이는 현저히 公正을 잃은 法律行爲라고 판시하였다.30) 和解의 내용이 強行法規에 위반한 것이어도 효력이 인정되지 않는다. 판례는 근로기준법에 의하여 구할 수 있는 遺族補償金등의 請求權은 근로기준법이 강행법규임에 비추어 合意에 의하여 아무런 영향을 받지 않는다고 하였다.31)

Ⅲ. 附隨的 合意

앞에서도 언급한 바와 같이 紛爭 當事者들이 이른바 合意라는 명목으로 분쟁을 종지하는 경우가 많은데, 이들 중 대부분이 양 당사자가 그 주장에서 일부씩 양보하는 내용이 포함되어 있어 和解에 해당할 것이다. 그런데 앞으로의 분쟁의 재발을 방지하고자 이러한 合意에 "이외의 民·刑事上 일체의 請求를 抛棄한다" 또는 "앞으로 일체의 民·刑事上 법적 분쟁을 하지 않기로 한다"는 附隨的 條項을 포함시키는 경우가 대부분이다. 이러한 조항을 일반적으로 不提訴特約이라고 한다. 그러나 이러한 合意를 반드시 不提訴特約이라고 보아야 하는지는 의문이다. 당사자들의 意思가 반드시 訴訟을 하지 않겠다는 것에 한정된 것인지, 아니면 일반적으로 그 밖에 잔존 權利가 있더라도 이는 포기하겠다는 것인지를 밝혀 그 성격을 구명하여야 할 것이다. 당사자들의 意思가 분명치 않으면 실체법상의 權利는 포기하지 않고 訴訟만 하지 않겠다는 意思라고 보기보다는 權利 자체를 포기하겠다는 意思로 새기는 것이 타당할 것이다. 그리하여 이러한 合意가 유효한 것임에도 불구하고 한 當事者가 이에 위반한 提訴를 하면 그 訴訟上請求는 실체법상 이유 없는 것이 되어 請求棄却判決을 받게 된다. 이러한 合意를 不提訴特約이라고 보면 訴訟行爲로서의 성격을 가지므로 意思表示에 흠이 있을 경우 取消가 제한되는 등 의사표시를 한

30) 大判 79.4.10, 78다2457(集 27-1, 252).
31) 大判 77.4.12, 76다2920(集 25-1, 152).

사람이 여러 가지 불이익을 받게 되며, 이는 契約上의 提訴禁止事由로서 合意에 위반하여 한 提訴는 權利保護資格이 불비되었다 하여, 즉 訴訟要件 不備로 訴却下判決을 받게 된다.

설사 그러한 合意를 不提訴特約이라고 보더라도 그 심리에 있어서는 신중을 요한다. 不提訴特約에 관하여는 종래 判例의 태도에 변천이 있었다. 초기에는 "원래 소권은 사인의 국가에 대한 공권이므로 당사자의 합의로써 국가에 대한 공권을 포기할 수 없는 것이며 이 법리는 민사소송에 있어서와 같이 행정소송에 있어서도 동일하다고 할 것"이라는 이유로 이 특약의 효력을 부정하였다.[32] 그러나 뒤에 행정소송에 관하여는 여전히 그러한 태도를 유지하면서,[33] 민사소송에 관하여는 태도를 바꾸어 "특약에 위반하여 제기한 訴는 權利保護의 利益이 없다"고 하여 그 효력을 인정하였다.[34] 통설도 不提訴特約은 사적 자치의 원칙상 당연히 효력이 있는 것으로 여기고 이를 제소금지 사유로 인정한다.

不提訴特約은 그 자체로는 私的自治의 원칙상 탓할 만한 제도는 전혀 아니다. 그러나 不提訴特約이 있다고 해서 기계적으로 提訴가 부적법하다고 처리하는 것은 부당하다. 不提訴特約이 提訴禁止事由가 되는 것은 그러한 계약으로 분쟁이 아예 없어졌을 것이기 때문이다. 그럼에도 불구하고 별다른 이유도 없이 그에 위반하여 다시 提訴하는 것은 權利保護資格이 없는 것이다. 그러나 合意를 한 뒤에 일방 당사자가 공과금등을 상대방에게 부담시킨다든가 하는 식으로 합의의 내용을 변경하는 행위를 하여 상대방이 契約을 解除한 경우와 같이 당사자 사이에 새로운 사실이 발생하여 다시 訴訟을 하는 경우까지 不適法하다고 보는 것은 타당치 않다. 그러므로 法院은 不提訴特約이 인정되더라도, 원고가 왜 訴를 제기하였는지를 심리해야 할 것이다. 이러한 관점에서 본받을 만한 判例가 있다. 특허분쟁 후에 和解를 하였는데, 다시 特許無效審判請求를 한 사건에 관하여 大法院은, 그 和解로 인하여 "이 사건 특허에 관하여 이 사건 당사자간에서는 다툼이 없어져 이 사건 특허무효심판청구인의 입장에서는 상대방으로부터 그 권리의 대항을 받을 염려나 이 사건 특허의 발명을 사용하리라는 추측이 없는 경우가 되었다고 일응 보여질 수도 있어, 그렇다면 위 특허에 대하여 위 청구인은 그 무효심판을 청구할 이해관계인으로서

32) 大判 61. 11. 2, 4293行上60.
33) 大判 95. 9. 15, 94누4455(公 1995, 1002).
34) 大判 68. 11. 5, 68다1665(總 民訴 14-1(A), 606-7(117)).

의 지위를 상실한 결과가 된 것이라고 볼 수 있으므로 이 사건 무효심판 청구는 부적법한 결과가 될 수도 있다 할 것이니 원심으로서는 위 화해 내용에 관하여 더 심리를 하여 이 사건 심판청구인이 이해관계인인 여부를 가렸어야 옳았다"고 하여 왜 提訴하였는지를 구체적으로 따져야 한다고 판시하였다.[35] 이 판결이 利害關係人여부를 따져야 한다고 한 것은 물론 特 §133이 無效審判을 청구할 수 있는 자를 利害關係人과 審査官으로 한정하였기 때문일 것이나, 어차피 일반 民事訴訟도 利害關係가 없는 자의 소송은 當事者適格이나 訴의 利益이 부정되어 허용되지 않으므로 이는 표현상의 차이일 뿐이다. 그러므로 이 판결의 취지를 不提訴特約의 존재를 형식적 심리로 인정하여 바로 權利保護의 資格을 부정하여서는 안 된다는 것으로 새길 수 있을 것이다. 우리 나라에서는 특히 不提訴特約이 악용되는 사례가 많으므로 더욱 신중한 심리가 필요하다. 최근 하급심판결 중에도 이러한 취지를 보인 것이 있다. 즉 不提訴合意가 있더라도 그것이 ① 포기하거나 처분할 수 없는 權利·法律關係에 관한 것, ② 일반적·포괄적인 訴權의 抛棄를 내용으로 하여 社會秩序에 반하는 것, ③ 불확정·불명확한 條件이나 期限을 붙이거나 묵시적·추상적 합의인 경우, ④ 일방 당사자가 상대방의 상대적 열세를 이용하여 합의를 하여 이를 인정하는 것이 공평과 신의칙에 반하는 경우 등에는 그 合意에 위반하여 提訴하더라도 부적법하지 않다고 판시하였다.[36] 이 특약의 악용을 막으려면 왜 不提訴特約이 있음에도 불구하고 또 訴를 提起하였는가를 신중히 심리하여야 하고, 특히 不提訴特約 자체가 당사자들의 진정한 意思의 合致로 성립한 것인지를 심리해야 할 것이다. 私的 自治는 형식적으로 적용할 것이 아니라 '진정한' 私的 自治에 의한 것인가를 실질적으로 심리하여야 하고, 비록 訴訟行爲라도 그것이 일종의 법률행위인 이상 행위자의 意思를 무시하여서는 안 될 것이다.

[胡 文 赫]

35) 大判 79. 3. 13, 77후50(集 27-1, 行 64).
36) 서울高判 93. 7. 9, 92나18377(下集 93. 2, 413).

第 732 條(和解의 創設的 效力)

和解契約은 當事者 一方이 讓步한 權利가 消滅되고 相對方이 和解로 因하여 그 權利를 取得하는 效力이 있다.

차 례

Ⅰ. 序　論

1. 立法趣旨

和解契約을 체결하면 후술하는 바와 같이 和解의 내용대로 법률관계가 변동되는 效力이 생긴다. 本條는 바로 이 점을 규정하고 있다. 和解에 이러한 創設的 效力을 인정한 것은, 和解가 분쟁사항에서 어느 당사자의 주장이 眞實인가를 묻지 않고 체결되는 것으로 보기 때문이라고 한다.[1] 그리하여 화해 전에 어떠한 법률관계가 있었는지와는 아무 관계 없이 和解의 내용대로 法律關係가 변동된다고 보게 되는 것이다. 화해계약 체결 후에 혹시 和解의 내용이 진실에 맞지 않거나 반대 사실의 확증이 나타나더라도 이미 서로 상대방의 讓步를 얻어낸 당사자들에게 契約의 준수를 요구할 수 있고, 또 요구하여야 하는 것이다. 만일 계약 당사자들이 이미 讓步한 것을 뒤에 다툴 수 있다고 하여서는 紛爭의 終止를 목적으로 하는 和解契約은 그 존립의 의의를 상실할 것이다. 그렇기 때문에 원칙적으로 和解契約에 이러한 창설적 효력을 인정하는 것이다.

2. 立 法 例

佛民 §2052는 "和解는 당사자 사이에 있어서는 종심에 있어서의 旣判力을 가진다"고 하여 和解契約이 마치 확정판결과 같은 효력을 가지는 것처럼 규정하였다. 그러나 이는 부정확하고 잘못된 표현이며, 그 의미는 이 契約으로 부담하게 된 債務를 이행하고 和解 전의 請求權을 재판상 주장하지 않을 의무

1) 註釋債各(Ⅱ), 717.

를 當事者들이 부담하며, 후자의 의무를 위반했을 때 상대방은 旣判力의 抗辯과 비슷한 和解의 抗辯을 할 수 있다는 것이라고 한다.[2] 그리고 해석상 和解契約은 權利를 근거짓는, 즉 權利를 발생시키는 효력은 없고 오로지 權利를 확정하는 效力(effet déclaratif)을 가지는 것이 원칙이라고 한다.[3]

墺民 §1387은 한 當事者의 權利가 전혀 존재하지 않는다는 것을 밝히는 證書가 새로 발견되더라도 적법하게 이루어진 和解를 실효시키지 않는다고 하여 우리 民法의 本條의 입법 취지에서 설명한 것과 같은 내용을 규정한다.

獨民은 和解의 효과에 관하여는 아무런 규정도 두고 있지 않다. 학설은 和解契約에 기본적으로 權利確定的 效力이 있음을 인정한다.[4] 日民 §696은 우리 民法 本條와 같은 태도로, 和解의 效果로서 종래의 권리의 유무를 불문하고 화해의 내용대로 權利가 移轉하거나 消滅한다는 취지를 규정한다.

Ⅱ. 和解의 效力

1. 效力 一般

和解契約이 체결되면 일단 당사자 사이에서 다투어졌던 法律關係가 계약의 내용에 따라서 특정된다. 이로써 당사자는 和解를 하기 전에 각자가 주장하던 法律關係를 더 이상 주장하지 못한다. 이처럼 和解契約은 法律關係를 특정하는 효력이 있다. 이를 '法律關係를 確定하는 效力'이라고 하면서 和解의 가장 中心的 效力이라고 하는 견해도 있으나,[5] 이를 뒤에 말하는 創設的 效力의 전제가 되거나 그 효력에 내재해 있는 효력이라고 보면 될 것이며, 이와 별도의 효력이라고 할 필요는 없다고 생각된다.[6]

분쟁이 있는 法律關係가 화해로 특정된다고 하지만 이 효력이 創設的인 것인지, 認定的인 것인지에 관하여는 구법시대에 학설의 대립이 심하였다고 한다.[7] 그러나 오늘날은 創設的이라고 보는 데에 異說이 없다. 다만, 和解가

2) Ferid, Das Französische Zivilrecht, Bd. 1, Frankfurt/M · Berlin 1971, 2 K 110.
3) 前註, 2 K 111.
4) 상세한 것은 뒤에서 우리 法의 해석과 관련하여 설명한다.
5) 郭潤直, 579; 註釋債各(Ⅱ), 718.
6) 여기서 創設的 效力의 의미와 確定的 效力과의 관계 등이 문제될 것이나, 이는 뒤에 상세히 논한다.
7) 郭潤直, 579 및 註釋債各(Ⅱ), 719 참조.

하나의 契約임을 근거로 그 효력이 창설적이냐 인정적이냐는 當事者들의 의사에 의하여 우선적으로 결정되어야 하고, 당사자들의 意思가 명백하지 않으면 創設的이라고 보자는 견해가 있다.[8] 생각건대 당사자 사이에 분쟁이 있었을 경우에 '相互 讓步'로 和解가 이루어지면 그 자체가 기존의 주장된 法律關係에 변동을 가져 오므로 創設的 效力을 갖게 되는 것이다. 그리고 前條에서 설명하였듯이 화해가 認定的(確認的) 效力을 가지는 것은 당사자 사이의 법률관계가 不明確하였던 경우에만 가능하다. 불명확한 법률관계를 확정하는 것은 和解契約이 아니라 일종의 無名契約이라고 보는 입장에서 이처럼 和解에 별도의 확인적 효력을 인정하는 것은 모순이다.

2. 創設的 效力

和解契約은 화해 전에 있었던 法律關係를 떠나서 양 當事者가 서로 양보하여 合意한 내용대로 法律關係를 변동시키는 效力이 있다. 이를 和解의 創設的 效力이라고 한다.

이러한 創設的 效力의 구체적인 내용에 관하여 本條는 當事者 일방이 讓步한 권리는 消滅하고 상대방이 그 權利를 取得하게 된다고 규정한다. 이 규정의 의미는 학자에 따라 달리 표현한다. 이 규정이 앞의 입법취지에서 설명한 바와 같이 종전의 眞實한 法律關係가 어떠하였느냐를 묻지 않고 和解된 내용대로 法律關係를 확정하는 것이 중심적 효력이고, 이러한 確定力이 創設的일 경우에는 이는 當事者 일방이 양보한 권리는 消滅하고, 상대방이 취득하는 것으로 한 권리는 그대로 取得되는 것으로 看做한다는 의미라고 설명하기도 한다.[9] 그리고 和解契約은 和解前 法律關係를 소멸시키고 和解契約의 법률관계를 발생시키는 효력, 즉 舊法律關係를 확정적으로 소멸시키고, 그 대신에 新法律關係를 발생시키는 효력을 말한다고 설명하기도 한다.[10] 判例는 "화해계약이 성립하면 특별한 사정이 없는 한 그 창설적 효력에 의하여 종전의 법률관계를 바탕으로 한 권리의무 관계는 소멸되는 것이므로 계약 당사자간에는 종전의 법률관계가 어떠하였느냐를 묻지 않고 화해계약에 의하여 새로운 법률관계가 생기는 것"[11]이라고 하여 후자와 같은 표현을 쓴다. 그리고 本條에 관

8) 郭潤直, 579.
9) 郭潤直, 579-80.
10) 李銀榮, 467.
11) 大判 92.9.22, 92다25335(公 932, 2981); 大判 89.9.12, 88다카10050(公 929, 1456).

하여 설명하면서 創設的 效力 자체에 관하여는 거의 언급하지 않고 法律關係의 確定에 관하여만 설명하는 경우도[12] 있다.

앞의 두 가지 설명은 같은 創設的 效力이라고 하면서도 전자는 한 당사자가 讓步한 부분만 消滅하고 다른 당사자가 取得한 부분만이 새로 發生한다고 하는 반면, 후자는 和解前 法律關係는 완전히 消滅하고 화해된 내용대로 완전히 새로운 法律關係가 생기는 것과 같은, 즉 更改와 같은 것으로 보는 것이 아닌가 하는 의문이 드는 표현을 쓰기 때문에 그 내용에 있어서 상당한 차이가 나는 것으로 보인다. 그리하여 후자의 입장에서는 종래의 법률관계는 이를 고려하지 않게 되므로 그에 따른 擔保 등이 당연히 消滅한다는 결론이 되는 것으로 보인다. 그러나 후자의 설명에 있어서도 和解 전의 法律關係 중에서 紛爭에 해당하지 않는 부분은 화해 후에도 그대로 존속한다고 하고 예를 들면 和解契約은 특약이 없는 한 損害賠償請求權의 소멸시효 진행에 영향을 미치지 않는다고 함으로써[13] 실제로 그 내용은 전자와 같은 것으로 보인다.

그러나 이러한 설명들은 어느 것도 적절하지 않다고 생각된다. 이처럼 和解契約의 효력에 관하여 여러 가지 설명이 등장하는 것은 本條가 '創設的 效力'이라는 표제를 붙이고 '消滅', '取得' 등의 표현을 쓰기 때문인 것으로 보인다. 예를 들어, 매도인과 매수인 사이에 어느 동산을 500만원에 매매하기로 계약을 하였는데, 매도인은 그 가액이 적절하다고 주장하고 매수인은 300만원이 적정가격이라고 주장하여 분쟁이 생긴 경우에, 당사자들이 400만원으로 가액을 조정하여 화해를 하였으면, 300만원 부분은 분쟁의 대상이 아니므로 영향을 받지 않고 매도인의 매매대금청구권 중 100만원 부분이 확정적으로 소멸하고, 매수인은 100만원의 매매대금 지급 채무를 면제받는다고 설명할 수 있을 것이다. 그러나 이 예에서 물건의 가액에 관하여는 아무런 분쟁이 없고, 대금 지급 시기에 관하여 매도인은 96. 2. 1.이라고 주장하고 매수인은 96. 5. 1.이라고 주장하여 분쟁이 발생하여 96. 4. 1.에 지급하기로 화해가 이루어진 경우에는 무엇이 消滅하고 무엇이 取得되었는지를 설명하기가 곤란하다. 굳이 설명하자면 매도인은 두 달간의 지연이자 청구권을 상실하였고, 매수인은 한 달간의 기한의 이익을 상실하는 것이 和解契約의 내용이라고 할 것이나 이는 매우 어색한 설명이다. 이처럼 창설적 효력이라는 표현에 얽매여서 무엇이 소멸하

12) 註釋債各(Ⅱ), 718-22.
13) 李銀榮, 468.

고, 무엇을 취득한다고 설명하는 것보다는 매매계약의 내용이 96. 4. 1.에 대금을 지급하는 것으로 '變更'되었다고 설명하는 것이 간편하다. 매매계약의 履行地에 관한 다툼을 和解로 해결한 경우에도 마찬가지이다. 消滅하고 取得하는 것은 계약 당사자들의 교통비와 물건 운송비의 차액에 불과할 것이나 이러한 설명은 어색하다. 뿐만 아니라 앞에서 예를 든 물건의 가액에 관한 화해에 있어서도 300만원 부분에는 분쟁이 없고 100만원씩 양보하여 400만원으로 화해가 이루어졌다고 설명하는 것보다는, 매매대금에 관하여 분쟁이 있었고, 양 당사자가 서로 양보하여 매매대금이 500만원에서 400만원으로 '變更'되었다고 보는 것이 자연스럽다. 더구나 계약의 내용 자체가 불분명하고 양 당사자가 각기 500만원과 300만원을 주장하고 있을 뿐인 경우에는 더욱 무엇이 소멸하고, 무엇을 취득하였다고 설명하는 것은 불가능하다.

독일에서 和解契約이 기본적으로는 確認的 法律行爲(Feststellungsgeschäft)라고 보고[14] 이는 更改의 효력은 없다고 하면서, 그 구체적 내용에 관하여는 獨民 §305의 變更契約(Änderungsvertrag)이라고[15] 설명하는 것이 보통이다.[16] 다만 獨民 §305의 變更契約은 이미 확실하게 체결되어 분쟁이나 불확실한 점이 없는 契約의 내용을 변경하는 것인데, 和解契約은 이와 달리 분쟁이 있거나 불확실한 법률관계를 각기 주장하는 내용에서 변경한다는 것뿐이라고 한다.[17] 和解로 인하여 본래의 계약 내용이 變更되는 것을 그 구체적 내용을 분석하여 일정 부분의 소멸과 다른 부분의 취득으로 표현할 수도 있을 것이고 法學에서 그러한 방법의 해석론도 자주 등장한다. 그러나 이렇게 하면 그 消滅과 取得의 요건과 효과를 별도로 고려하게 되고 그러면 消滅時效나 擔保의 존속 등을 설명하기가 어려워 지는 단점이 있다. 擔保의 존속 여부나 消滅時效는 변경된 내용에 그 부분이 포함되어 있는가를 보아 처리하면 될 것이다. '變更'을 설명할 수 있는 제도가 우리 법에 없다면 모르되 變更契約의 성질을

14) 이 Feststellung이란 표현을 우리 말로 認定, 確認 또는 確定 등 경우에 따라 여러 가지로 옮길 수 있을 것이다. 우리 법의 해석론에서 認定的 效力이라는 표현을 쓰지만, 이는 기존의 법률관계를 변경시키는 내용은 포함하지 않기 때문에 여기서 말하는 變更을 포함하는 의미의 Feststellung(이런 경우는 변경하여 확정해 둔다는 의미일 것이다)과는 다른 것으로 보인다. 여하튼 독일에서 이러한 Feststellung을 특히 강조하는 것은 獨民 §779가 불확실한 法律關係도 和解의 대상에 포함시키고 있기 때문일 것이다.

15) 獨民은 채권법 중 계약편의 모두에 §305를 두어 設定(Begründung)이라는 표제 하에 "債權關係를 法律行爲를 통하여 설정하거나 債權關係의 내용을 변경하려면 법률에 다른 규정이 없으면 당사자들 사이에 契約이 있어야 한다"고 규정한다.

16) MünchKomm-Pecher, §779, Rdnr.21.

17) Staudinger-Marburger, §779, Rdnr.36.

가진 和解契約이 있는데, 이를 별도로 消滅과 取得으로 설명하는 것은 불필요한 우회에 불과하기 때문에 적절하지 않다.[18] 本條가 創設的 效力이라는 표제 아래에 消滅과 取得을 언급한 것은 '變更'에 대한 종래의 고정관념에서 온 것이며, 이는 '變更'을 그렇게 표현한 것이라고 새기는 것이 타당하다. 本條의 입법취지가 화해 전에 어떠한 법률관계가 있었는지와는 아무 관계 없이 和解의 내용대로 法律關係가 변동된다고 보고, 계약 체결 후에 혹시 和解의 내용이 진실에 맞지 않거나 반대사실의 확증이 나타나더라도 이미 서로 상대방의 讓步를 얻어낸 당사자들에게 契約의 준수를 요구할 수 있도록 하자는 것이라면 이처럼 法律關係의 내용이 화해의 내용대로 변경되었다고 보는 것으로 충분하지, 굳이 무엇이 消滅되고, 무엇을 取得하였다고 보아야 할 이유는 없는 것이다.

3. 債權的 效力

和解契約도 역시 채권계약이므로 당사자 사이에만 효력이 생김은 물론이다. 그러므로 甲과 乙 사이에서 不動產 所有權을 두고 다툼이 있었지만 화해 결과 甲의 소유로 하기로 하고 등기를 마쳤다 하더라도 이는 제 3 자인 丙에게는 아무런 효력이 없기 때문에 丙은 자신이 소유자라고 주장할 수 있다. 다만 계약 당사자의 特別承繼人은 그 계약의 효력을 받는다.[19] 이 점은 裁判上和解의 경우도 마찬가지이다. 裁判上和解의 효력인 旣判力도 그 화해 당사자에게만 미치기 때문에 제 3 자를 구속하지는 못한다.

[胡 文 赫]

18) 이와 비슷한 경우가 民訴 §235의 請求變更이다. 그 법적 성격을 新訴의 追加的 倂合과 舊訴의 取下라고 보는 것이 일반적이나, 이는 民訴 §235가 없다면 해석론으로 요건과 효과를 정하여야 하고 그러한 필요에서 법적 성격을 이처럼 보는 것이 필요할지 모른다. 그러나 民訴 §235가 엄연히 請求變更의 요건을 규율하고 있으므로 그대로 처리하면 되는 것이지, 請求變更의 법적 성격을 따로 논하거나 舊訴 取下의 요건 따위를 請求變更의 요건에 덧붙이는 것은 제도를 더 복잡하게 만드는 불필요한 일이다.

19) 李銀榮, 468-69.

第 733 條(和解의 效力과 錯誤)

和解契約은 錯誤를 理由로 하여 取消하지 못한다. 그러나 和解當事者의 資格 또는 和解의 目的인 紛爭 以外의 事項에 錯誤가 있는 때에는 그러하지 아니하다.

차 례

Ⅰ. 本條의 內容과 沿革

1. 本條의 內容

(1) 本條는, 화해계약의 성립과정에서「착오」가 있는 경우에, 이를 이유로 하여 그 계약의 효력을 다툴 수 있는가, 만일 있다면 어떠한 요건 아래 이를 할 수 있는가를 정한다.

원래 화해계약에 착오가 있는 경우, 즉 和解錯誤(Vergleichsirrtum)를 어떻게 처리할 것인가의 문제는, 뒤의 2.에서 보는 대로, 일찍이 로마법 이래로 빈번하게 논의되어 온 바이고, 각국의 입법례도 다양하다. 本條는 이 문제에 대하여 立法的인 解決을 주려는 것이다. 그리하여 화해계약은 착오를 이유로 하여 그 효력을 다툴 수 없다는 原則을 선언하고(本條 本文), 다만 그 착오가 "和解當事者의 資格 또는 和解의 目的인 紛爭 이외의 事項"에 관한 것인 경우에 한하여 例外인 것으로 정한다(本條 但書).

(2) 和解는 당사자 사이에 일정한 紛爭이 있음을 전제로 하여 그 분쟁을「相互의 讓步」에 의하여 終止시킬 것을 내용으로 하는 契約이다(民 §731). 그러나 일단 일어났던 분쟁이 이러한 화해계약만에 의하여 영구히 終熄되지 아니함은 우리가 드물지 않게 경험하는 바이다.

분쟁의 再燃은 대체로 두 가지 이유에서 일어난다고 생각된다. 하나는 화해계약이 적절하게 이행되지 않았다는 당사자(쌍방 또는 일방)의 불만이고, 다른 하나는 화해계약의 성립 또는 내용 그 자체에 대한 불만이다. 本條는 기본적으로 그 중 後者 중에서 일정한 原因事由(즉 화해의 목적인 분쟁에 대한 착오)에 대하여 그것이 법적으로 일절 고려되지 아니함을 선언함으로써 미리 紛爭의 再發을 막고자 하는 취지에서 나온 것이라고 하겠다(뒤의 3.(3)도 참조).

그러나 화해 자체가 하나의 계약인 이상, 契約, 나아가서는 법률행위에 관한 규정은 일반적으로 이에 적용된다고 하여야 한다(이에 대하여는 뒤의 Ⅲ. 참조). 다만 錯誤의 일정한 경우에 한하여 本條는 예외적으로 상당한 立法理由에 의하여 그 적용을 제한하는 것이다. 本條의 이러한「예외적 성격」은 그 해석에 있어서도 충분히 고려되어야 한다.

(3) 민법은 意思表示의 錯誤 일반에 대하여 總則編에서 규율하고 있다(民 §109). 이에 대한 예외는 거의 보이지 않는다. 다만 本條에서 화해착오에 대하여 特則을 두고 있을 뿐이다.[1]

그 외에 민법은 認知錯誤에 대하여 §861에서 정하고 있다.[2] 그 규정은 "重大한 錯誤로 인하여 認知를 한 때"에는 "錯誤를 안 날 … 로부터 6월 내에 法院의 許可를 얻어 이를 取消할 수 있다"고 정한다.[3] 그런데 여기서 정하는「重大한 錯誤」란 결국 民 §109에서 말하는 "법률행위의 내용의 중요부분의 착오"와 다를 바 없다고 이해된다.[4] 그러므로 결국 民 §861은 착오가 법률행위에 영향을 미치게 되는 要件에 관하여는 特則이라고 할 수 없는 것이다.

그러나 本條에서 정하는 和解錯誤의 경우가 그렇지 아니함은 명백하다.

---

1) 또한 민법은 遺贈의 拋棄나 承認는 취소하지 못하는 것으로 정하는데(§1075 Ⅰ), 그 경우에도 "總則編의 規定에 의한 取消"는 허용된다(§1075 Ⅱ에 의한 §1024 Ⅱ의 준용).

2) 물론 주지하는 대로, 주로 親族法上의 法律行爲, 특히 민법이 특히 詐欺와 強迫만을 취소사유로 明定하고 있는 법률행위(가령 婚姻에 관하여 §816 iii, 離婚에 관하여 §838, 入養에 관하여 §884 iii 등)에 대하여 錯誤를 이유로 하는 取消가 허용되는가에 대하여는 論議가 있다.

3) 認知의 取消는 나類 가사소송사건이다. 家訴 §2 Ⅰ가 (2) vii 참조. 한편 가사소송법상 認知取消의 請求는 訴로써만 할 수 있도록 되어 있는 점에 비추어 보면(家訴 §26 Ⅰ 참조), "法院의 許可를 얻어"라는 문언은 앞뒤가 맞지 않는다고 할 것이다. 이 점을 지적하는 것으로 우선 金疇洙, 註釋 親族·相續法, 제2전정판(1993), 332이 있다.

4) 가령 金疇洙(註 3), 同所는, "重大한 錯誤는 그러한 일이 있었던들["없었던들"의 잘못?] 認知하지 않았을 것이라는 정도의 錯誤를 말한다"(꺾음괄호 안은 引用者의 附記)고 하여, 민 §109의「중요부분」의 解釋에 관한 通說과 같은 설명을 한다.

그런데 本條와 관련하여서는 특히 錯誤의 一般法理와의 관계에서 많은 이론적인 문제가 제기된다. 우선 本條에서 「和解當事者의 資格」에 관한 착오와 「화해의 목적인 분쟁 이외의 사항」에 관한 착오가 어떠한 관계에 있는지 반드시 명확하지 아니하다. 나아가 다수설이나 판례는 動機錯誤는 원칙적으로 「고려되지 않는다」, 즉 법률행위의 효력에 영향을 미치지 않는다는 태도를 취하는데, 本條에서 예외적으로 고려될 수 있는 것으로 정하여진 "和解當事者의 資格 또는 和解의 目的인 紛爭 이외의 事項"에 관한 착오는 과연 動機錯誤인가 아닌가, 만일 동기착오라면 그 예외적 고려의 법적 근거는 무엇인가 하는 문제가 있다. 뒤에서 보는 대로 독일에서는 이러한 和解錯誤에 관한 獨民 §779이 소위 「行爲基礎論」, 그 중에서 「主觀的 行爲基礎論」이 제기되어 일반적으로 승인되는 단서를 이루었던 것이다. 그러나 과연 우리 민법에서도 그러한 설명틀을 받아들어야 할 것인지 검토를 요한다.

한편 判例는 本條 但書에서 정하는 "화해의 목적인 분쟁 이외의 사항"이란 무엇인가에 대하여 일정한 내용의 판시를 거듭하여 이제 判例準則이라고 불러도 좋을 것을 확립하고 있다. 그러나 과연 그 판시가 적절한지에 대하여는 의문이 없지 않다.

2. 和解錯誤에 관한 立法例

(1) 로 마 法

화해착오는 로마법에서도 문제되었다. 古典로마법에서 「和解(transactio)」는[5] 대체로 권리자가 자신의 訴權을 포기하는 대신에 의무자가 義務를 승인하고 이를 그 자리에서 이행하거나 또는 장래의 이행을 問答契約(stipulatio)으로 약속하는 不要式의 約定이었다.[6] 이러한 화해에 있어서 그 화해의 대상이 된 분쟁 자체에 관한 착오는 고려되지 않으며 따라서 和解給付의 返還請求는 허용되지 않는다는 법리가 승인되었다고 지적되고 있다(C. 2, 4, 29; Paul. D. 12, 6, 65 §1 등).[7]

---

5) 이에 대한 古典的 定義는 Ulp. D. 2, 15, 1에서 보인다. 즉 "무릇 화해를 하는 자는 疑心스러운 事項(res dubia) 그리고 不確定이고 未決인 다툼에 대하여 체결한다. 이와 달리 증여의 의사로써 약속을 하는 자는 은혜적으로 확정적이며 의심 없는 권리를 면제한다."

6) 그 외에 게르만법이나 중세법에서의 「和解」에 대하여는 우선 Friedrich Ebel, Berichtung, transactio und Vergleich(1978), S. 50ff.; St. Chr. Saar, Vergleich, in: Handwörterbuch zur deutschen Rechtsgeschichte, Bd. 5(35. Lieferung, 1992), Sp. 723ff. 참조.

7) C. 2, 4, 29: "일반적인 화해에 의하여 이루어진 해결이 그 후 어떠한 구체적인 사정이 발견되었다는 이유로 효력을 상실하는 것은 법이 금하는 바이다." 또한 Paul. D. 12, 6, 65 §1: "화해에 있어서 공여된 것은, 설사 그것이 의심스럽지 않다고 하여도, 그 반환

한편 화해의「기초」에 착오가 있었던 경우에 대하여는 法文이 錯綜되어 있다.[8] 가령 相續人이 타인을 공동상속인으로 오인하여 그와 相續財產을 分割한 경우에 대하여, Pomp. D. 41, 3, 29은, 表見共同相續人은 인도된 물건을 취득(정확하게는 usucapio 즉 시효취득)할 수 없는데, 和解에 의한 경우에는 그러하지 아니하나 다만 표견상속인도 스스로를 상속인이라고 믿고 있었던 때에는 眞正한 相續人의 占有(possesio)를 표견상속인에게 대항할 수 있다고 한다. 그러나 C. 2, 4, 23은 상속인으로 여겨진 사람이 相續債權者와 和解를 하였는데 후에 그가 상속인이 아닌 것으로 밝혀진 경우에 대하여, 표견상속인의 부당이득반환소권(condictio)을 부인하고 있다. 한편 C. 2, 4, 42은, 화해가 僞造文書를 근거로 하여 체결된 경우에 대하여는 그 효력을 소멸시킬 수 있다고 한다.

(2) 프랑스민법은 和解錯誤에 관하여 §2052 Ⅱ부터 §2058까지 7개의 조항을 두었다. 그러나 이 부분은 민법 중 가장 不備한 부분의 하나로 일치하여 지적되고 있으며,[9] 이 규정들의 내용은 불명료한 점이 극히 많으며 이들을 一貫하여 설명할 수 있는 理論은 수립하기 어렵다고 한다.

그에 의하면, 화해(transaction)는「法律의 錯誤(erreur de droit)」또는「損害(lésion)」을 이유로 하여 취소할 수 없다는 것을 原則으로 하고(§2052 Ⅱ), 이어서 6개의 예외를 두어 그 경우에는 화해를 취소할 수 있든가 무효인 것으로 정한다(§§2053 내지 2058). 그런데 이 예외 중에는 가령 "화해의 기초가 된 證書가 후일 진정하지 아니한 것으로 판명된 경우"(§2055)나 "화해가 이미 확정판결에 의하여 판단된 事項에 관하여 일방 또는 쌍방의 그에 관한 不知 아래 행하여진 경우"(§2056 Ⅰ)는 이해가 되나, 가령 "당사자 또는 분쟁의 목적에 대한 착오(erreur dans la personne ou sur l'objet de la contestation)가 있는 경우에 화해는 취소될 수 있다"는 규정(§2053 Ⅰ) 등에 대하여는[10] 그 意味의 不明이 두드러진다.[11]

을 청구할 수 없다. 왜냐하면 다툼이 있는 경우라면, 그 다툼을 종결시키는 것이 바로 原因이 되기 때문이다."

8) Hedemann, Der Vergleichsirrtum nach dem Recht des Deutschen Reiches(1903)은, 이 錯綜된 法文을 정리하여, "確實한 것으로 基礎에 놓여진 사정이 사실에 일치하지 않으면 화해의 무효를 가져온다"는 것(「基礎原理」)이 로마法의 法理임을 주장하였다.

9) 그 이유는, 프랑스민법전의 입법자들이 거의 全的으로 의존하였던 포티에(Pothier. 1699-1772)가 이에 관한 체계적 저작을 쓰기로 약속하였으나, 그 전에 사망하였기 때문이라고도 한다. Colin et Capitant, Cours élémentaire de droit civil français, 5. éd(1928), t. 2, p. 724 참조.

10) 이상의 세 규정, 즉 §§2053 Ⅰ, 2055, 2056 Ⅰ이 뒤에서 보는 대로 和解錯誤에 관한 中民 §738에서 착오로 인한 취소가 인정되는 예외적 사유로 정하여졌다.

11) 그 외에 "無效인 證書의 履行으로(en éxécution d'une titre nul) 화해가 행하여진 경우"(§2054)나 "計算의 錯誤"(§2058)는 일반적으로 효력이 제한되며, 나아가 "당사자가

(3) 독일민법에서 和解(Vergleich)는 1個條에서 규율되는데(§779), 그것이 화해계약의 定義와 아울러 화해착오를 다루고 있다. 즉 그 제1항은, "법률관계에 관한 당사자 간의 다툼 또는 불명확을 상호의 양보에 의하여 제거하는 계약(和解)은, 그 계약의 내용상 확정된 것으로서 그 기초가 된 사실이 실제에 부합하지 아니하고 또한 그러한 사정이 알려진 경우에는 그 다툼 또는 불명확이 발생하지 아니하였을 경우에는, 效力이 없다"라고 정한다.[12)]

이 규정의 成立의 經過는 다음과 같다. 第1草案 §667은[13)] 우선 "화해의 유효성은 당사자가 다툼 또는 불명확의 대상인 事情에 대하여 착오를 일으켰다는 것에 의하여 영향을 받지 아니한다"고 하고(제1항), 이어서 "그러나 契約締結에 있어서 당사자가, 다툼 또는 불명확의 발생을 방지하기에 족한 일정한 사정이 존재하지 아니함을 명시적 또는 묵시적으로 前提한 경우에는, 그러한 사정[의 존재]을 화해 후에 비로소 인식한 당사자는, 和解가 解消되는 것을 요구할 수 있다(verlangen, daß der Vergleich rückgängig gemacht werde)"(제2항 제1문)고 정한다.[14)] 그런데 이에 대한 審議過程에서 상당한 修正이 행하여졌다. 첫째, 제1항은 "和解의 性質上 당연한 이치"라고 하여 삭제되었다. 둘째, 제2항에 대하여도 "同項이 규정하는 바와 같은 事情은 마치 解除條件의 성취에 의하여 화해계약이 무효로 되는 것과 다름없는데, 이는 和解에 한정된 것이 아니며, 또 明文을 필요로 하지 않는다"고 하여 역시 削除를 주장하는 의견이 유력하였다. 그러나 이에 대하여 다수의견은 대체로 다음과 같은 고려에 의하여 명문으로 無效로 정하기로 하였다. 즉 解除條件의 성취로 보아야 한다는 주장은 물론 정당하다. 그러나 이 條件成就의 효과로서 당사자가 의도하는 바는 반드시 항상 無效라고는 단정할 수 없고, 경우에 따라서는 解除權을 유보하거나 取消權을 가지는 것일 수도 있다. 결국 契約의 解釋에 의하여 정하여질 문

공통적으로 가지는 다수의 사항에 대하여 일반적으로 이루어진 화해"는, 당사자 일방이 保持하면서 은비하였던 증서가 후에 발견된 경우에는, 예외적으로 효력이 제한된다(§2057 Ⅰ).

12) §779 Ⅰ BGB: "Ein Vertrag, durch den der Streit oder die Ungewißheit der Parteien über ein Rechtsverhältnis im Wege gegenseitigen Nachgebens beseitigt wird(Vergleich), ist unwirksam, wenn der nach dem Inhalte des Vertrags als feststehend zugrunde gelegte Sachverhalt der Wirklichkeit nicht entspricht und der Streit oder die Ungewißheit bei Kenntnis der Sachlage nicht entstanden sein würde." 그 제2항은 "어떠한 請求權의 實現이 불확실한 경우에 이는 法律關係에 관한 不明確과 동시된다"고 정한다.

13) 그에 앞서서 和解의 定義에 관한 규정(§666)이 있다.

14) 제2항 제2문은 이 청구권에 대하여 부당이득의 반환범위에 관한 제1초안 §744를 준용한다.

제이다. 그러나 화해계약에 있어서는 계약의 성질 및 목적으로 보아, 항상 이를 無效라고 하는 것이 당사자의 통상의 의사에 적합할 것이다는 것이다.[15)]

이와 같이 獨民 §799은, 錯誤가 고려되는 경우에도 일반적으로 그 법률효과는 착오자에게 取消權이 부여되는 것인데(獨民 §119 참조) 여기서는 일정한 착오에 대하여 바로 화해의 無效(Unwirksamkeit)를 정하는 점에 특징이 있다. 이 규정의 배경 아래서 독일에서는 화해착오의 문제를, 한편으로는 어떠한 착오가 위 규정에 의하여 바로 和解를 무효로 만드는가 하는 문제, 즉 위 규정이 정하는 要件의 解釋問題라는 관점에서, 다른 한편으로는 위 규정과 錯誤의 一般規定(즉 獨民 §119)과의 관계는 무엇인가 하는 관점에서 접근한다.

학설은 일반적으로 이들 문제를 화해착오의 대상에 좇아 셋으로 나누어 살펴본다.[16)] 첫째는 화해에 의하여 규율되는 바의 다툼 있거나 불명확한 事項, 둘째는 확고한 화해기초, 셋째는 화해계약상의 새로운 규율 그 자체이다.

첫째 사항에 대하여는 當事者의 일방 또는 쌍방이 착오에 빠졌어도 착오의 주장은 허용되지 않는다고 한다. 이는, 다툼 있거나 의심스러운 사항을 그 실제의 상태가 어떠한가에 관계 없이 새로이 규율하여, 다툼이나 불명확을 종국적으로 제거하고자 하는 것이 和解의 存在理由이기 때문이다. 그러므로 당사자들이 「실제의 상태」를 근거로 하여 화해의 효력을 다투는 것은 허용되어서는 안 된다. 다시 말하면, 당사자들은 화해에 의하여 화해의 대상에 대한 錯誤危險(Irrtumsrisiko)을 인수하는 것이다.

다음 確固한 和解基礎(feste Vergleichsgrundlage), 즉 獨民 §799에서 정하는 일정한 事情의 착오에 대하여는 위 규정이 특별히 규율한다. 그리하여 쌍방의 이에 대한 착오는 和解를 無效로 한다. 통설은 이 법리를 착오와는 평면을 달리하여 소위 「主觀的 行爲基礎」의 理論에 의하여 설명한다.[17)] 그러나 당사자 일방의 그에 관한 착오에 대하여는 一般規定이 적용되어, 착오자는 화해를 취소시킬 가능성이 있다. 그러나 실제로 거의 예외없이 그러한 착오는 考慮될 수 없는 動機錯誤에 해당하기 때문에, 그 취소주장은 받아들여질 여지는

15) Protokolle, Bd. 2, S. 529ff. = Mugdan, Bd. 2, S. 1016f.

16) 우선 Staudinger/Marburger(12. Aufl., 1986), §779 Rn. 74; Soergel/Mormann(12. Aufl., 1986), §779 Rn. 18 참조.

17) Larenz, Schuldrecht, Bd. I, 14. Aufl.(1987), §7 Ⅳ(S. 96); Esser/Weyers, Schuldrecht, Bd. Ⅱ, 7. Aufl.(1991), §42 Ⅲ 2 a(S. 366); Palandt/Thomas, §779 Anm.5; Staudinger/Marburger, §779 Rn. 63 등 참조. 또한 판례도 그러하다고 한다. BGH WM 1971, 1120; 1976, 566 등 참조.

별로 없다고 한다. 다만 信義則이 적용될 여지는 인정된다.

마지막으로 화해계약 그 자체에 관하여는 一般規定(獨民 §119)이 적용된다. 그러므로 화해에 있어서의 表示錯誤나 內容錯誤, 나아가 「거래상 본질적인 性狀錯誤」는 일반적으로 고려된다.

(4) 스위스에서는 화해에 대하여 별도의 규정을 두지 않고 있다. 따라서 여기서는 화해착오는 착오에 대한 일반규정(瑞債 §§23 내지 26)에 의하여 규율된다. 學說에 의하면, 화해의 대상이 된 사항에 대하여는 착오의 문제는 생기지 아니하고, 그 외의 사항에 대하여는 錯誤의 一般規定에 따른다고 한다.

Ⅱ. 本條의 立法過程과 立法趣旨

1. 本條의 立法過程

(1) 依用民法이나 그 「改正新版」인 滿洲國民法에는 本條에 상응하는 규정을 찾을 수 없다. 그런데 우리 민법에 和解錯誤에 관한 규정을 두기로 하는 결단이 입법과정의 어느 단계에서 이루어졌는지는 이를 알 수 있는 자료가 아직 없다. 가령 「民法典編纂要綱」에서는 이를 찾아볼 수 없다.

어쨌거나 民法案 §726은 "和解契約은 착오를 이유로 하여 取消하지 못한다. 그러나 和解當事者의 資格 또는 和解目的物에 대하여 重大한 錯誤가 있는 때에는 그러하지 아니하다"라는 내용이었다. 이것이 中民 §738 iii("和解는 錯誤를 이유로 하여 이를 撤銷[철소. 「取消」를 의미한다]할 수 없다. 다만 다음의 하나의 경우에는 그러하지 아니하다. … 3. 當事者의 一方이 相對方의 資格에 대하여 또는 重要한 爭點에 대하여 착오가 있어 화해를 한 때[當事人之一方對於他方當事人之資格或對於重要之爭點有錯誤而爲和解者]")에서[18] 왔다고 보아도 큰 잘못은 없

18) 그 외에도 中民의 §738 i은 "화해가 의거한 바의 문서(和解所依據之文件)가 그 후 위조 또는 변조된 것으로 밝혀지고, 화해의 당사자가 만일 그 위조 또는 변조의 사실을 알았다면 화해를 하지 아니하였을 것인 때"를, §738 ii은 "화해[의 대상이 된]사건이 이미 確定判決을 거친 사실을 당사자 쌍방이 화해 당시 알지 못하였을 때"를, 예외적인 고려사유로 정하고 있다. 한편 中民 §738 iii에서 정하는 바의 「당사자의 자격」에 관하여 착오가 있는 경우에 대하여는, 착오에 관한 일반규정인 中民 §88 Ⅱ이 「당사자의 자격」에 관한 착오를 고려되는 것으로 明定하고 있으므로, 不必要한 規定이라고 이해되고 있다. 또한 「重要한 爭點」에 관한 和解錯誤의 예로서는, 뒤의 Ⅲ.1.(2)에서 보는 바와 같은 "一時的 傷害가 있는 것으로 잘못 알고 화해를 하였는데 후에 永久的 後遺症(殘廢)이 남은 경우"를 들고 있다. 이상에 대하여는 鄭玉波, 民法債編各論, 下冊(1987), 816 참조.

으리라고 추측된다. 이는 아마도 基礎作業을 실질적으로 담당한 金炳魯 당시 대법원장의[19] 독자적인 판단에 기한 提案인지도 모른다.

(2) 그런데 國會의 審議過程에서 法司委는 중요한 修正案을 제안하였다. 즉 위의 민법안에서 "和解目的物에 대하여 重大한 錯誤"라고 하는 것을 "和解의 目的인 紛爭 이외의 事項에 관하여 錯誤"로 수정한다는 것이다. 그 이유는 다음과 같다.

> "和解는 紛爭事項을 目的으로 하는 것이므로 紛爭事項에 錯誤가 있더라도 前條의 創設的 效力이 있으므로 錯誤로 인한 取消에 의하여 이를 飜覆할 수 없는 것은 當然하다. 그러나 紛爭 이외의 事項(當事者의 資格 또는 紛爭의 前提 혹은 基礎 되는 事項 등은 이에 속한다)에 관하여 착오가 있는 때에는 이것을 和解의 對象으로 한 것이 아니니만치 前條의 效力을 미치게 하는 것은 和解契約을 한 當事者의 本意에 반할 뿐 아니라 和解의 結果를 飜覆하는 것도 되지 않는다(和解의 對象이 아니므로). 따라서 本條는 이 趣旨에서 但書를 設定한 것인바, 上記의 趣旨를 더욱 명백히 하기 위하여 草案 但書를 修正함이 가하다(獨民第779條 참조)."(引用者가 맞춤법에 따라 고쳤다)[20]

『民法案意見書』도 마찬가지의 이유로 이 수정안에 찬성하였다.[21] 그리하여 이 修正案이 ―법사위수정안이 거의 예외없이 그러하였던 것처럼― 本會議에서 채택됨으로써 本條가 성립하기에 이른 것이다.

2. 本條의 立法趣旨

(1) 우리는 이로부터 本條의 理解에 중요한 몇 가지 점을 파악할 수 있다.

첫째, 和解의 對象은 「紛爭」인데, 그 분쟁 자체에 관한 착오를 이유로 하여 화해의 취소를 주장하는 것은 화해의 기본적 성질("當然하다")로부터 배제된다.[22]

19) 이 점에 대하여는 梁彰洙, "民法案의 成立過程에 관한 小考", 民法研究 제1권(1991), 74 이하 참조.

20) 民議院 法制司法委員會 民法案審議小委員會, 民法案審議錄, 上卷(1957), 430.

21) 民事法研究會, 民法案意見書(1957), 194(玄勝鍾 집필): "草案과 같이 和解에 의하여 결정된 目的物 자체에 대하여 당사자에 착오가 있는 경우에, 아무리 그 착오가 중대한 것이라 하더라도, 그 화해를 취소시킨다면, 和解契約의 基本的 效力을 상실시키는 것이 되니, 수정안의 태도가 현명한 것임은 再言을 요하지 않는다."

22) 『民法案意見書』의 표현을 빌리면, "당사자가 화해에 의하여 일단 양보한 것을 가지고 후에 다시 싸울 수 있게 한다면, 화해는 아무런 효과도 없는 것이 되어 버리고 말게 된다."(前註, 同所).

둘째, 화해대상이 아닌 사항에 대한 착오를 이유로 화해의 효력을 다투는 것은 이를 不許할 이유가 없다. 本條 但書에서 드는 「當事者의 資格」에 관한 착오는 그 예의 하나에 불과하다. 그 외에 입법과정에서 제기된 「紛爭의 前提 혹은 基礎 되는 사항」도 "和解의 目的인 紛爭 이외의 事項"의 한 예로서, 이에 관한 착오를 주장하여 화해의 효력을 다툴 수 있다. 요컨대 關鍵은, 문제의 착오가 화해대상(또는 「화해목적물」)인 紛爭에 관한 것인지 여부에 있다.[23)]

셋째, 다른 한편 錯誤 일반에 관한 民法案 §104는 "法律行爲에 重大한 錯誤"가 있으면 취소할 수 있다는 내용이었다. 그리고 화해취소에 관한 위의 民法案 §726의 "重大한 錯誤"도 이에 沿한 것이라고 추측된다.[24)] 法司委는 民法案 §104의 문언을 "법률행위의 내용의 중요부분에 착오가 있는 때"로 수정할 것을 제안하였는데, 그 이유는 그 뜻을 "더 明白"하게 한다는 것으로,[25)] 말하자면 단지 表現上의 修正에 그치는 것이었다. 그런데 民法案 §726의 수정은 위와 같이 實質上의 修正이었다. 그리하여 여기서부터 그 착오가 本條 但書에 의하여 고려되는 예외적 사유에 해당하는 경우에, 그것만으로 바로 取消權이 발생하는가,[26)] 아니면 거기서 더 나아가 民 §109에서 정하여진 要件(즉, ①「重大한 錯誤」인가, ② 착오자에게 重過失이 없는가)을 갖추는 때에 비로소 취소권이 발생하는가 하는 문제가 제기될 소지가 마련되었다고 생각된다.

그러나 이 점에 대하여도, 立法者는 어디서도 그러한 화해의 목적인 분쟁이 아닌 사항에 대한 착오가 있으면 바로 이를 취소할 수 있다고는 말하지 않는다. 다만 本條 本文의 문언이 화해착오를 이유로 하는 取消가 배척된다고

---

23) 그러므로 本條 但書에서 "화해당사자의 자격 또는 화해의 목적인 분쟁 이외의 사항에 착오가 있는 때"라고 할 때, 「화해당사자의 자격」에 관한 착오는 고려되지 않는 착오에 속하는 것이 아니라, 오히려 고려될 수 있는 「화해의 목적인 분쟁 이외의 사항」의 한 예에 불과하다. 다시 말하면 本條 但書는 "화해당사자의 자격…에 착오가 있는 때에는 그러하지 아니하다"라고 읽어야 한다. 이 점에 대하여는 梁彰洙, "민법 제733조에 관한 斷片", 考試界 1988년 9월호, 85 이하 참조. 그러므로 Koreanisches Bürgerliches Gesetzbuch. Textausgabe, übersetzt von Cho Kyu-Chang(1984), S.152의 本條 번역은 잘못이다.

24) 또한 앞의 Ⅰ.1.(3)에서 본 認知錯誤에 관한 民 §861의 "重大한 錯誤"도 마찬가지라고 생각된다.

25) 民法案審議錄(註 20), 74 下段 참조.

26) 뒤의 註 47에서도 보는 것처럼, 가령 大判 90.11.9, 90다카22674(集 38-3, 64); 大判 92.7.14, 91다47208(公 927, 2390)은, "「화해의 목적인 분쟁 이외의 사항」이라 함은 분쟁의 대상이 아니라 분쟁의 전제 또는 기초가 된 사항으로서 쌍방 당사자가 예정한 것이어서 상호 양보의 내용으로 되지 않고 다툼이 없는 사실을 말한다"라고 설시하고 있는 것은, 바로 이러한 태도에 기한 것이라고 추측된다. 그리고 이러한 태도에 의하면, 이러한 「화해의 기초에 관한 공통착오」 이외의 착오는 本條 本文의 적용을 받아 당연히 錯誤取消가 배척되는 결과가 된다.

일반적으로 선언하고 있으므로, 이를 제한하여 "화해의 목적인 분쟁이 아닌 사항"에 대하여는 취소가 배척되지 아니한다는 것("그러하지 아니하다")을 밝히고 있을 뿐이다. 그리하여 本條 但書에 해당하는 착오에 대하여는 다시「착오에 관한 일반법리」, 즉 民 §109의 적용을 받는다는 의미인 것이다.[27] 그러므로 判例準則이 말하는「和解의 基礎에 관한 共通錯誤」이외의 착오라고 하여도, 그것이 "화해의 목적인 분쟁 이외의 사항에 관한 착오"라면, ── 물론 실제로는 드물겠지만 ── 民 §109의 요건을 충족한다면 착오취소가 인정될 수 있는 것이다.

(2) 이와 같이 보면, 결국 本條는 한편으로 本文에서 화해의「목적」이 된 사항에 대한 착오를 이유로 하여서는 화해의 효력을 다툴 수 없음을 선언하고, 다른 한편으로 반대로 "和解의 目的이 아닌 事項"에 관한 착오에 대하여는 錯誤에 관한 一般條項, 즉 民 §109의 적용을 받는다는 것을 정한 규정이라고 할 것이다. 다시 말하면 우리 민법은 獨民 §779와는 달리 和解錯誤의 일정한 경우에 대하여 그 效果나 要件上의 特則을 두지 아니하므로, 그 特則이 적용되는 요건으로서 독일에서 특별히 논하여지는 바와 같은「基礎錯誤」또는「前提錯誤」를 별도로 논할 필요는 없으며, 이러한「和解의 基礎」니「和解의 前提」니 하는 것은 단지 民 §109에서 정하는 "법률행위의 내용의 중요부분의 착오"인지의 여부, 즉「중요한 착오」인지의 여부를 판단하는 보다 신축성 있는 思考틀 아래서 고려되면 족하다고 생각된다.

Ⅲ. 和解錯誤의 法的 處理

1. 序

(1) 이상에서 본 바와 같이 和解錯誤의 法的處理에 있어서는, 그 착오가「和解의 目的[인 분쟁]에 관한 錯誤」인지 여부가 중요한 갈림길이 된다. 만일 그렇다고 하면, 그것만으로도 그 착오를 들어 화해의 효력을 다투는 主張은 인정될 수 없기 때문이다. 그러나 그렇다고 해서 그것이 最終的인 判斷이 되지는 못한다. 왜냐하면 비록 그 착오가 "화해의 목적인 분쟁 이외의 사항"에

27) 그 배경에는 당시의 日本民法學上의 通說, 즉 我妻榮의 견해가 자리하고 있다. 이에 대하여는 뒤의 Ⅲ.3.(2) 참조.

관한 착오라고 하더라도, 더 나아가서 그 착오가 ──원칙으로 돌아가서── 「重要한 錯誤」이고 또한 착오자에게 重過失이 없는 경우에만 그 錯誤取消가 허용되기 때문이다. 그러므로 화해의 목적에 관한 착오인지 여부는 문제의 착오가 어차피 「중요한 착오」에 해당하지 않는 경우에는 결정적인 의미를 가지지 못한다. 어느 경우에나 착오를 이유로 하는 취소가 허용되지 않는다는 結果에 있어서는 다를 바 없는 것이다.

和解錯誤에 관한 裁判例를 살펴 봄에 있어서는 이 점에 주의할 필요가 있다고 생각된다. 實務는 때로 結果에만 주안을 두어, 결국 착오취소를 허용하지 않는 바에야 그것이 과연 「화해의 목적에 관한 착오」인지의 판단에 그에 상응한 주의를 기울이지 아니하는 경향이 있는 것도 전혀 부정할 수는 없는 것이다.

(2) 한편 錯誤取消에 관한 裁判例는 많은 경우에 소위 「손해배상사건에서의 합의」를 그 대상으로 한다. 이러한 합의의 법적 성질이 和解契約이라고 하는 데는 별다른 異見이 없다.[28] 判例도 大判 90. 11. 9, 90다카22674(集 38-3, 64); 大判 92. 7. 14, 91다47208(公 927, 2390); 大判 95. 10. 12, 94다42846(公 1995하, 3724) 등에서 이를 정면에서 인정하고 있고, 무엇보다도 本條와의 관련에서는 화해착오에 관한 판례준칙을 이러한 「합의」에 대하여도 적용하고 있는 데서 그 점에 대한 태도가 드러난다. 그런데 이와 관련하여서는 특히 당사자들이 합의 당시에 예견할 수 없었던 後遺症 등의 후속손해가 발생한 경우에 그 합의의 효력을 인정할 것인가, 즉 거기에 통상 포함되는 "그 외에 일체의 손해배상청구를 하지 않는다"는 조항(「殘部抛棄約定」)을 문언 그대로 인정하여 위와 같은 후속손해의 청구를 부인할 것인가 하는 문제가 종종 제기된다.

이에 대하여 판례는 종전에 화해의 기초에 대한 공통착오를 이유로 하여 그 「합의」의 효력을 전체적으로 부인함으로써 피해자가 원래의 청구권에 따라 손해의 배상을 청구할 수 있도록 하는 태도를 취한 경우도 있었다. 가령 大判 71. 4. 10, 71다399(集 19-1, 394); 大判 81.4.14, 80다2452(月報 131, 69) 등이 그러하다.[29]

그러나 다른 한편으로 大判 70. 8. 31, 70다1284(集 18-2, 288); 大判 72. 8. 22, 72다983(總覽 1-2, 219-19); 大判 77. 4. 12, 76다2737(公 560, 10036) 등은, 그러한 약정에 있어서 殘

28) 가령 郭潤直, 債權各論, 新訂版(1995), 581은 "당사자가 서로 讓步하고 있는지의 有無에 따라서, 民法上의 和解이거나, 또는 그것에 비슷한 無名契約이라고 할 수 있다"고 한다.

29) 그 외의 下級審判決로서 서울高判 79. 11. 30, 79나1900(月報 121, 52); 서울高判 82. 5. 7, 81나4054(高集 82민, 246); 서울高判 84. 1. 17, 83나2858(下集 84-1, 1) 등이 있다.

部抛棄約定의 효력이 미치는 범위를 제한함으로써 이 문제를 처리하고 있었다. 그런데 최근에는 前者의 처리방식을 취하는 裁判例는 별로 보이지 않으며, 오로지 後者의 방식에 의존하고 있다고 생각된다.[30)]

이 문제를 처리하는 법적 장치에 대하여는 여러 가지 논의가 있는 바이다.[31)] 대체로 例文解釋·暴利行爲·事情變更의 原則·解除條件·非眞意意思表示 등에 의한 처리도 제안되고 있으나, 이들에는 각기 상당한 難點이 있어, 대체로 위에서 본 錯誤取消나 限定解釋 등으로 집약된다고 할 수 있다. 그러나 당사자들의 전형적 의사를 파악한다면, 역시 殘部抛棄約定을 현재 및 장래의 일체의 손해를 포기하는 것은 아니라고 제한적으로 해석하는 것이 통상은 가장 무난한 방법이 아닌가 생각한다.[32)] 이러한 制限解釋을 함에는, 意思解釋의 일반적인 경우와 마찬가지로, ① 당시까지 알려져 있던 신체침해의 정도와 이에 대하여 필요한 조치의 내용, 그로 인하여 발생하는 적극적·소극적 손해에 관한 정보, ② 피해자에게 발생한 後續損害의 정도 및 意外性, ③ 사고와 합의의 시간적 근접성, 치료비·생활비 등 금전에의 수요나 형사처리 관련성 등의 합의에 이르게 되는 관련사정, ④ 당사자들의 직업이나 경험(또한 가해자측에 보험회사의 담당직원 등 전문가가 개입하였는지 등), ⑤ 합의 후의 당사자들의 容態 등을 고려하여 그 當否를 판단하여야 할 것이다.[33)]

이러한 제한해석에 대하여는 "포기의 의사표시의 明文에 반할 뿐만 아니라 합의에서 약정한 危險分擔을 무시하게" 되며 "가령 「상병부위가 악화되어 종생 불구가 되거나 설사 사망에 이른다 하더라도 민형사상의 소송이나 청구

30) 大判 88. 4. 27, 87다카74(公 825, 900); 大判 89. 7. 25, 89다카968(公 856, 1295) 등 참조.

31) 이에 대하여는 우선 安鍾赫, "損害賠償에 관한 「合意」의 效力", 司論 9(1978), 223 이하; 金然泰, "損害賠償責任과 合意—人身事故를 중심으로", 自動車事故로 인한 損害賠償(上)(法院行政處 裁判資料 제20집)(1984), 221 이하; 宋德洙, "不法行爲의 경우의 損害賠償에 관한 合意의 解釋", 民判硏 12집(1990), 89 이하 등 참조.

32) 和解의 錯誤取消를 처음부터 개입시키는 것은 합의 전부를 무효로 돌려서 이미 피해자가 수령한 損害賠償金을 부당이득으로 반환하여야 하는 등 문제를 불필요하게 복잡하게 한다. 金然泰(前註), 247도, "후자의 편이 보다 簡明하고, 또 합의 전부를 무효로 보지 않고도 사건을 해결할 수 있다는 점에서 비교적 많이 活用되고 있는 것으로 보인다"는 이해를 보인다.

33) 앞의 註 30에서 든 판결 중 앞의 판결은 "**조급하게 적은 금액을 받고** 위와 같은 합의가 이루어진 경우에는 그 합의 당시 피해자가 포기한 손해배상청구권은 그 당시에 예측이 가능하였던 손해에 대한 것뿐이라고 해석해야 할 것이지 당시에 예상할 수 없었던 적극적 치료비나 후유증이 그 후에 생긴 경우의 그 손해에 대하여까지 배상청구권을 포기하였다고 해석할 것이 아니"라고 판시한다. 또 뒤의 판결은 "다만 **모든 손해가 확실하게 파악되지 않는 상황 아래에서** 조급하게 적은 금액을 받고 위와 같은 합의가 이루어진 경우에는" 운운하고 있다.

를 제기하지 아니한다」는 용이주도한 내용으로 합의를 한 경우에는, 무리하지 않는 한, 한정적 해석으로 피해자를 구제할 수는 없을 것"이라고 비판하는 견해가 있다.[34] 그러나 의사표시의 해석에서는 文言만이 유일한 기준이 아님은 물론이고, 또한 당사자들이 과연 장래의 어떠한 새로운 事情의 展開에도 불구하고 그 「위험」을 피해자가 부담하는 것으로 합의하였다고 볼 수 있을지 의문이며, 나아가 그러한 「용이주도한」 내용의 합의를 한 경우라면 이번에는 制限解釋이 아니라 그야말로 和解의 錯誤取消 등으로 합의의 유효 자체를 다투는 법적 장치가 개입될 필요가 있을 것이다.

그렇다면 위의 문제는 기본적으로 和解契約의 效力의 내용 내지 범위와 관련되어 다루어져야 할 事項(民 §732)이고, 그 합의가 그와 같이 예상되지 아니하는 후속손해에도 미친다고 하는 예외적인 경우에만 本條의 문제가 된다고 할 것이다.

2. 「和解의 目的인 紛爭에 관한 錯誤」는 고려되지 아니한다——本條 本文

(1) 주장된 착오가 화해의 목적이 된 분쟁에 관한 것인지 여부를 판단하려면, 먼저 그 화해계약에 의하여 「終止」시키려고 한 紛爭의 내용이 무엇인지를 和解契約의 解釋을 통하여 확정하여야 한다. 大判 89. 8. 8, 88다카15413(集 37-2, 274)도 "현실의 화해계약에 있어서 무엇이 구체적으로 다투어져서 상호 양보에 의하여 결정된 사항이고 무엇이 화해의 전제 내지 기초로 예정됨으로써 화해의 목적인 분쟁 이외의 사항에 해당하는가는 행위의 전과정을 살펴서 판단할 의사해석의 문제"라고 판시하고 있다.

(2) 그러나 具體的으로 이를 確定하는 작업은 반드시 용이하지 않다.

(가) 앞서 본 大判 89. 8. 8, 88다카15413(集 37-2, 274)은 그 구체적 기준에 대하여 "[1] 특히 화해계약에서 결정된 사항과 진실과의 차이의 정도가 당사자의 주장범위를 현저히 넘고 있는 데다가 [2] 당사자가 그 주장범위를 넘는 부분에 대하여는 별로 의문을 갖지 아니하여 다툼의 대상으로 삼지 아니하고 따

34) 宋德洙(註 31), 114 이하. 이 견해는 代案으로 "피해자를 합의에 拘束시키는 것이 信義誠實의 原則에 반할 때에는 權利濫用으로 보아 이를 認定하지 않아야 한다"고 하고, 나아가 신의칙의 구체적 적용에 대하여는 "합의의 어떤 부분이 신의성실의 원칙상 피해자에 대하여 기대될 수 없는가가 검토되어야 한다. … 損害賠償請求 등을 하지 않겠다는 조항이 그에 해당할 것이다. 그 밖의 부분, 즉 이미 支給된 賠償은 그대로 유효"하다고 한다. 그렇다면 信義則을 意思解釋의 차원에서 작동시키는가, 아니면 이와는 별도로 말하자면 의사해석의 외부에서, 즉 客觀的 法規範(objektive Rechtsnorm)으로서 信義則을 적용하는가의 차이밖에 없다는 결과가 된다.

라서 상호양보의 내용으로 한 바도 없었음이 명백하게 인정되는 경우"(꺾음괄호 안은 引用者가 附記한 것이다)에는 "그 주장범위를 넘는 사항에 관하여 착오가 있는 것은 화해의 전제 내지 기초에 착오가 있는 경우에 해당된다"고 한다. 그러나 이 說示는 당해 사건의 특유한 사정들을 염두에 둔 것이어서 汎用되기에는 적절하지 아니한 것으로 생각된다.

이 사건의 사안은 다음과 같다. 원고는 1966년부터 1984년까지 18년간 이상을 피고회사에서 광부로 일하다가 퇴직하였는데, 이 사건에서 그는 수령한 부분을 제외한 나머지 퇴직금과 연장근로수당 등을 청구하였다. 원고는 퇴직시 한 번 퇴직금을 수령하였고, 또 그 후 다시 한 번 퇴직금 등을 수령한 바 있다. 쟁점은 이 두번째의 금전수령에 있어서 원고와 피고가 한 「합의」가 유효한가 하는 점인데, 피고는 이를 들어 원고의 채권은 소멸하였다고 주장하였고, 원고는 이 「합의」는 착오를 이유로 취소되었다고 주장하였다. 그 때 원고는 사원으로 승진한 1982년부터 퇴직한 1984년까지 사이의 휴일근로수당 및 연장근로수당 195만원과 퇴직금 18만원을 받지 못하였다고 노동부에 陳情하여 그 조사를 받는 과정에서, 피고와의 사이에 104만원을 수령하고 "피고로부터 연장근로수당, 휴일근로수당, 퇴직금의 **부족액 전부를 수령**하였으므로, 위 진정을 취하한다"는 내용의 진정취하서를 작성하여 제출하였다는 것이다. 그런데 이 사건에서 원고가 문제로 삼은 점은, 피고가 중간퇴직처리를 함으로써 결과적으로 재직기간을 通算하지 않았고 또한 퇴직금에 관하여 종전의 누진율제를 폐지하였는데 이는 근로자의 동의를 받지 아니한 것으로 무효이므로, 피고는 재직기간을 통산하고 이에 종전의 누진율제를 적용하여 산정한 퇴직금을 지급하여야 한다는 것이다.

원심은 피고의 주장을 받아들여 원고의 청구를 기각하였다. 그 이유는 "민사분쟁에 관하여 진정을 하였다가 진정인과 피진정인 사이에 합의가 이루어져서 진정을 취소하게 되는 경우에는 다른 특별한 사정이 없는 한 그 진정사건에 관련된 그때까지의 모든 분쟁관계를 일응 해결하고 나서 진정을 취소하게 되는 것이 일반적인 상례라고 할 것인데, … [이 사건에서] 진정을 취소할 당시, 그 합의된 퇴직금과 제수당 이외에 피고로부터 수령하여야 할 퇴직금과 제수당이 더 있다 하여 이를 유보하여 두었다거나 또는 이와 유사한 특별한 사정이 있었음을 인정할 아무런 자료도 찾아 볼 수 없"으므로, "합의된 퇴직금과 제수당의 액수가 실제로 지급받아야 할 액수에 미달하여 그 차액 상당의 퇴직금과 제수당에 관한 채무가 잔존한다 하더라도 이는 포기하기로 약정한 것으로 볼 것"이라는 것이다.

그러나 大法院은 이 사건의 사안에서는 "실제로 피고로부터 지급받아야 할 금액이 위 화해에 이르기 전 원고의 주장금액을 현저히 넘고 있고, 원·피고는 이 사건 화해에 임하여 진실로 원고가 받아야 할 퇴직금 등의 액수가 어떠하든 원고는 그 주장금액을 넘는 금액에 대하여도 양보하고 분쟁을 끝마친다는 의사로 화해계약을 체결한 것이 아니라 잔존퇴직금 등의 청구채권액이 원고가 당초 주장하던 금 213만원을 한도로 하여 그 범위 내임을 전제로 하여 화해계약에 의하여 그 금액을 합계 금 104만여원으로 결정하였던 것이 명백하다면, 이에 관한 착오는 화해의 전제 내지 기초로 예정된 사항에 관한 착오에 해당한다고 할 것"이라고 판단하여, 原審判決을 파기하였다.

㈏ 한편으로 ① 大判 95.10.12, 94다42846(公 1995 하, 3724)은 「화해의 대상이 된 사항」인지 여부에 관한 判斷의 내용을 여실하게 보여준다.

이 사건의 피고는 이비인후과 전문의로서, 축농증을 앓는 원고에 대하여 그 치료를 위한 수술을 하였는데 그 후 원고에게 뇌종양 등의 증세가 발생하였다. 그리하여 원고와 피고 사이에 "수술 후 발생한 새로운 증세에 관하여 그 책임 소재와 손해의 전보를 둘러싸고 분쟁이 있어 오다가 이를 종결짓기 위하여" 피고가 원고에게 일정한 금전을 지급하기로 하는 約定을 하였다. 이 사건에서 원고는 그 約定金의 지급을 청구하였는데, 피고는 피고의 手術과 원고의 後遺症 사이에는 아무런 因果關係가 없으므로 위 약정은 효력이 없다고 주장하였다. 대법원은 이 주장을 배척한 原審判決을 지지하였다. 대법원의 판단에 의하면, 위 약정은 법적 성질이 和解契約이고, 위와 같은 사실관계 아래서는 "피고의 수술행위와 원고의 수술 후의 증세 사이의 인과관계의 유무 및 그에 대한 귀책사유의 유무는 **분쟁의 대상인 법률관계 자체에 관한 것**으로서, 피고는 원고의 수술 후의 증세가 피고의 수술행위로 인한 것이 아니라거나 그에 대하여 피고에게 귀책사유가 없다는 등의 이유를 들어 위 합의를 취소할 수 없다"는 것이다.

위 약정에서 규율된 「분쟁의 대상」을 엄격하게 法律關係 그 자체에 한정한다고 보면, 이는 결국 금전지급청구권이고, 그 발생원인까지 고려하는 것으로 이를 확장하여 보아도 불법행위로 인한 손해배상청구권이 될 것이다. 그런데 위 판결은 나아가 피고의 행위와 원고의 손해발생 사이의 인과관계의 존부 및 피고의 귀책사유의 유무라는 손해배상책임의 個別的 發生要件도 「분쟁의 대상」인 것으로 보아, 그것이 眞實과 상이함을 들어서 화해계약의 효력을 다툴 수는 없다고 하는 것이다.

그러나 ② 大判 90.11.9, 90다카22674(集38-3, 64)은 그와 유사한 점이 적지 않는 事案임에도 불구하고, 현저한 대조를 이룬다.

이 사건에서 원고는 외과전문의로서 환자 甲의 감기몸살을 진료하면서 주사를 하고 내복약을 조제하여 주었는데, 甲이 약 1봉지를 먹고 자다가 다음날 새벽에 사망하였다. 그리하여 원고와 甲의 子인 피고 사이에 "甲의 사망이 원고의 의료과실에 기인한 것으로 원고에게 책임이 있음을 전제로 하여 그 손해배상액수에 관하여 … 금 1,200만원을 지급하기로 하고, 피고측은 이후 민형사상의 책임을 묻지 않는다는 내용의 和解가 이루어졌"다. 그런데 그 후 亡人의 시신을 부검한 결과 그 사인은 원고의 치료행위와는 무관한 질병으로 인한 것임이 밝혀졌다. 이 사건에서 원고는 위 계약이 적법하게 취소되었음을 이유로 채무부존재확인청구를 하였다.[35] 대법원은 "甲의 死因에 관한 착오는 이 사건 화해의 목적인 손해배상의 액수, 민형사사건의 처리문제 등에 관한 것이 아니고 다툼의 대상도 아니고, 상호 양보의 내용으로 된 바도 없는 그 전제 내지 기초에 관한 착오이므로 이를 이유로 위 화해계약을 취소할 수 있다"고 판단하여, 원고의 청구를 認容하였다.

이상 두 판결에서 각각 「화해의 목적」(또는 「분쟁의 대상」)이 다르게 파악된 것은, 화해계약의 체결에 이르는 구체적인 과정에서 당사자들이 서로 다툰 점이 각 사건마다 다른 데에 그 이유가 있다고 하겠다.

(3) 화해의 대상이 된 분쟁사항 자체에 관한 착오임을 이유로 하여 取消主張을 배척한 裁判例로 다음과 같은 것이 있다.

③ 大判 89. 9. 12, 88다카10050(公859, 1456)은, 組合의 해산으로 인한 殘餘財產分配에 관하여 당사자 사이에 다툼이 있던 중 어느 조합원의 지분비율을 35.7%로 확정하고 그 환급액을 5천만원으로 합의한 事案에 대하여, 그 조합원의 본래의 지분비율이 위 합의의 내용과 다르다고 주장하는 것은 분쟁의 대상이 되는 법률관계 자체에 관한 착오를 이유로 하는 것으로로서 허용되지 않는다고 판단하였다.

35) 이 사건의 피고가 이 약정상의 지급책임을 담보하기 위하여 교부된 약속어음의 이행을 그 발행인을 상대로 청구한 사건에 대한 판결로, 大判 91. 1. 25, 90다12526(公 892, 848)이 있다.

④ 大判 92. 3. 10, 92다589(公 919, 1296)은, 원고회사의 보험에 가입한 甲 운전의 차가 乙 회사(피고) 소유의 차와 충돌하여 그 운전사를 사망에 이르게 하고 차를 大破시켰는데, 원고가 乙과의 사이에 원고가 차의 손괴부분을 수리하고 또 운휴손해금을 지급하되, "위 사고와 관련하여 상호 일체의 권리를 포기하기로" 합의한 事案에 대한 것이다. 원고는 甲과 乙 회사 차의 운전사의 과실비율이 1 : 1인데 위 사고가 오로지 甲의 과실로 인하여 발생한 것으로 잘못 알고 위 합의를 한 것이므로 이를 취소한다고 주장하였다. 그러나 大法院은, "가사 위 합의가 화해계약이라고 하더라도 … 원고와 피고 사이의 위 합의에 있어서 위 사고에 대한 당사자 쌍방의 과실비율이 어느 정도인가 하는 것은 화해의 목적인 분쟁사항 그 자체라고 볼 수 있어 그에 관한 착오를 이유로 위 합의를 취소할 수는 없"다고 판단하여, 원고의 주장을 배척하였다(이 판결에 대하여는 뒤의 3. (3) (b)도 참조).

⑤ 大判 92. 9. 22, 92다25335(公 932, 2981)의 事案은 확연하지는 않으나, 아마도 부동산의 이중양도로 피고측이 원고에 대한 소유권이전의무를 이행할 수 없게 되자 원고와 피고 사이에 2천 5백만원의 손해배상을 하기로 합의가 이루어졌던 것으로 추측된다. 이 사건에서 원고는 피고가 제3자(제2양수인)에게 매도한 가격이 7천 8백여만원이었음에도 6천 3백만원에 매도하였다고 거짓말을 함으로써 원고가 자신의 손해를 6천 3백만원이라고 잘못 믿고 위와 같은 내용으로 합의하였으므로, 위 합의를 취소한다고 주장하였다. 그러나 원심은 물론 대법원도 "[착오가] … 분쟁의 대상인 법률관계 자체에 관한 것인 때에는 이를 취소할 수 없다"고 하여 이 主張을 받아들이지 아니하였다.

⑥ 大判 95. 12. 12, 94다22453(公 1996 상, 350)은, 退職金規定의 개정이 유효하게 이루어졌는지 여부를 둘러싼 勞使間의 紛爭에서, 그 판단을 이미 係屬中인 소송의 결과에 따르기로 하는 합의는 "새로운 법률관계를 확정하여 일체의 분쟁을 끝내기로 한 것이므로" 和解에 해당한다고 하고, "이 사건 화해계약에 있어서 新規定이 근로자 집단의 집단의사결정방법에 의한 동의를 얻어서 유효한지의 여부에 관한 것은 분쟁의 대상인 법률관계 자체에 관한 것으로서 착오를 이유로 취소할 수 없다"고 판단하였다.

⑦ 大判 96. 1. 26, 94다36919(公 1996 상, 721)은, 동업관계의 해소에 따른 精算契約에 있어서, "그 계산서에 기재된 개별항목의 가액평가나 계산이 부정확하거나 잘못된 점이 있어도 이를 일일이 문제삼지 아니하고 그 계산의 결과로 나타난

총액이 적절하다고 보아 그 금액으로써 정산하기로 한 경우에는, 후에 계산착오가 있다고 하여도 부당이득을 원인으로 하여 清算을 구할 수는 없다"고 판시하였다. 이는 정산계약을 일종의 和解로 보고, 精算額이 화해의 목적인 분쟁 그 자체에 해당한다고 본 것으로 이해된다.

이상에서 보면, 實務는 대체로 의무의 내용, 특히 그 구체적인 額에 관한 다툼은, 비록 그 算定의 기초사실 또는 자료 등에 잘못이 있어도, 이를 화해의 목적인 분쟁 그 자체에 관한 착오에 관한 것이라고 함으로써, 화해의 유효성에 대한 공격을 저지하려는 傾向이 있는 것으로 생각된다.

3. 和解의 목적이 된 분쟁 이외의 사항에 대한 錯誤는 고려될 수 있다 ─本條 但書

(1) 여기서 「고려될 수 있다」는 것은 본조 본문의 경우에는 애초에 착오취소 가부의 판단 자체로부터 배제되는 데 대하여, 이 단서의 경우에는 "그러하지 아니하다"는 것, 즉 착오취소 가부의 판단의 대상이 된다는 것을 의미하고, 또 거기에 그친다. 그러므로 화해의 목적이 된 분쟁 이외의 사항에 대한 착오가 있으면 당연히 착오자에게 취소권이 인정되는 것이 아니라, 나아가 民 §109에서 정하는 요건을 갖춘 경우에 한하여 비로소 取消權이 발생하는 것이다.

다만 判例가, 그 「화해의 대상 이외의 사항」 중에서 "분쟁의 전제 또는 기초가 된 사항으로 쌍방당사자가 예정한 것이어서 상호 양보의 내용으로 되지 않고 다툼이 없는 사실로 양해된 사항"에 관한 착오가 있으면 그대로 취소를 인정하는 것은,[36)] ─비록 정면에서 설시하고 있지는 않으나─ 그러한 착오는 민 §109 I에서 말하는 "법률행위의 내용의 중요부분의 착오"에 해당한다는 判斷이 介在되어 있는 것으로 이해할 것이다.

사실 우리 민법 시행 초기의 판례는 이 점을 명확하게 설시하고 있었다. 가령 ① 大判 60. 8. 25, 4292民上101(集 8, 127)은 "화해계약이 유효히 성립된 이상 그 화해로써 해결하려고 하는 분쟁의 대상이 된 기본사항에 대하여 착오가 있었다고 하더라도 그 착오를 이유로 화해계약의 무효를 주장할 수 없고, 다만

36) 이러한 裁判例는 다수에 이르나, 우선 大判 64. 9. 15, 64다500(集 37-2, 285); 大判 89. 8. 8, 88다카15413(集 37-2, 274); 大判 90. 11. 9, 90다카22674(集 38-3, 64); 大判 91. 1. 25, 90다12526(公 1991, 848); 大判 92. 7. 14, 91다47208(公 1992, 2390); 大判 92. 10. 27, 92다18719등(公 1992, 3268) 등 참조.

화해당사자의 資格 又는 화해의 목적이 된 분쟁 이외의 사항으로서 그 화해계약의 요소가 된 사항에[37] 관한 착오가 있을 시에 한하여 그 착오를 이유로 화해계약의 효력을 다툴 수 있"다는 一般論을 내세운 바 있다. 이 판결은, 원고가 "피고가 화해계약에서 약정한 금원을 원고에 지불할 의사가 없음에도 불구하고 그 의사가 있은 것 같이 원고를 기망하여 원고는 위 피고의 기망을 誤信하고 본건 화해계약을 체결한 것"이라는 사유를 들어 그 取消를 주장한 事案에 대한 것인데, 대법원은 이를 詐欺를 이유로 한 意思表示의 取消의 주장으로 이해하지 아니하고, 和解錯誤라는 시각에서 접근하여 위와 같은 인상적인 一般論을 제시한 것이다. 그리고 나아가 이 사건에서 문제된 "如斯한 착오는 의사표시의 연유의 착오는 될지언정 要素의 착오라 할 수 없을 뿐 아니라 취소사유에도 해당된다고 할 수 없다"고 하여, 취소주장을 배척하였다.

우선, 이 사건은 아마도 依用民法이 적용되는 사안인 것으로 추측되는데, 本條와 전적으로 동일한 내용의 一般論이 채택된 점이 흥미를 끈다. 더욱 중요한 것은, 本條 但書에 의하여 예외적으로 고려되는 錯誤라고 하여도 그것이 錯誤에 관한 一般規定(民 §109)이 정하는 요건을 갖추어야 함을 요구하였다는 점이다.

또한 事案은 불명이나 大判 61. 12. 14, 4294民再審4(要集 민 I-2, 1086)에서도 "다툼이 되고 있는 事項 이외의 사항으로서 법률행위의 요소가 되고 있는 사항에 대한 착오는 이를 이유로 그 무효를 주장할 수 있다"라고 하여, 이 점은 反復하여 판시되고 있다.

(2) 判例準則은 어떻게 이해되어야 할 것인가?

㈎ 앞서 본 判例의 準則, 즉 「화해의 대상 이외의 사항」 중에서 "분쟁의 전제 또는 기초가 된 사항으로 쌍방당사자가 예정한 것이어서 상호 양보의 내용으로 되지 않고 다툼이 없는 사실로 양해된 사항"에 관하여 착오가 있으면 그대로 취소를 인정한다는 것은, 결국 그 착오가 ① 和解의 「基礎」(또는 「前提」)에 관한 것이고, ② 당사자 쌍방이 모두 그러한 錯誤에 빠진 경우, 즉 共通錯誤라는 두 가지 요건을 갖추면, 이는 民 §109 I 에서 정하는 "법률행위의 내용의 중요부분"에 관한 착오에 해당한다는 의미라고 이해할 것이다. 그러므로 錯誤者에게 重過失이 있음(民 §109 II)을 相對方이 주장입증하지 못하는 한,

37) 依用民法上의 錯誤取消에 관한 §95은 주지하는 대로 「法律行爲의 要素에 착오 있는 때」를 착오고려의 요건으로 정하였다.

착오자는 取消權을 가지게 된다는 것이다.

다시 말하면 위의 판례준칙은 「특별한」 착오법리, 즉 民 §109의 규정과 무관한 법리를 和解에서의 錯誤와 관련하여 인정한 것이 아니라, 民 §109의 적용의 한 예에 불과한 것이다.

(나) 그리고 비단 和解의 경우뿐만 아니라 一般的으로 民 §109 I 의 해석으로, 어떠한 法律行爲의 「基礎」 내지 「前提」에 관한 共通錯誤가 있는 경우에는 이를 "법률행위의 내용의 중요부분"에 관한 착오(또는 「要素의 錯誤」)에 해당한다고 하여도 좋으리라고 생각한다.[38)]

착오법리 일반에 있어서 「基礎錯誤(Grundlagenirrtum)」는 動機錯誤 중에서 특별한 취급을 받는 경우가 있다. 이는 입법례를 살펴 보아도 명백하다. 가령 스위스채무법은 오직 「본질적 착오(wesentlicher Irrtum)」만이 계약을 무효로 한다고 규정하는데(瑞債 §23), 착오가 "거래에 있어서의 信義誠實에 의할 때 착오자가[39)] 계약의 必要的 基礎(eine notwendige Grundlage des Vertrags)라고 생각하였던" 事情에 관한 것인 경우에 이는 「본질적 착오」에 해당한다고 明定하고 있다(瑞債 §24 iv).[40)]

나아가 共通錯誤(gemeinsamer Irrtum) 또는 雙方錯誤(beiderseitiger Irrtum)를 법적으로 어떻게 취급할 것인가에 대하여는 論議가 있는 바이나,[41)] 그 경우에 계약의 구속력이 一方錯誤의 경우보다 완화된다는 점에[42)] 대하여는

---

38) 錯誤에 관한 입법례나 역사적 발전에 대하여는 우선 梁彰洙, "主債務者의 信用에 관한 保證人의 錯誤", 民法硏究 제2권(1991), 25 이하, 특히 註 13 및 14 참조.

39) 한편 Zweigert/Kötz, Einführung in die Rechtsvergleichung, Bd. 2, 2. Aufl.(1984), S. 113(梁彰洙 譯, 比較私法制度論(1991), 180): "일반적 견해에 따르면, 기초착오의 요건은, 착오자 자신이 그 잘못 관념한 사실관계를 계약의 필요적 기초로 여겼어야 한다는 것뿐만이 아니다. 나아가 그 관념이, **객관적으로 고찰할 때**, 성실한 거래의 입장에서 이러한 계약체결에 있어서의 필수조건(condicio sine qua non)이라고 말할 수 있는 어떤 사실관계와 관련되었어야 한다는 것이다(BGE 53 Ⅱ 153; 56 Ⅱ 426)."

40) 또한 獨民 §119 Ⅱ 이 "거래상 본질적이라고 보여지는 사람이나 물건의 性狀"에 관한 착오를 同條 Ⅰ에서 정하는 內容錯誤와 마찬가지로 「고려되는」 착오로 정하고 있는 것도, 그러한 性狀이 「계약의 필요적 기초」라는 관점에서 이해될 수 있을런지도 모른다.

41) 가령 宋德洙, "契約當事者 쌍방의 共通하는 動機의 錯誤", 社會科學論集(梨花女大) 제9집(1989), 53 이하; 李祥敏, "當事者 雙方의 錯誤", 民判硏 18집(1996), 53 이하 참조.

42) 大判 75. 4. 22, 75다387(集 27-1, 227); 大判 79. 3. 27, 78다2493(集 27-1, 223) 등은, 회사가 소속 운전사가 관여된 교통사고의 피해자가 병원에 대하여 부담하는 치료비에 대하여 連帶保證하였는데, 후에 회사 운전사에게는 過失이 없는 것으로 밝혀져 그 보증의 의사표시를 착오를 이유로 취소할 수 있는가가 다투어진 사안에서, 이는 "緣由에 관한 착오이지 내용에 관한 착오가 아니다"라고 하여 取消權의 發生을 부정하였다. 이 판단에는 아마도 그 착오가 保證契約의 당사자 일방에만 있었다는 사정(一方錯誤)이 고려된 것이 아닌가 추측된다.

異論이 없는 바이다.[43]

(다) 위와 같은 판례준칙은 그 淵源을 我妻榮의 和解錯誤에 관한 논문에[44] 두고 있다고 추측된다. 我妻는 그 논문에서 유럽대륙의 주요국가의 비교법적 고찰로부터 얻은 視角에서 그 때까지의 이에 관한 日本判決例를 整序하고 있다. 그 논문의 요점은 다음과 같다. "프랑스, 독일, 스위스의 세 민법의 규정 및 학설을 참고로 하여 우리 判例를 바라볼 때, 和解의 錯誤에 관하여는 다음의 세 경우를 구별하여야 할 것은 거의 분명하다"고 하고, (i) 당사자가 다툼의 대상으로 하고 상호의 양보에 의하여 결정한 사항 자체에 착오가 있는 때, (ii) "다툼의 對象이 된 사항이 아니라, 이 다툼의 대상인 사항의 전제 내지 기초로서 兩當事者가 예정하고 따라서 화해에 있어서도 상호의 양보의 내용으로 되지 않으며 다툼도 의심도 없는 사실로서 예정된 사항에 착오가 있는 때," (iii) 이상 두 개의 사항 이외의 점에 착오가 있는 때를 든다. 그리하여 (i)의 경우에는 착오는 고려되어서는 안 된다. 이러한 결론은 "화해가 계약으로서 가져야 할 효력으로부터 당연히 도출되는 결과"이다. (ii)의 경우에, 착오가 있었던 사항에 대하여 "당해 화해계약은 화해계약으로서 아무런 결정력도 가지 않는다. 따라서 위의 하자는 일반의 경우와 마찬가지의 영향을 미쳐야" 하며, 이것은 (iii)의 경우에도 다를 바가 없다. 여기서 「일반의 경우」란 의사표시의 착오 일반에 관한 日民 §95의 적용을 받아야 한다는 의미이다. 이어서 "독일민법은 위의 제 2 의 경우에 관하여 特則을 마련하였[다] … 그러나 일본민법과 같이 아무런 규정도 두지 않은 立法 아래서는 오히려 제 1 의 경우 외에는 모두 착오의 영향을 받는 것으로서 제 2 와 제 3 의 두 경우를 구별한 필요는 없다"고 결론지었다.[45] 그리고 이러한 我妻의 입장은 그 후 일본의 通說이 되었다.[46]

여기서 我妻가 말하는 제 2 의 경우가 바로 判例準則이 드는 경우임에는 의문의 여지가 없는 것으로 생각된다. 그런데 我妻는 이 경우를 제 3 의 경우와 합하여 제 1 의 경우와 대비시키고, 제 2 의 경우와 제 3 의 경우를 모두 「화

---

43) 독일에서 共通錯誤의 경우를 「주관적 행위기초」라는 관점에서 다루는 것도 결국은 이러한 觀點에서 이해될 수 있다.

44) 我妻榮, "和解と錯誤との關係について", 法學協會雜誌 56권 4호(1938) 所載(후에 同, 民法研究 Ⅵ(1969), 169 이하에 收錄. 이하 이에 의하여 인용한다).

45) 이상 我妻(前註), 174 내지 177.

46) 村上淳一, "和解と錯誤 ── 學說史的研究", 契約法大系 Ⅴ(1963), 191에 의하면, "그 후의 [일본의] 학설은 내가 아는 한 我妻 박사의 견해에 따르고 있다"고 한다.

해의 목적인 분쟁 이외의 사항」으로서 통일적으로 착오에 관한 일반규정(日民 §95)에 의하여 해결하자는 견해인 데 반하여, 우리의 일부의 裁判例는 제2의 경우만에 한하여 錯誤取消가 인정된다고 오해될 소지 있는 표현을 하고 있다.[47)]

(3) 그 예를 들면 다음과 같다.

(가) 우선 실제의 사건에서 현저한 예는, 소위 「손해배상사건에서의 합의」가 행하여져서 가해자가 피해자가 일정액의 금전을 지급하기로 하였는데, 사후에 그 사고에 대한 책임의 소재에 관하여 공통의 착오를 일으킨 경우이다.

(a) 우선 앞의 2.(2)(나)에서 본 ② 大判 90.11.9, 90다카22674(集 38-3, 64)의 事案(의사의 치료행위와 환자의 사망 사이에 인과관계가 없음이 밝혀진 경우)이 그러하다.

나아가 ③ 大判 92.7.14, 91다47208(公 927, 2390)도 마찬가지이다. 여기서 대법원은 假定的이기는 하지만, "이 사건 사고가 오로지 피해자인 원고의 과실로 인하여 발생한 것을 자인하고 치료비를 포함한 합의금 250만원을 받고 일체의 손해배상청구권을 포기하기로 합의"하였다면, 이 사건 사고가 원고의 과실로 인하여 발생하였다는 사실은 "쌍방 당사자 사이에 다툼이 없어 양보의 대상이 되지 않았던 사실로서 화해의 목적인 분쟁의 대상이 아니라 그 분쟁의 전제가 되는 사항에 해당하는 것"이므로, 실제로는 사고의 발생에 피고측 운전사의 과실이 경합되어 있는데도 피해자의 일방적 과실에 의한 것으로 착각하여 위의 합의를 한 것이라면 착오를 이유로 "위 합의, 즉 화해계약을 취소할 수 있다"고 판단하였다.[48)]

(b) 그러나 앞의 2.(3)에서 본 大判 92.3.10, 92다589(公 1992, 1296)은 자동차보험의 保險者가 피해자에게 車輛損害 및 運休損害 등을 배상하여 주기로 합의한 사안에서, "당사자 쌍방의 과실비율이 어느 정도인가 하는 것은 화해의 목적인 분쟁사항 그 자체라고 볼 수 있어 그에 관한 착오를 이유로 위 화해계약을 취소할 수 없다"고 판단하였다. 그런데 이 사안의 특수성, 즉 첫째, 保險

---

47) 가령 大判 90.11.9, 90다카22674(集 38-3, 64); 大判 92.7.14, 91다47208(公 927, 2390)은, "「화해의 목적인 분쟁 이외의 사항」이라 함은 분쟁의 대상이 아니라 분쟁의 전제 또는 기초가 된 사항으로서 쌍방 당사자가 예정한 것이어서 상호 양보의 내용으로 되지 않고 다툼이 없는 사실을 말한다"라고 설시하고 있다. 기타 大判 94.9.30, 94다11217(公 979, 2841); 大判 95.12.12, 94다22453(公 1996상, 350) 등의 說示도 참조. 그 當否에 대하여는 위의 Ⅱ.2.를 보라.

48) 그러나 실제로는 원고측이 사고의 원인이나 손해배상책임 유무에 관하여 錯誤에 빠져서 위와 같은 합의를 하였다고 인정되지 않는다고 하여, 原告의 損害賠償請求는 기각되었다.

給付이어서 가해자의 직접적인 출연이 문제되지 아니하고, 둘째, 일반적으로 보험급부에서는 피보험자에게 배상책임이 있으면 피해자의 어느 정도의 과실은 이를 고려하지 아니하고 보험금을 지급하며(그 과실비율을 일일이 조사하여 반영하여야 한다면, 이에 드는 비용·시간 등으로 말미암아 경제적으로는 더욱 非效率的일 수 있다), 셋째, 위의 大判 92. 7. 14, 91다47208(公 927, 2390)은 피해자측이 화해의 무효를 주장하는 경우임에 반하여 여기서는 가해자측이 이를 주장하고 있다는 등의 事情이 고려된 것이 아닌가 추측된다.

또한 오래 전의 판결이기는 하나, ④ 大判 64. 9. 15, 64다500(集 37-2, 285)은 오히려 반대의 태도로 이해될 여지가 있다. 이 사건에서는 피고가 원고가 하천을 불법으로 매립함으로써 피고의 논이 침수되어 손해를 입었다고 주장하여 소송을 제기해 놓은 상태에서, 원고와 피고는 소송외에서 손해를 正租 21石으로 정하여 원고가 이를 지급하기로 하는 약정을 하였다. 이에 기하여 원고는 이 사건 논으로 代物辨濟를 하였다는 것이다. 이 사건에서 원고는 이 사건 논의 인도를 청구하면서, 자신이 하천을 불법매립한 일이 없는데 피고의 欺罔에 의하여 그와 같이 믿고 논을 양도하게 되었다고 하고 위 약정의 취소를 주장하였다. 원심은 이 主張을 받아들였는데, 대법원은 "원심이 … 화해의 전제 또는 기초 되는 사항에 관한 착오가 있는가의 여부에 관하여 심리미진 아니면 이유불비의 위법을 범하였다"고 하여 원심판결을 破棄하였다.

이 판결은 손해배상책임에 관한 화해에 있어서 그 책임의 成否에 관한 착오가 주장된 경우라고 할 수 있다. 이 점에서 같은 문제를 다루면서, 화해의 취소를 긍정한 앞의 大判 90. 11. 9, 90다카22674(集 38-3, 64) 등과 현저한 대조를 이룬다. 또한 抽象論의 차원에서 보면, "그 착오가 분쟁의 목적사항이 아닌 것으로 화해의 전제 또는 기초 되는 사항에 관한 것인 때에는 그 취소를 할 수 없음이 민법 제733조 단서에 의하여 명백한 것"이라고 하여, 그 후 실무에서 반복하여 나타나는 「和解의 前提 또는 基礎 되는 事項」이라는 문언을 사용한 점에 의미가 있다.

(나) 반드시 「손해배상사건에서의 합의」가 아니라고 하여도 보다 넓은 의미에서의 **법적 책임 또는 권리의 소재**에 관하여 공통의 기초착오를 일으킨 경우에는, 이는 취소권을 발생시킨다.

⑤ 大判 92. 10. 27, 92다18719등(公 934, 3268)은, 원고가 그와 情交關係가 있던 피고의 子 甲을 사기(혼인빙자간음의 의미인지도 모른다) 및 공갈의 협의로 고

소하여 수사가 진행되던 중, 원고와 피고(및 甲의 처)와의 사이에 위 사건에 관하여 원고가 주장하는 편취금 및 갈취금의 합계 1천6백만원을 지급하되 원고의 고소를 取下하기로 「합의」하여 그 중 5백만원이 지급된 사안에 대한 것이다. 이 사건에서 원고는 나머지 돈의 지급을 청구하였는데, 피고는 "위 금원 지급의 의사표시는 甲이 원고로부터 원고가 주장하는 돈을 편취 또는 갈취한 것으로 잘못 알고 한 행위이므로" 취소한다고 주장하였다.[49] 원심은, 설사 그러한 착오가 있더라도 이는 動機錯誤에 불과하고 그 동기를 「금전지급약속의 중요한 내용」으로 삼았다고 볼 증거가 없다고 하여 피고의 주장을 배척하였다. 그러나 대법원은, 우선 문제의 합의는 그 법적 성질이 和解이므로 화해착오에 관한 법리가 적용된다고 하고, 나아가 그 합의는 "甲이 원고로부터 원고 주장과 같이 1천6백만원을 편취 또는 갈취함으로써 원고에게 동액 상당의 금원지급채무를 부담하고 있음을 전제로 하여" 피고 및 甲의 처가 이를 직접 원고에게 변제키로 하여 그 금액과 변제시기를 정한 것이라고 판시하였다. 그런데 그와 같이 「前提」에 해당하는 사실의 존부에 관하여 원심이 증거판단을 잘못 하였다고 하여 原審判決을 파기하였다.

여기서 명백한 것은, 비록 문제의 「전제」에 관한 착오가 動機錯誤에 불과하다고 하여도 그것만으로 당연히 그 착오가 고려되지 않는 것은 아니라는 점이다. 즉 그것이 나아가 화해의 기초에 관한 공통착오에 해당한다면, 이는 민 §109의 「법률행위의 내용의 중요부분」에 해당하므로, ——착오자에게 重過失이 없는 한—— 역시 취소권을 발생시킨다고 할 것이다.

⑥ 大判 94.9.30, 94다11217(公 979, 2841)은 다음과 같은 사안에 대한 것이다. 이 사건 토지에 대하여는 1921년에 甲 앞으로 査定되었는데, 원고가 1968년에 이를 甲으로부터 매수하였음을 원인으로 甲을 상대로 소유권이전등기청구소송을 제기하여 허위주소로 소송서류를 송달하게 하여 승소판결을 받고, 이에 기하여 자기 앞으로 이전등기를 경료하였다. 이를 안 甲의 外曾孫인 피고가 원고를 고소하여 수사가 진행되던 중 피고 앞으로 등기를 환원하여 주되 고소를 취하하기로 하는 「합의」가 행하여져서, 그 내용대로 실행되었다. 이 사건에서 원고는 위 합의가 피고가 甲의 외증손으로서 적법한 상속인인 것으로 잘못 알고 이루어진 것이므로 이를 취소한다고 주장하였다. 그러나 원심은 피고가 甲

49) 나아가 피고는 反訴를 제기하여, 이미 지급한 5백만원의 반환을 청구한 것으로 추측된다.

의 相續人인지 여부는 위 합의의 중요부분에 해당하지 않는다고 하여 위 주장을 배척하였다. 그러나 대법원은 원심판결을 파기환송하였다. 그 이유는 "원고는 피고가 甲의 적법한 상속인인 것으로 알고 위 합의에 이른 것으로 보이므로 원고가 위와 같은 합의를 하게 된 동기에 해당한다 할 것이고, 만약 원고의 이러한 동기가 위 합의 당시에 표시되었다면 이는 위 합의내용의 중요부분에 해당하는 것으로 보아야 할 것"인데,[50] 원심은 그 표시 여부 등을 심리하지 아니한 잘못이 있다는 것이다. 그리고 덧붙이기를 "만약 원심이 위 합의를 화해계약으로 본 것이라면 원심으로서는 피고가 甲의 적법한 상속인인지의 여부가 화해의 목적인 분쟁의 대상으로 되었는지 아니면 분쟁의 전제 내지 기초가 된 사항으로서 상호 양보의 내용으로 되지 않고 다툼이 없는 사실로 양해된 사항인지의 여부를 가려 원고의 위 착오 주장의 당부를 판단하여야 할 것"이라고 하였다. 이 판결은 動機錯誤에 대한 일반법리가 和解錯誤의 법리에 의하여 배제되는 것이 아님을 드러낸다는 점에서도 의미가 있다고 생각된다.

Ⅳ. 和解와 錯誤 이외의 「瑕疵」와의 관계

화해계약은 착오에 관하여 本條의 제한을 받으나, 意思欠缺·詐欺·強迫 등 기타의 「하자」에 대하여는 아무런 제한도 없으므로, 다른 瑕疵事由에 대하여는 이에 관한 일반규정의 적용을 받는다.[51]

判例도 그러한 입장에 서 있는 것으로 추측된다. 가령 大判 89. 9. 12, 88다카10050(公 859, 1456)도 화해착오에 관한 법리를 들어 화해의 목적이 된 분쟁에 관한 사항에 대한 착오를 이유로 하여서는 화해의 효력을 다툴 수 없다고 하면서, 이와는 별도로 불공정법률행위를 이유로 하는 無效의 주장이나 詐欺取消의 주장에 대하여 판단하고 있다.

---

50) 이 판시를 動機의 表示가 있으면 당연히 「考慮되는 錯誤」가 된다고 이해하여서는 안 될 것이다. 가령 大判 90. 5. 22, 90다카7026(公 876, 1355)에서도 보는 것처럼, "의사표시의 동기에 착오가 있었음을 이유로 표의자가 이를 취소하기 위하여는 그 동기가 상대방에 표시되고 [또한 그 표시된 동기에 대한 착오가] 의사표시 내용의 중요부분의 착오로 인정된 경우"이어야 하는 것이다.

51) 同旨: 宋德洙(註 31), 112 註 50. 또한 독일에서도 마찬가지로 해석되고 있다. 가령 Staudinger/Marburger(12. Aufl., 1986), §779 Rn. 69ff. 참조.

V. 立證責任

和解契約에 기하여 法律效果를 주장하는 자는 화해의 성립과 아울러 그 내용을 주장하고 입증하여야 한다. 그리고 화해의 무효를 주장하는 자는 그 無效原因의 存在에 대하여 입증책임을 진다.

그러므로 화해착오의 경우에 대하여도 그것을 이유로 하여 和解의 無效(取消로 인한 無效化)를 주장하는 자가 錯誤의 존재 및 그것이 本條 但書에서 정하는 "화해의 목적인 분쟁 이외의 사항"에 관한 것이라는 점, 나아가 그것이 民 §109 I에서 정하는 「법률행위의 내용의 중요부분」에 관한 착오임을 입증하여야 한다.[52] 이는 ―判例準則에 좇는다면― 결국 그것이 和解의 基礎에 관한 共通錯誤임을 입증함으로써 족할 것이다. 한편 그 착오가 錯誤者의 重過失에 기한 것임은 상대방이 입증하여야 한다.

[梁 彰 洙]

52) Reinhard Bork, Der Vergleich(1988), S. 443: "주장책임 및 입증책임은 일반원칙에 따른다. … 어떠한 특칙도 존재하지 않는다." Gottfried Baumgärtel, Handbuch der Beweislast im Privatrecht, Bd. 1, 2. Aufl.(1991), S. 1222도 同旨.

醫療契約

차 례

Ⅰ. 意　義

醫療特約은 疾病의 治療를 위하여 의사측은 자신의 모든 醫學知識과 醫療技術을 동원하여 患者를 진찰하고 치료하며 이에 대해 환자측은 報酬를 지급하는 것을 주된 내용으로 하는 債權契約이다. 환자는 疾病의 完治를 希望할 수도 있으나 醫學의 內在的인 限界로 인하여 疾病의 完治를 醫療契約의 目的으로 할 수는 없다. 醫療契約은 통상 환자가 의사에게 진료를 의뢰함으로써 成立하게 되나 의사의 主된 債務가 다른 契約처럼 특정되어 具體化되지 아니한 상태에서 履行이 終了되는 경우가 많다.

오늘날 綜合病院에서의 醫療契約은 複合的인 契約目的을 가지고 있으며 醫療保險의 발달로 환자의 債務履行方法도 전과 다른 모습을 보이고 있으나 순수한 醫療契約의 모습은 항상 그대로 남아 있다. 醫療訴訟을 不法行爲로 구성하여 취급하더라도 醫師의 注意義務나 診療記錄열람권, 過失相計問題, 訴訟上의 立證責任問題 등에 대한 명확한 인식을 위해서 醫療契約의 法律的인 파악이 필요하다고 할 수 있다.

Ⅱ. 醫療契約의 法的 性質

1. 準委任契約

醫療契約은 債權契約으로 의사측이 負擔하는 診療, 處置債務와 환자측이 負擔하는 報酬支給債務 사이에 對價性이 있다는 점에서 雙務·有償契約에 해당된다. 醫療契約은 民法上의 여러 典型契約 중 委任契約과 가장 유사하다.[1] 委任은 相對方에 대한 個人的 信賴를 바탕으로 하는 契約이어서 의사와 환자 사이의 관계에 가장 적합하고 또 信賴關係를 바탕으로 하여 受任者에게 自由裁量을 용인하는 점에서 醫療行爲의 本質에 적합하다. 다만 日本에서는 法律行爲의 委託에 대해서만 委任契約이 가능하기 때문에 醫療契約을 準委任契約으로 파악하고 있고(日民 § 643 참조),[2] 獨逸에서는 委任은 無償을 要件으로 하기 때문에 醫療契約을 雇傭契約으로 보고 있다(獨民 § 662 참조).[3]

醫療契約이 醫療法 등 公法에 의해 強制된다 하더라도 私法上의 法律的 性質이 변하는 것은 아니다. 마찬가지로 환자가 醫療保險契約을 체결한 결과 醫療費支給方法이 달라졌다 하더라도 醫療契約의 法律的 性質에는 변화가 없다.[4]

2. 都給契約과의 區別

民法은 일의 完成이 契約의 目的인지 여부에 따라 都給契約을 他의 契約과 구별하고 있다. 따라서 醫療契約을 都給契約으로 理論構成하는 것도 단순논리상으로는 가능하다고 할 수 있다. 그러나 醫學의 限界와 人體의 特性上

---

1) 準委任契約說은 李銀榮, 705; 文國鎭, 醫療의 法理論, 48-51; 李輔煥, "醫療過誤로 인한 民事責任의 法律的 構成", 裁判資料 27, 23; 金聖吉, "醫師의 醫療上過誤에 대한 法的 責任", 司論 3, 631; 尹景鉉, "醫療過誤의 責任", 司論 6, 125; 金容漢, "醫療行爲에 의한 責任", 法曹 32-6, 4(秋昊卿, 醫療過誤論, 68에서는 準委任契約說은 新民法과 맞지 아니하고 用語의 혼란만 가져온다고 한다. 그러나 委任에 관한 一部規定이 그대로 적용될 수 없는 것은 사실이므로 典型的인 委任契約과 區別된다는 점에서 準委任契約이라고 파악할 수도 있다 하겠다).

無名契約說은 權龍雨, 253; 石熙泰, "醫療契約", 司行 335, 56-60; 金顯泰, "醫師의 醫療過誤에 있어서의 過失의 立證責任", 金曾漢紀念論文集, 622.

2) 大谷實, "醫療行爲와 法", 62; 加藤一郎, 日注民(19) 148; 淡路剛欠, "新民法演習(4)", 183; 日長野地松本支判 昭 47(1972). 4. 3(判時 682, 56); 日大阪地判 昭 46(1971). 4. 19(判時 646, 72); 日東京地判 昭 46(1971). 4. 14(下民集 22-3, 4, 372).

3) Deutsch, Recht & Medizim 23; Laufs, Arztrecht, 12-22(1978).

4) 石熙泰(註 1), 司行 333, 41은 保險患者와 一般患者를 구별하여 설명하고 있으나 의사와 환자 사이에 체결되는 醫療契約의 法的 性質은 차이가 없다고 할 수 있다(李銀榮, 706 참조).

醫師가 환자의 疾病을 完治하는 것을 醫療契約의 目的으로 할 수는 없으며 단지 醫師는 그 때의 醫療水準에 따라 환자를 治療할 義務만을 부담할 뿐이다.[5)] 醫師가 최선을 다하여 治療한 이상 醫師의 債務는 履行된 것이며 治療의 效果가 나타나지 아니하였다 하여 債務不履行이 되는 것은 아니다. 우리 判例도 醫師가 환자에 대하여 負擔하는 債務는 疾病의 치유와 같은 結果를 반드시 달성하여야 할 結果債務가 아니라 환자의 치유를 위하여 善良한 管理者의 注意義務를 가지고 現在의 의학수준에 비추어 필요하고 적절한 診療措置를 다하여야 할 이른바 手段債務이다라고 判示하고 있다.[6)] 이에 따라 醫師의 責任을 債務不履行으로 추궁하는 경우에도 醫師가 負擔하고 있는 債務內容을 환자측이 立證하여야 하기 때문에 결국 醫療上의 過失을 立證하지 아니할 수 없게 되어 결과적으로 不法行爲責任을 추궁하는 경우보다 소송수행상 별다른 도움을 받지 못하게 된다.

外國判例에 의하면 不姙施術 또한 都給契約의 대상이 아닌 雇傭契約의 대상이라고 判示하고 있다(失敗한 不姙施術에 대해 의사의 債務不履行責任을 認定하지 아니한 예).[7)] 물론 경우에 따라서는 醫療契約에서도 都給契約에 관한 規程이 準用될 여지는 있다. 예를 들어 純粹한 진찰계약 이른바 제2의 진찰의견(second opinion)을 구하는 契約은 都給契約 즉 制限된 "일"을 契約의 目的으로 하는 都給契約으로 보아야 할 것이다. 치과분야의 治療行爲에 대해서도 準委任契約으로 보아야 할 것이지만 義齒에 대해 瑕疵가 생긴 경우에는 都給契約의 규정이 準用될 수 있다.[8)] 特定의 目的을 지닌 醫療行爲 즉 혈액이나 뇨검사를 담당하는 醫師의 債務에 대해서도 마찬가지로 都給契約의 규정이 準用될 수 있다.[9)]

3. 契約當事者

(1) 醫療人側

醫療契約의 一方當事者인 醫療人은 통상 自然人인 醫師가 되나 경우에 따

5) 실지 病의 치유를 따로 特約한 경우는 都給契約이라고 설명하는 견해가 있다. 加藤一郞, 不法行爲法의 연구, 5; 金聖吉(註 1), 631; 尹景鉉(註 1), 125도 부분적으로 都給契約을 인정하고 있다. 그러나 의사나 변호사들이 성공보수를 따로 約定하는 것은 별론으로 하더라도 都給契約으로 환자나 의뢰인을 상대하는 것은 직업윤리에 위반되어 無效라고 보아야 할 것이다(淸水兼男, "진료과오와 의사의 民事責任", 民商法雜誌 52-6, 7 참조).
6) 大判 88.12.13, 85다카1491(公 840, 88).
7) OLG Düsseldorf NJW 75, 595.
8) BGH NJW 75, 305.
9) Deutsch(註 3), 34.

라서는 醫療法人이나 公共機關, 團體가 될 수 있다. 入院室에의 入院을 포함한 포괄적인 病院契約이 체결된 경우에도 醫療人側에서 醫療處置外 따로 숙박과 급식에 대해서도 責任을 負擔하며, 醫療機關에 소속된 의사와 의료보조인들은 病院側의 履行補助者에 해당된다. 外國과 같이 病院側은 의사가 담당하는 의료처치 이외의 모든 責任을 부담하고 의료처치행위는 환자가 선택한 開業醫師가 病院의 설비를 이용하여 醫療行爲를 하는 경우라면 醫療契約과 病院利用契約이 분리된다.[10] 다만 이 경우에도 病院에 속한 醫療補助人들의 過失에 대해서는 의사와 병원이 連帶責任을 부담하게 된다.

(2) 患 者 側

㈎ 未成年者의 경우 未成年者라도 權利만을 얻는 行爲는 단독으로 할 수 있으므로 保險에 의해 醫療費全額이 지급될 事情이 있는 경우에는 혼자서 治療契約을 맺는 것도 가능하다. 그러나 未成年者와 親權者가 함께 와서 診療를 의뢰하는 통상의 경우에는 法定代理人에 의해 醫療契約이 締結되며 契約의 當事者는 未成年者 本人이라는 契約代理說[11]과 이 때에도 親權者가 契約主體가 되어 환자인 未成年者를 위해 契約을 締結한 것이라는 제3자를 위한 契約說[12]의 대립이 있으나 代理說에 따르면 醫師의 報酬請求權確保에 문제가 생기게 된다.

제3자를 위한 契約에서는 契約의 效果를 받게 될 제3자가 債務者에 대하여 契約의 利益을 받을 意思를 表示한 때에 제3자의 權利가 생기게 되므로 제3자가 意思表示를 하고 있지 아니한 동안에는 契約의 效力이 浮動的인 狀態에 있게 되는 어려움이 생기나, 醫療契約의 경우에는 未成年者를 代理하여 法定代理人이 醫療契約締結과 동시에 受益의 意思表示를 하게 될 것이므로 이와 같은 難點이 나타나지 않으며 當事者의 意思와도 부합된다.

未成年者와 精神病者가 單獨으로 의사를 찾아와 診療를 받는 경우에는 事實上의 契約關係理論에 의해 權利義務를 부담하게 된다. 事實上의 契約關係理論이 적용되기 위해서는 환자가 의사의 診療를 明示的으로 요구하고 의사가

10) Deutsch(前註), 18.

11) 大谷實(註 2), 67; 日宮崎地判 昭 47(1972). 3. 31(判時 682, 64).

12) 李補煥(註 1), 27; 日旭川地判 昭 45(1970). 12. 25(判時 623, 52).
石熙泰(註 1), 司行 333, 36-7에서는 未成年者인 환자에게 行爲能力이 없더라도 意思能力이 있으면 未成年者가 契約當事者가 되고, 다만 未成年者가 無資力일때는 동반한 親權者가 連帶保證責任을 부담한다고 하나 왜 醫療契約의 경우에는 行爲能力이 必要 없으며, 親權者가 따로 연대보증책임을 부담하는 法律行爲를 별도로 하였는지 아무런 설명이 없다.

이를 받아들일 것이 前提된다. 事實上의 契約關係가 成立되면 法律行爲無能力을 이유로 한 取消가 허용되지 아니한다. 이미 醫療處置가 이루어진 뒤에는 原狀回復의 方法이 마땅하지 아니하여 不當利得의 法理를 적용하기가 어렵기 때문이다.[13]

(나) 환자가 意識不明狀態에 있는 경우　　환자가 明示的으로 醫療處置를 요구할 수 없는 처지에 있는 경우, 예를 들어 意識不明狀態에 있는 환자들에 대해서도 빠른 時間內에 醫療處置가 이루어져야 할 것이나 이 때에는 契約關係의 成立을 인정할 수 없으므로 결국 事務管理에 관한 法規定이 적용된다. 물론 이 경우 醫療處置가 客觀的으로 보아 환자의 利益을 위해 필요하고 또 그것이 추측되는 환자의 意思에 反하지 아니하여야 한다. 醫療處置는 통상 有償으로 이루어지는 것이기 때문에 이 경우에도 의사는 報酬를 請求할 수 있다.

一般的으로 緊急事務管理의 경우에는 重過失의 경우에만 損害賠償責任이 인정된다. 그러나 醫療處置의 경우는 이미 그러한 狀況이 전제되어 있으므로 예컨대 應急病室에서 이루어진 醫療處置에 대해서는 위 規定을 적용할 수 없다. 다만 醫療處置가 필요한 狀況이 돌발적으로 惹起된 경우 즉 交通事故現場을 지나가는 의사가 환자를 處置한 경우에는 위 규정이 적용된다.

客觀的으로 보아 환자에게 利益이 없고 환자의 主觀的인 意思에도 반하는 경우에는 醫療處置가 행해져서는 안 된다. 만약 이 경우 醫療處置를 하였다면 나쁜 結果에 대해서는 過失이 없더라도 民 § 734에 따라 損害賠償責任을 부담하게 된다.

立法論的인 측면에서 볼 때 事實上의 契約關係理論과 事務管理理論은 동등하게 契約法關係에서 취급되어야 할 필요가 있다. 환자의 意思에 反하지 아니한 醫療行爲는 통상 나중에 의사와 환자의 意思合致에 따라 이루어지는 契約에 의해 포섭되며 事後合意는 소급적인 效力을 인정받기 때문이다.

(다) 家事로 인한 連帶責任　　夫婦 중 一方이 他方을 위해서나 또는 子를 위하여 醫療契約을 締結한 경우 당해 醫療契約이 日常의 家事에 속할 때에는 配偶者가 連帶責任을 부담한다. 獨逸의 判例로는 整形外科醫師의 치료행위에 대한 夫婦의 連帶責任을 인정한 例[14]와 保險患者로서 醫療契約을 締結하지 아니하고 個人負擔으로 醫療契約을 한 事例에서 連帶責任을 부정한 예를

13) 石熙泰(前註), 39; Deutsch(註 3), 22-3.
14) BGHZ 47, 75.

들 수 있다.[15] 特室使用이나 特診契約 등이 日常家事에 속하는지 여부를 판단함에 있어서는 당해 疾病의 內容이나 當事者의 생활환경 등 제반 사정을 고려하여야 할 것이나 단순한 成形手術 등의 경우에는 連帶責任을 인정하기가 어려울 것이다.

Ⅲ. 醫療契約의 內容

1. 醫師의 義務

(1) 診療處置義務

㈎ 醫師의 主된 債務는 환자를 진찰하고 處置하는 것이다. 醫師가 부담하는 債務의 目的은 病의 完治가 아니고 표준적인 醫療水準에 적합한 醫療處置를 하는 것이다. 이러한 점에서 醫師의 債務는 結果債務가 아니라 手段債務이다. 의사는 경우에 따라 환자를 專門醫 내지 專門病院에 轉院시키거나 또는 당해 분야에 대한 專門家로부터 助言을 받아 자신의 醫療行爲가 보다 더 성공적으로 이루어질 수 있도록 노력할 義務를 부담한다(잠수부에게 산소공급을 한 醫師가 전문기관에 轉院시키지 아니한 잘못으로 마비증세를 초래한 사례).[16] 또 의사가 轉院의 必要性에 대한 판단을 정확히 하지 못하였거나 轉院過程에 過失이 있는 경우에는 損害賠償責任을 부담한다.[17]

醫師는 處置手段의 선택 등에 있어서 裁量을 가지며 醫療契約時 이를 特定하여 指定할 수는 없다.[18] 그러나 醫師는 미리 환자에게 설명을 하고 환자의 同意 아래 醫療處置를 하여야 한다.

㈏ 醫師는 새로운 의학지식과 기술에 관심을 가지고 이를 습득하도록 노력하여야 한다. 자신이 대학에서 배운 종래의 의학수준에 맞게 醫療處置를 하였다 하더라도 그 뒤 發展된 醫學水準에 적합하지 아니하였다면 損害賠償責任을 부담하게 된다.[19]

㈐ 助言義務·요양지도의무 의사는 진단결과 환자의 치료에 필요

---

15) OLG Köln NJW 81, 637.
16) 大判 89. 7. 11, 88다카26246(公 855, 1228); 프랑스 破棄院 Bull. civ. 80, Ⅰ, 171.
17) 日名古屋地判 昭 59(1986). 7. 12(判時 1145, 94).
18) 大判 84. 6. 12, 82도3199(公 734, 1320); 大判 86. 10. 28, 84다카1881(公 790, 3106); 大判 87. 1. 20, 86다카1469(公 796, 364); 大判 92. 5. 12, 91다23707(公 923, 1831).
19) 拙稿, "의사의 진료과실과 醫師責任訴訟에서의 立證責任", 裁判資料 24 140-1; RG JW 1931, 1485; BGH NJW 1960, 2253; BGH VersR 1956, 224.

한 助言을 하고 退院後에도 적절한 투병수칙·건강수칙을 알려 주고 권고할 義務가 있다. 이와 같은 義務는 獨立된 의무라기보다 넓은 의미에서의 진료처치의무에 속하는 것이라 할 수 있다(일시 외박중 뇌출혈로 사망한 사안에 대하여 요양지도의무로서의 설명을 해태한 책임을 인정한 사례).[20]

(2) 情報提供義務──說明과 同意

(가) 의사는 환자에게 醫療處置를 받지 아니하는 경우에 초래될 疾病의 진행과정 및 그 결과, 의료처치를 받게 될 경우 예상되는 치료과정 및 그 결과에 대해서 說明해 줄 義務가 있다. 醫療處置의 手段이 다양한 때에는 이에 대해서도 說明해야 한다. 물론 돌발적으로 일어날 事故의 可能性에 대해서도 情報를 주어야 한다(충수염수술 도중 부러진 바늘이 잔류한 것을 알려주지 아니한 의사에게 위자료지급을 명한 사례).[21] 의사는 환자에게 이와 같은 說明을 한 뒤 그의 同意를 얻어 醫療處置를 하여야 한다. 여기서 말하는 同意란 의료계약체결 당시 이루어지는 意思의 合致와는 구별되는 개념이다.

(나) 說明의 主體는 醫師이어야 한다.[22] 處置醫師가 직접 할 필요까지는 없으나 處置醫師는 處置에 임하기 전 환자가 충분히 說明을 들었는가 확인하여야 한다.

(다) 說明의 範圍는 處置의 緊急性, 危險發生의 빈도, 處置手段의 選擇性, 환자의 醫學的 知識 등을 종합하여 결정할 문제이다.[23] 의사는 경우에 따라 說明을 아니할 수도 있다. 즉 환자가 이를 事前에 포기하거나 또는 說明이 疾病의 治療에 오히려 장애를 초래하거나 제 3 자에게 危險을 초래할 特殊事情이 인정되는 경우이다.[24]

(라) 說明義務懈怠에 따라 의사가 부담하게 될 責任의 範圍에 대해서는 위자료만 인정하는 견해와 이로 인한 모든 損害를 賠償하여야 한다는 견해의 대립이 있다.[25]

---

20) 日福岡地判 昭 61(1986). 3. 28(判時 1219, 107).

21) 拙稿, "의사의 說明義務와 환자의 承諾", 裁判資料 27, 168; 프랑스 破棄院 Ga2. Pal. 73, 341; LG Kostanz NJW 1972, 2223.

22) BGH NJW 1980, 1905(手術에는 참여하지 아니하였지만 說明을 不充分히 한 의사에게 責任을 인정한 사례).

23) 拙稿(註 20), 168-72.

24) 拙稿(前註), 174-75; BGHZ 29, 177; BGH NJW 1980, 1307.

25) 全損害賠償說은 拙稿(前註), 180; Deutsch(註 3), 55 및 독일·일본 判例의 立場이고 [日京都地判 昭 51(1976). 10. 1(判時 848, 93); 日熊本地判 昭 52(1977)(判時 863, 72)]; 李銀榮, 702와 Laufs NJW 1979, 1230은 위자료배상설이다.

우리 判例로는 大判 79. 8. 14, 78다488(公 618, 12153); 大判 87. 4. 28, 86다카1136(公 802, 873); 大判 92. 4. 14, 91다36710(公 921, 1573)을 들 수 있으나 위자료배상설을 채택한 것인지 여부는 명확하지 않다. 이에 관한 자세한 설명은 李德煥, 醫師의 說明義務와 法的 責任論, 290-94 참조.

(3) 秘密維持義務

의사는 환자의 情報에 대해 秘密을 유지할 義務를 負擔한다. 의사는 자신이 환자에게 알려 준 사항과 醫療處置가 일어난 狀況에 대해 秘密을 유지해야 한다. 秘密을 特定人에게 전파하는 것이나 공중에게 전파하는 것 모두 비밀준수의무에 위반되는 것이다. 保護의 대상이 되는 것은 환자와 관련이 있거나 쉽게 관련지을 수 있는 疾病狀況에 대한 것도 포함되며 硏究나 學問을 위해 자료의 제공이 필요한 경우에도 환자가 구체적으로 그리고 개별적으로 인식되어서는 안 된다. 환자가 아닌 제 3 자의 秘密도 의사가 직업상 우연히 알게 된 경우에는 역시 보호대상이 된다.[26] 秘密遵守義務에 위반한 때는 경우에 따라 刑事處罰의 대상이 되고 民事上으로는 契約違反이 됨과 아울러 不法行爲가 성립된다.

의사의 秘密遵守義務가 물론 絶對的인 것은 아니다. 法律의 규정에 따라 전염병환자를 관청에 신고하는 것과 같이 公益上의 必要가 있으면 醫師는 秘密을 公表할 수 있다. 이 경우에도 비밀의 공표는 公益에 필요한 최소한에 그쳐야 함은 당연하다.[27] 환자가 제기한 소송에서 의사가 자신을 방어하기 위한 범위 내에서는 秘密遵守義務를 면하게 된다.[28]

(4) 醫療記錄作成維持義務

의사는 醫療法 등 公法上 診療記錄簿를 作成備置할 義務를 부담하지만 醫療契約에 의해서도 환자에 대하여 診療記錄을 作成維持할 義務를 負擔하게 된다.[29] 診療記錄簿에는 환자의 기왕증과 질병상황진단과 처치과정 그리고 그 結果가 모두 포함되어야 한다. 물론 의사는 자신의 過失을 스스로 記錄할 필요는 없다. 환자에게 진료기록열람권을 인정하게 되면 의사에게는 二重診療記錄簿의 作成이 허용되어야 한다. 즉 진료기록의 열람이 환자에게 무거운 心理的 負擔을 준다면 그와 같은 사항만을 따로 다른 진료기록부에 기록함으로써 그와 같은 危險을 피하여야 할 것이다.

환자는 의사와의 醫療契約에 따라 진료기록원부의 열람을 청구할 수 있고

26) 拙稿, "의사의 진료기록의무와 비밀준수의무", 法曹 33-3, 19; 大谷實(註 2), 50-3; Deutsch(註 3), 136; Laufs(註 3), 71-82.
27) BGH NJW 1968, 2288.
28) OLG Frankfurt VersR. 1981, 52.
29) 李銀榮, 707; 石熙泰(註 1), 司行 336, 67; 裵炳日, "醫療過誤訴訟에 있어서 진료기록부에 관한 문제", 高昌鉉기념논문집 585-87; 拙稿(註 26), 11; BGH NJW 1963, 389에서는 否定하였다가 BGH NJW 1978, 2337에서 긍정하였다.

복사 등을 청구할 수도 있으나 그에 소요되는 費用은 환자 스스로 부담하여야 하며 당초의 진료비용에는 포함되지 아니한다. 그러나 환자의 열람권이 無制限的으로 허용되는 것은 아니다. 독일 판례는 진료계약으로부터 환자의 열람권이 인정된다는 이유로 진료기록의 열람을 청구한 환자의 請求를 認容하면서 만일 의사의 노력이 이와 같은 열람으로 인하여 侵害될 경우에는 例外가 될 수 있다고 判示하고 있다. 다만 기록열람으로 인하여 精神的 障碍를 야기할 危險性이 있을지도 모른다는 槪然性만으로는 의사의 診療上特權을 들어 情報를 거부할 合理的 根據가 될 수 없다.[30]

2. 환자의 義務

환자는 의사에게 報酬를 支給하거나 또는 의사가 의료보험회사로부터 이를 受領할 수 있도록 협력해 줄 義務를 負擔한다. 의료보험에 加入한 환자는 의료보험관계를 유지하고 保險證書를 넘겨 주어야 한다. 환자는 물론 의사가 支出한 費用도 부담하여야 할 것이지만 통상 의사가 청구하는 報酬에는 그와 같은 費用이 모두 포함되어 있다.

오늘날 의료행위는 대부분 정형화되어 있고 의료보험의 발달 등으로 인하여 의료비는 기계적으로 산정되는 것이 보통이어서 환자의 報酬支給債務는 따로 明示的인 約定이 없더라도 관례에 따라 算定되고 있으며 별 문제가 없다. 환자는 醫師의 치료에 協力할 義務를 지고 있으나 이는 獨立된 債務가 아니라 債權者로서 債務者의 債務履行에 協力할 義務이며 이를 懈怠하더라도 過失相計의 대상이 될 뿐이다.[31] 환자는 의사의 指示에 따르고 환자 자신의 重要事項에 대하여 의사에게 이를 告知할 義務를 진다.

3. 의사와 환자의 特約

契約自由의 원칙상 전형적인 醫療契約外 특수한 契約도 締結할 수 있다. 가장 좋은 예가 순수한 診療契約 소위 말하는 제 2 의 진단소견만을 구하는 契約이다. 물론 契約自由의 원칙이 적용되더라도 契約內容이 公序良俗이나 法律

30) LG Limbung NJW 1979, 607; OLG Bremen NJW 1980, 644. 일본에서는 환자의 진료기록열람권에 대하여 적극설·소극설·절충설·분쟁과정설의 대립이 있다. 判例로는 東京高判 昭 61(1986). 8. 28(判時 1208, 85) 판결이 있는데 소극설의 입장에 있는 듯하나 일정한 조건을 유보하고 있으므로 소극설을 채택한 것이라고 단정하기 어렵다(醫療判例百選, 別冊ジュリスト, 102, 226).

31) Deutsch(註 3), 25-6; 秋旲卿(註 1), 279-81.

의 規定에 위배되어서는 안 되는 限界가 있다.[32] 醫學上의 目的이 없는 手術이나 合理的 根據 없이 의사의 責任을 制限하는 것들은 모두 公序良俗에 위배된다고 할 수 있다. 후자의 경우 환자는 治療를 포기할 處地에 있지 아니하기 때문에 醫師의 責任制限을 인정하는 것은 현저히 不當하다. 다만 外觀上의 向上만을 도모하는 成形手術의 경우에는 例外이다. 獨逸判例로는 原因不明의 頭痛患者의 義齒를 발치한 치과의사에 대하여 환자로부터 有效한 同意가 없었다는 理由를 들어 형사책임을 인정한 事例[33]와 醫師의 責任을 故意 또는 重過失로 제한한 병원규칙에 대해 환자로서는 자신의 權利를 制限하지 않고서는 醫療處置를 받을 수 없는 처지에 있기 때문에 이와 같은 病院規則上의 責任制限條項은 公序良俗에 위반된다고 인정한 사례를 들 수 있다.[34]

Ⅳ. 醫療契約의 終了

의사와 환자 사이의 契約關係는 여러 가지 事由로 終了될 수 있다. 즉 쌍방의 同意가 있는 경우 또는 一方當事者의 死亡, 추정적인 契約解約으로 인정될 수 있는 他醫療機關에의 轉院 등이 終了事由가 된다. 醫療契約은 특히 고도의 신뢰관계 아래서만 이루어지기 때문에 의사나 환자는 근거를 제시하지 않더라도 一方的으로 契約解除를 할 수 있다(民 § 689 참조).[35] 물론 이 경우에도 醫師는 환자를 保護할 義務가 있기 때문에 환자가 다른 의사의 도움을 받을 수 있게 될 때까지는 醫療處置를 계속하여야 한다. 신뢰관계를 근본적으로 깨뜨리는 行爲, 예를 들면 환자가 의사의 名譽를 훼손시키는 행위를 할 때는 의사는 곧바로 契約을 解止할 수 있고 이와 같은 때에는 다른 의사가 處置하도록 인계하지 아니하고서도 醫療處置義務를 免할 수 있다. 醫師는 契約이 解止된 경우라 하더라도 이미 행해진 契約의 履行部分에 대한 報酬를 청구할 수 있으나 그것이 단독으로는 아무 價値가 없을 때는 그러하지 아니하다(예를 들면 검사실에서 잘못 검사한 경우).[36]

32) Deutsch(前註), 26.
33) BGH NJW 78, 1206.
34) OLG Stuttgart NJW 79, 2355.
35) Deutsch(註 3), 27; 石熙泰(註 1), 司行 335, 57은 반대견해이다.
36) LG Essen NJW 66, 402.

V. 醫療訴訟에서의 立證問題

1. 債務不履行責任과 不法行爲責任

醫療訴訟에서도 債務不履行과 不法行爲가 競合되어 나타난다. 그런데 통상의 債務不履行의 경우와는 달리 醫療訴訟에서는 不完全履行이 문제되는 경우가 대부분이다. 의사가 부담하는 債務가 手段債務이기 때문에 債權者인 환자측은 醫師가 어떠한 債務를 부담하였는지를 적극적으로 主張하고 立證할 責任을 부담한다. 이에 따라 不法行爲의 要件인 醫療過失과 因果關係를 모두 證明하는 경우에 비로소 債務不履行의 立證에 성공하게 되므로 債務不履行을 주장하더라도 訴訟遂行上 큰 도움을 받지 못하게 된다.[37)]

2. 立證責任의 완화 내지 轉換

醫療訴訟에서도 醫師의 過失과 因果關係의 證明을 다른 不法行爲와 같이 요구하는 것은 事實上 불가능할 뿐 아니라 많은 경우 환자에게 너무나 큰 損害를 주게 되므로 判例나 學說은 경우에 따라 立證의 정도를 완화하거나 立證責任을 轉換하기도 하고, 때로는 비율적인 責任을 인정함으로써 公平을 기하려고 노력하여 왔다.[38)] 그러나 지나친 立證의 완화는 다시 의사로 하여금 過度한 醫療行爲를 하도록 하기도 하고, 醫療行爲를 기피하도록 유도하기도 하여 의료의 위축을 초래함으로써 結果的으로 환자의 질병치유에도 나쁜 결과를 가져오는 副作用을 초래하게 된다.

醫療訴訟에서 醫療過失과 因果關係에 관한 立證責任을 완화시키는 法理로는 表見證明理論이나 Res Ipsa Loquitur法理 또는 立證責任轉換을 들 수 있다.[39)] 醫療事故에서 立證의 어려움이 초래되는 이유는 人體構造의 특성에 기

37) 李銀榮, 691; 李輔煥(註 1), 13-4; 吳錫洛, 立證責任論, 156; 金容漢, "의료과오", 大韓辯協誌, 96, 33; 鄭浣, "醫療過誤責任의 基本問題", 法曹 36-5, 110-15. 石橋信, 醫療過誤의 裁判, 77-80. 다만 金顯泰 "의사의 진료과오에 있어서의 過失의 立證責任", 延世大 행정논총, 1980, 211은 반대견해이다.

38) 日金川路地綱走支判 昭 54(1979). 1. 19(判時 924, 921)은 비율적 책임을 인정한 예이다. 독일 Deutsch의 危險增加論 또한 그 예라 할 수 있다(Franzki, Die Beweisregeln im Arzthaftungsproze(374)).

39) 立證責任에 관하여는 康鳳洙, "의료소송에서의 證明責任", 裁判資料 27, 311; 文國鎭(註 1), 653; 鄭浣(註 37), 119; 申殷周, "醫療過誤訴訟에 있어서 因果關係에 관한 立證責任의 轉換", 法曹 41-6, 101-27; 拙稿(註 19), 146, "의료과오의 立證에 관한 독일법과 미국법의 비교법적 고찰", 法曹 34-1, 2, "의료소송에서의 立證責任", 民事法學 8, 369;

인하는 바가 크며 이는 의사라 하더라도 어찌할 수 없는 영역이다. 그러므로 이로 인한 危險負擔은 결국 疾病에 이환된 환자가 종국적으로 부담하지 않으면 안 된다. 다만 立證困難狀態가 초래된 原因이 의사에게 있는 경우 예컨대 의료기록을 소홀히 하여 過失이나 因果關係가 파악불능상태에 놓인 경우나 의료기록의 前提가 되는 檢査나 진단 자체를 소홀히 한 결과 그와 같은 사태가 招來되었다면 이로 인한 危險을 의사에게 부담시킴으로써 의사와 환자 사이에 公平을 기할 수 있고 무절제한 立證責任의 轉換에서 오는 의사의 不利益도 예방될 수 있을 것이다.[40] 물론 환자도 立證不能狀態에서 벗어날 기회를 더 많이 가질 수 있게 된다.

3. 說明義務懈怠와 立證責任

說明 없이 의료처치가 이루어진 경우에는 나쁜 結果에 대해 의사가 責任을 부담하게 되므로 의사측에서 적극적으로 說明을 하였고 환자가 이에 同意하였음을 立證하여야 한다. 說明과 同意는 의사의 責任을 추궁하는 獨立된 請求原因이 되는 것이지만 訴訟實務에서는 醫療過失이나 因果關係의 立證이 어려운 경우 이를 우회하여 의사의 責任을 인정하는 방법으로 사용된다. 즉 醫療過失이 있었을 槪然性이 높지만 立證責任問題로 사안을 해결하기 곤란한 경우에 說明義務의 懈怠가 인정되면 이를 들어 환자의 請求를 인용하는 것이다. 이와 같은 독일법원실무의 태도는 說明義務懈怠가 인정되지만 醫療過失이나 因果關係가 없다고 인정된 사안에서는 의사측의 반증을 들어 환자의 請求를 棄却하는 데에서 알아볼 수 있다.

의사는 환자가 說明義務懈怠를 주장하더라도 다음과 같은 점을 들어 대항할 수 있다.[41]

첫째, 의사는 환자에게 發生한 危險이 너무나 非典型的이라거나 發生槪然性이 희박한 것이라는 점을 들어 說明이 불필요한 것이라고 다툴 수 있고 경우에 따라서는 환자가 이미 그러한 危險을 알고 있었다는 점을 들어 대항할 수 있다.

中野貞一郎, "진료채무의 不完全履行과 證明責任", 현대손해배상법강좌 4, 71; Franzki (註 38), 56 이하; 大判 1989. 7. 11, 88다카26246(公 855, 1228)에 대한 평석은 拙稿, "의료소송에서의 因果關係의 證明", 大法院判例解說 12, 135.

40) BGH NJW 1978, 2337 참조.

41) 拙稿(註 21), 182; BGH VersR 1965, 718; BGH NJW 1976, 363; OLG Bremen NJW 1976, 1157.

둘째, 의사는 환자에게 說明하는 것이 不可能한 상태였다거나 환자의 치료라는 診療上의 理由로 說明을 하지 않았다고 주장할 수 있다.

셋째, 의사는 자신이 비록 說明을 하지 않았지만 說明을 하였더라면 환자가 承諾하였을 것이라는 점을 들어 대항할 수 있다. 물론 이 경우 환자가 說明을 들었다면 실제 處置에 임한 의사가 處置하는 것에 同意하였으리라는 것을 확실하게 立證하여야 한다. 그런데 문제가 되는 것은 說明을 하였더라면 당해 환자가 承諾하였으리라는 점을 立證하여야 하는가 아니면 통상의 一般人이 당해 환자의 입장에 놓여 있었다면 承諾하였으리라는 것을 立證하여야 하는 가이다. 환자의 承諾이 요구되는 이유가 환자의 自己決定權을 보호하기 위한 것이라면 전자의 因果關係가 중요하겠지만 客觀的인 판단기준면에서 본다면 후자의 客觀說이 타당하다 하겠다. 환자는 의사의 이러한 免責主張에 대하여 다시 그는 최소한 醫療處置當時의 시점에서는 承諾하지 아니하였을 것이라든가 또는 處置에 임한 당해 의사보다 좀더 기술이 좋고 전문지식이 있는 의사가 處置하는 경우에만 承諾하였을 것이라고 항변할 수 있다.

넷째, 의사는 현재 발생한 損害는 환자가 承諾을 하지 아니하여 處置를 하지 아니하였을 경우에도 역시 발생할 性質의 것이었다고 주장하여 대항할 수 있다. 이러한 免責의 主張은 암수술과 같은 致命的인 疾病에 대한 處置의 경우 종종 나타난다. 의사는 또 의사의 基本的인 說明에 대해 환자는 그가 특히 관심 있는 부분 등에 대해 質問 등을 하여 의사로부터 자세한 說明을 요구하지 아니하였다는 점을 들어 過失相計의 主張을 할 수도 있다.

[朴 一 煥]

旅行契約[1)]

차 례

Ⅰ. 序　言

경제가 성장하여 국민소득이 증가하고 국민의 삶의 질이 높아짐에 따라 여가활동이 현저히 증대되고, 여가선용방법 중 旅行이 크게 증가하는 것이 각국의 공통된 현상이며, 우리 나라도 그 예외가 아니다. 이러한 旅行은 어떠한 모습이든 契約이라는 법적 매개수단에 의하여 행하여지는데, 넓은 의미로는

1) 위 主題에 관한 우리 나라의 주요한 參考文獻은 다음과 같다: 姜信雄, 旅行契約—不可抗力으로 인한 解止를 중심으로—, 司法行政 1995. 12, 8면 이하; 金允求, 旅行契約의 研究—團體海外旅行契約을 中心으로—, 法學研究(忠北大) 제4권, 1992, 107면 이하; 金相武, 觀光事業論, 啓明大學校出版部, 1991; 金聖奕, 觀光學原論, 螢雪出版社, 1994; 김성환, 한국의 여행 및 운송약관 개선에 관한 연구, 석사학위논문, 경기대학교, 1988; 金在珉, 觀光經營論, 日新社, 1990; 金震燮, 觀光法學, 大旺社, 1991; 金震燮, 觀光學原論, 大旺社, 1993; 魯英和·李得淵·崔善卿, 旅行에 관한 消費者保護方案 研究, 韓國消費者保護院, 1988; 朴永馥, 獨逸에서의 旅行契約法의 발전, 民事裁判의 諸問題(上)(李時潤博士 華甲紀念), 博英社, 1995, 413면 이하; 徐 敏, 旅行契約, 民事判例研究 XI, 博英社, 1989(徐 敏 Ⅰ), 503면 이하; 徐 敏, 旅行契約의 法律問題, 司法行政 1995. 11(徐 敏 Ⅱ), 20면 이하; 李仙熙·朴泳浩, 旅行經營論, 螢雪出版社, 1989; 李承吉, 旅行契約에 관한 研究, 博士學位論文, 中央大學校, 1992; Kwang-Jun Tsche(崔光濬), Die Struktur und die Probleme des deutschen Reisevertragsgesetzes(獨逸 旅行契約法의 構造와 問題點), 法學研究(釜山大學校) 제35권 제1호(1994), 291면 이하. 위에 열거된 문헌은 아래에서는 저자명만으로 인용한다.

각종의 旅行을 실행할 義務를 발생시키는 契約을 旅行契約이라고 할 수 있으나, 본래의 의미의 旅行契約은 이보다는 좁은 개념이다. 현재 우리 나라에는 旅行契約을 직접 규율하는 法이 없으며, 그 결과 旅行契約의 法律關係는 당사자의 자유로운 契約形成에 맡겨져 있고, 約款과 契約法의 일반이론에 의하여 규율되고 있을 따름이다.

旅行契約은 그 급부내용을 보면 旅行이라는 給付(일)의 실현(완성)을 목적으로 하는 점에서 民法의 典型契約 중 都給과 비슷한 점이 있기는 하다. 그러나 旅行契約은 都給契約과는 많은 점에서 차이가 있는 독특한 내용을 포함하고 있기 때문에 都給契約의 規定을 유추하여 旅行契約의 法律關係를 해결하려고 하는 것은 적절하지 못하며, 그 밖에 民法의 다른 典型契約을 유추하더라도 만족스러운 해결방법을 찾을 수 없다. 그러므로 旅行契約의 法律關係를 올바르게 해명하기 위하여는 이 契約모습에 들어맞는 독자적인 理論이 세워져야 하고, 또한 立法도 이루어져야 한다.

Ⅱ. 旅行契約의 概念

1. 旅行의 개념

旅行契約의 목적은 旅行이므로 旅行契約을 논하려면 먼저 旅行의 개념을 알아볼 필요가 있다. 일반적으로 旅行은 「인간이 일상생활을 하는 定住地에서 떠나 다시 돌아올 예정으로 이동하는 행위」라고 할 수 있다.[2] 그러나 개개의 旅行者가 스스로 계획하고 旅行社를 통하여 운송기관·숙박업소 등과 契約을 체결하여 실시하는 旅行은 넓은 의미로는 旅行契約의 목적인 旅行이라고 할 수 있으나, 이는 좁은 의미 내지 본래의 의미의 旅行契約의 포섭범위에 속하지 아니하고, 이러한 契約關係는 개별적인 運送契約·宿泊契約 등의 결합에 지나지 않는다. 旅行契約의 목적인 旅行은 운송·숙박·관광 등이 일체로 포괄된 旅行을 가리키며, 去來의 실제에서 가장 많이 이용되고, 또한 法律問題를 가장 많이 일으키는 것은 觀光旅行이다. 旅行과 비슷한 개념으로서 觀光이 있다. 觀光은 여러 가지로 정의될 수 있지만 사람이 일상생활권을 떠나 타지역으로 이동하여 영리를 목적으로 하지 않고 휴식 또는 풍경 등을 즐기는 행위 및 이에

2) 金相武, 16; 魯英和·李得淵·崔善卿, 12 참조.

의해 일어나는 사회현상을 가리킨다.[3] 이와 같이 觀光은 장소의 이동을 필수적인 요소로 하는 점에서 旅行을 포함하고 있는데, 旅行은 장소의 이동만을 그 槪念內包로 함에 비해 觀光은 그 이상의 행위 내지 사회현상을 포함하는 점에서 內包가 풍부한 개념이며, 이 점에서 양자는 구별된다. 그러나 觀光實務에서 旅行者와 觀光客을 구분하지 않는 것이 通例[4]인 데에서 보다시피 거래의 실제에 있어서는 旅行과 觀光은 엄격한 개념구분 없이 혼용되는 일이 많다.

旅行은 목적, 체재기간, 조직형태, 旅行企劃者, 旅行商品의 판매형태, 旅行方向 등 여러 가지 기준에 따라 다양하게 분류될 수 있다. 구체적으로 보면, 목적에 따라 所用旅行과 觀光旅行으로 나뉘고, 旅行規模에 따라 個人旅行과 團體旅行으로 나뉘며, 旅行企劃者에 따라 主催旅行과 共同開催旅行과 都給旅行으로 나뉜다. 그리고 旅行商品의 판매형태에 따라 企劃商品(主催旅行, ready made旅行)과 注文販賣商品(order made旅行)으로 나뉘며, 旅行方向에 따라 國內旅行과 海外旅行 및 外國人旅行으로 나뉜다.[5] 그 밖에 최근에 많이 이용되는 패키지旅行(package tour)은 旅行業者의 企劃商品으로서 旅行業者가 독자적인 기획에 의하여 旅程·旅行條件·旅行費를 정하고 참가자를 일반으로부터 모집하는 團體旅行인 主催旅行의 전형적인 형태이며, 단기간에 저렴한 경비로 명승지·고적 또는 주요 관광지를 방문하는 여행이다.[6]

標準旅行約款[7]에서는 旅行의 종류를 希望觀光, 一般募集觀光 및 委託觀光의 세 가지로 분류하고 있다(國內旅行約款 제3조; 國外旅行約款 제3조 참조). 이 約款의 개념정의에 의하면, 「희망관광」은 旅行社가 旅行客으로부터 의뢰받아 旅行客이 희망하는 旅行條件에 따라 행사를 집행하는 旅行을 말하고, 「일반모집관광」(企劃旅行)은 主催旅行이라고도 불리는데 旅行社가 內國人의 國外旅行을 위하여 旅行의 목적지·일정·旅行者가 제공받을 운송 또는 숙박 등에 관한 서비스의 내용과 이에 따른 요금 등에 관한 사항을 사전에 정하여 이에 참가하는 旅行者를 광고 또는 기타의 방법으로 모집해서 실시하는 旅行을 말하며, 「위탁관광」은 다른 旅行社에서 개발한 旅行商品을 알선·판매하는 旅行을 말한다. 이 중에서 가장

3) 金聖奕, 31; 金在珉, 21; 金震燮, 22 등 참조.
4) 魯英和·李得淵·崔善卿, 13.
5) 金在珉, 22; 魯英和·李得淵·崔善卿, 17 이하 참조.
6) 魯英和·李得淵·崔善卿, 22 참조.
7) 현재 우리 나라의 旅行契約去來에서 일반적으로 이용되고 있는 約款은 韓國觀光協會가 작성하여 각종 旅行業者에게 권장하고 있는 標準約款이며, 國外旅行約款과 國內旅行約款으로 나누어 정하고 있다.

많이 이용될 뿐만 아니라 法的으로 중요한 의미를 가지는 것은 일반모집관광이다.

2. 旅行契約의 개념

旅行契約의 개념은 여러 가지로 定義될 수 있으나, 旅行契約에 관한 최초의 立法인 獨逸民法의 규정(§651a I)과 마찬가지로 다음과 같이 표현하는 것이 적절하다.[8] 즉 旅行契約이란 當事者의 한쪽(旅行周旋者=旅行業者)이 旅行給付의 總體(旅行)를 실행하고, 相對方(旅行者)은 이에 대하여 약정된 代價(旅行代金)를 지급할 義務를 지는 契約이다. 旅行給付의 구체적 내용은 운송, 숙박, 음식제공, 명승지·유적지·박물관·미술관 등의 탐방, 관광안내 등과 같이 다양한데, 旅行契約이 되기 위하여는 이들 여러 가지 給付 중 적어도 두 가지 이상이 포함되어야 한다.[9]

Ⅲ. 旅行契約의 法的 性質

1. 독립된 契約類型

旅行契約의 法的 性質은 旅行契約에 어떤 法規定을 적용할 것인가 하는 문제와 관련되어 있기 때문에 중요한 의미가 있다. 또한 旅行契約이 民法典에 典型契約으로 규율되어 있는 경우에도 法規定의 불완전성을 보충하기 위한 해석을 올바르게 하기 위하여는 그 성질 규명이 필요하다.

旅行契約의 法的 性質에 관하여는 여러 가지 學說이 대립되어 있는데, 이러한 대립은 旅行契約의 개념파악과도 직결되어 있다. 獨逸에서는 旅行契約이 民法에 규정되기 전에는 通說과 判例가 旅行契約을 都給契約으로 보았으며,[10] 民法改正 후에는 都給契約으로 보는 見解[11]와 독자적인 契約類型이라고 보는

8) 같은 見解 金允求, 110; Brox, Besonderes Schuldrecht, 19. Aufl.(1993), RdNr. 289a(S. 220); Larenz, Lehrbuch des Schuldrechts Ⅱ/1, 13. Aufl.(1986), S. 379; MünchKomm-Tonner, 2. Aufl.(1988), RdNr. 8 vor §651a.

9) Erman-Seiler, 8. Aufl.(1989), §651a Rz. 4; MünchKomm-Tonner, §651a RdNr. 4; Staudinger-Schwerdtner, 12. Aufl.(1983), §651a Rz. 11.

10) MünchKomm-Tonner, RdNr. 14 vor §651a; H. Bartl, Zum Stand des Reiserechts, NJW 1983, 1093; BGHZ 61, 275=NJW 1974, 37; BGH NJW 1981, 1833.

11) Esser/Weyers, Schuldrecht Ⅱ, 6. Aufl.(1984), S. 267; Erman-Seiler, §651a Rz. 4; Staudinger-Schwerdtner, §651a Rz. 29.

見解[12)]가 나뉘어 있다. 日本에서는 旅行契約을 主催旅行契約과 手配旅行契約으로 나누고, 主催旅行契約의 성질에 관하여는 委任(準委任)으로 보는 見解[13)]와, 仲介로 보는 見解[14)] 및 都給 내지 都給 類似의 契約으로 보는 見解[15)]가 나뉘어 있다.

우리 나라에서는 都給契約의 일종이라고 보는 見解[16)]와 독립된 契約類型이라고 보는 見解[17)]가 나뉘어 있다. 현재까지 旅行契約의 法的 性質에 관하여 태도를 밝힌 判例는 발견되지 않는다.

旅行契約은 旅行이라는 무형적 결과의 실현을 그 내용으로 하므로 얼핏 보면 일의 완성을 목적으로 하는 都給契約의 한 모습이라고 생각될 수 있다. 그러나 旅行契約의 給付內容은 다수의 서로 다른 給付로 이루어져 있고, 일의 결과인 이들 상이한 部分給付의 실현이 시간적·장소적·기능적으로 全體給付(旅行)와 결부되어 이루어지며, 일의 결과가 개개의 給付 및 그 시간적 연속과 불가분의 관계에 있어서 일정한 시점에 집중되지 아니하는 점에 비추어 보면 旅行契約은 都給契約과 비슷하지만 都給契約 자체는 아닌 독립된 모습의 契約이라고 봄이 옳다. 다만 旅行契約에 관하여 따로 규율하고 있지 아니한 우리 民法 아래서는 旅行契約에 관하여는 그 성질에 어긋나지 않는 한 이 契約內容과 가장 가까운 契約모습인 都給契約에 관한 規定을 類推適用하는 것이 바람직하다.

2. 契約으로서의 旅行契約의 性質

旅行契約은 契約當事者 양쪽이 서로 相對方에 대하여 對價的 意味 있는 出捐을 하고 또 債務를 부담하므로 有償·雙務契約이다. 그리고 旅行契約의 성립은 일정한 給付나 방식에 의존시켜야 될 특별한 이유가 없으므로, 當事者 사이의 무방식의 合意만으로 성립되는 것으로 보아야 하며, 따라서 旅行契約은

12) Brox, aaO., S. 220; Larenz, aaO., S. 379; MünchKomm-Tonner, RdNr. 15 vor §651a; Palandt-Thomas, 54. Aufl.(1995), Einf. vor §651a Rz. 2.
13) 島 十四郎, 現代契約法大系 제7권, 有斐閣, 1985, 100; 石田喜久夫, 委任 — 旅行契約, 法學セミナー — 303호(1980. 5), 100.
14) 谷澤 一, 觀光營業法, 1972, 56(高橋 弘, 旅行業約款, 法律時報 54권 6호, 28 참조).
15) 高橋 弘, 西ドイツ旅行契約法の成立過程 — パック旅行契約の私法的規制, 廣島法學 제5권 제1호(1981), 58. 그 밖에 都給에 가까운 契約으로 볼 수 있는 여지를 인정하는 학자도 있다(中田邦博, 石外克喜 編, 契約法, 1991, 355; 石田喜久夫, 앞의 글, 101).
16) 金允求, 111; 李銀榮, 債權各論, 博英社, 1994, 409.
17) 徐 敏 Ⅰ, 504.

諾成·不要式契約으로 보아야 한다.[18] 다만 去來의 실제에 있어서는 旅行約款이 契約金을 지급하여야 契約이 성립한다는 규정을 두고 있으나(國外旅行約款 제4조), 이로 말미암아 契約의 성질이 要物契約으로 변하는 것으로 해석할 필요는 없다.[19]

3. 民事契約

旅行은 대부분 旅行周旋을 영업적으로 하는 旅行業者와 契約關係를 맺어 행하여지지만 旅行의 周旋은 周旋者가 영업으로 하여서만 이루어지는 것은 아니므로, 旅行契約은 商事契約이 아니라 民法上의 契約이라고 보아야 한다.[20] 商法도 旅行業을 基本的 商行爲로 열거하고 있지 아니하다(商 §46 참조).

Ⅳ. 旅行契約의 成立

1. 總 說

旅行契約은 民事契約의 한 모습이기 때문에 契約의 성립에 관하여는 契約成立에 관한 民法의 一般原則이 적용된다. 다만 契約의 當事者에 관해서는 契約締結過程에 관여하는 자가 다양하기 때문에 누구를 當事者로 보아야 할 것인지 불명확한 경우가 있어서 주의를 요한다. 현재 우리 나라의 去來의 실제에서는 旅行契約은 旅行周旋者가 작성한 約款에 의하여 체결되며, 서면에 의하여 契約이 체결되는 것이 관행으로 되어 있다. 그런데 旅行契約의 성립과정에서는 契約當事者 사이에 여러 가지 교섭과정을 거치고, 때로는 契約締結過程에서 給付가 행하여지기도 하는데, 이러한 복잡한 과정 중에서 언제 契約이 성립된 것으로 보아야 하는지도 명확히 기준을 정할 필요가 있다. 특히 標準約款에는 要物契約인 것처럼 보이는 條項이 포함되어 있어서 의문을 자아낸다.

2. 契約의 當事者

㈎ 旅行契約의 當事者는 旅行者와 旅行周旋者(旅行業者)이다. 旅行契約의 체결과정 및 이행과정에는 여러 모습으로 관여자가 참여하는데, 이러한 자

18) 같은 見解 金允求, 112.
19) 같은 見解 金允求, 112.
20) 같은 見解 金允求, 112; D. Medicus, Schuldrecht Ⅱ (besonderer Teil), 5. Aufl.(1992), Beck, S. 174.

들이 契約의 當事者로 고려될 수 있는지 의문스러울 때가 있으며, 그 구별의 기준을 명확히 밝힐 필요가 있다.

(나) 旅 行 者　　旅行者는 旅行周旋者와 旅行契約을 체결하고, 旅行給付를 받는 한편 旅行代金의 支給債務를 부담하는 자이다. 의문이 있는 것은 旅行의 시작 전에 旅行給付의 受領者(旅行者)가 제3자로 변경되는 일이 있는데(交替參加), 이 경우에 契約當事者의 지위에 변동이 생겨 원래의 契約當事者인 旅行者는 當事者地位를 잃고 그 제3자(交替參加者)가 契約當事者의 지위를 승계하는가 하는 점이다. 이와 같은 경우에는 원칙적으로 旅行代金債務는 여전히 원래의 契約當事者가 부담하고, 단지 給付受領權만이 제3자에게 이전될 뿐이라고 보는 것이 옳다. 그러므로 이 경우에 특별한 사정이 없는 한 契約引受가 이루어진다고 해석할 수 없으며, 따라서 契約當事者의 지위에 변동이 생기는 것은 아니라고 보아야 한다.[21] 그러나 交替當事者 사이의 내부관계에 따라서는 旅行者의 교체에 의하여 契約引受가 이루어지는 것도 가능하다. 契約引受가 이루어지려면 旅行周旋者·旅行者·交替參加者의 세 當事者 사이에 三面契約이 체결되어야 한다.

(다) 旅行周旋者　　旅行周旋者는 旅行者의 契約相對方으로서 旅行給付의 전부를 실행할 것을 약속하는 자이다. 따라서 스스로 旅行給付를 실현할 義務를 부담하지 아니하고 旅行者와 旅行周旋者 사이의 旅行契約을 중개할 뿐인 旅行社(Reisebüro)는 旅行契約의 當事者인 旅行周旋者가 아니다. 그러나 旅行社가 旅行契約締結을 중개함에 있어서 旅行者에 대하여 旅行周旋者인 것처럼 행위한 경우에는 消費者保護의 차원에서 旅行者의 이익을 보호하기 위하여 旅行社와 旅行者 사이에 旅行契約이 성립된 것으로 볼 수 있다.[22] 그리고 旅行周旋者와 契約關係를 가지고 旅行의 개별적 일부의 실행을 담당하는 旅行實行者(Leistungsträger)도 旅行者의 契約相對方이 아니다. 旅行周旋者는 旅行內容 중의 일부에 관하여 旅行者와 제3자 사이의 契約을 중개할 수도 있으나, 이 경우에는 旅行契約締結時에 이러한 중개관계를 명확히 알 수 있도록 밝혀야 한다.[23]

21) 反對 金允求, 114.
22) Brox, aaO., Rz. 289b; W. Fikentscher, Schuldrecht, 8. Aufl.(1992), Gruyter, S. 564; P. Schlechtriem, Schuldrecht(besonderer Teil), 2. Aufl.(1991), S. 165.
23) Brox, aaO., Rz. 289b; MünchKomm-Tonner, §651a RdNr. 21.

3. 旅行契約의 체결

(가) 旅行契約의 체결과정　　旅行契約締結을 위한 교섭과정은 일반적으로 旅行周旋者가 배포한 旅行案內書·旅行計劃書·旅行明細書 또는 광고를 보고 旅行者가 旅行周旋者와 접촉을 시작하여 여러 가지 상담을 거친 후에 契約의 체결에 이르게 된다. 이 과정에서 의문이 생기는 것은 旅行周旋者가 旅行의 구체적 내용과 旅行代金을 기재한 旅行案內書를 旅行者에게 제시한 경우에 이를 請約으로 볼 것인가 하는 점이다. 이는 상품의 광고나 선전의 경우와 마찬가지로 請約의 誘引으로 봄이 옳으며,[24] 去來의 실제에 있어서는 위와 같은 선전물을 보고 旅行者가 請約의 意思表示를 하면 이에 대하여 旅行周旋者가 承諾함으로써 契約이 성립되는 것으로 처리한다. 이러한 請約과 承諾의 意思表示에는 아무런 방식도 필요하지 아니하다.

그리고 旅行者의 요청에 의하여 旅行周旋者가 그의 성명을 旅行者名簿에 기재한 경우(이른바 「부킹」을 한 경우)에 이 기재의 法的 性質도 의문이다. 이 경우에는 本契約인 旅行契約이 성립되었다고 볼 수 없으며, 다만 旅行契約의 豫約이 성립되었을 뿐이라고 보아야 한다.[25] 따라서 旅行契約의 本契約이 성립하려면 이 豫約에 터잡아 다시 本契約이 체결되어야 한다.[26]

(나) 約款의 편입　　旅行契約은 대부분 標準旅行約款을 契約內容의 일부로 포함시켜 체결된다. 그러나 約款이 契約의 내용으로 되기 위하여는 契約締結時에 旅行者에게 約款이 契約에 포함됨을 알려주고, 約款의 내용을 旅行者에게 알려주거나 알 수 있는 상태에 두어야 한다.[27] 그러므로 契約이 체결된 후에 約款의 내용을 알려준 경우에는 約款은 旅行契約의 내용에 포함되지 아니한다. 인쇄되어 교부된 것이 約款의 전문이 아니고 발췌된 내용인 경우에는 그 내용만이 契約內容에 포함되고 생략된 내용은 契約內容으로서의 효력이 없다.[28]

(다) 要物契約性 인정 여부　　旅行約款에는 일정액의 "契約金을 지급하여야 旅行契約이 성립한다"는 내용의 條項이 포함되어 있는데(國外旅行約款 제4조),

24) MünchKomm-Tonner, §651a RdNr.29; Staudinger-Schwerdtner, §651a Rz.40.
25) MünchKomm-Tonner, §651a RdNr.27.
26) 徐 敏 II, 24.
27) MünchKomm-Tonner, §651a RdNr.34; Staudinger-Schwerdtner, §651a Rz.46.
28) 徐 敏 II, 25; MünchKomm-Tonner, §651a RdNr.34; Staudinger-Schwerdtner, §651a Rz.47.

이 條項의 의미를 어떻게 해석하여야 할지 문제이다. 즉 이 條項에 의하여 當事者 사이에서 旅行契約의 성질이 要物契約으로 바뀌느냐 하는 의문이 생긴다. 그러나 民法上의 契約의 성질은 추상적으로 정하여지는 것이지 當事者의 의사에 의하여 영향을 받지는 않으며, 한편 旅行契約은 성질상 要物契約으로 하여야 할 특별한 이유가 없고, 舊民法의 要物契約을 諾成契約으로 개정한 民法의 태도에 비추어 보더라도 旅行契約은 當事者 사이의 合意만으로 성립되는 諾成契約이라고 보아야 한다. 따라서 契約金支給에 관한 위의 條項은 要物契約인 契約金契約의 성립요건에 관한 것일 뿐이고, 契約金의 지급은 주된 契約인 旅行契約과의 관계에서는 契約成立의 요건이 아니라 契約成立의 하나의 증거로서의 의미를 가질 따름이라고 해석함이 옳다.[29]

(라) 要式契約性 인정 여부 旅行約款은 旅行契約의 체결에 관한 규정에서 일정한 내용을 명시한 契約書를 작성하도록 규정하고 있으며(國內旅行約款 제6조; 國外旅行約款 제4조), 이 규정의 의미를 음미해 볼 필요가 있다. 즉 이 규정에 의하여 旅行契約의 성질이 要式契約으로 바뀌는가 하는 의문이 생긴다. 그러나 旅行契約은 무방식의 請約과 承諾에 의하여 성립하므로[30] 不要式契約이라고 보아야 하며,[31] 約款에 의하여 契約書의 작성을 필수적인 것으로 정하였더라도 이로 말미암아 契約의 성질이 변경되지는 아니한다. 契約書의 작성은 契約關係의 내용을 명확히 함으로써 契約에 관한 다툼을 방지하는 한편 消費者인 旅行者를 보호하기 위한 것이라고 이해하여야 한다.[32]

V. 旅行契約의 效力

1. 總 說

旅行契約이 성립되면 當事者에게는 契約內容에 따라 여러 가지 權利·義務가 발생한다. 當事者의 주된 權利·義務는 旅行履行請求權과 代金支給請求權이지만, 그 밖에 旅行契約에 특유한 여러 가지 부수적인 權利·義務가 인정된다. 旅行契約은 일반적으로 約款에 의하여 체결되므로 이러한 權利·義務의 내

29) 徐 敏 Ⅱ, 25.
30) 金亢求, 116; Staudinger-Schwerdtner, §651a Rz. 42.
31) Staudinger-Schwerdtner, §651a Rz. 43.
32) 徐 敏 Ⅱ, 25.

용은 대부분 約款에 의하여 정하여지며, 約款으로 따로 정하지 아니한 사항은 債權法의 一般規定과 契約法理論에 의하여 그 내용이 규율된다. 旅行契約의 이행은 시간의 흐름과 결부되어 있기 때문에 當事者의 權利·義務의 내용 중에는 旅行開始 전에만 인정되는 것도 있다. 여기서는 먼저 旅行者의 權利·義務와 旅行周旋者의 權利·義務로 나누어 검토하고, 나아가 債務不履行의 모습과 구제방법이 旅行契約에 독특한 것이 있으므로 이를 따로 살펴보기로 한다.

2. 旅行者의 權利·義務

(가) 旅行者의 權利

(a) 旅行履行請求權 旅行者는 旅行周旋者에 대하여 契約內容에 따른 旅行을 실행할 것을 청구할 수 있다. 이 權利는 旅行契約에 특유한 것은 아니고, 契約法의 일반원칙에 따른 효과이다.

(b) 契約解除權 旅行者는 旅行開始 전에는 언제든지 특별한 사유 없이 契約을 解除할 수 있다.[33] 이 解除權은 旅行開始 전에만 인정되는 權利로서 그 본질은 約定解除權이며, 뒤에 보는 旅行周旋者의 債務不履行을 이유로 한 解除權과는 다르다. 이 解除權은 旅行契約의 慣行에 의하여 발생한 것인데, 旅行契約은 契約締結時와 旅行開始時 사이에 시간의 간격이 큰 것이 보통이어서(6개월 이상 전에 契約을 체결하는 일이 많다), 旅行者 쪽에 사정의 변동이 생기는 일이 있기 때문에 이를 고려한 特則이라고 할 수 있다.[34] 旅行者가 解除權을 행사하는 경우는 解除의 필요가 旅行者에게 責任 없는 부득이한 사유에 의하여 생기는 경우와 그에게 責任 있는 사유로 말미암은 경우의 둘로 나눌 수 있다. 旅行者가 그에게 責任 있는 사유가 없이 이 解除權을 행사하여 旅行契約을 解除한 경우에 旅行周旋者는 旅行者에 대하여 旅行代金의 지급을 청구할 수 없음은 물론 契約解除로 말미암은 損害의 賠償도 청구할 수 없다. 그러나 旅行者의 責任 있는 사유로 解除한 경우에는 旅行周旋者는 상당한 補償을 청구할 수 있다. 補償의 범위는 解除 전에 旅行周旋者가 解除된 契約을 위하여 들인 비용과 旅行契約에 의하여 旅行周旋者가 얻을 수 있었던 이익을 고려하여 결정하

33) 旅行業者들이 일반적으로 이용하고 있는 旅行約款에서는 직접적으로 旅行者의 解除權을 규정하고 있지 않으나, 取消料에 관한 規定과 관련지어 생각하면 解除權을 인정하고 있다고 해석된다. 이 約款은 「解除」라는 표현과 「取消」라는 표현을 混用하고 있는데 엄밀히 말하면 「解除」라고 하여야 한다. 참고로 獨逸民法의 規定을 보면 同法 §651 i는 明文으로 旅行者의 解除權을 인정하고 있다.

34) MünchKomm-Wolter, §651 i RdNr. 1.

여야 하는데, 去來의 실제에 있어서는 解除日字와 旅行開始豫定日 사이의 시간적 간격에 따라 정형화하고 있다.[35] 約款에서는 이 補償을 「取消料」라고 표현하고 있다.

(c) 交替權(代替權)

(i) 인정 여부 旅行約款에는 旅行者에게 旅行開始時까지 給付受領者를 자기 이외의 제 3 자로 교체할 수 있는 權利(交替權)를 규정하고 있지 아니하다. 그러나 旅行給付의 내용은 정형화되어 있어서 旅行周旋者에게는 旅行者가 누구인가는 원칙적으로 중요성이 없으며, 旅行者로서는 어떤 사유로 자기 자신이 旅行을 할 수 없는 경우에 이미 체결된 旅行契約을 폐기하고 새로이 契約을 체결하게 하는 것보다 기존의 契約을 존속시키고 다른 사람이 契約의 이행을 받게 하는 것이 유리한 일이 많다. 이 목적을 달성하는 방법으로 旅行契約의 當事者와 제3자가 契約을 체결하여 契約引受를 하는 방법을 생각할 수 있으나, 이 방법은 세 當事者의 合意를 이루는 데에 절차의 번잡과 시간의 지연 및 法律行爲에 흠이 끼어들 위험이 있어서 원칙적인 방법으로 고려하기에는 부적당하다. 그러므로 이러한 위험을 피하여 기동성 있게 현실에 대처할 수 있도록 旅行者에게 交替權을 인정하는 것이 합리적인 해결책이다.[36] 이와 같이 交替權을 인정하는 경우에는 旅行者의 교체를 위하여 특별한 이유나 旅行周旋者의 同意를 필요로 하지 않는 것으로 함이 타당하다. 다만 旅行周旋者의 이익을 보호하기 위하여 정당한 이유가 있는 때에는 교체에 대한 異議權을 주어야 하고, 또한 교체로 말미암아 추가비용이 들게 되는 경우에는 旅行周旋者에게 追加費用請求權을 인정하여야 한다.[37]

(ii) 交替參加者의 法的 地位

㈀ 序 說 旅行契約에서 交替權을 인정하는 경우에는 원래의 契約當事者에 갈음하여 旅行給付를 수령하게 되는 交替參加者의 法的 地位가 문제된다. 문제의 핵심은 交替權의 행사에 의하여 旅行에 참가하는 交替參加者는 단순히 旅行契約에 의한 給付의 受領權을 취득하는 데 그치는 것으로 보느냐, 또는 交替參加者가 契約當事者의 지위를 승계하는 것으로 보느냐

35) 國內旅行約款 제15조; 國外旅行約款 제13조.

36) 徐 敏 Ⅰ, 508; 徐 敏 Ⅱ, 26. 같은 見解 金允求, 124. 獨民 §651 b는 명문으로 旅行者의 交替權을 인정한다.

37) 徐 敏 Ⅰ, 508; 徐 敏 Ⅱ, 26. 같은 見解 金允求, 124. 獨民 §651 b Ⅰ 후단과 Ⅱ은 이러한 權利를 인정한다.

하는 데에 있다. 앞의 관점에서는 交替權의 행사에 의하여 제3자를 위한 契約 또는 債權讓渡가 이루어진다고 보며, 뒤의 관점에서는 交替權의 행사에 의하여 契約引受가 일어난다고 본다. 交替權을 명문으로 규정하고 있는 獨逸民法도 이 문제에 관하여 명확하게 규정하지 않아서 해석상 많은 논란이 있다. 먼저 獨逸의 理論을 살펴본 후에 우리 民法의 解釋論을 펴보기로 한다.

(ㄴ) 獨逸民法의 解釋論　1994. 6. 24의 民法改正 전에는 獨逸에서는 旅行者가 交替權을 행사한 경우의 交替參加者의 法的 地位에 관하여 學說이 대체로 네 가지로 나뉘어 있다. 通說은 이 경우에는 제3자를 위한 契約이 된다고 보는 데 반하여,[38] 少數說은 交替權의 행사에 의하여 契約引受가 일어난다고 보며,[39] 다른 일설은 債權讓渡라고 보고,[40] 절충적인 입장은 交替參加者의 旅行參加 전에는 제3자를 위한 契約이지만 旅行參加 후에는 契約引受라고 본다.[41] 그리고 제3자를 위한 契約이라고 보는 通說에 있어서도 擔保責任의 追窮權을 契約當事者가 행사하느냐 交替參加者가 행사하느냐에 관하여는 見解가 대립되고 있다. Schwerdtner는 의문이 있는 때에는 交替參加者에게 이 權利를 推定하고,[42] Bartl은 旅行開始 후에는 항상 交替參加者에게 이 權利를 인정하며,[43] Teichmann-Michalek은 交替參加者에게 항상 이 權利를 인정한다.[44] 契約引受說의 입장에서는 契約當事者의 지위가 이전되므로 擔保責任追窮權은 당연히 契約引受人인 交替參加者가 가지는 것으로 해석하게 된다. 그러나 1994년의 民法改正에서는 제651b조를 改正하여 交替參加를 契約讓渡로 규정함으로써 이 문제를 立法으로 해결하였다.

(ㄷ) 우리 民法의 解釋論　旅行者의 교체가 일어나는 경우는 두 가지로 나눌 수 있다. 하나는 旅行者에게 交替權을 인정하고 이 權利의 행사에 의하여 旅行者가 교체되는 경우이고, 다른 하나는 元契約當事者와 交替參加者 세 當事者가 契約을 체결하여 旅行者가 교체되는 경우이다. 뒤의 경우는 契約引受의 한 모습으로서 法構成上 의문이 없으나, 앞의 경우의 法的

38) MünchKomm-Tonner, §651b RdNr.5; Staudinger-Schwerdtner, §651b Rz.31ff.; Bartl, Reiserecht, 2.Aufl.(1981), Rz.26; Noltenius, Der Wechsel des Reisenden nach dem neuen Reiserecht, 1985, S.57ff.; Seidel, Die Rechtsstellung des Drittbeteiligten im Reisevertragsrecht, 1986, S.25.
39) Held, Der Reisendenwechsel nach dem neuen Reisevertragsrecht, BB 1980, 1985.
40) AK-BGB-Derleder, §651b Rz.3.
41) Erman-Seiler, §651b Rz.4.
42) Staudinger-Schwerdtner, §651b Rz.37.
43) Bartl, Reiserecht, Rz.26.
44) Teichmann-Michalek, JuS 1985, 673, 676.

構成에 관하여는 의견이 대립되어 있다. 즉 當事者의 지위에는 변동이 없고 給付受領權만이 제3자에게 이전된다고 보는 見解[45]와 契約引受라고 보는 見解[46]로 나뉘어 있다.

旅行實行 중에는 旅行給付內容에 여러 가지 흠이 있을 수 있고, 이 중에는 실행과정 중에 즉각적으로 해결해야 될 문제도 있다. 예컨대 擔保責任의 추궁, 긴급대책의 請求, 債務不履行責任의 추궁, 契約解止 등과 같다. 契約引受說은 이러한 문제를 적절히 해결하기 위하여는 交替參加者가 契約當事者의 지위를 승계하는 것으로 구성하여야 한다고 주장한다. 이 설의 주장내용을 좀 더 자세히 보면, 旅行者의 교체에도 불구하고 當事者地位의 변동이 없는 것으로 새기면 특히 海外旅行의 경우에 당초의 契約者와 交替參加者 사이의 合意가 필요하다고 강요하는 것이 되어 交替參加者의 權利를 현저히 축소하는 결과가 될 뿐만 아니라, 瑕疵擔保權의 행사 및 契約解止의 경우에도 交替參加者는 당초의 契約者의 形成權의 행사를 기다리지 않으면 안 되게 되어 그것은 매우 불합리하므로, 이 경우에는 交替參加者에게 法的 地位를 이전함과 동시에 旅行業者와의 契約關係에서 발생한 모든 權利도 交替參加者에게 이전된다고 하는 이론구성이 오히려 當事者간의 의사에 가장 잘 합치된다고 한다.[47]

그러나 交替權의 행사에 의하여 旅行者가 교체되는 경우에 원칙적으로 旅行代金支給義務는 여전히 원래의 契約當事者가 부담하며, 한편 旅行者의 교체는 원래의 契約當事者인 旅行者의 일방적 意思表示에 의하여 이루어지므로 이를 契約關係에 交替參加者의 의사가 관여하는 三面契約의 모습인 契約引受라고 보기는 어렵다. 그리고 旅行實行 중에 긴급히 행사하여야 할 權利에 관하여는 契約當事者가 交替參加者에게 이들 權利의 행사를 위임하면 되므로, 그의 지위를 보호하기 위하여 旅行者의 교체를 굳이 契約引受로 구성하여야 할 필요는 없을 것이다. 旅行契約의 이행과정에서 발생하는 문제는 주로 對策請求權, 擔保責任, 債務不履行責任, 代金減額請求權, 契約解止權 및 契約解除權 등인데, 이 중에서 앞의 세 가지는 給付義務에 부수되거나 給付義務로부터 파생되는 權利이므로 이들 權利는 원래 給付受領權, 즉 給付請求權을 가지는 交替參加者에게 귀속되는 것이고,[48] 元契約當事者의 주장이나 委任에 의하여 비

45) 徐 敏 I, 506.
46) 金允求, 129.
47) 金允求, 128.
48) Bartl, aaO., Rz. 26; Erman-Seiler, §651b Rz. 4; Jauernig-Teichmann, Anm. 1a zu

로소 交替參加者가 행사하게 되는 權利는 아니라고 해석하여야 한다. 다만 뒤의 세 가지 權利는 모두 契約當事者地位에 부착된 것이므로 이들 權利는 契約當事者인 원래의 旅行者만 가지고, 交替參加者가 이 權利를 행사하려면 契約當事者의 授權이 없으면 안 된다. 이렇게 분석해 볼 때에 交替參加者의 기동성있는 보호를 위하여 그의 地位를 契約引受에 의하여 구성할 필요는 없고, 오직 旅行의 실행과정에서 일어난 給付障害로 말미암아 그 이후의 給付가 무익하여 더 이상 契約關係를 유지할 필요가 없어 契約關係를 종료시키기 위한 현지에서의 契約解止를 위하여서만 그의 地位의 보호가 문제될 수 있는데, 이를 위하여서는 미리 그에 필요한 權限을 수여하면 되고, 그 이상의 강력한 지위를 인정하여야 하는 것은 아니다. 또한 獨逸에서 주장되고 있는 債權讓渡說에 관하여 보면, 債權讓渡는 讓渡人과 讓受人 사이의 契約에 의하여 이루어지는데, 交替權의 행사에 의하여 旅行에 참가하는 交替參加者는 원래의 旅行者와 旅行給付請求權 讓渡契約을 체결하는 것이 아니라, 제3자를 위한 契約의 受益者(제3자)와 마찬가지로 元契約者의 일방적 意思表示에 의하여 다만 給付請求權을 행사할 수 있는 法的 地位를 취득하는 것에 지나지 않으므로, 특별한 사정이 없는 한 이러한 法律關係를 債權讓渡라고 보기는 어렵다.

따라서 交替權의 행사에 의하여 旅行者가 교체되는 경우의 法的 構成은 제3자를 위한 契約이라고 보는 것이 적절하다고 생각한다.[49] 이 경우에 의문이 생기는 것은 旅行者의 일방적 意思表示인 交替權의 행사에 의하여 제3자를 위한 契約이 성립될 수 있는가 하는 점이다. 이 경우에는 交替權의 행사는 旅行契約에서 유보되어 잠재적으로 旅行契約의 내용이 된 제3자 約款의 현실화라고 풀이할 수 있고, 이에 의거해서 제3자가 受益의 意思表示를 함으로써 旅行給付請求權을 취득하게 된다(民 §539 Ⅱ). 이 때 受益의 意思表示는 交替參加者가 旅行에 참가할 의사를 명시적으로 표시하거나, 현실적으로 旅行에 참가하는 때에 행하여지는 것으로 보면 된다.

(나) 旅行者의 義務

(a) 代金支給義務

(i) 序　說　　旅行者는 契約에 의해 정해진 旅行代金을 지급하여야 한다. 그러나 代金의 지급시기에 관하여는 주의깊게 검토할 필요가 있

---

§651b; MünchKomm-Tonner, §651b RdNr. 9; Staudinger-Schwerdtner, §651b Rz. 35.

49) 徐 敏 Ⅱ, 29.

다. 標準約款에 의하면 旅行者는 代金 전액을 旅行開始 전에 지급하여야 하는 것으로 정하고 있는데, 이와 같은 代金先給約款이 유효한지 의문이 생긴다. 먼저 代金支給時期에 관한 원칙을 살펴보고, 特約의 효력에 관하여 검토하기로 한다.

(ii) 原 則 旅行契約은 旅行이라는 給付에 대하여 旅行代金을 지급하므로 이를 달리 표현하면 旅行이라는 일의 완성에 대하여 報酬를 지급하는 것이며, 이는 都給과 매우 비슷한 법적 구조를 가진다. 그러므로 旅行契約에 관하여는 성질에 반하지 않는 한 都給契約에 관한 規定을 類推適用하는 것이 바람직하다. 그런데 都給契約에 있어서는 일이 완성된 후에 報酬를 지급하는 것이 원칙이며(民 §665), 따라서 旅行契約에 있어서도 마찬가지로 報酬(旅行代金)의 지급시기는 일(旅行)이 완성된 후에 지급하는 것이 원칙이라고 보아야 한다.

(iii) 代金先給約定의 有效性 都給契約에 있어서는 報酬先給特約의 유효성이 인정되는 데에 異論이 없으며,[50] 旅行契約에서도 개별적인 特約에 의하여 代金先給義務를 부담하는 것은 유효하다고 해석함이 타당하다. 그러나 約款에 의하여 代金 전액의 先給義務를 부과하는 것은 旅行周旋者에게 일방적으로 유리할 뿐더러 旅行者에게 불이익을 강요하는 결과가 되고, 더욱이 代金先給 후에 旅行周旋者가 破產하는 경우에는 旅行者는 회복하기 어려운 불이익을 받게 되므로, 이러한 約款의 유효성을 인정하여야 할지 매우 의문이다.

생각건대 雙務契約에서 同時履行의 抗辯權을 인정하는 이유는 當事者 사이의 공평을 꾀하고 相對方의 이행을 擔保하기 위한 것인데, 旅行契約에서도 이와 같은 當事者의 이익상태만 보장된다면 굳이 양쪽의 債務를 同時履行關係로 할 필요는 없을 것이다. 旅行代金先給에서 가장 문제되는 것은 旅行周旋者의 破產으로 말미암은 旅行者의 손실위험인데, 契約時와 旅行實行時 사이에 간격이 큰 경우에는 이러한 위험이 많고, 시간적 간격이 작은 경우에는 이 위험이 적다. 여기서 주된 고려점은 이러한 위험으로부터 旅行者를 보호하려는 것이므로 이 문제의 판단도 代金全額의 先給時期와 旅行實施時期 사이의 간격에 따라 구분하여 행하는 것이 옳다. 이 기준에서 보면, 旅行開始時와 시간적 간격이 큰 契約締結時에 旅行代金 전액을 지급하기로 하는 約款의 효력을 인

50) 郭潤直, 債權各論, 博英社, 1995, 460; 金疇洙, 債權各論, 三英社, 1992, 382; 金顯泰, 債權法各論, 一潮閣, 1986, 245.

정하기는 어려우며, 旅行實行 직전에 代金 全額을 지급하기로 하는 約款은 유효한 것으로 해석함이 타당하다.[51] 標準約款에서는 國外旅行인 경우에는 旅行開始 8일 전까지 旅行代金 전액을 지급하도록 정하고 있고(國外旅行約款 제5조 제1항), 國內旅行의 경우에는 일자를 명시하지 아니하고 旅行開始 이전이라고만 정하고 있는데(國內旅行約款 제7조 제1항), 위의 기준에 비추어 보면 이들 約款條項은 유효한 것으로 해석함이 옳다.

獨逸에서는 이 문제에 관하여 見解가 대립되어 있는데, 通說은 代金先給約款의 유효성을 인정하고,[52] 少數說은 이 約款의 효력을 부정하는데,[53] 判例는 종래 확고한 태도를 보이지 않았으나 1987년에 이르러 聯邦大法院(Bundesgerichtshof, BGH)은 위와 같은 約款은 一般去來約款法(AGBG)에 위반되어 무효라고 판결하였다.[54]

(b) 附隨的 義務　　旅行者는 주된 債務 이외에 契約의 내용, 契約目的 및 信義則에 의하여 인정되는 附隨的 義務를 부담한다.[55] 즉 旅行의 준비와 실행을 위하여 旅行周旋者에게 협력할 義務를 진다. 예컨대 旅行에 필요한 증명서나 건강증명서를 갖추는 일, 旅行說明會에 참석하는 일, 旅行時間을 지키는 일, 同行旅行者를 방해하지 않는 일 등과 같다. 그 밖에 旅行의 원만한 실행을 위하여 旅行周旋者의 지시에 따르는 등 信義則上의 注意義務를 부담한다. 공공질서와 미풍양속을 해치는 행위를 하지 아니할 義務, 오물 또는 폐기물을 함부로 버리지 아니할 義務 등이 그 예이다. 이러한 義務는 約款에 명시되는 일이 많다(國內旅行約款 제10조 제4호·제5호 등).

(c) 旅行參加義務 인정 여부　　旅行者에게 旅行參加義務를 인정할 것인가 하는 의문이 있을 수 있다. 그러나 旅行者의 자유로운 解除를 인정하는 旅行契約의 慣行과 旅行契約約款에 비추어 볼 때 이러한 義務를 인정할 필요는 없다고 보아야 하며, 마찬가지로 旅行者는 旅行給付를 수령할 義務도 지지 않는다.[56]

---

51) 徐 敏 Ⅰ, 509; 徐 敏 Ⅱ, 30. 같은 見解 金允求, 121.

52) Schmidt-Salzer, Allgemeine Geschäftsbedingungen, 2. Aufl.(1977), S. 190ff.; Löwe-Zoller, Zur Wirksamkeit von Vorleistungsklauseln im Reisevertrag, BB 1985, 2014, 2015; Seiler, Die Vorauszahlungspflicht des Reisenden beim Reisevertrag, BB 1986, 1932, 1936.

53) Tonner, Die Vorleistungspflicht des Kunden am Beispiel des Reiserechts, DB 1980, 1629, 1630.

54) BGH Urt. vom 12. 3. 1987=NJW 1987, 1931.

55) 徐 敏 Ⅱ, 30.

56) 徐 敏 Ⅱ, 30. 같은 見解 金允求, 131-32; Erman-Seiler, §651a Rz. 18.

3. 旅行周旋者의 權利·義務

(가) 概 說 旅行契約은 雙務契約이므로 旅行周旋者는 대체로 旅行者의 權利·義務에 대응하는 權利·義務를 가진다. 그러므로 旅行周旋者의 權利·義務는 대부분 旅行者의 權利·義務에 관한 고찰에서 살펴본 것에 의하여 설명될 수 있지만, 그 곳에서 검토하기에 부적절한 旅行周旋者의 특유한 權利·義務가 있으므로 이는 여기서 따로 논하기로 한다.

(나) 旅行周旋者의 權利

(a) 序 說 旅行周旋者는 契約相對方인 旅行者에 대하여 契約內容에 따른 旅行代金支給請求權을 가지고, 일정한 경우에는 代金增額請求權을 가진다. 그 밖에 旅行者가 旅行開始 전에 契約을 解除한 경우에는 損害賠償請求權을 가지며, 일정한 경우에는 旅行參加拒否權을 가진다. 그리고 不可抗力으로 契約의 이행을 기대하기 어려운 경우에는 契約解除權을 가지고, 일정한 경우에는 給付變更權을 가진다. 이 중에서 代金支給請求權과 事前 契約解除時의 損害賠償請求權에 관하여는 이미 설명하였으므로, 여기서는 나머지 문제만을 검토한다.

(b) 代金增額請求權 旅行給付의 내용은 일정한 요건하에 변경될 수 있는데, 이 경우에 旅行代金의 인상요인이 생기면 旅行周旋者는 인상된 만큼의 代金을 추가적으로 청구할 수 있다(國內旅行約款 제14조 제5호, 國外旅行約款 제10조 제4호). 이는 契約에서 約定된 旅行代金에 대한 增額請求라고 할 수 있으며, 실질적으로는 契約內容의 일부 수정이다.[57]

(c) 旅行參加拒否權 國外旅行約款 제6조는 旅行周旋者(旅行業者)의 旅行參加拒否權을 정하고 있다. 이 규정에 의하면 旅行開始 전의 旅行의 신청을 거부할 수 있는 경우(제1항, 제4항)와 旅行開始 후의 旅行의 계속적인 참가를 거부할 수 있는 경우(제2항, 제4항)를 나누고 있다. 이 중에서 旅行申請에 대한 거부는 旅行契約이 締約이 강제되는 契約이 아니므로 특별한 의미는 없고, 旅行者의 請約에 대하여 承諾을 거절할 수 있는 경우를 편의상 유형화하여 예시한 것에 불과하다. 다만 이 條項은 旅行契約이 체결된 후에도 旅行者가 여기에 정한 사유에 해당하는 경우에는 그러한 자의 旅行參加를 거부할 수 있는 근거

57) 徐敏 Ⅱ, 31.

로서의 의미를 가진다.[58] 이 約款은 旅行의 계속적인 참가를 거부할 수 있는 사유를 두 가지 유형으로 나누어 규정하고 있다. 한 가지는 旅行 중 旅行者가 國際法, 國內法, 公共秩序, 美風良俗을 위배하거나 旅行의 원활한 진행을 방해할 때이고(동조 제2항), 다른 하나는 旅行者의 旅行申請이 不法, 不當, 虛僞事實의 기재, 旅行約款에 위배되는 경우이다(동조 제4항). 그 밖에 노약자, 병약자(심장병, 고혈압 등), 신체장애자는 旅行 전에 해당사항을 旅行周旋者에게 알려야 하며, 旅行에 지장을 초래한다고 판단되는 경우에 旅行周旋者는 보호자 또는 간호사의 동행이나 소정의 서류를 요구할 수 있는데, 이에 응하지 않으면 旅行의 참가 또는 旅行의 계속적인 참가를 거부할 수 있다(동조 제3항·제4항).

(d) 旅行給付變更權 旅行約款은 "旅行條件의 변경"이라는 표제하에 旅行周旋者가 給付를 변경할 수 있는 경우를 둘로 나누어 정하고 있다. 하나는 契約當事者의 合意에 의한 변경이고(國內旅行約款 제8조 제1호; 國外旅行約款 제7조 제1호), 다른 하나는 천재지변 등과 같이 부득이한 경우의 일방적인 意思表示에 의한 변경이다(國內旅行約款 제8조 제2호; 國外旅行約款 제7조 제2호). 이 중 合意에 의한 給付內容의 변경은 元契約의 내용을 변경하는 契約이므로 이를 旅行周旋者의 權利라고 할 수는 없고, 법률상 문제도 생기지 않는다. 그러나 위 條項들의 제2호가 정하는 일방적인 의사에 의한 변경은 일종의 形成權을 인정한 것으로 보아야 한다. 約款은 그 權利者가 누구인지는 명시하고 있지 않은데, 변경사유의 모습에 비추어 그 필요성에 대한 판단은 전문가인 旅行周旋者가 더 정확히 할 수 있으리라고 짐작되므로, 이 權利는 旅行周旋者의 權利로서 규정한 것이라고 봄이 옳을 것이다. 한 가지 의문이 있는 것은 이 約款條項은 旅行周旋者에게만 일방적으로 유리한 것으로서 約款規制法 제6조에 위반되어 無效가 아닌가 하는 점이다. 그러나 約款에서 규정하고 있는 給付內容變更의 요건은 구체적으로 나열되어 있고, 또 일반적 제한기준으로서 사회통념상 인정할 수 있는 부득이한 경우라는 제한을 가하고 있으므로 約款規制法에 위반되는 條項으로 볼 필요는 없다고 생각된다.[59]

다만 旅行周旋者의 給付變更權을 인정하더라도 그 權利行使는 旅行周旋者의 恣意的 判斷에 맡겨서는 안 되고, 權利行使의 요건은 엄격히 제한되어야 한다. 그러한 요건으로서 ① 契約締結 후 천재지변과 같은 부득이한 사유가

---

58) 徐 敏 Ⅱ, 31.
59) 徐 敏 Ⅱ, 32.

발생하여야 하고, ② 그 사유가 旅行周旋者의 責任 있는 사유에 의해서 발생한 것이 아니어야 하고, ③ 변경된 給付內容이 원래의 給付內容과 현저한 차이가 있지 아니하고, 旅行者가 예측할 수 있는 것이어야 하며, ④ 旅行契約 전체와의 관계에서 契約內容이 침해되지 아니하는 것이어야 하고, ⑤ 變更權의 행사과정에서도 미리 통지하는 등 信義則에 반하지 않아야 한다.[60] 따라서 예컨대, 경제적인 이유만으로 목적지까지의 항로를 변경하거나, 給付內容을 조직적·계획적으로 변경하거나, 숙소를 「방가로」 대신에 텐트로 변경하거나, 旅行目的地를 다른 곳으로 지정하는 것은 정당한 變更權의 범위를 벗어난다.[61] 그리고 給付內容의 변경에 의하여 발생한 旅行의 증가비용은 旅行周旋者가 부담하여야 하며, 旅行費用이 감축된 경우에는 그 금액은 旅行者에게 반환하여야 한다.[62] 이렇게 해석하는 것이 旅行周旋者에게 給付變更權을 인정하는 것과 旅行者의 이익의 조화점이라고 할 수 있기 때문이다.

(e) 契約解除權 旅行者와 마찬가지로 旅行周旋者도 旅行開始 전에는 旅行契約을 解除할 權利를 가진다. 旅行約款은 旅行周旋者의 解除權 발생사유를 다양하게 규정하고 있는데(國內旅行約款 제12조, 제15조; 國外旅行約款 제8조, 제13조), 이러한 解除權의 행사를 필요로 하는 사유는 旅行周旋者에게 責任 있는 사유에 의하여 발생하는 경우와 그에게 責任 없는 경우의 둘로 나눌 수 있다. 旅行周旋者의 責任 없는 사유로 말미암아 解除한 경우에는 아무런 補償義務가 발생하지 않으나, 그의 責任 있는 사유에 의하여 契約을 解除한 경우에는 일정한 補償義務가 있다. 旅行約款은 이를 「取消料」라고 하며, 旅行開始日과의 시간적 간격에 따라 차등을 두어 그 범위를 정하고 있다.[63]

한 가지 주의할 것은 旅行約款은 旅行周旋者의 補償義務가 없는 不可抗力的인 解除事由로서 罷業(休業)을 열거하고 있는데(國內旅行約款 제12조 제1호; 國外旅行約款 제8조 제2호), 이 條項은 신중한 검토를 필요로 한다. 罷業 중에는 旅行給付와 직접 관련이 있는 것과 그렇지 않은 것이 있으며, 앞의 경우에는 旅行周旋者의 위험영역에 속하는 것으로서 그의 責任事由로 보아야 하므로 不可抗力事由로 보아서는 안된다.[64] 예를 들면 호텔의 罷業, 버스회사의 罷業 등은 이 범주에 속한다. 그

60) 金允求, 133-34; 徐 敏 Ⅱ, 32; Bartl, aaO., Rz. 196-97.
61) 金允求, 134; 徐 敏 Ⅱ, 32; Bartl, aaO., Rz. 196-97.
62) 金允求, 134; 徐 敏 Ⅱ, 32.
63) 國內旅行約款 제15조 제2호, 國外旅行約款 제13조 제2호.
64) 獨逸民法의 해석에 있어서도 多數說은 이와 같이 해석한다(Bartl, Reiserecht, Rz. 148; Erman-Seiler, § 651j Rz. 4; MünchKomm-Wolter, § 651j RdNr. 11.

러나 總罷業과 같은 특별한 종류의 罷業이나, 세관의 罷業과 같이 旅行給付와 직접 관련이 없는 영역의 罷業의 경우에는 不可抗力事由로 보는 것이 옳다.

(다) 旅行周旋者의 義務

(a) 旅行實行義務 旅行周旋者는 그 주된 義務로서 契約에 의하여 약정된 내용대로 旅行을 실행할 義務를 부담한다. 실행하여야 할 旅行給付의 품질은 旅行者의 관점에서 인정되는 중간 정도의 것이어야 한다.[65] 獨逸聯邦大法院은 旅行의 품질에 관하여 現地慣行에 따른다는 約款條項(Landesüblichkeitsklausel, 現地慣行條項)의 효력에 대하여, 旅行周旋者는 사전설명 없이 目的地國家의 사정에 관하여 約款條項에 의하여 免責될 수 없음을 이유로 그 유효성을 부정하며,[66] 學說도 이에 동조하고 있다.[67] 旅行의 내용은 契約書에 명시된 것은 물론이고, 旅行契約의 請約을 유인하기 위한 旅行計劃書·안내책자 등에 旅行의 내용으로 표시된 사항도 旅行周旋者가 실행하여야 할 旅行의 내용을 이룬다.[68] 그밖에도 旅行周旋者의 주된 給付義務는 구두의 附加約定에 의해서도 발생할 수 있다(個別約定 優先의 原則).[69]

한편 旅行周旋者는 그의 義務를 이행하기 위하여 일반적으로 旅行實行者(Leistungsträger)를 이용하는데, 이 경우에 旅行實行者는 旅行者에 대하여 어떤 法的 地位에 서게 되는지 의문이다. 旅行實行者는 旅行周旋者와 契約關係를 가지고 법적으로나 경제적으로 旅行周旋者로부터 독립하여 전체 旅行 중의 부분급부를 실행하며, 이 점에서 旅行周旋者의 사업조직의 일부를 이루고 그의 지시에 따르는 狹義의 履行補助者와는 다르다. 이 경우에 旅行實行者와 旅行周旋者 사이의 契約關係를 중시하면 둘 사이의 契約關係는 제3자를 위한 契約이라고 볼 수도 있다. 그러나 旅行者의 시각에서는 旅行實行者는 그 내부관계는 어떠하든 旅行周旋者에 갈음하여 旅行給付를 이행하는 자이므로 넓은 의미의 履行補助者로 보지 않을 수 없으며, 이렇게 보는 것이 旅行者의 보호에도 더 유리하다.[70] 履行補助者의 故意·過失은 곧 債務者의 故意·過失로 되기 때문에(民 §391) 履行補助者의 잘못에 대하여 旅行周旋者에게 책임을 추궁하기

65) 徐 敏 Ⅱ, 33; MünchKomm-Tonner, §651a RdNr.42.
66) BGH NJW 1987, 1931.
67) Bartl, aaO., Rz.12; Staudinger-Schwerdtner, §651c Rz.39.
68) 金允求, 137; 徐 敏 Ⅱ, 33.
69) 徐 敏 Ⅱ, 33; MünchKomm-Tonner, §651a RdNr.41.
70) 獨逸의 解釋論에서도 旅行實行者를 履行補助者로 본다(MünchKomm-Tonner, vor §651a RdNr.13).

가 쉽기 때문이다.

(b) 擔保責任

(i) 序 說　旅行契約에 있어서는 給付가 무형적 결과로 이루어진다는 특색으로 말미암아 擔保責任問題도 이 특성에 어울리게 따로 검토되어야 한다. 그러나 實定法的 規律이 없는 우리의 현행법하에서는 이 문제는 일반이론에 의하여 해결할 수밖에 없다. 우선 旅行契約은 有償契約이므로 賣買에 있어서의 擔保責任에 관한 규정이 준용되어(民 §567) 旅行周旋者는 旅行者에 대하여 擔保責任을 부담한다. 이와 같이 旅行周旋者에게 擔保責任을 지우는 실질적 근거는 旅行에 관하여 旅行周旋者는 목적지의 선정, 旅行實行者, 구체적인 旅行內容에 관한 정보뿐만 아니라 旅行의 종국적인 실행에 이르기까지 중요사항을 모두 자기 영향권 내에 두고 있음에 반하여 旅行者는 모든 관계에서 旅行周旋者와 그의 補助者에게 의존하는 데에서 찾을 수 있다.[71]

한편 旅行契約은 그 給付內容에 있어서는 都給과 비슷한 契約이기 때문에 얼핏 생각하기에는 擔保責任에 대하여는 都給의 擔保責任에 관한 규정이 일반적으로 유추적용된다고 생각할 수 있다. 그러나 都給은 유형물의 제작을 전제로 하고 있는 데 반해 旅行契約은 무형의 給付를 객체로 하므로 給付의 성질에 커다란 차이가 있어서 都給의 擔保責任規定이 旅行契約에 유추적용될 수 있는 것은 많지 않고, 旅行契約의 給付의 특성을 고려하여 擔保責任의 요건과 효과를 따로 검토하여야 한다. 獨逸民法은 旅行契約에 있어서의 擔保責任을 따로 정하고 있으며(§§651 c~651 g), 이 규정에 의하여 旅行契約에 대해서는 都給契約의 擔保責任規定의 적용이 배제되는 것으로 해석되고 있다.[72]

(ii) 要 件　旅行의 내용에 흠이 있어야 한다. 여기에 흠이라 함은 그 종류의 旅行이 보통 가져야 할 내용을 갖추지 못하거나 旅行周旋者가 契約(旅行計劃書를 포함한다)에 의하여 특히 보장한 내용을 갖추지 못한 것, 즉 旅行의 질적·양적 불완전성을 말한다. 이 흠의 모습은 구체적인 경우에 매우 다양하게 나타난다. 예컨대 투숙한 호텔 근처의 공사장소음으로 안정된 수면을 취하지 못한 경우, 관람한 연주회가 예정된 유명악단의 연주가 아니라 무명악단의 연주인 경우, 제공된 음식물이 저질인 경우, 제공된 교통수단이 매우 불편한 경우, 관광코스 중 일부의 생략과 같이 여러 개의 給付 중 일부가 이행되지

71) MünchKomm-Wolter, §651c RdNr.5.

72) Erman-Seiler, Vorbem. zu §§651c-651g Rz.1; Palandt-Thomas, Vorbem. vor §§651 c bis g Rz.1.

아니한 경우 등이 이러한 결함에 해당한다. 그리고 旅行이 여러 개의 개개의 給付로 이루어진 경우에 개개의 給付에 흠이 있으면 旅行 전체가 흠이 있게 된다.[73] 이러한 擔保責任은 無過失責任이므로 旅行周旋者의 擔保責任이 발생하기 위하여는 그의 故意·過失을 필요로 하지 아니한다. 이 점에서 債務者(旅行周旋者)의 責任 있는 사유를 責任發生의 요건으로 하는 債務不履行責任과 구별된다.

(iii) 內　容　擔保責任의 내용은 흠의 모습에 따라 다양하지만 대체로 다음과 같은 네 가지 유형으로 나누어 볼 수 있다.

(ㄱ) 完全履行請求權　旅行에 흠이 있는 경우에 旅行者는 그 흠을 제거 내지 보완하여 완전한 이행을 할 것을 청구할 수 있다. 旅行者가 이 請求權을 행사하기 위하여는 信義則上 위와 같은 흠을 旅行周旋者에게 통지하여야 한다. 旅行者는 일정한 기간을 정하여 完全履行을 청구함이 원칙이지만, 旅行周旋者가 미리 完全履行을 거절하거나 즉시의 보완이 필요한 경우에는 유예기간 없이 旅行者가 스스로 대책을 강구하는 것도 허용하여야 한다.[74]

(ㄴ) 代金減額請求權　旅行에 흠이 있는 경우에는 旅行者에게는 代金減額請求權이 인정되는데, 이 權利는 形成權으로 보아야 한다. 代金減額請求權이 행사된 때에는 旅行內容 전체에 대한 흠의 비율만큼 代金이 減額되며, 금액에 관하여 다툼이 있는 때에는 法院의 판단에 따른다. 代金減額을 청구하기 위하여는 旅行者가 旅行周旋者에 대하여 미리 흠을 통지하여야 하는데, 旅行實行者에 대한 단순한 불만의 표시는 여기서 말하는 통지로서의 효력이 없는 것으로 해석된다.[75] 代金減額의 방법은 현실적인 旅行의 가치가 契約締結時의 흠이 없는 상태에서의 旅行의 가치에 대하여 흠이 가지는 비율에 따라 산정하게 된다.[76]

(ㄷ) 契約解止權　旅行이 給付의 흠으로 말미암아 현저하게 침해되었고, 旅行者가 정한 상당한 기간 내에 흠에 대한 보완이 없는 때에는 旅行者는 契約을 解止할 수 있다. 契約이 解止된 경우에는 旅行周旋者는 旅行

73) Larenz, aaO., S. 383: Brox, aaO., Rz. 289e.
74) 金允求, 141; 徐 敏 I, 510; 徐 敏 II, 34; 李銀榮, 앞의 책, 410. 獨民 §651 c는 이 救濟方法을 明文으로 규정한다.
75) Brox, aaO., Rz. 289g; Larenz, aaO., S. 384.
76) Brox, aaO.

代金請求權을 상실하며, 다만 이미 이행된 부분의 旅行 및 앞으로 이행되어야 할 旅行의 결제에 필요한 보상을 받을 수 있을 뿐이다. 그러나 이러한 解止 후의 이행이 旅行者에게 실익이 없는 경우에는 旅行者는 보상을 지급할 필요가 없다. 契約解止 후에도 旅行周旋者는 契約關係의 뒷처리로서 契約으로부터 생긴 義務의 일부를 이행하여야 한다. 예컨대 旅行者의 출발지에로의 귀환수송이 그러하다. 이 경우에 들게 되는 추가비용은 給付의 흠에 관하여 責任이 있는 旅行周旋者가 부담하여야 한다.[77]

(ㄹ) 損害賠償請求權 旅行에 흠이 있는 경우에는 旅行者에게 損害賠償請求權이 인정되는데(民 §§575 Ⅰ, 667 Ⅱ 참조), 이러한 損害賠償請求權은 代金減額請求權 및 契約解止權과 병존적으로 인정된다. 그 밖에 旅行이 실패로 되거나 현저히 침해됨으로써 旅行者가 귀중한 휴가기간을 무익하게 허비한 경우에는 旅行者는 損害賠償을 청구할 수 있다고 하여야 한다.[78] 이는 非財產的 損害에 대한 賠償으로서, 賠償額은 침해의 정도, 旅行代金과의 관계, 旅行目的의 전부의 不到達이냐 일부의 不到達이냐, 旅行者가 아직 휴가기간을 활용할 가능성이 있느냐의 여부 등을 참작하여 정하여진다.[79]

(iv) 權利行使期間 擔保責任의 요건이 갖추어진 경우에 責任의 존속기간을 債務不履行責任처럼 長期로 하는 것은 擔保責任이 債務者에게 매우 무거운 責任인 점을 고려하면 형평에 맞지 않는다. 그러므로 旅行者가 擔保責任을 물으려면 信義則上 상당한 기간 내에 旅行周旋者에 대하여 權利를 주장하도록 하여야 한다. 그 기간은 賣渡人의 擔保責任에 있어서와 마찬가지로(民 §582) 여행이 종료된 때로부터 6월로 하는 것이 합리적이다.[80]

(c) 歸路마련義務 旅行契約이 정상적으로 이행되어 旅行이 종료되는 경우에는 일반적으로 旅行者는 출발지까지 귀환하게 되어 歸路에 관하여 문제가 생기지 아니한다. 그러나 旅行契約이 이행 도중에 파탄이 일어나 종료된 경우에는 그 이후에는 旅行契約上의 義務는 소멸하므로 旅行者는 출발지에로의 귀환에 어려움을 겪게 된다. 이러한 어려움으로부터 旅行者를 구제하기 위하여는 信義則上 旅行周旋者에게 契約終了 후의 善後措置義務를 인정하는

77) 이러한 문제점에 관하여 獨逸民法은 상세히 규정하고 있다(同法 §651e 참조).
78) 獨民 §651f 참조.
79) Larenz, aaO., S. 388.
80) 獨逸民法에서는 權利行使期間을 2元的으로 규정하여, 여행종료시부터 1월의 除斥期間(§651g Ⅰ)과 契約上의 여행종료예정일로부터 6월의 時效期間(§651g Ⅱ)을 정하고 있다.

것이 바람직하며, 그 義務의 하나로 旅行者가 출발지(또는 그의 희망지)에 운송될 수 있도록 운송수단을 마련해 줄 義務가 있다고 보아야 한다. 이러한 이론적 바탕위에서 國外旅行約款 제 8 조의 2는 旅行契約이 旅行 도중 解除되었을 때에 旅行業者의 歸路마련義務(約款에서는 "歸路手配"라고 표현하고 있다)를 규정하고 있다. 歸路마련義務는 旅行契約의 解除에 대하여 누구에게 責任이 있느냐를 가리지 아니하고 인정된다.

다만 이 때 귀환에 필요한 운송비용은 일반적으로 원래의 旅行契約이 정상적으로 이행된 경우에 旅行者의 귀환에 드는 운송비용보다 더 많아지게 되는데, 이러한 추가비용을 누가 부담하여야 하는지 의문이 있을 수 있다. 그 해결은 旅行終了事由를 구분하여, 旅行周旋者 쪽에 責任 있는 사유로 旅行契約이 解除된 경우에는 旅行周旋者가 그 비용을 부담하게 하고,[81] 旅行者 쪽에 責任 있는 사유로 旅行契約이 解除된 경우에는 旅行者가 운송비용을 부담하도록 하는 것이 합리적인 해결방법이다. 契約當事者 양쪽에 責任 없는 사유로 말미암은 契約解除의 경우에는 旅行契約에 의하여 이익을 얻는 旅行周旋者가 그 비용을 부담하게 함이 공평하다.[82] 國外旅行約款 제 8 조의 2는 귀환수송에 드는 비용을 아무런 구분 없이 旅行者가 부담하도록 규정하고 있으나, 이 約款條項은 위의 설명에 위반되는 범위에서는 顧客(旅行者)에게 부당하게 불리한 條項으로서 무효라고 보아야 한다(約款 §6).

(d) 注意義務　　旅行周旋者는 旅行實行의 基本給付義務 이외에도 旅行者의 안전한 旅行을 보호하는 등 信義則上 인정되는 附隨義務로서 여러 가지 注意義務를 부담한다.

4. 旅行契約에 있어서의 債務不履行(특히 旅行周旋者의)

(가) 槪　說　　旅行契約은 債務의 내용인 給付가 여러 가지의 다른 내용의 給付로 구성되어 있으며, 이러한 특성으로 말미암아 債務不履行에 있어서도 여러 가지 특수성을 나타낸다. 旅行契約에 있어서도 債務不履行의 모습으로서 履行遲滯, 履行不能 및 不完全履行을 생각할 수 있으나, 이 중에서 특히 많이 문제되는 것은 一部不能과 不完全履行이다. 履行遲滯와 履行不能은 일반규정에 의하여 대부분 해결되며, 이들 不履行類型에 관하여는 旅行契約의

81) 같은 見解 金允求, 142-43.
82) 徐 敏 Ⅱ, 36. 獨民 §651e는 이 문제를 상세하게 규율하고 있다.

고유한 문제는 별로 제기되지 아니한다. 그런데 旅行契約에 있어서 債務不履行, 특히 不完全履行과 一部不能은 旅行契約 전체와의 관계에서 보면 전체로서 一體性을 가지는 旅行給付의 흠이라고도 할 수 있으며, 이로 말미암아 債務不履行과 瑕疵擔保責任과의 관계가 문제된다.

(나) 債務不履行과 擔保責任과의 관계　旅行契約에 있어서 給付障害로 말미암은 債務者의 債務不履行責任과 擔保責任의 관계가 문제되는 것은 債務不履行責任의 실체적 요건과 擔保責任의 실체적 요건이 중첩될 수 있는 부분인 이행된 給付에 질적 또는 양적 흠이 있는 경우이다. 구체적으로 지적하면 旅行給付에 질적 흠이 있거나 給付의 일부가 불능하여 旅行契約 전체와의 관계에서 給付가 불완전성을 띠게 되는 경우에 두 責任의 관계가 문제된다. 이와 같이 두 責任은 責任發生의 실체적 요건인 給付의 불완전성의 점에 있어서는 차이가 없고, 다만 債務者의 有責事由를 요하느냐의 여부 및 權利行使期間에 차이가 있을 뿐이다. 그리하여 旅行契約에 있어서는 債務不履行責任과 擔保責任을 통일적으로 규율할 필요가 있지 않은가 하는 의문이 생기게 된다. 한편 消費者保護의 관점에서도 債務者의 有責事由를 그 요건으로 하지 않는 擔保責任이 債務不履行責任보다 旅行者의 權利保護에 유리하기 때문에 이와 같은 경우에는 債務不履行責任을 배제하고 擔保責任만으로 통합할 필요가 있지 않은가 하는 의문도 제기될 수 있다.

이 문제를 검토하기 위하여 먼저 旅行契約에 있어서의 擔保責任을 상세히 규정하고 있는 獨逸의 旅行契約法(獨民 §§651a~651l)의 立法過程과 解釋論의 추이를 본다. 立法過程을 보면, 1973년과 1975년의 政府草案은 履行不能, 履行遲滯, 積極的 債權侵害와 擔保責任을 포괄하는 給付障害概念(Leistungsstörungsbegriff)으로 통합하여 債務不履行과 擔保責任을 통일적으로 규율하려고 하였으나, 이 시도는 聯邦上院(Bundesrat)의 반대로 관철되지 못하고 擔保責任을 債務不履行責任과 병존하는 별개의 責任制度로 규정하였다. 旅行契約法 제정 후 일부 文獻과 判例는 契約締結 후 또는 旅行開始 후 旅行 전부 또는 旅行의 본질적인 부분이 불능으로 된 경우에도 獨民 §275(責任 없는 사유로 인한 불능), §306(불능인 給付를 목적으로 하는 契約), §323(危險負擔) 이하의 一般規定을 적용하여야 한다고 보았으나, 차츰 擔保責任規定이 特別規定으로서 契約締結上의 過失과 積極的 債權侵害를 포함한 一般規定을 배제한다는 주장이 강력해지게 되었다.[83] 判例는 그 후 見解를 바꾸

83) MünchKomm-Wolter, §651c RdNr.3. 履行不能規定이 적용되지 아니하고 擔保責任

었고,[84] 현재의 判例는 履行不能을 포함한 契約締結 후의 모든 給付障害의 경우에 §651 c 이하의 擔保責任規定을 적용하고 있다.[85]

우리 民法의 解釋論에서는 旅行給付에 흠결이 있는 경우에는 獨逸民法에 있어서와 같은 特則이 없으므로 獨逸에 있어서와는 달리 瑕疵擔保에 관한 규정과 債務不履行에 관한 규정이 적용된다고 하는 주장이 있다.[86] 그러나 이 입장에서도 "旅行契約과 같은 특수한 契約領域에 있어서는 통일적인 給付障害概念을 도입할 필요성이 충분하며, 또한 이를 고려하여 給付障害=給付欠缺이 있는 경우에는 無過失責任인 瑕疵擔保에 관한 규정을 주로 적용하고, 이와 병행하여 債務不履行의 一般規定을 적용하되, 어느 규정에 의한 權利를 행사할 것인가에 대하여는 旅行者에게 選擇權을 줌이 타당하다"는 의견을 덧붙이고 있다.[87]

생각건대 獨逸民法과 같은 旅行契約의 瑕疵擔保責任에 관한 특칙이 없는 우리 民法의 해석으로서는 旅行給付의 흠에 대하여 瑕疵擔保責任規定과 債務不履行規定이 경합적으로 적용된다고 해석할 수밖에 없다. 이 경우에도 흠의 개념을 넓게 이해하면 擔保責任規定의 적용범위가 넓어지고 債務不履行規定에 의하여 해결해야 될 필요가 적어지게 된다. 예컨대 獨逸의 多數說·判例와 같이 契約締結 후의 履行不能을 旅行給付의 흠으로 파악하면 履行不能에 대한 責任을 擔保責任으로 해결할 수 있게 되어 履行不能規定을 적용할 필요가 감소된다. 이 때 문제되는 것은 擔保責任規定은 特別規定으로서 債務不履行規定을 배제한다고 보아야 하는가 하는 점인데, 일반적으로는 旅行者의 權利行使에 있어서 無過失責任인 擔保責任이 旅行者에게 유리하므로 擔保責任規定만을 적용하게 하는 것도 일리가 있지만, 擔保責任을 묻는 것이 모든 점에서 旅行者에게 유리한 것은 아니다(예컨대 權利行使期間은 債務不履行責任이 擔保責任보다 길다). 그러므로 債務不履行의 경우에 두 當事者 중 보호가치가 더 많은 債權者를 두텁게 보호하고 또한 消費

規定이 적용되어야 한다는 주장이 현재는 多數說인데, 이 見解도 그 기준시점에 관하여 다시 둘로 나뉜다. 즉 여행이 개시된 때로부터는 불능에 관한 일반규정을 적용하지 아니하고 擔保責任規定을 적용하여야 한다는 주장(Bartl, aaO., Rz.155; ders., NJW 1983, 1096; Staudinger-Schwerdtner, §651 c Rz.10)과 擔保責任의 범위를 넓혀서 契約締結 후에는 擔保責任規定만을 적용하여야 한다는 주장(Erman-Seiler, Vorbem. zu §§651 c-g Rz.5; MünchKomm-Wolter, §651 c RdNr.26f.; Wolter, Das Verhältnis des reiserechtlichen Gewährleistungsrechts zum allgemeinen Recht der Leistungsstörungen, AcP 183, 42ff., 57ff.)이 대립되어 있다.

84) BGHZ 97, 255=NJW 1986, 1748.

85) BGHZ 100, 157, 180f.=NJW 1987, 1931, 1937; MünchKomm-Wolter, §651c RdNr.4.

86) 金允求, 138-39.

87) 金允求, 139.

者保護의 필요에서도 두 責任을 경합적으로 인정하는 것이 바람직하다. 또한 두 責任은 그 요건이 하나는 無過失責任이고 하나는 債務者의 有責事由를 필요로 하므로 이들을 병존시키더라도 불합리하다고 할 수 없다. 따라서 旅行契約에 흠이 있는 경우에 債權者인 旅行者는 그 선택에 따라 擔保責任을 물을 수도 있고, 債務不履行責任을 물을 수도 있다고 해석함이 옳다.[88)]

(다) 債務不履行의 모습

(a) 履行遲滯와 履行不能 旅行契約의 履行遲滯와 履行不能의 경우에는 債權總論의 一般規定이 적용된다. 그 요건으로서는 債務者의 履行遲滯 또는 後發的 履行不能이 있고, 지체 또는 불능에 관하여 債務者에게 責任 있는 사유가 있어야 한다. 이 경우에는 債務者의 責任事由를 요건으로 하는 점에서 擔保責任과 구별된다. 履行遲滯에 관하여 특히 주의할 것은 원칙적으로 旅行契約은 전체로서 絶對的 定期行爲이어서 履行期는 매우 중요한 의미를 가지며, 履行期의 徒過는 履行不能을 일으킨다는 점이다. 旅行契約의 給付內容을 구성하고 있는 개개의 個別給付도 이와 마찬가지이다.[89)] 그러므로 지체 후의 이행이 旅行者에게 충분한 이행가치를 가지는 예외적인 경우 이외에는 旅行契約의 履行遲滯는 履行不能으로 평가될 수밖에 없다.

(b) 不完全履行 제공된 旅行給付에 질적 또는 양적 불완전성, 즉 결함이 있으면 不完全履行이 된다. 不完全履行의 요건으로서는 결함 있는 이행에 관하여 債務者의 責任事由가 있어야 함은 물론이다. 여기서 말하는 결함이란 旅行의 통상적인 효용 또는 契約에 의하여 정하여진 효용이나 가치의 실현을 불가능하게 하거나 감소시키거나, 旅行이 보장된 성질을 결여함을 가리키며, 擔保責任의 실체적 요건으로서의 흠과 같다.

그런데 給付의 결함은 단순히 給付 자체의 불완전성을 결과할 뿐만 아니라 때로는 受領者에게 그 밖의 적극적인 損害를 일으키는 일이 있다. 예컨대 부패한 음식물을 제공하여 旅行者가 복통을 일으킨다든가, 겨울旅行에서 난방이 안 된 숙소를 제공하여 旅行者가 감기에 걸리는 것과 같다. 이들 결과는 不完全履行의 내용을 이루는 것으로 해석함이 타당하다.

(라) 債務不履行의 效果

(a) 序 說 債務不履行의 效果는 구체적으로는 債務不履行의

88) 徐 敏 II, 38.
89) MünchKomm-Wolter, §651 c RdNr. 28.

모습에 따라 다르게 나타나지만 각 모습에 공통되는 효과로서 契約解止權과 契約解除權 및 損害賠償請求權을 들 수 있다. 그리고 不完全履行의 특유한 효과로는 完全給付請求權과 代金減額請求權이 발생한다.

(b) 契約解止權·契約解除權 旅行周旋者의 債務不履行이 있는 경우에 旅行者에게 契約關係의 구속으로부터 벗어날 수 있는 길을 열어줄 필요가 있다. 旅行契約은 시간적 연속성을 가지고 일정한 기간 동안 이행이 계속되므로, 일단 이행이 시작된 후에는 契約關係의 소급적 실효를 가져오는 契約의 解除는 타당치 아니하고, 장래로 향해서만 契約의 효력을 소멸시키는 契約의 解止를 하게 함이 적절한 문제해결방법이다. 그러나 아직 이행이 시작되지 아니하였거나 일부의 이행이 旅行契約 전체의 목적으로 보아 旅行者에게 무의미한 경우에는 契約의 解除를 하는 것이 타당하다.[90)]

(c) 損害賠償請求權 旅行周旋者의 債務不履行이 있는 때에는 旅行者는 그 不履行과 因果關係 있는 損害의 賠償을 청구할 수 있다. 이러한 損害에는 物質的(財産的) 損害와 精神的(非財産的) 損害가 포함되는데, 物質的 損害는 통상의 損害로서 항상 賠償의 대상이 되며(民 §393 I), 精神的 損害는 특별한 사정으로 인한 損害로서 債務者가 그러한 사정을 알았거나 알 수 있었을 때에만 賠償된다(民 §393 II). 그러나 예컨대 旅行周旋者의 債務不履行으로 휴가기간이 무용하게 허비된 경우에는 그 본질은 精神的 損害이지만 이는 일반적으로 예견되는 損害이므로 통상의 損害로 해석함이 옳다.[91)]

(d) 完全給付請求權 및 緊急措置權 不完全履行의 효과로서 旅行者는 完全履行請求權을 가진다. 旅行給付의 내용이 불완전한 경우에 그 보완이 가능한 때에는 旅行者는 불완전한 給付의 수령을 거절하고 契約內容에 완전히 합치하는 給付를 해 줄 것을 청구할 수 있음은 당연하다. 이와 관련하여 문제되는 것은 旅行의 실행과정에서는 債務者에게 요구하여 완전한 給付를 실현할 것을 기다릴 시간의 여유가 없는 일이 많기 때문에, 이러한 경우에 旅行者를 위한 긴급조치방법이 마련될 필요가 있지 않을까 하는 점이다. 旅行約款에서는 이 문제에 관하여 정하고 있지 않으나, 消費者保護를 위하여 다음과 같이 해석하는 것이 타당하다. 즉 이 경우에 제1차적으로는 旅行周旋者에게 給付의 불완전을 통지하여 보완을 촉구하고, 만약 債務者가 보완을 거절하거

90) 徐 敏 II, 38.
91) 徐 敏 II, 39. 獨民 §651f II은 이 문제를 明文으로 규정하고 있다.

나 보완을 기다릴 시간의 여유가 없을 때에는 旅行者가 스스로 대책을 마련하고 이에 필요한 비용을 旅行周旋者로부터 추심하도록 하는 것이 바람직한 해결책이다.[92]

(e) 代金減額請求權 不完全履行의 또 하나의 효과로서 旅行者에게는 代金減額請求權이 인정된다. 旅行者는 旅行給付의 불완전성에 상응하는 만큼의 代金의 減額을 청구할 수 있다. 이 權利는 보통의 請求權이 아니라 形成權이라고 보아야 한다.[93] 따라서 旅行者의 旅行周旋者에 대한 代金減額請求의 意思表示가 있으면 相對方의 의사와 관계 없이 旅行代金이 減額된다. 다만 減額의 범위에 관하여 當事者 사이에 다툼이 있으면 法院이 그 범위를 정하여야 한다.

㈒ 免責約款의 效力

(a) 序 說 旅行周旋者는 特約 또는 約款에 의하여 자기의 責任 있는 사유로 말미암아 旅行者가 旅行 중에 입은 損害에 관하여 賠償責任을 제한하거나 면하도록 약정하는 일이 많다. 이 중 賠償責任을 제한하는 約款을 責任制限約款이라 부르고, 責任을 면하게 하는 約款을 免責約款이라 부르는데, 넓은 의미로는 免責約款은 두 가지를 포함하는 뜻으로 쓴다(約款 §7의 「免責條項」은 넓은 의미의 免責約款을 가리킨다).

이와 같은 免責約款은 일반적으로 허용되는 것으로 해석된다. 그러나 그 내용은 흔히 旅行周旋者에게 일방적으로 유리하게 정해져 있기 때문에 그 효력에 대한 세심한 검토와 통제가 필요하다. 그리하여 約款規制法은 일반원칙으로서 事業者(旅行周旋者·履行補助者를 포함)의 故意 또는 重過失에 의하여 발생한 旅行者의 損害에 대하여 旅行周旋者의 責任을 면하기로 하는 免責約款과 상당한 이유 없이 사업자(旅行周旋者)의 損害賠償範圍를 제한하는 責任制限約款의 효력을 부정한다(約款 §7 i 및 ii). 約款規制法이 적용되지 아니하는 個別約定에 의한 免責條項도 위의 約款規制法의 취지를 유추하여 그것이 현저히 공정성을 해치는 경우에는 역시 그 효력을 부정함이 옳다.[94]

(b) 責任制限約款 우리 나라의 去來의 실제에 있어서는 旅行標準約款에 旅行周旋者의 責任을 제한하는 條項을 정하고 있지는 아니하다. 그러나 旅行周旋者는 約款規制法에 위반되지 않는 범위 안에서 損害賠償責任을 제한하는 約款條項을 둘 수 있다. 그 유효성의 판단기준은 「상당한 이유」가

92) 徐 敏 Ⅱ, 39. 이 문제를 해결하기 위하여 獨逸民法은 §651 c를 두어 규율하고 있다.
93) 같은 見解 金允求, 141; 徐 敏 Ⅱ, 39.
94) 徐 敏 Ⅱ, 40.

있느냐의 여부이며(約款 §7 ii), 상당한 이유의 유무는 다른 法律의 規定과 約款規制法의 해석에 의하여 판단한다.[95]

참고로 獨逸民法을 보면 同法은 旅行周旋者의 賠償責任을 제한할 수 있는 길을 열어 놓고 있다. 즉 旅行周旋者는 旅行者와의 契約에 의하여 ① 旅行者의 損害가 故意 또는 중대한 過失에 의하여 발생한 것이 아닌 경우 또는 ② 旅行周旋者가 旅行者에게 발생한 損害에 대하여 오로지 旅行實行者의 有責事由로 말미암아 責任을 지는 경우에는 身體損害 이외의 損害에 관하여 자기의 責任을 旅行代金의 3배까지로 제한할 수 있다(獨民 §651h I). 그리고 旅行實行者의 責任制限에 관한 國際條約 또는 그 條約에 의거한 法律의 規定이 있는 경우에는 旅行周旋者도 이 규정의 적용을 주장할 수 있다(獨民 §651h II). 이와 같은 責任制限規定은 旅行者의 이익과 旅行周旋者의 이익을 조화하기 위한 것이며, 우리 나라의 旅行契約에 관한 해석 및 立法에 참고할 가치가 많다고 생각된다.

(c) 免責約款　현재 우리 나라의 旅行契約에서 이용되고 있는 旅行約款에서는 비교적 좁은 범위의 免責約款을 정하고 있다. 즉 國內旅行約款 제11조는 세 가지 유형의 免責事項을 정하고 있는데, 이 條項에 규정된 免責事項은 이론상 별 문제가 없다고 생각된다. 國外旅行約款은 따로 免責約款條項을 명시하여 정하고 있지는 않으나, 이 約款 제14조 제3항은 "천재지변, 불의의 재해, 정부의 명령, 공공단체의 명령, 전란, 정변, 파업, 항공기 납치, 폭동, 도난, 사기, 폭행, 상해, 질병 등 당사에 귀책되지 않는 사유로 발생한 여행자의 피해에 대하여 책임을 지지 않는다"고 정하고 있는데, 이 條項은 실질적으로는 免責條項이다. 이 條項은 旅行周旋者에게 責任 없는 사유에 관하여 旅行周旋者의 責任免除를 정하려는 것으로 해석된다.[96] 그러나 여기에 열거된 사항 중 몇 가지 사항은 免責을 인정하는 것이 부당하지 않은가 하는 의문이 있다. 즉 罷業·盜難·詐欺·暴行·傷害의 경우에는 일률적으로 有責事由가 부정될 수는 없고, 구체적인 사정에 따라서는 旅行周旋者의 責任이 인정될 수 있다.

먼저 罷業에 관하여 살펴보면, 예컨대 숙박예정의 호텔이 罷業한 경우와 같이 旅行實行者의 영향범위 내에서 일어난 罷業은 旅行周旋者의 위험영역으로 보아야 하며, 이는 동시에 旅行周旋者의 責任事由로 된다. 다만 總罷業과

95) 徐 敏 II, 40.
96) 徐 敏 II, 40.

같은 특별한 종류의 罷業이나, 稅關의 罷業과 같이 旅行給付와 직접 관련이 없는 범위의 罷業의 경우에는 不可抗力으로 보는 것이 옳다.[97] 그리고 盜難·詐欺·暴行·傷害 등의 경우에는 이와 같은 위험이 있는 지역 또는 장소에 旅行者를 안내하면서 위험의 방지를 위한 旅行案內人의 사전의 설명이나 경고 등의 조치가 없었던 때에는 旅行周旋者의 責任事由로 보아야 한다.

5. 旅行者의 사망이 旅行契約에 미치는 영향

(가) 槪 說 旅行契約締結 후 旅行周旋者와 그의 履行補助者의 책임 있는 사유 없이 旅行者가 사망하는 일이 있다. 이 경우에는 相續法에 의하여 法律關係가 해결되지만, 旅行契約의 특성으로 말미암아 주의깊은 검토가 필요하다. 이 문제는 旅行者의 사망시기가 여행개시 전인 경우와 여행개시 후인 경우를 나누어 생각하여야 한다.

(나) 여행개시 전에 사망한 경우 旅行者가 여행개시 전에 사망한 때에는 相續人이 被相續人의 法的 地位를 승계하므로 旅行契約도 승계한다. 따라서 相續人은 약정된 여행대금을 지급하고, 被相續人에 갈음하여 여행에 참가할 수 있고, 旅行參加者를 제3자로 교체할 수도 있다. 旅行契約은 일반적으로 旅行者의 개성을 크게 고려하는 契約이 아니기 때문이다. 다만 相續人이 여행참가 또는 여행자교체를 할 수 없거나 이를 원하지 않는 경우에는 契約을 解除할 수 있다.[98] 이 때에는 旅行周旋者에 대한 損害賠償義務가 발생하지 않는다.[99]

(다) 여행개시 후에 사망한 경우

(a) 基本的 給付義務 여행이 시작된 후에는 旅行者가 구체화되고, 給付內容은 개별화되며, 이미 여행지에 가 있는 旅行者를 교체하는 것도 사실상 매우 어렵다. 그러므로 여행개시 후에는 旅行給付는 一身專屬的 性格을 띠는 것으로 보아야 한다.[100] 이와 같이 旅行者가 사망한 때에는 一身專屬的 給付의 受領主體가 소멸됨으로 말미암아 旅行周旋者의 給付義務는 소멸한

---

97) 徐 敏 Ⅱ, 40; Bartl, Reiserecht, Rz.148; Erman-Seiler, §651 j Rz.4; MünchKomm-Wolter, §651 j RdNr.11.

98) Lorenz Claussen, Die Auswirkungen des zufälligen Todes des Reisenden auf den Reisevertrag, NJW 1991, 2813.

99) 國外旅行約款 제13조 제5호 참조. 이 約款規定은 旅行者의 신체에 이상이 발생하여 여행의 참가가 불가능하여 旅行者가 旅行契約을 解除한 때에는 損害賠償에 해당하는 取消料를 부과하지 않는 것으로 정하고 있는데, 旅行者의 사망이 이에 포함되는 것으로 해석하여야 함은 의문의 여지가 없다.

100) Claussen, aaO.

다. 그런데 이 경우에 旅行者 쪽의 反對給付義務의 운명은 어떻게 되는지 의문이다. 旅行者가 사망하였더라도 旅行周旋者의 給付 자체는 履行이 불가능한 상태가 아니고 履行의 提供은 되어 있으며, 다만 受領權者의 사망으로 말미암아 수령불능상태에 빠져 있을 따름이다. 이 때 旅行者의 사망은 旅行者의 위험영역에 있는 사유라고 보아야 하며, 따라서 旅行周旋者는 反對給付請求權을 상실하지 않는다고 풀이하여야 한다. 다만 請求權의 범위는 履行을 하지 않음으로써 지출을 면하게 된 비용을 공제한 잔액에 한정된다.

(b) 附隨義務　旅行者가 여행 중에 사망한 때에는 사망자에 관한 뒷처리문제가 남는다. 즉 사망자의 유족에 대한 사망사실의 통지, 소지품의 보관, 시체의 보존 및 후송 등과 같은 일이 필요한데, 旅行周旋者가 이러한 일을 처리하여야 할 義務를 지는지 의문이다. 이는 契約上의 義務는 아니지만 信義則上 契約終了 후의 善後措置義務로 보아야 한다. 다만 이들 事務의 처리를 위하여 旅行周旋者가 지출한 비용은 事務管理費用으로서 旅行者의 相續人으로부터 補償을 받을 수 있다(民 §739).[101]

6. 旅行者의 請求權의 行使方法

旅行周旋者가 擔保責任 또는 債務不履行責任을 지는 경우에 旅行者는 代金減額請求權과 損害賠償請求權을 가지는데, 이러한 權利를 행사하려면 궁극적으로는 訴訟의 방법에 의하게 된다. 그러나 개개의 旅行者별로 보면 그 請求權의 額은 그다지 많지 않으며, 이 請求權을 실현하기 위하여 訴訟代理人을 통하여 訴訟을 하는 경우에는 그 비용이 請求額보다 훨씬 多額인 경우가 많을 것이다. 이러한 경우에는 旅行者는 현실적으로 請求權을 행사할 수 없게 되고, 그의 權利는 유명무실한 權利가 되어 請求權을 인정한 근본취지에 어긋나게 된다. 이러한 旅行者의 請求權을 관철하기 위하여는 현행 民事訴訟法上의 제도로서는 選定當事者制度(民訴 §49)를 활용하는 방법을 생각할 수 있으나, 選定當事者는 개별적인 授權을 필요로 하기 때문에 이 제도는 請求權者가 다수인 旅行契約에 있어서의 분쟁해결방법으로 이용하기에는 부적절하다. 이러한 다수의 少額請求權者의 權利保護를 위하여는 美國法上의 제도인 集團訴訟制度(class action)가 도입되는 것이 바람직하다고 생각한다.[102]

101) Claussen, NJW 1991, 2815.
102) 徐 敏 Ⅱ, 41.

Ⅵ. 맺 음 말

1. 立法의 動向

(가) 槪 說 旅行契約은 현대 각국의 시민생활에서 매우 많이 이용되고 있는 契約임에도 불구하고 아직까지는 별로 國內立法者의 관심을 끌고 있지 못하다고 생각된다. 旅行契約에 관하여 國內實定法으로 직접 규율하고 있는 立法例는 현재까지는 獨逸民法을 제외하고는 발견되지 않는 현실이 이를 잘 입증해 주고 있다. 한편 旅行契約을 규율하려는 국제적 노력은 오래 전부터 시도되었고, 그 결실 중의 하나로 1970년에 旅行契約에 관한 國際協約(일명 브뤼셀協約)이 체결되기도 하였으나, 이 協約에 참가한 국가의 수는 많지 아니하다.[103] 아래에서는 현재 旅行契約에 관한 유일한 立法例인 獨逸의 旅行契約法의 立法過程과 그 규율내용을 개관한 후, 사회실정과 法律制度가 우리 나라와 가장 가까운 日本의 旅行에 관한 法的 規律을 간단히 살펴보기로 한다.

(나) 獨逸의 立法 旅行契約에 관한 獨逸의 立法過程을 개관하면, 1976년에 聯邦政府가 旅行契約法을 民事特別法으로 제정할 것을 제안하였으나 聯邦議會의 심의과정에서 民法의 일부로 편입시키기로 확정되어 1978. 12. 13에 民法改正法(Gesetz zur Änderung des Bürgerlichen Gesetzbuchs=Reisevertragsgesetz, 旅行契約法)으로서 聯邦下院의 의결을 거쳤고, 1979. 4. 6에 聯邦上院을 통과하여 1979. 5. 4에 공포되고, 같은 해 10. 1부터 시행되고 있다. 그 후 1990. 6. 13의 유럽공동체 총괄여행지침(EG-Pauschalreise-Richtlinie)에 맞추기 위하여 1994. 6. 24에 旅行契約規定의 일부가 改正되어 1994. 11. 1부터 시행되고 있다.

獨逸民法은 旅行契約 규정의 위치를 都給과 같은 절에서 都給의 다음에 두고, 旅行契約을 都給에 유사한 契約으로서 규정하여, §651 a부터 §651 l까지 신설 추가하였다. 그 규율내용을 보면, §651 a는 旅行契約當事者 양쪽의 權利와 義務를 정하고 있고, §651 b는 旅行者를 위한 특별한 補充權을 정하였다. §651 c부터 §651 g까지는 실제적으로 중요한 瑕疵擔保責任을 정하였고, §651 h는 旅行周旋者의 責任制限權을 인정하였고, §651 i와 §651 j는 瑕疵擔保責任 이외의 契約解除權과 契約解止權을 정하였다. §651 k는 旅行周旋者의 破產 등

103) 이 協約을 批准한 국가는 3개국(대만, 벨기에, 카메룬)에 불과하다(Klaus Tonner, Der Reisevertrag: Kommentar zu §§651 a-k BGB, 2. Aufl., Luchterhand, 1986, Rz. 23).

과 같은 경우를 대비하여 擔保義務를 규정하였으며, §651 l는 旅行契約에 위반하여 旅行者에게 불리한 約定을 하는 것을 금지함으로써 旅行契約에 관한 규정이 일반적으로 強行規定임을 밝히고 있다.

그 밖에 旅行契約은 1984년에 獨逸旅行社團體(Deutsche Reisebüro-Verband)가 제정하여 旅行周旋者에게 권장하고 있는 一般旅行約款(Allgemeine Reisebedingungen) 및 約款에 관한 일반적 규율인 一般去來約款法(Gesetz zur Regelung des Rechts der Allgemeinen Geschäftsbedingungen, AGB-Gesetz)에 의하여 규율되고 있다.

(다) 日本의 立法

(a) 旅行業法의 立法過程 日本에서는 직접 旅行契約 자체를 규율하는 立法은 없으나, 旅行業에 대하여 규율하는 法에서 간접적으로 旅行契約에 관하여 규율하고 있다. 立法者는 旅行業을 경영하는 자의 업무의 적정한 운영을 확보함과 동시에 그 조직하는 단체의 적정한 활동을 촉진함으로써 旅行業務에 관한 去來의 公正을 유지하고, 旅行의 안전을 확보하고, 旅行者의 편리를 증진할 목적으로 1952년에 旅行斡旋業法(法律 239호)을 제정하였다. 이 법은 단속법적 색채가 강한 것이 특색이다.

그 후 旅行去來의 실태가 과거의 斡旋 위주에서 旅行業者의 직접적인 給付實行으로 바뀌게 되었으므로, 1971년에 旅行斡旋業法을 발전적으로 해소시키고 내용을 일신하여 새로이 旅行業法(法律 59호)을 제정하여 같은 해 11월 10일부터 시행하였다. 이 法은 團束法的 성격이 강한 舊法에 去來法的 성격을 띤 條項을 대폭 삽입시켰다. 그 후 旅行去來에서 消費者保護를 강력히 요구하는 消費者主義가 대두됨에 따라 이러한 요청에 따르기 위하여 1982년에 다시 旅行業法이 개정되고(1982. 4. 23 공포, 法律 33호), 이듬해인 1983. 4. 1부터 시행되었으며, 그 후에도 다시 몇 차례의 개정을 거쳐 오늘에 이르고 있다.

(b) 標準旅行業約款 종래 旅行契約에 관하여는 日本旅行業協會(JATA)가 작성하여 권장한 「모델約款」이 주로 이용되었다. 그 후 旅行去來의 환경이 변화함에 따라 約款의 규제의 필요를 느껴 1979년에 運輸省 觀光部에 旅行制度檢討委員會를 설치하고, 그 밑에 約款小委員會를 설치하여 旅行約款에 관한 조사연구를 하도록 하여 1983년 초에 旅行業制度檢討委員會가 小委員會가 제출한 「標準旅行業約款」案을 승인하고, 1983. 2. 14에 運輸省이 이 標準旅行業約款을 공시하고(運輸省告示 59호), 같은 해 7월 1일 이후의 主催旅行에 이를 적용하였다.

2. 立 法 論

우리 나라에는 旅行契約에 관하여 직접 규율하는 立法이 없으며, 旅行에 관련되는 法으로서는 觀光振興法(1986년 法律 3910호)이 있을 뿐이다. 그리하여 현재 旅行契約은 대부분 旅行周旋者(旅行業者)가 작성하여 이용하는 約款에 의하여 체결되는데, 이 約款은 韓國觀光協會가 추천하는 標準約款의 기준에 많이 따르고 있기는 하지만, 전반적으로 보면 각양각색이어서 통일되어 있지 않다. 여기에 消費者인 旅行者의 보호에 소홀할 위험이 존재하며, 이 위험은 約款規制法과 消費者保護法에 의하여 조금은 감쇄되지만 이로써는 충분하다고 할 수 없다. 더욱이 최근 급격히 증가하고 있는 旅行의 증가추세[104]에 비추어 볼 때 旅行契約에 대한 법적 규율은 절실히 요청된다. 그러므로 이러한 위험을 피하고 法的 安定性을 꾀하기 위하여는 旅行契約을 명문으로 규율하는 立法을 함이 바람직하다고 생각된다.

旅行契約에 대하여 法的인 규율을 하는 방법은 크게 두 가지를 생각할 수 있다. 하나는 旅行業에 대한 규율을 통하여 간접적으로 旅行契約을 규정하는 방법이고, 다른 하나는 旅行契約에 대하여 직접 규정하는 旅行契約法을 제정하는 방법이다. 旅行契約法을 제정하는 경우에도 이를 特別法으로 제정하는 방법과 民法에 편입하는 방법의 둘이 있는데, 규율의 개관을 쉽게 하기 위하여는 民法에 규정하는 것이 더 바람직하다. 그리고 그 규율의 기본입장은 消費者保護의 시각에 바탕을 두어야 할 것이다.

104) 해외여행에 대한 제한은 1987년부터 완화되기 시작하여 완전한 자유화가 실시된 것은 1989. 1. 1부터이며, 그 후 해외여행이 급격히 증가하고 있다. 여행자유화 이전과 이후의 외국여행자와 관광여행자의 수를 비교해 보면 다음 표와 같다.

	출국자총수	관광목적 출국자수	백분율(%)
1986년	654,159	3,101	0.47
1988년	1,005,320	133,851	13.31
1989년	1,529,048	448,727	29.34
1992년	2,353,889	724,146	30.76
1993년	2,741,500	846,520	30.87
1994년	3,478,199	1,294,511	37.22
1995년	4,155,799	2,206,354*	53.09

* 방문목적 출국자가 포함된 숫자임.

자료: ① 통계청, 한국통계연감, 1996.
② 교통부, 한국관광공사, 1994년도 관광동향에 관한 연차보고서.
③ 법무부 출입국관리국.

국내여행약관

제 1 조(목적) 본 약관은 국내여행업을 영위하는 여행사(이하 "당사"라 칭함)와 국내여행을 하는 여행객(이하 "여행객"이라 칭함) 간에 관계법규에 의거 국내여행에 관한 사항을 약정함을 목적으로 한다.

제 2 조(임무) 당사는 국내여행객을 위하여 여행에 관한 계획, 운송, 숙식 및 여행의 안내 알선 임무 등을 성의를 다하여 친절히 봉사함을 임무로 한다.

제 3 조(여행의 종류와 정의) 관광여행의 종류를 희망관광, 일반모집관광, 위탁모집관광 등으로 구분하며, 그 용어의 정의는 다음과 같다.

1. 희망관광: 당사가 여행객으로부터 의뢰받아 여행객이 희망하는 여행조건에 따라 행사를 집행하는 여행을 말한다.
2. 일반모집관광: 당사가 사전에 여행조건에 따라 요금을 정하여 여행객을 모집하고 행사를 집행하는 여행을 말한다.
3. 위탁모집관광: 당사가 모집관광 상품을 만들어 타지역(모집지역)의 여행업체에 여행객 모집을 위탁하여 행사를 집행하는 여행을 말한다.

제 4 조(여행알선의 최저인원 등) 당사가 일반모집관광을 하는 경우 행사를 할 수 없는 최저인원을 14명으로 한다.

제 5 조(여행경비) 여행경비에는 다음 사항의 일부 또는 전부를 포함한다.

1. 여행일정에 명시된 항공기, 선박, 철도 등 이용운송기관의 운임(항공기, 선박, 철도편 이용은 보통운임 기준임)
2. 여행일정에 따른 송영버스요금(공항, 역, 부두와 호텔 사이)
3. 여행일정에 따른 관광요금(버스요금, 입장료 등)
4. 여행일정에 따른 숙박요금(2인 1실 기준)
5. 여행일정에 명시된 식사요금
6. 관광안내원 경비
7. 여행일정 중 소요되는 각종 세금 및 수하물 운반요금
8. 수하물 전 여정 운반요금(해당 운송기관의 관련운송 계약에 따름)
9. 공항, 호텔 등에서의 포터비용
10. 공항 등에서의 영접 및 환송서비스비용
11. 여행보험료
12. 기타 잡비(단체성격의 통신료 등 여행경비에 포함할 수 있는 사항)
13. 여행알선수수료(여행경비 구성요소 '1항'부터 '6항' 중 해당 항의 합계액의 일정요율)
14. 여행중 여행자가 추가 요구하는 별도의 서비스요금
15. 제세금(부가가치세 등)

제 6 조(여행계약 체결) 당사와 여행객, 당사와 여행사간의 여행조건에 대한 책임을 다하기 위하여 여행계약을 체결해야 하며, 요금 중 계약금을 수수함으로써 계약이

유효하며, 계약서(관광회원권 포함)는 2부를 작성하여 당사와 여행객, 여행사와 여행사간에 각 1부씩 보관하며, 계약내용에는 다음 사항이 명시되어야 한다.

1. 여행인원 및 기간
2. 여행요금
3. 교통편(항공, 선박, 지상교통, 차종의 명시)
4. 여행일정
5. 숙식조건(1실 숙박인원)
6. 안내원 용역 여부
7. 기타 필요한 사항

제7조(여행요금 수수) 1. 여행객은 여행계약 체결시 계약금으로 전체요금의 10% 이하를 당사에 지불해야 하며, 여행개시 이전에 그 잔액을 완불해야 한다.

2. 여행조건의 변동으로 발생되는 요금의 증감액은 여행종료 이전에 정산하여야 한다.
3. 소아인 경우는 관허요금 할인규정에 한하여 할인한다.

제8조(여행조건의 변경) 여행조건은 여행기간 중에는 변경되지 않음을 원칙으로 하되, 다음의 경우에는 예외로 한다.

1. 여행객 안전과 보호를 위하여 여행객의 요청 또는 현지사정에 의하여 부득이하다고 쌍방이 합의한 경우
2. 천재지변, 전란, 정부의 명령 등으로 여행이 불가능한 경우

제9조(당사의 책임) 1. 당사는 여행계약 내용을 성실하게 이행해야 한다.

2. 당사는 여행객이 이용하게 되는 시설업체에 대한 송객은 그 지역에서 우수한 시설업체에 송객하는 것을 원칙으로 한다.
3. 당사가 관광행사를 직접 할 수 없는 지역에 행사를 위탁하는 경우에는 여행객 보호를 위하여 당해지역의 여행업체에 한하여 의뢰해야 한다.
4. 위탁모집관광시는 사전에 고지하고, 여행에 따른 책임문제를 명시한다.
5. 당사가 관광행사시 안내원의 용역은 유자격 안내원으로 한다.

제10조(여행객의 책임) 1. 여행객은 여행계약 내용을 성실하게 이행해야 한다.

2. 여행계약을 이행함에 있어 여행객의 고의 또는 과실로 인하여 약관내용 및 법령 등을 위반함으로써 당사에 피해를 입힌 경우 여행객은 그 손해를 배상해야 한다.
3. 여행객의 귀중품 및 소지품은 여행객 자신이 보관할 책임이 있다.
4. 여행객은 공공질서와 미풍양속을 해치는 행위를 하여서는 안 된다.
5. 여행객은 유독물, 오물 또는 폐기물을 함부로 버리는 행위 및 자연을 훼손하는 행위를 하여서는 안 된다.

제11조(당사 면책사항) 1. 여행객의 귀책사유로 인하여 여행조건이 예정대로 이행되지 못하거나 이로 인하여 여행객이 입은 손해에 대하여 당사는 책임지지 아니한다.

2. 여행객 자신의 부주의나 과실로 인하여 재해를 입은 경우에는 당사는 책임을

지지 아니한다.

3. 항공기, 기차, 선박 등의 연발착 등으로 인한 불가피한 경우에 발생하는 여행객의 피해에 대하여는 당사는 책임을 지지 아니한다.

제12조(여행계약의 해제) 당사는 다음의 경우 예행계약을 전부 또는 일부를 해제할 수 있다.

1. 천재지변, 전란, 정부의 명령, 운수기관 등의 파업, 휴업 등으로 인하여 여행이 불가능한 경우
2. 일반모집관광인 경우 행사집행 최저인원 이상 모집되지 않을 때에는 동일한 여행조건의 상품을 판매하는 타 여행업체로 하여금 대행케 할 수 있으며, 동 대행이 불가능한 때 고객에게 사전 통보한 경우(당일관광은 출발시간 18시간 이전, 1박 2일 이상의 일정인 경우에는 출발시간 48시간 이전에 통보함을 원칙으로 한다)
3. 여행객이 본 약관을 위배하는 경우

제13조(통지기일 미준수) 제4조 및 제12조 2항과 관련하여 여행 참가자수의 미달로 인한 여행사의 여행취소시 통지기일 미준수시에는 당사는 여행객에게 계약금 환불 및 계약금의 100%(위약금)를 배상하여야 한다.

제14조(여행요금 환불) 1. 여행 중 여행요금 환불사유가 발생하면 여행종료 이전에 환불함을 원칙으로 한다.

2. 제12조 1항의 사유로 여행계약이 해제된 경우에는 사유발생 당일 진행된 행사에 소요된 실경비를 공제한 잔액을 환불한다.
3. 제12조 2항의 사유로 여행계약이 해제된 경우에는 사유발생 즉시 환불한다.
4. 제8조의 사유로 여행조건이 변경되어 요금의 변경이 있을 때에는 추가요금을 징수할 수 있고, 감소시에는 차액을 즉시 환불한다.
5. 여행객의 여행취소로 인하여 여행계약이 해제된 경우에는 제15조의 취소료를 공제하고 잔액을 즉시 환불한다.
6. 여행개시 후 여행객의 귀책사유로 인하여 고객이 권리를 포기하는 부분에 대하여는 환불하지 아니한다.
7. 모집관광시 사전에 정해진 요금에 의하여 모집된 인원이 요금산출 기준인원에 미달될 경우에 고객에게 추가요금을 징수할 수 없으며, 초과될 경우에도 환불치 않는다.

제15조(취소료) 다음과 같은 사유로 여행계약이 취소된 경우 당사와 여행객은 아래와 같이 취소료를 부담해야 한다.

1. 여행객의 귀책사유로 인하여 여행객이 여행을 취소하는 경우 여행계약에 따라 당사의 업무에 소요되었던 비용 및 교통기관(항공, 선박, 열차, 전세버스 등)에 대한 예약취소로 인하여 발생되는 비용부담을 위하여 여행객은 다음과 같이 취소료를 부담해야 한다.

가. 당일여행인 경우

1) 여행개시 3일 전까지 취소하는 경우: 전액 환불

2) 여행개시 2일 전까지 취소하는 경우: 요금의 10/100
3) 여행개시 1일 전까지 취소하는 경우: 요금의 20/100
4) 여행개시 당일 취소하거나 연락 없이 불참할 경우: 요금의 30/100

나. 숙박여행인 경우
1) 여행개시 5일 전까지 취소하는 경우: 전액 환불
2) 여행개시 2일 전까지 취소하는 경우: 요금의 10/100
3) 여행개시 1일 전까지 취소하는 경우: 요금의 20/100
4) 여행개시 당일 취소하거나 연락 없이 불참할 경우: 요금의 30/100

2. 당사의 귀책사유로 당사가 취소하는 경우 당사는 여행객에게 다음과 같이 배상하여야 한다.

가. 당일여행인 경우
1) 여행개시 3일 전까지 취소 통보시: 계약금 환불
2) 여행개시 2일 전까지 취소 통보시: 계약금 환불 및 요금의 10% 배상
3) 여행개시 1일 전까지 취소 통보시: 계약금 환불 및 요금의 20% 배상
4) 여행개시 당일 취소통보 및 통보 없이 취소시: 계약금 환불 및 요금의 30% 배상

나. 숙박여행인 경우
1) 여행개시 5일 전까지 취소 통보시: 계약금 환불
2) 여행개시 2일 전까지 취소 통보시: 계약금 환불 및 요금의 10% 배상
3) 여행개시 1일 전까지 취소 통보시: 계약금 환불 및 요금의 20% 배상
4) 여행개시 당일 취소통보 및 통보 없이 취소시: 계약금 환불 및 요금의 30% 배상

3. 당사의 계약조건 위반으로 여행자가 여행계약을 해지하는 경우(여행 전)

가. 당일여행인 경우
1) 여행개시 3일 전까지 계약조건 변경 통보시: 계약금 환불
2) 여행개시 2일 전까지 계약조건 변경 통보시: 계약금 환불 및 요금의 10% 배상
3) 여행개시 1일 전까지 계약조건 변경 통보시: 계약금 환불 및 요금의 20% 배상
4) 여행당일 계약조건 변경통보 또는 통보가 없을 시: 계약금 환불 및 요금의 30% 배상

나. 숙박여행인 경우
1) 여행개시 5일 전까지 계약조건 변경 통보시: 계약금 환불
2) 여행개시 2일 전까지 계약조건 변경 통보시: 계약금 환불 및 요금의 10% 배상
3) 여행개시 1일 전까지 계약조건 변경 통보시: 계약금 환불 및 요금의 20% 배상
4) 여행당일 계약조건 변경통보 또는 통보가 없을 시: 계약금 환불 및 요금의

30% 배상

4. 당사의 계약조건 위반으로 인한 피해(여행 후): 여행객이 입은 손해배상
5. 당사 또는 당사 종사자의 고의 또는 과실로 인한 여행객의 피해: 여행객이 입은 손해배상
6. 여행 중 위탁수화물의 분실, 도난 기타 사고로 인한 피해: 여행객이 입은 손해배상
7. 당사의 고의, 과실로 인해 여행일정의 지연 또는 운송 미완수: 여행객이 입은 손해배상

제16조(여행의 시작과 종료) 여행은 여행개시일 출발하는 시점부터 시작하며, 여행일정이 종료하여 최종목적지에 도착함과 동시에 종료한다. 다만, 계약 및 일정을 변경할 때에는 예외로 한다.

제17조(변제) 본 약관상 당사의 변제의무를 보장키 위해 당사는 한국관광협회 여행공제회에 가입하거나 ㅇㅇ관광협회를 피보험자로 하여 인·허가 영업보증보험계약을 체결하여야 한다.

부 칙

제1조(준용) 본 약관에 없는 사항은 국제법, 국내법, 조례, 관례 및 사회상규에 따른다.

제2조(시행일) 본 약관은 199 년 월 일부터 시행한다.

국내여행 표준계약서(갑)

여행사(갑)와 국내여행 단체 대표 (을)은 국내여행에 관한 계약을 다음과 같이 체결한다.

○"갑"과 "을"의 국내여행에 관한 사항은 국내여행 표준약관을 준용합니다.

○국내여행 표준 약관에 없는 사항은 국제법, 국내법, 조례, 관례 및 사회상규에 따릅니다.

○국내여행에 따른 조건은 아래와 같습니다.

여행상품명			여행상품종류	박 일
여행일정	년 월 일－년 월 일		여행지역(주요관광지)	여행일정표참조
총여행경비	금 원	계약금: 원		인원: 명
교통수단	항공: 등석 선박: 열차: 등석 버스: 차종			
숙박시설	관광호텔: 등급 인		일반호텔: 등급 인	
(1실당인원)	여관: 인		콘 도: 인	
음식점종류	관광호텔: 식	일반호텔: 식	일반식당: 식	기타: 식
여행인솔자	관광안내원: 유, 무		현지안내원: 유, 무	
현지교통수단	버스 선박 기타			
최저행사인원	명	현지관광 입장료: 포함 미포함		
행사주관여행사		전화	여행보험한도액	

○위의 여행계약은 항공기 사정이나, 현지의 사정 등으로 인하여 변경될 수도 있습니다.

199 년 월 일

(갑) 업체명:
소재지:
전 화:
대표자성명: (인)

(을) 주소:
전화:
성명: (인)

국외여행약관

제 1 조(목적) 본 약관은 　　　　　여행사(이하 "당사"라 한다)와 내국인 및 국내 거주 외국인(이하"여행자"라 한다)간에 관계법규에 의거 국외여행에 관한 사항을 규정함을 목적으로 한다.

제 2 조(임무) 당사는 관광진흥법에 의한 등록 여행업체로서 여행의 계획 및 상담, 여행에 필요한 예약 및 수배, 여행의 안내 및 알선, 여행경비 산출 및 정산 등 여행에 관한 업무를 신의와 성실로써 친절히 봉사함을 임무로 한다.

제 3 조(여행의 종류와 정의) 국외여행의 종류를 희망관광, 일반모집관광, 위탁관광 등으로 구분하며, 그 용어의 정의는 다음과 같다.

1. 희망관광: 당사가 여행객으로부터 의뢰받아 여행객이 희망하는 여행조건에 따라 행사를 집행하는 여행을 말한다.
2. 일반모집관광(기획여행): 당사가 내국인의 국외여행을 위하여 여행의 목적지, 일정, 여행자가 제공받을 운송 또는 숙박 등에 관한 서비스의 내용과 이에 따른 요금 등에 관한 사항을 사전에 정하여 이에 참가하는 여행자를 광고 또는 기타의 방법으로 모집해서 실시하는 여행을 말한다.
3. 위탁관광: 타 여행사에서 개발한 여행상품을 알선, 판매하는 여행을 말한다.

제 4 조(여행계약) 여행자는 당사에 구두, 전화, 서신 등에 의한 의사표시로 여행을 신청하며, 당사는 소정의 절차에 따라 이에 대한 신청을 확인한 후 여행조건에 대한 책임을 다하기 위하여 여행계약을 체결하여야 하며, 여행경비 10% 이하의 계약금을 납입하면 여행계약이 성립되며, 계약서는 2부를 작성하여 당사와 여행객, 당사와 여행사간에 각각 1부씩을 보관한다.

제 5 조(여행경비) (1) 여행자는 계약에 의한 여행경비를 여행개시 8일 전까지 전액을 납부하여야 한다.

(2) 여행경비에는 다음 사항의 일부 또는 전부를 포함한다.

가. 여행일정에 명시된 항공기, 선박, 철도 등 이용 운송기관의 운임(항공기, 선박 및 철도편 이용은 보통운임 기준임)
나. 여행일정에 따른 송영버스요금(공항, 역, 부두와 호텔 사이)
다. 여행일정에 따른 관광요금(버스요금, 입장료)
라. 여행일정에 따른 숙박요금(2인 1실 사용 기준임)
마. 여행일정에 명시된 식사요금
바. 관광안내원 경비
사. 여행일정 중 소요되는 각종 세금 및 수화물 운반요금
아. 수화물 전 여정 운반요금(해당 항공사의 관련 운송계약에 따름)
자. 공항, 호텔 등에서의 PORTER 비용
차. 공항 등에서의 영접 및 환송 서비스비용
카. 여행보험료

타. 여권 및 사증 발급에 따르는 수수료
파. 여행알선 수수료
하. 기타 잡비(단체 성격의 통신료 등 여행경비에 포함할 수 있는 사항)
갸. 여행일정 중 여행자가 추가 요구하는 별도의 서비스요금
냐. 제세금(부가가치세 등)

(3) 여행경비에 포함되지 않는 사항은 다음과 같다.
가. 여행 중 개인적 성질의 제비용(통신료, 관세, 개별적인 팁, 세탁비, 개인적으로 추가한 식·음료비 등)
나. 여행 중 여행자 개인의 질병, 상해 및 그 밖의 사유로 의사의 진단에 따라 지불해야 하는 일체의 비용)
다. 규격이나 규정에 초과하여 발생한 비용(1인 1실 사용 추가요금, 규격을 초과한 수하물 운반비 등)
라. 일정표에 명시되지 않은 일체의 비용

제 6 조(여행참가 거부) (1) 여행의 신청자는 대한민국 법령이 규정하는 적격자에 한하며, 국내법, 공공질서, 미풍양속을 위배하거나 여행의 원활한 진행을 방해할 우려가 있는 자는 여행의 신청을 거부할 수 있다.

(2) 여행 중 여행자가 국제법, 국내법, 공공질서, 미풍양속을 위해하거나 여행의 원활한 진행을 방해할 때에는 여행의 계속적인 참가를 거부할 수 있다.

(3) 노약자, 병약자(심장병, 고혈압 등), 신체장애자는 여행 전에 해당 사항을 당사에 알려야 하며, 여행에 지장을 초래한다고 판단되는 경우 당사는 보호자 또는 간호사의 동행이나 소정의 서류를 요구할 수 있다.

(4) 여행자의 여행신청이 불법, 부당, 허위사실의 기재, 본 약관에 위배되는 경우 신청 또는 여행의 계속적인 참가를 거부할 수 있다.

제 7 조(여행조건 및 일정의 변경) 여행조건은 여행기간 중에는 변경되지 않음을 원칙으로 하되, 다음의 경우에는 예외로 한다.

(1) 여행자의 안전과 여행의 원활한 진행을 위하여 여행자의 요청 또는 현지사정에 의하여 쌍방이 합의한 경우

(2) 천재지변, 불의의 재해, 정부의 명령, 공공단체의 명령, 정변, 전란, 파업, 항공기 납치, 운수, 숙박기관 등의 특별한 사유 또는 여행의 원활한 진행을 위해 부득이하다고 판단되는 사회통념상 이를 인정할 수 있는 경우

제 8 조(여행계약의 해제) 당사는 여행계약 이후 다음 명기되는 사유에 의한 경우는 여행계약을 해제할 수 있다.

1. 여행자의 요청이 있는 경우
2. 천재지변, 불의의 재해, 정변, 전란, 파업, 항공기 납치 등 부득이한 사유에 의해 여행실시가 불가능하게 된 경우
3. 여행자가 국내법령 또는 공공질서, 미풍양속 등에 위배되는 행위를 하거나 여행의 원활한 진행에 지장을 초래할 위험이 있는 경우
4. 여행참가자 수가 최저 행사인원(10명)에 미달될 경우로서, 여행을 중지하는 사

항을 적어도 출발 7일 전까지는 여행자에게 통지한 경우
5. 계약 후 여행자의 건강상태에 이상이 발생된 경우
6. 여행자가 여행계약을 위배한 경우

제8조의 2(귀로수배) 당사는 여행 도중 여행계약이 해제되었을 때 여행자의 요청이 있을 경우에는 여행자가 귀국하는 데 필요한 귀로 수배업무를 성실히 수행하여야 한다. 이에 따른 경비는 여행자가 부담한다.

제9조(통지기일 미준수) 제8조 4항과 관련하여 여행참가자 수의 미달로 인한 여행사의 여행취소시 통지기일 미준수시에는 당사는 여행자에게 계약금 환불 및 계약금액의 100%를 배상하여야 한다.

제10조(여행요금 환불) 1. 여행 중 여행요금 환불사유가 발생하면 환불함을 원칙으로 한다.
2. 여행자의 여행취소로 인하여 여행계약이 해제된 경우에는 제13조의 취소료를 공제하고 잔액을 즉시 환불한다.
3. 제6조 (2)항 및 (4)항에 해당하는 경우 여행 중에 발생한 미참가 해당요금은 환불치 않는다.
4. 제7조 또는 제8조의 변경에 해당하는 경우에는 변경 전의 요금과 변경 후의 요금 중 변경 전의 요금이 인상된 경우 차액을 환불하며, 변경 전의 요금과 변경 후의 요금 중 변경 후의 요금이 인상된 경우에는 차액만큼을 더 받는다.
5. 제7조 2항에 의하여 여행이 시작되기 전인 경우에는 여행경비의 잔액을 환불하고, 여행개시 후인 경우에는 미실시분에 대한 차액을 환불한다.
6. 여행개시 후 여행자의 개인사정으로 숙박, 식사, 관광 등 여행요금에 포함된 서비스를 받지 못한 경우도 환불치 않는다.

제11조(여행 전 계약조건 위반) 여행사의 계약조건 위반으로 여행자가 여행계약을 해지하는 경우(여행 전)에는 여행사는 여행자에게 계약금 환불 및 계약금의 100%(위약금)를 배상하여야 한다.

제12조(계약조건 위반) 당사의 계약조건 위반으로 인하여 여행자가 피해를 입은 경우에는 여행자가 입은 손해를 배상하여야 한다.

제13조(취소료) 여행자 또는 당사의 여행계약의 해제, 변경, 여행조건의 변경, 취소 등에 따르는 취소료는 다음과 같다.
(1) 여행자의 여행계약 해제요청이 있는 경우(여행자의 취소요청시)
○ 여행 출발일 10일 전까지 취소요청시: 여행경비의 5%
○ 여행 출발일 8일 전까지 취소요청시: 여행경비의 10%
○ 여행 출발일 1일 전까지 취소요청시: 여행경비의 20%
○ 여행 출발 당일 취소요청시: 여행경비의 50%
(2) 당사의 귀책사유로 여행사가 취소하는 경우(당사의 취소통보시)
○ 여행개시 10일 전까지 취소통보시: 여행경비의 5% 배상
○ 여행개시 8일 전까지 취소통보시: 여행경비의 10% 배상
○ 여행개시 1일 전까지 취소통보시: 여행경비의 20% 배상

○여행 출발 당일 취소요청시: 여행경비의 50%

(3) 미수교국, 특수국가 행사시는 예외로 한다.

(4) 여행자의 3촌 이내의 친족이 사망한 경우: 취소료 없음

(5) 여행자의 신체에 이상이 발생하여 여행의 참가가 불가능한 것이 명백한 때: 취소료 없음

제14조(당사의 책임) (1) 당사는 여행계약의 이행에 있어 신의와 성실을 다할 책임을 가지며, 손님의 안전과 편리를 위하여 당사가 선정한 전문 관광안내원이 동행함을 원칙으로 한다.

(2) 당사에서 여행계약을 해제 또는 취소시에는 계약조건이 동일하거나 유사한 타사 상품을 추천할 수 있으며, 여행자가 당사가 추천한 타사 상품의 구입을 승인한 경우에는 취소료를 지불치 않는다.

(3) 천재지변, 불의의 재해, 정부의 명령, 공공단체의 명령, 전란, 정변, 파업, 항공기 납치, 폭동, 도난, 사기, 폭행, 상해, 질병 등 당사에 귀책되지 않는 사유로 발생한 여행자의 피해에 대하여 책임을 지지 않는다.

제15조(종사자의 책임 등) 여행계약의 이행에 있어 여행종사자의 고의 또는 과실로 여행자에게 손해를 끼쳤을 경우에는 당사가 여행자가 입은 손해를 배상하여야 한다.

제16조(여행자의 책임) (1) 여행자는 여행의 원활한 실시를 위하여 출발 전 설명회에 참가하여야 하며, 여행 중에는 안내원의 업무수행에 성실히 협조하여야 한다.

(2) 여행자는 여행자의 고의 또는 과실로 당사에 끼친 손해에 대하여 배상 및 보상의 책임을 진다.

(3) 여행자의 귀중품 및 소지품은 여행자 자신이 보관할 책임이 있다.

제17조(여행의 시작과 종료) 여행은 여행개시일 출국하는 시점에서부터 시작하며, 여행일정이 종료하여 입국과 동시에 종료하고, 여행일정의 변경시는 변경조건에 의한다.

제18조(변제) 본 약관상 당사의 변제의무를 보장하기 위해 당사는 한국관광협회 여행공제회에 가입하거나 ○○○관광협회를 피보험자로 하여 인·허가 영업보증보험 계약을 체결하여야 한다.

부 칙

제1조(준용) 본 약관에 없는 사항은 국제법, 국내법, 조례, 관례 및 사회상규에 따른다.

제2조(시행일) 본 약관은 199 년 월 일부터 시행한다.

국외여행 표준계약서(갑)

여행사(갑)와 국외여행 단체 대표 (을)은 국외여행에 관한 계약을 다음과 같이 체결한다.

○"갑"과 "을"의 국외여행에 관한 사항은 국외여행 표준약관을 준용합니다.

○국외여행 표준 약관에 없는 사항은 국제법, 국내법, 조례, 관례 및 사회상규에 따릅니다.

○국외여행에 따른 조건은 아래와 같습니다.

여행상품명			여행상품종류	박 일
여행일정	년 월 일－년 월 일		여행지역(주요관광지)	여행일정표참조
총여행경비	금 원	계약금: 원		인원: 명
교통수단	항공기: 등석		선박: 등석	
숙박시설	관광호텔: 등급 인		여관: 인 기타: 인	
음식점종류	항공기내: 식	호텔: 식		전문음식점: 식
여행인솔자	관광안내원:	유, 무	현지안내원: 유, 무	사용언어: 어
현지교통수단	항공기: 열차:		버스: 선박: 기타	
수속경비포함여부	공항세: 포함, 미포함		사증: 포함, 미포함	기타수속: 포함, 미포함
기타경비포함여부	여권: 포함, 미포함		보험료: 포함, 미포함	
최저행사인원	명			
행사주관여행사		전화		여행보험한도액

○위의 여행계약은 항공기 사정이나, 현지의 사정 등으로 인하여 변경될 수도 있습니다.

199 년 월 일

(갑) 업체명:
소재지:
전 화:
대표자성명: (인)

(을) 주소:
전화:
성명: (인)

[徐 敏]

리스契約[1)]

차 례

1) 리스계약에 대한 다음 문헌은 괄호 안의 略語로 인용한다.
MünchKomm/Voelskow, Vor §535("Voelskow"); Graf von Westphalen, Der Leasingvertrag, 4. Aufl., 1992("von Westphalen") 加藤一郎/椿壽夫 編, リース取引法講座(上)(下)(1988)("講座(上)" 또는 "講座(下)").

I. 序　說

1. 意　義

(1) 리스, 賃貸借, 金融리스

廣義의 리스계약에는 여러 가지 계약유형이 포함되고 있어 그것을 한마디로 정의하기는 어렵다. 리스는 英美法上의 lease에서 유래한 것이다. 영미법상 lease는 일방이 상대방에게 물건을 빌려주고 상대방으로부터 정기적으로 일정한 차임(rent)을 받을 것을 약정함으로써 성립하는 계약을 의미한다.[2] 그렇다면 그것은 얼핏 민법상의 典型契約인 賃貸借와 별로 다를 것이 없는 것처럼 보인다. 민법상 賃貸借는 당사자의 일방(임대인)이 상대방에게 목적물(임대물)을 사용·수익하게 할 것을 약정하고, 상대방이 이에 대하여 차임을 지급할 것을 약정함으로써 성립하는 계약으로 정의되고 있다(民 §618). 즉 賃貸借는 목적물의 사용·수익을 목적으로 하는 계약이다. 그러나 리스계약에는 민법상의 賃貸借와 같은 목적물의 사용, 수익을 목적으로 하는 계약뿐 아니라 목적물의 조달자금의 융통을 목적으로 하는 계약도 포함된다. 보통 前者를 運用리스(operating lease)라고 하고 後者를 금융리스(finance 또는 financing lease)라고 한다.[3] 動產의 運用리스는 우리 나라에서는 보통 렌탈(rental)이라고 불리우며 기본적으로 賃貸借의 法理가 그대로 적용된다. 그러나 금융리스는 민법상의 전형계약의 어느 것에도 딱 들어맞지 않는 새로운 거래유형으로서 법적으로 많은 문제를 발생시키고 있다. 통상 "리스"라고 할 때에는 이러한 금융리스를 가리키며 이곳에서도 특별히 명시하지 않는 한 그러한 통상의 用例를 따르기로 한다.

(2) 리스契約과 리스去來

리스계약은 리스會社와 利用者간에 체결되는 계약으로서 리스거래의 한 부분을 이룬다. 따라서 리스계약을 제대로 이해하기 위해서는 리스거래의 전반적인 구조를 정확히 파악할 필요가 있다. 리스거래란 기계·설비 기타의 동

---

2) Black's Law Dictionary, 800(5th ed., 1979). 1987년 새로이 채택된 통일상법전(Uniform Commercial Code)의 2A章 "Leases"에서도 비슷한 정의를 내리고 있다. 다만 매매나 담보권의 창설은 명시적으로 제외되고 있다. §2A-103(1)(j).

3) UCC는 그냥 리스 중에서 일정한 요건을 갖춘 일부가 금융리스인 것으로 보고 있다. §2A-103(g).

산을 필요로 하는 利用者의 요청에 따라 리스會社가 利用者가 선정한 물건을 공급자로부터 구입하고 그 물건을 다시 利用者에게 비교적 장기에 걸쳐서 임대하는 형식으로 이루어지는 거래를 말한다. 이와 같이 리스거래에는 리스會社, 利用者, 공급자의 3당사자가 관여하게 된다. 이들 중 리스會社와 利用者 사이에는 리스계약이 체결되며, 리스會社와 공급자 사이에는 물건의 매매계약(또는 제작물공급계약)이 체결된다. 그러나 利用者와 공급자 사이에서는 물건의 선정, 구입조건의 결정을 위한 교섭은 있지만 법률적으로는 아무런 계약관계도 존재하지 아니한다. 리스거래의 구체적인 진행과정에 대해서는 Ⅲ에서 설명한다.

2. 沿革 및 立法例

(1) 沿　革

우리 민법상 賃貸借에 해당하는 운용리스의 기원은 고대로까지 거슬러 올라간다. 그러나 금융리스의 기원은 그리 오래지 않다. 리스거래가 처음 등장한 곳은 미국이다. 이미 19세기 후반에 이르러 Bell Telephone System사를 비롯한 제조회사들은 대량생산된 제품의 판매촉진을 위해서 고객들에게 자사제품을 직접 리스하는 방식을 채택하였다.[4] 그러나 이 경우의 리스는 운용리스에 속하는 것이었다. 금융리스가 도입된 것은 1952년 United States Leasing이라는 리스전업회사가 설립되면서부터였다. 금융리스라는 새로운 거래형태는 곧 널리 확산되었다. 기업들은 당시의 불합리한 감가상각제도를 리스방식을 이용함으로써 회피하려고 하였다.[5] 당시 미국의 內國歲入廳(Internal Revenue Service)의 告示는 기계설비의 대부분에 대해서 비현실적으로 긴 耐用年數(15년 내지 20년)을 규정하였을 뿐 아니라 定額法만을 허용하고 있었다. 따라서 감가상각에 의한 자금회수는 더딜 수밖에 없었고 이는 기업이 설비를 신속히 교체하는 데 장애물이 되었다. 반면에 리스방식을 이용하면 그보다 훨씬 단기에 상각을 마치는 것과 동일한 효과를 올릴 수 있었다. 후에 이러한 감가상각제도는 바로 시정되었으나 일단 도입된 리스방식의 이용은 거래계에서 계속 확산되었다.

우리 나라에 리스거래가 도입된 것은 1972년 한국산업리스주식회사가 설립된 후의 일이다. 지난 20여년간 리스업은 매년 약 60%의 성장을 거듭하여

---

4) 안원모, "미국에 있어서의 리스계약에 관한 법적 규제", 인권과 정의, 195, 83.
5) 이하 보다 상세한 설명은 庄政志, リースの實務知識, 6-9 참조.

1991년도 리스계약총액은 무려 7조 2천 3백 5십 2억원에 이르렀다. 1991년 현재 리스계약액은 실행액 기준으로 우리 나라 설비투자총액의 18.1%를 점하고 있다.[6)]

(2) 立法例

이처럼 1950년대에 비로소 처음으로 등장한 리스거래는 1960년대 초에 이미 일본·독일·프랑스 등으로 전파되었다. 리스거래가 이들 국가의 경제에서 차지하는 비중이 상당한 정도에 이르렀음에도 불구하고 리스거래의 私法的 側面에 대해서는 따로 입법이 마련되기보다는 대체로 거래계의 관행과 판례에 맡겨져왔다.[7)] 그러나 1980년대 후반에 이르러 이러한 상황을 크게 변화시킬 수 있는 두 가지 중대한 입법이 등장하였다. 그 하나는 미국통일상법전(Uniform Commercial Code : UCC)의 제2A장이고 다른 하나는 "私法統一을 위한 국제협회"(UNIDROIT)가 제정한 국제금융리스협약이다. 이하에서는 兩立法을 간단히 설명한다.

(가) UCC 1987년 새로이 제정된 UCC 第2A章은 금융리스를 포함하는 일반적인 動產賃貸借를 대상으로 한다.[8)] 영미법상 리스는 원래 부동산을 대상으로한 것이었고 동산의 賃貸借를 대상으로 하는 법리는 충분히 발달하지못한 상태였다. 動產賃貸借에서 발생하는 각종 법률문제의 명확한 해결을 위하여 독자적인 입법이 필요하다는 주장[9)]이 제기됨에 따라 統一州法委員全國會議(The National Conference of Commissioners on Uniform State Laws)는 1981년 動產賃貸借에 대한 입법에 착수하였다. 전국회의의 위임을 받은 기초위원회는 1985년 統一動產賃借法(The Uniform Personal Property Leasing Act)의 초안을 완성하였다. 그러나 독자적인 통일주법의 형태를 취하기보다는 UCC의 하나의 章으로 편입하는 편이 좋겠다는 의견에 따라 매매에 대한 제2장의 뒤에 편입될 제2A장으로 형식을 전환하였다. 제2A장은 전국회의와 미국법률가협회(American Law Institute)의 승인을 얻어 1987년 10월 1일 공포되었다. 1990년에는 해석상 의문의 여지를 없애기 위하여 일부 보완규정이 추

6) 리스산업정보 2-3, 155.

7) 1966년 프랑스에서는 리스업에 종사하는 기업에 관한 법률(Loi relative aux entreprises pratiquant le crédit-bail)이 제정되었으나 이 법은 주로 이용자의 도산시에 리스회사의 권리를 어떻게 보호할 것인가의 문제에 초점을 맞춘 것이었다.

8) 제2A장의 입법과정에 대하여 보다 상세한 것은 Boss, The History of Article 2A: A Lesson for Practictioner and Scholar, 39 Ala. L. Rev. 575(1988).

9) 예컨대 Mooney, Personal Property Leasing : A Challenge, 36 Bus. Law. 1605(1981).

가되었다.

제2A장은 금융리스를 포함한 동산리스일반에 대한 규정이다. 그러나 "담보목적의 리스"(leases intended as security)가 아닌 "진정한 리스"에 대해서만 적용된다. 따라서 과거와 마찬가지로 담보목적의 리스와 진정한 리스의 구분이 중요하다. UCC는 두 가지 리스의 구분에 대해서 §1-201(37)에 상세한 규정을 마련하였다. 금융리스는 이 두 가지 중 진정한 리스에 속한다. 새로 편입된 제2A장의 특징은 먼저 금융리스의 정의를 내리고 있다는 점이다. 그에 의하면 금융리스에 해당하려면 다음과 같은 세 가지 요건을 갖추어야 한다(§2A-103(1)(g)).

첫째, 리스會社가 물건을 선정, 제조 또는 공급하는 것이 아닐 것.

둘째, 리스會社가 리스계약과 관련하여 물건(또는 물건을 점유하고 이용할 권리 : 이하 같다)을 취득할 것.

셋째, 다음 중 하나의 요건을 갖출 것.

(1) 利用者가 리스會社의 물건취득에 관한 계약서의 사본을 리스계약 체결 전에 교부받을 것.

(2) 리스會社의 물건취득에 관한 계약에 대한 利用者의 승인이 리스계약발효의 조건일 것.

(3) 리스會社의 물건취득에 관한 계약과 관련하여 공급자가 제공한 책임관련사항(하자담보책임, 손해배상액의 예정 등)을 상세히 기재한 문서를 利用者가 리스계약체결 전에 교부받을 것.

(4) 소비자리스가 아닌 경우 리스會社는 利用者가 리스계약을 체결하기 전에 공급자의 신원, 리스會社가 물건에 관하여 향유하는 위 (3)과 관련한 권리를 利用者도 향유한다는 것, 利用者가 공급자와 직접 접촉할 수 있다는 것 등을 서면으로 알릴 것.

제2A장은 금융리스를 금융거래의 일종으로 파악하여 도처에서 특칙을 규정하고 있는바, 그 중 몇 가지만을 들면 다음과 같다. 첫째, 利用者는 리스會社와 공급자 사이의 공급계약의 수익자(beneficiary)로서 공급자에 대해서 직접 책임을 추급할 수 있다(§2A-209). 리스會社는 물건이 통상의 용도나 특정의 용도에 적합하다는 묵시적인 하자담보책임(implied warranty)을 부담하지 않는다(§2A-212(1), 213). 둘째, 위험부담은 利用者에게 이전된다(§2A-219(1)). 그러나 利用者가 인수를 거부할 수 있을 정도로 인도가 불완전한 경우에는 위험은 공급자에게 이전한다(§2A-220(1)(a)). 셋째, 소비자리스가 아닌 금융리스의 경우에는 물건인도와 동시에 利用者에 의한 일방적인 계약해제가 불가능하다(§2A-407).

특이한 것은 제2A장이 소비자리스에 대해서는 소비자보호를 위해서 다수의 특별규정을 두고 있다는 점이다. 그 밖의 규정들은 금융리스를 포함한 진정한 리스에 모두 적용이 있다.[10)]

(나) 국제금융리스협약[11)] 1950년대 미국에서 개발된 금융리스는 단기간 내에 전세계적으로 확산되었다. 이러한 금융리스의 장점은 국내의 거래에 한정되는 것이 아니라 국제거래에서도 그대로 실현될 수 있다. 그러나 금융리스에 관한 각국의 규제가 반드시 조화되는 것이 아니었기 때문에 국제거래에서 리스방식을 이용하는 데는 문제가 없지 않았다. 그리하여 리스방식의 국제적인 이용을 촉진하기 위해서 리스에 관한 국제협약을 제정하려는 움직임이 일어나게 되었다. 그러한 움직임은 1974년 "私法統一을 위한 국제협회" (UNIDROIT)를 중심으로 시작되었다. 10여년에 걸친 초안작성작업을 거쳐 1987년 완성된 최종초안은 1988년 5월 캐나다 오타와에서 개최된 協約채택을 위한 외교회의에서 정식으로 채택되었다. 국제금융리스에 관한 UNIDROIT 협약(UNIDROIT Convention on International Financial Leasing)이라고 불리우는 이 協約(이하 "協約"이라고 함)은 1992년 3월현재 아직 발효되지 않고 있으나 가까운 장래에 발효될 전망이다. 이하에서는 협약의 주요내용을 간단히 소개한다.

UCC와 마찬가지로 協約도 그 적용대상인 금융리스를 정의하고 있다. 주목할 것은 적용대상을 리스계약에 한정하지 않고 공급자와 리스會社 사이의 공급계약(supply agreement)까지 포함하는 금융리스거래(financial leasing transaction) 전체를 대상으로 삼고 있다는 점이다. 협약은 리스계약과 공급계약 사이의 상호 의존성을 정면으로 받아들여 利用者에게 공급계약의 당사자와 마찬가지로 공급자의 의무이행을 청구할 수 있는 권리를 인정하고 있다(§10 II). 또한 協約은 다음과 같이 금융리스의 실질적 요건도 규정하고 있다(§1 II): (1) 물건과 공급자의 선정은 利用者가 한다 ; (2) 리스會社의 물건취득은 利用者와 체결하였거나 체결할 리스계약과 관련해서 이루어진 것이고 공급자도 그 점을 알고 있어야 한다 ; (3) 리스료는 특히 물건원가의 전부 또는 상당부분의 상각을 고려하여 산정하여야 한다 ; (4) 利用者의 구매선택권이나 재리스선택권 보유 여

10) 1992년 7월 현재 캘리포니아주를 비롯한 23개의 주에서 제2A장에 상응하는 규정이 이미 제정되었거나 입법작업이 진행중이다.

11) 보다 상세한 것은 徐憲濟, "국제금융리스거래의 법률관계", 李泰魯紀念論文集, 499 이하 참조.

부 또는 그 경우의 매수가액이나 리스료가 명목적인지 여부는 協約의 적용에 영향을 주지 않는다.

이 밖에 協約은 거래관련당사자 사이의 권리의무에 관하여 여러 규정을 두고 있다. 이곳에서는 그 중 중요한 것 몇 가지만을 간단히 언급하기로 한다. 첫째, 물건에 대한 리스會社의 권리는 利用者의 破產管財人(trustee in bankruptcy)이나 채권자(압류나 집행명령을 취득한 채권자를 포함)에 대해서도 대항할 수 있다(§7 I). 協約은 破產管財人을 청산인(liquidator)·관리인(administrator) 또는 일반채권자의 이익을 위해서 利用者의 재산을 관리하도록 선임된 자를 포함한다고 광범하게 정의하고 있다. 둘째, 리스會社는 공급자나 물건의 선정에 관여한 경우를 제외하고는 물건에 관하여 利用者에게 아무런 책임도 지지 않는다(§8 I). 또한 리스會社는 물건으로 인한 사망이나 상해 또는 재산상의 손해에 대해서 제3자에게 아무런 책임도 없다. 다만 리스會社가 소유자로서 지는 책임은 면제되지 않는다. 또한 리스會社는 利用者의 평온한 점유가 利用者보다 우선하는 권리나 자격을 가진 제3자에 의하여 방해받지 않도록 보장하여야 한다(§8 II). 다만 제3자의 우선적인 권리가 리스會社의 고의나 중과실에 의한 작위나 부작위에서 초래된 것인 경우에는 그러하지 아니하다. 제3자의 우선적인 권리가 리스회사의 고의나 중과실에 의한 작위나 부작위에서 초래된 것이 아닌 한 리스會社의 보장책임은 특약으로 제한할 수 있다(§8 III의 반대해석). 셋째, 공급자는 리스會社에 대해서뿐만 아니라 利用者에 대해서도 공급계약상의 의무를 부담한다. 그렇다고 해서 利用者가 리스會社의 동의 없이 공급계약을 해지할 수는 없다(§10). 넷째, 물건인도가 불이행 내지 지연되거나 물건이 공급계약의 조건과 다른 경우에는 利用者는 물건의 인수를 거부하거나 리스계약을 해지할 수 있다(§12 I). 리스會社는 그러한 물건의 하자를 치유할 수 있는 권한이 있다. 리스會社가 하자를 치유할 때까지 또는 利用者가 인수거부권을 상실할 때까지 利用者는 리스계약상의 리스료지급의무의 이행을 유보할 수 있다(§12 III). 물건인도의무의 위반이 리스會社의 작위나 부작위에 의한 것이 아닌 한 利用者는 리스會社에 어떠한 청구도 할 수 없다(§12 V). 여섯째, 利用者의 채무불이행(default)의 경우 리스會社는 이미 발생한 미지급리스료와 아울러 이자와 손해배상을 청구할 수 있다(§13 I). 채무불이행이 중대한 경우에는 리스會社는 장래의 리스료의 가액을 미리 지급할 것을 요구하거나 리스계약에 규정을 둔 경우에는 리스계약을 해지하고 물건의 반환과 손해배상을 청구할 수 있다(§13 II).

3. 리스거래의 種類

(1) 序 說

리스거래는 기능·利用者·목적물 등의 기준에 따라 아주 여러 가지로 분류되고 있다.[12] 먼저 利用者가 사업자인가 소비자인가에 따라 사업자리스와 소비자리스로 구분된다. 소비자리스의 경우에는 소비자보호를 위한 배려가 필요할 것이다. 그러나 뒤에서 보는 바와 같이 현재 우리 나라에서는 법적으로 利用者가 법인과 사업자등록증을 가진 개인만이 利用者가 될 수 있으므로(施設貸與業法施 §6 I v) 일단 소비자리스는 거의 존재할 여지가 없다.[13] 또한 목적물이 무엇인가에 따라 자동차리스·선박리스·항공기리스·부동산리스 등으로 나눌 수 있다. 우리 나라에서는 부동산리스는 동산리스와 직접 관련되는 경우에만 제한적으로 허용되고 있을 뿐이며(同法 §7-2 I iii) 적어도 국내금융리스의 경우에는 목적물에 따라 계약내용이 크게 차이가 있는 것은 아니다. 다만 목적물이 국내물건인가 수입물건인가에 따라서 거래의 진행과정이 다르므로 계약내용에 다소 차이가 있다. 또한 가액이 2-3천만원 정도의 사무기기를 대상으로 하는 리스는 특히 퀵리스라고 하여 뒤에서 보는 바와 같이 통상의 리스와 계약내용을 다소 달리하는 것이 보통이다.

리스의 분류 중 우리 법상 가장 중요한 것은 기능에 따른 분류로서 그 중에서도 특히 금융리스와 운용리스의 구별이 중요하다. 이곳에서는 먼저 금융리스와 운용리스의 구별에 대해서 설명하고 그 밖에 우리 나라에서 이용가능한 몇 가지 리스에 대해서 간단히 언급하기로 한다.

(2) 금융리스와 운용리스

㈎ 序 說 금융리스와 운용리스는 두 가지 차원에서 구별할 수 있음을 주의할 필요가 있다. 첫번째는 물건의 사용·수익이 목적이냐 아니면 금융이 목적이냐 하는 기능상의 차이에 따른 구별이다. 두 번째는 우리 나라의 법인세법 기본통칙과 리스회계처리기준에 따른 금융리스와 운용리스의 구별이다.

㈏ 기능상의 차이에 따른 구별 리스는 물건의 사용·수익을 목적

12) 리스의 종류에 대해서 자세한 것은 庄政志 "リース契約の法的性質論: [1] 分類·近似概念", 講座(上), 49-76.

13) 다만 예컨대 의사가 의료기기를 리스방식으로 구입하는 것과 같은 경우에는 사업자등록을 하였다 해도 소비자리스에서와 비슷한 문제가 발생한다고 볼 것이다.

으로 하는 계약, 즉 민법상의 賃貸借契約과 같은 운용리스와 물건의 조달자금의 융통을 목적으로 하는 금융리스의 두 가지로 나뉘어지며 통상 리스라고 하면 후자, 즉 금융리스만을 가리킨다고 함은 이미 지적한 바와 같다. 이러한 구별은 양자의 기능상의 차이에 따른 구별이라고 할 수 있다. 그러나 구체적으로 어느 경우에 물건의 사용·수익을 목적으로 한 것이고 어느 경우에 금융을 목적으로 한 것인지를 판단하기는 용이하지 않을 수도 있다. 이에 대한 판단기준은 우리 나라에서 리스업에 관한 기본법이라고 할 수 있는 施設貸與業法이 제공하고 있다. 同法은 리스(법문상으로는 施設貸與)를 "物的 金融"으로 규정함으로써(§2 i) 물건의 사용·수익을 목적으로하는 운용리스는 일응 규제범위에서 배제하고 있다. 同法上 리스로 인정받기 위해서는 다음의 4가지 요건을 갖춰야 한다(§2 i).

(1) 물건의 선정을 利用者가 한다는 것;

(2) 리스會社가 리스물건을 "새로이" 취득하거나 대여받아야 한다는 것;

(3) 리스기간이 大統領令이 정하는 일정기간 이상이어야 한다는 것;

(4) 리스기간 종료 후 물건의 처분에 대해서는 당사자간의 약정으로 정한다는 것.

리스기간에 대해서 대통령령은 耐用年數가 5년 이하인 물건은 그 耐用年數의 70%, 5년을 초과하는 물건은 60%에 해당하는 기간을 넘어야 한다고 규정하고 있다(§2 I).

(다) 법인세법기본통칙과 리스회계처리기준상의 구별 앞서 지적한 바와 같이 통상 리스라고 하면 금융리스만을 의미하고 賃貸借와 유사한 운용리스는 제외된다. 그러나 주의할 것은 국세청의 법인세법기본통칙과 리스회계처리기준이 금융을 목적으로 하는 리스의 일부를 다시 운용리스라는 명칭으로 분류하고 있다는 점이다. 즉 이들 규정은 앞서의 기능상의 분류에 따른 금융리스를 다시 금융리스와 운용리스로 나누어 그 회계처리를 달리 하고 있다. 양자의 구별기준은 기본통칙(2-3-5 6…9)의 경우가 리스회계처리기준의 경우보다 약간 더 자세하다는 점을 제외하고는 대체로 일치한다. 리스회계처리기준은 리스利用者에게 실질적인 계약해약금지조건이 부과된 리스로서 다음의 어느 하나에 해당하면 금융리스이고 그 밖의 리스는 운용리스라고 하고 있다(§ 4).[14]

---

14) 기본통칙에서는 리스회계처리기준에서와는 달리 금융리스와 전제조건으로서 이용자에게 계약해지금지조건이 부과될 것을 요구하지 않고 있으나 실제로는 모든 리스계약서에

① 리스기간 종료시 리스물건의 소유권을 무상 또는 일정한 가액으로 리스利用者에게 이전하기로 약정한 경우;

② 리스물건의 염가구매선택권이 리스利用者에게 주어진 경우;[15]

③ 리스기간이 리스물건의 경제적 耐用年數를 초과하는 경우.

①은 이른바 구매조건부리스이고, ②는 구매선택권부리스이다. 양자는 모두 리스기간 후의 잔존가치가 利用者에게 귀속되는 형태이고, ③은 耐用年數를 초과하는 기간 동안의 리스이므로 잔존가치는 원칙적으로 문제되지 않을 것이다. 요컨대 이들 기준에 의해서 금융리스로 분류되는 3가지 유형은 모두 리스會社가 물건의 잔존가치에 대해서 이익을 갖지 않는 경우로서 소유권유보부할부매매에 보다 가까운 형태라고 할 수 있다. 주의할 것은 실제로는 금융을 목적으로 하는 거래인 경우에도 위에서 금융리스의 징표로 규정된 요건만 피해서 거래조건을 꾸민다면 기본통칙이나 리스회계처리기준상으로는 운용리스로 취급될 수 있다는 점이다. 리스실무상으로는 사실상 금융이 목적인 경우에도 이들 기준에 의하면 금융리스보다는 운용리스의 형태를 취하는 경우가 압도적으로 많다고 한다. 그 이유로는 여러 가지를 들고 있다. 첫째, 금융리스인 경우에는 利用者가 리스료 중 利子分만에 대해서 손금처리를 할 수 있지만(기본통칙 2-3-57…9 I ii) 운용리스의 경우에는 리스료전액을 손금처리할 수 있다(기본통칙 2-3-57…9 II ii). 물론 금융리스의 경우 利用者의 이러한 단점은 감가상각비를 손금처리할 수 있다는 장점에 의해서 상쇄된다. 그러나 금융리스의 경우에는 손금처리액을 결정하기 위해서 리스료 중 이자분을 계산, 확인받는 등 利用者측의 업무부담이 적지 않다고 한다. 둘째, 금융리스인 경우에는 물건의 취득원가상당액[16]을 부채로 계상해야 하나(리스회계처리기준 §16) 운용리스의 경우에는 그렇지 않기 때문에 은행의 대출한도의 규제를 받는 利用者에게는 운용리스쪽이 보다 유리하다. 셋째, 利用者가 倒産한 경우 利用者에 대한 조세채권을 가진 세무당국이 금융리스의 경우에는 利用者가 감가상각까지 했다는 것을 이유로 리스會社의 소유권 주장을 배척하는 예가 있어 리스會社측에서 금융리스형태를 꺼린다고 한다.[17]

그러한 조건이 부과되고 있으므로 그 차이는 중요치 않다.

15) 기본통칙에서는 리스물건취득가액의 10% 미만으로 구매할 수 있는 권리가 주어진 경우 또는 동 취득가액의 10% 미만을 재리스원금으로 하여 재리스할 수 있는 권리가 이용자에 주어진 경우라고 하고 있다.

16) 보다 정확하게는 리스료총액에서 이자상당액을 차감한 금액.

17) 이처럼 위의 기본통칙 등의 기준에 따르면 운용리스로 분류되는 경우에도 실제의 기능에 의하면 금융리스로 보아야 할 경우가 대부분임을 주의해야 한다. 따라서 특정의 리스가 이들 기준상 운용리스에 해당한다고 해서 바로 민법상의 賃貸借契約과 같은 성

(3) 기 타

(가) 메인티넌스리스(maintenance lease : 維持管理리스) 메인티넌스리스란 利用者가 리스물건을 사용·수익하면서 물건의 유지관리책임을 지는 통상의 리스와는 달리 리스會社가 리스물건의 유지관리책임을 지는 종류의 리스를 말한다. 1991년 12월 27일 施設貸與業法이 개정되기 전에는 施設貸與의 정의에 「물건에 대한 직접적인 유지관리 책임을 지지 아니하면서」라는 표현이 들어 있어 일응 메인티넌스리스는 배제되는 것으로 보았다. 그러나 법개정으로 그 부분이 삭제되어 이제는 리스會社가 메인티넌스리스를 취급하는 것이 법적으로 가능하게 되었다. 주의할 것은 여기서 말하는 메인티넌스리스는 금융리스에 유지관리라는 서비스기능이 결합된 형태를 가리킨다는 점이다. 민법상의 賃貸借에 속하는 운용리스 내지 렌탈의 경우에는 유지관리책임은 특약으로 배제하지 않는 한 임대인이 부담하는 것이 원칙이지만(民 §623) 그것을 메인티넌스리스라고 부르지는 않는다. 메인티넌스리스는 앞으로 자동차·컴퓨터 등 유지관리의 필요성이 높고 대량으로 사용되는 물건에 대해서 많이 이용될 것으로 보인다.[18)]

(나) 퀵리스(quick lease) 퀵리스란 공급자가 리스거래에서 수동적인 역할을 하는 통상의 리스에 비해서 공급자가 자기 제품의 판매촉진을 위하여 리스를 주선하는 능동적인 역할을 맡는 리스를 말한다. 퀵리스에서는 먼저 공급자가 리스會社와 퀵리스약정을 체결하여 리스료율·리스기간·아프터서비스·채권담보 등에 대해서 포괄적으로 합의한다. 이어서 공급자가 자기 물건을 구매하려는 자를 利用者로 추천하면 리스會社는 개별적인 신용평가절차 없이 당초 약정한 표준적인 조건에 따라 거의 자동적으로 리스계약을 체결해 준다. 이처럼 퀵리스는 그 절차진행이 지극히 신속하여 사무기를 중심으로 널리 이용되고 있다. 퀵리스의 경우 리스물건의 가액은 2-3천만원 이하이고 담보는 100%가 요구되는데 보통 보증보험증권으로 제공되는 것이 보통이다. 이러한 퀵리스는 제품의 판매촉진이라는 계기가 두드러진다는 점에서 제조자리스나

질의 거래로 보아서는 아니된다. 또한 금융리스와 운용리스의 용어사용에서도 주의를 요한다. 이곳에서 기본통칙이나 리스회계처리기준상의 구별을 가리킬 때는 "회계상의"라는 부가어를 붙이고 기능상의 구별을 가리킬 때는 아무런 수식어 없이 그냥 금융리스나 운용리스라는 용어를 사용한다. 또한 그냥 리스라고 할 때에는 기능상의 금융리스를 가리키는 것으로 한다.

18) 메인티넌스리스에 관한 실무적관점에서의 상세한 소개에 대해서는 이충호, "메인티넌스리스에 관한 고찰", 리스산업정보 2-3, 5 이하 참조.

딜러리스(Hersteller-order Händler-Leasing)에 유사하지만 제조자가 직접 리스하거나 자신의 계열회사를 통해서 리스하는 것도 아니라는 점에서 後者와 구별된다.

㈐ 세일 앤드 리스백(sale and lease back)　세일 앤드 리스백(이하 "리스백"이라고 한다)이란 利用者가 이미 소유하고 있는 물건의 소유권을 리스會社에 양도하고 다시 그 물건을 리스받는 형태의 리스를 말한다. 리스백은 금융의 성격이 훨씬 두드러진 리스형태라고 할 수 있다. 원래 리스백의 대상에는 부동산도 포함되고 실제로 미국 같은 나라에서는 부동산 리스백이 널리 이용되고 있지만 우리 나라에서는 業法상의 제약(§7-2 I) 때문에 동산의 리스백만이 가능하다.

㈑ 국제금융리스　국제금융리스란 리스會社와 利用者가 각각 다른 나라에 영업소를 두고 있는 경우의 리스를 말한다. 우리 나라의 경우에 주로 문제되는 것은 국내의 기업이 항공기와 같은 대규모설비를 도입하면서 다른 나라의 금융기관과 리스계약을 체결하는 경우이다. 똑같이 외국물건을 도입하는 경우에도 국내의 리스會社와 계약을 체결하는 경우에는 국제금융리스라고 할 수 없다. 국제금융리스의 경우에는 국내리스에서와는 달리 약관을 사용하는 것이 아니라 법률전문가들이 구체적인 거래의 특수성을 감안하여 작성한 상세한 계약서를 이용하는 것이 보통이다. 국제금융리스에 대해서는 국내리스와는 다른 독자적인 실무관행이 축적되어 있으므로 이곳에서는 다루지 않기로 한다. 앞서 설명한 바와 같이 국제금융리스에 대해서는 UNIDROIT의 국제금융리스협약이 채택되어 있다.

4. 리스契約의 法的 性質

(1) 序　說

리스계약의 법적 성질은 리스법 분야에서 가장 논의가 왕성한 테마 중 하나라고 할 수 있다. 그처럼 논의가 활발한 이유는 리스계약이 거래계의 수요에 따라 비교적 최근에 등장한 이른바 新種契約이기 때문이다. 그러나 추상적인 차원에서 리스계약의 법적 성질에 대한 결론을 먼저 내리고 그 결론으로부터 리스거래에서 발생하는 다양한 문제의 구체적인 해결책을 연역적으로 도출해 나가는 것은 편리한 점은 있으나 자칫 形式論에 빠질 우려가 있다. 이곳에서는 중요한 몇 가지 학설만을 간단히 소개하기로 한다.

(2) 賃貸借契約說

賃貸借契約說을 따른다고 해도 리스계약을 순수한 賃貸借와 동일시하는 견해는 적어도 우리 나라에는 없다. 기본적으로는 賃貸借契約이나 당사자의 특약에 의해 개별적으로 수정된 형태, 즉 특수한 賃貸借契約 또는 賃貸借를 기본으로 하는 非典型契約으로 보는 견해가 있을 뿐이다. 그러나 리스는 물건의 인도가 있어야 한다는 점에서만 賃貸借와 공통될 뿐이고 그 밖의 여러 가지 중요한 점에서 賃貸借와 구별된다. 임대인과는 달리 리스會社는 물건의 유지수선의무나 하자담보책임을 부담하지 않을 뿐 아니라 위험부담도 利用者에게 전가되고 있다. 이처럼 여러 가지 근본적인 점에서 賃貸借와 차이를 보이는 리스계약을 굳이 賃貸借의 틀로 파악하려는 이 견해는 옳지 않다고 본다.[19)] 이 학설은 독일에서는 판례와 다수설에 의해서 지지를 받고 있으나 우리 나라에서는 소수설에 불과하다.[20)]

(3) 所有權留保附割賦賣買契約說

이 학설은 리스會社는 물건의 임대가 아닌 금융에 종사하는 것이며 물건의 소유권을 취득하는 것은 순전히 담보를 위한 것으로 파악한다. 따라서 물건에 대한 위험을 리스會社가 아니라 利用者가 부담하는 것은 당연하다. 그러나 소유권유보부매매에서는 매수인이 할부매매대금을 완납하면 소유권은 당연히 매수인에게 이전하게 되어 있는 데 반해서 리스계약에서는 利用者에게 소유권을 귀속시키는 특별한 규정이 없는 한 소유권은 리스회사가 보유하는 것이 원칙이다. 따라서 소유권이전을 전제로 한 매매계약설은 받아들이기 어렵다.[21)]

(4) 非典型契約說

이 학설은 이처럼 리스계약은 우리 민법의 전형계약 중에서는 발견할 수 없으므로 賃貸借·소비대차·매매의 요소가 혼합된 특수한 내용의 비전형계약으로 보는 견해로서 우리 나라에서는 다수설이다.[22)]

19) Voelskow(註 1), S. 741.

20) von Westpahlen, S. 21ff.; 최기원, "금융리스계약의 특수성에 관한 소고", 법학 29. 2, 66; 권오승, "금융리스의 법률관계", 인권과 정의 195, 10.

21) von Westphalen, S. 29.

22) 이철송, "리스계약의 법적 성질", 月報 194, 30 이하; 정동윤, "새로운 유형의 상행위(其一)──리스에 관하여", 상사법논집(서돈각정년기념) 94; 민병국, "리스(시설대여)계약의 법률적 성질", 新聞 1986. 9. 8. 독일에서도 1980년대에 들어서는 이 견해를 지지하는 학자의 수가 늘고 있다. Heermann, Grundprobleme beim Finanzierungsleasing beweglicher Güter in Deutschland und den Vereinigten Staaten von America, ZVglRWiss 92, 326, 330(1993). 또한 독일의 판례도 최근에는 리스계약의 금융기능을 강조하고 있다. Id., S. 331.

(5) 그 밖의 學說

먼저 利用權賣買契約說은 (3)說이 소유권을 이전하지 않는 계약을 매매로 보는 약점을 해결하기 위해서 매매의 대상을 물건의 소유권이 아니라 물건의 이용권으로 본다. 利用者는 리스기간 동안 물건을 이용할 수 있는 채권적인 권리를 매수함으로써 소유권을 취득함이 없이도 경제적·법적으로 물건을 구입한 것과 같은 효과를 누릴 수 있다. 이 학설에 대해서는 금융적 요소가 무시되고 있다거나 민법의 채권계약의 원리에 반한다는 비판이 가해지고 있다.[23]

또한 독일에서 유력하게 주장되고 있는 것으로서 事務處理契約說이 있다. 이 학설은 리스계약을 리스會社가 利用者를 위해서 利用者의 계산으로 사무처리(Geschäftsbesorgung)를 하는 獨民 § 675상의 계약으로 본다. 이 학설에 대해서는 리스회사는 타인의 사무를 처리한다는 의사를 갖고 있다고 보기 어렵다는 비판이 있다.[24]

그 밖에 이처럼 리스계약을 리스會社와 利用者 사이의 관계로만 파악하려는 전통적인 견해와는 달리 리스會社·利用者·공급자의 3당사자 사이의 계약관계로 파악하려는 견해[25]가 있으나 아직 별로 지지를 받지 못하고 있다.

(6) 判 例

리스계약의 법적 성질에 관한 우리 판례는 초기에는 賃貸借契約說과 비전형계약설로 나뉘어 혼선을 보였으나 1986년의 대법원판결[26]을 계기로 비전형계약설을 취하고 있다. 대법원은 "施設貸與는 施設貸與회사가 대여시설利用者가 선정한 특정물건을 새로이 취득하거나 대여받아 이를 일정기간 사용하게 하고 그 기간에 걸쳐 일정대가를 분할지급받는 계약으로서, 형식에 있어서는 賃貸借契約과 유사하나 그 실질은 물적 금융이고 賃貸借契約과는 여러 가지 다른 특질이 있기 때문에 施設貸與계약은 비전형계약(무명계약)이고 따라서 이에 대하여는 민법의 賃貸借에 관한 규정에 바로 적용되지는 아니한다"고 판시하였다.

(7) 小 括

이처럼 리스계약의 성질에 대해서는 여러 가지의 논의가 있다. 그러나 이들 학설의 차이로 인하여 반드시 실제 구체적인 결론에 차이가 있는 것은 아

23) 平野裕之, "西ドイジにおけるリース取引法, 講座(上), 500-1.
24) Plathe, Die rechtliche Beurteilung des Leasinggeschäfts, Diss. München, S. 157f.(최기원(주 20), 68에서 재인용).
25) 예컨대 강희갑, "금융리스거래의 법적 구조에 관한 소고", 인권과 정의 195, 20 이하.
26) 大判 86. 8. 19, 84다카503등(公 785, 1206).

니다. 예컨대 우리 나라에서 주장되는 특수한 賃貸借契約說이나 비전형계약설 모두 리스계약이 순수한 賃貸借가 아니라는 점에는 일치하고 있다. 단지 賃貸借契約的 性格을 강조하는 정도의 차이가 있을 뿐이다.

5. 리스契約에 관한 法源

(1) 施設貸與業法

우리 나라에서는 리스계약의 私法的 側面에 대한 특별한 입법은 존재하지 않는다. 따라서 리스계약에 관한 분쟁은 결국 계약의 일반법리에 따라 해결할 수밖에 없다. 리스계약의 사법적 측면에 관한 법률은 없지만 리스업에 대한 규제법은 존재한다. 施設貸與業法(이하 "業法"으로 한다)이 그것이다. 業法은 1973년 말에 "施設貸與産業育成法"이라는 명칭으로 제정되어 1982년, 1986년, 1991년 각각 개정되었으며 1991년 개정시 현재의 명칭으로 변경되었다. 이러한 業法에 근거하여 시행령과 시행규칙, 그리고 업무방법서의 작성기준과 施設貸與회사업무운용준칙(이하 "준칙"이라 한다)이 제정되어 있다. 業法은 리스업에 종사하는 데 재무부장관의 인가를 요하는 등 여러 가지 규제를 가하는 한편 관세법·대외무역법·약사법·중기관리법·자동차관리법·자동차손해배상보장법 등의 기존법률에 대한 特例를 규정하고 있다(§§ 8, 9, 11, 13-2, 13-4). 리스거래에 관한 業法의 기본적인 규제에 관해서는 Ⅱ에서 설명한다.

(2) 約款의 規制에 관한 法律

리스계약은 리스會社가 작성한 표준계약서에 의해서 체결되는 것이 보통이다. 이러한 표준계약서가 약관의 규제에 관한 법률(이하 "約款法"이라 한다)상의 "약관"에 해당한다는 것에는 의문이 없다.[27] 따라서 리스會社의 표준계약서는 約款法의 규제를 받는다. 約款法은 약관을 사용하는 사업자로부터 고객을 보호하기 위해서 일반적인 제한과 구체적인 제한 등 광범한 제한규정을 두고 있다. 따라서 約款法은 전형적인 약관거래인 리스계약의 해석상 가장 중요한 法源에 속한다고 할 수 있다. 과거 약관심사권을 가지고 있던 約款審査

27) 약관법은 약관을 「그 명칭이나 형태 또는 범위를 불문하고 계약의 일방당사자가 다수의 상대방과 계약을 체결하기 위하여 일정한 형식에 의하여 미리 마련한 계약의 내용이 되는 것」(§2 Ⅰ)으로 정의하고 있다. 이 정의에 의하면 약관법이 적용되는 약관은 반드시 소비자거래에서 사용되는 것에 한하지 않고 기업간의 거래에서 사용되는 것도 포함된다. 業法上 리스거래는 사업자등록을 마친 기업과의 거래에 한정되고 있지만(業法 施 §6 Ⅰ) 약관법상의 약관이 위와 같이 광범하게 정의되고 있으므로 리스계약에 약관법이 적용된다는 것에는 의문이 없다. 리스계약이 약관법의 적용을 받는다는 점을 전제한 판결로는 서울民地判 93. 4. 20, 92가합18110.

委員會는 1988년 6월 13일 처음으로 리스會社들이 사용하는 표준계약서의 일부조항이 約款法에 위반하여 무효라는 판단을 내린 바 있다.[28] 1992년 말 법개정으로 1993년 3월 1일부터 약관심사위원회는 폐지되었으며 그 권한은 公正去來委員會로 넘어감과 동시에 대폭 강화되었다.

(3) 割賦去來에 관한 法律

1991년 12월 31일 제정된 "할부거래에 관한 법률"(이하 "割賦法"이라 한다)은 동산의 매매나 용역(시설의 이용을 포함)의 제공에 관한 할부계약에 대하여 매수인(용역을 제공받는 자 포함)을 보호하기 위한 각종 규정을 두고 있다. 예컨대 매수인은 원칙적으로 계약서를 교부받은 날이나 계약서를 교부받지 않은 경우에는 용역의 제공을 받은 날부터 7일 이내에 할부계약을 철회할 수 있으며(§5 I), 할부금지급채무의 불이행으로 인한 계약해제시 매수인의 손해배상액은 일정한 금액으로 제한되고 있다(§9). 割賦法은 동법의 적용대상인 할부계약을 대금을 「2월 이상의 기간에 걸쳐 3회 이상 분할하여 지급」하는 계약으로 보고 있다(§2 I). 이러한 정의에 비추어 리스계약은 일응 割賦法上의 할부계약에 속하는 것으로 보인다.[29] 그러나 割賦法은 「매수인이 商行爲를 목적으로 할부계약을 체결하는 경우」에는 적용이 없다고 하고 있으므로 실제로 割賦法의 적용을 받는 리스계약은 그렇게 많지 않을 것으로 보인다. 현재 우리 법제상으로는 리스는 법인이나 사업자등록을 한 개인에게만 해 줄 수 있다(§6 I v). 이들 법인이나 사업자등록을 한 개인은 "商行爲"를 영위하는 것이 보통일 것이다. 그러나 그렇지 않은 경우도 얼마든지 존재할 수 있다. 먼저 여기서 "상행위"의 의미를 어떻게 해석할 것인가가 문제이지만 商法上의 商行爲로 이해하여야 할 것이다. 그렇다면 非營利法人이나 상행위가 아닌 사업에 종사하는 개인사업자, 예컨대 의사나 변호사에게 리스를 하는 경우에는 割賦法이 적용된다고 볼 수 있을 것이다.

Ⅱ. 施設貸與業法 : 리스, 리스業, 리스會社, 利用者, 리스물건

1. 序 說

리스거래가 모두 반드시 業法의 규제를 받아야 하는 것은 아니다. 그러나

28) 상세한 것은 구체적인 문제에 대한 설명시 언급하기로 한다.

29) 리스계약은 시설의 이용에 관한 계약(§2 I i)에 해당하거나 매수인이 매매와 관련하여 신용을 제공받는 계약(§2 I ii)에 해당할 것이다.

현실적으로 業法의 적용을 받지 않는 리스거래는 찾아보기 어렵다. 또한 거래계에서도 리스거래를 바로 業法상의 리스로 보고 있다. 이하에서는 리스계약과 관계된 범위 내에서 業法의 개요를 살펴본다. 편의상 業法에서 사용하고 있는 施設貸與라는 용어 대신 리스라는 용어를 쓰기로 한다.

2. 리스와 리스業

業法에 의하면 리스는「利用者가 선정한 특정물건을 리스會社가 새로이 취득하거나 대여받아 利用者에게 일정기간 이상 사용하게 하고, 그 기간에 걸쳐 일정대가를 정기적으로 분할하여 지급받으며, 그 기간 종료 후의 물건의 처분에 관하여는 당사자간의 약정으로 정하는 물적 금융」이고(§2 i) 리스업은「리스를 조직적, 계속적으로 영위하는 금융업」이다(§2 iv).

이와 같은 정의에 의하면 제조업자가 자신이 제조한 물건을 직접 利用者에게 리스하는 경우에는「새로이 취득하거나 대여받(은)」 것이 아니기 때문에 業法상의 리스라고 할 수 없다. 그러나 실제로 그와 같은 경우는 흔치 않으며 거래계에서도 그러한 거래는 리스 대신 할부판매라는 명칭으로 부르고 있다. 한편 제3자로부터 매입하는 것이 아니라 대여받아 다시 利用者에게 리스하는 이른바 轉貸리스(sublease)는 業法상의 리스에 해당한다.

3. 리스會社

業法에 의하면 리스업은 재무부장관의 인가를 받은 자본금 100억원 이상의 주식회사만이 영위할 수 있으며(§§3 I, 4 I), 이러한 회사를 리스會社라고 한다(§2 v). 리스會社 중에는 리스업만을 전업으로 행하는 전업회사와 다른 금융업무와 아울러 겸업으로 행하는 겸업회사가 있다. 1991년 말 현재 전업회사 수는 25개, 겸업회사 수는 9개(종금사 6개, 신기술금융회사 3개)로 총 34개의 리스會社가 리스업에 종사하고 있다.

業法상 이들 리스會社는 리스업무 이외에도 延拂販賣業, 리스 또는 연불판매에 관련되는 보증, 기타 이들 업무에 부수되는 업무를 행할 수 있으나(§7 I) 리스업에 비해서 다른 관련업무가 차지하는 비중은 극히 미미한 것이 현실이다.

4. 利 用 者

시행령은 사업자등록을 하지 아니한 개인에게는 리스를 해 줄 수 없도록 규정하고 있다(§6 I v). 따라서 현행법상 리스會社는 법인이나 개인사업자만을 리스거래의 상대방으로 할 수 있으므로 일단 소비자리스의 문제는 발생하지 않는 것이 아닌가 하는 견해가 있을 수 있다. 그러나 상거래에 대하여 전혀 무지한 사업자의 경우, 예컨대 의료기기를 리스하는 의사의 경우에는 소비자리스에서와 비슷한 문제가 발생한다. 利用者가 상행위를 목적으로 하는 것이 아닌 리스의 경우에는 割賦法이 적용될 수 있다는 점은 이미 지적한 바와 같다(I.5.(3)).

법인이나 개인사업자의 경우에도 사업목적에 직접 사용되지 않는 물건의 리스는 금지되며(施§6 I iv) 일정한 사치성업종 내지 국민경제상 불요불급한 업종의 기업에 대해서는 리스가 허용되지 않는다(施 §6 I vi; 시설대여회사업무운용준칙 §4).

5. 리스물건

業法은 리스가 가능한 물건의 범위를 다음과 같이 정하고 있다(§7-2 I).

① 시설, 설비, 기계 및 기구

② 중기, 차량, 선박 및 항공기

③ 제1호 및 제2호의 물건에 직접 관련되는 부동산 및 재산권

이상의 물건에 대해서 그 종류, 용도, 利用者 및 조달재원에 따라 시행령으로 그 범위를 제한할 수 있다. 현재 시행령에서는 리스물건에 대해서 여러 가지 제한을 두고 있는바 이들은 (1) 리스물건 자체에 대한 제한; (2) 利用者 및 사용목적에 따른 제한; (3) 리스계약조건에 대한 제한의 3가지로 나눌 수 있다.[30] 이들 중 (2)에 대해서는 利用者와 관련해서 이미 설명하였으므로(II.4) 이곳에서는 (1)과 (3)에 대해서만 언급한다. 다음에 열거하는 시행령상의 제한(§6 I i·ii·iii) 중 ①과 ③은 (1)유형에, 그리고 ②는 (3)유형에 속하는 것으로 볼 수 있다.

① 토지 또는 건물에 부속된 특정물건(토지 또는 건물과 더불어 리스되는 경우에는 예외)

② 자동차(자동차운송사업자나 자동차대여사업자가 아닌 자를 利用者로 하고 리스기간종료 후 리스會社에 반환하는 것을 조건으로 하는 리스에 한정)

③ 외국으로부터 수입된 물건으로서 신품이 아닌 특정물건(주무부장관이 승인하는 경우의 예외가 있음)

30) 한국개발리스주식회사, 리스거래 33.

Ⅲ. 리스去來의 진행과정[31)]

1. 序 說

리스거래는 물건의 매도인인 공급자, 물건의 궁극적인 사용수익자인 利用者, 자금을 제공하는 리스會社의 3당사자가 관여하는 거래로써 여러 단계를 거쳐 진행된다. 리스거래에서 발생하는 각종의 법률문제를 입체적으로 파악하기 위해서는 이러한 리스거래의 진행과정을 제대로 이해할 필요가 있다. 리스거래의 진행과정은 리스의 종류에 따라 다소간 차이가 있다. 예컨대 리스물건이 수입물건인가 국내물건인가, 또는 퀵리스인가 통상의 리스인가에 따라 구체적인 진행과정은 달라질 수 있을 것이다. 이하에서는 리스거래의 전형적인 진행과정을 리스물건이 국내물건인 경우와 수입물건인 경우를 나누어 설명하기로 한다.

2. 國內物件

(1) 물건의 선정 및 매매교섭

利用者는 자기가 원하는 물건을 자기자금으로 구입할 때와 마찬가지로 공급자와 직접 교섭하여 물건의 기종·규격·수량·가격·납기 등의 제약조건을 결정한다. 리스會社는 이 단계에는 관여하지 않는 것이 보통이다.

(2) 리스신청과 교섭

利用者는 물건의 선정과 계약조건의 결정 후에 리스會社에 대해서 당해 물건에 대한 리스신청을 하게 된다. 리스신청 여부는 利用者가 결정하는 것이 보통이지만 특히 퀵리스의 경우에는 공급자가 리스를 권하고 리스會社를 대신하여 리스에 대한 설명을 맡는 경우가 많다. 利用者는 리스會社와 리스기간, 리스료 등의 리스계약조건에 대하여 교섭한다. 리스會社는 利用者로부터 재무제표 등의 서류를 제출받아 신용상태를 심사한 후 담보조건을 제시한다.

(3) 리스계약의 체결

리스會社와 利用者가 리스계약조건과 담보조건에 대해서 합의가 이루어지면 리스會社의 표준계약서에 의해서 계약을 체결한다.

31) 이하의 서술은 특히 김건식, "리스계약의 운용실태", 民判硏 Ⅺ, 589 이하에 주로 의존하였다.

(4) 매매계약(또는 제작물공급계약)의 체결

리스계약이 체결되면 利用者로부터 담보제공이 있음을 확인한 후 리스會社는 직접 공급자와 매매계약을 체결한다. 매매계약은 매매계약서를 작성하여 체결하는 경우도 있지만 주문서와 주문수락서를 교환하여 체결하는 것이 일반적이다.

(5) 물건의 인도

공급자는 물건을 利用者가 지정한 장소에서 인도한다. 리스물건이 高價인 경우를 제외하고는 인도시에 리스會社 직원이 직접 현장에 나가 보는 것이 보통이다.

(6) 借受證發給과 리스료지급

利用者는 인도된 물건에 이상이 없는지를 검사하고 이상이 없으면 리스會社에 借受證을 발급한다. 借受證은 물건수령증서·물건인수증명서·물건검수증 등의 명칭으로 불리우기도 한다. 借受證발급일로부터 리스가 개시되며 제1회의 리스료는 借受證發給日에 지급하는 것이 보통이다.

(7) 물건대금지급

리스會社는 利用者로부터 제1회 리스료와 차주증을 수령한 후 공급자에게 물건대금을 지급한다. 다만 리스물건이 利用者의 특별한 주문에 따라 공급자가 제조하여 공급하는 것인 경우에는 예외적으로 리스會社가 물건완성 전에 공급자에게 중도금을 지급하는 일도 있다고 한다. 이 경우 利用者에게 예정대로 물건이 공급되지 않는 경우에는 뒤에 설명하는(Ⅳ. 3. (2)) 空리스의 문제가 발생한다.

(8) 보험료지급

리스가 개시되면 리스會社는 즉시 물건에 대한 보험에 가입하고 보험료를 지급한다.

3. 輸入物件

이하에서는 국내물건리스의 경우와 다른 점만을 주로 설명한다.

(1) 물건의 선정 및 매매교섭

공급자가 외국에 있으므로 국내에 있는 공급자의 대리점과 교섭한다. 보통 오퍼상이라고 불리우는 이들로부터 물품매도확약서(firm offer)를 받는다. 국내에 대리점이 없는 경우에는 공급자로부터 다이렉트오퍼(direct offer)를 받는다.

(2) 리스신청

(3) 리스계약의 체결

(4) 信用狀開設

리스會社는 무역업의 인가가 있으므로 자기가 수입자가 되어 외국환은행에서 직접 신용장을 개설한다. 이처럼 리스會社가 수입절차를 대행해 주는 점이 무역업무에 익숙하지 않은 의사와 같은 개인사업자가 리스를 선호하는 또 하나의 이유라고 한다.

(5) 해상보험가입

리스會社는 해상보험에 가입하여 위험에 대비한다.

(6) 信用狀通知

국내의 개설은행은 외국에 있는 은행(advising bank)에 신용장을 보낸다. 정식의 서류는 우편으로 보내기 때문에 약 1주일 정도의 시일이 소요되므로 선적이 급하거나 오퍼의 유효기일이 얼마 남지 않는 경우에는 텔렉스로 신용장의 개설 사실을 미리 통보한다.

(7) 信用狀來到通知

신용장개설 사실을 통보받은 advising bank는 공급자에게 신용장내도 사실을 통보한다.

(8) 리스물건의 선적과 船荷證券受領

(9) 결　제

공급자는 advising bank에 가서 선적서류를 제시하고 물건대금을 수령한다.

(10) 船荷證券移送과 代金償還

advising bank는 자기자금으로 물건대금을 결제해 준 후 船荷證券원본을 개설은행으로 송부하고 대금액을 신용장개설은행의 신용장계좌에서 자기은행의 계좌로 移替한다.

(11) 船賃支給

FOB조건인 경우에는 리스會社가 해운회사에 선임을 지급한다.

(12) 물건대금지급과 船荷證券引受

신용장개설은행에 船荷證券이 도착하면 리스會社는 은행에 물건대금을 지급하고 船荷證券을 인수받는다.

(13) 통　관

리스會社는 인수한 船荷證券을 가지고 통관한다.

(14) 물건인수

통관이 끝나면 리스물건은 보세창고에서 직접 利用者가 지정한 장소로 운반된다.

(15) 借受證發給, 변경계약체결, 리스료지급

물건이 지정장소에 도착, 설치완료되면 利用者는 借受證을 발급하고 확정된 취득원가를 근거로 변경계약을 체결하며 제 1 회 리스료를 지급한다. 물건대금은 이미 은행을 통해서 지급되었으므로 利用者는 물건에 하자가 있는 경우에도 借受證발급을 거절할 수 없다. 이 점이 국내물건리스의 경우와 가장 큰 차이라고 할 수 있다.

Ⅳ. 리스契約의 成立과 리스물건의 引渡

1. 리스契約과 約款

우리 민법은 원칙적으로 계약에 특별한 방식을 요하고 있지 않기 때문에[32] 리스會社와 利用者 사이에 체결되는 리스계약도 원칙적으로는 不要式의 계약이다. 그러나 실무관행을 보면 리스계약이 구두로 체결되는 경우는 없고 표준계약서라고 불리우는 리스會社의 약관을 이용하는 것이 일반적이다. 과거에는 예외적으로 국가나 지방자치단체가 利用者가 되는 경우에는 약관 대신에 자기들의 내부기준을 내세우는 경우도 없지 않았으나 현재에는 그 경우에도 약관이 사용되고 있다. 약관이 사용되는 경우에도 그 뒤에 특약사항이 첨부되는 일이 많다. 특약사항의 양은 경우에 따라 차이가 있다. 특히 수입물건에 대한 리스의 경우에는 환율의 변동 등에 대한 자세한 특약사항이 부가되는 예가 많다. 리스會社에 따라서는 여러 가지 유형의 특약사항을 미리 마련해 놓고 상황에 따라 그 중 하나를 골라 수정하여 사용하는 회사도 있다고 한다. 퀵리스에 대해서는 따로 약관을 마련하고 있는 리스會社도 있다. 그런데 퀵리스약관도 담보에 관한 규정 등 일부규정이 빠져 있거나 뒷면에 몇 가지 사항이 수정되었을 뿐 통상의 약관과 대동소이하다.

약관은 利用者와 연대보증인란만이 공란으로 되어 있을 뿐 각종의 리스에 일반적으로 적용될 수 있는 조항들이 기재된 기본계약서와 리스물건, 공급자,

32) 郭潤直, 債各, 23.

취득원가, 리스료 등 개별적인 리스계약마다 상이한 계약조건을 기재할 수 있는 계약명세표(요약표 또는 별표라고도 함)로 이루어진다. 그리고 취득원가 등 계약조건이 최종 확정되는 借受證發給日에 체결될 변경계약(실행계약이라고도 함)과 리스기간만료시에 체결될 재리스계약을 위한 약관도 있으나 이들도 통상의 약관의 내용과 별로 차이가 없다. 일본에서와는 달리 아직 약관 내용의 통일을 위한 標準約款 같은 것은 없지만 각 리스會社가 사용하는 약관은 그 내용이나 양식이 거의 유사하다.[33)]

2. 리스契約의 成立과 效力發生

리스계약은 諾成契約이다.[34)] 따라서 리스계약은 물건의 인도가 없더라도 리스會社와 利用者 사이에 의사의 합치가 있는 시점에 성립한다. 계약성립시에 리스물건이 존재하지 않거나 리스會社의 소유가 아닌 경우에도 계약은 유효하다.[35)] 리스계약은 성립과 동시에 발효하는가? 일부 견해는 借受證의 발급이 있어야 비로소 발효한다고 보고 있지만[36)] 성립과 동시에 발효한다고 보는 것이 일반적인 견해이다.[37)] 借受證의 발급이 리스기간을 개시시키고 利用者의 리스료지급의무를 발생시킨다는 점에서 그것이 중요한 계기인 것만은 틀림없다. 그러나 借受證발급 전이라고 해서 리스會社와 利用者 사이에 아무런 권리의무도 발생하지 않는 것은 아니다. 리스계약체결과 동시에 리스會社는 물건인도의무를 부담하며 利用者는 물건의 수령시에 借受證을 발급해 줄 의무를 부담한다. 따라서 리스계약은 성립시에 바로 발효하지만 그 계약내용은 대부분 借受證발급과 더불어 효력을 발생한다고 볼 것이다.

3. 리스물건의 引渡와 관련된 법률문제

계약성립시부터 리스물건이 인도되고 借受證이 발급되기까지 사이의 법적 문제로는 크게 다음 3가지를 들 수 있다: (1) 공급자가 리스물건을 인도하지

---

33) 회사에 따라서는 독특한 양식의 약관을 사용하는 예도 없지 않다. 특히 씨티뱅크가 외국합작선으로 있는 제일씨티리스사의 약관은 국내나 일본의 계약서와는 달리 자신들이 외국에서 사용하고 있는 계약서에 기초하여 작성된 것으로서 다른 국내의 약관은 상당한 차이를 보이고 있다.

34) 서울民地判 93. 4. 20, 92가합18110.

35) 伊藤進, "判例におけるファイメンスリース契約の法的性質, "有效性および成立の問題", 講座(上), 342-45.

36) 岡部眞純, "リース契約について", 講座(下), 9.

37) 伊藤進, "リース契約と金錢消費貸借契約・擔保契約の法理との關係", 講座(上), 81.

않는 경우의 문제; (2) 물건의 인도는 없이 借受證만 발급된 경우, 즉 空리스의 경우의 문제; (3) 물건의 인도는 있으나 借受證의 발급이 없는 경우의 문제. 이하 차례로 고찰한다.

(1) 물건인도의 불이행

리스거래에서 법적으로는 리스會社가 공급자로부터 리스물건을 구입하여 利用者에게 인도하는 것이지만 실제로 리스會社가 공급자로부터 물건을 인도받아 다시 利用者에게 인도하는 경우는 거의 없다. 물건의 인도는 공급자로부터 利用者에게 직접 이루어지는 것이 보통이다. 그렇다면 공급자가 利用者에게 물건을 인도하지 않는 경우에는 어떠한 법률관계가 발생하는가? 이 문제에 답하기에 앞서 먼저 리스會社가 과연 리스물건을 인도할 의무를 부담하는가 하는 문제를 생각해 볼 필요가 있다. 만약에 리스會社의 물건인도의무가 부정된다면 리스會社는 공급자의 인도불이행에 대해서 아무런 책임을 지지 않을 것이다. 우리 나라에서는 이 문제가 거의 논의되고 있지 않으나[38] 독일이나 일본에서는 리스會社의 물건인도의무를 긍정하는 견해가 일반적이다.[39] 리스會社의 물건인도의무를 긍정하는 경우 공급자는 리스會社의 이행보조자(民 §391)라고 할 수 있다. 이러한 긍정설이 리스계약을 賃貸借로 파악하는 경우에 받아들이기보다 용이한 것은 사실이다. 그러나 리스계약의 금융적 성격을 강조하는 경우에도 리스會社의 물건인도의무는 일단 긍정하는 것이 타당할 것이다.

리스會社의 물건인도의무를 긍정한다고 해서 리스會社가 공급자의 인도불이행에 대해서 반드시 책임을 져야만 하는 것은 아니다. 리스약관은 모두 매도인의 선정은 利用者가 자신의 책임으로 하였으므로 물건인도의 지연으로 인하여 발생하는 손해는 利用者가 부담한다는 취지의 규정을 두고 있다(예: 개발리스약관 §13 I). 그러한 면책규정은 約款法 §6 나 §7 에 불구하고 유효한 것으로 보아야 할 것이다. 통상의 리스거래에서 공급자로부터 물건을 매입하는 것은 법형식적으로는 리스會社이지만 실질적으로는 利用者이고 공급자의 선정 및 거래조건에 관한 교섭도 리스會社가 아니라 利用者가 대신하는 것이므로 공급자의 물건인도의무불이행에 대한 책임을 利用者에게 귀속시키는 것이 합리적이기 때문이다. 그렇다고 해서 利用者가 특히 불리할 것도 없다. 리스약관은 모두 물건인도가

38) 독일의 학설·판례에 의존하여 리스회사의 물건인도의무를 긍정하는 견해가 있는 정도이다. 권오승, "금융리스의 법률관계", 인권과 정의 195, 11.

39) von Westphalen, S. 117; 新美育文, "判例法にみるリース業者の物件引渡義務", 講座(上), 403.

있기 전에는 원칙적으로 利用者의 리스료지급의무도 발생하지 않음을 명시하고 있기 때문이다. 그렇다면 공급자가 물건을 인도하지 않는 경우 利用者는 어떠한 조치를 취할 수 있는가? 利用者는 공급자에 대해서는 법적으로 아무런 관계도 없으므로 직접 인도를 청구할 수는 없다.[40] 利用者로서는 리스會社에 물건인도의무의 이행을 구할 수 있을 것이다. 리스會社는 자신이 직접 물건을 인도해야 하는 것은 아니지만 利用者가 부당한 손해를 입지 않도록 공급자의 의무이행을 촉구하여야 할 의무가 있다. 리스會社가 그러한 의무를 위반한 경우에는 위와 같은 면책규정에도 불구하고 利用者에게 손해배상책임을 진다고 본다. 또한 물건인도가 없는 경우 利用者가 면책규정 때문에 리스會社의 책임을 물을 수는 없다고 하더라도 리스계약을 해제하는 것은 가능하다고 보아야 할 것이다.[41]

(2) 물건의 인도는 없이 借受證만 발급된 경우──이른바 空리스의 경우

㈎ 序 說 어느 종류의 리스이건 간에 공급자가 리스물건을 인도하기 전에는 利用者가 借受證을 발급하지 않는 것이 원칙이다. 그러나 실제로는 리스물건의 인도가 없는데도 借受證이 발급되는 경우가 없지 않다. 리스去來에서 리스會社는 利用者가 선정한 리스물건을 供給者로부터 매입하지만 실제로 리스물건은 리스會社를 거치지 않고 직접 利用者에게 인도되는 것이 보통이다. 리스會社가 매번 리스물건이 현실적으로 인도되었는지 여부를 확인하기 위해서 직원을 현장에 파견하기는 어렵다.[42] 특히 리스물건의 가액이 보통 5천만원 이하로서 비교적 소액인 퀵리스의 경우에는 더욱 그러하다. 퀵리스에서는 실무상 리스會社가 직원을 리스물건의 인도를 확인하지 않고 利用者가 교부한 借受證에 의존하여 供給者에게 대금을 지급하는 경우도 많다고 한다. 따라서 利用者가 현실의 인도가 없음에도 불구하고 借受證을 발급하고 리스會社가 대금을 지급하는 경우, 즉 이른바 空리스의 경우가 발생할 수 있다. 利用者가 리스물건의 인도를 받지 않은 상태에서 借受證을 발급하는 경우에는 반드시 이용자가 리스會社를 기망하여 금전을 사취하기 위한 경우에 한하는 것이 아니다. 예컨대 利用者가 원하는 리스물건이 旣成製品이 아닌 주문품인 경우에는 供給者가 제조에 필요한 先金을 요구하는 것이 보통이고 利用者는

40) 이 점은 국제협약 §10 Ⅰ의 입장과 반대이다.

41) 江頭憲治郎, 商取引法(上), 157.

42) 또한 직원이 인도 여부를 확인하려고 현장에 나갔다 하더라도 이용자가 보여 주는 물건이 바로 리스물건인지를 확인하는 것이 언제나 용이한 것은 아니다.

그 자금을 조달하기 위해서 물건의 인도가 없음에도 불구하고 먼저 借受證을 발급해 주는 예가 없지 않다고 한다.

(나) 리스會社와 利用者간의 법률관계 이러한 空리스의 경우 먼저 제기되는 문제는 리스會社와 利用者와의 사이에서 리스會社가 利用者에게 리스료의 지급을 청구할 수 있는가, 거꾸로 표현하면 利用者가 리스료의 지급을 거절할 수 있는가 하는 것이다. 우리 하급심판례 중에는 空리스의 경우에도 利用者가 借受證을 발급한 이상 利用者 및 보증인이 리스계약상의 의무를 부담한다고 판시한 것이 있다.[43] 일본의 판례는 물건의 의 인도가 없더라도 利用者가 借受證을 발급한 경우에는 주로 信義則을 근거로 리스會社의 리스료청구를 인정하는 것이 일반적이다.[44] 그러나 예외적으로 리스會社가 물건인도가 없음을 알면서도 장차 정상적으로 인도가 이루어질 것으로 기대하고 만연히 대금을 지급한 경우에는 利用者는 물건인도 없이 借受證을 발급한 경우에도 리스료를 지급할 의무는 없다.[45] 리스會社가 물건이 인도되지 않은 사실을 알았음을 입증할 책임은 利用者가 부담한다.[46] 리스會社가 물건인도가 없음을 몰랐으나 모른 것에 과실이 있는 경우에도 알고 있었던 경우와 같이 보호를 받지 못한다고 보는 학설이 유력하다.[47]

(다) 리스會社와 保證機關 사이의 법률관계 空리스의 경우 리스會社는 利用者를 상대로 訴를 제기하여야 할 것이나 실제로 利用者가 도망을 가거나 資力이 없는 경우가 많다. 그러한 경우 우리 나라에서는 리스會社가 利用者가 제출한 신용보증기금의 보증서나 대한보증보험의 보험증권으로 손해를 보전하려는 것이 보통이다. 그러한 증서에는 리스會社 직원이 직접 利用者에게 가서 리스물건의 인도를 확인하지 않았거나 잘못 확인한 경우가 면책사유가 된다는 명시적인 조항은 없고 단지 손해가 리스會社의 책임 있는 사유 또는 중대한 과실로 인하여 발생한 경우에 면책된다는 조항이 있을 뿐이다(대한보증보험의 리스보증보험보통약관 §3 iii; 신용보증기금의 신용보증약관 §6 iii). 이들 보증기관이 리스會社가 리스물건의 인도를 확인하지 않은 것이 귀책사유나 중대한 과실에 해당한다는 이유로 면책을 주장

43) 서울民地判 93. 4. 20, 92가합18110.

44) 日東京地判 昭 57(1982). 3. 24(判例時報 1056, 28); 東京地判 昭 56(1981). 10. 2(判例時報 1034, 99); 東京地判 昭 57(1982). 2. 17(判例時報 1051, 109); 東京地判 昭 57(1982). 3. 24(判例時報 1056, 208) 등.

45) 日札幌高判 昭 58(1983). 2. 22(金融商事判例 677, 20).

46) 註 43)의 판례는 이 점을 전제하고 있다.

47) 리스거래(註 30), 197: 新美(註 39), 406.

한 예는 보이지 않는다. 그러나 특히 대한보증보험은 보험증권의 특기사항란에 기재한 면책사유를 근거로 空리스의 위험을 배제하고 있다. 대법원은 특기사항란의 구체적인 기재문언에 따라 결론을 달리하고 있다.[48] 대법원은 담보책임이 배제되는 채무의 기재가 「리스물건수령증서(借受證)발급일 이전에 발생한 채무」로 되어 있던 사안에서 리스물건의 인도와 借受證발급은 동일시할 수 없으므로 일단 借受證이 발급되었으면 이 면책사유의 적용은 없고 따라서 空리스의 경우에도 대한보증보험은 책임을 면할 수 없다고 판시하였다.[49] 그러나 이 판결이 나온 지 약 5개월 만에 대법원은 특기사항란의 기재가 「리스물건인도 전에 피보험자가 입은 손해에 대하여는 담보책임을 부담하지 않는다」고 되어 있던 사안에서 리스물건의 인도가 없는 空리스의 경우 대한 보증보험의 책임을 부정하였다.[50] 그 주된 근거는 역시 특기사항란의 「리스물건의 인도」를 "借受證발급"과 같은 뜻으로 읽을 수는 없다는 것이었다. 이러한 대법원의 태도는 그 이후에도 확인되고 있다. 利用者가 이미 사용중인 물건을 "세일 앤드 리스백"의 절차를 밟지 않고 리스會社의 양해하에 신규물건의 리스인 것처럼 꾸며서 리스한 사안에서 대법원은 역시 "물건인도"가 없다는 이유로 대한보증보험의 책임을 부정하였다.[51] 이처럼 대법원은 특기사항란의 기재가 「리스물건수령증서발급일 이전에 발생한 채무」로 되어 있느냐 「리스물건인도 전에 발생된 손해」로 되어 있느냐에 따라 전자의 경우에는 대한보증보험의 책임을 긍정하고 후자의 경우에는 그 책임을 부정하였다. 그러나 대한보증보험측이 특기사항란에 그러한 기재를 할 때 그러한 표현의 차이가 空리스에 대한 책임에 차이를 가져올 것임을 의식하였을는지는 의문이다. 종래 이 두 가지 표현은 보증보험실무에서 구별 없이 사용되어 왔는데 그 표현의 차이에도 불구하고 보험료에는 차이가 없었다고 한다. 당연한 일이지만 위와 같은 대법원판결이 알려진 후에는 보증보험측은 이제 기재문언의 차이가 중요함을 인식하여 특기사항란에 「물건인도전 발생한 손해에 대해서는 담보하지 않는다」는 취지의 문언을 사용한다고 한다.

(3) 물건의 인도는 있으나 借受證의 발급이 없는 경우

空리스의 경우와는 반대로 물건의 인도는 있으나 利用者가 인도를 거부하

48) 이하에 소개하는 대법원판결에 대해서는 김건식, "리스거래에서 물건인도와 차수증발급이 갖는 의미", 인권과 정의, 195, 37-41 참조.
49) 大判 90.11.13, 90다카17924(公 887, 82).
50) 大判 91.4.9, 90다카26515(月報 251, 99).
51) 大判 91.12.10, 90다19114(公 913, 464).

거나 인도를 하고도 借受證을 발급하지 않는 경우가 있다. 일부 약관은 물건 인도 후 일정기간이 경과하면 借受證의 발급이 없이도 리스기간이 개시함을 명시하고 있다(새한종합금융 약관 §2 II). 그와 같은 규정이 없는 경우에 어떻게 처리할 것인가는 결국 借受證의 교부가 갖는 의미를 어떻게 볼 것인가에 달려 있다. 利用者가 리스契約에 따라 물건을 이용하고 리스료지급의무를 지는 것은 하자 없는 물건을 인도받아 이용할 수 있게 되었다는 사실에 근거한 것이고 借受證은 그와 같은 사실을 리스會社에 통지하는 수단에 불과한 것이라고 새긴다면[52] 리스기간은 借受證의 실제 발급여부에 관계 없이 借受證을 발급하였어야 할 날에 개시한다고 볼 수 있을 것이다. 그러나 대법원은 오히려 반대의 입장을 취하고 있는 것으로 보인다. 대법원은 利用者가 계약상 어떠한 경우에도 일정기일까지 借受證을 발급하여야 함에도 불구하고 借受證발급을 거절하며 물건을 사용한 사안에서 리스기간은 借受證발급일로부터 개시한다는 계약서의 규정을 중시하여 借受證발급이 없으므로 리스기간이 개시하지 않았다고 판시하였다.[53] 이러한 대법원의 태도가 유지되는 한 근본적인 해결책은 위에서 보는 바와 같이 리스기간의 개시시기를 「물건인도일로부터 일정기간 경과 후 또는 借受證발급일」이라는 식으로 못박아 두는 것일 것이다.

V. 리스契約上의 義務

1. 序 說

리스계약은 雙務契約으로 리스會社와 利用者는 상호간에 의무를 부담한다. 리스계약상 당사자의 의무는 賃貸借契約의 경우와 대비하여 고찰할 필요가 있다. 賃貸借契約에서는 임대인은 「목적물을 임차인에게 인도하고 계약존속중 그 사용·수익에 필요한 상태를 유지하게 할 의무」를 부담하고(民 §623) 임차인은 그 대가로서 차임을 지급할 의무를 부담한다(民 §618). 리스계약에서 利用者의 리스료지급의무는 임차인의 차임지급의무에 상응하는 것으로 볼 수 있다. 그렇다면 임대인이 부담하는 목적물을 사용·수익하게 할 의무에 상응하는 리

52) 鄭東潤(註 22), 90.

53) 大判 86.2.11, 85다카1714등(月報 187, 108). 이 판결은 원심판결을 파기환송한 것인데 환송 후 판결에 대한 상고심판결은 大判 87.11.24 86다카2799등(公 816, 156)이다. 이들 판결에 대한 소개와 평석으로는 김건식(註 48), 42-44 참조.

스會社의 의무는 무엇인가? 먼저 떠오르는 것은 앞서 설명한 리스물건의 인도의무라고 할 수 있다. 그러나 앞서 지적한 바와 같이 리스물건이 인도되지 못한 경우에도 리스會社의 책임은 면제되는 것이 보통이므로 리스會社의 물건인도의무는 극히 형식적인 것에 불과하다.

2. 리스會社의 義務

리스會社는 利用者에게 리스물건을 인도할 의무가 있다. 그러나 공급자가 리스물건을 인도하지 않은 경우에도 리스會社의 책임은 면제되는 것이 보통이다. 그렇지만 리스會社는 利用者가 적시에 물건을 인도받을 수 있도록 공급자에게 이행을 촉구하는 등 노력을 기울일 의무를 부담한다. 공급자가 물건을 인도하지 않아 利用者가 손해를 입은 경우 리스會社는 공급자에 대한 손해배상청구권을 利用者에게 양도해 줄 의무가 있다.

賃貸借의 경우에는 임대인이 목적물을 「사용·익에 필요한 상태」로 유지할 의무를 부담하나(民 §623) 새로이 허용된 메인티넌스리스의 경우를 제외한 통상의 리스계약에서는 그에 상응하는 유지보관의무는 利用者가 부담한다(산업리스 약관 §14). 그러나 리스會社는 利用者에게 물건이 인도된 즉시 물건에 대해서 자기를 피보험자로 하는 보험계약을 체결할 의무를 부담한다(산업리스 약관 §21).

이 밖에 계약종료 후에 利用者가 재리스를 원하는 경우에는 리스會社가 그에 응할 의무가 있다는 규정이 약관에 일반적으로 존재한다.

이처럼 리스會社가 리스물건에 관해서 지는 의무는 賃貸借에서 임대인의 의무에 비해서 극히 한정된 것이다. 먼저 물건이 인도되지 않은 경우에도 책임을 지지 않으며 뒤에 보는 바와 같이 물건의 하자에 대해서도 책임을 지지 않는다. 물건의 유지보관의무도 없으며 위험도 부담하지 않는다. 이렇게 본다면 실질적으로 리스會社가 부담하는 의무는 리스물건 자체를 인도할 의무라기보다는 리스물건이 利用者에게 인도될 수 있도록 공급자에게 리스물건의 대가를 지급할 의무, 즉 자금을 제공할 의무라고 할 수 있다. 리스약관이 대체로 리스會社가 자금을 투입한 후에는 利用者가 물건의 하자 내지 불인도를 내세워 리스료지급의무를 면할 수 없도록 하고 있는 것[54]은 바로 이처럼 리스계약의 성격을 금융에 가까운 것으로 해석한다면 쉽게 이해될 수 있다.

54) 예컨대 수입물건의 리스에서는 리스물건이 이용자에게 인도되기 전에 물건대금이 신용장의 결제에 의해서 지급되기 때문에 이용자는 물건에 하자가 있더라도 차수증의 발급을 거부할 수 없다고 규정하고 있다(개발리스약관 §13 Ⅱ).

3. 利用者의 義務

利用者는 먼저 물건을 인도받는 것과 동시에 借受證을 발급해야 할 의무를 부담한다. 이에 대해서는 이미 설명한 바 있다. 물건인도 및 借受證발급을 계기로 利用者는 리스료지급의무 등 각종의 의무를 부담한다.

(1) 리스료지급의무

(가) 의의·산정방법·성격　　利用者는 물건이용의 대가로 리스료를 지급할 의무를 부담한다. 리스료지급의무는 利用者의 의무 중에서 가장 주된 것이라고 할 수 있다. 리스료는 취득원가, 추정잔존가격, 리스會社의 자금조달비용, 리스會社의 기타 비용 및 적정이윤 등에 기초하여 산출한다. 취득원가는 보통 물건구입대금뿐만 아니라 물건구입과 관련하여 借受證발급 전까지 리스會社가 부담하는 비용 일체를 포함하는 것으로 정의된다.[55] 따라서 특히 輸入物件리스의 경우 취득원가는 계약체결시에는 확정될 수 없다. 그리하여 예상취득원가와 실제취득원가가 다른 경우에는 借受證발급일에 변경계약을 체결하여 리스료 등을 변경할 수 있도록 하는 규정을 두고 있다. 또한 계약시에 리스료의 산정방법은 확정되지만 구체적인 금액이 확정되지 않는 경우도 많다. 그러한 경우 기준금리가 변동되거나 환율이 변동하게 되면 리스료를 조정하고 조정차액을 정산할 필요가 발생한다. 그러한 경우에 대비해서는 자세한 특약사항이 작성되는 것이 보통이다.

(나) 지급방법　　민법상 리스료지급의무는 지참채무로서 특약이 없는 한 리스會社의 영업소에서 이행하여야 할 것이다(民 § 467 Ⅱ). 그러나 리스료의 지급방법에 대해서 거의 대부분의 계약서는 은행도약속어음에 의한 지급을 규정하고 있다. 利用者는 먼저 리스계약체결시에 리스료총액에 상당하는 은행도약속어음 1장을 지급보증용으로 리스會社에 교부하게 되어 있는바 이 어음을 실무상 "총액조어음"이라고 한다. 利用者는 借受證발급시에 제1회 리스료를 현금으로 지급하고 제1차연도의 나머지 리스료분으로 11장의 약속어음과 제2차연도 이후의 리스료총액을 액면금액으로 하는 약속어음 1장을 발행하여 앞의 총액조어음과 교환한다. 2次年度 以後分에 대해서는 1장의 약속어음이 아니라 매년단위로 발행된 약속어음을 교부할 것을 요구하는 약관도 있다(국제종합금융 약관 § 6 Ⅲ). 약관에 따라서는 아예 총액조어음이나 약속어음의 발행을 요구하지 않

55) 보다 자세한 것은 업무방법서 작성기준 3. 다 참조.

는 경우도 있다(제일씨티리스약관, 한국종합금융약관). 은행도약속어음의 부도시에는 은행거래정지 등의 불이익이 따르므로 은행도약속어음이 사용되는 경우에는 실무상 따로 공증을 요구하지 않는 것이 보통이다.

계약서상으로는 약속어음에 의한 지급이 규정되어 있더라도 실제로는 은행의 온라인이나 지로계좌를 이용하여 지급하는 경우가 많다. 또한 리스료는 매월 내는 것으로 하는 것이 일반적이나 계약서상으로는 매월 내는 것으로 규정된 경우에도 실제로는 利用者의 편의에 따라 3개월 또는 6개월 단위로 내게 하는 경우도 없지 않다.

(다) 利子制限法適用與否 　리스계약은 물건을 매개로 금융의 편의를 제공하는 것으로서 소비대차계약이라고는 할 수 없으므로 금전이라고 하는 원본 이용의 대가인 이자를 규율하는 이자제한법의 적용은 없다고 보는 것이 일반적인 견해이다.[56] 리스료는 물건의 구입대금에 보험료·수수료 등을 가산한 금액에서 기간만료시의 잔존가격을 공제한 금액을 회수할 수 있도록 결정되는 것으로 利用者측의 입장에서는 금전을 차입하여 물건을 구입한 경우의 이자보다는 높을 것이나 반면 경리사무비용이 절감되고 節稅效果가 있는 것이므로 금전소비대차에서의 利子와는 동일시할 수는 없을 것이다.[57]

(2) 기타의 義務

리스료지급의무 이외에 利用者가 부담하는 의무로는 다음과 같은 것들이 있다.

(가) 보증금지급의무 　대부분의 약관은 계약체결시에 利用者가 리스會社에 일정한 보증금을 현금으로 지급하게 하고 있다(산업리스약관 §4; 개발리스약관 §5). 리스보증금·리스계약보증금·계약보증금 등으로 불리우는 이 보증금은 연체리스료뿐만 아니라 利用者가 리스會社에 부담하는 일체의 채무를 담보하는 것으로 규정되는 것이 보통이다. 리스기간종료 후 반환되는 이 보증금은 취득원가의 5%를 초과할 수 없도록 되어 있다(업무방법서작성기준 1. 다). 보증금은 소액이기 때문에 담보로서의 의미는 별로 없다. 그럼에도 불구하고 따로이 보증금의 지급을 요구하는 이유는 利用者의 채무를 담보하기 위해서라기보다는 利用者의 계약의사를 확인하기 위해서라고 한다. 후술하는 바와 같이 借受證發給日前 해지시의

56) 최기원, "금융리스계약의 특수성에 관한 소고", 법학 29-2, 74; 조용호, "리스거래의 법률문제", 司論 16, 193.

57) 일본의 판례도 마찬가지의 입장을 취하고 있다. 日東京高判 昭 61(1986). 1. 29(判時 1185, 104).

손해배상에 대해서는 약관에 따로 규정하는 것이 보통이기 때문에 보증금이 解約金으로서의 성격은 갖지 않는 것으로 본다.

(나) 담보제공의무　대부분의 약관은 리스會社가 利用者로 하여금 보증금 이외에 일정한 담보의 제공을 요구할 수 있다고 규정하고 있다. 실제로 1991년도 통계에 의하면 금액면에서 리스계약의 약 30% 정도가 담보부거래였다.[58] 리스물건의 소유권이 리스會社에 귀속됨에도 불구하고 리스회사가 별도로 담보를 요구하는 이유는 다음과 같다. 첫째, 리스물건은 사무기기를 제외하고는 범용성이 없어서 제값을 받고 팔 수 있는 중고품시장이 발달되어 있지 않는 경우가 대부분이다. 둘째, 리스會社가 이론상 소유권을 갖는다 해도 리스물건의 회수가 사실상 어렵거나 보존상태가 양호하지 않은 경우가 많다.

담보제공의 시기에 대해서는 신용장을 개설하거나 매매계약을 체결하기 전까지라고 하거나 리스會社의 최초 자금지출의무부담일의 전일이라고 하는 것이 보통이다. 리스會社는 담보를 제공받기 전에는 원칙적으로 물건의 주문도 하지 않는다고 한다.

(다) 물건의 검사·통지의무　상법상 상인 간의 매매에 있어서는 매수인은 목적물을 수령하면 지체없이 이를 검사하여야 하며 하자를 발견한 경우에는 매도인에게 즉시 통지를 발송하지 않으면 하자담보책임을 물을 수 없다(商 §69 I). 즉시 발견할 수 없는 하자의 경우 매수인이 6월 내에 발견한 경우에도 마찬가지이다. 공급자와 리스會社의 공급계약이 매매에 해당하는 경우에는 매수인인 리스會社가 원칙적으로 이러한 검사·통지의무를 부담해야 할 것이다. 그러나 리스거래의 성질상 리스會社가 물건의 하자 유무를 검사하기는 적합하지 않다. 따라서 리스약관은 利用者에게 그러한 검사의무를 부과하는 것이 보통이다(산업리스약관 §5 I; 개발리스약관 §12 I). 利用者가 이러한 검사의무를 게을리한 경우에는 리스會社가 공급자에게 하자담보책임을 물을 수 없고 리스會社도 약관상 하자담보책임이 면제되므로 결국 利用者는 손해를 스스로 부담할 수밖에 없을 것이다. 대법원은 不代替物의 제작물공급계약의 경우에는 매매보다는 도급에 유사하며 통상의 매매의 경우와 같이 거래관계를 신속히 매듭지을 필요가 절실하지 않다는 이유로 商§69 I의 적용을 부인한 바 있다.[59] 리스會社와 공급자와의 공급계약이 利用者의 특별한 수요에 응하기 위한 不代替物의 제작공

58) 리스산업정보 2-3, 165.
59) 大判 87.7.21, 86다카2446(公 808, 1380).

급을 내용으로 하는 경우에는 商§69 I의 적용은 없고 민법상의 담보책임규정만이 적용된다고 보아야 할 것이다.

(라) 물건의 보관·유지·수선의무 利用者가 선량한 관리자의 주의로써 물건을 보관할 의무를 부담하는 것은 賃貸借의 경우와 마찬가지이다. 그 밖에도 리스약관은 대부분 利用者의 물건이용에 대해서 여러 가지의 제한을 가하고 있다. 리스會社가 물건에 자신의 소유임을 표시할 것을 요구한 때에는 利用者는 그에 응하여야 한다(산업리스약관 §12; 개발리스약관 §14 I). 利用者는 리스會社의 서면동의 없이는 물건의 성질·기능 등 현상을 변경할 수 없으며 지정된 장소가 아닌 곳으로 물건을 이동할 수 없다(개발리스약관 §§16 II, 14 II). 利用者는 제3자에게 물건을 양도하거나 사용·수익하게 할 수 없다(산업리스약관 §17 I; 개발리스약관 §17 I).

리스계약에서는 賃貸借의 경우와는 달리 물건의 維持修繕義務도 利用者가 부담한다. 즉 利用者는 물건이 항상 정상적인 가동상태를 유지하도록 검사·수선·부품교체 등 일체의 보전행위를 자신의 비용으로 이행하여야 한다(산업리스약관 §14 I·II).

(마) 물건으로 인한 손해의 배상책임 리스물건의 사용과 관련하여 제3자가 손해를 입은 경우에는 리스會社가 리스물건의 소유자로 되어 있기 때문에 공작물소유자로서의 책임을 지는가가 문제된다. 민법은 공작물의 설치 또는 보존의 하자로 인한 손해는 원칙적으로 공작물의 점유자가 책임을 지며 소유자는 점유자가 주의의무를 해태하지 아니한 때에 한해서 책임을 진다고 규정하고 있다(民 §758 I 但). 의용민법에서와는 달리 현행민법은 「토지의 공작물」이라는 표현 대신 “공작물”이라고 하고 있으므로 통상 리스의 대상이 되는 기계·자동차·중기 등도 공작물에 해당한다는 데는 의문이 없다. 문제는 리스會社가 물건에 대하여 갖는 권리가 소유권에 해당하는가이다. 그 권리를 양도담보권과 같은 담보권에 불과하다고 본다면 리스會社의 책임은 당연히 부정될 것이다. 리스기간종료시에 리스물건이 리스會社에 반환되는 것이 원칙이라는 점에 비추어 보면 리스會社의 권리는 단순한 담보권의 범위를 넘는다. 그러나 리스물건의 선정은 물론이고 그 설치·보존도 利用者가 담당하는 리스거래의 실제를 고려하면 형식적으로 리스會社가 소유자라고 해서 책임을 지우는 것은 부당하다. 리스會社에 소유자로서의 책임을 지우는 데 동의하는 경우에도 利用者가 주의의무를 해태하지 않았음을 입증하는 것은 어려울 것이므로 리스會社가 이 규정에 의해서 책임을 지는 경우는 그다지 많지 않을 것이다. 한편 리스약관은 대부분 그러한 가능성에 대비해서 물건으로 인하여 제3자가 손해를

입는 경우에는 利用者가 배상책임을 부담한다는 취지의 규정을 두고 있다. 그러나 이러한 규정은 利用者와 리스會社 사이에만 효력을 가지며 제3자인 피해자는 이러한 규정에 불구하고 리스會社에 대해서 배상을 구할 수 있다. 리스會社가 피해자에 배상을 마친 경우에는 그 규정에 따라 利用者에게 구상을 구할 수 있다.

리스물건이 자동차(중기를 포함)인 경우에는 사고로 인해서 제3자가 손해를 입을 가능성이 더욱 높다. 自動車損害賠償保障法은 人的 損害를 관해서는 「자기를 위하여 자동차를 운행하는 자」(자동차운행자)에게 실질적인 무과실책임을 부과하고 있다(自賠 §3). 자동차리스에서 리스會社가 이러한 자동차운행자에 해당하는지 여부가 문제가 될 수 있었다. 그러나 業法은 利用者가 리스한 자동차의 운행중 「고의 또는 과실로 인한 위법행위로」 타인에게 손해를 가한 경우에는 리스會社를 自賠 §3상의 자동차운행자로 보지 않는다는 특칙을 두어 이 문제를 입법적으로 해결하고자 하였다(業法 §13의 4).[60] 利用者의 고의 또는 과실로 인한 사고에 대해서 리스會社가 책임을 지지 않는 것에는 의문이 없다. 그렇다면 利用者의 고의 또는 과실로 인한 것이 아닌 사고의 경우에는 어떠한가? 위의 業法 §13의 4의 조문을 반대해석하면 그러한 경우에는 마치 리스會社를 자동차운행자로 볼 수 있는 것처럼 보인다. 그러나 위의 조문은 그렇게 해석할 것이 아니라 리스會社는 어느 경우에나 자동차운행자로 보지 않는다는 취지로 보아야 할 것이다. 그러한 해석에 따르더라도 피해자의 보호가 소홀해지는 것은 아니다. 왜냐하면 리스會社와는 달리 利用者는 자동차손해배상보장법상 자동차운행자에 해당할 것인바 利用者가 인적 손해에 대한 배상책임을 면하기는 사실상 거의 불가능하기 때문이다.

業法 §13의 4는 위에서 언급한 民 §758상의 공작물소유자로서의 리스會社의 책임까지 면제하는가? 리스會社의 공작물소유자책임을 부정하는 견해에 의하면 이러한 문제는 발생할 여지가 없다. 그러나 그것을 긍정한다면 어떠한가? 인적 손해 이외의 손해에 대해서는 애당초 자동차손해배상보장법의 적용이 없으므로 민법상의 책임이 면제될 수 없음은 당연할 것이다. 그러나 인적 손해에 대해서는 리스會社가 민법상 공작물소유자로서의 책임도 지지 않는다고 보아야 할 것이다. 그렇지 않은 경우에는 동일한 자동차사고에 대해서

60) 이 규정이 리스회사가 유지관리책임을 지는 이른바 메인터넌스리스 대해서도 적용이 있는지에 대해서는 의문이 있다. 조영균, "리스회사가 리스물건에 대하여 가지는 권리", 리스산업정보, 2-2, 84.

利用者와 리스會社가 모두 책임을 지는 경우가 생길 수 있다. 즉 民 § 758에 의하면 利用者가 자신의 무과실을 입증하면 리스會社가 책임을 부담하지만 利用者는 자신의 무과실에 더하여 자동차손해배상법상 추가적인 사실을 입증하지 못하는 한 책임을 면할 수 없을 것이기 때문이다(§3 단서). 실질적인 무과실책임으로 보호되는 자동차사고의 피해자에 대해서 이와 같이 이중으로 보호를 베풀 필요는 없을 것이다.

(바) 조세 등 부담의무 리스계약(변경계약을 포함)체결 전에 확정된 조세공과금이나 보험료는 리스會社가 지급하고 이를 리스료산정시 반영할 것이므로 문제는 없다. 그러나 리스계약체결 후에 새로이 또는 추가로 부과되는 조세공과금이나 보험료는 물건의 법적 소유권자인 리스會社가 지급할 수밖에 없다. 리스약관은 이러한 부담을 利用者에게 돌리는 규정을 두고 있는 것이 일반적이다(산업리스약관 § 14 Ⅳ; 개발리스약관 § 15 Ⅲ).

(사) 물건반환의무 利用者는 리스기간종료시 리스물건을 리스會社에 반환할 의무를 부담한다. 리스물건반환의무와 같은 특정물인도채무는 민법상 원칙적으로 채권성립 당시에 그 물건이 있던 장소에서 이행하여야 한다(民 § 467 Ⅰ). 그러나 당사자의 특약으로 다른 장소를 지정할 수 있으며 실제로 리스약관은 리스물건의 반환방법이나 장소에 관한 규정을 두는 것이 보통이다. 과거 일부 리스약관은 리스기간종료시에 利用者가 지체없이 자기의 비용으로 물건을 리스會社가 지정하는 장소에 반환하여야 한다는 규정을 두었던 바 있다(예: 산업리스약관 § 23 Ⅰ). 그러나 이 규정은 약관심사위원회에 의해 무효로 선언되었다. 리스會社가 자의적으로 장소를 지정하는 경우 利用者의 비용이 증가하게 되는데 그렇게 되면 民§ 473 단서가 「채권자의 주소이전 기타의 행위로 인하여 변제비용이 증가된 때에는 그 증가액은 채권자의 부담으로 한다」고 규정한 근본취지에 어긋난다는 것이다.[61]

또한 리스물건의 반환시에 물건이 통상의 손모나 감모의 범위를 벗어날 정도로 손상된 경우에는 利用者가 자신의 비용으로 수리·복원할 의무가 있다(산업리스약관 § 23 Ⅲ).

61) 약관심사위원회 의결 제88-2호(산업리스계약서심사청구건).

Ⅵ. 瑕疵擔保責任

1. 瑕疵擔保責任免責特約의 원칙적 유효

리스계약은 유상계약이므로 물건에 하자가 있는 경우에는 리스會社가 민법상 하자담보책임을 부담해야 할 것이다(民 §§567, 580 I). 그러나 리스약관은 예외 없이 리스會社가 물건의 하자에 대해서 利用者에게 아무런 책임을 지지 않는다는 취지의 규정을 두고 있다. 약관에 따라서는 리스會社의 리스료채권이 물건의 하자로 인해서 아무런 영향을 받지 않음을 명시한 것도 있다(제일씨티리스 약관 §3 Ⅳ). 대법원은 리스계약은 물적 금융의 성격을 띤 비전형계약으로서 민법의 賃貸借규정이 바로 적용되는 것은 아니라고 하여 이러한 하자담보책임면책특약이 유효함을 선언한 바 있다.[62] 이 판결이 선고된 후에 제정된 約款法은 약관 중「상당한 이유 없이 사업자의 담보책임을 배제 또는 제한하(는)」조항을 무효라고 하고 있다(§7 iii). 그러나 約款法하에서도 원칙적으로 리스계약의 면책특약은 여전히「상당한 이유」가 있는 것으로 유효라고 할 것이다.[63] 그러한 면책특약의 유효성을 뒷받침하는「상당한 이유」로는 대체로 다음과 같은 요소가 지적되고 있다.[64]

(1) 利用者의 선택책임

금융리스거래에서 공급자를 선정하고 공급자와 교섭하여 물건의 기종·규격·가격 등의 계약조건을 결정하는 것은 利用者이고 리스會社는 利用者의 요청에 따라 주문을 내는 것에 불과하다. 따라서 물건의 하자에 대한 위험도 利用者가 부담하는 것이 합리적이다.

(2) 리스會社의 능력결여

통상 리스會社는 리스물건에 대해서 전문지식이나 경험을 갖추고 있지 않다. 따라서 리스會事는 리스물건을 검사하여 하자 여부를 판단하는 것이 어렵다. 또한 물건을 교체하거나 수선하는 등 하자에 대처할 능력이 없다.

(3) 리스의 금융적 성격

담보책임면책특약의 유효론의 밑바닥에는 근본적으로 리스의 실질적 기능

62) 大判 86. 8. 19, 84다카503등(公 785, 1206). 이 판결에 대한 평석으로는 권오승, "리스(시설대여)계약의 법적 성질", 民判硏 X, 151 이하 참조.

63) 독일의 판례도 약관법(AGBG)의 제정 후에도 그러한 면책특약을 유효로 보고 있다. Voelskow, S. 744.

64) 江頭(註 41), 158; 庄政志, "判例法からみたリース業者の瑕疵擔保責任", 講座(上), 368.

을 賃貸借가 아니라 금융이라고 보는 견해가 갈려 있다.

(4) 기업간 거래

리스계약이 교섭력이 대등한 기업 사이에 체결된 경우에는 면책특약의 효력을 부인하면서까지 특히 利用者를 보호할 필요는 없다.

(5) 다른 수단에 의한 利用者보호

리스會社의 하자담보책임이 면제되더라도 利用者는 뒤에 설명하는 바와 같이 다른 방법에 의해서 보호를 받을 수 있다.

2. 免責特約의 효력이 다투어지는 경우

위에서 설명한 바와 같이 리스會社의 하자담보책임을 면제하는 특약은 일반적으로 유효한 것으로 인정되고 있다. 그러나 다음과 같은 사정이 존재하는 경우에는 그 유효 여부가 다투어지고 있다.[65]

(1) 리스會社의 惡意

리스會社가 물건의 하자를 알면서 利用者에게 고지하지 않은 경우에는 면책특약은 신의칙에 반하여 무효라고 본다(民 § 584).

(2) 이른바 제휴리스의 경우

공급자가 제품의 판매촉진을 위해서 리스會社와 업무상 제휴관계를 맺고 공급자가 利用者에게 리스를 알선하는 제휴리스의 경우에는 리스會社와 공급자가 일체불가분의 관계에 있다고 보아 면책특약의 효력이 부인될 수 있다. 현재 우리 나라에서 제휴리스에 속하는 것은 앞서 설명한 퀵리스라고 할 수 있다. 퀵리스의 경우에는 공급자가 리스를 주선하기 때문에 利用者측에서 리스會社와 공급자가 서로 독립된 실체라는 사실을 충분히 인식하지 못하고 물건의 하자를 이유로 리스료의 지급을 거부할 가능성이 크다. 이와 같은 위험을 방지하기 위해서 일부 리스會社는 계약체결시에 利用者에게 리스會社와 공급자가 무관함을 주지시킬 뿐 아니라 利用者로부터 계약서와는 별도로 利用者가 자기의 책임하에 물건을 선정하였으며 따라서 모든 책임은 利用者가 지겠다는 취지의 확인서를 받고 있다고 한다.[66] 리스會社에 따라서는 利用者에게 자기의 면책을 주지시키는 것은 물론이고 공급자와의 약정을 통해서 공급자에게 물건의 하자로 인하여 리스會社가 불이익을 받지 않도록 할 의무가 있음을

65) 이하의 서술에서 따로 인용이 없는 부분은 대체로 庄(註 59), 372-73에 의존하였다.
66) 김건식(註 31), 601.

명시하는 경우도 있다.

(3) 소비자리스의 경우

利用者가 기업이 아니라 자기방어능력이 부족한 소비자인 경우에는 보호의 필요성이 클 것이다. 앞서 지적한 바와 같이 우리 業法上으로는 사업자등록을 하지 아니한 개인에게는 리스를 해 줄 수 없다(施 §6 I v). 따라서 우리 나라에서는 소비자리스는 존재할 수 없는 것이 아닌가 하는 견해도 있을 수 있다. 그러나 상거래에 대해서 전혀 무지한 사업자, 예컨대 의료기계를 리스하는 의사의 경우에는 소비자리스에서와 비슷한 문제를 발생시킨다고 할 수 있다.

(4) 설명의무위반의 경우

約款法에 의하면 사업자는 약관에 정하여져 있는 중요한 내용을 고객이 이해할 수 있도록 설명할 의무가 있다(§3 II 本文). 「계약의 성질상 설명이 현저히 곤란한 경우」에는 설명의무가 면제된다(§3 II 但書). 그러나 리스계약은 비교적 규모가 큰 거래로서 대량으로 신속하게 체결되는 것은 아니기 때문에 「성질상 설명이 현저히 곤란한 경우」라고 할 수는 없다. 사업자가 이러한 설명의무를 위반한 경우에는 그 약관을 계약내용으로 할 수 없다(§3 III). 하자담보책임면제특약이 "중요한" 내용에 속한다는 것에는 의문이 없다. 그러나 리스會社가 항상 이러한 설명의무를 이행해야 한다고 볼 것은 아니다. 면책특약은 리스계약에서는 으례 삽입되는 것이므로 利用者가 리스계약에 생소한 영세사업자가 아닌한 이미 "이해"하고 있다고 보아 리스會社의 설명의무는 면제된다고 보아야 할 것이다.

3. 利用者의 보호

利用者에 대하여 리스會社가 하자담보책임을 지지 않는다면 利用者는 물건의 하자에 대해서 어떠한 구제수단을 갖는가? 법형식의 면에서 보면 利用者는 리스會社와 리스계약을 체결할 뿐이고 공급자와의 사이에는 아무런 법률관계도 존재하지 않는다. 그러나 실질적으로 보면 利用者가 공급자로부터 직접 물건을 구입하는 것이라고 할 수 있으므로 하자담보책임도 利用者가 공급자에게 직접 물을 수 있도록 이론구성할 필요가 있다. 그러한 방식은 크게 리스會社의 권리에 의존하는 방식과 利用者에게 권리를 인정하는 방식의 두 가지로 나눌 수 있다.

(1) 리스會社의 권리에 의존하는 방식

利用者가 리스會社의 권리를 행사하는 방법으로는 리스會社로부터 손해배상청구권(또는 공급계약상 그 대신 규정된 수선청구권)을 양도받거나 대신 행사할 수 권한을 수여받는 것을 생각할 수 있다.[67] 대부분의 리스약관은 리스會社가 공급자에 대해서 갖는 손해배상청구권을 공급자에게 양도해야 한다고 규정하고 있다(개발리스약관 §13 I 但書; 한불종합금융약관 §15 I). 그러나 리스會社가 利用者에게 손해배상청구권을 양도하는 방안에 관해서는 몇 가지 의문이 제기되고 있다.[68] 첫째, 리스계약에서 리스會社에 하자담보책임이 면제되는 경우에는 리스會社의 손해가 없지 않은가 하는 의문이 있다. 둘째, 손해배상청구권의 양도는 채권양도에 해당하므로 대항요건을 갖춰야 하는바 양도인측에서 금액을 특정할 수 없는 양도통지에는 효력을 인정할 수 없는 것이 아닌가 하는 의문이 있다. 셋째, 利用者의 손해는 물건의 소유자인 리스會社가 입는 손해와 반드시 동일한 것은 아니므로 利用者가 리스會社의 손해배상청구권을 양수받는다고 해도 자신의 손해를 완전히 커버할 수 없는 것이 아닌가 하는 의문이 있다. 그러나 이들 의문에 대해서는 각각 다음과 같은 反論을 제기할 수 있다. 첫째, 리스會社의 담보책임이 무조건 면제되는 것이 아니라 利用者에게 자신의 손해배상청구권을 양도하는 것을 조건으로 면제되는 것이라고 본다면 리스會社의 손해도 일응 인정할 수 있을 것이다. 둘째, 우리 학설상 금액을 특정할 수 없는 양도통지에 효력을 인정할 수 없다는 견해는 없다. 셋째, 利用者의 손해와 리스會社의 손해는 차이가 있다고 해도 그리 크지 않을 것이다.

(2) 利用者에게 직접 권리를 인정하는 방식

리스會社가 공급자와 계약을 체결하면서 공급자가 하자담보, 일정기간의 보증, 수선서비스 등의 매도인으로서의 의무를 利用者에 대해서 직접 부담한다는 취지를 정하는 방법이다. 그러한 약정은 일종의 「제 3 자를 위한 계약」(民 §539)으로서 利用者가 공급자의 책임을 묻는 의사표시가 수익의 의사표시에 해당한다고 할 수 있다. 실무상으로는 공급자가 직접 利用者에게 보증서를 교부하는 경우도 많다고 한다. 일본의 판례 중에는 공급자와 利用者 사이에 물건선정을 위한 교섭시에 묵시적인 손해담보계약이 성립된 것으로 본 것도 있다.[69] 우리나라 하급심판례 중에는 구체적인 근거를 제시함이 없이 공급자가 利用者에게

67) Voelskow, S. 744. 독일 판례도 담보책임면책특약의 유효성을 인정하는 근거를 리스계약상 리스회사의 하자담보에 관한 청구권이 이용자에게 무상으로 양도된다는 점에서 찾고 있다. Heermann(註 22), S. 336.
68) 庄(註 64), 374.
69) 日最判 昭 56(1981). 4. 9(判時 1003, 89).

직접 하자담보책임을 진다고 판시한 것이 있다.[70] UCC 제2A장(§209)과 국제금융리스협약(§10 I)은 모두가 利用者가 리스會社에 직접 하자담보책임을 물을 수 있다고 하고 있다.

Ⅶ. 危險負擔

1. 危險負擔의 전가

민법상 쌍무계약에서「당사자 일방의 채무가 당사자 쌍방의 책임 없는 사유로 이행할 수 없게 된」경우에는 채무자는 상대방에 대한 채권을 상실한다(民 §537). 이러한 위험부담에 관한 "債務者主義"를 리스계약에 적용한다면 리스물건이 리스기간중 멸실되거나 수선이 불능하도록 훼손된 경우에는 리스會社가 利用者에 대해서 가지는 리스료청구권도 상실된다고 해야 할 것이다. 그러나 리스약관은 불가항력적인 멸실·훼손에 대한 위험을 利用者에게 전가하고 있다. 리스약관은 대부분 리스물건이 멸실되거나 수선이 불가능하게 훼손된 경우 리스계약이 해지되면 利用者는 규정손실금을 리스會社에 지급하여야 한다고 규정하고 있다(개발리스 약관 §19). 리스會社가 먼저 보험금을 수령한 경우에는 그 금액은 利用者가 지급할 규정손실금액에서 공제하여야 한다. 또한 리스會社가 규정손실금을 받고 난 후에는 제3자에 대해서 갖는 손해배상청구권을 利用者에게 이전하여야 한다.[71]

위험부담에 관한 규정은 임의규정이므로[72] 이처럼 위험부담책임을 利用者에게 전가하는 특약은 유효하다. 단지 위험부담책임을 약관에 의해서 전가하는 것에는 약관법상 앞서 살펴본 하자담보책임면책특약의 경우에서와 같은 문제가 있다. 위험부담책임전가규정의 유효성을 뒷받침하는「상당한 이유」(約款 §7 ii)로는 다음과 같은 것들을 들 수 있다.[73]: (1) 리스는 실질적으로 금융이다; (2) 실제로 물건을 지배하는 것은 利用者이다; (3) 利用者가 부담하는 위험은 그리 크지 않다.

70) 서울民地判 84.11.9, 83가합6972등.
71) 同旨 Voelskow(註 63), S.743.
72) 郭潤直, 債各, 108.
73) 江頭(註 41), 160.

2. 규정손실금

규정손실금은 영어의 stipulated loss value를 번역한 것으로서 원래는 리스기간중 물건이 멸실된 경우에 利用者가 리스會社에 지급하기로 약정한 금액을 의미한다. 그러나 현재로는 約款에서 利用者의 채무불이행시 利用者가 지급할 손해배상액도 규정손실금에 기초하여 산정하게 되어 있으므로 위험부담액의 예정뿐 아니라 손해배상액의 예정으로서의 의미로도 사용되고 있다.[74] 실무상으로 리스물건은 借受證發給後 즉시 부보되기 때문에 리스기간 개시 후 물건이 멸실되는 경우 리스會社의 손해는 보험으로 전보되는 것이 보통이다. 예외적으로 보험금액이 규정손실금에 미달하거나 보험계약상의 면책사유에 해당하는 경우에는 利用者가 그 차액이나 전액을 지급할 의무를 부담한다.

규정손실금의 산정방식은 約款에 따라 상이하나 대체로 「미회수원금 X 1.1」과 같이 리스기간 각 시점에서의 미회수원금에 일정률을 부가하는 방식에 따라 산정하는 것이 일반적이다.

Ⅷ. 義務不履行과 契約의 解止 : 리스계약의 비정상적인 진행

1. 義務不履行의 효과

앞서 살펴본 바와 같이 리스계약상 리스會社와 利用者는 서로 여러 가지 의무를 부담하고 있다. 대부분의 리스거래는 리스會社와 利用者 어느 일방의 의무불이행도 없이 리스계약이 정상적으로 종료될 것이다. 어느 일방이 의무를 불이행하는 경우에는 특별한 약정이 없더라도 상대방은 민법상의 일반원칙에 따라 손해배상책임(民§390 이하)·이행강제(民§389)·계약해제(民§544 이하)와 같은 구제수단 중에서 선택할 수 있을 것이다. 그러나 리스약관은 예외 없이 리스會社의 이익을 보호하기 위해서 비교적 상세한 규정을 두고 있다. 이들 규정은 대체로 두 가지 측면에서 리스會社의 이익을 도모하고 있다. 첫째는 利用者의 의

74) 우리 하급심판결은 경우에 따라 규정손실금은 손해배상액의 예정으로 볼 수 있다고 판시한 바 있다. 서울民地判 82.4.20, 81가합2642. 利用者의 채무불이행으로 인하여 신용보증기금이 리스會社에 규정손실금을 대위변제한 후 利用者에 대해 구상권을 행사한 사안에서 법원은 다음과 같이 판시하였다 : "규정손실금은 그 법률적 성격을 일률적으로 단정하기는 어려우나 본건과 같이 시설利用者의 채무불이행으로 계약이 해지될 때의 경우는 손해배상액의 예정이라고 볼 수 있다."

무불이행의 경우에 리스會社의 권리행사를 용이하게 하고 있다. 둘째는 리스會社의 해지권이 발생하는 신용상실사유의 범위를 확장하고 있다. 이곳에서는 먼저 첫번째 측면만을 설명하고 두 번째 측면은 뒤(Ⅷ·2)에서 다루기로 한다.

민법상 채무불이행을 이유로 계약을 해제(해지)하기 위해서는 정기행위나 이행불능의 경우를 제외하고는 원칙적으로 채무자에 대해서 최고를 해야 한다(民 §§544 내지 546). 그러나 종래 리스약관은 대부분 "利用者가 계약조항의 어느 하나라도 위반한 경우 리스會社가 利用者에 대한 통지 없이 계약을 해지할 수 있다"는 규정을 두고 있었다. 약관심사위원회는 그러한 규정은 고객에 「부당하게 불이익을 줄 우려가 있는」 해지권조항을 무효로 규정하고 있는 約款法(§9 ii)에 의해 무효라는 판단을 내린 바 있다.[75] 이러한 약관심사위원회의 의결 후에도 그러한 규정을 포함하고 있는 리스약관이 없지 않으나(예컨대 한외종합 금융약관 §22) 최근에는 구체적인 계약위반사유에 따라 利用者에 대한 최고의 필요를 규정한 약관이 늘어나고 있다(산업리스약관 §22 I; 개발리스약관 §21 I). 그러나 구체적으로 어떤 경우에 최고를 요하는가는 약관에 따라 다소 차이가 있다. 일반적으로 리스료지급의 연체나 물건 보관사용의무의 위반의 경우에는 利用者에 대한 최고를 요하고 있고 파산이나 회사정리절차개시의 신청이 있는 경우에는 최고 없이 해지가 가능하다고 하고 있다. 약관에 따라서는 리스會社에 계약의 해지권과 선택적으로 기한의 이익을 상실시켜 미지급리스료의 즉시 변제를 청구할 수 있는 권리를 부여하는 경우도 있다(개발리스약관 §21 I·II). 독일의 판례는 그러한 기한이익의 상실과 동시에 리스물건의 반환을 정한 약관규정은 무효라고 보고 있다.[76] 그러나 리스물건의 반환 없이 미지급리스료의 즉시 변제만을 정한 약관 규정도 리스會社가 이자 상당의 부당이득을 얻는 결과가 되기 때문에 무효라고 보아야 할 것이다.[77]

2. 契約의 解止

(1) 해지사유

민법이 당사자의 의무불이행을 계약의 해제(내지 해지)사유로 하고 있는 것(民 §544 이하)은 그러한 의무불이행으로 말미암아 계약관계의 기초를 이루는 당사

75) 동시에 여러 회사의 약관에 대해 의결을 하였지만 예컨대 산업리스약관에 대한 약관심사위원회의결 제88-2호(88. 6. 13) 참조.

76) Voelskow, S. 749.

77) Voelskow는 이용자가 리스료지급재원을 리스물건의 사용을 통해서 마련할 수 있는 기회가 박탈된다는 점을 아울러 지적하고 있다. Ibid.

자의 신용이 훼손되기 때문이다. 그러나 당사자의 신용을 훼손시키는 사유는 반드시 일방의 의무불이행에 한하는 것이 아니다. 일반적으로 리스약관은 리스會社가 리스계약을 해지할 수 있는 사유로서 利用者의 의무불이행 이외에도 여러 가지를 열거하고 있는바 전형적인 것들은 다음과 같다.

㈎ 지급정지 또는 어음교환소의 거래정지처분시;

㈏ 영업의 휴업, 폐업 또는 해산시;

㈐ 조세공과금체납을 이유로 독촉, 보전 또는 체납처분을 받은 때;

㈑ 제3자로부터 압류, 가압류, 가처분, 경매 기타 강제집행 등을 당한 때;

㈒ 파산, 강제화의, 회사정리절차신청, 기타 어떠한 사유에 의하든 利用者의 정상적인 영업활동의 계속이 곤란하여 리스會社에 대한 채무의 이행 또는 물건의 유지, 관리 등이 불안하다고 리스會社가 인정한 때.

그러나 특히 ㈑, ㈒와 같은 해지사유는 너무도 포괄적이어서 利用者에게 일방적으로 불리한 것이라고 하지 않을 수 없다. 이러한 규정은 고객에 「부당하게 불이익을 줄 우려가 있는」 해지권조항의 무효를 규정한 約款法(§9 ii)에 따라 무효로 판단될 가능성이 있다.

(2) 해지권의 행사

이처럼 리스會社는 계약해지에 관해서는 그야말로 막강한 권한을 가지고 있지만 실제로 그 권한을 가볍게 행사하지는 않고 있다. 예컨대 약관상으로는 리스료의 지급을 1회라도 연체하는 경우에는 바로 계약을 해지할 수 있는 것처럼 되어 있으나 실무상은 리스료가 6개월 이상 연체된 때에야 비로소 회사내의 사고처리부서로 넘긴다고 한다. 사고처리부서의 담당직원은 利用者를 방문하여 사정을 살핀 후 처리방법을 결정하는데 공장이 가동되고 있는 등 영업활동이 계속중인 경우에는 해지를 하지 않는 것이 보통이라고 한다.

(3) 해지의 효과

대부분의 약관은 리스기간개시일을 전후하여 해지의 효과를 달리 규정하고 있다. 기간개시 전의 해지의 경우에는 통상 물건이 아직 인도되지 않았을 것이므로 물건 반환의 문제는 발생하지 않을 것이다. 利用者의 배상책임에 대해서는 여러 가지 형태를 찾아볼 수 있다. 상당수의 리스약관은 기간개시 전에 리스계약이 해지된 경우에 利用者는 다음 금액의 110%를 리스會社에 지급해야 한다고 규정하고 있다(예컨대 산업리스약관 §22 II).

(i) 리스會社가 이미 지급하였거나 또는 지급할 물건구입대금

(ii) 리스會社가 매도인에게 지급할 위약금

(iii) 리스會社가 지급하였거나 부담할 약정수수료·관리수수료·기타 금융비용

(iv) 기타 모든 경비

리스會社가 공급자와의 사이에 아직 공급계약을 체결하지 않았거나 이미 체결한 공급계약을 해제할 수 있는 경우라면 (i)의 금액은 지급할 필요가 없을 것이다. 그러나 공급자와의 계약이 해제가 불가능한 경우에는 利用者는 (i)의 금액을 지급하는 대신 리스물건을 인수할 수 있을 것이다(산업리스약관 §22 II).

대법원은 실제로 利用者가 리스회사로부터 자금을 융자받아 공급자에게 지급한 것과 같은 事案에서「리스기간 개시 전에 계약이 해지되었을 경우에도 리스회사가 리스물건공급자에게 이미 지급한 물건대금의 반환의무가 리스利用者에게 있다고 규정하고 있는 위 계약서 제22조 제3항을 적용한다 하더라도 그것이 리스利用者인 피고에게 극히 불리한 것이라고는 할 수 없으므로 소론과 같이 위 계약조항이 신의칙 또는 약관의 규제에 관한 법률 제6조 등에 위반되어 무효가 된다고는 할 수 없다」고 판시한 바 있다.[78]

리스기간 개시 후 리스계약이 해지되는 경우의 효과는 대체로 물건의 반환과 규정손실금의 지급의 두 가지라고 할 수 있다. 과거 일부 리스약관은 利用者가 물건반환의무를 이행하지 않는 경우 리스會社가 일방적으로 물건을 회수할 수 있고 利用者는 그에 동의한 것으로 간주한다는 규정을 두었던 적이 있다(예컨대 종전의 산업리스약관 §22 V). 그러나 약관심사위원회는 다음과 같은 이유로 그러한 규정은 무효임을 선언한 바 있다[79]:

> "만약 이 조항에 따를 경우 고객은 사업자에 대하여 해지의 유효 여부를 다투거나 해지에 따른 사업자의 의무이행확보를 주장할 수 없다. 즉 자기의 리스물건반환과 사업자의 의무이행의 동시이행의 항변권, 리스물건에 대한 유치권 주장, 분쟁이 있는 경우 소송제기의 권리 등 법률에 의해 부여된 고객의 권리가 박탈당하게 된다. 이상의 이유로 동 조항은 約款法 제11조 제1호에 위반하며, 또한 동 조항은 고객이 사업자의 자력규제——즉 리스물건의 회수——에 동의하는 것으로 간주한다고 정하고 있는데, 이는 고객의 부작위에 대해 의사표시가 표명된 것으로 의제하는 조항으로서 約款法 제12조 제1호에 해당하여 무효이다."

78) 大判 92.12.24, 92다35226(公 938, 600).
79) 약관심사위원회 의결 제88-2호(산업리스약관에 대한 심사청구).

그러나 물건의 반환은 여러 가지의 현실적인 어려움 때문에 불가능한 예가 많다고 한다. 利用者의 공장근로자들의 방해 때문에 리스會社 직원이 물건에 접근할 수 없거나 아예 물건이 없어져 버린 경우도 있고 공장벽이나 문을 부수지 않고는 회수가 불가능한 경우도 있다. 설사 이러한 어려움을 무릅쓰고 반환이 된 경우에도 리스會社는 창고를 갖고 있지 않아 보관이 어렵고 물건이 범용성이 없는 경우에는 처분하기도 어렵기 때문에 리스會社는 리스물건에 의한 자금회수에는 그다지 큰 기대를 하지 않고 있다.

(4) 리스會社의 청산의무

앞서 언급한 바와 같이 대부분의 리스약관에 의하면 리스계약의 해지시 리스會社는 규정손실금의 배상과 아울러 물건의 반환을 청구할 수 있다. 利用者는 물건의 반환을 이유로 규정손실금지급의무의 감면이나 지연을 주장할 수 없다(한외종금약관 § 22 Ⅶ; 산업리스약관 § 22 Ⅴ). 따라서 리스會社가 규정손실금을 지급받고 리스물건의 소유권까지 취득한다면 2중의 이익을 취득하는 것이 아닌가 하는 의문이 있을 수 있다. 이 문제는 리스會社의 청산의무의 문제로 논의되어 왔다. 상당수의 리스약관은 후에 리스會社가 리스물건을 처분하거나 재리스한 경우에 청산의무가 있음을 명시적으로 규정하고 있다(예컨대 산업리스약관 § 22 Ⅵ·Ⅶ). 리스약관에 그러한 규정이 없는 경우 리스會社는 청산의무를 부담하는가? 일부 그러한 청산의무를 부정하는 견해가 없지 않으나 적어도 오늘날에는 그것을 긍정하는 것이 일반적인 견해라고 할 수 있다.[80] 반대로 리스약관에 리스會社의 청산의무를 부정하는 특약이 있는 경우 그 특약은 유효한가? 이러한 특약은 손해배상액의 예정으로서 民 § 398 Ⅱ과 約款 § 8가 적용될 가능성이 클 것이다.

그러한 청산의무의 근거로는 형평이나 공평의 원칙을 드는 것이 일반적이다.[81] 청산금액의 구체적인 산정방법은 리스약관에 특약이 있으면 그것에 따라야 할 것이다. 일부 리스약관은 리스물건의 처분가액(처분에 소요된 비용을 공제한 가액)이 규정손실금액을 초과하는 경우에는 규정손실금액만을 반환하고 규정손실금액에 미달하는 경우에는 처분가액을 반환해야 한다고 규정하고 있다(산업리스약관 § 22 Ⅵ). 그러한 특약이 없는 경우에는 구체적인 사정에 비추어 타당한 방법에 따라야 할 것이다. 우리 대법원은 리스기간이 개시되기 전에 리스계약이 해제된 사안에서 리스會社가 리스물건의 취득자금을 변상받고 리스물건의 소유권까지 취득하는

80) 조용호, "리스거래의 법률문제", 司論 16, 197.
81) 조용호(註 80), 198; 大判 92. 7. 14, 91다25598(公 927, 2380).

경우에는 리스물건의 현존가액이 인정되는 한도에서 2중의 이익을 취득하는 결과가 되므로 "리스利用者의 변상액에서 리스물건의 현존가액을 공제하는 것이 형평의 이념에 맞는다"고 판시하였다.[82] 대법원판결에 의하면 "리스물건의 현존가액은 그 교환가치의 평가액으로서 그 교환가치의 평가에 있어서는 그 물건의 범용성과 시장성의 유무를 고려하여야 하므로, 범용성이나 시장성이 없어 거래가격에 의한 교환가치의 평가가 불가능한 경우에는 교환가치는 영으로 볼 수밖에 없고 리스會社가 실제로 그 물건을 타에 처분한 때에 그 처분가액을 청산할 수밖에 없을 것인바, 위와 같이 리스물건의 취득원가에서 공제할 리스會社가 보유하는 리스물건의 현존가액 또는 처분가액에 관한 주장입증책임은 원칙적으로 그 공제를 주장하는 리스利用者측에 있다." 이 사안에서 대법원의 견해를 따르면 리스會社는 리스물건을 처분하는 경우 결국 취득원가만을 회수할 수 있다는 결과가 된다. 그렇다면 리스會社는 언제나 리스계약이 이행되었더라면 얻을 수 있었던 이익(이행이익)을 배상받을 수 없는 결과가 되는데 이는 부당하다. 일본의 학설과 판례는 리스물건반환시의 교환가치와 본래 리스기간만료시의 잔존가치의 차액을 청산의 대상으로 보고 있다.[83]

리스會社의 청산의무를 긍정하는 경우에도 청산의무의 발생시기와 관련해서 종래 현실로 물건을 처분한 때 발생한다는 處分時說과 물건의 반환시에 발생한다는 返還時說이 대립하고 있었다.[84] 汎用性이 없는 中古의 리스물건의 경우에는 특히 처분이 되기 전에는 물건의 교환가치를 파악하기 어려운 것은 사실이지만 규정손실금과 물건의 소유권 양자를 차지하는 데서 오는 이중의 이익은 물건의 반환시에 발생하는 것이라는 점에서 返還時說이 타당하다. 앞서 소개한 대법원판결도 처분 전 교환가치의 평가를 허용하고 있다는 점에서 返還時說에 입각한 것으로 볼 수 있다. 그러나 판례에 의하면 교환가치의 입증책임은 利用者가 부담하기 때문에[85] 범용성이 없는 리스물건의 경우에는 현실적으로 처분시까지 청산을 요구하기 어려울 것이다.

返還時說을 따르는 한 청산의 방식은 원칙적으로 처분청산방식이 아니라 귀속청산방식이고 리스會社의 물건반환청구에 대하여 利用者가 청산금을 지급하라는 동시이행의 항변을 주장하는 것도 가능할 것이다. 다만 위의 대법원판

---

82) 大判 92.7.14, 91다25598(公 927, 2380).
83) 조용호(註 80), 199.
84) Ibid.
85) 반대 조용호(註 80), 201.

결에 의하면 利用者는 리스물건의 현존가액을 입증하여야 한다.

(5) **利用者측의 해지**

리스약관은 예외 없이 利用者는 어떠한 이유로든 중도해지를 할 수 없다고 규정하고 있다. 約款法은 법률의 규정에 의한 고객(利用者)의 해지권을 배제하거나 그 행사를 제한하는 조항을 무효로 하고 있다(§9 i). 법률의 규정에 의해서 利用者가 해지권을 갖는 것은 리스會社가 의무를 불이행한 경우뿐이다(民 §544 이하).[86] 앞서 살펴본 바와 같이 리스계약상 리스會社의 의무는 명목상의 것에 불과하므로 利用者의 법정해지권이 발생하는 경우는 거의 없을 것이다. 약관의 중도해지금지조항을 利用者의 법정해지권을 대상으로 하는 것이 아니라 단지 利用者에 의한 임의의 해지만을 금지하는 취지라고 해석한다면 위의 約款法규정에 의하여 바로 무효라고 볼 것은 아니다.

이러한 중도해지금지조항을 두는 이유로는 여러 가지를 들고 있지만[87] 다음의 두 가지가 중요하다: (가) 리스계약의 실질이 물건의 賃貸借가 아니라 물건구입대금의 대출이라는 점을 중시한다면 利用者가 실질상 대출금상환의무에 상응하는 리스료지급의무를 중도에 물건을 반환함으로써 면할 수 있다고 보는 것은 부당하다; (나) 현실적으로도 리스會社가 반환된 물건을 처분하여 잔존리스료 상당액을 회수하는 것은 어렵다. 이러한 현실적인 여건을 고려하여 일반적으로 중도해지 금지조항의 유효성을 인정하고 있다. 일본의 판례도 利用者측의 중도해지만을 금지하고 있는 경우에도 리스계약 자체가 무효로 되는 것이 아님을 선언하고 있다.[88] 이러한 중도해지금지조항의 유효성을 인정하는 통설에 따른다면 利用者가 중도해지의 의사표시를 하며 리스물건을 반환하더라도 계약상의 리스료지급의무는 면할 수 없다. 그럼에도 불구하고 利用者가 중도해지를 이유로 리스료를 지급하지 않는 경우에는 의무불이행에 해당하고 그에 따른 효과가 발생할 것이다.

86) 民§636의 반대해석에 의하면 기간의 약정이 있는 임대차계약의 경우에는 해지권을 보류해 두지 않는 한 당사자는 해지할 수 없다.
87) 자세한 것은 리스거래(註 30), 172.
88) 日最判 昭 57(1982). 10. 19, 別冊 NBL 11, 188.

Ⅸ. 리스契約終了時의 법률관계

1. 總　說

리스계약이 비정상상태에 돌입하여 중도에 해지되는 것이 아니라 정상적으로 리스기간이 종료하는 경우의 처리방법으로는 이론상 利用者가 물건을 반환하거나, 재리스하거나, 소유권을 취득하는 세 가지 가능성을 생각해 볼 수 있다. 대부분의 약관은 利用者에게 리스기간만료시에 물건을 반환하거나 재리스할 것을 선택할 수 있는 권리를 부여하고 있다.

2. 리스기간의 만료

리스기간의 개시일은 借受證發給日로 한다는 규정을 두고 있는 경우가 대부분이지만 예외적으로 借受證을 발급한 날 또는 계약상 발급한 것으로 간주되는 날이라고 하거나(한국종금약관 §4 I) 명세표기재기간 내에 借受證을 발급하지 않는 경우에는 그 기간이 경과한 날이라고 하는 예도 있다(새한종금약관 §2 I).

시행령에 의하여 리스기간은 법정耐用年數가 5년 이하의 물건은 그 耐用年數의 70%, 5년을 초과하는 물건은 60%에 해당하는 기간 이상으로 하여야 한다(§2 I). 1991년의 통계를 보면 리스기간은 3-5년이 34.8%, 5-7년이 55.3%, 7-10년이 6.5%로 3-10년이 거의 전부를 차지하고 있다.[89)]

리스기간이 리스물건의 耐用年數를 초과하는 경우에는 회계상 금융리스로 분류된다(법인세법 기본통칙 2-3-56…9; 리스회계처리기준 §4).

3. 再리스

대부분의 리스약관은 리스기간의 종료시의 재리스에 대해서 규정하고 있다. 利用者가 재리스를 원하는 경우에는 대체로 만료일 전 2-3개월까지 리스會社에 그 뜻을 통보하도록 하고 있다. 약관에 따라서 利用者의 의사표시만으로 재리스가 성립된다고 하는 것(개발리스약관 §9)도 있고 다시 리스會社의 동의를 요하는 것(산업리스약관 §24)도 있다. 재리스기간은 1년인 것이 보통이고 재리스료는 재리스원금을 기초로 산정된다. 당초 취득원가의 10% 정도로 정해진 잔존가치를 리스기간종료시 재리스원금으로 하는 것이 보통이다. 재리스가 새로운

89) 리스산업정보 2-3, 165.

계약이냐 아니면 원래의 리스계약의 기간연장에 불과하냐에 대해서는 견해의 대립이 있으나[90] 재리스는 대체로 원래의 계약과 동일한 조건으로 이루어지게 되어 있으므로 별로 실익이 없는 논의라고 할 것이다.

4. 所有權의 취득

리스기간종료시 재리스하는 대신 利用者가 리스물건을 양도받는 경우도 없지 않다. 그러한 경우는 리스물건의 소유권이 리스기간종료시에 利用者에게 자동적으로 넘어가는 방식과 利用者가 단지 일정한 가액으로 매수할 수 있는 선택권만을 갖는 방식의 두 가지로 나눌 수 있다. 前者는 특히 購買條件附리스라고 하여 통상의 리스와 구별하고 있다. 購買조건부리스에서는 리스會社가 리스기간중에 투하자본 전액을 리스료로서 회수하고 리스기간종료시에 리스물건의 소유권이 자동적으로 利用者에게 넘어가는 것이기 때문에 실질적으로 소유권유보부매매와 차이가 없다. 따라서 구매조건부리스는 회계상 금융리스에 해당하며 실제로 그 예는 그다지 많지 않다. 후자는 購買선택권부리스라고 하며 그 양도가액의 다소에 따라 회계상 금융리스가 되거나 운용리스가 된다.

5. 리스물건의 반환

리스기간종료시 利用者가 리스물건을 재리스하거나 그 소유권을 취득하지 않는 한 리스물건을 리스會社에 반환해야 한다. 리스약관에 따라서는 리스기간종료시 리스會社가 지정하는 장소에 利用者가 자기의 비용으로 물건을 반환해야 한다는 규정을 두고 있었으나 약관심사위원회는 그러한 규정을 무효로 선언한 바 있다.[91]

X. 리스거래와 倒產[92]

1. 序　說

倒產이란 용어는 법적인 용어라기보다는 거래계에서 널리 쓰여지는 일상

90) 岡部眞純, "リース取引の契約終了と物件返還をめぐる法的諸問題", 講座(下), 165 및 174(註 2).

91) 약관심사위원회의결 제88-2호, 1988년 6월 13일(한국산업리스사의 리스계약서심사청구).

92) 이 문제에 대해서 보다 상세한 것은 안원모, "이용자 도산시 법률관계", 리스산업정보 2-2, 87 이하 참조.

용어로서 그 의미가 확립되어 있는 것은 아니다. 이곳에서는 일응 개인이나 기업의 재정상태가 악화되어 채무의 이행이 곤란한 상태의 의미로 사용하기로 한다. 리스거래에서 利用者가 倒産하는 경우에는 여러 가지의 문제가 발생한다. 이러한 도산 관련문제의 구체적인 처리는 리스會社가 갖는 권리의 성격, 나아가서는 리스거래 자체의 성격을 어떻게 파악하느냐에 따라 달라진다. 이곳에서는 倒産을 처리하는 법적 절차, 즉 倒産절차 중에서 주로 파산과 회사정리절차만을 다루기로 한다. 倒産은 리스거래에 관여하는 당사자 어느 쪽에도 발생될 수 있으나 리스거래와 관련하여 주로 문제되는 것은 利用者가 倒産하는 경우이다. 이곳에서는 주로 利用者의 倒産을 중심으로 설명하고 리스會社의 倒産에 대해서는 간단히 언급하는 데 그치기로 한다. 공급자의 倒産은 통상의 倒産과 크게 다를 것이 없으므로 설명을 생략한다.

2. 利用者의 倒産

利用者의 倒産에 관하여 가장 중요한 문제는 크게 ① 리스계약의 해지 문제와, ② 리스會社의 권리실현 문제의 두 가지라고 할 수 있다. 이하 차례로 설명한다.

(1) 리스계약의 해지

利用者의 倒産과 관련한 리스계약의 해지에 관한 논의는 주로 이미 利用者에게 리스물건이 인도된 경우, 즉 이미 리스기간이 개시된 경우를 전제로 이루어지고 있다. 이곳에서는 리스물건이 인도된 후에 利用者가 倒産한 경우를 전제로 설명하고 마지막으로 리스물건 인도 전의 倒産의 문제를 간단히 언급하기로 한다.

㈎ 약관규정에 의한 해지 앞서 언급한 바와 같이 리스약관은 利用者에 대하여「파산, 화의 또는 회사정리의 신청이 있거나, 기타 영업의 계속이 곤란하다고 인정할 만한 상당한 이유가 있을 때」(개발리스약관 §21 Ⅱ v; 산업리스약관 §22 Ⅰ iv)에는 리스會社 利用者에게 아무런 최고 없이 바로 리스계약을 해지할 수 있다는 취지의 규정을 두고 있는 것이 일반적이다. 실제로 리스會社는 리스계약을 해지하고 리스물건을 반환받는 것만으로는 투하자금을 회수할 수 없는 것이 보통이다. 따라서 리스會社로서는 이같은 해지사유가 발생하였다고 해서 바로 해지하는 것이 아니라 해지권을 신중히 행사하고 있다고 한다. 그러나 이론적으로는 이러한 倒産절차의 "신청"이 있다는 것만을 이유로 바로 리스會社의 해지

권을 인정하는 약관조항이 유효한지에 대해서는 다소 의문이 있다. 이러한 倒產절차의 신청은 채권자 1인에 의해서도 행해질 수 있다. 그러한 경우에까지 리스會社의 해지권을 발생시키는 특약은 고객에 「부당하게 불이익을 줄 우려가 있는」 해지권조항을 무효로 하고 있는 約款法 규정(§9 ii)에 따라 무효로 판단될 가능성이 없지 않다. 約款法과 같은 입법이 없는 일본에서도 파산이나 회사정리절차의 신청을 해지사유로 하는 특약은 무효라고 보는 견해가 유력하다.[93] 그 견해의 주된 논거는 그러한 특약을 유효로 본다면 파산재단이나 정리회사에 속할 재산을 특정의 채권자가 탈취하는 것이 가능하게 됨으로써 채권자 전원의 공평한 만족을 목적으로 하는 파산절차의 목적이나 이해관계인의 이해를 조정하면서 기업의 재생을 도모하려는 회사정리절차의 취지에 반한다는 것이다. 그러나 위의 논거 중 회사정리절차에 관한 것은 몰라도 파산절차에 관한 것은 별로 설득력이 없다. 어차피 재건이 아니라 청산을 목적으로 하는 파산절차에서는 회사정리절차에서와는 달리 특정한 재산의 이용가치는 중요하지 않으므로 원래의 소유자에게 반환하는 것은 문제가 될 수 없다. 또한 그 결과 소유자가 다른 채권자에 비해서 유리한 지위에 서는 것은 애당초 그의 권리가 단순한 채권보다 우월한 것이었기 때문으로 채권자 사이의 공평을 추구하는 파산법상의 원칙과 모순되는 것은 아니다. 따라서 파산절차와 관련하여 위의 특약의 무효를 주장하려면 오히려 일개채권자의 신청만 있으면 바로 해지권이 발생한다는 측면을 문제삼아야 할 것이다. 그러나 실제로는 倒產節次의 신청이 있기 전에 이미 리스료지급이 연체되어 리스會社의 해지가 정당화되는 것이 보통일 것이다.

한편 거래계에서는 이러한 특약이 유효하다는 것에 거의 의문을 갖고 있지 않은 것 같다. 이에 관한 우리 판례는 아직 보이지 않는다. 다만 크게 참고가 될 수 있는 日本最高裁判所의 판결이 있을 뿐이다. 그 판결에서 문제된 것은 리스계약이 아니라 소유권유보부할부판매계약이었고 해약사유로 규정된 것은 「회사정리절차의 신청」이 아니라 「신청의 원인이 될 사실의 발생」이었다. 최고재판소는 "정리절차개시의 신청의 원인이 될 사실이 발생된 것을 매매계약해약의 사유로 하는 특약은 채권자, 주주, 기타 이해관계인의 이해를 조정하면서 窮境에 처한 주식회사의 사업의 유지갱생을 도모하려는 회사정리절차의 취지, 목적을 해치는 것이기 때문에 그 효력을 肯認할 수 없다"고 판시하

93) 鹽崎勤, "リース取引と倒産", 講座(上), 217-18.

였다.[94] 이처럼 기업의 갱생을 강조하는 최고재판소판결의 취지는 리스계약의 문맥에서도 그대로 적용될 수 있을 것이다.[95]

(나) 채무불이행에 의한 해지 利用者에 대하여 倒産절차가 개시되기 전에 이미 利用者가 리스료지급을 해태한 것을 이유로 리스會社가 리스계약을 해지한 경우에는 해지의 효과가 유효하게 발생한다는 데 의문이 없다. 그러나 倒産절차 개시 전에 해지의 의사표시를 마치지 않은 리스會社가 倒産절차 개시 후에 利用者의 채무불이행을 이유로 해지하는 것이 가능한가에 대해서는 다툼이 있다.[96] 부정설은 倒産節次開始後에는 채권자는 倒産節次에 의하지 아니하고는 채무의 이행을 청구할 수 없고 채무불이행의 상태가 해소되어 있기 때문에 채권자는 채무불이행을 이유로 계약을 해지할 수 없다고 본다. 반면 긍정설은 倒産절차 개시 전에 채무자에 해지원인에 해당하는 채무불이행이 있음에도 해지권의 행사를 참아온 채권자가 倒産절차가 개시되면 해지가 전연 불가능해진다는 것은 채권자에게 가혹하기 때문에 채권자가 해지할 수 있다고 본다. 그러나 倒産절차가 개시되었다는 이유만으로 리스會社가 이미 확보하고 있는 해지권의 행사를 막는다면 결과적으로 불필요한 해지를 유발할 것이므로 긍정설이 타당하다고 본다.

倒産절차 개시 후에는 리스會社는 倒産절차에 의해서만 리스료지급을 구할 수 있으므로 利用者의 리스료지급채무불이행을 이유로 계약을 해지할 수는 없다. 그러나 倒産절차가 개시되기 전이라도 利用者의 리스료지급의무불이행이 허용되는 경우가 있다. 會整 §39 I 에 의하면 법원은 회사정리절차개시의 결정을 하기 전이라도 채무변제를 금지하는 보전처분을 명할 수 있다. 破 §145 I 도 같은 취지를 규정하고 있다. 실제로 이해관계인은 倒産절차의 신청과 동시에 채무변제금지보전처분을 아울러 신청하는 것이 慣行이다. 그러한 가처분이 내려진 경우에는 利用者가 리스료를 지급하지 않는 것은 자신의 귀책사유에 기한 것이 아니므로 리스會社가 그것을 이유로 리스계약을 해지할 수 없다.[97]

(다) 民法 第637條의 적용 여부 民 §637에 의하면 임차인이 파산

94) 日最判 昭 57(1982). 3. 30(民集 36-3, 484).
95) 鹽崎(註 93), 218.
96) 이하 鹽崎(註 93), 219-20 참조.
97) 앞서 언급한 최고재판소판결도 마찬가지의 취지를 밝히고 있다. 日最判 昭 57(1982). 3. 30(民集 36-3, 484).

선고를 받은 경우에는 賃貸借기간의 약정에도 불구하고 임대인 또는 破産管財人은 계약해지의 통고를 할 수 있다(民 §637 I). 이러한 계약의 해지로 인하여 손해가 발생하는 경우에도 각 당사자는 상대방에 대해서 손해배상을 청구할 수 없다(民 §637 II). 民 §637가 리스계약에도 (유추)적용될 수 있는지 여부가 학설상 다투어지고 있다.[98] 리스계약의 賃貸借契約性을 부정하는 경우에는 이 규정의 적용이 부정될 것은 당연하다. 그러나 구태여 법적 성질론에 의하지 않더라도 부정설이 타당하다.[99] 民 §637는 통상 賃貸借의 경우 차임은 목적물의 사용과 대가관계에 있으므로 임대인은 계약해지 후에 차임을 받지 못하는 대신 목적물을 반환받아 그것을 스스로 사용하거나 재임대함으로써 손해를 회피할 수 있다는 사고에 근거한 것이다. 그러나 리스물건은 범용성이 없는 경우가 많고 설사 범용성이 있다 하더라도 그것을 리스會社가 반환받아 다시 재임대하는 것은 현실적으로 어려울 것이다. 특히 리스會社가 리스물건을 처분하여 취득한 대금이 투하자금에 훨씬 미달하는 경우에도 손해배상청구를 할 수 없는 것은 리스會社에게는 과도한 부담이라고 하지 않을 수 없다. 따라서 계약해지를 규정한 I의 적용은 긍정하면서도 손해배상책임의 배제를 규정한 II의 적용은 부정하는 折衷說[100]도 주장되고 있으나 그처럼 I과 II를 분리하여 적용할 근거는 박약하다.

㈃ 會社整理法 第103條 및 破産法 第50條의 적용 여부　破 §50에 의하면 管財人은 파산선고 당시에 파산자 및 그 상대방이 쌍무계약에 대해서 그 이행을 완료하지 아니한 때에는 그 선택에 따라 계약을 해지하거나 파산자의 채무를 이행하고 상대방의 채무이행을 청구할 수 있다. 會整 §103도 이와 같은 취지를 규정하고 있다. 이 규정의 취지는 쌍무계약에 있어서 양 당사자의 채무는 서로 대가적 의미를 가지고 서로 담보처럼 여기고 있는 것이기 때문에 당사자 일방에 대한 倒産절차에서도 그 대가관계를 보장하기 위한 것이다.[101] 따라서 이 규정이 적용되기 위해서는 서로 대가적 의미를 가진 대립하는 2개의 의무가 미이행상태에 있을 필요가 있다. 리스계약에 의해서 利用者가 부담하는 리스료지급의무에 대응하는 리스會社의 의무는 무엇인가? 이

98) 보다 상세한 것은 鹽崎(註 93), 220-22 참조.
99) 同旨 霜島甲一, 倒産法體系, 399.
100) 吉原省三, “リース契約と破産”, 新版破産・和議法の基礎(宮脇 編), 134.
101) 神崎克郎, “會社更生法103條 1項とリース契約”, 金融法務事情 1304, 78; 霜島(註 99), 382.

미 리스會社가 利用者에게 리스물건을 인도한 후라면 리스會社가 부담하는 의무는 리스기간중 利用者가 물건을 사용하는 것을 용인할 소극적 의무밖에 없다. 이러한 리스會社의 소극적 의무를 利用者의 리스료지급의무와 대가관계에 있다고 볼 것인가에 대해서는 學說이 나뉘고 있다.[102] 그러나 다음과 같은 점에 비추어 리스會社의 물건사용수인의무는 利用者의 리스료지급의무와 대가관계에 있다고 볼 수 없다. 먼저 賃貸借契約과는 달리 리스계약은 금융적 성격을 가지므로 리스물건의 하자나 멸실로 인하여 사용이 불가능한 경우에도 利用者의 리스료지급의무는 그대로 존속한다. 또한 利用者가 리스료를 지급하지 않는 경우 리스會社는 물건을 회수하고 회수시기까지의 미지급리스료를 지급받는 것만으로는 이익이 충분히 보호된다고 할 수 없다. 끝으로 리스會社의 사용수인의무란 단순한 부작위채무로서 추상적·관념적인 의무에 불과하기 때문에 리스료지급의무에 대응하는 것으로 볼 수 없다. 따라서 會整 § 103와 破 § 50는 이미 물건이 인도된 후의 리스계약에는 적용이 없다고 할 것이다.[103]

(마) 리스물건 인도 전의 倒産 독일의 파산법(Konkursordnung) § 20 I은 임대인이 임차물을 인도하기 전에 파산절차가 개시하는 경우에는 임대인은 賃貸借契約을 해지할 수 있다. 독일에서는 다수설·판례가 리스계약을 일종의 賃貸借契約으로 보고 있기 때문에 이 규정은 리스계약에도 적용이 있는 것으로 보고 있다.[104] 우리 나라의 파산법이나 회사정리법에는 그러한 규정은 존재하지 않는다. 다만 앞서 살펴본 바와 같이 리스약관은 통상 利用者의 倒産을 약정해지사유로 열거하고 있다. 이 특약조항은 리스기간의 개시 여부에 관계 없이 적용되는 것이므로 리스會社는 利用者의 倒産사실을 알게 된 즉시 리스계약을 해지할 수 있다고 보아야 할 것이다. 앞서 언급한 바와 이러한 특약조항의 유효 여부는 다투어지고 있으나 아직 리스물건이 인도되지 않은 경우에서까지 굳이 그러한 특약이 유효성을 부정할 근거는 별로 없을 것이다.

한편 리스물건 인도 전에 利用者에 대하여 회사정리절차가 개시된 경우에 會整 § 103 I이 적용될 수 있는지가 문제된다. 이 경우에는 리스물건 인도 후와는 달리 리스會社의 인도의무가 아직 미이행상태로 남아 있으므로 얼핏 그 적용을 긍정할 여지가 있는 것처럼 보인다. 그러나 리스물건 인도 전에도

102) 상세한 것은 鹽崎(註 93), 222-26 참조.
103) 日東京高判 平 2(1990). 10. 25(金融法務事情 1273, 33)(會整 § 103의 적용을 부인한 판결).
104) von Westphalesn, S. 441.

§103의 적용은 없다고 보는 것이 타당하다. §103 I 의 법문은 관리인이 계약을 해제하거나「회사의 채무를 이행하고」상대방의 채무이행을 청구할 수 있다고 하여 회사의 채무를 늦어도 상대방의 채무이행과 "同時에" 이행할 것을 요구하고 있다. 그러나 리스계약의 경우에는 그러한 동시의 이행이 성질상 불가능하다. 리스계약에서는 제1회 리스료만은 통상 리스물건의 인도와 동시에 이루어지지만 그 밖의 리스료는 利用者가 리스물건 인도 후에 정기적으로 분할지급하기 때문이다. 일단 물건이 인도되고 나면 利用者는 리스會社의 추가적인 의무이행과 무관하게 리스료를 지급해야 한다는 점에서 전기·수도공급계약과 같은 계속적 공급계약과 구별된다. 또한 §103는 주로 整理會社의 이익을 고려한 규정인데 리스물건 인도 후에도 그 적용을 부인하면서 리스물건 인도 전에는 그 적용을 인정하는 것은 모순이라고 할 것이다.

(2) 리스會社의 리스료채권과 물건반환청구권

리스계약상 리스會社가 갖는 가장 중요한 권리는 리스료채권과 물건반환청구권이라고 할 수 있다. 해지의 효과로서 발생하는 규정손실금채권도 결국은 리스료채권에 기한 것으로 볼 수 있다. 원칙적으로는 리스會社가 해지권을 행사하는 경우 리스會社는 리스물건을 還取權(破 §79; 會整 §62)에 의해서 회수할 수 있으나 미지급리스료채권은 파산채권이나 정리채권으로서 倒産절차를 통해서만 행사할 수 있다.[105] 리스會社가 해지권을 행사하지 않거나 행사할 수 없는 경우에는 리스기간중에는 리스물건반환청구권은 발생할 여지가 없다. 그러나 리스기간 종료시에는 재리스계약이 체결되지 않은 한 리스會社는 리스물건을 倒産節次를 통해서가 아니라 還取權(破 §79; 會整 §62)에 의해서 회수할 수 있다.[106]

한편 리스계약에 破 §50와 會整 §103이 적용될 수 있다고 보는 견해를 따른다면 管財人(또는 관리인)은 사정에 따라 리스계약의 해지와 이행 중에서 선택을 할 수 있다. 管財人이 리스계약의 이행을 선택하는 경우에는 리스會社의 리스료채권은 파산법상은 財團債權(§38 vii), 회사정리법상은 共益債權(§208 vii)이 된다. 따라서 리스會社는 倒産절차에 따르지 않고 파산채권·정리채권·정리담보권에 우선하여 변제를 받을 수 있다(破 §§40, 41; 會整 §209). 반면에 管財人이 해지를 선택한 경

105) 民 §637의 적용을 전면적으로 긍정하는 견해에 의하면 동조 II에 따라 리스회사의 미지급리스료청구가 배제될 것이다.

106) 同旨 註 103)의 판결. 동 판결은 또한 관리인이 물건반환의무를 불이행함으로써 발생한 지연손해금채권은 會整 §121 ii의 정리채권이 아니라 §208 v의 공익채권이라고 판시하였다.

우에는 리스會社는 물건의 반환을 청구할 수 있다. 이 점은 還取權에 관한 규정에 의해서도 뒷받침될 것이지만 파산법과 회사정리법은 각각 별도의 규정(破 §51 Ⅱ; 會整 §104 Ⅱ)을 두고 있다. 그에 의하면 리스會社는 리스물건이 현존하는 경우에는 그 반환을 청구할 수 있고 현존하지 않는 경우에는 그 가액에 대해서 財團債權者 또는 共益債權者로서 권리를 행사할 수 있다. 管財人의 해지 후 리스會社가 반환받은 리스물건의 가액이 잔여리스료에 미달함으로써 리스會社가 입은 손해에 대해서는 리스會社가 파산채권자 또는 정리채권자로서 그 권리를 행사할 수 있다(破 §51 Ⅰ; 會整 §104 Ⅰ).

현재 우리 나라의 회사정리 실무상으로는 회사정리절차 개시신청 후 그 개시결정 전에 리스會社와 회사 또는 보전관리인이 법원의 허가를 얻어 종래의 리스계약을 합의해지하고 새로운 계약을 체결함으로써 리스료지급채무를 共益債權(§208 xii)으로 처리하는 방법을 취하고 있다. 따라서 실무상으로는 會整 §103의 적용 여부는 문제로 제기되지 않고 있다.

(3) **리스會社의 권리의 성격 : 담보권설**

이상의 설명은 리스會社가 리스물건에 대해서 갖는 권리가 형식적으로는 물론 실질적으로도 소유권이라는 일반적인 견해에 근거한 것이다. 그러나 리스거래의 금융적 성격을 중시하여 리스계약을 담보적으로 구성하려는 견해도 없지 않다. 리스會社의 권리를 담보권으로 파악하는 이러한 담보권설은 다시 그 담보의 목적물을 무엇으로 볼 것인가에 따라 물건담보설과 이용권담보설의 두 가지로 나뉜다.[107] 그러나 리스會社에 대해서 利用者에 갖는 이용권에 대해서 그 채무자인 리스會社가 다시 질권을 설정받는다고 보는 이용권담보설은 너무도 기교적이고 비현실적이어서 취하기 어렵다. 이곳에서는 담보의 목적물을 리스물건으로 보는 물건담보설을 중심으로 설명한다. 리스거래의 금융적 성격을 중시하는 이 견해에 따르면 리스물건은 실절적으로는 利用者의 소유이지만 리스會社가 리스료채권의 담보를 위해서 형식적으로 소유권을 보유한다. 따라서 리스會社의 권리는 소유권유보부매매에서의 매도인의 권리와 양도담보에서의 양도담보권자의 권리와 유사하다.

이러한 담보권설에 의하여 倒産시의 처리를 설명하면 다음과 같다. 먼저 利用者가 파산한 경우에는 리스會社는 리스물건에 대해서 別除權을 가진다(破 §84). 리스會社는 리스물건을 파산절차에 의하지 않고 처분하여(破 §87), 그 대금을 자

107) 이 두 가지 견해에 관한 보다 상세한 소개로는 鹽崎(註 93), 228-34 참조.

신의 채권변제에 우선적으로 충당할 수 있다. 부족액에 대해서는 리스會社는 파산채권자로서 그 권리를 행사할 수 있다(破 § 87).

利用者에 대해서 회사정리절차가 개시된 경우에는 리스會社는 절차개시시에 리스물건의 가액범위 내에서 整理擔保權을 가지고(會整 § 123) 리스료잔액이 그 가액을 초과하는 경우 초과액에 대해서는 정리채권을 갖는다(會整 § 124). 리스會社는 정리담보권자로서 일반의 정리채권자보다는 우선권이 인정된다(會整 § 228).[108]

이러한 담보권설은 리스會社가 소유권유보부매매나 양도담보에서와 같이 리스물건에 대해서 담보적인 이익만을 가진 것을 전제로 하고 있다. 그러나 실제의 리스거래에서 리스會社가 리스물건에 대해서 갖는 권리가 그처럼 담보적인 것만은 아니다. 리스거래에서 利用者가 리스기간종료시까지 리스료를 완납한 경우에도 리스물건의 소유권은 利用者에게 이전하지 않고 利用者는 리스물건을 리스會社에 반환하는 것이 원칙이다. 이 점은 리스기간만료시의 리스물건의 殘價를 공제하여 리스료를 정하는 이른바 non-full payout 방식의 경우에는 물론이고 리스물건의 殘價를 零으로 보아 리스기간 동안 투하자본 전액이 회수되도록 하는 full payout 방식의 경우에도 마찬가지이다. 물론 계약상 리스기간만료시에 리스물건의 소유권이 자동적으로 또는 명목적인 금액의 지급만으로 利用者에게 이전된다는 규정을 둘 수도 있다. 그러나 그러한 구매조건부리스나 구매선택권부리스는 실제로 별로 없다고 한다. 이처럼 리스會社가 리스물건의 담보적 가치뿐 아니라 그 잔존가치에 대한 기대권까지 가진다는 점에서 리스會社의 소유권은 완전히 형식적인 것만은 아니다. 이 점에서 리스계약과 소유권유보부매매나 양도담보는 확연히 구별된다. 따라서 현재 우리 실무상의 리스계약을 담보적으로 구성하는 견해는 취하기 어렵다.

3. 리스會社의 倒産

리스會社도 이론상 도산가능성이 없는 것은 아니나 우리 나라에서는 리스회사가 재정경제원의 인가를 얻어서 비로소 설립되고 있으므로 현실적인 倒産가능성은 그리 높지 않다. 리스會社의 倒産의 경우에도 利用者의 倒産의 경우

108) 그러나 리스회사의 지위는 그다지 확고한 것이 아니다. 첫째, 정리계획이 발효할 때까지 리스료의 지급은 중단된다. 둘째, 정리계획에서 권리의 내용이 불리하게 변경될 수 있다. 셋째, 정리절차가 중도에 폐지된 경우 리스회사는 여전히 담보권자로서 우선적 지위를 갖지만 리스물건이 가치감소로 인해서 리스료 채권을 회수하기가 어렵다. 안원모(註 92), 94.

와 마찬가지로 破 §50와 會整 §103의 적용 여부가 문제된다. 利用者倒産의 경우와는 달리 리스會社의 倒産의 경우에는 부정설이 통설이다.[109] 그 근거로는 ① 임대인의 倒産시 임대인의 해지를 인정하는 것은 임차인의 보호를 도모하는 현행 賃貸借法의 이념에 반하고, ② 利用者측에 아무런 귀책사유 없이 발생한 리스會社의 倒産으로 인해서 利用者의 리스물건이용권이 박탈되는 것은 기대권의 현저한 침해이며, ③ 리스의 성질상 리스會社가 리스물건을 반환받아 처분한다 해도 그다지 자금을 회수할 수 없는 데 반하여 리스물건을 잃은 利用者의 손해를 파산채권이나 정리채권으로 신고하여 보상을 받게 하는 것은 利用者에게 극히 가혹하다는 점 등이 지적되고 있다.

[金 建 植]

109) 鹽崎(註 93), 237.

銀行去來契約

前　論

I. 銀行去來의 意義와 種類

實定法上 銀行去來의 意義를 포괄적으로 定義하고 있는 규정은 없다. 다만 銀行法 §3 I은 "金融機關이라 함은 預金의 受入·有價證券 기타 債務證書의 發行에 의하여 一般民衆으로부터 債務를 負擔함으로써 獲得한 資金을 貸出하는 業務를 規則的·組織的으로 營爲하는 韓國銀行 이외의 모든 法人을 말한다"고 규정하고 있고 商 §46 viii에서는 基本的 商行爲의 하나로서 「貸金·換金 기타의 金融去來」를 규정하고 있을 뿐이다. 한편 銀行法 §8에는 "韓國銀行과 이 法에 規定된 金融機關만이 그 商號 中에 銀行 또는 그 業務를 表示함에 있어서 銀行業, 銀行業務의 文字를 使用할 수 있다"고 규정하고 있음에도 각 특별법에 의하여 설립된 韓國産業銀行·中小企業銀行·韓國住宅銀行·長期信用銀行·國民銀行 등 特殊銀行도 「銀行」이라는 문자를 사용하고 있어서 銀行의 形式的 意義를 포괄적으로 정의하기는 어렵다. 그러나 韓國銀行은 中央銀行이고, 特殊銀行은 각 특수한 經濟的 목적을 수행하기 위하여 설립된 것이므로 좁은 의미에서 銀行이라 함은 銀行法의 적용을 받는 金融機關을 의미하고, 이들이 營業으로 하는 各種의 行爲를 銀行去來라고 할 수 있을 것이다.[1)]

銀行去來는 經濟的·法律的 觀點의 차이에 따라 여러 가지로 분류[2)]가 가능하다. 從來의 普遍的인 分類 方式은 銀行의 信用 수수 여부에 따라 與信去來·受信去來·中性去來로 나누는 것이다. 受信去來의 주된 내용은 預金·借入[3)]

---

1) 李俊相, 銀行與信去來基本約款解說, 42.
銀行의 意義와 種類에 관하여는 李碩崙 外 1, 銀行槪論, 13, 195 이하 참조. 銀行去來의 意義에 대한 학설에 관하여는 田中誠二, 銀行取引法(1990), 4 참조.

2) 銀行去來의 종류에 관하여는 李碩崙 外 1(註 1), 93 이하; 宋永煜, "銀行去來約款의 綜合的 硏究", 一般去來約款의 硏究, 서울統合辯護士會, 61; 田中誠二(註 1), 7 참조.

3) 信託도 受信去來에 속하나 우리 나라에서는 서울신탁은행만이 이를 취급하고 信託業法에 의하여 규제되며 銀行法上의 銀行業務는 아니다. 李碩崙 外 1(註 1), 112.

등이고 與信去來의 주된 내용은 貸出[4)]과 支給保證·有價證券貸與 등이다. 근래에는 銀行去來 對象의 具體的 내용을 기준으로 하여 信用去來·支拂去來·保管去來·投資去來·證券賣買去來로 나누거나 金錢 및 支拂去來·保管設備·與信去來·證券去來로 분류하는 견해도 있다. 또 銀行法에 규정된 固有業務인가의 여부를 기준으로 預金의 收入·貸出 등의 基本去來(固有業務)와 어음交換, 債務保證, 換錢, 有價證券 賣買 등의 附隨去來(附隨業務)로 분류하기도 한다.

Ⅱ. 銀行去來와 一般去來約款

1. 銀行去來契約의 特性

銀行去來의 종류는 위와 같이 다양하고 그 法的 性質도 法律行爲뿐 아니라 準法律行爲도 포함되는 것이나 相對方 있는 銀行去來는 大部分 契約이라는 법적 형태로 이루어진다. 그런데 銀行去來는 大量的·反復的·集團的으로 행해지는 것을 特徵으로 하는바, 銀行이 相對方과 거래할 때마다 去來條件을 個別的으로 決定한다는 것은 事實上 不可能하므로 각 銀行은 이를 迅速하게 처리하기 위하여 미리 定型化된 契約內容인 一般去來約款을 작성하여 이용해왔다. 오늘날 銀行去來는 一般去來約款이 이용되는 가장 典型的인 經濟分野로서 그 법률관계의 대부분은 實定法보다는 一般去來約款에 의하여 規律된다고 할 수 있다.

2. 銀行去來約款의 制定과 變遷

우리 나라에서는 與信去來에 관하여 1965. 1. 29. 金融機關代表者會議에서 처음으로 與信關係約定書 標準書式을 제정하여 시행하였으나 1970년대 初에 별도의 銀行去來約定書가 마련되어 基本約定書의 二元化가 이루어지고 銀行業務의 多樣化에 따라 새로운 約定書가 銀行別로 獨自的으로 제정됨으로써 與信關係約定書의 統一性이 흔들리게 되었다. 또 1984. 10. 20.부터 獨占規制 및 公正去來에 관한 法律이 金融業에도 적용되게 되자 與信關係約定書의 整備作業이 추진되어 1986. 10. 13.자로 全國銀行聯合會에서 개정된 標準書式을 채택하여 1987. 1. 5.부터 시행되었다. 그 후 約款의 規制에 관한 法律이 1987. 7. 1.부터 시행되고, 消費者保護運動이 확산됨에 따라 고객의 보호를 위한 約款의 再

4) 어음貸出·證書貸出·어음割引·當座貸出·콜론 등이 포함된다.

檢討 작업에 착수하여 全國銀行聯合會는 1990. 6. 22. 새로운 標準書式을 채택하여 1990. 7. 21.부터 각 銀行이 自律的으로 시행하고 있다.[5)]

受信去來約款은 원래 각 銀行別로 制定하여 施行해 왔으나 1985. 6. 12. 全國銀行聯合會에 의해 처음으로 12개 約款의 標準書式이 정해졌으며 그 후 위에 본 與信去來約款과 같은 배경에서 위 聯合會 주관으로 再整備하여 1991. 10. 새로운 受信去來標準約款을 채택하여 1991. 12. 1.부터 각 銀行이 시행하기에 이르렀다.[6)]

3. 現行 銀行去來約款의 體系

與信去來에 관하여는 企業用·家計用 基本約款 등 53개의 標準約款이 제정되어 있다. 去來關係約定書와 擔保關係約定書로 大別하고 去來關係約定書는 企業金融去來用과 消費者金融去來用으로 二元化하여 각각 基本約款을 채택하고 각 附屬約定書는 相對方만이 記名·捺印하는 個別 約定書의 형식을 채택하였다. 擔保關係約定書 등은 성질이 許容하는 한 企業과 消費者金融去來에 共用하도록 하였다.[7)]

受信去來에 관하여는 20개의 標準約款이 있으며 基本約款과 預金別 約款으로 二元化되어 있다. 受信去來基本約款에서는 모든 預金에 共通的으로 適用될 基本的인 事項을 統合·整理하여 규정하고, 預金別 約款에서는 受信去來基本約款이 當該 去來에도 적용됨을 선언하고 당해 預金에 특별한 내용이나 개별적인 사항만을 규정하도록 하였다.[8)]

4. 銀行去來約款에 대한 規制

銀行去來約款도 一般去來約款의 性質을 가지므로 契約編入이나 內容統制 등 一般去來約款에 관한 法理[9)]가 그대로 適用된다. 銀行去來約款은 銀行側이 一方的으로 작성하는 것이므로 約款의規制에관한法律의 適用 對象이 되며 同法 §3 I 但書에 해당하지 아니하므로 約款의 明示·說明義務가 免除되지 아니한다.[10)] 그 內容統制에도 個別約定優先의 原則, 統一的·客觀的 解釋의 原則, 作

5) 韓國金融硏修院 編, 與信法律(上), 52-64; 李俊相(註 1), 45-73 참조.
6) 韓國金融硏修院 編, 受信法律, 41-43.
7) 韓國金融硏修院 編, 與信法律(上), 63-64 및 附錄 참조.
8) 韓國金融硏修院 編, 受信法律, 41-43 및 附錄 참조.
9) 一般去來約款에 관하여는 民法注解 第2章 契約 前論 一般去來約款에 관한 解說 참조.
10) 李俊相(註 1), 43.

成者不利의 原則, 制限的 解釋의 原則, 信義誠實의 原則 등 一般去來約款의 解釋에 관한 原則이 적용된다. 또한 銀行法의 적용을 받는 金融機關이 金融去來關聯 約款을 制定 또는 變更하고자 할 경우에는 銀行監督院長에게 보고하여야 하며, 銀行監督院長은 필요한 경우에 約款의 變更을 勸告할 수 있고(銀行法 §40의 3 I·III) 公正去來委員會는 위 約款이 約款의規制에관한法律 §6 내지 §14의 不公正約款條項에 해당하는 경우에는 銀行監督院에 그 사실을 通報하고 그 是正에 필요한 조치를 취하도록 勸告할 수 있게(同法 §18 I) 법규정이 마련되어 있어 銀行去來約款에 관한 監督이 制度化되었다.

III. 解說의 範圍

銀行去來約款의 내용은 다양하고 광범위하므로 이를 총괄적으로 검토하기 어려울 뿐 아니라 注解書인 本書의 性格에도 어울리지 아니한다. 따라서 가장 典型的이고 基本的인 契約形態라고 할 수 있는 企業金融去來用 與信去來基本約款에 관하여만 條文別로 解說하기로 한다.

[全 孝 淑]

銀行與信去來基本約款(企業金融去來用)

前 文

이 은행여신거래기본약관(이하 약관이라 한다)은 이 은행(이하 은행이라 한다)과 거래처와의 상호 신뢰를 기초로 하여 여신거래를 신속 정확하게 처리하는 동시에 당사자의 이해관계를 합리적으로 조정하기 위하여 만들어진 것으로, 은행과 거래처 사이의 여신에 관한 모든 거래에 적용되며, 은행은 이 약관을 전 영업점에 비치하고, 거래처는 영업시간 중 언제든지 거래영업점에서 이 약관을 열람하거나 그 교부를 청구할 수 있다.

I. 前文의 趣旨

約款 制定의 목적을 밝히고 約款을 契約의 內容으로 할 것을 提案하며 約款의 明示義務를 明文化한 규정이다.

II. 約款 制定의 目的

約款이 銀行과 去來處와의 相互信賴를 바탕으로 ① 與信去來를 迅速 正確하게 처리하고, ② 當事者의 理解關係를 合理的으로 調整하기 위한 두 가지 목적에서 만들어진 것임을 선언하고 있다.

權利의 行使와 義務의 履行은 信義에 좇아 誠實히 하여야 하는 것은 民法 §2에서 천명하고 있는 一般原則이므로 銀行과 去來處와의 法律關係도 信義則에 따라야 함은 당연한 것이다.

銀行去來는 大量·反復的·集團的으로 행해지는 것이 특징으로서 제한된 營業時間 내에 迅速·正確하게 이를 처리하려면 去來時마다 去來條件을 個別的으로 決定할 수 없고 劃一的으로 그 내용을 미리 정해 놓을 수밖에 없다. 이는 銀行去來約款에만 특유한 목적이 아니고 一般去來約款이 제정되는 공통된 이유이기도 하다.

一般去來約款은 작성자인 企業이 自己에게 有利하고 상대방에게 不利한 내용으로 作成하는 것이 가장 큰 弊端이라고 할 것인데, 前文에서 銀行去來約款은 銀行의 一方的인 利益만을 추구하지 않고 去來處의 利益도 함께 고려하여 이를 合理的으로 조정하기 위해 만든 것임을 밝힌 것이다. 그러나 이 規定이 있다고 하여 個別的인 約款 條項이 반드시 쌍방의 이익을 고려하여 마련된 것이라고 추정되지는 아니하며 그 해석은 約款 解釋의 一般原則에 따라야 할 것이다.

III. 約款의 提案

이 約款이 銀行과 去來處 사이의 與信에 관한 모든 去來에 適用된다는 文

諺은 約款을 契約의 內容으로 할 것임을 提案한다는 뜻이다. 約款의規制에관한法律에 의하면 事業者가 顧客에게 約款을 契約의 內容으로 할 것을 提案하고(約款法 §2 II) 顧客이 이를 明示的·默示的으로 受容함으로써 約款의 契約編入要件은 充足되는 것으로 해석된다.[1)]

IV. 約款의 明示

約款의規制에관한法律 §3 I 本文은「事業者는 契約締結에 있어서 顧客에게 約款의 內容을 契約의 種類에 따라 一般的으로 豫想되는 方法으로 明示하고 顧客이 요구할 때에는 當解 約款의 寫本을 顧客에게 交付하여 이를 알 수 있도록 하여야 한다」고 하여 이른바 約款의 明示義務를 規定하고 있다. 이 約款 前文은 銀行이 約款을 비치하고 顧客은 營業時間 中 그 열람과 사본의 교부청구를 할 수 있다고 밝힘으로써 銀行이 約款의 明示義務를 이행할 준비를 갖추고 있음을 명백히 하였다. 그러나 실제로 銀行이 約款을 비치하지 아니하거나 교부청구에 응하지 아니하여 明示義務를 違反한 경우에 去來處가 이를 들어 抗辯하면 銀行은 約款을 契約의 내용으로 주장할 수 없다(約款法 §3 III). 明示義務를 이행하였다는 점에 대한 입증책임은 事業主인 銀行에게 있다. 約款의 寫本은 約款을 契約의 內容으로 編入하기로 하였다는 점에 대한 證據資料는 될 수 있을지언정 그 자체가 契約의 成立을 證明하는 文書가 되는 것은 아니다.[2)]

---

1) 李俊相, 銀行與信去來基本約款解說, 33; 李銀榮, "約款規制法解說", 司行, 1987. 5. 45.
2) 李俊相(註 1), 103.

第1條(적용범위)

① 이 약관은 은행과 채무자(차주·할인신청인·지급보증신청인 등 은행에 대하여 채무를 부담하는 사람을 말한다. 이하 같다) 사이의 어음대출·어음할인·증서대출·당좌대출·지급보증·유가증권대여·외국환 기타의 여신에 관한 모든 거래에 적용된다.

② 채무자가 발행·배서·인수나 보증한 어음(수표를 포함한다. 이하 같다)을 은행이 제3자와의 여신에 관한 거래로 말미암아 취득한 경우, 그 채무의 이행에 관하여도 이 약관을 적용한다.

③ 이 약관은 은행의 본·지점과 채무자의 본·지점 사이의 제1항 및 제2항의 적용범위에 속하는 모든 거래와 채무이행에 공통적으로 적용된다.

Ⅰ. 本條의 趣旨

이 約款이 適用되는 去來範圍에 관한 규정으로서 Ⅰ은 主適用範圍, Ⅱ은 副次的인 適用範圍, Ⅲ은 場所的 適用範圍에 관하여 규정하고 있다.

Ⅱ. 主適用範圍

이 約款은 銀行과 債務者 사이의 모든 直接的인 與信去來에 적용된다. 어음貸出·어음割引·證書貸出·當座貸出·支給保證·有價證券貸與 등은 典型的인 與信去來[1]이다. 外國換去來는 원래 銀行의 附隨業務로서 그 내용이 다양하나 여기서는 外貨貸出·外貨支給保證 등 外國換과 관련된 與信去來를 의미하며 換錢·送金·外國換어음推尋 등은 포함되지 아니한다.[2] 위에서 例示한 것 외에도 銀行이 영위하는 모든 信用供與行爲는 與信去來에 해당한다. 예컨대 銀

1) 각종 與信去來의 意義와 法的 性質에 관하여는 韓國金融研修院(編), 與信法律(上), 8-28 : 三菱銀行, "貸付の各種の形態", 金融去來法大系(4), 149-273 참조.

2) 李俊相, 銀行與信去來基本約款解說, 108.

行에 대한 다른 去來處의 與信去來債務를 去來處가 保證한 경우, 銀行이 當座貸越 去來處에 대한 貸越限度 超過支給, 貸越期間 經過前 發行 어음을 經過후에 支給한 경우 등에도 적용된다.[3] 또한 與信去來의 직접적인 效果로 발생한 債務에 대해서뿐 아니라 그 債務의 實質的 效力範圍로 인정되는 債務, 예를 들면 債務不履行으로 인한 損害賠償債務에도 적용된다고 할 것이다.[4]

그러나 不法行爲로 인한 損害賠償債務는 去來로 인하여 생긴 것이 아니므로 적용대상이 되지 아니한다. 또 他店券의 推尋完了前 預金支給, 當座貸越 약정이 없는 當座去來處에 대한 超過支給 등은 與信去來로 볼 수 없고, 賣出債權去來(팩터링)에는 基本約款의 必要條項만을 準用하도록 되어 있고, 社債保證去來約定書는 독립된 自足的 約定書로 되어 있으므로 基本約款이 적용되지 아니한다.[5]

Ⅲ. 副次的 適用範圍

債務者가 어음(手票를 포함한다. 이하 같다)상의 債務를 부담하고 있는 어음을 銀行이 제 3 자와의 與信에 관한 모든 去來로 취득한 경우 그 어음債務의 이행에 관하여도 적용된다. 銀行이 제 3 자와의 間接去來로 어음을 취득하는 경우가 적지 않으므로 두게 된 규정이다.

어음債務는 債務者가 어음상에 記名·捺印하여 發行·背書·保證·引受함으로써 생긴다. 參加引受도 어음行爲의 일종이나 실제로 거의 이용되지 아니하므로 제외하였다.

副次的 適用範圍에 들어가는 轉得 어음債務의 예로는 與信去來處가 發行·背書한 어음을 제 3 자로부터 銀行이 割引取得하거나 擔保로 취득한 경우를 들 수 있다.[6] 그러나 어음채권 아닌 指名債權이나 擔保權·民事保證된 어음, 不法行爲로 인한 損害賠償債務의 代物辨濟條로 제 3 자로부터 취득한 어음이나 僞造어음[7]에 대해서는 적용이 되지 아니한다.

3) 前註, 109.
4) 日注民(新)(17), 296.
5) 李俊相(註 2), 110-11.
6) 前註, 114; 日最判 昭 60(1987).7.17(民集 41.5.1359) : 反對 日注民(新)(17), 299.
7) 前註, 116.

Ⅳ. 場所的 適用範圍

銀行이나 債務者가 수개의 營業店을 가진 경우에 與信去來를 한 당해 營業店뿐 아니라 모든 本·支店과의 거래에 基本約款이 共通으로 적용된다. 이는 日本 銀行去來約定書 §13(適用店鋪)규정[8]을 참조한 것으로 보이나,[9] 銀行뿐 아니라 債務者의 本·支店도 포함됨을 明文化한 점이 다르다.

日本에서는 위 規定의 趣旨에 관하여 學說[10]이 對立되어 있는 바, 크게 나누어 銀行이나 거래처의 支店長이 체결한 契約締結의 效果가 權利主體로서의 銀行 또는 去來處에 귀속되는 것은 法理上 當然하다고 할 것이므로 이는 注意的 규정에 불과하다는 견해[11]와 支店長인 支配人의 權限은 당해 營業店의 去來範圍로 한정되는 것이므로 어느 支店長이 체결한 契約이 全 營業店에 당연히 미친다고는 볼 수 없으니 이는 必要的 규정이라는 견해[12]로 나누어진다. 基本約款이나 擔保關係附屬約款이 日本의 약정서와는 달리 정비된 우리나라의 約款 體系 아래서는 특별히 둘 실익이 없는 조항이라고 할 것이다.[13]

[全 孝 淑]

第2條(어음채권과 여신채권)

채무자가 발행·배서·인수나 보증한 어음에 의하여 여신을 받은 경우에는, 은행은 어음채권 또는 여신채권의 어느 것에 의하여도 청구할 수 있다.

Ⅰ. 本條의 趣旨

債務者가 어음에 의하여 與信을 받은 경우에 銀行은 어음채권과 與信債權

8) 그 原文은 "この約定書の各條項は, 私と貴行本支店との間の諸取引に共通に適用されることお 承認いたします"라고 되어 있다.
9) 李俊相(註 2), 120.
10) 자세한 내용은 前註, 121-24 및 日注民(新)(17), 463-64 참조.
11) 田中誠二, 銀行取引法(1990), 434.
12) 日注民(17), 315; 木俊守, "銀行取引と取引約定書", 手形硏究 74, 24.
13) 위 規定을 두어야 할 實益의 有無에 관한 자세한 검토는 李俊相(註 2), 124-31 참조.

을 함께 가지게 되는데 이 境遇 銀行은 어느 債權을 행사할 것인지 선택할 수 있음을 규정한 것이다. 本條는 어음去來 중에서 어음貸出·支給保證 등 어음에 의하여 與信을 받은 경우에만 적용되고 어음割引에는 적용되지 않는다. 어음割引은 어음賣買로 보는 것이 판례[1]·통설[2]이므로 어음채권 외에 與信債權이 별도로 존재하지 않는다. 基本約款 제8조에서도 어음割引이어음의 賣買임을 전제로 어음還買請求權 등에 관한 규정을 두고 있다.

어음債權과 原因關係上의 債權이 병존하는 경우에 債權者가 어느 債權을 먼저 행사할 것인가는 그 자유에 속한다고 할 것인데 本條는 의문의 여지를 없애기 위하여 이를 명백히 하였다. 또한 相計時의 어음의 提示·交付문제와 관련하여(基本約款 §11 I) 그 전제조건을 미리 마련해 둔다는 의미도 있다.

Ⅱ. 어음債權과 與信債權行使의 順序

어음에 의하여 與信이 행해진 경우, 예컨대 銀行이 債務者로부터 그가 發行한 어음을 받고 金錢을 貸出하는 경우 銀行은 어음상의 債權을 취득함과 아울러 그 原因關係인 消費貸借契約上의 債權도 取得한다. 一般的으로 既存債務를 부담하는 자가 債權者에게 자신이 어음債務를 부담하는 어음을 교부하는 목적은 支給에 갈음하여, 支給을 위하여, 또는 支給의 確保를 위하여 등 3가지로 나누어진다.[3] 當事者 사이에 특별한 의사표시가 없는 경우에는 支給을 위하여 또는 支給을 確保하기 위하여 교부된 것으로 推定된다.[4] 支給을 위하여 즉 辨濟의 手段으로서 어음이 交付된 경우에는 特別한 意思表示가 없는 한 어음債權을 먼저 행사하는 것이 당사자의 合理的인 意思라고 할 것이나,[5] 지급의 確保를 위하여 즉 擔保조로 어음이 교부된 경우에는 債權者가 어음債權과 原因債權 중 어느 것을 먼저 행사할 것인가는 그의 자유에 속한다.[6] 따라서 어음이 支給을 위

1) 大決 84.11.15, 84다카1227(公 743, 28); 大判 85.2.13, 84다카1832(公 749, 421).

2) 徐廷甲 外 3, 學說判例 註釋 어음手票法, 113; 鄭熙喆, 判例敎材 어음·手票法, 549; 鄭東潤, 어음·手票法(1989), 279; 崔基元, 어음·手票法(1990), 217; 朴鍾或, "어음割引," 裁判資料 30, 622.

3) 鄭東潤(註 2), 251.

4) 大判 70.6.30, 70다517(集 18-2, 99); 大判 76.11.23, 76다1391(公 551, 9629); 大判 90.3.27, 89다카14110(公 875, 1225).

5) 鄭東潤(註 2), 252; 崔基元(註 2), 183. 그러나 大判 76.11.23(註 4)는 支給을 위하여 어음이 授受된 때에도 債權者에게 選擇權이 있다고 한다.

6) 鄭東潤(註 2), 256; 崔基元(註 2), 184; 姜渭斗, 商法講義 Ⅲ, 122; 大判 60.8.18,

하여 授受된 것인지, 擔保를 위하여 授受된 것인지를 구별할 실익이 있다고 할 것인바, 대체적으로 原因關係上의 債務者가 어음상 유일한 債務者인 경우에는 어음 授受가 旣存債務의 擔保를 위하여 행하여진 것으로 推定하고 그렇지 않은 경우에는 支給을 위하여 행해진 것으로 推定하는 것이 支配的인 견해이다.[7] 어음貸出 등 與信去來를 할 때에는 債務者로부터 변제기를 滿期로 한 또는 滿期 백지의 어음을 받는 것이 보통인데 이는 담보조로 교부된 것으로 추정[8]함이 상당하다. 그러나 銀行이 他店 또는 他行을 支給場所로 한 어음을 받았거나 讓渡擔保로 어음을 취득한 경우에는 어음채권을 먼저 행사할 필요가 있다.[9]

Ⅲ. 어음返還의 同時履行抗辯

與信債權의 지급확보를 위하여 어음을 교부한 경우 銀行이 與信債權을 먼저 행사하는 때에는 債務者는 어음을 返還받을 때까지 與信債務의 履行을 거절할 수 있는 同時履行의 抗辯權을 가진다.[10] 債務者가 二重支給의 위험을 면하고 어음상의 前者에 대한 償還請求權을 유효하게 취득할 수 있도록 하기 위해서 인정되는 항변권이다. 그러나 約款 §11 Ⅰ에서는 銀行이 與信債權에 기하여 §9에 의한 相計, 代理還給辨濟充當 조치를 취하는 경우에는 어음의 同時返還을 요하지 않고 사후에 債務者가 來店 청구할 때에 返還하기로 한다고 규정하여 위 同時履行抗辯權을 배제하는 특약을 두고 있다.

與信債權에 기한 履行請求權과 支給確保를 위하여 交付된 어음의 返還請求權은 民§536 소정의 對價關係 있는 雙務契約上의 債權債務關係 또는 이와 類似한 관계에 있는 것은 아니기 때문에 債務者가 與信債務의 辨濟期를 도과하고 있는 이상은 어음의 返還을 받지 않더라도 履行遲滯의 책임을 면할 수 없으므로[11] 遲延損害金을 부담해야 한다.

4292민상864(要集 民 Ⅱ, 667).

7) 鄭東潤(註 2), 257; 崔基元(註 2), 187.

8) 鄭東潤(註 2), 282; 李俊相, 銀行與信去來基本約款解說, 136. 田中誠二, 銀行取引法(1990), 347.

9) 李俊相(註 8), 140.

10) 大判 69.4.22, 69다144(集 17-2, 41); 大判 70.10.23, 70다2042(集 18-3, 226); 大判 85.11.26, 85다카848(公 768, 119); 鄭東潤(註 2), 254. 反對 宋永煜, "銀行去來約款의 綜合的 硏究", 普通去來約款, 서울統合辯護士會, 115.

11) 日最判 昭 40(1965).8.24, 最判集 19.6.1435; 田中誠二(註 8), 348.

Ⅳ. 어음讓渡와 與信債權의 行使

銀行이 與信債權의 담보조로 받은 어음을 타에 배서양도한 경우에 銀行이 어음상 상환의무를 면할 때까지는 與信債權이 소멸하지 않는다.[12] 이 경우 銀行은 與信債權을 행사할 수 있으나, 債務者는 이중지급의 위험을 면하기 위하여 어음반환의 동시이행항변권을 가진다고 할 것이다.[13] 다만 約款 §11 Ⅰ에 의하여 상계 등의 조치를 취하는 경우에는 위 동시이행항변권이 배제된다. 銀行이 배서·양도한 어음을 환수하지 아니하고 與信債權에 기하여 상계한 경우에는 債務者가 어음 소지인에게 어음채무를 지급거절하면 어음채권자로부터 소구당할 염려가 있고, 債務者가 어음채무를 이행하면 二重支給이 되어 債務者로부터 부당이득반환청구를 당하는 번거로움이 있게 된다.[14]

Ⅴ. 時效에 관한 問題

어음債權과 與信債權이 병존하는 경우에 양 채권의 消滅時效는 개별적으로 진행하며 시효의 기산점이나 時效期間 등은 따로 정하여지는 것이 원칙이다. 그러나 銀行이 먼저 어음債權을 訴訟上 청구하는 경우에는 原因債權에 관하여도 時效中斷의 效力이 있다고 할 것이다.[15] 왜냐하면 양 채권은 동일한 目的을 위한 表裏關係에 있기 때문이다.

어음債權이 먼저 시효소멸하더라도 與信債權이 당연히 소멸하는 것은 아니므로 銀行은 與信債權을 행사할 수 있다.[16] 또 與信債權이 먼저 시효소멸한 경우에 銀行이 어음債權을 행사하는 境遇 與信債務者는 원인채무의 消滅을 내세워 지급을 거절할 수 있다.[17]

[全 孝 淑]

12) 大判 92.2.25, 91다14192(公 918, 1118); 大判 90.5.22, 89다카13322(公 876, 1343); 日最判 昭 35(1960).7.8(民集 14.9.1720); 崔基元(註 2), 185.
13) 大判 76.4.13, 75다649(要集 Ⅱ, 635).
14) 李俊相(註 8), 147.
15) 大判 61.11.9, 4293民上748(集 9, 72).
16) 大判 76.11.23(註 4).
17) 日最判 昭 43(1968).12.12(週判 148, 12).

第 3 條(이자 등과 지연배상금)

① 이자 · 할인료 · 보증료 · 수수료 등의 율 · 계산방법 · 지급의 시기 및 방법에 관하여는, 채무자는 법령의 정하는 최고율 기타 제한 내에서 은행이 정하는 바에 따르기로 한다.

② 채무자가 은행에 대한 채무의 이행을 지체한 경우에는, 곧 지급하여야 할 금액에 대하여 법령이 정하는 제한 내에서 은행이 정한 율로, 1년을 365일로 보고 1일 단위로 계산한 지체일수에 해당하는 지연배상금을 지급한다. 그러나 외국환 거래에 있어서는 국제관례 · 상관습 등에 따른다.

③ 은행이 제 1 항 또는 제 2 항의 이자 · 할인료 · 보증료 · 수수료 등과 지연배상금의 율 · 계산방법 · 지급의 시기 및 방법을 변경한 경우, 채무자는 그것이 금융사정의 변화 그 밖의 상당한 사유로 말미암아, 법령에 의거하여 정하여지는 최고율 범위 내에서, 상응하게 변경된 것일 때에는, 그 변경된 바에 따르기로 한다. 이 경우 은행은 변경기준일로부터 1개월간 이를 전 영업점에 게시하여야 한다.

④ 채무자는 제 3 항에 의하여 이자 등과 지연배상금 등의 율이 변경된 경우, 이에 이의가 있을 때에는 변경기준일로부터 1개월 이내에 계약을 해지할 수 있다. 이 경우 해지일까지는 변경전 이율을 적용하기로 한다.

I. 本條의 趣旨

與信債權에 관한 利子, 遲延賠償金 등의 率, 計算方法, 支給의 時期, 方法의 決定과 그 變更權을 銀行에 유보하는 규정이다. 이자율 등에 관한 決定과 變更은 恣意的으로 행할 수 있는 것은 아니고 법령의 制限에 따라야 한다. 銀行의 一方的인 契約內容 변경에 이의가 있는 채무자는 契約을 해지할 수 있도록 하여 相對方의 이익도 배려하였다.

Ⅱ. 利子 등에 관한 약정(제1항)

"利子"란 어음貸出 등 金錢消費貸借契約上의 貸出金 利子이고, "割引料"란 어음割引 등의 割引料이며, "保證料"란 支給保證去來上 商事委任事務處理의 報酬로서의 保證料를 뜻하고, "推尋料"란 割引어음이나 擔保어음 등이 他地 어음인 경우의 推尋手數料를 의미한다.

"計算方法"이란 付利單位가 複利인가, 單利인가, 日단위 計算인가, 月단위 計算인가, 年단위 계산인가를 뜻한다. "支給時期"란 先取인가 後取인가, 每月마다인가 수개월마다인가를 뜻한다. "지급의 方法"이란 現金支給인가 代替支給인가 또는 추심채무인가 지참채무인가 등을 뜻한다.

"法令이 정하는 最高率 其他 制限"이란 利子率, 支給方法, 支給時期 등에 관한 法令上의 制限을 의미한다. 現行法上의 制限으로는 利子制限法(§1)에 의한 金錢消費貸借契約上의 利子率 制限, 韓國銀行法(§64 I)·銀行法(§30 i)에 의한 貸出 기타 與信업무에 대한 利子 기타 料金의 最高率의 制限을 들 수 있다. 韓國銀行法, 銀行法에 의거한 利子 등의 最高率은 金融通貨運營委員會 제정 "金融機關의 與受信利率 등에 관한 規程" §3에 의한 위임에 따라 韓國銀行 總裁가 "金融機關 與受信利率 등에 관한 指針"으로 정하게 되어 있는데 1988. 12. 5. 부터 與信利率은 利子制限法의 制限 범위 내에서 각 金融機關이 自律的으로 정하도록 되어 있어[1)] 利子制限法上의 제한만이 남게 되었다.

利子制限法의 制限 利率을 초과한 약정은 그 超過 부분이 無效이고(同法 §2), 最高金利에 관한 위 銀行法 등의 規定도 效力規定으로서 그에 위배되는 약정 부분은 無效라고 해석되므로[2)] 銀行이 이러한 제한을 따르지 않을 수는 없다. 그러나 最高率을 제외한 나머지 부분에 관하여 별다른 제한이 없는 現行法 아래서 具體的인 利子率·支給方法·支給時期 등의 결정권이 銀行에만 부여되어 있는바, 각 去來別 約款에 金利 등에 관한 구체적이고 상세한 규정을 두고 있는 점이나 迅速·正確하게 劃一的으로 이루어지는 銀行去來의 特性을 감안한다 하더라도 이 조항의 規定形式이 형평에 어긋난다는 비판을 받을 여지는 여전

1) 韓國銀行 總裁가 제정한 "金融機關 與受信 利率 등에 관한 細則"(1988. 11. 28. 資融 5213-643).

2) 大判 86. 11.25, 86다카1569(公 792, 101); 大判 73. 10. 10, 73다1033(公 476, 7558).

히 남아 있다.[3] 또한 銀行去來 慣行上 銀行이 貸出利子의 計算時에 初日과 末日을 모두 包含하는 것은 預金利子의 計算時에 末日을 제외시키는 것과 비교하여 볼 때 衡平에 어긋나고,[4] 利子先取의 방식은 實質金利의 上昇에 해당한다는 批判[5]이 있다.

Ⅲ. 遲延賠償金에 관한 約定(제2항)

"채무자가 은행에 대하여 채무의 이행을 지체한 경우"란 債務者가 銀行에 대한 金錢債務를 履行하여야 할 때에 履行하지 아니한 모든 경우를 말한다. 貸出金債務를 辨濟期에 변제하지 않은 경우뿐만 아니라 支給保證去來上 事前求償債務, 割引어음還買債務 등을 期限의 利益喪失과 同時에 또는 그 債務 발생과 동시에 곧 이행하기로 약정된 境遇 바로 履行하지 아니한 때도 包含한다. "支給하여야 할 金額"이란 債務者가 銀行에 대하여 支給해야 할 義務를 부담하는 元金·利子·保證料·手數料 기타 附帶債務를 포함한다.

"遲延賠償金"이란 金錢債務不履行으로 인한 損害賠償債務를 의미하며 遲延損害金이라고도 한다. 延滯利子·遲延利子라는 표현도 사용되나 金錢의 利用代價로서의 의미를 갖는 "利子"와는 법적 性質이 다르다. 또 金錢債務가 아닌 與信去來上의 債務, 예컨대 貸與有價證券의 約定期限 내 返還義務不履行이나 登錄質 設定 有價證券의 約定期限 내 登錄抹消義務 不履行으로 인한 損害賠償債務는 포함되지 아니하며[6] 별도의 約定이 적용된다(貸與有價證券約定書 §5). 遲延賠償金의 支給을 지체한 때에는 그에 대하여 다시 遲延損害金이 발생한다.[7]

遲延賠償金의 率도 전항의 利子率과 마찬가지로 利子制限法과 銀行法이 정하는 制限 내에서 銀行이 정하게 되며 計算方法은 1년을 365일로 본 日單位 계산법에 의하여 지체일수에 따라 計算한다.

---

3) 從前 銀行去來約定書 등의 利子率 등에 관한 규정의 비판에 관하여는 宋永煜, "銀行去來 約款의 綜合的 硏究," 一般去來約款의 硏究, 서울統合辯護士會, 82; 鄭燦亨, "金融去來約款," 法과 約款, 韓國法學敎授會, 85 참조. 實務處理의 입장에서 基本約款 규정을 옹호하는 見解로는 李俊相, 銀行與信去來基本約款解說, 152 이하 참조.
4) 鄭燦亨(註 3), 85.
5) 이에 대한 상세한 검토는 李俊相(註 3), 155-59 참조.
6) 李俊相(註 3), 165.
7) 註釋債總(上), 328.

Ⅳ. 利子率 등의 變更(제 3 항·제 4 항)

1. 제 3 항은 Ⅰ·Ⅱ의 利子 등과 遲延損害金의 率, 計算方法, 支給時期, 方法 등이 去來期間중에 變更된 경우에 그 變更된 사항을 적용하기 위한 條項이다. 改正前 基本約款(§3 Ⅲ)에서는 法令上 最高率 變更에 따른 變更의 경우와 法令上 制限 범위 내에서 銀行이 自律的으로 變更하는 경우를 나누어 규정하고 전자의 경우에는 債務者의 同意 없이, 후자의 경우에는 동의를 얻어 변경의 효력이 발생하도록 하였으나,[8] 이 約款에서는 상당한 사유로 法令上의 最高率 범위 내에서 변경한 것일 때에는 債務者의 同意 없이 변경의 효력이 발생하도록 하였다. 다만 變更에 상당한 이유가 없는 때에는 從前 약정이 그대로 적용된다고 할 것이다. 한편 利子制限法이나 銀行法상의 最高利率의 변경에 따라 막바로 구체적인 契約의 내용이 변경되는 것은 아니다.[9] 法令上의 제한을 超過하는 利子나 遲延損害金의 약정은 그 超過하는 부분만이 無效[10]로 될 뿐 債務者가 任意로 辨濟한 때에는 非債辨濟(民 §742)로서 반환을 청구할 수 없는 것이므로 銀行의 변경조치가 있어야만 約定 내용이 변경된다고 할 것이다.[11]

위와 같은 변경은 銀行의 一方的 意思表示에 의해 이루어지되 그 의사표시가 相對方에게 到達되어야만 效力이 발생한다. 利子率 등의 변경은 계약의 주요한 내용의 變更이므로 원칙적으로 서면에 의해 個別通知를 해야 할 것이나[12] 銀行 업무량이 많아 현실적으로 시간·노력·비용면에서 감당하기 어려우므로 1개월간의 全 營業店 揭示를 通知方法으로 하는 특별 규정을 둔 것이다. 利子率 등이 적법하게 變更되었는데도 債務者가 그에 따른 이행을 하지 않을 때에는 基本約款 §7 Ⅱ ⅰ 소정의 期限의 利益喪失事由가 된다.

2. 이와 같이 銀行의 一方的인 의사만으로 利子率 등을 變更할 수 있도록 하는 것은 형평의 원칙에 어긋나므로 Ⅳ은 그러한 變更에 異議가 있는 채무자로 하여금 變更기준일로부터 1개월 내에 契約을 解止하여 변경내용에 따

---

8) 李俊相(註 3), 170.
9) 反對 宋永煜(註 3), 84. 銀行의 변경절차가 없더라도 객관적으로 변경되는 것이라고 한다.
10) 大判 73.10.19(註 2), 大判 86.11.25(註 2).
11) 李俊相(註 3), 176.
12) 前註, 185.

른 拘束力으로부터 벗어날 수 있도록 하였다. 이 경우 解止日까지는 종전이율을 적용하기로 하는 명문 규정이 있으나 解止日 이후에 債務者가 대출금 상환의무 등을 이행하지 아니하는 때의 遲延損害金에 관하여는 아무런 규정이 없다. 특약이 없는 이상 銀行이 정하고 있는 延滯利率을 적용할 수는 없다고 할 것이다.[13)]

[全 孝 淑]

第 4 條(부대채무)

① 은행이 채무자에 대한 채권의 보전이나 행사 또는 담보의 보전·추심이나 처분에 쓴 비용 등 거래에 관한 부대채무와 채무자가 그의 권리의 보전을 위하여 은행에 협력을 부탁한 경우에 은행이 쓴 비용은, 채무자가 부담한다.

② 제 1 항에 의한 부대채무를 은행이 대신 지급한 경우에는, 채무자는 이를 곧 상환하며, 상환을 지체한 때에는 대신 지급한 금액에, 제 3 조 제 2 항에 정하는 바에 따라 대신 지급한 날로부터 다 갚을 때까지의 지연배상금을 더하여 지급한다.

I. 本條의 趣旨

제 1 항은 여신거래로 인한 모든 附帶債務와 債務者가 권리의 保全을 부탁한 경우의 비용을 모두 債務者가 부담한다는 약정에 관한 것이고 제 2 항은 附帶債務를 銀行이 대신 지급한 경우에 곧 이를 償還해야 하고 그 이행을 지체한 경우 지연손해금이 가산된다는 約定이다.

13) 韓國金融硏修院 編, 受信法律(上), 74.

Ⅱ. 附帶債務의 範圍(제1항)

제1항 전단의 債權의 保全費用이란 與信債權의 時效中斷을 위하여 內容證明우편을 보내거나 假押留·假處分 절차 비용을, 債權의 行使費用이란 債權推尋을 위한 督促狀 발송이나 相計 通知費用 등을, 擔保保全費用이란 擔保어음의 遡求權保全節次나 어음상 권리의 時效中斷節次, 擔保權侵害排除를 위한 법적 절차에 쓴 비용을 말한다. 擔保의 推尋·處分費用이란 擔保어음이나 讓渡擔保로 받은 채권의 추심이나 其他 擔保有價證券·動産·不動産 등의 任意處分 비용을 의미한다. 擔保取得費用,[1] 예컨대 根抵當權設定時의 登記費用·代書料 등도 넓은 의미의 擔保保全費用에 包含된다고 할 것이나 이에 관하여는 個別約定書에 별도의 규정이 있다(抵當權設定契約書 §8 Ⅱ; 根抵當權設定契約書 §9 Ⅱ).

위에서 예로 든 것 외에도 與信去來에 수반하는 모든 費用은 附帶債務로서 債務者가 부담하게 된다. 強制執行費用(民訴 §513)·擔保權實行을 위한 競賣費用(民訴 §§735, 513), 銀行의 債權行使에 관한 訴訟에서 債務者가 패소한 경우의 訴訟費用(民訴 §89) 등 法律의 규정에 의하여 債務者의 負擔으로 되는 部分에 대해서는 주의적으로 둔 규정이고, 법률에 아무런 규정이 없는 附帶債務를 債務者의 부담으로 한다는데 본 約定의 실익이 있다. 그러나 銀行이 敗訴한 경우의 訴訟費用이나 辯護士 報酬를 債務者에게 부담시키는 것은 不公正하므로 본조의 特約에 포함된다고 할 수 없으나[2] 銀行이 승소한 경우 소송비용산입에서 제외된 辯護士 報酬 중 상당한 範圍內[3]의 것은 포함된다고 할 것이다.

제1항 후단은 債務者의 付託으로 銀行이 할인어음에 대한 時效中斷 조치를 취한다거나 銀行의 귀책사유 없이 분실된 어음에 대한 公示催告節次를 밟은 境遇의 費用 등도 債務者가 부담하기로 한다는 약정이다. 이러한 규정이 없더라도 이는 委任事務處理費用(民 §688)으로서 債務者에게 償還請求할 수 있는 것인데 주의적으로 둔 규정이다.

---

1) 특약이 없는 한 債務者의 부담이 아니라는 것이 판례이다. 大判 77.10.11, 75다2329(公 574, 10377); 大判 81.7.28, 81다257(公 664, 14208); 大判 82.4.13, 81다531(公 682, 497).

2) 李俊相, 銀行與信去來基本約款解說, 190; 宋永煜, "銀行去來約款의 綜合的 硏究", 一般去來約款, 서울統合辯護士會, 99; 鄭燦亨, "金融去來約款", 法과 約款, 韓國法學敎授會, 111.

3) 大判 86.8.19, 86다카70(公 785, 1217). 이 판례는 이러한 약정이 손해배상의 豫約에 해당한다고 한다.

Ⅲ. 替當支給費用의 辨濟(제2항)

제1항의 約定에 따라 債務者가 負擔하여야 할 附帶債務를 銀行이 대신 支給하였을 때에는 債務者는 이를 곧 갚아야 하고, 이를 지체한 때에는 遲延賠償金을 가산하여 지급해야 한다. 이 條項이 없더라도 체당비용의 상환을 지체하면 §3 Ⅱ이 적용되어 遲延損害金을 물어야 하는 것인데 注意的으로 둔 규정이다. 또 위 償還義務의 이행지체는 §7 Ⅰ ⅴ의 當然期限利益喪失事由가 된다.

[全 孝 淑]

第5條(자금의 사용)

채무자는 은행의 여신거래로 받은 자금·대여유가증권을 그 거래 당초에 정해진 용도와 다른 용도로 사용하지 아니한다. 지급보증 기타 은행으로부터 받은 신용의 경우에도 같다.

本條는 與信去來에 있어서 資金의 用途外 流用禁止에 관한 특약이다. 貸出資金의 用途 외 使用은 貸出의 본래의 目的達成에 차질을 가져오게 할 뿐만 아니라 銀行의 債權回收에도 지장을 초래할 수 있기 때문에 이를 금지시킨 것이다.[1]

私人間의 消費貸借에 있어서는 借金을 어느 용도에 소비하든 借主의 자유에 속함이 原則이라고 할 것이나, 金融資金運用의 健全性은 金融機關의 유지발전과 預金主의 保護를 위하여 필요할 뿐 아니라 金融資金의 效率的 배분은 나라 경제의 均衡 있는 발전에 直接 影響을 미치므로 嚴格한 法的 規制를 받는다(韓國銀行法 §§ 66-68; 銀行法 §§27, 30, 30의 2). 金融機關은 與信去來의 신청을 받으면 엄격한 심사를 통하여 資金用途를 포함한 與信의 適格性을 검토한 다음 與信의 결정을 내리며(금융기관여신운용규정 §§ 2, 3, 5, 6, 8; 동 세칙 §2) 資金의 用途外 流用防止를 위한 사후관리책임까지 부과되어 있어(동 세칙 §8) 약정상 이를 명백히 하여 각 법령의 취지에 위반됨이 없도록

1) 韓國産業銀行, 逐條貸出契約證書解說, 21.

하고자 한 것이다.[2)]

本條는 有形·無形의 信用이 供與되는 모든 與信去來에 적용된다. 당초에 정해진 用途란 처음 與信을 받을 때에 銀行과의 合意로 정해진 用途를 말하나, 도중에 銀行과의 합의로 용도를 變更한 때에는 그 變更된 用途外의 流用도 금지하는 취지라고 해석된다.

債務者가 이 조항을 위반한 경우에는 基本約款 §7 Ⅱ ⅰ의 은행과의 모든 거래약정의 일부라도 위반한 때에 해당되어 請求에 의한 期限의 利益 喪失事由가 된다.

[全 孝 淑]

第 6 條(담보)

① 채무자의 신용변동·담보가치의 감소 기타 채권보전상 필요하다고 인정될 상당한 사유가 발생한 경우에는 채무자는 은행의 청구에 의하여 곧 은행이 승인하는 담보나 추가담보를 제공하고 또는 보증인을 세우거나 이를 추가하기로 한다.

② 담보는 법정절차에만 의하지 아니하고, 은행이 일반적으로 적당하다고 인정되는 방법·시기·가격 등에 의하여 추심 또는 처분하고, 그 취득금에서 제비용을 뺀 잔액을 제12조에 준하여 채무의 변제에 충당할 수 있기로 하며, 채무자는 나머지 채무가 있는 경우에 곧 변제하기로 한다.

③ 채무자가 은행에 대한 채무의 이행을 지체한 경우에는, 은행이 점유하고 있는 채무자의 동산·어음·기타의 유가증권을 담보로서 제공된 것이 아닐지라도, 은행이 계속 점유하거나 제 2 항에 준하여 추심 또는 처분 등의 처리를 할 수 있기로 한다.

---

2) 韓國金融硏修院 編, 與信法律(上), 76.

Ⅰ. 本條의 趣旨

擔保에 관한 법적 취급은 擔保의 態樣이나 目的物의 種類에 따라 다른 것이고 개별적인 擔保去來 約定書에 구체적인 조항을 두고 있으나, 本條는 모든 擔保去來에 적용되는 一般的인 規定으로서, 擔保의 範圍를 확대하고 實行을 간편하게 하여 銀行의 債權을 확실하게 保全하고 신속하게 實現하려는 데 취지가 있다. 그 주된 내용은 債權保全을 위해 필요한 경우의 債務者의 擔保나 追加擔保 등의 提供義務, 擔保物에 대한 銀行의 任意處分權과 任意辨濟充當權 부여, 正式擔保物이 아닌 物件에 대한 銀行의 任意處分權과 任意辨濟充當權 부여 등이다.

1987. 基本約款 施行 전의 표준서식에는 "귀행에 현재 제공하고 있는 擔保와 將來 提供하는 擔保는 모두 그 擔保하는 債務 외에 現在와 將來에 負擔하는 모든 債務를 共通으로 擔保하는 것으로 함"이라는 내용의 共通擔保 條項이 있었으나, 이는 실제로 활용이 잘 되지 않고, 擔保契約 體系가 종래의 包括根抵當 置重 형태에서 탈피하여 擔保提供者의 의사를 존중하는 형태로 정비됨에 따라 삭제되었다.[1]

Ⅱ. 債務者의 擔保提供義務(제1항)

1. 概 說

民·商法의 일반원칙상 債務者는 資力이 充分하지 않더라도 法律의 규정(民 §§ 362, 443; 商 § 232 Ⅲ)이나 當事者 사이의 특약이 있는 경우에만 擔保를 提供하거나 補充할 의무를 지는 것인바, 本項은 銀行의 債權을 확보하기 위하여 擔保提供 또는 補充義務가 성립하는 범위를 확대하기로 하는 特約 條項이다.

2. 擔保提供請求의 要件

(1) 債務者의 資産狀態 惡化 등 信用變動·擔保價値의 減少 등 債權保全上 必要하다고 인정될 相當한 사유가 발생해야 한다. 위에 열거된 것 외에도

1) 李俊相, 銀行與信去來基本約款解說, 197-200.

擔保어음의 주된 債務者이 信用惡化, 保證人의 信用惡化도 債權保全의 필요가 있는 경우에 해당한다. 擔保의 減少가 債務者의 歸責事由로 발생할 것을 요하지는 않으나 적어도 銀行의 歸責事由로 인한 경우는 제외된다고 할 것이다. 이에 반하여 銀行則의 일방적 사정, 예컨대 金融市場이 逼迫해진 것을 이유로는 擔保提供 등을 청구할 수 없다.[2)]

債權保全上 必要하다고 인정될 相當한 事由가 발생한 것인지는 客觀的으로 判斷하여야 하고 銀行의 主觀的·恣意的 判斷에 따라야 하는 것은 아니다.

(2) 이러한 사유가 與信去來約定 후에 발생해야 하는 것인지, 당초부터 債權保全의 必要가 존재한 경우에도 擔保提供을 청구할 수 있는 것인지에 관하여는 다툼이 있을 수 있으나[3)] 위 規定의 文彦上으로도 信用의 變動이나 擔保價値의 減少 등 事情變更이 있을 것을 요하고 있고, 與信去來約定을 맺기 전에 銀行은 債務者의 信用을 調査·檢討하여 擔保附 또는 無擔保 貸出 與否를 결정하게 되는 것이므로 本項은 與信去來 約定 후에 債權保全의 필요가 생긴 경우에 적용된다고 해석할 것이다.[4)]

3. 擔保提供義務의 內容

(1) 위와 같은 요건을 갖춘 경우 銀行의 請求가 있으면 債務者는 곧 銀行이 承認하는 人的·物的 擔保를 提供할 의무가 있다. 여기서의 "承認"은 銀行이 현실적으로 承認하는 것을 의미하는 것이 아니라 客觀的·一般的 표준에 의하여 銀行이 承認한다고 인정되는 가치를 지닌 것을 의미한다.[5)] 銀行이 특정한 담보물건을 지정하거나, 特定人을 保證人으로 지정하여 청구한 경우에는 擔保의 適格性 여부에 대해 問題 삼을 수는 없다고 할 것이다(民 § 431 Ⅲ 참조).

(2) 銀行의 청구에 의해 債務者는 담보를 제공해야 할 의무를 부담할 뿐이고 이로써 바로 特定物件·特定人에 대한 擔保設定의 效果가 생기거나 擔保設定의 豫約이 있는 것이라고 보기는 어렵다. 따라서 이 約定을 근거로 銀行이 債務者를 상대로 特定物件에 대한 擔保權設定의 意思表示에 갈음하는 判決을 구하는 訴訟을 제기하거나 抵當權設定登記 假處分命令, 抵當權設定請求權

2) 日注民(新)(17), 312.
3) 前註.
4) 李俊相(註 1), 203.
5) 李俊相(註 1), 204; 宋永煜, "銀行去來 約款의 綜合的 硏究", 一般去來約款, 서울統合辯護士會, 86.

保全 假登記假處分의 신청은 할 수 없다고 할 것이다.[6)]

(3) 債務者가 擔保提供義務를 곧 이행하지 아니하거나 擔保價値가 없는 擔保를 제공하는 등 이 約定을 위반하는 경우에는 民 §388 ii[7)] 및 約款 §7 Ⅲ iii의 期限의 利益 喪失事由에 해당하므로 銀行은 請求에 의하여 期限의 利益을 喪失시키고 債權回收措置를 취할 수 있다.

4. 債務者의 擔保減少請求權

銀行의 擔保提供請求權에 대응하여 債務者에게도 銀行이 擔保로 確保하고 있는 價値가 被擔保債權額을 過大하게 초과할 경우 그 差額에 상당한 擔保權의 解止 내지 擔保額의 減少를 청구할 수 있는지에 관하여는 肯定說과 否定說의 대립이 있다. 肯定說은 銀行의 增擔保請求權과의 均衡上[8)] 또는 信義則上[9)] 이를 인정해야 하고, 債務者의 청구가 있으면 銀行이 그에 응해야 할 의무를 부담한다고 한다. 否定說은 法律의 規定이나 約定에 없는 契約解除權은 인정될 수 없고, 다만 事情變更의 原則이 적용되는 例外的인 경우에만 契約 解除權이 인정될 수 있을 뿐이라거나, 次順位擔保權者 등 利害關係人의 辨濟에 의한 代位權 확보의 견지에서 擔保減少請求權은 인정될 수 없다고 한다.[10)] 생각건대 法律의 規定이나 當事者間의 約定이 없는데도 債務者의 一方的 請求에 의해 契約의 拘束力으로부터 벗어날 수 있는 성질의 擔保減少請求權은 인정될 수 없다고 할 것이다. 다만, 債務者의 歸責事由 없이 당사자가 豫想하지 않았고, 또한 豫想할 수도 없었던 顯著한 事情變更이 생겼고, 契約內容대로의 拘束力을 인정하면 信義則에 어긋나는 결과가 발생하는 경우에는 事情變更의 原則에 의해 擔保契約의 全部 또는 一部解除가 가능하다고 할 것이다.[11)]

---

6) 日注民(新)(17), 314; 石井眞司, 新銀行取引約定書の解說, 25.

7) 民 §388에 해당하는 사유가 발생한 경우에 당연히 期限 到來의 效果가 발생하는 것이 아니고 債權者가 그 辨濟를 청구할 수 있다는 뜻으로 해석하는 것이 일반적이다. 註釋債總(上), 214; 郭潤直, 債總(1983), 126; 金亨培, 債總, 198; 金容漢, 債總, 128 등.

8) 日注民(新)(17), 315.

9) 韓國外換銀行, 어음去來約定書 解說(1976), 51.

10) 西尾信一, "擔保提供義務と共通擔保條項", 堀內仁傘壽記念 銀行取引約定書, 91.

11) 事情變更의 原則에 의한 契約解除를 인정하는 것이 우리 나라의 多數說이다. 郭潤直, 債各, 144; 金曾漢, 債各, 95; 金疇洙, 債各(上), 126; 李太載, 債各, 117; 李英俊, "事情變更의 原則에 관한 硏究", 司論, 5, 67 등.

少數說은 이를 否定한다. 註釋債各(1), 260; 李銀榮, 債各, 171.

大法院 判例는 초기에 否定的 見解를 취하였다. 大判 63.9.12, 63다452(集 11-2, 131); 근래에는 주로 繼續的 契約關係에서 이를 인정하고 있다. 大判 86.9.9, 86다카792(公 787, 1384); 大判 90.2.27, 89다카1381(公 870, 756); 大判 92.5.26, 92다2332(公 924, 2011); 大判 92.7.14, 92다8668(公 927, 2400) 등.

그러나 銀行측에 增擔保請求權을 인정하는 것과의 衡平上 約款 자체에 債務者의 擔保減少請求權에 관한 규정을 두는 것이 바람직하다고 생각한다.

Ⅲ. 擔保權의 實行(제2항)

1. 概 說

民法所定의 擔保物權에 관하여는 그 實行方法이 法定되어 있어서 抵當權이 設定된 不動産은 擔保權實行을 위한 競賣(民 §363 I; 民訴 §724), 質權設定된 動産은 競賣 또는 簡易辨濟充當(民 §388 I·II), 權利質權 設定된 債權·有價證券은 直接請求 또는 競賣(民 §353 III·IV) 등의 절차에 따라 실행해야 한다. 그러나 이들 節次는 번거롭고 時間·費用이 많이 들 뿐 아니라 換價額이 低廉하여 債權者·債務者·擔保提供者에게도 불리한 경우가 많으므로 이를 피하여 簡便·迅速하게 擔保實行이 가능하도록 하기 위하여 둔 規定이다.

2. 適用範圍

(1) 擔保 중에서 實行方法이 법정되어 있는 抵當權·質權 등에 적용된다. 正規擔保가 아닌 變則擔保에 관하여는 實行方法이 法定되어 있지 않아 當事者間에 合意된 方法으로 실행하거나, 合意가 없으면 그 종류의 擔保에 通常 認定되는 方法으로 實行하면 되므로 本項의 特約은 적용되지 아니한다.

(2) 이 特約은 基本約款을 契約에 編入하기로 한 去來의 相對方, 즉 債務者·保證人·物上保證人에게 모두 적용된다. 이 점은 1987. 基本約款 시행 전의 각 去來約定書上 擔保提供者가 적용대상이 되지 아니하던 것과는 다르다. 그러나 각 擔保約定書에 擔保權 實行方法에 관한 더 具體的인 約定條項[12]이 있으므로 그들 約定이 優先的으로 적용될 것이어서 이 規定의 實效性은 별로 없다.

3. 約定의 有效性

(1) 法定節次 이외의 擔保權 實行方法으로는 銀行이 擔保物을 任意로 評

12) 저당권설정계약서 §8; 근저당권설정계약서 §7; 질권설정계약서 §5; 근질권설정계약서 §6.

價하여 辨濟에 갈음하여 스스로 所有權을 취득하거나, 제3자에게 賣却하여 그 代價를 債權에 充當하는 方法을 들 수 있다. 또 債權인 경우에는 銀行이 直接 推尋할 수도 있다. 債權의 辨濟期 前에 행해지는 이러한 擔保權의 任意實行에 관한 約定은 이른바 流擔保契約에 해당한다.[13] 擔保物이 不動產인 경우에 그러한 約定이 有效함은 疑問의 여지가 없으나,[14] 動產이나 債權 등인 경우에는 流質契約 禁止(民 §339)[15]의 原則과 關聯하여 有效性이 문제된다. 銀行去來의 相對方이 商人인 경우는 商 §59에 의해 流質契約이 허용되므로 문제가 없으나, 非商人인 경우에도 資金調達의 便宜性 등을 고려하여 이러한 約定을 유효라고 해석해야 할 것이다.

(2) 擔保物의 貸出 當時의 價額이 貸出金 및 그 利子의 合算額을 超過하고 銀行이 貸出金의 辨濟에 갈음하여 그 所有權을 取得하더라도 基本約款 §6 Ⅱ 후단에서 精算에 관한 규정을 두고 있는 이상 民 §§607, 608 違反으로서의[16] 無效 여부는 問題되지 않는다.

다만 讓渡擔保나 假登記擔保의 경우에는 물론 抵當權設定에 덧붙여서 행해지는 代物辨濟豫約의 경우에도 假登記擔保法이 적용되는 한도 내에서는 同法이 정하는 清算節次에 따라야만 한다(假擔法 §4 Ⅳ).

4. 擔保權의 任意實行

(1) 債務者의 銀行에 대한 債務가 遲滯된 때에는 銀行은 자신이 임의로 정한 方法·時期·價格에 따라 擔保權을 實行할 수 있다. 다만 그 自由는「一般的으로 적당하다고 인정되는」限度 내에서만 인정된다. 따라서 銀行이 故意 또는 過失로 擔保物을 顯著한 廉價로 매각한다거나 적절한 處分時期를 놓친 경우에는 擔保提供者에 대하여 債務不履行 또는 不法行爲로 인한 損害賠償責任을 진다.[17] 그러나 處分價格이 단순히 時價와 差異가 있다는 것만으로는 債

13) 金相容, 不動產擔保法, 90.

14) 民法上 流抵當禁止에 관한 明文規定이 없으므로 流抵當 계약은 有效하다. 金相容, 前註; 郭潤直, 物權, 577; 金容漢, 物權, 565; 張庚鶴, 物權, 791.

15) 民法上 流質契約禁止의 原則 자체도 신랄한 批判의 대상이 되고 있다. 李英俊(編), 註釋物權(下), 281; 郭潤直, 物權, 548; 金其善, 物權, 372; 崔栻, 物權, 341; 日注民(新)(17), 321.

16) 判例는 위 民法 規定에 위반하는 代物辨濟의 豫約이라도 貸出 元利金을 超過하는 部分만이 無效이고, 精算을 豫定하는 讓渡擔保로서의 效力은 있다고 한다. 大判 80.7.22, 80다998(公 641, 13081); 大判 82.7.13, 81다254(公 688, 744).

17) 讓渡擔保權者에 관한 判例인 大判 81.5.26, 80다2688(公 660, 13978); 大判 83.2.8, 81다547(公 701, 492) 등 참조.

權者의 過失이 推定되는 것은 아니다.[18]

(2) 이 約定에 의하여 擔保提供者는 銀行에 대하여 擔保物을 處分하여 債務의 辨濟에 充當하는 事務를 付託한 것이고, 동시에 銀行은 債權의 回收라는 자신의 事務를 處理하는 것이므로[19] 이는 民法上 委任에 해당하는 것이라고 볼 수 있다.[20] 그러나 이 約定에 의해 막바로 銀行이 擔保提供者의 이름으로 法律行爲를 할 수 있는 代理權까지 부여한 것이라고는 풀이되지 아니하므로[21] 銀行은 자기의 이름으로 제3자에게 擔保物을 處分한 후 그 效果를 擔保提供者에게 돌릴 수 있을 뿐이고, 擔保提供者는 이 約定에 의해 登記移轉이나 擔保物의 引渡 등에 協力할 義務를 負擔하게 된다. 이러한 특성 때문에 近來에는 이 約定을 處分授權 條項으로 보려는 견해가 있다.[22] 處分權賦與(Ermachtigung)는 權利의 保有者가 他人에 대하여 權利 자체를 移轉함이 없이 處分의 權限만을 부여하는 행위를 일컫는 것으로서, 受權者는 自身의 이름으로 本人에게 有效한 處分行爲를 할 수 있으므로 處分의 效果는 直接的으로 權利者에게도 미치나, 代理와는 달리 受權者와 제3자와의 契約上의 法律效果까지 直接 權利者에게 미치는 것은 아니다. 우리 民法에는 이에 관한 明文規定은 없으나 私的自治의 原則에 비추어 許容된다고 할 것이다.[23] 그러나 約款의 規定은 擔保物의 處分에만 主眼點을 둔 것이 아니고 보다 더 包括的인 事務의 處理를 付託한 것이라고 할 것이므로 處分權賦與만으로 단순하게 해석할 수는 없을 것으로 생각한다.

(3) 銀行이 直接 占有중인 動產·有價證券·債權證書 등의 경우에는 債務者의 별다른 協力이 없더라도 銀行이 直接 推尋하거나 處分할 수 있다. 그러나 擔保物이 不動產이나 船舶·自動車·航空機 등인 경우에는 銀行과 擔保提供者의 內部的인 關係에서는 處分權限이 授與되었다고 하더라도 登記簿나 登錄簿上 所有 名義가 擔保提供者로 되어 있는 상태에서 銀行이 제3자에게 이를 處分하기는 現實的으로 곤란하므로 擔保提供者로부터 미리 代理權授與에 관한 文書, 所有權移轉登記所要書類 등을 받아 놓는 것이 便利하다. 指名債權質에

18) 大判 81.12.28, 81다462(公 701, 218).
19) 評釋債各(Ⅱ), 452.
20) 韓國金融硏修院 編, 與信法律(上), 77.
21) 委任은 代理의 원인이 되는 기초적인 法律關係의 일종일 뿐이다. 民 §128; 民法注解(Ⅲ), 6.
22) 李俊相(註 1), 226.
23) 民法注解(Ⅲ), 17; 李英俊, 民總, 466; 梁彰洙, "無權利者에 의한 처분과 權利者에 의한 追認", 民判硏 Ⅹ, 28.

있어서도 債權讓渡를 위해서는 讓渡通知를 代理해서 할 수 있는 權限을 미리 부여받을 필요가 있다. 또 어음에 入質背書만을 받아 質權設定을 한 경우에는 銀行이 스스로 讓渡背書를 할 수는 없어 債務者의 協力 없이는 자유롭게 處分할 수 없게 되므로 有價證券質에 있어서도 숨은 入質背書나 讓渡擔保로서의 讓渡背書를 받는 등의 조치가 필요하다.

5. 任意辨濟充當과 精算

(1) 銀行이 擔保權을 實行하여 얻은 取得金은 그 實行費用을 共濟한 나머지를 §12에 준하여 債務의 辨濟에 充當할 수 있다. 基本約款 §12는 辨濟充當에 관한 民 §§476 내지 479의 규정에 의하지 않고 銀行이 辨濟充當 順序와 方法을 달리 정할 수 있도록 하는 特約이다. 그러나 이 경우 銀行의 완전한 恣意에 맡겨진 것이 아니라, 「채무자에게 불리하지 않은 범위 내에서」 또는 「모든 채권의 안전하고 확실한 보전을 위하여」 행해야 하는 制約이 따른다.

(2) 辨濟充當 후에도 債務가 남은 경우에 債務者는 이를 곧 辨濟할 義務를 負擔한다. 즉 銀行이 擔保物의 取得 또는 處分으로 辨濟에 갈음하기로 한 것이 아니고 過不足金을 精算하기로 한 約定이라고 할 것이다. 따라서 取得金이 被擔保債權額을 超過하는 경우에는 銀行이 擔保提供者에게 이를 返還할 義務를 負擔한다.[24)]

(3) 銀行이 取得金을 바로 債務辨濟에 充當하지 아니하고 나중에 決濟處理를 하기 위하여 債務者 名義로 別段預金하여 둔 경우에 債務者의 債權者가 이를 假押留 또는 押留한 경우의 效力이 문제된다. 실질상으로는 銀行과 債務者 사이에서 貸出金債權과 決濟處理를 한 것과 마찬가지라고 할 것이므로 債務額에 相當한 만큼은 債務者에게 預金返還請求權이 있다고 할 수 없으므로 押留는 無效라고 할 것이나, 다만 債務額을 超過하는 部分은 債務者에게 返還해야 할 것이므로 有效하다.[25)]

24) 李俊相(註 1), 223.
25) 日注民(新)(17), 325; 李俊相(註 1), 224.

Ⅳ. 非擔保物의 任意處分 등(제3항)

1. 槪 說

債務者가 遲滯에 빠진 경우 銀行이 이미 設定된 擔保를 실행하여 取得한 金額만으로는 債務가 완제되지 아니하는 경우가 있을 수 있다. 이러한 때에는 銀行은 擔保 이외의 目的으로 占有중인 債務者의 動産 등을 債務의 辨濟가 있을 때까지 留置하고, 前項에 준하여 이를 任意處分, 辨濟充當할 수 있도록 하는 규정이다.

企業金融去來用 基本約款이 적용되는 去來의 相對方은 대부분 商人이고 銀行도 商人이므로 物件과 債權 사이에 牽連性이 없어도 商事留置權(商 § 58)이 성립되는 것이나, 그 實行은 競賣 또는 簡易辨濟充當의 方法에 의해야 한다. 本項은 商事留置權이 성립하는 경우라도 그 實行方法을 銀行의 任意에 맡기는 점에 特約으로서의 意義가 있고 去來의 相對方이 商人이 아닐 경우에 특히 存在意義가 있다.

2. 適用對象

본항의 適用對象은 銀行이 擔保에 의하지 아니하고 占有하는 債務者 所有의 動産·어음 기타 有價證券 등이다. 예컨대 割引依賴를 받았으나 未割引된 어음, 推尋委任 받은 어음·手票, 開封 保護預受중인 動産 또는 有價證券, 기타 어떤 去來關係로 占有하게 된 債務者의 無記名預金證書 등이다. 반면 記名式預金證書나 債務者 計定上의 輸出代錢·外貨送金代錢債權 등은 指名債權이지 動産·有價證券이 아니므로 適用對象이 되지 아니한다.[26]

또 封緘保護預受金이나 貸與金庫 속의 물건은 銀行이 直接 占有하고 있는 것이 아니므로 適用對象이 아니다.[27]

3. 本項의 任意處分權은 實質的으로 擔保의 機能을 하지만 이로써 막바로 擔保權設定契約이 체결된 것이라고 보기는 어렵고 債權契約으로서의 推尋·處分權能이 부여된 것이라고 할 것이다. 따라서 商事留置權의 成立要件을 갖춘

26) 李俊相(註 1), 236.
27) 日注民(新)(17), 326; 李俊相(註 1), 237.

경우에는 債務者가 破産宣告를 받거나 會社整理節次가 開始된 경우 別除權者(破 §84) 또는 整理債權者(會社整理法 §123)로서 債權을 회수할 수 있을 것이나 그렇지 않은 경우에는 이 處分權을 제3자에게 對抗할 수 없다.[28)]

4. 占有物의 處分方法이나, 辨濟充當 등에 관한 說明은 前項과 같다.

[全 孝 淑]

第7條(기한 전의 채무변제의무)

① 채무자에 관하여 다음 각호의 사유의 하나라도 발생한 경우에는 채무자는 은행으로부터의 독촉·통지 등이 없어도 당연히 은행에 대한 모든 채무의 기한의 이익을 상실하여(지급보증거래에 있어서의 사전구상의무의 발생, 유가증권대여에 있어서의 기한 전의 대여증권 반환의무·대여유가증권상에 설정하였던 담보권설정등록의 말소의무발생을 포함한다. 이하 같다), 곧 이를 변제(또는 이행)할 의무를 지기로 한다.

1. 제 예치금 기타 은행에 대한 채권이나 채무자가 제공한 담보재산에 대하여 가압류·압류명령이나 체납처분 압류통지가 발송된 때 또는 기타의 방법에 의한 강제집행개시나 체납처분 착수 있는 때
2. 파산·화의개시·회사정리절차개시나 채무불이행자명부등재의 신청이 있는 때
3. 조세공과에 관하여 납기 전 납부고지를 받거나, 어음교환소의 거래정지처분이 있는 때 또는 기타 행방을 감추는 등 지급을 정지한 때
4. 은행에 대한 채무의 일부라도 기한에 변제하지 아니한 때

---

28) 李俊相(註 1), 238; 田中誠二, 銀行取引法(1990), 364.

5. 포괄근보증인의 제 예치금 기타 은행에 대한 채권에 대하여 제 1 호의 명령이나 통지가 발송된 때

② 채무자에 관하여 다음 각호의 사유의 하나라도 발생한 경우에는 채무자는 은행의 청구에 의하여, 은행에 대한 모든 채무의 기한의 이익을 상실하여, 곧 이를 변제(또는 이행)할 의무를 지기로 한다.

1. 은행과의 모든 거래약정의 일부라도 위반한 때
2. 제 1 항 제 1 호 외의 재산에 대하여 가압류·압류·체납처분압류가 있거나, 채무자의 담보제공재산에 대하여 임의경매개시가 있는 때
3. 허위자료제출 등 정당하지 아니한 방법으로 융자를 받은 사실이 확인된 때
4. 제 1 항 제 5 호의 경우를 제외하고 보증인이 제 1 항 또는 이 항 각호의 사유의 하나에라도 해당한 때
5. 전 각호 외에 채권보전이 필요하다고 인정되는 상당한 사유가 발생한 때

③ 제 1 항 또는 제 2 항에 의하여 채무자가 은행에 대한 모든 채무의 기한이익을 상실한 경우라도, 은행의 명시적인 의사표시가 있거나, 분할상환금·이자·지연배상금의 수령·어음의 개서 등 정상적인 거래의 계속이 있는 때에는 그 채무 또는 은행이 지정하는 채무의 기한의 이익은 본래대로 부활하는 것으로 한다.

I. 序 說

1. 趣 旨

本條는 期限의 利益 喪失에 관한 特約 條項이다. 期限의 利益을 갖는 債務者는 期限이 도래하기 전에는 債權者의 청구가 있더라도 債務의 履行을 拒絶할 수 있다. 그러나 債務者의 信用이 喪失되거나 信賴關係를 깨뜨리는 사유가 발생한 경우에도 期限이 도래하기까지 債權을 행사할 수 없게 하는 것은

債權者에게 가혹할 뿐 아니라 公平의 관념에도 반하므로 民 §388는 債務者가 擔保를 損傷, 減少 또는 滅失하게 한 때, 債務者가 擔保提供義務를 履行하지 아니한 때에는 期限의 利益을 주장할 수 없다고 규정하고 있고, 破 §16는 破産宣告가 있는 때에는 辨濟期에 이른 것으로 한다는 규정을 두고 있다.

그러나 이들 規定만으로는 銀行의 債權保全에 불충분하므로 法定事由外의 期限의 利益 喪失事由를 정하고 그 效果를 擴大하여 즉시 債權回收가 가능하도록 特約 條項을 둔 것이다. 特約의 要旨는 債務者에게 顯著한 信用惡化 事由가 發生한 때에는 當然 期限의 利益 喪失事由로 하고, 그보다 덜한 信用惡化 事由가 發生한 때에는 請求에 의한 期限의 利益 喪失事由로 하며, 또한 形式的으로 期限의 利益 喪失事由에 해당하더라도 實質的으로 信用惡化가 없거나 債務者에게 苛酷한 結果가 되는 경우에는 期限의 利益을 復活시킬 수 있도록 하여 債務者의 이익도 고려한 伸縮性 있는 운용이 가능하도록 하였다.

本條는 債務者의 銀行에 대한 預金債權 등에 第3者가 押留 등 强制執行을 한 때에 銀行의 債務者에 대한 與信債權의 辨濟期를 도래시켜 相計가 가능하도록 함으로써 銀行의 채권회수를 꾀할 수 있다는 점에 커다란 실익이 있는바, 다음에 보는 §8의 割引어음還賣債務 條項, §9의 相計條項과 함께 與信債權을 迅速·確實하게 回收할 수 있는 核心條項으로서의 役割을 한다.

2. 有 效 性

契約自由의 原則上 債權의 辨濟期에 관한 사항은 當事者가 自由롭게 정할 수 있는 것이므로 일정한 사유가 발생한 때에 期限의 利益을 喪失시키기로 하는 特約은 原則的으로 有效하다.[1] 다만 期限의 利益 喪失事由가 막연하여 특정되지 않거나 期限의 利益을 상실하는 債權이 特定되지 않는 등 債務者에게 不當한 不利益을 강요하거나 法律關係를 不當하게 혼란시켜 社會常規에 위배되는 경우에는 無效다.[2] 約款의 規制에 관한 法律 §11 ii 도 「고객에게 부여된 期限의 利益을 상당한 이유 없이 剝奪하는 條項」은 無效라고 規定하고 있다. 종래의 어음去來約定書나 銀行去來約定書上의 期限의 利益 喪失條項은 그 사유가 막연하거나 채무자에게 지나치게 가혹하다는 등의 비판[3]을 받아 왔던

1) 大判 89.1.31, 87다카594(公 844, 336); 大判 89.9.29, 88다카14663(公 860, 1574).
2) 註釋債總(上), 216; 日注民(新)(17), 331; 宋永煜, "銀行去來約款의 綜合的 硏究", 普通去來約款, 서울統合辯護士會, 91.
3) 鄭燦亨, "金融去來約款", 法과 約款, 韓國法學敎授會, 87 이하 참조.

터라 基本約款의 制定, 改正시[4]에는 相當 부분을 손질하여 현재의 모습을 갖추게 된 것이다.

消費者의 이익을 중시하는 견지에서 當然 期限의 利益 喪失事由 자체를 부당하다고 하여 請求 期限의 利益 喪失事由로 해야한다는 立法論的 批判[5]도 있으나 그렇게 하면 銀行으로서는 相計 등 조치에 의해 債權을 확실하게 회수할 수 없게 되어 結局 預金者를 해하게 될 것이므로 당사자의 經濟的 地位가 比較的 대등하다고 할 수 있는 企業用 基本約款에서는 이를 全部 無效라고 보기는 어렵다고 할 것이다. 그러나 본조 I ⅳ의「은행에 대한 채무의 일부라도 기한에 변제하지 아니한 때」, 같은 조 II ⅰ의「은행과의 모든 거래약정의 일부라도 위반한 때」등의 규정은 여전히 유효성 여부가 다투어질 소지를 내포하고 있다. 銀行去來의 特殊性에 비추어 그 有效性을 인정한다고 하더라도 뒤에 보는 制限解釋의 原則에 의해 탄력적으로 운용할 필요가 있다고 할 것이다.

銀行과 去來處 사이에서 有效한 期限의 利益 喪失約款은 특별한 사정이 없는 한 押留債權者 등 第3者에 대해서도 효력이 있다.[6]

3. 制限解釋의 原則

期限의 利益喪失 約款의 有效性은 去來處의 信用惡化 내지 信賴關係를 깨뜨리는 것으로 볼 수 있는 具體的인 사정이 발생한 경우에 銀行으로 하여금 本來의 期限 到來前에 債權回收를 하도록 하는 것이 客觀的으로 보아 合理的이라는 데 근거한 것이다. 따라서 형식적으로 약관에 규정된 期限의 利益 喪失事由에 해당하더라도 실질상으로는 신용악화나 信賴關係의 파괴가 있다고 보기 어려운 경우에는 期限의 利益 喪失效果는 발생하지 않는 것으로 制限 해석해야 할 것이다.[7] 그러한 경우에 은행이 이 約定을 근거로 債權을 회수하는 것은 客觀的으로 볼 때 부당하기 때문이다.

4) 約款 改正經過에 관하여는 李俊相, 銀行與信去來基本約款解說, 245 이하 참조.
5) 鄭燦亨(註 3), 90-95.
6) 大判 74.2.12, 73다1052(公 483, 7730); 大判 89.1.31(註 1).
7) 李俊相(註 4), 257; 宋永煜(註 2), 94; 日注民(新)(17), 332.

Ⅱ. 當然 期限의 利益 喪失(제1항)

1. 概 說

제1項 各號 所定의 사유가 발생한 때에는 債務者는 銀行으로부터의 督促이나 通知가 없더라도 當然히 銀行에 대한 모든 債務의 期限의 利益을 喪失한다. 이는 이른바 停止條件附 期限의 利益喪失約款으로서 約款에서 정한 期限의 利益 喪失事由가 발생함과 동시에 期限 도래의 效果가 發生하여 銀行은 債務의 履行을 請求할 수 있고, 債務者는 특별한 사정이 없는 한 그 때부터 履行遲滯에 빠지게 된다.[8] 또 當事者가 알건 모르건 債權의 消滅時效가 진행된다.

2. 喪失事由에 대한 檢討

개별적인 期限의 利益 喪失事由 중 문제가 되는 점만을 간략하게 언급하기로 한다.

(1) 제1호

종래의 約定書에는 銀行에 대한 債務者의 預金債權 등에 대한 「가압류·압류의 신청이 있는 때」, 「조세공과를 체납하여 독촉을 받은 때」 바로 期限의 利益을 喪失한다고 규정되어 있었으나, 假押留 등의 申請이 取下되거나 棄却될 수도 있고, 租稅 등의 納付 督促 후에 自進納付하는 경우도 있어 위의 申請이나 督促이 반드시 債務者의 信用惡化와 결부되는 것은 아니라는 批判이 있어 1987. 基本約款 整備時에 현재와 같이 假押留命令 등이 「발송된 때」로 고친 것이다.[9]

假押留·押留命令은 債務者 등에게 送達된 때에 效力이 발생하는 것이므로 그보다 앞선 發送 時點에서 期限이 到來하도록 하여 相計適狀 시기를 앞당김으로써 相計로써 押留債權者 등에게 對抗할 수 있게 하기 위한 것이다. 債務者의 財產 중 擔保로 提供된 것에 대해서 假押留 命令 등이 發送된 때에 한하여 當然 期限의 利益 喪失事由가 되고 債務者의 其他 財產에 위와 같은 事由가 發生하거나 任意競賣(擔保權實行을 위한 競賣) 開始가 있는 때에는 뒤에 보는 請求 期限의 利益 喪失事由가 된다.

---

8) 大判 89. 9. 29, 88다카14663(公 860, 1574).
9) 李俊相(註 4), 262.

기타의 方法에 의한 强制執行 開始란 執達官이 占有함으로써 開始되는 有體動産에 대한 强制執行(民訴 § 527), 國稅徵收法上의 滯納處分에 의한 不動産이나 無體財産權에 대한 押留登記 囑託書의 發送(國稅徵收法 §§ 45-47, 51) 등을 말한다.

保全處分 중 假處分은 係爭物에 관한 現狀의 變更을 막기 위하여 발하여지고 債務者의 信用惡化와는 별로 상관이 없기 때문에 제외되었다.

(2) 제2호

破産·和議·會社整理節次 開始는 債務者의 支給停止 狀態를 전제로 하는 債權整理를 위한 法的 節次라는 점에서 債務者의 信用惡化를 나타내는 典型的인 徵表다. 이들 節次가 開始되면 각 法定節次에 따라 모든 債權者가 平等하게 辨濟받는 것이 원칙이나, 破産宣告·和議·會社整理節次開始 決定 前에 相計適狀에 있는 債權은 支給停止나 이들 節次의 申請이 있음을 모르고 取得한 境遇 相計가 가능하다(破 §§ 89, 95; 和議法 § 5; 會社整理法 §§ 162, 163).

本號는 위 각 節次의 申請時에 銀行의 貸出金 債權 등의 辨濟期가 도래하도록 하여 그 節次 開始決定前에 相計適狀이 되도록 함으로써 相計權을 확보하려는 데 그 목적이 있다. 이 境遇 支給停止 事實이 앞선 때에는 제3호의 期限의 利益 喪失事由가 된다.

債務不履行者 名簿 登載는 債務者가 金錢의 支給 등을 명한 判決이 確定된 때로부터 6개월 내에 債務를 履行하지 아니하거나 財産關係明示義務를 제대로 履行하지 아니하는 경우에 債權者의 신청에 의해 法院의 결정으로 등재되는 것이므로(民訴 § 524의 9) 위와 같은 申請이 있는 것만으로도 信用惡化의 徵表가 되는 것이어서 당연 期限의 利益 喪失事由로 한 것이다.

(3) 제3호

納期前 納付告知制度는 納稅義務者의 당해 國稅에 대한 本來의 納期는 到來하지 않았더라도 다른 國稅 등을 滯納하여 滯納處分을 받은 때 등 一定한 사유가 있는 때에 徵收權者가 納付期限을 정하여 納稅者에게 告知하는 制度이다(國稅徵收法 § 14; 地方稅法 § 26).

그 法定事由 중 競賣가 開始된 때와 法人이 解散한 때에는 債務者의 信用惡化와 반드시 결부된다고 할 수 없으므로 구체적인 사정에 따라서는 期限의 利益이 當然 喪失되는 것은 아니라고 制限解釋하는 것이 本條 Ⅱ ii와도 均衡에 맞는다.

支給을 停止한 때란 一般的으로 債務者가 金錢債務의 全部 또는 主要한

부분을 지급할 수 없다는 뜻을 明示的 또는 默示的으로 표시하는 행위로서 어음의 滿期前遡求要件(어음 §43 Ⅱ), 破產·和議節次 開始의 原因이 되는 등 法律上 債務者의 信用惡化의 중요한 徵表로 取扱되므로 當然 期限의 利益喪失事由로 한 것이다. 그러나 支給停止 事實을 立證하기란 곤란한 경우가 많다.

어음交換所의 去來停止處分이란 어음 交換所 規約이 정하는 要件에 해당하는 경우 어음交換所가 내리는 모든 어음交換 加盟銀行과의 2년간에 걸친 當座計定去來 및 家計綜合預金去來의 停止處分으로서 넓은 의미의 支給停止의 한 형태에 해당한다. 이 停止處分이 있더라도 銀行의 錯誤에 의한 경우 등 債務者의 信用과 관계 없는 때에는 期限의 利益喪失의 효과가 發生하지 아니한 것으로 制限 解釋해야 할 것이다.

(4) 제 **4** 호

本號의 債務는 本條 Ⅱ i 의 去來約定이라는 文言과 대비하여 볼 때 金錢債務만을 의미하는 것으로 풀이된다.[10] 그러나 分割償還金이나 利子債務를 1회 遲滯한 것만으로 全債務에 대한 期限의 利益을 喪失케 함은 債務者에게 지나치게 가혹하므로 具體的으로 信用惡化와 결부되지 않는 경우에는 期限의 利益 喪失이 없는 것으로 制限 解釋해야 할 것이다.

(5) 제 **5** 호

包括根保證人이란 包括根保證書에 의하여 擔保證契約을 締結한 사람을 의미하고 無限度, 無期限으로 一切의 債務를 부담하는 講學上의 包括根保證人을 뜻하는 것은 아니다. 包括根保證人은 通常 個人的인 色彩가 강한 會社의 社長, 社主, 獨寡占 株主 등 經營實權者로서 資力이 튼튼한 사람이 되는 것이고 이들은 會社와 同一人格視할 수 있는 것이므로 그들의 信用惡化를 곧 債務者의 信用惡化로 보아 當然 期限의 利益 喪失事由로 한 것이다.[11] 다만 일반회사의 대표이사나 이사가 包括根保證人인 경우에도 이 규정을 적용하는 것은 무리라고 할 것이다.[12]

10) 李俊相(註 4), 272; 日注民(17), 251. 단, 韓國外換銀行, 어음去來約定書 解說(1976), 107은 貸與有價證券返還債務도 포함한다고 한다.
11) 李俊相(註 4), 265.
12) 前註, 307.

Ⅲ. 請求期限의 利益 喪失(제2항)

1. 概 說

前項 各號의 사유보다 덜한 信用惡化 사유가 있는 경우에 銀行의 判斷에 따라 期限의 利益을 상실시킬 수 있도록 한 것이다. i 내지 iv는 例示的인 것이고 v는 包括的인 것이다.

2. 期限의 利益 喪失의 請求

本項의 請求란 期限의 利益을 喪失시키고자 하는 銀行의 債務者에 대한 일방적인 意思表示를 뜻하며, 一種의 形成權의 행사라고 할 것이다.[13]

통상은 債務에 대한 履行의 催告와 동시에 행해질 것이나, 이론적으로는 구별되는 개념이다. 청구의 方式에는 아무런 制限이 없으나, 法律效果 發生의 時期를 分明히 하고 押留債權者 등 제3자에게 대항하기 위하여는 配達證明附 內容證明 郵便으로 청구하는 것이 바람직하다.

銀行은 本號 소정의 사유가 발생한 경우에 期限의 利益 喪失 청구를 할 것인지의 여부나 全部 또는 一部債權만을 특정하여 청구할 것인지의 여부를 선택할 수 있다고 할 것이다.[14] 권리의 행사 여부는 권리자인 銀行의 自由에 속하는 것이고, 또 그렇게 해석하는 것이 구체적인 사정에 따라 신축적으로 제도를 운용할 수 있어 債務者에게도 불리하지 않기 때문이다.

은행이 期限의 利益 상실사유 발생사실을 모르고 長期間 放置한 경우 形成權 자체가 消滅時效에 걸릴 수는 있으나 그 전에는 언제든지 은행이 권리를 행사할 수 있다. 은행이 알면서도 방치한 경우, 또 어음改書·利子受領 등 정상적인 거래를 계속한 경우에는 형성권의 抛棄가 있는 것으로 해석할 수 있다.[15]

3. 效 果

期限의 利益喪失 時期는 銀行의 意思表示가 債務者에게 到達한 때이다(民 §111 I). 期限의 利益 喪失의 효과는 當然 期限의 利益 喪失의 경우와 다를 바 없다. 즉 債務의 辨濟期가 도래하여 債務者는 履行遲滯에 빠지고 銀行은 債務履行請

13) 李俊相(註 4), 283.
14) 同旨 李俊相(註 4), 291. 反對 日注民(新)(17), 338.
15) 日注民(新)(17), 339.

求, 强制執行着手를 할 수 있다.

4. 消滅時效의 起算點

請求 期限의 利益 喪失事由가 발생한 이상 은행은 언제든지 支給請求를 할 수 있으므로 그 때부터 消滅時效가 진행한다는 설[16]과 期限의 利益 喪失效果가 발생한 때로부터 소멸시효가 진행한다[17]는 설의 대립이 있으나 후설이 옳다.

5. 具體的 事由의 檢討

(1) 제1호

Ⅱ i에서의 모든 去來約定이라 함은 Ⅰ v의 金錢債務 不履行 외의 모든 약정을 의미한다. 당해 與信去來約定뿐 아니라 債務者와 銀行 사이의 一切의 去來約定 違反으로서, 예컨대 基本約款 §3 Ⅲ의 利子率 變更에 대한 同意義務 不履行, §6 i의 擔保提供義務 불이행 등이다. 이러한 사유는 은행과의 去來의 기초가 되는 신뢰관계를 파괴하는 징표들이다. 다만 그 사유가 지나치게 광범위하다고 할 것이므로 구체적인 사정에 따라 債務者의 信用惡化와 關係 없는 경우에는 기한의 이익 상실청구를 할 수 없는 것으로 제한해석해야 할 것이다.

(2) 제2호

債務者의 은행에 대한 채권, 담보제공재산 외의 財產에 대하여 假押留·押留 등이 있는 때란 假押留·押留命令의 효력이 발생한 때를 의미한다. 그 시기는 目的物의 종류에 따라 다른바, 금전채권에 대해서는 제3채무자에 대한 假押留·押留命令 송달시(民訴 §561 Ⅲ), 不動產에 대해서는 競賣開始, 押留決定正本이 채무자에게 송달된 때나 競賣申請 記入登記가 된 때 중 빠른 때(民訴 §§603 Ⅳ, 611; 民訴規則 §146), 유체동산에 대해서는 집행관이 목적물을 占有한 때이다(民訴 §527 Ⅰ). 假押留나 滯納處分의 효력도 이에 준한다(民訴 §707; 國稅徵收法 §§38, 41, 42, 45, 46). 假押留·押留命令, 滯納處分 押留通知가 "發送"된 때로 하지 않은 점이 本條 Ⅰ i와 다르다.

債務者의 담보제공재산에 대한 任意競賣 開始가 있는 때란 擔保權實行을 위한 競賣開始決定[18]의 效力이 발생한 때를 의미한다. 그 시기는 강제집행의

---

16) 我妻, 民總, 487.
17) 李俊相(註 4), 292.
18) 1990. 1. 13. 民事訴訟法의 개정으로 從來 任意競賣 節次를 규율하던 競賣法이 폐지되고 그 부분은 擔保權實行을 위한 경매절차로서 民事訴訟法 제724조 이하에 편입되었다.

경우와 같다.[19)]

제3자가 제공한 담보재산에 대해서 위와 같은 사유가 발생하더라도 債務者의 信用惡化와 반드시 결부되는 것은 아니므로 포함하지 아니하였다.

(3) 제3호

虛僞資料 提出 등 정당하지 아니한 方法으로 銀行의 판단을 오도하여 융자를 받는 행위는 與信去來의 기초로서 요구되는 信賴關係를 결여한 것이므로 이를 請求 期限의 利益 喪失事由로 삼은 것은 불합리하다고 할 수 없다. 다만 이 規定은 實效性도 적고 基本約款의 品位를 損傷시킨다는 이유로 삭제해야 한다는 비판론이 있다.[20)] 債務者가 문서위조·변조나 기타 기망행위로 대출을 받은 경우에는 그 정도에 따라 銀行은 錯誤 또는 기망에 의한 意思表示를 이유로 契約 자체를 취소할 수도 있을 것이다.

(4) 제4호

保證人의 신용에 비중을 두거나 物的 擔保 없는 與信去來에 있어서 保證人의 信用變動은 債務者 自身의 信用變動에 직결된다는 이유에서 두게 된 규정이다.

(5) 제5호

위 1항이나 2항 각호에서 예시한 것 외의 期限의 利益 喪失事由를 총괄적으로 규정하고 또한 각호 사유에 공통된 有效性의 基本要件을 명시한 것이다. 從來 약정서의 「기타 채권보전상 필요하다고 인정되는 때」라는 조항이 은행의 主觀的·恣意的 判斷에 흐를 우려가 있다는 비판이 있었으므로 「상당한 이유가 있는 때」로 표현을 바꾼 것이다. 債權保全 必要의 상당한 이유가 있는지의 여부는 社會通念上 客觀的으로 보아 銀行이 본래의 辨濟期까지 기다려 비로소 채권回收를 꾀하는 것이 불합리하다고 인정되는 事由가 발생한 것을 의미한다. 예컨대 會社의 淸算, 어음 不渡, 重要動産의 讓渡 등이다.

결국 그 相當性 有無가 다투어지는 경우에는 법원이 판단해야 하며, 客觀的으로 보아 債權 保全의 필요성이 없다고 판단될 때에는 銀行이 期限의 利益 喪失 청구를 하더라도 그 효과는 발생하지 않는 것으로 해석해야 할 것이다.

19) 李俊相(註 4), 284; 日注民(新)(17), 336.
20) 李俊相(註 4), 289.

Ⅳ. 期限의 利益의 復活(제3항)

當然 期限의 利益 喪失이든 請求 期限의 利益 喪失이든 일단 期限의 利益 喪失의 效果가 발생한 후에도 銀行은 明示的 또는 묵시적 意思表示에 의해 期限의 利益을 復活시키기로 하는 特約이다.

期限의 利益 喪失 約款은 銀行의 債權保全을 위한 것이므로 형식적으로 期限의 利益의 喪失事由에 해당하더라도 信用惡化의 사유가 경미한 경우에는 당사자가 去來의 繼續을 바라는 경우도 있을 수 있으므로 이러한 특약을 둔 것이다. 다만 실질적으로 債權保全의 필요성이 없는 경우에는 期限의 利益 喪失事由 자체에 해당하지 아니하여 喪失 效果가 발생하지 아니하므로 復活의 문제도 생기지 아니한다.

復活은 銀行의 一方的인 意思表示에 의하며 이는 期限의 利益 喪失 請求權과 마찬가지로 일종의 形成權이라고 할 것이다. 당사자의 合意에 의하여 復活시키는 것도 가능함은 물론이다. 意思表示의 方法은 書面 또는 口頭에 의하여 명시적으로 할 수도 있고, 분할상환금·利子의 수령 등 정상적인 거래를 계속함으로써 묵시적으로도 할 수 있다. 다만 期限의 利益 喪失請求를 書面으로 한 경우에는 復活通知도 書面으로 함이 바람직하다. 사유가 重大하여 債務者도 이를 알고 있거나 銀行의 通知·請求가 있었던 경우에는 明示的 復活措置를 취할 것이고, 사유가 경미하여 債務者 자신도 期限의 利益 喪失을 모르고 있었을 정도인 경우에는 묵시적인 復活 조치로서 충분하다.

復活의 效果는 期限의 利益이 喪失되지 아니한 원래의 상태로 되돌아가는 原狀回復을 의미하며 새로운 期限의 利益의 부여나 期限의 利益 喪失 청구의 철회가 아니다.[21]

따라서 이행지체나 消滅時效 進行의 效果도 없었던 것으로 된다. 復活의 범위는 銀行이 지정하는 것에 한하므로 모든 債務 또는 어느 特定 債務의 期限의 利益을 復活시킬 것인지는 銀行의 자유이다.

[全 孝 淑]

21) 李俊相(註 4), 305.

제 8 조(할인어음의 환매채무)

① 어음의 할인을 받은 경우, 채무자가 제 7 조 제 1 항 각호의 사유에 해당하는 때에는 모든 어음에 대하여, 또 어음의 주된 채무자(약속어음 발행인·환어음인수인을 말한다. 이하 같다)가 기일에 지급하지 아니하거나 제 7 조 제 1 항 각호의 1에 해당하는 때에는, 그가 주된 어음채무자가 되어 있는 어음에 대하여, 채무자는 은행으로부터의 독촉·통지 등이 없어도, 당연히 어음면 기재금액에 의한 환매채무를 지고, 곧 변제하기로 한다.

② 할인어음에 대하여 채권보전이 필요하다고 인정될 상당한 사유가 발생한 경우에는, 제 1 항 이외의 경우라도, 은행의 청구에 의하여, 채무자는 어음면기재 금액에 의한 환매채무를 지고, 곧 변제하기로 한다.

③ 제 1 항, 제 2 항에 의한 채무를 변제하기까지는, 은행이 어음소지인으로서 모든 권리를 행사할 수 있다.

④ 제 1 항, 제 2 항의 경우에도 제 7 조 제 3 항에 준하여, 어음의 할인관계가 본래대로 부활하는 것으로 한다.

I. 序　　說

1. 本條의 趣旨

어음割引이란 어음所持人이 어음의 滿期前에 換價를 위하여 어음을 銀行앞으로 讓渡하고, 銀行은 讓渡日로부터 滿期日까지의 金利 相當額인 割引料를 뺀 金額을 支給함으로써 어음을 讓受하는 내용의 거래다.

어음割引의 法的 性質에 관하여는 從來 賣買說·消費貸借說·混合契約說·無名契約說 등의 대립[1]이 있어 왔으나 賣買說이 通說[2]·判例이며[3] 本條도 賣

1) 學說 對立의 자세한 內容 및 批判에 관하여는 宋永煜, "銀行去來約款의 綜合的 研究", 普通去來約款, 서울統合辯護士會, 100-102; 崔基元, 어음手票法(1990), 217 참조.

2) 徐廷甲 外 3, 註釋 어음·手票法, 113; 鄭熙喆, 判例教材 어음·手票法, 549; 鄭東潤, 어음·手票法(1989), 279; 崔基元(註 1), 217; 朴鍾或, "어음할인", 裁判資料 30, 622; 李基秀, 어음·手票法, 292.

3) 大判 84.11.15, 84다카1227(公 743, 28); 大判 85.2.13, 84다카1832(公 749, 421).

買說을 前提로 하고 있다.

賣買說에 의할 경우, 銀行이 割引 代錢을 지급하고 어음을 買入한 이상 銀行은 割引 신청인에 대하여 아무런 債權을 갖지 않게 되므로, 주된 債務者나 割引 신청인에게 信用惡化 사유가 발생하더라도 前條의 期限의 利益喪失 規定은 적용되지 않는다. 다만, 어음이 滿期에 不渡되면 割引 신청인은 民法上 賣渡人으로서의 擔保責任(民 §580)이나 어음法上 背書人으로서의 遡求義務(어음 §§43, 77 I)를 지게 되며 어음의 주된 債務者에게 滿期前에 破產·支給停止 등의 사유가 발생하면 滿期前 遡求(어음 §43)를 할 수 있을 뿐이다. 그러나 經濟的인 實質에 있어서 어음割引은 銀行의 與信去來에 불과하며 主債務者나 割引 依賴人에게 信用惡化 사유가 있는 경우 위의 法定救濟手段만으로는 債權保全에 불충분하다. 따라서 前條의 期限의 利益喪失事由와 같은 信用惡化 사유가 있는 경우에 割引 申請人이 割引 어음 還買債務를 지고 곧 辨濟하기로 特約하여 銀行이 割引 어음 還買請求權을 自動債權으로 하여 相計를 하거나 기타의 方法으로 債權을 回收할 수 있도록 한 것이다.

2. 適用範圍

本條는 어음割引 거래에만 적용된다. 割引의 對象이 되는 어음은 크게 나누어 商業어음·銀行引受어음·貨換어음으로 구분된다. 金融通貨運營委員會規程에 의하여 銀行은 融通어음을 割引할 수 없게 되어 있으나 이는 團束法規이므로 이에 위반하여 어음割引을 한 경우에도 그 私法上 效力까지 否認되는 것은 아니다.[4]

3. 約定의 有效性

本條도 前條와 마찬가지로 銀行과 去來處 사이의 對內的인 關係뿐 아니라 押留債權者 등 제3자에 대한 관계에서도 原則的으로 有效하다. 다만 割引어음에 대한 債權保全을 위하여 필요하다고 인정될 상당한 이유가 없는 때에는 形式的으로 還賣請求權 行使要件에 해당하더라도 그 效力이 발생하지 않는 것으로 制限 解釋할 필요가 있다.

4) 大判 89.2.14, 87다카3048(判月 222, 79); 大判 88.11.22, 87다카1836(公 839, 19).

Ⅱ. 還買債務 발생에 관한 特約(제1항·제2항)

1. 還買請求權의 法的 性質

本條의 特約에 의하여 債務者의 信用惡化事由가 있는 경우에 銀行이 행사하는 還買請求權의 法的 性質이 무엇인가에 관하여도 어음 割引의 法的 性質과 관련하여 學說의 대립이 있다.[5] 消費貸借說의 견지에서는 銀行의 貸金返還請求權이라고 본다. 賣買說의 견지에서는 다시 여러 가지 견해로 나누어진다.

① 特約에 의한 賣渡人의 擔保責任이라는 설, ② 어음상의 遡求權과 같은 請求權이라는 설, ③ 賣買契約의 解除라는 설, ④ 無名契約上의 權利라는 설, ⑤ 特約 또는 慣習에 기한 特殊한 權利라는 설, ⑥ 再賣買설 등이 있으나 再賣買說이 우리 나라의 多數說이다.[6] 特約에 의한 還買請求權을 어음法上 遡求權과 同一視하는 것은 부당하고[7] 權利發生의 要件이나 請求金額이 民法의 約定解除 내지 擔保責任과도 다르다는 점[8]에서 再賣買說이 타당하다. 再賣買說을 취할 경우 Ⅰ의 當然還買의 경우에는 停止條件附 再賣買契約에 의한 代金請求이고, Ⅱ의 請求還買의 경우에는 銀行이 一方的인 豫約完結權을 행사하여 再賣買契約이 성립되어 생기는 再賣買代金의 請求가 된다.

2. 還買債務 發生要件

(1) 當然還買債務

어음割引 신청을 한 債務者에 대하여 基本約款 §7 Ⅰ 各號 所定의 事由가 發生한 때, 또는 어음의 主된 債務者인 約束어음의 發行人 또는 換어음의 引受人이 割引어음의 不渡를 내거나 그에 관하여 §7 Ⅰ 各號의 사유가 발생한 때에는 그 사유가 발생함과 동시에 債務者가 割引받은 모든 어음의 還買債務가 당연히 발생한다. 위와같은 事由 發生을 停止條件으로 하여 再賣買가 성립하기 때문이다. 再賣買代金의 辨濟期는 위 事由發生後 곧 도래하는 것으로

5) 學說에 대한 자세한 紹介와 批判에 관하여는 徐燉珏 外 1, 어음·手票法, 272; 崔基元(註 1), 220 참조.
6) 徐燉珏 外 1(註 5), 273; 鄭東潤(註 2), 281; 崔基元(註 1), 221; 申聖澈, "銀行去來와 相計", 裁判資料 32, 168; 李俊相, 銀行與信去來基本約款解說, 316. 特殊한 權利라는 少數說로는 李基秀(註 2), 294가 있다.
7) 兩權利의 差異點에 관하여는 徐燉珏 外 1(註 5), 271; 崔基元(註 1), 221.
8) 徐燉珏 外 1(註 5), 270.

特約되어 있다.

當然還買債務發生의 具體的인 事由에 관한 說明은 §7 I 에서 본 바와 같다.

(2) **請求還買債務**

I 所定의 事由 외에도 割引어음에 대한 債權保全이 必要하다고 인정될 相當한 事由가 있는 때에는 銀行의 請求에 의하여 還買債務가 發生한다. 구체적으로는 債務者의 一般財産에 대한 押留 등 §7 Ⅱ 소정의 사유에 準한다고 볼 것이다. 債權保全의 必要性 유무는 客觀的·合理的 기준에 의하여 판단해야 하고 銀行의 主觀的·恣意的 기준에 의해서는 안 된다.

銀行의 請求는 再賣買의 一方豫約에 해당하고 이 意思表示의 到達에 의하여 債務者는 割引 어음의 還買債務를 지게 된다. 이는 還買가 성립되어 발생하는 還買代金債務의 이행을 청구하는 意思表示와는 구별되는 개념이나 통상은 還買請求와 代金請求를 동시에 하게 된다.

銀行은 還買의 요건이 되는 사유가 발생한 때라도 信用惡化의 輕重에 따라서 모든 割引어음에 대하여 또는 그 중 一部만에 대하여 還買請求를 할 수 있는 自由가 있음은 期限의 利益喪失의 경우와 같다.

3. 效 果

(1) **還買代金**

위의 要件을 갖추어 당연히 또는 銀行의 請求에 의하여 還買의 效果가 發生하면 債務者인 割引 신청인은 銀行에 대하여 「어음액면 기재 금액에 의한」 還買代金, 즉 再賣買代金을 支給할 義務를 부담한다. 還買代金은 어음 額面 金額 자체를 뜻하는 것이 아니라 이를 基準으로 산정한다는 뜻이다. 그 金額은 還買時期에 따라 다른데 滿期前 還買할 경우에는 어음 額面 金額으로부터 還買日 이후 滿期까지의 未經過 割引料 相當額을 共濟한 금액이고 滿期에 還買할 경우에는 어음額面 金額이며, 滿期後에 還買할 경우에는 어음금액에다가 §3 Ⅱ 소정의 遲延損害金을 加算한 금액이다.[9]

(2) **相 計**

銀行은 還買代金債權과 債務者의 銀行에 대한 諸 預置金 債權과를 相計할 수 있다. 위 預置金이 제3자에게 押留된 境遇 銀行은 위 押留命令 發送時에 還買代金債權을 當然히 취득하게 되어 相計適狀時期가 到來되므로 銀行이 押

9) 徐燉珏 外 1(註 5), 275; 李基秀(註 2), 295.

留命令 송달 후에 相計의 意思表示를 하더라도 이로써 押留 債權者에게 대항할 수 있어 銀行은 債權을 保全할 수 있다. 破產·和議의 開始·會社整理節次의 신청이 있는 때에 그러한 事實을 알고서 取得한 債權으로는 相計할 수 없는 것이나(破 § 95; 和議 § 5; 會社整理法 § 163) 基本約款에 의한 약정이 위 절차의 신청 전에 맺어진 것이라면 還買債權도 그 신청 전에 취득한 것이라고 볼 수 있으므로 相計가 가능하다.

(3) 同時履行의 抗辯

還買代金債權은 契約上의 權利이고 어음法上의 權利가 아니므로 이를 行使함에 있어서 어음의 提示·交付를 요하는 것은 아니다. 그러나 割引 申請人의 還買代金 支給債務와 銀行의 割引어음 返還의무는 對價的인 牽連關係에 있으므로 兩 債務는 同時履行의 關係에 있다(民 §§ 536, 549). 따라서 銀行이 어음을 返還할 때까지 債務者는 還買代金의 지급을 拒絶할 수 있고, 銀行도 이와 같은 同時履行의 抗辯權이 부착된 債權을 自動債權으로 하여 相計할 수 없는 것이나 基本約款 §§ 9 Ⅰ, 11 Ⅰ에서는 어음返還의 同時履行抗辯을 排除하는 特約을 두어 銀行이 어음을 返還하지 아니하고도 有效하게 相計할 수 있는 장치를 하고 있다.

(4) 消滅時效

商人인 銀行이 取得하는 還買代金 債權은 5년의 商事時效에 걸린다. 時效의 기산점은 當然還買債務의 경우에는 그 事由發生時, 請求還買債務의 경우에는 그 請求時이다.[10] 後者의 경우에는 銀行이 還買請求를 할 수 있는 상태에 있었던 때에 時效가 進行한다는 反對說이 있다.[11]

Ⅲ. 어음 所持人으로서의 權利行使(제3항)

Ⅲ은 債務者에게 還買債務가 발생한 경우에도 그 履行이 있기까지는 銀行이 어음所持人으로서의 어음上의 權利를 行使할 수 있기로 하는 特約이다. 割引어음 還買債務와 어음의 返還은 同時履行關係에 있어 還買代金을 支給받기까지 銀行은 어음을 返還하지 않아도 되므로 그 前에는 어음의 正當한 所持人

10) 徐燉珏 外 1(註 5), 275; 李基秀(註 2), 299.
11) 韓國外換銀行, 어음去來約定書解說, 135.

으로서 당연히 어음上의 一切의 권리를 행사할 수 있는 것이니 이는 注意的 규정에 불과하다.[12)]

권리행사의 내용은 만기에 支給提示하여 어음금을 추심하고 부도된 경우에는 배서인 등에게 소구권을 행사하여 추심금을 還買代金에 충당하는 것 등이다.

또 還買를 再賣買로 보는 이상 어음상의 權利는 保全되어야 할 것이므로 銀行이 소구권 保全節次를 게을리하여 어음上의 權利가 喪失된 때에는 銀行이 債務不履行으로 인한 損害賠償責任을 지는 것은 信義則上 당연하다. 이 경우 還買債務는 存續한다. 또 銀行은 어음上의 권리에 대한 時效中斷 措置를 취할 의무도 있다.[13)]

따라서 銀行이 어음상 권리를 행사할 수 있었음에도 불구하고 時效中斷 조치를 취하지 아니하여 어음상의 모든 債務者에 대한 권리가 時效消滅한 때에는 형평의 原則上 銀行은 還買債權을 行使할 수 없다고 할 것이다.[14)]

Ⅳ. 割引關係의 復活(제4항)

Ⅳ은 基本約款 §7 Ⅳ의 期限의 利益 復活 條項에 준하여 어음割引 關係가 復活되도록 하는 特約 條項이다. 基礎去來關係가 어음割引關係임을 제외하고는 기한의 利益 復活에 관한 설명과 같다.

[全 孝 淑]

12) 李俊相(註 6), 329.
13) 李俊相(註 6), 330; 韓國外換銀行(註 11), 136-37.
14) 徐燉珏 外 1(註 5), 276; 李基秀(註 2), 298-99.

제 9 조(은행으로부터의 상계)

① 기한의 도래 또는 제 7 조, 제 8 조에 의한 기한 전의 채무변제의무·할인어음의 환매채무의 발생·기타의 사유로, 은행에 대한 채무를 이행하여야 하는 경우에는, 그 채무와 채무자의 제 예치금 기타의 채권과를 그 채권의 기한 도래 여부에 불구하고 은행은 서면통지에 의하여 상계할 수 있다.

② 은행이 사전구상권에 의하여 제 1 항의 상계를 하는 경우에는, 민법 제443조의 항변권에 불구하고 상계할 수 있는 것으로 하며, 원채무 또는 구상채무에 관하여 담보가 있는 경우에도 같기로 한다. 이 경우, 은행은 상계 후 지체없이 보증채무를 이행하기로 한다.

③ 제 1 항에 있어서와 같이 은행에 대한 채무를 이행하여야 하는 경우에는, 은행은 사전의 통지나 소정의 절차를 생략하고, 채무자를 대리하여 채무자의 제 예치금을 그 기한 도래 여부에 불구하고 환급받아서 채무의 변제에 충당할 수 있다. 이 경우 은행은 그 사실을 환급충당 후 지체없이 채무자에게 통지한다.

④ 제 1 항, 제 2 항에 의한 상계나 제 3 항에 의한 대리환급변제충당을 하는 경우의 채권 채무의 이자·할인료 등과 지연배상금의 계산에 관하여는, 그 기간은 은행이 상계나 대리환급변제충당을 위한 계산을 하는 날까지로 하고, 그 율은 은행의 정하는 바에 따르며, 외국환시세는 은행이 계산실행할 때의 시세에 의하기로 한다.

Ⅰ. 槪 說

本條는 본래의 辨濟期 到來나 期限의 利益喪失의 결과 또는 割引어음還買債務의 발생으로 債務者가 銀行에 대한 債務를 履行해야 하는 경우에 銀行도 債務者에게 預金返還 등 동종의 債務를 負擔하고 있는 때에는 그 債權·債務

를 간편한 방법에 의하여 청산하기 위해 둔 特約條項이다. 特約의 내용은 民法上 相計의 要件을 보다 緩和한 相計豫約條項, 支給保證去來에 있어서 事前求償權에 의한 相計가 가능하도록 民 § 443 의 主債務者의 免責抗辯權을 排除하는 條項, 事前通知 없이 債務者를 代理하여 諸 預置金을 還給받아 辨濟에 充當할 수 있는 代理還給 辨濟充當 條項, 위와 같은 조치를 할 경우 利子 등의 計算方法과 換率 適用의 基準時期에 관한 條項으로 구성되어 있다.

Ⅱ. 相計豫約(제1항)

1. 本項의 趣旨

相計는 同種의 債權·債務를 負擔하는 兩當事者가 給付를 現實的으로 履行하는 수고를 하지 않고 一方的 意思表示에 의해 債權의 對等額을 消滅시키는 간이한 決濟方法으로서 相對方의 債權을 活用하여 自己債權을 확보할 수 있는 擔保的 機能도 갖고 있다. 銀行은 基本的으로 顧客의 預金을 資金源으로 하여 與信去來를 할 뿐 아니라 貸出도 預金去來를 전제로 하거나, 預金口座를 통해서만 貸出金이 나가도록 하는 등 與·受信去來를 結付시키고 있고, 債務者의 信用惡化의 경우에는 預金債權과의 相計로써 與信債權을 회수하고자 하는 강한 기대를 갖고 있어서 相計의 擔保的 機能에 크게 의존하고 있다. 그러나 民 § 492 Ⅰ은 同種의 債務를 負擔하는 雙方의 債務가 履行期에 도달한 때에 한하여 相計할 수 있다고 규정하고 있어서 與信去來 債務者의 預金債權 등에 제 3 자가 假押留·押留 등을 하여 信用이 惡化된 경우에도 원래의 辨濟期까지 기다려야 한다면 銀行으로서는 債權을 回收할 수 없는 경우가 생기게 된다. 따라서 본래의 辨濟期가 도래하지 아니하여도 銀行이 자기 債務의 期限의 利益을 拋棄하거나 債務者의 債務의 期限의 利益을 喪失시켜 相計가 가능하도록 함으로써 債權을 安全·迅速하게 回收할 수 있도록 하기 위해 이러한 特約條項을 둔 것이다. 本項은 § 7 의 期限의 利益喪失 條項, § 8 의 割引어음還買 條項에 크게 의존하여 債權의 早期回收를 위한 核心條項으로서의 기능을 한다.

2. 法的 性質

第 1 項의 相計豫約 조항은 銀行의 自動債權의 본래의 辨濟期가 到來하지

아니한 경우에도 期限의 利益喪失特約, 割引어음還買債務 發生特約 등에 의하여 辨濟期를 앞당기고, 受動債權의 辨濟期가 도래하지 않은 경우에는 그 期限의 利益을 拋棄하여 兩債權이 相計適狀에 이르도록 하여 相計가 가능하도록 한 점에서 民法의 相計要件을 緩和하는 特約이라고 할 수 있다. 원래 期限의 利益은 相對方의 利益을 해하지 않는 한 拋棄할 수 있는 것이나(民 §153 II) 預金에 관하여는 債務者인 銀行뿐 아니라 債權者인 預金主에게도 期限의 利益이 있다고 볼 수 있어 銀行이 一方的으로 이를 포기할 수 있는가에 대한 의문이 있을 수 있으므로 이에 관한 明文規定을 둔 것이다. 이러한 特約이 없더라도, 期限의 利益을 拋棄할 수 있는 경우에 相計權者는 自動債權의 辨濟期만 도래하고 受動債權의 辨濟期는 도래하지 아니한 때라도 受動債權의 期限의 利益을 拋棄하고 相計할 수 있는 것이므로[1] 이 점에서는 法定相計의 要件을 注意的으로 규정한 것이라고 할 수 있다.

相計는 銀行이 書面에 의한 一方的 意思表示로 하도록 규정하고 있고, 일정한 사유가 발생하면 바로 相計의 효과가 생기도록 한 것이 아니므로 이 조항은 相計의 一方豫約에 해당한다.[2] 종래의 어음去來約定書에는 相計豫約 규정의 다음에 「前項의 相計를 할 수 있는 경우에는 貴行은 事前의 通知와 所定의 節次를 省略하고 本人에 갈음하여 諸 預置金의 환급을 받아서 債務의 辨濟에 充當할 수 있음」이라는 내용의 代理還給 辨濟充當에 관한 규정을 두고 있었고, 이를 相計의 意思表示 없이 당연히 相計의 效力을 발생케 하는 約定으로 풀이하여 條件附相計契約으로 보는 견해[3]도 있었다.

그러나 基本約款 §9 Ⅲ의 代理還給 辨濟充當에 관한 규정에서는 "제1항에 있어서와 같이 은행에 대한 채무를 이행하여야 하는 경우에…"라고 규정하여 相計와는 상관없이 銀行이 債務者의 代理人으로서 제 예치금을 환급받아 변제에 충당할 수 있도록 하고 있으므로 이를 條件附相計契約으로 해석할 수 있는 여지는 없어졌다고 하겠다.

---

1) 大判 79.6.12, 79다662(公 614, 12010).
2) 申聖澈, "銀行去來와 相計", 裁判資料 32, 159; 李俊相, 銀行與信去來基本約款解說, 340.
3) 鄭燦亨, "金融去來約款", 法과 約款, 韓國法學敎授會, 99; 韓國外換銀行, 어음去來約定書解說(1976), 143; 大判 74.2.12, 73다1052(公 483, 7730); 82.6.22, 82다220(公 687, 691).

3. 有效性

(1) 相計豫約이 反社會秩序나 不公正한 法律行爲에 해당하지 않는 한 銀行과 債務者 사이의 對內的 關係에서 有效함은 契約自由의 原則上 當然하다.[4] 그러나 預金債權에 대해 押留債權者·債權讓受人·質權者 등 利害關係 있는 第3者가 있는 경우에는 相計豫約을 이들에게 對抗할 수 있을 것인지가 問題되는바, 預金에 관하여는 通常 讓渡·入質禁止의 特約이 붙어 있기 때문에 相計豫約의 對外的 效力은 주로 預金에 대한 押留債權者와 銀行의 優劣 및 期限의 利益 喪失約款의 有效性 問題로 歸着된다고 할 수 있다.

(2) 法定相計에 있어서 押留債權者와 第3債務者의 優劣 問題는 民 §498를 어떻게 해석할 것인가에 달려 있다. 즉 押留命令後에 取得한 債權에 의한 相計로 押留債權者에게 對抗하지 못한다고 規定한 위 條項의 反對解釋으로 第3債務者가 押留前에 取得한 自動債權으로는 無制限的으로 相計로써 押留債權者에게 대항할 수 있을 것인가를 둘러 싸고 우리 나라와 日本의 學說·判例[5]는 여러 段階로 變遷을 하여 왔는데 이를 大別하면 相計適狀說과 合理的 期待利益說로 나눌 수 있다.

㈎ 相計適狀說　　債權 押留 당시에 被押留 債權과 第3債務者의 押留 債務者에 대한 債權이 相計適狀에 있었던 경우에만 第3債務者는 押留債權者에게 對抗할 수 있다는 설이다. 緩和된 相計適狀說은 押留 當時 自動債權은 辨濟期에 이르렀으나 受動債權은 아직 辨濟期가 도래하지 않은 경우에도 相計로써 押留債權者에게 對抗할 수 있다고 한다.

㈏ 合理的 期待利益說

(a) 制 限 說

(i) 辨濟期의 先後를 基準으로 하는 說　　押留 당시 兩債權이 相計適狀에 있는 경우는 물론 아직 受動債權의 辨濟期가 到來하지 않은 경우에도 受動債權보다 自動債權의 辨濟期가 먼저 到來하는 때에는 相計로써 押留債權者에게 대항할 수 있으나 그 반대의 경우에는 대항할 수 없다고 한다.

---

4) 大判 89.1.31, 87다카594(公 844, 366); 李範柱, "民法 498조와 相計豫約", 民事裁判의 諸問題 2, 109.

5) 우리 나라와 日本의 學說·判例에 관한 자세한 소개는 申聖澈(註 1), 161-65; 李範柱(註 4), 93-108; 日注民(12), 447-56; 塩崎勤, "相計豫約の 對外的 效力について", 金融法務事情 1000, 9 참조.

(ii) 自動債權과 受動債權의 實質關係를 考慮하는 說 辨濟期뿐 아니라 兩債權의 實質關係도 고려하여 自動債權에 대한 期限의 利益喪失이 발생할 可能性이 있는 경우나 客觀的 事實關係에 비추어 相計에 의하여 자신의 債務를 免할 것이라는 第3債務者의 강한 期待利益이 인정되는 경우에는 설혹 自動債權의 辨濟期가 受動債權의 辨濟期보다 늦는 경우라도 相計로써 대항할 수 있다고 한다.

(b) 無制限說 民 §498를 文字 그대로 反對解釋하여 自動債權이 押留前에 取得한 것인 이상 그 辨濟期의 先後를 묻지 않고 兩債權이 辨濟期에 이르러 相計適狀이 생기기만 하면 相計로써 押留債權者에게 대항할 수 있다고 한다.

우리 나라 判例는 相計適狀說,[6] 緩和된 相計適狀說[7]을 취하였다가 최근에는 合理的 期待利益說 중 辨濟期의 선후를 기준으로 하는 설[8]을 따르고 있으며 학설로는 合理的 期待利益說 중 實質關係를 고려하는 설을 지지하는 견해[9]와 無制限說을 지지하는 견해[10]가 있다. 日本 判例는 여러 단계를 거쳐 최근에는 無制限說[11]을 취하고 있으며 학설은 合理的 期待利益說에 속하는 세 가지 견해가 병존하고 있다.

無制限說은 相計의 擔保的 機能만을 지나치게 높게 평가하여 모든 去來關係에 一律的으로 이를 확대한다는 점에서 찬성하기 어렵다. 相計의 擔保的 機能保護와 押留의 實效性 保護라는 두 가지 利益의 調和를 彈力性 있게 추구할 수 있다는 점에서 制限說 중에서도 兩債權의 實質關係를 고려하는 견해가 타당하다고 하겠다.

(3) 相計豫約의 對外的 效力은 制限說에 의하면 自動債權의 辨濟期가 受動債權의 辨濟期와 같거나 먼저 도래하는 경우에 한하여 인정되나, 無制限說에 의하면 아무런 制限 없이 인정된다. 銀行去來에 있어서는 相計豫約의 存在

6) 大判 64. 4. 21, 63다658(要集 I-2, 823); 大判 73. 11. 13, 73다518(公 478, 7615); 大判 74. 2. 12, 73다1052(公 483, 7730).
7) 大判 79. 6. 12, 79다662(公 614, 12010); 大判 80. 9. 9, 80다939(公 643, 13165).
8) 大判 82. 6. 22, 82다카200(公 687, 691); 大判 87. 7. 7, 86다카2762(公 807, 1306); 大判 88. 2. 23, 87다카472(公 822, 577); 大判 89. 9. 12, 88다카25120(公 822, 1402).
9) 李範柱(註 4), 119; 李俊相(註 2), 356.
10) 金炳宰, "第3債務者가 假押留 債務者에 대한 反對債權으로써 相計할 수 있는 要件", 民判硏 X, 91; 李英秀, "被押留債權을 受動債權으로 한 第3債務者의 相計", 司論 4, 241.
11) 日最判 昭 45(1970). 6. 24(民集 24, 6, 587).

가 一般的으로 알려져 있고, 貸出債權과 預金債權의 依存性·牽連性이 강하여 相計에 대한 期待利益이 강하다는 점에서 相計豫約의 對外的 效力을 인정하는 것이 現實的이며 合理的이라 할 것이다.[12)]

判例도 制限說의 견지에서 銀行去來 約款上의 相計豫約의 對外的 效力을 인정해 왔다. 다만 判例에 따를 경우 押留 當時 被押留債權의 辨濟期가 먼저 到來했거나 到來할 것인 경우에는 銀行이 相計로써 押留 債權者에게 對抗할 수 없게 된다.[13)]

4. 相計權 行使의 要件

(1) 期限의 到來 등

債務者의 銀行에 대한 債務, 즉 은행의 自動債權의 辨濟期가 到來하였거나 基本契約 §§7, 8에 의한 期限前 債務辨濟義務, 割引어음還買債務의 발생 기타 事由로 채무를 履行하여야 하는 경우라야 한다. 債務者가 履行하여야 할 債務의 範圍는 각종 期限附 與信債務의 約定期限 到來나 期限의 利益喪失의 경우, 支給 保證契約上의 求償債務가 發生한 경우, 割引어음還買 조항에 의하여 還買債務가 발생한 경우, 外國換 去來上 信用狀에 의한 支給으로 求償債務가 발생한 경우, 銀行이 제3자와의 거래로 取得한 어음의 滿期 到來 또는 遡求義務가 발생한 경우 등이 포함된다.[14)]

債務者가 은행에 대하여 가지는「제 예치금 기타의 채권」, 즉 銀行의 受動債權에는 預金뿐 아니라 모든 債務가 포함되나 銀行去來의 실정상 金錢債權이 주종을 이룰 것이다. 受動債權은 期限이 도래한 경우는 물론 期限이 도래하지 아니한 경우에도 은행은 自己債務의 期限의 利益을 抛棄하고 相計할 수 있다.

(2) 相計의 意思表示

원래 相計의 意思表示의 方式에는 제한이 없고 裁判上·裁判外에서 모두 할 수 있는 것이나, 基本約款에서는 相計의 意思表示를 書面通知에 의하기로 特約한 것이다. 從來 實務慣行上으로도 配達證明附 內容證明郵便을 이용해 왔는데 이를 명문화한 것이다. 그러나 이는 相計의 여부를 명확히 하고 立證의

---

12) 李俊相(註 2), 356.

13) 大判 82.6.22, 82다카200(公 687, 691); 大判 87.7.7, 86다카2762(公 807, 1306); 大判 89.1.31, 87다카594(公 844, 336).

14) 李俊相(註 2), 359.

곤란을 덜기 위하여 둔 규정이지 書面에 의하지 아니한 相計의 意思表示를 無效化하는 特約은 아니라고 할 것이다.[15] 다만 은행이 書面에 의하지 아니한 相計의 意思表示를 했을 경우에는 約定違反의 문제가 생길 수는 있다.

相計의 意思表示는 쌍방 채무의 同一性을 인식할 수 있을 정도로 표시하면 족하고 債務發生原因이나 內容 등을 상세하게 적시할 필요는 없다.

相計의 意思表示의 相對方은 특별한 사정이 없는 한 受動債權의 債權者, 즉 預金債權의 預金主 등이다. 預金債權 등에 押留·推尋命令이 발하여진 경우 押留債權者의 債權行使를 저지하기 위하여는 押留債權者에 대해서 相計의 意思表示를 해야 할 것이나[16] 이 경우 債權의 歸屬者에 변동이 있는 것은 아니므로 원래의 債權者에게 相計의 意思表示를 해도 有效하다[17]고 할 것이다.

預金債權에 대한 유효한 轉付命令이 있는 境遇에는 受動債權은 押留轉付債權者에게 이전하는 것이므로 相計의 意思表示는 押留轉付債權者에 대하여 해야 한다.[18]

그러나 押留의 競合·債權의 不特定 등으로 轉付命令이 無效로 되는 수도 있으므로 원래의 債權者에게도 相計의 意思表示를 해두는 것이 안전하다고 할 것이다. 推尋命令이나 轉付命令이 발하여지지 않고 假押留·押留·滯納處分 押留만 행해진 경우에는 相計의 意思表示를 押留債權者에게 해야한다는 설[19]과 원래의 債權者에게 해야 한다는 설[20]이 대립되어 있으나 推尋命令이 있는 경우와 마찬가지로 해석할 것이다.

(3) 相計의 時期

法定相計 또는 約定相計의 要件을 갖춘 경우에 銀行은 언제든지 相計할 수 있으나, 會社整理節次에 있어서는 整理債權·整理擔保權의 申告 만료일까지 相計해야 하며(會社整理法 § 162) 和議節次에서는 和議의 認可決定 確定 전에 相計해야 한다(和議法 § 58). 破産節次에서는 相計의 時期에 관한 특별한 제한은 없다. 相計의 要件을 갖춘 경우에는 가능한 한 빨리 相計處理하는 것이 법적 紛爭을 豫防하는 次元에서 바람직하다고 할 것이다.

---

15) 李俊相(前註).
16) 申聖澈(註 1), 146; 日最判 昭 39(1964). 10. 27(民集 18, 8, 1801).
17) 日最判 昭 40(1965). 7. 20(判タ 179, 187).
18) 大判 80. 7. 8, 80다118(公 639, 12995).
19) 東京高判 昭 35(1960). 5. 30(高民 13, 3, 292).
20) 札幌高判 昭 37(1962). 3. 15(訟務月報 8, 5, 765).

(4) 相計後의 어음返還의 相對方

銀行이 債務者에 대하여 가지는 어음債權 또는 그 原因債權으로 債務者의 銀行에 대한 預金債權 등과 相計하는 경우 基本約款 §11에서 어음返還의 同時履行抗辯權을 排除하는 特約을 두고 있으므로 相計 후에 반환하는 것이 보통일 것이나, 그때 어음을 返還할 相對方이 누구인가가 문제된다. 통상의 경우에는 預金債權이 귀속하는 預金主에게 반환하면 되나 轉付命令이 있는 경우에 返還의 상대방이 누구인가에 관하여는 預金主에게 返還해야 한다는 說, 轉付債權者에게 返還해야 한다는 說, 相計適狀의 時期가 轉付命令의 效力發生 前인가 後인가에 따라 달리 判斷해야 한다는 說 등이 있다.[21] 銀行去來의 실제에 있어서는 期限의 利益喪失 條項 등에 의하여 押留命令이 發送된 때에 相計適狀이 성립되어 相計의 소급효에 의하여 轉付命令은 無效로 돌아가고 轉付債權者의 執行債權도 소멸하지 아니하여 결국 債權의 소멸은 預金主의 出捐이 되므로 어음을 預金主에게 返還해야 한다.[22]

保證人의 예금과 相計한 경우에는 保證人에게 返還해야 하며, 債務者와 保證人의 예금과 相計한 경우 相計金額에 따라 어음의 분할이 가능하면 각각 반환할 것이나, 분할이 불가능하면 保證人에게 返還해야 한다.[23]

5. 相計權의 濫用

預金主에게 信用惡化 등의 사유가 발생한 경우에 相計에 의하여 그 資金을 早期에 安全하게 回收하고자 하는 銀行의 기대는 원칙적으로 保護받아야 하고, 數個의 대립하는 債權·債務가 있고 이들이 相計適狀에 있을 때에 어느 債務를 相計할 것인가는 특단의 사정이 없는 한 當事者의 自由라고 할 것이다. 그러나 본래 預金債權은 預金主의 責任財産으로서 모든 債權者의 채권만족을 위한 執行對象이 되는 것이므로 銀行의 相計權의 행사가 불합리하여 다른 債權者나 預金主의 이익을 해하는 것이라고 볼 수 있는 특별한 사정이 있는 경우에는 信義誠實의 原則違反이나 權利濫用 理論에 의해 그 효력이 부정되는 수가 있다.[24]

21) 學說의 자세한 內容은 田中誠二, 銀行取引法(1990), 391; 日注民(新)(17), 395; 申聖澈(註 1), 185; 李俊相(註 2), 364 등 참조.
22) 李俊相(前註).
23) 申聖澈(註 1), 187.
24) 相計權 濫用의 법리에 관한 상세한 설명은 申聖澈(註 1), 178 이하; 李俊相(註 2), 381 이하; 高木多喜男, 金融取引と擔保, 31 이하; 好美淸光, "銀行取仁と相計", 銀行取仁

우리 判例에 나타난 相計權 濫用의 事例로는 어음의 도난·분실시에 別段預金으로 豫置하는 事故申告擔保金에 관한 것이 있는데, 大法院은 "이 별단예금은 일반의 예금채권과는 달리 부도제재회피를 위한 사고신고의 남용을 방지함과 아울러 어음소지인의 어음상의 권리가 확인되는 경우에는 당해 어음채권의 지급을 담보하려는 데 그 제도의 취지가 있는 것이므로 이와 같은 별단예금채권을 압류한 당해 예금채권자에 대한 관계에 있어서는 그 예금을 수동채권으로 하는 은행의 상계는 원칙적으로 허용될 수 없는 것이고, 어음소지인이 정당한 권리자임이 판명되었고 그가 어음교환소 규약 소정의 기간 내에 소송계속중임을 증명하는 서면을 은행에 제출하지 아니한 데 대한 귀책사유가 은행에 있는 것이라면 은행이 별단예금을 수동채권으로 하여 상계하는 것은 신의성실의 원칙에 위배되거나 권리남용에 해당하여 허용될 수 없다"고 한다.[25] 이는 1987. 1. 4. 개정된 서울 어음交換所規約 § 75 의 2 의 事故申告擔保金制度에 관한 해석으로서는 적절한 판시라고 할 것이나, 당해어음의 支給擔保制度로서의 취지가 명확하지 않았던 위 규약 개정 전의 事故申告預置金에 관하여도 대법원은 그 예금반환채권을 受動債權으로 한 銀行의 相計를 權利濫用이라고 判示하여[26] 銀行 실무가로부터 辛辣한 批判[27]을 받은 바 있다. 日本의 判例[28]는 위 預託金違反債權을 受動債權으로 하는 相計를 제한 없이 인정하는 傾向이다.

그 밖에 相計權의 濫用이 문제되는 사례로는 다음과 같은 것이 있다.[29]

預金債權의 일부만 押留되고 銀行의 預金主에 대한 債權額이 預金債權의 總額에 못미치고 있어 押留된 債權과 相計하지 않으면 銀行에 손해가 생긴다고 볼 특별한 사정이 없는데도 이를 相計하여 대출금을 회수하고 나머지는 預金主에게 반환하거나, 원래 銀行의 貸出金債權과 去來處의 債權과의 사이에 相計의 기대성이 없었는데 우연히 언게 된 去來處의 債權을 受動債權으로 하여 相計하는 경우, 預金主가 破産하자 그가 발행한 어음의 所持人이 預金銀行에 와서 그 어음의 割引을 받고 銀行도 그러한 사정을 알면서 그 割引어음債權으로 預金債權과 相計하는 경우 등이다. 擔保가 충분한 경우 押留된 預金債權과

法講座(中), 273 이하; 久保井一匡, "相計權の濫用", 現代契約法大系 5, 26 이하 등 참조.

25) 大判 92. 10. 27, 92다25540(公 934, 3282).

26) 大判 89. 1. 31, 87다카800(公 844, 337).

27) 李俊相, 金融判例硏究(1982~1991), 719 이하.

28) 日最判 昭 45(1970). 6. 18(民集 24, 6, 527); 日最判 昭 45(1970). 8. 20(金法 591, 20); 日最判 昭 46(1971). 7. 23(金法 624, 26) 등.

29) 具體的인 事例에 대한 詳細한 說明은 註 24)의 각 문헌 참조.

相計하여 貸出金을 回收하는 것은 原則的으로 權利濫用이라고 할 수는 없으나 押留免脫의 목적으로 행해지는 경우에는 相計權의 濫用이 문제되는 수도 있다.

Ⅲ. 事前求償權에 의한 相計(제2항)

1. 事前求償權의 意義와 性質

銀行이 거래처의 부탁으로 他債權者에 대한 채무를 보증하는 支給保證거래는 일종의 委任契約으로서 이에 터잡아 銀行이 特定 債務를 保證하면 去來處인 主債務者의 付託에 의한 保證人의 지위를 갖게 된다. 民法上 受託 保證人은 辨濟 등으로 主債務를 消滅케 한 경우에 主債務者에 대해서 求償權을 取得함이 원칙이나(民 §441 I), 일정한 事由가 있는 때에는 主債務 消滅前이라도 事前求償權을 갖는다(民 §442). 그러나 銀行의 支給保證去來에 있어서는 民法 所定의 事前求償權 發生事由만으로는 債權保全에 充分하지 아니하므로 基本約款 §7에서 期限의 利益喪失과 동일한 사유로 事前求償權이 발생한다는 特約規定을 두고 있다. 위 事後求償權과 事前求償權은 그 發生原因을 달리하는 독립된 별개의 권리이다.[30]

한편 民 §443는 保證人이 事前求償을 받았음에도 불구하고 保證債務를 이행하지 아니하여 主債務者가 二重支給을 하게 될 危險으로부터 主債務者를 保護하기 위하여 保證人의 事前求償權 行使에 障害가 되는 事由를 規定하고 있다. 그 중에서 主債務者가 保證人에게 擔保의 제공을 請求할 수 있다는 부분은 擔保의 제공이 있기까지 事前求償을 거절할 수 있다는 뜻으로 풀이되고 主債務者가 擔保를 提供함으로써 保證人을 免責케 할 수 있다는 부분은 主債務者가 擔保提供의 申請을 하면 保證人이 事前求償權을 행사할 수 없다는 뜻으로 풀이되므로 위 두 가지의 경우는 主債務者의 抗辯權[31]으로 파악할 수 있다.

또 이미 主債務에 관하여 담보가 제공된 경우에도 事前求償 청구를 할 수 없다고 할 것이다. 그런데 위와 같은 抗辯權이 부착된 自動債權으로는 相計할 수 없는 것[32]이므로 본항은 그 抗辯權에도 불구하고, 즉 主債務者가 擔保提供의 抗辯權을 拋棄하고, 主債務 또는 求償事務에 관하여 擔保가 있는 경우에도

30) 大判 81. 10. 6, 80다2699(公 669, 4432).
31) 申聖澈(註 2), 506; 註釋債總(下), 199.
32) 大判 75. 10. 21, 75다48(公 525, 8700).

그러한 주장을 아니하기로 하여 銀行이 事前求償權에 터잡아 主債務者의 預金債權 등과 相計할 수 있도록 特約條項을 둔 것이다.

2. 抗辯權抛棄 特約의 效力

事前求償權에 기한 相計豫約 자체의 對外的 效力 有無는 전항에서 본 相計豫約의 對外的 效力 문제와 같으므로 별도로 설명하지 아니한다. 問題는 事前求償權에 관한 主債務者의 抗辯權 排除 特約이 有效한가의 여부에 있다. 전술한 바와 같이 抗辯權이 부착된 自動債權으로는 相計할 수 없는 것이 原則이나 당사자가 抗辯權을 抛棄하고 相計하기로 하는 약정은 強行法規나 社會秩序에 반하거나 信義則에 위배되는 것이 아닌 한 有效하다고 할 것이다. 또 約款規制法 §11 i 는「법률의 규정에 의한 顧客의 抗辯權·相計權 등 권리를 상당한 이유 없이 排除 또는 제한하는 條項」은 無效라고 하고 있으므로 위 특약이 相當性을 구비하는 한 무효라고 할 수 없다.

그런데 主債務者에게 擔保提供請求의 抗辯權을 부여한 취지는 主債務者가 事前求償에 응하였는데도 보증인이 主債務者를 免責시키지 아니하여 二重으로 변제한 境遇 主債務者의 保證人에 대한 不當利得 返還請求權을 담보하기 위한 것인데 保證人이 銀行인 경우에는 資力이 충분하므로 위 抗辯權을 포기하기로 하는 특약이 특히 主債務者에게 불리하다고 할 수 없고, 元債務 또는 求償債務에 擔保가 있는 境遇에도 相計하게 되면 실질적으로 預金을 담보로 취하는 것과 같은 效果가 생기게 하는 것이나 一般的으로 複數의 담보를 제공하게 하는 것이 主債務者에게 不當한 不利益을 強要하는 것은 아니라고 할 것이므로 위 特約은 有效하다고 할 것이다.[33] 다만 主債務 또는 求償債務를 위하여 충분한 物的 擔保가 제공되었음에도 불구하고 단지 債權回收의 容易·迅速性을 이유로 預金債權과 相計하는 것은 權利濫用으로서 허용될 수 없다.

從來 支給保證約定書에는 "전 2항의 경우에 本人은 貴行에 대한 償還債務 또는 主債務에 대한 擔保의 有無에 불구하고 求償에 응하겠으며 貴行에 대하여 擔保의 提供 또는 免責을 請求하지 아니하겠음"이라고 規定되어 있어서 免責을 청구하지 않는다는 약정 부분의 效力이 가장 문제되고 이를 부정하는 견해가 유력했으나[34] 本項에서는 "이 경우 은행은 상계 후 지체없이 보증채

33) 申聖澈(註 2), 173; 高木多喜男(註 24), 27; 好美清光(註 24), 262.
34) 塩崎勤(註 5), 18; 下出義明, "事前求償權おめぐる法律問題", 金法 649, 7.

무를 이행하기로 한다"고 규정하여 은행의 主債務者 免責義務를 確約하였다. 따라서 全體的으로 볼 때 主債務者의 抗辯權을 排除하는 본항의 특약은 상당한 이유가 있는 것이어서 約款規制法에 저촉되지는 않는다고 할 것이다.[35] 判例[36]도 이러한 抗辯權排除 特約의 效力을 인정하고 있다.

Ⅳ. 代理還給·辨濟充當(제3항)

1. 本項의 趣旨·法的 性質

제1항에 있어서와 같이 相計를 할 수 있는 要件이 갖추어진 경우에 銀行이 債務者를 代理하여 銀行으로부터의 預金 등의 還給을 받아 債務者의 銀行에 대한 與信債務의 辨濟에 充當할 수 있도록 하는 代理權授與 特約이다.

相計를 하려면 반드시 사전에 通知를 해야 하나, 代理還給·辨濟充當은 銀行의 內部決濟와 帳簿整理만으로 債權債務 消滅의 效果를 거둘 수 있어 相計보다 簡便·迅速하게 債權을 回收할 수 있는 것이다. 相計와는 별도로 이러한 特約을 하게 되는 실익은 債務者의 行方不明으로 相計通知를 할 수 없는 境遇에도 신속하게 債權을 回收할 수 있고, 相計의 意思表示가 債務者에게 到達되기 전에 預金債權 등에 관한 第3者의 신청에 의한 押留命令이 銀行에 到達되면 相計로써 押留 債權者에게 對抗할 수 없게 되는데, 代理還給·辨濟充當은 帳簿記載 완료만으로 押留命令 到達 전에 債權을 消滅시킬 수 있어 押留에 우선할 수 있다는 점[37] 등에 있다.

위 特約의 법적 性質은 債務者가 銀行에 債務辨濟에 관한 代理權을 授與함을 주된 내용으로 하는 일종의 委任契約[38]이라고 할 수 있다. 종래의 銀行去來約定書上의 代理還給·辨濟充當에 관한 규정을 相計의 意思表示 없이 相計할 수 있도록 하는 相計豫約의 附隨條項으로 이해하려는 견해[39]도 있었으나 본항은 "제1항에 있어서와 같이 은행에 대한 채무를 이행하여야 하는 경우에는……"이라고 표현을 바꾸어 위와 같은 오해의 소지를 없앴다. 또한 위

35) 李俊相(註 2), 372.
36) 大判 82.5.25, 81다595(公 685, 603).
37) 田中誠二(註 21), 326 참조.
38) 田中誠二(註 21), 325; 李俊相(註 2), 344; 宋永煜, "銀行去來約款의 綜合的 硏究", 普通去來約款, 서울統合辯護士會, 106.
39) 위 Ⅱ의 2 본문 및 註 3) 참조.

特約의 法的 性質을 委任契約으로 보는 이상 受任人이 委任事務처리나 代理權行使를 함에 있어 事前에 本人에게 통지할 필요는 없다고 할 것이므로 代理還給·辨濟充當에 있어 事前通知 생략이 특별히 문제될 것은 없다.

2. 有效性

民 §124는 債務履行 이외의 自己契約·雙方代理行爲를 원칙적으로 禁하고 있다. 그 이유는 自己契約·雙方代理行爲가 本人의 利益을 해할 우려가 있기 때문이다.[40] 다만 本人의 許諾이 있는 경우에는 私的 自治의 原則에 비추어 이를 許容하고 있는데, 그 許諾은 特定한 法律行爲에 관한 것이어야 한다는 것이 判例[41]이다.

그런데 銀行이 債務者의 代理人으로서 將來에 모든 預金의 還給과 辨濟充當이라는 廣範圍한 權限을 행사할 수 있도록 하는 代理還給·辨濟充當의 特約이 自己契約·雙方代理行爲의 許諾으로서 有效하다고 볼 것인지가 문제된다. 代理權의 범위가 넓기는 하나 債務辨濟에 국한되어 있고, 與信去來가 銀行과 去來處 사이의 高度의 信賴關係를 바탕으로 이루어지며 銀行의 公信力에 비추어 本人인 債務者에게 특별히 부당한 處理를 할 염려는 없을 것이라는 점 등에 비추어 그 有效性을 인정함이 상당하다.[42]

3. 要件과 效果

代理還給·辨濟充當을 하기 위한 要件은 I의 相計의 要件과 같다. 즉 與信債權의 본래의 辨濟期의 到來, §7의 期限의 利益喪失이나 事前求償債務의 發生, §8의 할인어음還買債務의 발생 혹은 기타의 사유로 채무자가 銀行에 대한 債務를 履行하여야 할 때이어야 한다. 債務者의 銀行에 대한 諸預置金債權은 辨濟期가 도래하지 않아도 된다. 代理還給·辨濟充當이 對象이 되는 것은 債務者의 銀行에 대한 제 예치금만이고 I과는 달리 기타의 債權은 제외된다. 주로 예금 등에 관하여 個別約款에 의하여 還給節次가 정하여 있기 때문인바, 이러한 절차가 정해지지 않은 기타채권에 관하여는 相計節次를 밟아야 할 것이다.[43]

40) 民法注解(Ⅲ), 82.
41) 大判 69.6.24, 69다571(集 17-2, 民 241); 大判 73.10.23, 73다437(公 476, 7554).
42) 宋永煜(註 38), 109; 李俊相(註 2), 345.
43) 李俊相(註 2), 374.

代理還給·辨濟充當을 함에는 債務者에게 사전에 通知하지 않아도 되고, 또 通常의 還給節次에 필요한 通帳·證書의 提出, 申告 印鑑圖章에 의한 支給請求書의 作成·提出, 證書上의 領受 記載, 手票의 提出 등도 省略할 수 있다. 그러나 代理還給·辨濟充當을 한 후에는 遲滯없이 債務者에게 通知해야 한다. 이는 民 §683의 受任人의 報告義務를 注意的으로 規定한 것이다. 또한 事後通知와 아울러 通帳·證書 등을 提出받아 이를 정리해 두는 것이 證據確保·紛糾豫防을 위하여 바람직하다.

代理還給·辨濟充當은 銀行의 內部決裁를 거쳐 帳簿에 記載함으로써 이루어지고, 債權·債務의 消滅時期는 위 帳簿記載를 完了한 때이다. 제3자의 押留命令送達 등과의 時間的인 先後關係를 對外的으로 증명할 수 있어야 하므로[44] 銀行의 內部決裁만으로는 還給充當이 완료된 것이라고 할 수 없다.

代理還給·辨濟充當은 銀行이 債務者의 代理人으로서 행하는 것이므로 債務者의 預金債權에 假押留·押留·滯納處分 押留 등의 효력이 발생하거나, 會社整理節次 開始·破產宣告 등 債務者의 處分權이 制限·剝奪되는 경우에는 할 수 없다.

V. 利子計算 등의 特約(제4항)

1. 趣 旨

本項은 相計나 代理還給·辨濟充當을 하는 때의 利子 등의 計算期間·率·外國換時勢 적용에 관한 基準을 정하여 相計와 還給充當 사이의 計算上의 차이를 없애고 利率이나 期間의 終期 등이 不明確한 데서 생기는 곤란을 배제하여 迅速하게 相計 등의 처리를 하도록 하는 데 그 취지가 있다.

2. 利子 등 計算의 終期

債權·債務의 利子, 割引料 등과 遲延損害金의 計算에 관하여 銀行이 相計나 代理還給·辨濟充當을 위하여 실지로 「計算을 하는 날」을 終期로 하기로 約定한 것이며 相計適狀日이나 通知發送日, 帳簿記載日이 終期가 되는 것이 아니다.

44) 田中誠二(註 21), 327-28.

相計의 효력은 相計適狀日에 遡及하여 發生하므로(民 §493 Ⅲ) 利子 등의 計算도 相計適狀日까지 계산함이 原則이라고 할 것이다.[45] 또 銀行이 受動債權의 期限의 利益을 抛棄하고 相計할 경우에는 相對方의 損失을 배상해야 할 것이므로(民 §153 Ⅱ) 滿期까지의 利子도 計算해 넣어야 한다는 문제가 생긴다. 반면 代理還給·辨濟充當의 경우에는 實際 計算日까지의 利子만을 계산하는 것이 당연하다. 위 特約은 計算期間의 終期를 명확하게 함으로써 그에 관한 다툼을 미리 예방하고, 相計와 代理還給·辨濟充當 사이에 計算上의 均衡을 맞춘다는 意義를 품고 있다. 다만 위 特約은 計算期間에 관한 것일 뿐 相計의 소급효를 배제하려는 뜻의 약정[46]은 아니다.

3. 利　　率

利子 등의 率은 銀行이 정하는 바에 따르기로 한 것인데, 銀行은 法令의 制限範圍內에서 去來의 種類·期間에 따라 具體的으로 이를 정하게 된다.[47] 銀行去來의 慣例上 相計의 경우 受動債權인 預金에 관하여는 中途解止利率을 適用하여 왔는데 中途解止利率은 원래의 約定 利率보다 낮은 것이 보통이므로 형평의 原則上 相計 計算日까지 約定利率을 적용하는 것이 바람직하다고 할 것이다.[48]

4. 外國換時勢

民 §387는 "債權額이 다른 나라 通貨로 지정된 때에는 債務者는 支給할 때에 있어서의 履行地의 換金時價에 의하여 우리 나라 通貨로 辨濟할 수 있다"고 規定하고 있는바, 여기서 「지급할 때」란 辨濟期가 아니라 現實로 이행할 때를 의미하는 것으로 풀이된다.[49] 그런데 相計의 효력은 相計適狀日에 소급하여 발생하므로 外國換時勢도 이 때의 것을 적용함이 원칙일 것이나 그리하면 外國換 去來의 安定性을 해칠 우려도 있고 過去의 時勢를 확인하기 어려운 경우도 있으며 相計適狀日이 日曜日인 경우에는 外國換時勢가 형성되지 않을 수도 있어 환산이 곤란하므로 그 어려움을 덜기 위하여 計算實行 時點의

45) 大判 92.5.12, 90다8855(公 923, 1823).
46) 反對 鄭燦亨(註 3), 101.
47) 銀行利率에 관한 상세한 것은 約款 §3 Ⅰ 注解 참조.
48) 宋永煜(註 38), 114; 李俊相(註 2), 380.
49) 大判 91.3.12, 90다2147(公 895, 1162).

外國換時勢를 適用하기로 特約한 것이다.

民 §387의 法文上으로는 債務者만 邦貨로 代用給付할 수 있는 것처럼 보이나 債權者도 代用給付를 청구할 수 있다고 해석함이 상당하다.[50] 따라서 銀行은 受動債權이 外貨債權인 경우뿐 아니라 自動債權이 外貨債權인 경우에도 이를 邦貨로 換算하여 相計할 수 있다고 할 것이다.[51]

外國換時勢는 같은 날에도 時時刻刻 변하는 것이므로 計算實行 時點의 外國換時勢가 基準이 된다.

[全 孝 淑]

제10조(채무자로부터의 상계)

① 채무자는 채무자의 기한 도래한 예금 기타의 채권과 은행에 대한 채무와를 그 채무의 기한 도래 여부에 불구하고 상계할 수 있다.

② 제1항에 의하여 만기 전의 할인어음에 관하여 상계할 경우에는, 채무자는 어음면 기재금액에 의한 환매채무를 지고 상계할 수 있기로 한다. 그러나 타인에게 재양도중인 할인어음에 관하여는 상계할 수 없기로 한다.

③ 제1항, 제2항의 약정에 불구하고, 외화에 대한 채권채무에 관하여는, 각기 기한 도래하고 또한 외국환에 관한 법령에 따른 소정절차를 밟은 때에 한하여 상계할 수 있다.

④ 제1항, 내지 제3항에 의하여 상계하는 경우에는, 서면에 의한 상계통지에 의하기로 하며, 상계한 예금 기타의 증서·통장은 이미 신고한 도장을 찍어서 곧 은행에 제출하기로 한다.

⑤ 제1항 내지 제3항에 의한 상계를 하는 경우의 채권채무의 이자·할인료 등과 지연배상금의 계산에 관하여는

50) 大判(前註).
51) 李俊相(註 2), 380.

그 기간을 상계통지가 도달한 날까지로 하고, 그 율은 은행의 정하는 바에 따르며, 외국환시세는 은행이 계산 실행할 때의 시세에 의하기로 한다. 또한 기한 전 변제에 관한 특별한 수수료의 정함이 있는 때에는 그 정함에 따르기로 한다.

Ⅰ. 概 說

本條는 債務者로부터의 相計에 관한 條項으로서 基本約款 §10의 銀行으로부터의 相計條項에 대응하는 것이다. 종래의 標準書式에는 이에 관한 규정이 없어서 특별한 還給節次가 필요한 預金債權을 自動債權으로 하여 債務者가 一方的 意思表示만으로 相計할 수 있는 것인지, 相計가 許容된다고 하더라도 그 範圍나 相計의 節次, 計算方法은 어떻게 할 것인지 등 法律上 의문의 여지가 있었고,[1] 銀行으로부터의 相計條項만을 두는 것은 衡平의 원칙에 반한다는 批判[2]도 있었으므로 1987. 基本約款 제정시에 이 條項을 新設한 것이다.[3]

本條는 債務者로부터의 相計要件·相計方法·計算方法 등에 관하여 상세한 규정을 둠으로써 債務者의 相計權을 둘러싼 法的 紛爭을 예방할 수 있고 當事者 雙方의 利益의 調和라는 約款의 理想에도 근접하게 되었다고 할 것이나, 實質的인 內容面에서는 法定相計의 範圍를 크게 벗어나지 않는 것이어서 銀行으로부터의 相計條項과 均衡을 이루었다고 하기는 어렵다.

Ⅱ. 相計要件(제1항)

1. 自動債權 期限의 到來

債務者의 銀行에 대한 預金債權 등의 期限이 도래하면 債務者의 銀行에 대한 與信債務의 期限의 到來 여부에 불구하고, 銀行에 대한 與信債務의 期限이 到來하지 아니한 때에는 債務者가 그 期限의 利益을 抛棄하고 相計할 수

1) 宋永煜, "銀行去來約款의 綜合的 硏究", 普通去來約款, 서울統合辯護士會, 110.
2) 鄭燦亨, "金融去來約款", 法과 約款, 韓國法學敎授會, 102.
3) 李俊相, 銀行與信去來基本約款解說, 393.

있다.[4] 이는 法定相計의 要件을 갖춘 경우에 債務者도 相計할 수 있다는 것을 명확하게 한 것일 뿐이다. §9에서 期限의 利益喪失條項에 터잡아 銀行의 相計要件을 緩和하고 있는 것과는 대조적이다. 債務者의 自動債權의 辨濟期는 預金의 種類에 따라 다르다. 定期預金과 같은 期限附 預金은 그 期限이 도래한 후에, 要求拂預金은 언제든지 相計할 수 있다. 또 當座計定開設保證金은 當座去來를 종료하고 當座去來上 殘債務에 充當된 후 返還할 殘額이 확정된 후에, 어음事故申告擔保金은 事故申告가 眞實이고 어음所持人에게 正當한 權利가 없다는 것이 판명되어 擔保金 返還請求權이 債務者에게 귀속되는 것으로 확정된 후에 언제든지 相計할 수 있다.

兩債權이 相計適狀에 이르렀다고 하더라도 債務者의 自動債權에 대해 質權設定·假押留·押留·破産宣告·會社整理節次의 開始 등으로 處分權이 制限 또는 剝奪된 경우에는 相計할 수 없다.

2. 相計權을 행사할 수 있는 者

相計權을 행사할 수 있는 자는 眞正한 預金主이다. 특히 假名·借名預金의 경우는 누가 眞正한 預金主인지를 가리기는 쉽지 아니한데 우리 判例는 客觀說의 見解를 취하고 있다.[5] 眞正한 預金主가 아닌 자에 의한 相計는 無效임이 原則이나, 경우에 따라 銀行은 民 §470의 類推適用이나 表見代理의 法理에 따라 免責되는 수도 있다.

또한 債務者의 一般債權者는 債權者代位權(民 §404)의 행사로 相計할 수 있고, 轉付債權者는 自身의 銀行에 대한 債務와 相計할 수도 있다. 預金債權의 讓渡를 銀行이 異議를 留保하지 않고 承諾한 경우에는 그 讓受人도 自身의 與信債務 등과 相計할 수 있다. 民法上으로는 保證人도 主債務者의 相計權을 援用할 수 있으나 (民 §434) 銀行去來에 있어서는 特約으로 禁止되어 있다.[6]

3. 相計의 交叉

轉付債權者 등이 被轉付預金債權을 自動債權으로 하고 자신의 與信債務를

4) 이 점에 관하여는 前述 §9 注解 II의 2 참조.
5) 預金主의 決定에 관하여는 前述 民 §702 注解 IV. 3 참조.
6) 예컨대 보증서 §1, 근보증서 §3에는 "보증인은 귀행의 보증채무청구 있기 전에는, 채무자의 귀행에 대한 예금 기타의 채권에 의한 상계로 귀행에 대항하지 아니하기로 한다"고 규정되어 있다.

受動債權으로 하여 相計의 意思表示를 하고, 銀行이 被轉付預金主에 대한 與信債權을 自動債權으로 하고 被轉付預金債權을 受動債權으로 하여 相計의 通知를 한 경우에는 相計의 交叉현상이 생긴다. 이 경우 어느 쪽의 相計의 效力을 우선시킬 것인가에 관하여 相計適狀이 먼저 성립된 쪽이 有效하다는 說[7]과 相計意思表示가 먼저 도달한 쪽이 有效하다는 설[8]의 대립이 있으나, 相計意思表示의 到達로 이미 消滅한 債權을 다시 自動債權으로 삼아 相計한다는 것은 法理論上 문제가 있고 相計要件이 갖추어졌는데도 그 意思表示를 게을리 한 者를 보호할 근거가 박약하다는 점에서 後說이 타당하다고 할 것이다.[9]

Ⅲ. 滿期前 割引어음債務와의 相計(제2항)

債務者의 自動債權이 辨濟期에 있는 때에 滿期 未到來의 割引어음에 관하여는 債務者가 그 還買債務를 지고 相計할 수 있다. 滿期 도래한 割引어음이 不渡되거나 §8에 의하여 이미 還買債務가 발생한 경우에 이를 受動債權으로 하여 相計할 수 있음은 당연하다. 그러나 어음割引으로 賣買去來는 종료되고 어음의 滿期 前에 債務者는 銀行에 대하여 아무런 債務도 부담하지 않는 것이므로[10] 受動債權이 存在하지 아니하여 債務者는 相計할 수 없다. 그렇게 되면 어음貸出·證書貸出 등에서 期限의 利益을 抛棄하고 相計할 수 있는 것과 均衡이 맞지 않게 되므로 債務者가 割引어음의 還買債務를 지기로 하고 相計할 수 있도록 特約 規定을 둔 것이다.[11]

이 경우 割引어음의 還買債務의 금액은 어음面 기재 금액을 기준으로 하며, 相計通知 到達日 다음 날로부터 滿期까지의 割引料 相當額을 공제한 금액이 된다.[12]

銀行이 他人에게 再讓渡中인 割引어음에 관하여는 相計할 수 없다는 規定은, 銀行이 再割引 또는 擔保의 목적으로 어음을 他人에게 讓渡한 경우에는 어음의 所持人이 아니므로 相計할 수 없는 것이 당연하나, 注意的으로 둔 것

7) 日東京高判 昭 53(1978). 1. 25(金判 546, 17); 田中誠二, 銀行取引法(1990), 393.
8) 日最判 昭 54(1979). 7. 10(判時 972, 159).
9) 李俊相(註 3), 405도 대체적으로 같은 취지이다.
10) 어음할인의 법적 성질에 관하여는 前述 §8 注解 참조.
11) 李俊相(註 3), 397.
12) 韓國金融硏修院, 與信法律(上), 88.

이다. 다만 銀行이 어음을 還受하여 所持하고 있거나 推尋委任하여 所持하지 않고 있는 경우에는 相計가 가능하다.[13]

Ⅳ. 外貨債權債務의 相計(제3항)

債務者가 相計하고자 하는 自動債權 또는 受動債權 중 어느 한 쪽이 外貨債權인 경우에는 相計의 要件이 엄격하다. 兩債權이 모두 期限이 到來해야 하고, 外貨債權의 行使·辨濟·處分 등에 관하여 外國換에 관한 법령에 따른 所定節次를 밟아야 한다. 外國換管理法(제6장) 및 同施行令(제6장)은 國際收支의 均衡, 通貨價値의 安定과 外貨資金의 效率的인 운영을 圖謀하기 위하여 許可·承認·認證을 받지 아니한 債權의 發生·變更·辨濟·消滅 등의 행위를 금하고 있다. 이 特約은 이러한 법규정을 준수하도록 하여 법이 추구하는 목적달성이 가능하도록 하고 아울러 銀行이 본래의 변제기에 맞추어 外換保有額을 調整할 수 있도록 하고 換差損의 發生을 방지하는 한편 債務者가 換時勢 變動을 이용하여 投機를 하거나 換差損 回避手段으로 濫用하는 것은 防止하기 위하여 둔 것이다.[14] 따라서 外貨債權의 경우에는 그만큼 相計가 제한된다.

Ⅴ. 相計方法(제4항)

1. 書面에 의한 意思表示

相計의 意思表示는 반드시 書面에 의하여야 한다. 民法上으로는 相計는 不要式行爲로서 口頭 또는 電話에 의한 相計도 가능한 것이나 銀行去來에 있어서 口頭로 相計하는 경우에는 그가 과연 眞正한 債務者인가, 數個의 預金 중 어느 것과 相計하는가 등에 관하여 法的 紛爭이 생길 수 있으므로 이를 미리 防止하고 銀行으로부터의 相計方法과도 均衡을 꾀하기 위하여 書面에 의하기로 특약한 것이다. 書面에 의하지 아니한 相計의 意思表示가 無效인가에 관하여는 다툼이 있을 수 있다. 眞正한 債務者의 意思表示인 한 原則的으로 有

13) 李俊相(註 3), 398.
14) 李俊相(前註).

效한 것으로 보되 銀行에 대항할 수 없는 것으로 해석함이 상당하다.[15] 다만 진정한 債務者가 口頭로 相計의 意思表示를 한 경우에는 銀行이 곧 書面에 의하여 補完하도록 권유함이 분쟁방지를 위하여 바람직하다.[16] 裁判上 相計의 경우에는 書面에 의하지 아니하더라도 유효하다.

2. 相計後의 措置

相計後에 곧 預金 등의 證書·通帳 등에 이미 申告한 印章을 찍어서 제출하기로 한 것은 相計의 要件은 아니나 預金主인 與信 債務者의 後履行義務다. 원래 債務者는 債務辨濟時에 領收證을 請求하고 債權證書의 返還을 請求할 수 있고(民 §§ 474, 475), 그 중 領收證의 交付는 債務辨濟와 同時履行關係에 있는 것으로 해석되는데[17] 本項은 相計時에 이를 요하지 않고 相計後에 제출하도록 특약한 것이다. 다만 無記名定期預金은 無記名債權으로서 그 證書는 일종의 有價證券이므로 그 證書의 提示·交付가 있어야만 相計가 有效하다고 할 것이다(民 §§ 523, 524, 517, 519).

預金의 일부가 相計된 경우에는 通帳이나 債權證書에 預金 一部의 抹消 記載를 할 필요가 있다. 相計로 與信債權이 全部 消滅한 경우에 銀行의 與信債權證書, 擔保어음返還 등의 의무와 預金主의 預金證書 등의 제출의무는 履行上의 牽連關係에 있는 것으로 보아 同時履行으로 처리함이 상당하다.[18]

Ⅵ. 利子計算 등의 特約(제5항)

利子·割引料·遲延賠償金의 算定期間은 相計通知가 銀行에 도달하는 날까지로 하고 그 率은 銀行이 정한 바에 의한다. 債務者가 利子計算을 정확하게 하여 相計通知를 한다는 것은 通常 기대하기 어려우므로 이를 銀行에 맡긴다는 前提하에 기간의 終期를 銀行이 相計하는 때와는 달리 정한 것이다.[19] 이 특약이 相計의 遡及效 排除에 관한 것이 아닌 점, 計算의 終期나 期限의 利益을 抛

15) 反對 李俊相(註 3), 400: 진정한 債務者의 意思表示인지 確認處理할 必要性이 크다는 이유로 無效라고 해석해야 한다는 주장이나, 銀行으로부터의 相計의 경우와 균형이 맞지 않는다.
16) 日注民(新)(17), 379.
17) 註釋債總(下), 525.
18) 日注民(新)(17), 380; 李俊相(註 3), 401.
19) 李俊相(註 3), 402.

棄하고 相計하는 경우의 상대방에 대한 損害賠償에 관한 다툼을 막기 위하여 둔 것이라는 점은 基本約款 §9 Ⅳ의 취지와 같다.

受動債權인 與信債權에 관하여 期限前 辨濟에 특별한 手數料約定이 있는 경우에는 債務者로부터의 相計의 경우에도 이를 적용한다. 期限前 相計는 期限前 辨濟의 한 形態이므로 注意的인 규정이라고 할 것이다. 特別手數料는 특히 長期貸出에서 期限前에 변제하는 경우 銀行이 입게 될 損害를 債務者가 원래의 約定利率에 따라 賠償하면 지나치게 높은 額數가 되어 가혹하므로 쌍방의 이해를 적절한 선에서 고려하여 정해 놓은 일종의 損害賠償額의 豫定이다(民 §398).

外貨債權·債務의 相計의 경우에는 外國換 時勢의 적용이 필요하므로 銀行으로부터의 相計의 경우와 마찬가지의 규정을 두었다.[20]

[全 孝 淑]

제11조(어음의 제시·교부)

① 은행이 어음의 거래에 있어서, 어음상의 채권에 의하지 아니하고 제 9 조에 의한 상계 또는 대리환급변제충당을 할 때에는, 은행은 그 어음을 동시에 반환하지 아니하여도 되는 것으로 하며, 어음의 반환장소는 그 거래영업점으로 한다. 이 경우, 은행은 채무자가 신속하게 권리를 보전할 필요가 있을 때에는, 어음을 수령하도록 지체없이 통지한다. 제10조에 의한 상계에 따른 어음처리도 같기로 한다.

② 은행이 어음상의 채권에 의하여 제 9 조에 의한 상계 또는 대리환급변제충당을 할 때에는, 다음 각호의 경우에 한하여, 어음의 제시 또는 교부를 하지 아니하여도 되기로 하며, 이 경우의 어음의 처리도 제 1 항과 같기로 한다.

1. 은행이 채무자의 소재를 알 수 없을 때

20) 이에 관하여는 前述 §9 注解 Ⅴ. 4 참조.

2. 은행이 어음의 지급장소인 때
3. 교통 통신의 두절·추심 기타의 사유로 제시·교부의 생략이 부득이하다고 인정되는 때

③ 제 9 조, 제10조에 의한 상계를 하고도, 곧 이행하여야 할 나머지 채무가 있을 경우에, 어음채무자 이외의 어음상 채무자가 있는 때에는, 은행은 그 어음을 계속 점유하고 추심 또는 처분하여, 제12조에 준하여 채무의 변제에 충당할 수 있기로 한다.

④ 은행이 어음상의 채권의 시효중단을 위한 독촉을 할 경우에도, 어음의 제시를 생략할 수 있기로 한다.

Ⅰ. 槪 說

本條는 어음거래에 있어서 與信債權과 어음債權을 아울러 가지는 銀行이 與信債權으로 相計할 경우에 債務者가 행사할 수 있는 어음 返還의 同時履行抗辯權을 排除하고, 어음채권으로 相計하는 경우 어음의 提示·交付節次를 省略하도록 하여 §9에 의한 銀行의 相計 등 조치에 장애가 되는 것을 제거하여 債權 早期回收의 實效를 거두려는 데 그 趣旨가 있다. 아울러 相計 후에 어음을 返還하되 그 장소는 去來營業店으로 하고, 相計 등 處理後에도 殘存債務가 있는 때에는 §6 Ⅳ에서와 같이 어음에 대한 留置權을 인정하여 辨濟期 도래한 殘存債務도 回收할 수 있도록 하였다.

本條는 어음貸出·어음割引 등 모든 어음거래에 적용된다.

Ⅱ. 어음返還 同時履行抗辯權 排除(제1항)

1. 特約의 必要性

어음貸出·白地어음에 의한 支給保證 등 어음거래에 있어서 當事者 사이에 특별한 意思表示가 없으면 어음은 原因債務의 擔保 또는 支給確保條로 교부된 것으로 推定되고, 銀行은 與信債權과 어음債權을 함께 가지며 그 중 어

느 것을 행사할 것인가는 銀行의 選擇에 달려 있다.[1] 이 경우 銀行이 原因關係인 與信債權을 행사하면 債務者는 어음을 返還할 때까지 그 債務의 履行을 拒絶할 수 있는 同時履行抗辯權을 가진다.[2] 또한 어음割引의 法的 性質을 再賣買[3]로 보면 어음은 再賣買의 目的物이므로 어음의 交付와 再賣買代金의 支給은 同時履行의 關係에 있다(民 § 536).

그런데 이와 같은 同時履行抗辯權이 붙은 原因債權을 自動債權으로 하는 相計는 허용되지 아니하므로[4] 이를 排除하지 아니하면 그 번잡함으로 인하여 은행이 相計의 시기를 놓치게 되어 債權 回收에 지장을 招來하는 경우도 있을 수 있기 때문에 이러한 특약이 필요하다. 代理還給辨濟充當의 法理는 相計와 同一하지는 아니하나 그 法的 效果에 있어서는 다를 바 없으므로 이에 포함시킨 것이다.[5]

2. 約定의 有效性

本項은 同時履行抗辯權을 將來에 향하여 拋棄하는 包括的인 合意라고 할 것인데 이러한 約定은 有效한가? 이에 관하여는 公平의 觀念, 信義誠實의 原則에 기하여 對立하는 雙務契約上의 債務 사이에 履行上의 牽連關係를 인정하려는 同時履行制度의 目的에 비추어 包括的인 抗辯權 排除 特約은 無效라는 설[6]과 銀行의 公信力 등에 비추어 債務者의 二重支給 危險 등의 弊端은 생기기 어렵고 相計權의 행사를 좀더 용이하게 하여 與信債權의 早期回收를 꾀하는 것이 預金主保護에도 기여할 수 있다는 점에서 抗辯權 排除 特約은 相當한 이유가 있어 有效하다는 설[7]이 있다. 위와 같은 약정이 특히 公序良俗에 反한다고 할 수 없으므로 後說이 타당하다.[8]

---

1) 前述 § 2 注解 Ⅱ 참조.
2) 大判 69. 4. 22, 69다144(集 17-2, 民 41); 大判 70. 10. 23, 70다2042(集 18-3, 民 226); 大判 85. 11. 26, 85다카848(公 768, 119); 大判 92. 12. 22, 92다8712(公 938, 555); 鄭東潤, 어음·手票法(1989), 279.
反對 宋永煜, "銀行去來約款의 綜合的 硏究", 普通去來約款, 서울統合辯護士會, 115.
3) 前述 § 8 注解 Ⅱ. 1 참조.
4) 大判 75. 10. 21, 75다48(公 525, 8700).
5) 李俊相, 銀行與信去來基本約款解說, 413.
6) 鄭燦亨, "金融去來約款", 法과 約款, 韓國法學敎授會, 103.
7) 李俊相(註 5), 415.
8) 日本에서도 有效說이 通說이다. 日注民(新)(17), 387; 河本一朗 外 1, 約束手形法入門(1990), 140; 好美淸光, "銀行取引と相計", 銀行取引法講座(中), 278.

3. 어음返還의 場所

同時履行抗辯權 排除 特約의 結果 銀行은 相計를 함과 동시에 어음을 返還할 必要는 없으나 相計 후에는 이를 返還해야 하는데 그 返還場所를 去來營業店으로 정한 것이다. 따라서 銀行은 債務者가 오면 언제든지 返還할 수 있도록 어음을 준비해 두어야 한다.

어음 返還義務를 特定物引渡義務로 보면 民 §467 Ⅰ에 의해 債權成立 당시 物件이 있던 場所인 去來營業店이 履行場所가 되고, 特定物引渡義務外의 債務로 보면 同條 Ⅱ에 의해 去來處인 債務者의 住所 또는 營業所가 債務履行場所가 되는 것이나, 어느 쪽으로 보든지 債務履行 場所는 當事者의 意思表示로 정할 수 있는 것이므로(民 §467), 위 約定은 有效하다.[9)]

4. 어음受領의 通知

相計를 마친 어음에 관하여 債務者가 신속하게 權利를 保全할 必要가 있을 때에는 어음을 受領해 가도록 遲滯없이 通知할 의무를 銀行에 부여한 것이다. 어음을 保管하는 銀行은 善良한 管理者로서의 注意義務가 있는 것이므로 相計를 마친 어음의 滿期가 到來하면 遡求權保全節次를 취해야 할 것이고 만약 이를 게을리하여 債務者가 遡求權을 상실하는 경우에는 銀行의 損害賠償責任問題가 생길 수 있으므로[10)] 이러한 法的 紛爭을 방지하기 위하여 둔 규정이다.

어음返還場所나 어음受領 通知에 관한 약정은 채무자로부터의 相計의 경우에도 마찬가지로 적용된다.

5. 어음返還의 相對方

銀行이 相計 후에 어음을 返還해야 할 相對方은 原則的으로 資金을 出捐한 預金主이다. 그러나 受動債權인 預金에 假押留·押留·滯納處分 押留·推尋命令 등이 있거나 轉付命令이 發令된 경우, 預金債權이 讓渡되거나 質權이 설정된 경우에 相計 意思表示와 어음 返還의 相對方이 누구인가에 관하여는 學說이 對立되고 있다.[11)]

---

9) 李俊相(註 5), 417; 日注民(新)(17), 388.
10) 宋永煜(註 2), 118; 李俊相(註 5), 417; 日注民(新)(17), 388; 石井眞司, 新銀行取引約定書の解說, 103.
11) 이에 관하여는 前述 §9 注解 Ⅱ. 4. (4) 참조.

Ⅲ. 어음 提示·交付免除(제2항)

1. 特約의 必要性

어음은 提示證券·相換證券(어음 §§ 38, 39, 50, 77 Ⅰ iii·iv)이므로 銀行이 어음債權으로 相計하는 경우에는 어음을 提示·交付해야 그 效力이 발생한다.[12] 다만 裁判上 相計의 경우에는 어음을 提示하지 않아도 된다.[13] 그러나 어음채권을 가지고 相計 또는 代理還給·辨濟充當하는 경우에 반드시 어음을 提示·交付해야 한다면 그 번잡함으로 인해 相計의 시기를 놓칠 염려가 있어 債權의 簡易·迅速한 回收를 目的으로 하는 相計豫約制度의 實效를 거둘 수 없게 되므로 이러한 提示·交付를 생략하기로 하는 合意가 필요한 것이다.

2. 有 效 性

어음의 提示證券性·相換證券性은 어음의 本質的 性質이라고 할 것이므로 이를 사전에 包括的으로 면제하기로 하는 내용의 特約은 허용되지 아니한다.[14] 本項은 이 점을 고려하여 어음의 提示·交付의 생략이 正當하거나 부득이하다고 인정되는 세 가지 경우를 열거하고 있다. 이러한 배려에도 불구하고 어음의 本質的 性格을 強調하여 이 特約 全體를 無效라고 보는 見解[15]가 있으나 제1호, 제3호의 경우에는 銀行이 어음을 提示·交付하고자 하여도 事實上 불가능한 경우로서 이러한 때에도 어음의 提示·交付를 強要하는 것은 銀行에 苛酷하고 不必要한 비용을 증가시키는 것이므로 提示·交付 省略의 특약은 相當한 理由가 있는 것으로서 有效하다고 할 것이다.

다만 제2호의 銀行이 어음의 支給場所인 때에 관하여는 약간의 문제가 있다. 原因債務의 履行地와 어음의 支給場所를 同一視하여 제2호도 全體的으로 有效하다는 見解[16]가 있으나 어음의 有益的 記載事項으로서의 支給場所는 支給을 위한 提示期間 내에 한하여 有效하고 支給提示 期間 經過 후에는 어음

---

12) 大判 76.4.27, 75다739(公 537, 9129); 大判 77.3.8, 76다2999(要集 Ⅰ-2, 825).
13) 大判 62.9.20, 62다326(要集 Ⅱ, 653); 大判 70.7.24, 70다965(集 18-2, 193).
14) 日東京高判 昭 33(1958).4.30, 下民集 9.4.757; 日注民(新)(17), 389; 田中誠二, 銀行取引法(1990), 407.
15) 鄭燦亨(註 6), 104.
16) 韓國外換銀行, 어음去來約定書解說(1976), 171.

債務者의 現在의 營業所 또는 居所에서 提示해야 하는 것이므로[17] 提示·交付 생략의 特約은 어음의 支給提示期間內에 한하여 有效한 것으로 制限解釋해야 할 것이다.[18]

3. 適用範圍

제1호는 銀行이 相計를 할 時點에서 債務者가 一時的 또는 長期的으로 行方을 감추어 銀行이 그 現在地를 알 수 없는 경우를 말하고 반드시 民法上 不在者의 요건에 해당할 것을 요하는 것은 아니다.

제2호는 銀行이 相計 등 措置를 취할 때에 그 去來 營業店이 어음의 支給場所로 기재된 어음을 所持하고 있는 경우를 말하며 이 규정이 支給提示期間 내에 한하여 有效함은 위 2에서 본 바와 같다. 따라서 滿期 후에는 어음의 提示·交付를 省略해서는 안 된다.

제3호는 天災地變 등으로 交通·通信이 杜絶되어 어음을 송부할 수 없거나 割引어음을 推尋하기 위해 다른 곳에 보내서 소지하고 있지 않거나 어음이 刑事事件으로 押收되거나 執行官의 占有下에 놓이게 된 때 등이다.[19]

與信去來의 실무에 비추어 위 특약이 활용되는 것은 債務者가 自店 當座去來處인 경우, 當座去來處가 去來營業店을 支給場所로 기재한 어음을 去來營業店이 間接去來로 취득한 境遇 등이다. 相計 등 處理 후의 어음處理 등은 제1항의 경우와 같다.

Ⅳ. 어음의 留置·處分(제3항)

1. 本項의 趣旨

本項은 相計後에 一定한 要件 아래서 銀行이 어음을 돌려 주지 않고 계속 占有하고 推尋·處分하여 殘存債務의 辨濟에 任意로 充當할 수 있도록 하는 특약이다. 이는 基本約款 §6 Ⅳ과 같은 趣旨이나 相計를 마친 어음에 관하여도

17) 鄭東潤(註 2), 332; 崔基元, 어음·手票法, 402; 日最判 昭 42(1967).11.8, 民集 21.9.2300. 다만 支給指示期間 경과 후에도 支給地의 기재는 失效하지 않는다는 설에 의하면 支給地內의 債務者의 주소 또는 영업소에 지급제시해야 한다.

18) 李俊相(註 5), 424; 田中誠二(註 14), 409. 다만 支給提示期間內일지라도 어음의 交付까지 생략하는 것은 의문이라는 見解가 있다. 宋永煜(註 2), 117.

19) 日注民(新)(17), 391; 李俊相(註 5), 425.

위 規定이 적용되는 것인지 疑問이 있을 수 있으므로 특히 明文化한 것이다.[20)]

이 특약에 의해 銀行은 본래 어음을 돌려 받은 채무자가 행사해야 할 어음상의 權利를 債務者의 委任에 의해 그를 代理하여 推尋·處分 辨濟에 充當하는 것이지 債務者에게 二重辨濟를 요하는 것이 아니므로 유효한 約定이라고 할 것이다.[21)]

2. 要 件

(1) 相計 등 處理 후에 곧 履行하여야 할 나머지 債務가 있어야 한다. 基本約款 §9의 銀行으로부터의 相計, 代理還給辨濟充當, §10의 債務者로부터의 相計의 경우를 包含하고, 銀行의 어음의 提示·交付 생략 여부를 묻지 아니하므로 어음을 相計와 同時에 返還해야 할 경우에도 이 조항에 의해 어음을 유치할 수 있다. 殘存債務는 相計 후에 남은 어음채권이든 다른 여신채권이든 불문하나 辨濟期에 이르지 않은 것은 제외된다.

(2) 債務者 이외의 어음상 債務者가 있어야 한다. 債務者 이외의 어음상 債務者로는 어음 發行人·背書人·引受人·保證人 등을 의미하며 債務者 이후의 背書人이나 그 保證人은 包含하지 아니한다. 相計 등의 조치로 어음상의 債務가 消滅하면 債務者의 後者인 어음상 債務者 등의 債務도 消滅하기 때문이다.

債務者가 어음의 주된 債務者가 되어 있는 어음에 있어서는 숨은 어음 保證人으로서의 共同發行人·배서인·保證人 등의 채무는 주채무의 소멸로 그들의 종된 債務도 소멸하므로 그런 어음은 본항의 適用對象이 아니다. 따라서 주로 割引어음 환매청구권에 의하여 相計 등 조치를 취한 경우의 割引어음이 적용대상이 된다.[22)]

3. 效 果

위와 같은 要件을 갖춘 경우 銀行은 어음을 繼續 占有하여 間接的으로 辨

20) 李俊相(註 5), 427.

21) 宋永煜(註 2), 117; 李俊相(註 5), 428; 鄭燦亨(註 6), 104; 日大阪高判 昭 37(1962). 2. 28(高民集 15, 5, 309); 日注民(新)(17), 395. 다만 債務者 利益 保護의 입장에서 그 效力에 의문을 제기하는 견해로는 宮川種一郎, "約定書の例文化は逆效果", 金法 671, 17; 蓮井良憲, "判例お手がかりに再檢討", 金法 671, 28이 있다.

22) 李俊相(註 5), 426; 鄭燦亨(註 6), 104; 韓國外換銀行(註 16), 173; 石井眞司(註 10), 114.

濟를 強制할 수도 있고 이를 直接 推尋하거나 제3자에게 讓渡 등의 處分을 하여 그 대금으로 債務辨濟에 充當할 수 있다. 商事留置權(商 §58)과 비슷한 작용을 하나 非商人과의 거래에도 適用되고, 任意處分이 許容된다는 점 등에서 商事留置權과는 다르다.

銀行이 債務者를 대리하여 推尋하는 경우 원래 債務者가 銀行으로부터 割引받기 위하여 한 讓渡背書는 숨은 推尋委任關係로 변한다고 할 것이고[23] 이 경우 人的抗辯은 切斷되지 아니하므로[24] 어음債務者는 銀行의 債務者에 대한 人的抗辯으로 銀行에 해당할 수 없다.

이 조항에 의해 銀行이 推尋한 金錢 등을 辨濟에 充當하는 것은 優先辨濟를 받는 것과 같고 이는 債務者를 代理해서 하는 것이므로 債務者에게 支給停止가 있은 후에 이러한 행위를 하게 되면 否認權의 對象이 된다(破 §641; 會社整理法 §78 I ii).

V. 時效中斷을 위한 督促時 어음提示省略(제4항)

督促은 債務者에게 義務履行을 請求하는 意思通知로서 민법상 催告에 해당한다.[25] 催告는 6개월 내에 裁判上 請求, 破産節次參加, 和解를 위한 召喚, 任意出席, 押留 또는 假押留·假處分 등 補完 節次를 밟지 않는 한 時效中斷의 효력이 없는 것이므로(民 §174) 반드시 相對方을 履行遲滯에 빠뜨리는 정도로 엄격한 요건을 갖출 必要는 없다고 할 것이고 따라서 어음債權의 催告에 있어서도 어음의 所持나 提示를 요하는 것은 아니라고 할 것이다.[26] 그러나 어음의 提示證券性·還受證券性을 重視하여 어음債權의 催告時에도 어음을 提示해야 한다는 見解가 있을 수 있으므로 本項은 이러한 해석상의 다툼을 막기 위하여 時效中斷을 위한 催告時에는 어음의 提示를 생략할 수 있다는 명문규정을 둔 것이다.

日本의 舊銀行去來約定書에는 本項과 같은 特約條項을 두었으나, 判例[27]가 催告時에 어음의 提示가 없더라도 時效中斷의 效力이 있다고 하여 從前 견

23) 李俊相(註 5), 429.
24) 大判 90. 4. 13, 89다카1084(公 873, 1063).
25) 韓國銀行監督院이 제정한 "쉽고 바른 금융용어(1986)"에서 "최고"를 "독촉"으로 하기로 정한 바 있어 이에 따른 것이라고 한다. 李俊相(註 5), 431 註 614 참조.
26) 民法注解(Ⅲ), 520.
27) 日最判 昭 38(1963). 1. 30(民集 17, 1, 99).

해를 變更함에 따라 1979년 約款 改正時에 삭제되었다.[28)]

[全 孝 淑]

第12條(은행의 변제 등의 충당지정)

① 채무자가 변제하거나, 은행이 제9조에 의한 상계 또는 대리환급변제충당을 하는 경우에, 채무자의 채무 전액을 소멸시키기에 부족한 때에는, 비용, 이자, 원금의 순서로 충당하기로 한다. 그러나 은행은 채무자에게 불리하지 않은 범위 내에서 충당순서를 달리할 수 있다.

② 변제 또는 상계될 채무가 수개인 경우로서 채무 전액이 변제 또는 상계되지 아니될 때에는 은행은 모든 채권의 안전하고 확실한 보전을 위하여 은행이 따로 정하는 순서와 방법에 의하여 변제나 상계에 충당할 채무를 지정하기로 한다.

I. 概 說

1. 本條는 債務者의 辨濟나 相計 등의 조치로 여러 計座의 與信債務 또는 元金·利子·費用債務 全額을 소멸시키지 못할 경우 民 §§476 내지 479, 499의 적용을 排除하고 銀行에 辨濟充當 또는 相計充當 指定權을 부여하는 내용의 特約 조항이다.

2. 一部辨濟나 一部相計의 경우 民法上으로는 辨濟 또는 相計充當 指定權이 1차적으로는 辨濟者에게, 2차적으로 辨濟受領者에게 있고, 後者의 境遇에는 辨濟者가 즉시 異議할 수 있으며, 어느 쪽도 充當指定을 아니하거나 辨濟受領者의 指定에 辨濟者의 異議가 있는 경우에는 法定充當 순서에 따라야 한다. 그런데 이러한 民法上의 원칙을 고수하면 債務者에게 辨濟利益이 많은

28) 日注民(新)(17), 395.

擔保附債務·利子附債務·決濟確實性이 높은 채무에 指定充當 또는 法定充當되어 銀行의 債權 回收에 지장을 초래할 우려가 있을 뿐 아니라 債權額의 按分計算 등이 번잡하여 신속하게 업무처리를 하기 어렵다. 따라서 銀行이 정하는 順序와 方法에 의해 辨濟 또는 相計 充當할 수 있도록 함으로써 銀行이 債權을 안전하고 확실하게 保全·回收하도록 하려는 데 特約의 趣旨가 있다.

3. 銀行이 相計하는 境遇 自動債權(與信債權)으로 受動債權(預金債權) 全額을 消滅시킬 수 없을 때에는 銀行이 民法에 따라 充當指定權을 가지므로(民 §499) 별도의 特約이 필요하지 않다.[1] 다만 銀行의 自動債權이 受動債權보다 다액인 경우 民 §499가 준용 또는 類推適用되고 그 1차 充當指定權은 銀行에 있다는 見解[2]와 自動債權의 債務者인 去來處에 1차 充當指定權이 있다는 見解[3]가 대립되어 있다. 前說에 의하면 本條는 民法 규정에 拘碍받지 않고 銀行이 자유롭게 정한 順序·方法에 의해 充當할 수 있도록 하는 데 의의가 있고, 後說에 의하면 民法의 原則을 변경하여 銀行에 1차 充當指定權을 부여하는 創設的 조항으로서의 의의가 있다고 한다.[4]

4. 代理還給辨濟充當은 債務者를 代理하여 하는 것이어서 辨濟充當指定도 債務者의 利益을 위하여 하게 되어 債務者가 辨濟하는 경우와 마찬가지의 債權保全·回收상의 문제가 생기므로 銀行이 辨濟充當指定權을 갖도록 特約할 필요가 있다.

Ⅱ. 有 效 性

辨濟充當에 관한 民法規定은 任意規定이므로 當事者가 이와 다른 順序와 方法에 의해 充當하기로 하는 特約은 原則的으로 有效하다.[5]

1) 註釋債總(下), 701; 李俊相, 銀行與信去來基本約款解說, 444.
2) 註釋債總(下), 701; 日注民(12), 458; 玉田弘毅, "預金者からする相殺の可否", 銀行判例百選(新版), 104; 石井眞司, 新銀行取引約定書の解說, 121.
3) 味村治, "相殺充當の諸問題", 金法 575.9; 好美清光, "銀行取引と相計", 銀行取引法講座(中), 268.
4) 日注民(新)(17), 402.
5) 大判 81.5.26, 80다3009(公 1660, 13982); 大判 87.3.24, 84다카1324(公 800, 701); 註釋債總(下), 531.

종전의 約款에서는 「은행이 적당하다고 인정하는 순서와 방법」에 의한다고 규정하여 銀行의 恣意的인 결정을 허용하는 듯한 표현을 사용함으로써 約款의 規制에 관한 法律 §11 i 에 해당하는 無效의 條項이 아닌가 하는 의문이 제기될 염려가 있었다. 그러나 1990년 約款 改正時에 「채무자에게 불리하지 않은 범위 내에서」, 「모든 채권의 안전하고 확실한 보전을 위하여」 은행이 따로 정하는 순서와 방법에 의한다고 표현을 바꾸어 보다 客觀的인 基準을 設定함으로써 그러한 의문을 해소하게 되었다.[6)]

Ⅲ. 適用要件

1. 債務者가 辨濟하거나, 銀行이 §9에 의한 相計 또는 代理還給辨濟充當하는 경우라야 한다. Ⅱ에서는 이 점을 명시하지 않았으나 文脈上 Ⅱ은 Ⅰ前段을 전제로 한 規定으로 풀이된다.

2. Ⅰ은 債務者가 1개 또는 數個 債務의 費用·利子·元金을 支給할 義務가 있는 경우에 辨濟 등으로 그 債務 全額을 消滅시키기에 부족한 때의 充當順序에 관한 規定으로서, 原則的으로 民 §479 Ⅰ의 法定充當順序와 마찬가지로 費用·利子·元金의 順序로 충당하되, 다만 銀行은 債務者에게 不利하지 않은 範圍 내에서 充當順序를 달리 할 수 있도록 하였다. 銀行에 充當順序를 변경할 수 있는 權利를 부여한 점에 特約으로서의 의의가 있으며, 銀行은 費用·利子보다도 元金에 먼저 충당할 수도 있다.

3. Ⅱ은 辨濟 또는 相計될 債務者의 銀行에 대한 與信債務가 數個인 경우의 充當順序와 方法을 銀行이 정하는 바에 따르기로 한 約定이다. 銀行의 自動債權이 數個인 경우에는 民法上의 相計充當 規定에 의한다. 銀行이 따로 정하는 順序와 方法에 의하기로 한 것이므로 銀行은 民法規定과는 달리 銀行의 與信債權 回收에 유리한 順序대로 擔保附 債務보다 無擔保 債務에, 決濟確實性이 높은 割引어음債務보다 決濟確實性이 낮은 割引어음債務에 먼저 充當할 수 있다.

---
6) 韓國金融硏修院, 與信法律(上), 92.

4. 充當의 方法을 銀行이 정하는 바에 의하기로 한 約定은 辨濟充當을 相對方에 대한 意思表示로 해야 한다는 民 §476 Ⅲ의 규정도 배제하는 취지로 풀이된다.[7] 만약 意思表示를 필요로 한다면 基本約款 §12의 어음 返還 同時履行抗辯權의 排除, 어음의 提示·交付·免除 등 銀行의 相計처리를 신속하게 이루어지도록 한 특약은 의미를 잃을 것이기 때문이다.[8] 따라서 銀行은 내부적인 규정에 따라 辨濟充當 또는 相計充當의 帳簿整理를 한 후 事後에 債務者에게 通知하면 된다. 이러한 통지는 辨濟充當·相計充當의 效力發生 要件은 아니나 信義則上 요구되는 의무다. 통지는 辨濟의 경우 債權證書·어음·領收證 또는 計算書의 교부로써, 相計의 경우에는 相計充當 指定 內容 또는 計算書를 첨부한 相計通知로써, 還給充當의 경우에는 그 內容을 밝힌 還給通知로써 하면 족하다.

5. 充當의 順序와 方法은 銀行이 主觀的·恣意的으로 行使할 수 있는 것은 아니며 「모든 채권의 안전하고 확실한 보전을 위하여」 客觀的이고 合理的인 範圍 내에서 行使해야 할 制約을 받는다.

6. 債務者가 辨濟의 提供을 하면서 特定債務의 辨濟에 充當指定을 해 온 경우 銀行이 즉시 이 條項을 내세워 銀行이 정한 順序와 方法에 따라 충당할 수 있다. 다만 債務者의 辨濟充當 지정에 대해 銀行이 아무런 이의 없이 수령했다면 그 지정한 대로 充當의 效力이 발생한다.[9] 銀行이 特約에 의한 辨濟充當指定權을 묵시적으로 拋棄한 것으로 보아야 할 것이기 때문이다.[10]

Ⅳ. 債務者의 異議

從來 어음거래 約定書 標準書式에는 「귀행이 적당하다고 인정하는 순서·방법에 의하여 충당하여도 이의 없겠음」이라고 하여 民 §476 Ⅰ에 의한 債務者의 제1차 充當指定權을 배제하고 債權者인 銀行만이 充當指定權을 갖기로

7) 大判 87.3.24, 84다카1324(公 800, 701); 李俊相(註 1), 459; 田中誠二, 銀行取引法(1990), 412. 反對 日注民(新)(17), 400; 石井眞司(註 2), 122.
8) 韓國金融硏修院(註 6), 92. 이는 채무자의 변제충당의 경우에만 문제된다. 은행이 相計하는 경우에는 반드시 書面으로 通知하게 되어 있으므로 이 때 相計充當에 관한 계산내용을 함께 통지하면 될 것이고 代理還給辨濟充當은 事後通知約定이 되어 있기 때문이다.
9) 田中誠二(註 7), 412.
10) 李俊相(註 2), 457.

하며 債務者의 異議權을 抛棄하기로 하는 특약이 포함되어 있었으나 基本約款에서는 債務者의 異議權에 관한 명문規定이 없다. 아마도 約款制定者는 充當指定權을 銀行에 부여하는 규정만으로도 債務者의 異議權을 당연히 배제할 수 있다고 생각한 것 같다.[11] 그러나 基本約款 § 13 Ⅲ에서 債務者의 充當指定에 대해 銀行이 즉시 異議할 수 있도록 指定하고 있는 것과의 均衡上 債務者에게도 즉시 異議權을 인정함이 형평의 원칙상 타당하다.

[全 孝 淑]

제13조(채무자의 상계충당지정)

① 채무자가 제10조에 의하여 상계하는 경우 채무자의 채무 전액을 소멸시키기에 부족한 때에는, 채무자가 지정하는 순서에 따라 상계에 충당한다.

② 채무자가 제 1 항의 지정을 아니한 때에는 제12조에 준하기로 한다.

③ 제 1 항의 충당지정에 의하면 채권보전상 지장이 생길 염려가 있는 경우에는, 은행은 지체없이 이의를 표시하고, 물적담보나 보증의 유무, 그 경중이나 처분의 난이, 변제기의 장단, 할인어음의 결제가능성 등을 고려하여 상당한 기간 안에 제12조에 준하여 상계에 충당할 수 있다.

④ 은행이 제 2 항, 제 3 항에 의하여 충당하는 경우에, 모든 채권의 안전하고 확실한 보전을 위하여 부득이하다고 인정되는 때에는, 채무자의 기한 미도래의 채무에 관하여는 기한이 도래한 것으로 하고, 만기 전의 할인어음에 관하여는 환매채무를, 지급보증에 관하여는 사전구상채무를 채무자가 진 것으로 하고, 은행은 충당순서·방법을 지정할 수 있기로 한다.

11) 李俊相(註 2), 455.

I. 概　說

本條는 基本約款 §10의 債務者로부터의 相計條項에 대응하는 債務者의 相計充當指定權에 관한 特約條項이다. 즉 1차적으로 相計하는 債務者가 相計充當指定權을 가지되 그 指定이 없을 때에는 銀行이 指定하며, 債務者의 充當指定이 銀行의 債權保全에 지장을 초래할 염려가 있는 경우에는 銀行이 異議를 하여 §12에 준하여 相計充當할 수 있도록 하고, 銀行이 充當指定을 하거나 指定變更을 할 경우 그 對象이 되는 債務를 확대하여 期限 未到來, 未發生 割引어음還買債務, 事前求償債務 등을 각 辨濟期 到來 또는 債務 發生한 것으로 하여 이들 債務에 充當할 수 있도록 하였다. 債務者가 相計의 主體가 되는 점을 제외하고는 特約의 趣旨·法理 등은 §12의 그것과 같다.

債務者에게 1차 充當指定權을, 債權者인 銀行에게 2차 充當指定權을 부여하는 것은 형식적으로 보아 民 §499, 476에서 정한 충당지정순위와 같아 보이나, 은행에게 이의권을 유보하고, 충당순서와 방법을 은행이 정할 수 있도록 한 점에서 특약으로서의 의의가 있다.

債務者가 優良擔保債務·決濟確實性이 높은 어음채무 등을 指定·相計充當함으로써 擔保나 어음을 돌려받아 자기 經營의 好轉을 꾀하고자 하는 것은 자연스러운 일이라고 할 것인데, 債務者의 充當指定에 대한 銀行의 異議權·充當指定權의 부여로 이러한 의도는 저지되게 되어 있고, 債務者로부터의 相計條項은 有名無實하게 될 우려가 있다. 銀行이 자유롭게 辨濟·相計充當을 할 수 있음에 비추어 균형이 맞지 않는 것이다.[1)]

II. 債務者의 相計充當指定權(제1항)

債務者가 相計할 때에 債務者의 債務 全額을 消滅시키기에 부족한 경우, 즉 債務者의 預金債權 등 自動債權보다 與信債權 등 受動債權이 많은 경우 어느 債務를 消滅시킬 것인가는 債務者가 指定할 수 있다. 債務者가 指定하는

1) 이 점은 1977년도에 이 제도를 채택한 日本 銀行取引約定書 標準書式의 문제점으로 지적된 바 있다: 日注民(新)(17), 411.

順序에 따라 充當하기로 約定한 것이므로 民 §479의 適用은 排除된다.[2)]

따라서 債務者는 數個의 與信債務의 期限到來與否·擔保有無·利子率의 高低 등을 불문하고 費用·利子·元金債務 중 어느 것이나 充當指定할 수 있다. 充當順序에 관하여만 債務者가 指定하는 바에 따르기로 한 것이어서 民 §476 Ⅲ은 排除되지 아니하므로 充當指定은 銀行에 대한 意思表示로 해야 한다. 基本約款 §10에서 相計通知를 書面으로 하도록 하고 있으므로 실제로는 이 通知書에 充當指定 內容을 밝혀야 할 것이다. 이 점은 §12 Ⅱ에서 充當의 方法까지 銀行의 자유에 맡긴 것과 均衡이 맞지 아니한다. 本項은 自動債權이 多額인 경우에는 適用되지 아니하므로 이 때에는 民法의 相計充當規定이 類推適用된다고 할 것이다.

Ⅲ. 銀行의 相計充當指定權(제2항)

債務者가 相計充當指定을 하지 않을 때에는 §12에 준하여 銀行이 指定하기로 한 約定이다. 따라서 §12에서와 마찬가지로 相計充當의 順序·方法은 銀行이 정할 수 있다. 銀行의 相計充當指定에 대해 債務者가 즉시 異議할 수 있는지에 관하여는 아무런 規定이 없어 解釋上 논란의 여지가 있으나,[3)] Ⅲ에서 銀行에 異議權을 부여하고 있는 것과의 均衡上 債務者도 銀行의 相計充當指定에 대해 즉시 異議할 수 있는 것으로 解釋함이 상당하다.[4)]

銀行이 지체없이 相計充當指定 通知를 하지 않은 때에는 그 權利를 拋棄한 것으로 보아 法定充當順序에 따라 처리해야 할 것이다.

Ⅳ. 銀行의 充當指定變更權(제3항)

1. 債務者의 相計充當指定에 대해 銀行이 異議를 하고 充當指定을 變更할 수 있기로 하는 特約이다. 債務者가 擔保附 債務나 辨濟 確實性이 높은 債務를 選別하여 相計充當하는 경우 銀行의 債權保全·回收에 支障을 초래하게

2) 法定辨濟充當順序와 달리하는 특약은 유효하다. 大判 81.5.26, 80다3009(公 1660, 13982); 大判 90.11.9, 90다카7262(公 887, 39).

3) 이에 관하여는 前述 §12 注解 V 참조.

4) 反對 李俊相, 銀行與信去來基本約款解說, 468.

되므로 이를 防止하기 위하여 둔 規定이다.

2. 銀行이 相計充當指定 變更을 할 수 있는 要件은 다음과 같다.

(1) 債務者의 相計充當指定에 따를 경우 債權保全上 支障이 생길 염려가 있어야 한다. 債權保全上의 必要 與否는 아래 (3)항의 基準에 따라 客觀的으로 판단해야 한다.

(2) 債務者의 相計充當指定에 대해 지체없이 異議를 해야 한다. '지체없이'란 '곧'이라는 뜻으로서 2, 3일 내의 의미라고 할 것이다.[5] 異議는 구두도 할 수 있으나 후일 분쟁이 생길 경우 立證의 便宜를 위하여 書面 通知하는 것이 바람직하다. 銀行이 지체없이 異議하지 않은 때에는 債務者가 指定한 대로 相計充當의 효력이 발생한다.[6]

(3) 變更指定은 物的 擔保나 保證의 有無, 그 輕重이나 處分의 難易, 辨濟期의 長短, 割引어음의 決濟 可能性 등을 고려하여 債權保全에 支障이 있는가의 與否를 客觀的으로 판단하여 행해야 한다. 擔保가 있는 것보다는 없는 것이, 擔保價値가 많은 것보다는 적은 것이, 處分이 쉬운 것보다는 어려운 것이, 辨濟期가 債務者의 資金事情이 좋을 때 到來하는 것보다는 나쁠 때 到來하는 것이, 割引어음의 決濟 可能性이 높은 것보다는 낮은 것이 債權保全에 支障을 초래할 염려가 많다고 볼 수 있다.[7] 그러나 貸出利率의 高低는 充當順序와는 별로 關係가 없다.

(4) 充當指定變更은 異議 후 상당한 期間 내에 행해야 한다. 指定變更은 §12에 準하여 처리하므로 銀行이 정하는 順序와 方法에 따르게 된다. 만약 異議 후 상당한 기간이 지나도록 銀行이 變更指定을 아니할 때에는 充當指定變更權을 抛棄한 것으로 보고 法定充當 규정에 따라 처리하는 것이 民法의 辨濟充當 規定의 趣旨나 衡平의 原則 등에 비추어 타당하다.[8] 다만 이에 대해서는 債務者의 充當指定에 대한 銀行의 異議는 그 指定의 效力을 一時的으로 停止시키는 것일 뿐 失效시키는 것은 아니므로 후에 銀行의 指定變更이 없으면 원래 債務者가 充當指定한 대로 효력이 발생한다는 反對說이 있다.[9]

5) 李俊相(註 4), 471; 石井眞司, 新銀行取引約定書の解說, 130; 田中誠二, 銀行取引法(1990), 415.
6) 李俊相(註 4), 472; 日注民(新)(17), 407.
7) 李俊相(註 4), 473; 日注民(新)(17), 407.
8) 日注民(新)(17), 407; 田中誠二(註 5), 416.
9) 李俊相(註 4), 475.

3. 相計充當指定에 대한 異議, 充當指定變更의 要件事實 有無에 관한 立證責任은 銀行에 있다.[10] 債務者는 債權保全에 지장을 초래할 우려가 없다는 점을 내세워 銀行의 異議·指定變更의 效力을 다툴 수 있다.

4. 相計充當指定變更이 있더라도 相計의 效力은 相計適狀時에 소급하여 발생한다. 相計의 效力은 債務者의 意思表示에 의하여 발생하고 銀行은 다만 充當順序만을 변경한 데 불과한 것이므로 그 效力 發生時期는 債務者로부터의 相計에 관한 §10 V이 적용되는 것을 보아야 할 것이기 때문이다.[11]

期限 未到來 債務·未發生 割引어음還買債務를 相計充當指定하는 경우에는 相計 通知 到達日에 辨濟期 또는 還買債務 등이 발생한 것으로 보고 그 때 相計適狀에 달한 것으로 봄이 상당하다.[12]

V. 受動債權 範圍의 擴張(제4항)

銀行이 相計充當指定·變更指定權을 행사할 경우에 辨濟期 到來한 受動債權만을 對象으로 하게 되면 期限 未到來 與信債務, 未發生 割引어음還買債務, 事前求償債務에 대해서는 充當指定이 불가능하여 銀行의 債權保全·回收에 支障을 초래할 수 있으므로 이러한 債務에 대해서도 충당할 수 있도록 特約한 것이다. 이는 基本約款 §7 Ⅲ이나 §8 Ⅱ에서 銀行이 債權保全上 必要하다고 인정되는 상당한 사유가 발생한 때에는 期限의 利益을 喪失시켜 이를 自動債權으로 삼아 相計할 수 있도록 한 것과 같은 맥락에서 두게 된 규정이다. 債務者가 期限의 利益을 抛棄하고(§10 I), 또는 滿期前 割引어음還買債務를 負擔하고(§10 Ⅱ) 이를 受動債權으로 하여 相計하였는데 銀行이 相計充當指定變更을 한 때에는 期限의 利益 抛棄나 還買債務發生은 없었던 것으로 하는 默示的인 合意가 있는 것으로 解釋함이 상당하다.[13]

[全 孝 淑]

---

10) 田中誠二(註 5), 416.
11) 韓國金融研修院, 與信法律(上), 94.
12) 李俊相(註 4), 480.
13) 李俊相(註 4), 477; 石井眞司(註 5), 134; 日注民(新)(17), 410.

第14조(위험부담 · 면책조항)

① 채무자가 발행 · 배서 · 인수나 보증한 어음 또는 채무자가 은행에 제출한 제 증서 등이 불가항력 · 사변 · 재해 · 수송 도중의 사고 등 은행의 책임 없는 사유로 말미암아 분실·손상 · 멸실 또는 연착한 경우에는 채무자는 은행의 장부·전표 등의 기록에 의하여 채무를 변제하며, 은행의 청구에 따라 곧 그에 대신할 어음이나 증서 등을 제출하기로 한다. 이 경우에 생긴 손해에 관하여 채무자는 은행에 대한 아무런 청구도 아니하기로 한다.

② 채무자가 제공한 담보에 관하여, 제 1 항에 있어서와 같은 은행의 책임 없는 사유로 말미암아 발생한 손해에 대하여도, 제 1 항에 준하기로 한다.

③ 어음요건의 불비나 어음을 무효로 하는 기재로 말미암아, 어음상의 권리가 성립되지 아니하는 경우 또는 권리보전절차의 불비로 말미암아 어음상의 권리가 소멸한 경우에도 채무자는 어음면 기재금액의 변제책임을 지기로 한다.

④ 은행이 어음이나 제 증서 등의 인영을 채무자가 미리 신고한 인감과 상당한 주의로써 대조하고, 틀림없다고 인정하여 거래한 때에는, 어음 · 증서 등과 도장에 관하여 위조 · 변조 · 도용 등의 사고가 있더라도, 이로 말미암은 손해는 채무자가 부담하며, 채무자는 어음 또는 증서 등의 기재 문언에 따라 책임을 지기로 한다.

I. 概　　說

本條는 銀行이 占有하고 있는 어음이나 證書·擔保의 紛失·滅失, 어음要件의 不備나 有害的 記載事項으로 인한 어음의 無效, 遡求權保全節次의 欠缺로 인한 어음상 權利의 消滅, 어음의 僞造·變造·盜用으로 인한 損害 등이 發生하더라도 銀行의 歸責事由가 없는 한 그 損失은 債務者가 부담하고 銀行은

免責된다는 내용의 特約이다. 與信去來上 銀行의 責任 없는 事由로 발생한 危險을 債務者가 부담한다는 것으로서 約款 作成者인 銀行에게 유리한 典型的인 규정이다.

銀行의 責任 없는 事由로 인한 損害에 관한 免責條項이므로 約款의 規制에 관한 法律 §7 Ⅰ의「사업자, 이행보조자 또는 피용자의 고의 또는 중대한 과실로 인한 법률상 책임을 배제하는 조항」에는 해당하지 아니하나, 같은 조 Ⅱ「상당한 이유 없이 사업자의 손해배상범위를 제한하거나 사업자가 부담하여야 할 위험을 고객에게 이전시키는 조항」으로서 無效인지의 여부가 問題될 수 있다. 大量性·集團性·迅速性이라는 銀行業務의 特性과 與信債權의 확실한 回收가 預金主의 保護로 이어진다는 점 등에 비추어 銀行 業務處理에 수반된 뜻하지 아니한 事故로 말미암은 損失을 合理的이고 信義則에 어긋나지 않는 범위 내에서 債務者에게 부담시키는 特約은 有效하다고 할 것이다. 特約의 解釋上 不明瞭한 점이 있는 경우에는 作成者 不利의 原則이나 制限解釋의 原則이 적용되어야 함은 물론이다.

Ⅱ. 어음·證書의 紛失 등과 危險負擔(제1항)

1. 趣　旨

本項은 銀行의 債權을 表彰하거나 表示하는 어음·證書 등이 銀行의 歸責事由 없이 紛失·滅失된 경우에 債務者가 이를 이유로 債務履行을 免하지 아니하고 辨濟하되 代替어음·證書 등을 제출하며 이로 인한 損害가 있더라도 銀行에 대하여 아무런 請求를 하지 아니하기로 하는 約定이다. 원래 어음 등 有價證券을 紛失·滅失한 경우에 最終所持人은 公示催告節次를 밟아 除權判決을 얻어야만 證券上의 權利를 行使할 수 있는 것인데 銀行의 帳簿 등 債務에 관한 記錄이 있어 그러한 節次를 밟지 않더라도 債務者에게 별다른 損失이나 위험이 없는 경우에까지 節次의 履行을 강요할 필요가 없다는 데 約定의 趣旨가 있는 것이고 權利消滅後에 새로운 權利를 銀行에 부여하려는 것은 아니다.

2. 要　件

(1) 債務者가 發行·背書·引受나 保證한 어음에 紛失 등 事故가 발생하

여야 한다.「어음」에는 手票도 포함되며(約款 §1Ⅱ), 어음貸出·어음割引 등 銀行과 債務者의 直接的인 去來로 取得한 어음이 여기에 해당함은 의문의 여지가 없다. 債務者가 發行·背書·引受나 保證한 어음으로서 銀行이 제 3 자와의 去來로 取得한 것도 포함되는가에 관하여는 見解가 대립한다. 否定說은 이와 같은 경우 債務者는 原因債務 없이 어음債務만을 부담할 뿐인데 어음이 없어진 이상 債務履行을 強要하는 것은 無理라거나[1] 제 3 자를 제외하고 어음을 再發行하면 제 3 자에 대한 債務者의 입장이 불안하게 되고 당해 어음이 銀行에 있었는가에 대하여 紛爭의 여지가 있기 때문[2]이라는 것을 이유로 든다. 肯定說은 銀行과 債務者 어느 쪽에도 歸責事由 없는 사고로 어음이 紛失·滅失된 때, 銀行이 形式上 權利者 資格을 잃었으되 實質上 權利者 資格을 가지고 있는 한에서 또 銀行의 어음 取得 事實이 銀行의 帳簿·傳票 등의 記錄에 의하여 立證이 가능한 한도 내에서 間接去來로 取得한 어음도 포함시켜야 한다고 주장한다.[3] 銀行이 實質的인 權利者임이 立證되는 한 公示催告節次에 소요되는 費用·時間·勞力을 節約하고 簡便하게 債務關係를 처리할 수 있다는 점에서 간접거래 어음도 포함한다고 봄이 合理的이라고 할 것이다.

(2) 證書란 金錢消費貸借約定書·保證書·債務引受約定書 등 各種 債權의 存在를 表示하는 證書를 말한다. 與信去來에 隨伴하여 銀行에 제출된 어음 이외의 有價證券·免責證券도 包含된다.[4]

(3) 銀行의 責任 없는 事由란 銀行의 故意·過失 없이 발생한 事由를 말하며 不可抗力·事變·災害·輸送 途中의 事故 등은 그 例示에 불과하다. 從前 約定書에는「事變·災害·輸送 途中의 事故 등 不可避한 事由」라고 되어 있어서「不可避한 事由」가 銀行의 歸責事由 없음을 뜻한다는 見解[5]와 不可抗力을 뜻한다는 見解[6]가 대립되어 있었는데 1985. 12. 16. 채택된 銀行與信去來基本約款에서 위와 같이 表現을 바꾸어 전자의 見解를 취하였다.[7]

紛失·滅失 등이 債務者의 歸責事由로 인한 경우에는 債務者가, 銀行의 歸責事由로 인한 경우에는 銀行이 각 책임을 부담해야 할 것이므로 本項은 그

1) 鄭燦亨, "金融去來約款", 法과 約款, 韓國法學教授會, 108; 韓國外換銀行, 어음去來約定書解說(1976), 182.
2) 宋永煜, "銀行去來約款의 綜合的 研究", 普通去來約款, 서울統合辯護士會, 95.
3) 李俊相, 銀行與信去來基本約款解說, 499.
4) 韓國金融研修院(編), 與信法律(上), 95; 日注民(新)(17), 419.
5) 宋永煜(註 2), 96.
6) 韓國外換銀行(註 1), 180.
7) 李俊相(註 3), 490.

어느 쪽에도 歸責事由 없이 사고가 발생한 경우에만 적용된다.

(4) 「紛失」이란 어디엔가 존재할지 모르나 銀行의 점유를 이탈하여 소재를 알 수 없으므로 직접 支配할 수 없게 된 狀態로서 盜難을 포함[8]하는 뜻이고 「滅失」이란 消失되어 없어지거나 原狀을 알 수 없을 정도로 毁損된 상태를 말한다. 「損傷」이란 어음 이외의 證書에 관하여 證書 記載의 一部는 남아 있으나 全部가 判明되지 않는 상태에 있는 것을 말한다. 어음 용지의 일부가 손상되어도 어음 要件이 殘存하면 有效하나, 그것이 흠결되면 滅失에 해당한다. 「延着」이란 우송 도중의 사고로 어음이 支給提示期間 내에 支給場所인 銀行에 도착하지 아니하여 支給提示되지 못한 경우를 말한다.

3. 效 果

(1) 債務의 辨濟

債務者가 辨濟하여야 할 債務는 어음·證書上에 表彰 내지 表示되었던 債務와 同一한 內容의 채무다. 이러한 債務의 存在는 銀行의 帳簿·傳票 등에 의하여 인정되어야 한다. 이는 銀行의 帳簿·傳票 등이 體系的으로 잘 整備되어 있고 事故發生 후 이들 거래관계 記錄을 遡及的으로 矛盾 없이 고치는 것이 거의 불가능하여 高度의 信憑性이 인정된다는 理由에서 둔 규정이라고 할 것이다.[9] 그렇다고 하여 銀行의 帳簿·傳票가 絶對的인 證據價値를 가지는 것은 아니므로 債務者는 이들 記載가 虛僞로 되었거나 變造되었음을 主張·立證하여 債務를 면할 수 있다고 할 것이다. 또한 제3자가 어음을 善意取得하였음이 밝혀진 경우에는 銀行이 實質的인 권리자라고 할 수 없으므로 債務者는 이를 이유로 債務履行과 代替어음의 發行을 拒絶할 수 있다.

銀行이 基本約款의 適用을 받지 않는 제3자에 대하여 어음·證券上의 債務의 履行을 청구하려면 除權判決이 필요하다.[10] 債務者가 어음債務를 履行한 후 自己의 前者에 대한 어음債權을 행사하기 위해 最終 所持人인 銀行에 대하여 除權判決을 얻어 달라는 요청을 할 경우 銀行은 이에 응할 의무가 있으며, 약관 §4 I 後段은 이런 경우의 費用負擔에 관한 約定이라고 할 수 있다.

(2) 代替어음·證書의 發行

「그에 대신할 어음이나 證書」란 이미 紛失·滅失·損傷된 어음이나 證書

8) 韓國金融研修院 編(註 4), 96.
9) 李俊相(註 3), 492; 日注民(新)(17), 421.
10) 前註.

와 동일한 內容을 가진 어음·證書를 말하며 滅失한 것의 損失을 전보하기 위하여 既存의 것과 별도의 어음·證書를 제출할 것을 요구하는 것은 아니다.[11] 紛失·滅失된 어음·證書上의 債務 辨濟期가 아직 到來하지 아니한 경우에 銀行이 아무런 證憑資料 없이 기다리는 것이 不安하므로 銀行의 請求에 따라 이를 再發行하도록 한 것이다.[12]

辨濟期가 이미 도래한 債務인 경우에는 막바로 債務履行을 청구할 수 있으므로 代替어음 등의 發行이 必要 없을 것이다. 어음 이외의 證書를 債務者가 再發行함에는 별다른 어려움이 없다고 할 것이고 債務者가 證書의 副本이나 寫本을 가지고 있는 경우에는 그것을 銀行에 제출하는 것으로 충분하다.[13]

債務者가 發行·交付한 어음에 保證人이 있는 때에는 債務者가 保證人의 再署名·捺印을 받아 어음을 再發行·交付하는 것은 比較的 容易하다고 할 수 있다. 그러나 數人의 記名·捺印者가 있는 割引어음의 경우에는 그 記名·捺印者 全員이 基本約款의 適用을 받는 去來處가 아닌 한 從前 것과 동일한 代替어음을 제출하는 것은 불가능하다.

債務者가 代替어음·證書發行에 응하지 아니하는 경우에는 約款 §7 Ⅲ i 의「약관의 일부라도 위반한 때」에 해당되어 銀行은 期限의 利益 喪失措置를 취할 수 있다.[14] 그러나 부득이한 사유로 보증인 중 1인의 날인을 받지 못한다거나 代替어음 발행이 不可能한 경우에는 期限의 利益을 喪失시킬 수 없다고 할 것이다.[15]

(3) 損害賠償責任의 免責

여기서의 損害란 債務者가 이 特約에 의하여 債務를 辨濟하거나 代替어음·證書를 제출함으로써 입게 된 損害를 말한다. 예컨대 어음의 滅失에 의하여 遡求權保全節次를 취하지 못한 결과 債務者가 中間 背書人·發行人·引受人에 대해서 청구할 수 없게 된 경우의 損失, 書類 延着에 의하여 債務者의 遲延損害金이 증가된 경우의 損害, 債務者가 어음·證書 없이 辨濟한 후에 求償權 등의 행사에 필요한 費用의 損失 등이다.[16] 債務者는 이러한 損害에 관하여 銀行에 아무런 청구도 하지 않기로 한 것이다. 다만 債務者가 銀行에 債務辨濟

11) 日注民(新)(17), 421.
12) 李俊相(註 3), 493.
13) 日注民(新)(17), 422.
14) 田中誠二(註 14), 420; 石井眞司(註 14), 139.
15) 日注民(新)(17), 422.
16) 李俊相(註 3), 494; 日注民(新)(17), 423.

를 한 후에 어음의 善意取得者가 나타나 그에게 二重辨濟한 때에는 銀行은 그 損害를 債務者에게 배상해야 한다. 만약 그러한 경우의 銀行의 損害賠償責任까지 免責된다면 銀行이 不當利得을 취하는 결과가 되기 때문이다.[17)]

Ⅲ. 擔保事故와 危險負擔·免責(제2항)

本項은 債務者가 제공한 擔保에 관하여 Ⅰ과 같은 銀行의 책임 없는 사유로 발생한 損害에 관하여도 銀行에 損害賠償을 청구하지 않기로 하는 特約이다. 여기서의 擔保는 이에 損害가 발생한 경우에 銀行의 責任이 발생할 염려가 있는 것을 意味하므로 銀行이 占有·管理하는 擔保에 한한다. 즉 質權이나 讓渡擔保의 目的物인 動產·有價證券 등이 이에 해당하고 不動產이나 權利質權은 포함되지 않는다.[18)]

銀行은 善良한 管理者의 注意로써 擔保物을 보관할 의무가 있고(民 §§ 343, 324) 이에 위반하지 않는 한 銀行은 損害賠償責任이 없는 것이므로 本項은 당연한 법리를 注意的으로 規定한 것이다.

Ⅳ. 어음의 法律的 事故와 危險負擔·免責(제3항)

1. 趣 旨

本項은 어음 要件의 不備나 有害的 記載事項으로 어음이 無效로 되거나 遡求權保全節次의 흠결로 어음상 權利가 消滅한 경우에도 債務者는 어음면 記載金額을 辨濟한다는 約定이다. 어음貸出·어음割引·當座貸出·支給保證 등 大部分의 與信去來는 어음을 隨伴하는 去來이고 이 境遇 어음은 支給確保手段으로서의 作用을 하는 것인데, 銀行으로서는 이미 支給한 資金을 回收해야 하는 것이므로 위와 같이 어음상의 權利를 행사할 수 없게 된 경우에도 그 어음금 상당의 辨濟責任을 지기로 하는 特約이 必要하다. 그러나 실제로는 與信債權 또는 割引어음 還買債務 등이 별도로 存在하고 있는 것이므로 이 特約은

17) 宋永煜(註 2), 96; 李俊相(註 3), 494; 石井眞司(註 14), 140; 田中誠二(註 14), 421.
18) 田中誠二(註 14), 421.

債權確保를 위한 補完的 機能을 할 뿐이다.[19] 銀行으로서는 出捐한 금원을 確實하게 回收할 필요가 있고 債務者로서는 어음貸出·어음割引을 받음으로써 確實하고 迅速하게 資金調達의 便宜를 도모할 수 있는 점을 고려하면 이 特約은 반드시 一方的이라고 할 수 없고 公序良俗에 반하는 것도 아니어서 有效하다고 할 것이다.[20]

2. 要　件

(1) 「어음 요건의 불비로 말미암아 어음상의 권리가 성립되지 않는 경우」란 어음의 必要的 記載事項(어음 §§1, 75; 手票 §1)의 흠결로 無效인 경우를 말한다(어음 §2 I 本文; 手票 §2 I 本文). 어음 요건을 결해도 補充規定이 적용되어 完全어음과 같게 되거나 補充權의 行使로 完全어음을 만들 수 있는 白地어음은 包含되지 아니한다.

「어음을 무효로 하는 기재로 말미암아 어음상의 권리가 성립되지 않는 경우」란 이른바 有害的 記載事項으로 인하여 어음이 無效로 되는 경우를 말한다. 有害的 記載事項으로는 滿期의 記載가 法定된 種類(어음 §33 I)와 다른 方式으로 記載되었거나 分割 支給의 文句가 있는 때(어음 §33 II), 條件附 支給記載나 支給의 方法 또는 資金을 限定하는 記載, 어음의 效力을 原因關係에 結付시키는 記載 등을 들 수 있다.[21]

「권리보전절차의 불비로 말미암아 어음상의 권리가 소멸한 경우」란 銀行이 支給提示期間 내에 支給提示를 아니하거나 法定期間 내에 引受 또는 支給拒絶證書를 作成하지 아니하여 背書人 등에 대한 遡求權을 喪失한 경우 등을 말한다. 本項은 債務者가 어음면 記載金額의 債務를 辨濟하기로 約定하는 것일 뿐 遡求權保全節次를 밟을 의무를 包括的으로 免除하는 것은 아니며,[22] 또 遡求通知 해태나, 遡求權保全節次를 밟지 않음으로써 債務者가 입은 損害는 銀行이 賠償해야 한다.[23]

(2) 銀行이 時效中斷조치를 취하지 아니하여 어음상의 權利가 消滅한 경우도 포함된다는 견해가 있으나[24] 本項의 약정이 實質的인 內容면에서는 어

19) 李俊相(註 3), 502.
20) 같은 취지의 日本 下級審判例로는 東京高判 昭 39(1964). 5. 25(高民集 17, 4, 235) 참조.
21) 崔基元, 어음·手票法(1990), 269.
22) 田中誠二(註 14), 424.
23) 日注民(新)(17), 425; 日大阪高判 昭 41(1966). 5. 20(金法 446, 7).
24) 石井眞司(註 14), 147.

음상 債務와 같아서 그 時效利益을 미리 抛棄하는 것과 마찬가지의 결과가 되어 民 §184 Ⅰ에 어긋나므로 이 경우는 포함되지 않는 것으로 봄이 상당하다.[25] Ⅰ·Ⅱ에서 銀行의 책임 없는 사유로 인한 사고에 한하여 면책사유로 규정하고 있는 것과의 균형으로 보나 銀行이 어음 등의 取扱에 관하여 專門的인 知識과 經驗을 갖추고 있음에 비추어 銀行의 故意·過失로 어음이 無效로 되거나 어음상 權利가 消滅된 경우에는 免責되지 않는다고 할 것이다.[26]

3. 效 果

債務者는 어음면 記載 金額의 辨濟 責任을 지는데 이는 어음상의 채무가 아니라 特約에 의한 民事的인 책임이다. 그러나 그 실질적인 기능은 어음이 有效한 경우의 어음상 債務, 또는 權利保全이 되었을 경우의 遡求義務와 마찬가지라고 할 것이다. 따라서 與信債務 또는 割引어음還買債務와 本項의 특약상의 債務는 병존하며 그 행사의 順序는 銀行의 選擇에 맡겨지고 그 어느 하나의 消滅로 다른 쪽도 消滅하는 관계에 있다.[27]

V. 印鑑對照와 免責(제1항)

1. 趣旨와 有效性

本項은 어음·證書·印章의 僞造·變造·盜用으로 인한 사고로 발생한 損害를 債務者가 負擔하고 債務者는 어음·證書 등의 記載文言에 따라 責任을 지기로 한다는 特約이다. 어음의 彼僞造者는 表見代理가 성립되거나 僞造行爲를 追認하지 않는 한 어음상 責任을 지지 아니하고,[28] 彼變造者는 原文言에 따라 責任을 지는 것이므로 銀行이 이로 인한 損害를 防止하기 위하여 어음貸出, 當座貸出, 支給保證·어음割引 등 個別的인 去來行爲를 할 때마다 顧客의 진정한 意思表示를 일일이 確認해야 한다면 大量의 業務를 迅速하게 처리하기가 어렵다. 그리하여 銀行이 與信去來를 開始함에 있어 顧客으로부터 미리 申

25) 田中誠二(註 14), 424; 日高松高判 昭 39(1964).7.9(高民集 17, 5, 318).
26) 田中誠二(註 14), 424.
27) 李俊相(註 3), 522.
28) 大判 69.9.30, 69다964(集 17-3, 民 141); 大判 81.3.24, 81다4(要集 Ⅱ, 625); 大判 91.6.11, 91다3994(公 901, 1906); 鄭東潤, 어음·手票法(1989), 162; 崔基元, 어음·手票法(1990), 157.

告받은 去來用 印鑑(約款 §15)과 具體的인 去來行爲時에 제출된 어음·證書·申告書 등에 찍힌 印影을 對照하는 定型化되고 簡便한 意思確認方法을 택하고 相當한 注意로써 印鑑對照를 하여 진실한 것으로 알고 去來한 이상 어음 등의 僞造 등으로 인한 損害를 債務者가 부담하기로 한 것이다. 銀行이 印鑑對照에 相當한 注意를 다할 것을 免責要件으로 하여 銀行去來의 迅速性의 요청과 顧客의 利益의 調和를 꾀한 점에서 그 合理性이 認定되는 有效한 特約이라고 할 것이다.[29]

이 特約은 어음 등의 僞造·變造에 대하여 債務者의 歸責事由의 有無를 묻지 아니하고 債務者가 損害를 부담하기로 하는 約定으로서 一種의 損害負擔契約에 해당한다.[30]

2. 要 件

(1) 僞造·變造·盜用

어음의 僞造란 권한 없는 者가 他人의 記名·捺印을 僞作하여 그 他人이 어음행위를 한 것과 같은 外觀을 만들어 내는 행위로서 진정한 印章을 盜用하거나 僞造한 印章을 使用하거나 다른 目的으로 保管중인 他人의 印章을 權限 없이 사용하는 형태로 이루어진다. 變造란 權限 없이 어음상의 記名·捺印 外의 記載事項을 變更함을 말한다. 證書의 僞造·變造概念도 위와 같다. 印章의 僞造·盜用에 의한 어음행위는 어음僞造의 개념에 포함되는 것이나 해석상의 의문을 없애기 위해 명문 규정을 둔 것이다.

(2) 相當한 注意

善良한 管理者로서의 注意와 마찬가지로서 銀行의 貸出業務 擔當者에 대하여 社會通念上 一般的으로 期待되는 業務上 注意라고 할 것이고[31] 그 정도는 보통 一般人보다는 약간 높으나 印影鑑定의 專門家보다는 낮은 것이라고 할 수 있다.[32] 判例는 예금거래에 있어서 「통상의 주의」,[33] 「숙련된 은행원으로 하여금 그 직무수행에 필요로 하는 충분한 주의」[34]라는 표현을 사용하고

29) 宋永煜(註 2), 98; 李俊相(註 3), 513; 鄭燦亨(註 1), 109; 그러나 受動的으로 支給에 응하는 受信去來와는 달리 與信去來에 있어서는 顧客의 眞意를 확인할 時間的인 여유가 있다는 등의 이유로 이 特約에 疑問을 나타내는 見解로는 日注民(新)(17), 439 참조.
30) 李俊相(註 3), 521; 日注民(新)(17), 434; 石井眞司(註 14), 1.
31) 田中誠二(註 14), 426; 石井眞司(註 14), 149.
32) 孫智烈, "銀行去來約款", 裁判資料 32, 45.
33) 大判 75. 5. 27, 74다2083(公 515, 8464).
34) 大判 92. 2. 14, 91다9244(公 917, 1011).

있으나 그 실질적인 내용에 있어서는 상당한 주의와 다를 바 없다고 할 것이다. 與信去來에 있어서의 注意義務의 내용도 預金去來에 있어서의 그것과 별 다를 바 없으나 與信去來에 있어서는 銀行이 相對方의 신용이나, 本人의 眞意 등을 확인한 후에 去來를 행하는 것이 普通이므로 보다 더 強度의 注意가 요구된다고 할 것이다.[35)]

印鑑의 對照方法은 肉眼에 의한 平面對照로서 충분한가 아니면 科學的인 機械·器具까지도 사용해야 할 것인지가 문제된다. 初期의 大法院 判例[36)]가 紫外線 鑑別機 등 普遍的으로 簡便하게 사용할 수 있는 器機 등을 사용할 것까지 요구하자 이에 대응하여 1985. 6. 채택된 당좌계정거래약관 §20에서 먼저 肉眼에 의한 印影의 對照를 명문화하기에 이르렀고,[37)] 與信去來에 관하여도 本項의 규정을 두게 된 것이다. 최근의 判例는 印影對照에 熟達된 擔當行員의 肉眼에 의한 對照를 요하는 것으로 基準을 緩和하였다.[38)]

本項은 印鑑對照만을 調査의 對象으로 規定하고 기타 筆跡, 名板, 金額란의 對照 등에 관하여는 言及하지 않고 있다. 그러나 Ⅰ·Ⅱ에서 銀行의 歸責事由 없는 損害를 債務者에게 負擔시키고 있는 것과의 均衡上 印鑑對照外에도 銀行 業務處理上 合理的이라고 認定되는 정도의 상당한 注意義務를 다하지 않은 경우에는 免責되지 않는다고 할 것이다.[39)]

印鑑對照外에도 銀行職員으로서 注意를 기울여야 할 점은 ① 手票·어음用紙가 銀行에서 교부한 것인가. ② 그 用紙의 番號가 銀行에서 去來處에 交付한 用紙番號와 合致하는가. ③ 金額 내지 發行日에 變造된 痕迹은 없는가. ④ 事故申告는 接受되지 않았는가 등[40)]이다.

3. 效 果

僞造·變造 등으로 債務者에 대한 關係에서 無效인 어음·證書에 의한 去來라도 債務者는 그것이 有效한 것과 마찬가지로 어음·證書상의 문언에 따른 責任을 진다는 것이다. 表見代理의 成立與否·債務者의 歸責事由與否를 不問한

35) 結果 同旨 李俊相(註 3), 520.
36) 大判 75. 3. 11, 74다53(公 511, 8365).
37) 李俊相(註 3), 519.
38) 大判 92. 2. 14, 91다9244(註 34).
39) 大判 75. 5. 27, 74다2083(公 515, 8464); 大判 92. 6. 23, 91다14987(公 926, 2223); 田中誠二(註 14), 427.
40) 李俊相(註 3), 520.

다. 無權代理人의 경우에는 效果면에서 無權代理追認과 같으나 追認 自體는 아니다.

銀行이 제 3 자와의 間接去來로 取得한 僞造轉得어음에 대하여도 本項을 적용할 수 있는지가 問題된다. 이에 관하여 日本 判例[41]는 約款 §1 Ⅱ은 眞正하게 發行된 어음을 前提로 하는 것이고, 本項의 僞造어음을 前提로 하는 것은 아니며, 本項은 銀行이 多量의 與信事務를 간이신속하게 처리해야 할 필요상 설정된 것이나, 銀行이 제 3 자와의 與信去來에 의하여 債務者 발행의 어음을 취득할 경우에는 本項을 적용해야 할 合理的인 必要性이 없다는 이유로 否定的인 見解를 취하였다. 作成者 不利의 原則, 制限解釋의 原則에 비추어 위 견해가 타당한 것으로 생각한다.[42] 債務者에게 歸責事由가 있는 경우에는 本項을 적용해야 한다는 견해도 있으나,[43] 그 경우에는 表見代理의 法理 등에 의하여 救濟될 수 있을 것이다.

[全 孝 淑]

제15조(신고사항과 그 변경 등)

① 채무자는 거래에 필요한 채무자의 명칭·상호·대표자·주소 등과 인감을 은행이 정한 용지에 의하여 미리 신고하기로 한다. 또한 대리인에 의하여 거래하고자 할 경우에, 그 성명·인감 등에 관하여도 같다.

② 제 1 항에 의한 신고사항에 변경이 있는 때에는, 채무자는 곧 서면으로 신고하기로 하며, 서면신고가 있기 전에는 은행이 변경 없는 것으로 처리하여도 이의 없기로 한다. 등기부상 변경등기를 마친 사항에 관하여도 같다. 이 경우에 변경 없는 것으로 처리함으로써 생긴 손해는 채무자가 부담하고 은행에 대한 아무런 청구도 아니하기로 한다.

41) 日最判 昭 62(1987).7.17(民集 41, 5, 1359).
42) 田中誠二(註 14), 429.
43) 李俊相(註 3), 525.

Ⅰ. 槪 說

本條는 去來上 필요한 사항의 申告義務와 申告事項에 變更이 있을 경우의 變更申告義務 및 申告義務를 게을리한 경우의 處理에 관한 약정이다. 去來上 필요한 정보를 迅速·正確하게 전달하여 銀行 業務處理의 圓滑과 安全을 圖謀하기 위한 規定이다.

Ⅱ. 申告義務(제1항)

去來 開始를 함에 있어 債務者가 申告해야 할 事項은 債務者의 名稱·商號·代表者·住所·印鑑과 代理人이 있는 경우 그의 名稱·印鑑 등이다. 1993. 8. 12 大統領 緊急財政經濟命令에 의해 金融實名制가 전면 實施되었으므로 이들 申告事項은 住民登錄證이나, 事業者登錄證, 法人登記簿 등과 일치하여야 한다. 申告事項 중에서 印鑑은 去來處의 意思를 簡便하게 확인할 수 있는 定型化된 方法으로서 約款 §14 Ⅳ 免責條項의 核心的인 要件이 된다는 점에서 중요한 意義를 지닌다.

申告의 方法은 銀行이 정한 用紙에 의하기로 하였는데 이는 申告事項을 빠뜨리지 않고 정확하게 申告하도록 하기 위한 것이다. 申告時期는 개별적인 去來行爲를 하기에 앞서서 미리 해야 한다.

Ⅲ. 變更申告義務(제2항)

제1항에 의해 이미 申告한 事項에 變更이 있는 때에는 곧 書面으로 變更申告를 하기로 한 것이다. 지체없이 變更申告하지 아니하면 銀行이 利子率變更通知나 相計通知·約款變更通知 등을 제때에 正確하게 할 수 없어 업무처리에 지장을 초래하기 때문이다.

申告를 書面에 의하도록 한 것은 申告內容을 正確하게 하고 후일 紛爭이 생긴 경우의 立證의 便宜를 꾀하기 위한 것이므로[1] 그 合理性이 인정된다고

1) 韓國金融硏修院 編, 與信法律(上), 98.

할 것이며 約款規制法 § 12 ii 의 「고객의 의사표시의 형식이나 요건에 대하여 부당하게 엄격한 제한을 가하는 조항」에는 해당하지 않는다.[2] 다만, 口頭나 電話로 신고하였다고 하여도 그 申告의 效力을 부인할 수 없다고 할 것이다.[3]

登記簿上 變更登記를 마친 事項이라 함은 代表者變更·商號變更 등 商業登記事項을 말하며, 變更登記를 한 때에는 제 3 자가 정당한 사유로 이를 알지 못한 경우를 제외하고는 제 3 자에 대항할 수 있는 것이나(商 § 37), 銀行이 일일이 이를 파악하기는 어려우므로 債務者로 하여금 書面 신고하도록 한 것이다.[4]

變更申告를 게을리한 때의 效果는 銀行이 從前 申告內容대로 처리하여도 債務者가 銀行에 대하여 이의를 할 수 없고, 그로 인하여 생긴 損害를 債務者가 부담하며 銀行에 대해서는 아무런 損害賠償請求를 할 수 없다는 데 있다. 또 이는 基本約款의 위반이 되므로 請求期限利益喪失事由(§ 7 II i), 割引어음還買債務發生事由(§ 8 II)가 될 수도 있으며, 意思表示의 看做到達效果(§ 16 I)가 발생할 수도 있다. 그러나 債務者가 故意·過失 없이 變更申告를 하지 못한 경우에는 위와 같은 效果가 발생하지 아니한다.[5]

[全 孝 淑]

---

2) 李俊相, 銀行與信去來基本約款解說, 53. 본항의 有效性與否를 正面으로 다룬 것은 아니나, 有效를 전제로 한 判例로는 大判 86. 3. 11, 85다카1490(公 775, 627); 大判 86. 10. 28, 85다카739(公 790, 3108); 大判 86. 12. 23, 85다카551(公 794, 225) 등 참조.

3) 孫智烈, "銀行去來約款", 裁判資料 32, 43; 李俊相(註 2), 531.

4) 이는 西獨 銀行一般去來約款 § 1를 참고하여 규정한 것이라고 한다: 李俊相(註 2), 531.

5) 田中誠二, 銀行取引法(1990), 430.

제16조(통지의 효력)

① 은행이 채무자가 신고한 최종주소로 서면통지 또는 기타 서류 등을 발송한 경우에는, 그것이 연착하거나 도달하지 아니한 때에도, 보통의 우송기간이 경과한 때에 도달한 것으로 본다. 그러나 상계통지나 기한 전의 변제청구 등 중요한 의사표시인 경우에, 배달불가능으로서 은행에 반송된 때에는, 그것이 채무자가 제15조 제2항에 의한 변경신고를 게을리함으로 말미암은 경우를 제외하고는, 도달된 것으로 보지 아니한다.

② 은행이 채무자에 대한 통지 등의 사본을 보존하고 또 그 발신의 사실 및 연월일을 장부 등에 명백히 기재한 때에는 발송한 것으로 추정한다.

Ⅰ. 槪 說

本條는 債務者가 申告한 最終住所로 銀行이 發送한 書面通知 등이 延着하거나 到達하지 아니한 경우라도 普通 郵送期間 經過時에 到達한 것으로 보고, 銀行이 保管하는 通知書 寫本 등에 의해 發送事實을 推定하기로 한다는 特約條項이다. 從來에는 前條 Ⅱ의 住所變更申告義務 不履行의 效果로서 규정되었던 것이나, 看做到達特約의 效果로 相對方이 모르는 사이에 法律關係의 변동이 일어날 수도 있는 중요한 條項으로서 約款規制法의 主要規制對象이 되는 점을 감안하여 1986년 基本約款 制定時에 西獨의 約款規制法 §10와 銀行一般去來約款 §1 Ⅱ을 참작하여 獨立된 條文으로 整備한 것이다.[1]

Ⅱ. 到達看做特約(제1항)

1. 趣 旨

本項은 銀行이 債務者에게 보낸 書面通知나 書類 등이 延着하거나 도달하

1) 李俊相, 銀行與信去來基本約款解說, 533-44.

지 아니한 경우에도 普通의 우송기간 경과시에 도달한 것으로 보기로 하는 약정이다.[2] 相對方 있는 意思表示나 通知는 相對方에게 到達함으로써 效力을 발생하는 것이 原則이나(民 §111 I), 催告에 대한 確答(民 §§15, 131), 隔地者間의 契約의 承諾(民 §531), 法人이나 會社의 構成員 등 多數者에의 通知(民 §71; 商 §§363, 510), 商去來關係(商 §§52, 53, 67, 88) 등 例外的인 경우에만 發信主義가 적용된다.

本項은 銀行業務를 圓滑하고 迅速하게 처리하기 위해 普通의 우송기간이 경과한 때에 도달하는 것으로 看做하는 것으로서 실질상 發信主義와 같은 機能을 한다.

2. 要 件

(1) 銀行이 債務者가 申告한 最終住所로 書面通知 또는 其他 書類 등을 發送해야 한다. 書面通知를 해야 할 사항은 約款에 정해져 있거나 실제로 書面에 의할 것이 期待되는 것으로서 相計通知(§9 I), 約款變更通知(§19 II), 代理還給, 辨濟充當의 事後通知(§9 III), 民 §176에 의한 時效中斷事由의 通知 등이다. 기타 書類란 銀行의 意思表示, 請求 또는 督促이 必要한 경우에 이를 기재한 書面이나 기타 與信去來上 필요한 서류로서 利子率의 變更(§3 III), 期限의 利益 復活(§§7 IV, 8 IV)의 意思表示나 追加擔保提供(§6 I) 請求, 相計畢 어음, 各種計算書, 領收證 등 書類가 이에 해당한다.[3]

到達看做效果가 發生하려면 이러한 書面·書類 등이 일단 發送되어야 하고, 債務者의 行方不明 등으로 到達되지 아니할 것이라고 해서 아예 發送조차 않은 경우에는 그 效果가 발생할 수 없다.[4]

(2) 重要한 意思表示인 경우에는 配達不可能으로 銀行에 返送되지 않고, 返送되었더라도 그 原因이 債務者가 住所變更 등 申告義務를 게을리한 데 있어야 한다. 重要한 意思表示란 일정한 法律效果의 發生을 目的으로 하는 意思表示에 해당하는 것을 말하며[5] 本項에서 例示하고 있는 相計通知나 期限前의 債務辨濟請求 외에도 去來約定의 解止通知, 割引어음의 還買請求, 擔保提供請求, 債務者로부터의 相計充當指定에 대한 異議 및 充當指定變更 通知, 利子率

2) 이 특약이 없는 경우에는 통상우편으로 발송된 우편물이 반송되지 않았다는 사실만으로 발송일로부터 일정기간 내에 반드시 배달되었으리라고 추정할 수 없다. 大判 77.2.22, 76누263(要集 特 Ⅲ-3, 918); 大判 84.2.14, 83누233(集 32-1, 特 239).

3) 李俊相(註 1), 536.

4) 田中誠二, 銀行取引法(1990), 431; 石井眞司, 新銀行取引約定書の解說, 155.

5) 李俊相(註 1), 536.

의 引上通知, 債務者에게 불리한 내용이 될 約款變更通知 등이 해당된다.

債務者가 變更申告를 게을리한 경우란 債務者의 故意·過失로 말미암아 變更申告를 하지 않은 경우를 뜻하고 不可抗力 등 債務者의 歸責事由 없이 變更申告를 못한 경우는 포함되지 아니한다.[6]

3. 效 果

通知 또는 書類를 일단 發送한 이상 延着하거나 到達하지 않은 경우에도 普通郵便의 郵送期間을 基準으로 삼아 그 到達할 時期에 到達한 것으로 본다. 그 結果 意思表示에 해당하는 書面의 경우에는 그 내용에 따른 法律效果가 발생하고 其他書類 예컨대 어음이나 領收證은 交付의 效果가 발생하여 이들 書類返還에 관한 履行遲滯의 責任을 지지 아니한다. 債務者가 어음을 교부받지 못하여 支給提示期間內에 支給提示를 할 수 없어 遡求權을 喪失하는 損害를 입더라도 銀行은 損害賠償責任을 부담하지 아니한다.[7]

4. 有 效 性

意思表示의 到達主義에 관한 民法規定은 任意法規이므로 當事者는 이와 다른 意思表示의 效力發生時期를 정할 수 있다.[8] 그런데 約款의 規制에 관한 法律 § 12 iii에서「고객의 이익에 중대한 영향을 미치는 사업자의 意思表示가 상당한 이유없이 고객에게 도달된 것으로 보는 조항」을 無效라고 規定하고 있어서 本項이 相當性을 具備하고 있는지의 여부에 따라 그 效力이 결정된다. 本項은 重要한 意思表示가 返送된 境遇에는 債務者가 變更申告를 게을리한 경우에 한하여 到達로 看做하고 있는바, 變更申告의 해태로 인한 불이익은 債務者가 防止할 수 있는 것이고, 銀行業務의 迅速·正確·圓滑한 處理는 債務者에게도 도움이 된다는 점에서 상당한 이유가 있다고 할 것이므로 有效한 特約이라고 할 것이다.[9] 다만 그 效力은 銀行과 債務者 사이의 對內的인 데 그치는 것이고 契約 當事者가 아닌 제3자에게는 原則的으로 이 특약을 대항할 수 없다.[10]

---

6) 田中誠二(註 4), 430; 日注民(新)(17), 450.
7) 田中誠二(註 4), 431.
8) 民法注解(Ⅱ), 604.
9) 李俊相(註 1), 538; 단, 當座計定去來約款의 到達看做規定의 效力에 의문을 나타내는 견해로는 孫智烈, "銀行去來約款", 裁判資料 32, 43 참조.
10) 李俊相(註 1), 541; 鄭燦亨, "金融去來約款", 法과 約款, 韓國法學敎授會, 112; 田中誠二(註 4), 431; 石井眞司(註 4), 155.

그러나 期限의 利益喪失約款은 當事者間의 債務期限에 관한 特約으로서 債務의 內容을 이루는 것이어서 특별한 對抗要件이 必要 없는 것이므로 본항의 到達看做 特約에 의해 請求에 의한 期限利益喪失效果가 발생한 때에는 제3자에게 대항할 수 있다고 할 것이다.[11] 割引어음 還買債務發生의 경우도 마찬가지다.[12] 다만 相計通知에 관한 到達看做의 효과는 제3자에게 대항할 수 없다고 보아야 할 것이다. 相計의 意思表示가 相對方에게 도달되지 않은 경우에는 押留債權者·債權讓受人과 債務者 등 利害關係人 등의 地位를 不安하게 만들고 去來의 安全을 해치게 되기 때문이다.[13]

Ⅲ. 發送의 推定(제2항)

本項은 書面通知나 書類 등의 發送事實의 推定에 관한 約定이다. 전항의 看做到達의 효과는 書面通知의 發送을 前提로 그 時期를 基準으로 하여 普通의 우송기간이 경과한 때에 발생하는 것이므로 발송의 時期가 중요한 의의를 지닌다. 분쟁이 발생할 境遇에 대비해서 內容證明郵便을 利用하는 것이 적절하나 비용이 들고 절차가 복잡하여 모든 通知를 이 方法에 의존하기는 現實的으로 어려우므로 銀行이 發送物의 寫本을 保存하고 發送事實과 연월일을 帳簿 등에 명백히 기재한 때에는 銀行이 발송한 것으로 推定하기로 한 것이다.[14] 따라서 이 推定을 깨뜨리려면 債務者가 發送事實이 없다거나 時期가 다르다는 점을 立證해야 한다. 推定의 效力은 銀行과 債務者 사이에서만 有效하다.[15]

[全 孝 淑]

11) 李俊相(註 1), 542.
12) 林部實, "みなし到達の特約の效力", 金法 1200, 59.
13) 李俊相(註 1), 542; 日注民(17), 454; 日東京高判 昭 58(1983). 1. 25, 金法 1037, 44-45.
14) 이는 서독 은행일반거래약관 §1 Ⅱ 후단을 참고한 것이라고 한다. 李俊相(註 1), 546.
15) 銀行이 惡用할 所持가 있어 그 效力이 의심스럽다는 見解로는 孫智烈(註 9), 43 참조.

제17조(회보와 조사 등)

① 채무자는 그의 재산·경영·업황 또는 융자조건의 이행 여부 기타 필요한 사항에 대하여, 은행의 청구가 있으면 곧 회보하며, 은행이 필요에 따라 채무자의 장부·공장·사업장 기타의 조사에 임할 경우에는, 협조하기로 한다.

② 채무자는 그의 재산·경영·업황 기타 거래관계에 영향을 미칠 사항에 관하여 중대한 변화가 생기거나 생길 염려가 있는 때에는, 청구가 없더라도 은행 앞으로 곧 통지하기로 한다.

③ 은행이 제1항 또는 제2항에 의한 회보 등이나 조사에 의하여, 채권보전상 필요하다고 인정될 상당한 사유가 있는 때에는, 그 직원을 파견하여 채무자의 재산 및 경영에 관하여 필요한 범위 내에서의 검사·감독을 할 수 있다.

I. 概 說

本條는 與信去來가 銀行과 債務者 사이의 高度의 信賴關係를 바탕으로 이루어지는 것임을 전제로 하여[1] 그 信賴關係의 기초가 되는 사항을 銀行이 與信去來에 必要한 範圍內에서 늘 正確하게 把握할 수 있도록 하고 경우에 따라서는 적극적으로 債務者의 財產과 經營에 參與하여 與信債權을 保全하고 債務者의 경제력도 회생시킬 수 있도록 하려는 데 그 趣旨가 있다.

II. 回報·調査協助義務(제1항)

1. 慣行의 明文化

本項은 債務者가 銀行의 請求가 있는 境遇 필요한 事項을 回報하고, 銀行이 調査하는 때의 協助義務에 관한 特約이다. 銀行은 與信去來 繼續중 필요한 경우 債務者로부터 決算期마다 營業報告書·貸借對照表·損益計算書 등을 받

1) 約款 前文에서 이를 宣言하고 있다.

거나 每月別 業況 또는 資金計劃 등 자료를 받아 債務者의 財産·經營 등의 現況을 파악하고 債務者도 이에 협조해 오고 있는 것이 金融去來上 慣行이며 본항은 이러한 慣行을 明文化한 것이다.[2)]

2. 回報·調査事項의 範圍

銀行이 回報를 請求할 수 있는 事項은 債務者의 財産·經營·業況·融資條件 履行與否 기타 必要한 事項이다. 이는 與信規模·償還能力·回收時期의 決定 등 與信債權 管理上 필요한 判斷資料가 될 情報들이다. 따라서 與信去來상 必要한 範圍를 넘는 事項에 관한 請求에 대하여는 債務者가 回報할 의무가 없다. 債務者의 協助義務란 銀行이 좀더 정확한 資料를 얻기 위하여 필요한 경우 債務者에게 가서 帳簿·工場·事業場 기타 施設 등을 調査하고자 할 때 債務者가 帳簿를 열람하게 하고, 事業場 등에 들어 오도록 하여 案內하거나 說明을 하는 등 도움을 주는 것을 말한다.

回報請求나 調査의 범위는 銀行이 決定하는 것이나, 與信去來上 필요한 範圍를 넘는 경우에는 신의칙 위배나 권리남용의 문제가 될 수도 있으므로 신중하게 행사해야 할 것이다.[3)]

3. 義務違反의 效果

債務者의 回報나 調査 協力義務는 債務者의 任意의 履行에 맡겨져 있는 것이므로 債務者가 이를 履行하지 아니하더라도 銀行이 自力救濟的으로 義務履行을 強制할 수는 없다. 따라서 債務者의 意思에 반하여 工場에 들어가거나 帳簿調査를 하는 것은 허용되지 아니한다.[4)]

또한 그 履行을 구하는 訴訟을 제기하거나 債務不履行을 원인으로 한 損害賠償請求를 하는 것도 非現實的이라고 할 것이다.[5)]

債務者가 回報를 아니하거나 虛僞의 回報를 하거나 銀行의 調査를 妨害하는 등 본항의 義務를 위배하여 信賴關係가 상실된 경우에는 銀行은 約款 違背를 이유로 請求에 의하여 期限利益을 喪失시키거나 割引어음還買債務를 발생시켜(§§7Ⅲ i, 8Ⅱ) 與信債權의 早期回收를 꾀할 수 있을 것이다.[6)]

2) 李俊相, 銀行與信去來基本約款解說, 548.
3) 日注民(新)(17), 460.
4) 住居浸入罪나 權利行使妨害罪 등이 성립될 수 있다.
5) 李俊相(註 2), 459; 日注民(新)(17), 460; 田中誠二, 銀行取引法(1990), 432.
6) 李俊相(註 2), 550; 日注民(新)(17), 460.

Ⅲ. 自進通知義務(제2항)

1. 通知事項

本項은 銀行과 債務者의 信賴關係에 影響을 미칠 事項에 관하여 重大한 變化가 생기거나 생길 염려가 있는 경우에 債務者가 스스로 銀行에 通知하기로 한 約定이다. 債務者가 通知해야 할 事項은 財産·經營·業況 기타 去來關係에 影響을 미칠 事項에 관하여 重大한 變化가 생기거나 생길 염려가 있는 경우의 情報다. 그 判斷은 債務者에게 맡겨져 있는 것이나, 去來通念과 信義則에 비추어 與信去來의 바탕이 되는 信賴關係에 影響을 미칠 수 있는가의 與否를 客觀的으로 判斷해야 할 것이다.

그 具體的인 例로는 會社의 合倂, 營業의 讓渡, 重要財産의 賣却, 主要 경영진의 變動, 工場의 火災, 심각한 勞使紛糾로 인한 罷業이나 休業 등을 들 수 있다.

2. 違反의 效果

債務者가 자진해서 通知를 해 온 경우에 銀行은 그 情報를 土臺로 債權의 保全·回收를 위한 措置를 취하거나 去來의 繼續與否 등을 決定할 수도 있고 債務者의 事業이 成功的으로 擴張·轉換하도록 하거나 危機의 克服이 가능하도록 조언할 수도 있을 것이다.[7] 그러나 債務者가 자진해서 그 信用에 관한 情報를 通知하리라는 것은 기대하기가 어려우며, 銀行으로서는 債務者가 通知義務에 위배한 경우 請求에 의하여 期限의 利益을 喪失시키거나, 割引어음還買債務를 발생시켜 債權을 早期에 回收하는 정도의 效力을 거둘 수밖에 없을 것이다.[8]

---

7) 李俊相(註 2), 551.

8) 이런 의미에서 本項의 規定 實益을 懷疑的으로 보는 견해도 있다: 日注民(新)(17), 462.

Ⅳ. 銀行職員의 派遣 등과 債務者의 協助義務(제3항)

1. 任意管理의 約定

본항의 Ⅰ·Ⅱ의 回報나 調査 結果 債權保全상 필요하다고 인정될 상당한 사유가 있는 때에는 銀行이 職員을 파견하여 檢査·監督할 수 있기로 한다는 約定이다. 會社整理節次나 強制管理 등 法定節次에 의하지 아니하고 銀行이 債務者의 財產 및 經營에 關與할 수 있는 任意管理에 관한 합의라고 할 수 있다.

2. 任意管理의 要件과 效果

銀行이 任意管理를 하기 위하여는 債權保全上 必要하다고 인정될 相當한 사유가 있어야 한다. 이는 銀行이 主觀的·恣意的으로 判斷할 것이 아니라 客觀的·合理的으로 判斷해야 한다. 客觀的으로 債權保全의 必要性이 인정되는 경우에 債務者는 銀行의 任意管理를 수인해야 하나, 銀行이 이를 강제할 수는 없다. 관리에 착수하는 경우의 派遣職員의 數나 期間·方法 등은 債務者와의 합의에 의하여 정해야 한다. 管理는 債務者의 財產이나 經營에 관하여 帳簿나 會計檢査를 하고, 業務處理에 대한 事前·事後의 監視·指示·承認 등 監督을 함으로써 행한다. 그러나 그 範圍는 債權保全을 위하여 必要한 範圍 내에서만 해야 하며 이를 일탈하면 權利濫用으로서 불법행위가 되는 수가 있다.

債權保全의 必要가 있는데도 債務者가 銀行의 任意管理를 받아들이지 않는 경우에는 約款의 違反으로 보아 請求에 의한 期限利益喪失, 割引어음還買債務發生 措置 등을 취할 수 있음은 전항과 같다.

[全 孝 淑]

第18조(이행장소·준거법)

① 은행과 채무자 사이의 제1조의 정하는 범위 내의 모든 채무의 이행장소는, 다른 의사표시가 없는 한, 거래영업점으로 한다.

② 은행과 채무자 사이의 제1조의 정하는 범위 내의 거래에 관한 모든 법률관계에 적용될 법률은, 채무자가 내국인 또는 내국법인이 아닌 경우라도, 채무의 이행장소에서 시행되고 있는 법률로 한다.

Ⅰ. 槪 說

本條는 모든 與信去來 債務의 履行場所를 去來 營業店으로 하고 外國人이나 外國法人과의 去來에 있어서 準據法을 債務履行場所에서 施行되는 法으로 한다는 약정이다. 이는 西獨 銀行一般去來約款 §26 Ⅰ을 참고하여 1986년 約款을 整備할 때 新設한 條項이다.[1)]

Ⅱ. 債務의 履行場所(제1항)

1. 注意的 規定

本項은 基本約款 §1에 정해진 모든 與信去來로 발생한 債務의 履行場所를 다른 意思表示가 없는 한 去來營業店으로 한다는 約定이다. 與信去來上의 債務는 주로 去來處인 債務者가 부담하고 銀行은 債權者인 경우가 보통이며, 特定物 引渡債務 이외의 民事債務의 履行場所는 債權者의 現住所 또는 營業所이고(民 §467), 支店去來로 인한 商事債務의 履行場所는 특별한 의사표시가 없으면 그 支店(商 §56)이 되는 것이므로 이 特約이 없더라도 與信債務의 履行場所는 去來營業店이 되는 것이니 本項은 注意的인 規定이라고 할 것이다.

다만 銀行의 相計·代理還給辨濟充當 後의 어음 返還債務를 特定物引渡債務가 아니라고 解釋하면 위 民·商法 규정에 의해 債權者인 去來處의 住所·營業所가 債務履行場所가 되는 것이므로 基本約款 §11 Ⅰ·Ⅱ에서 銀行의 去來

1) 李俊相, 銀行與信去來基本約款解說, 558.

營業店을 그 返還場所로 하는 特約을 두고 있다.

2. 適用範圍

銀行이 直·間接去來로 取得한 어음·手票債權을 行使함에 있어서는 約款 §11 Ⅱ에 의하여 提示·交付省略이 가능한 경우를 제외하고는 債務者의 住所·營業所 또는 支給場所에 가서 推尋해야 한다.[2] 어음·手票의 提示證券性·相換證券性·流通證券性으로 인하여 證券의 提示·請求가 있기 전에는 債務者로서는 누가 債權者인지 알 수 없기 때문이다. 실제로는 어음교환소를 통하여 推尋할 것이므로 특히 문제될 것은 없다.

Ⅲ. 準 據 法(제2항)

本項은 銀行이 外國人 또는 外國法人과 與信去來를 하는 경우의 準據法에 관한 約定으로서 特別한 意思表示가 없는 한 債務履行場所인 去來營業店 所在地 法律에 의하게 된다.

涉外私法에 의하면 法律行爲의 成立 및 效力에 관하여는 當事者의 意思에 의하여 적용할 法律을 정하되, 當事者의 意思가 分明하지 않은 경우에는 行爲地法에 의하게 되어 있고(涉私 §9), 法律行爲의 方式은 그 行爲의 效力을 정한 法 또는 行爲地法(涉私 §10), 物權 其他 登記하여야 할 權利에 관하여는 目的物所在地法(涉私 §12), 手票·어음행위에 관하여는 署名地 또는 支給地法(涉私 §§36, 37, 43)에 의하게 되어 있다. 따라서 國內에서 이루어지는 與信契約·擔保設定·어음·手票行爲에 관하여는 특약이 없더라도 行爲地 또는 物件 所在地인 우리 나라法이 適用되게 되어 있다. 그러나 當事者의 準據法 指定은 明示的으로뿐 아니라 默示的으로도 행해질 수 있고, 문제된 契約의 類型·內容·性質·當事者·目的物 등 구체적인 사정을 고려하여 당사자의 의사에 가장 適合하다고 인정되는 어떤 法律을 準據法으로 指定한 것으로 보게 되는 수가 있다.[3] 따라서 明示的인 지정이 없다고 하여 막바로 行爲地法이 적용되는 것은 아니므로 이런 점에서 國內에서 이루어지는 거래에 관하여도 準據法에 관한 특약을 해 둘 必要性은 있

2) 李俊相(註 1), 559.
3) 金容漢 外 1, 國際私法(1992), 268.

다고 할 것이고 基本約款에 準據法 特約을 둔 이상 附屬約款에서 개별적인 規定을 하지 않아도 되는 편의도 도모할 수 있다.[4)]

國內銀行의 海外支店과 外國人 또는 外國法人, 國內企業의 海外現地法人과의 거래도 이 基本約款에 의하여 契約이 締結되는 한 本項이 적용될 수 있을 것이나,[5)] 現實的으로는 法的 安定性·豫見可能性 등을 고려하여 現地法 또는 第3國法을 準據法으로 하는 별도의 약정이 필요하다고 할 것이다.

[全 孝 淑]

제19조(부속약관·약관변경)

① 거래의 종류에 따라서는, 이 약관과 아울러 여신한도거래약정서·당좌대출거래약정서·지급보증거래약정서·금전소비대차약정서 등의 부속약관이 적용된다.

② 은행이 이 약관이나 부속약관을 변경하고자 할 경우에, 채무자에게 불리한 내용이 될 때에는 서면통지로써, 그 밖에는 거래영업점 게시로써 이를 알리기로 한다. 이 경우 통지나 게시 중에는 제3항의 뜻을 명시한다.

③ 통지의 발송 또는 게시 후 1개월 이내에 채무자의 서면에 의한 이의가 은행에 도달하지 아니한 때에는, 은행은 채무자가 약관의 변경을 승인한 것으로 본다.

I. 概 說

本條는 基本約款과 附屬約款의 適用關係, 約款變更에 관한 銀行의 告知方法, 約款變更에 대한 顧客의 看做 承認에 관한 約定이다. 約款의 體系가 基本約款과 附屬約款으로 나누어짐에 따라 그 解釋·適用상의 相互關係를 정할 필요가 있고, 與信去來 繼續중에 約款이 변경된 경우 일일이 債務者에게 書面通

4) 李俊相(註 1), 561.

5) 李俊相(前註)는 本項이 國內 與信去來에만 適用되는 것처럼 주장하나, 約款의 文面上으로는 그와 같이 限定的으로 풀이되지 않는다.

知하여 同意를 얻는 것은 번잡하고 부담스러운 일이므로 고객에게 불리하지 않는 범위 내에서 간편하고 획일적으로 처리하도록 하기 위해 둔 규정이다.

독일 銀行一般去來約款 §28를 참조하여 1986년 基本約款을 整備할 때 新設한 條項이다.[1)]

Ⅱ. 附屬約款의 適用(제1항)

1986 銀行去來約款 整備[2)]時에 與信去來 全般에 관한 共通的인 基本約定을 담은 基本約款과 各種去來에 특수한 約定條項을 담은 去來別約定書[3)]라는 二元的인 體系를 취하게 됨에 따라 具體的인 거래를 함에 있어서는 基本約款과 附屬約款이 아울러 適用된다는 뜻을 명시하고 있는 것이 본항이다. 例示된 與信限度去來約定書·當座貸越去來約定書 등 외에도 약 51개의 個別約定書 標準書式이 마련되어 있으며[4)] 이들 附屬約款의 첫머리에도 基本約款이 적용됨을 승인한다는 文句가 들어 있다.

基本約款과 附屬約款의 관계는 一般法과 特別法의 關係와 유사하다고 할 것이므로 양자가 저촉할 경우에는 個別約定인 附屬約款이 우선한다.[5)]

Ⅲ. 約款變更의 告知(제2항)

本項은 基本約款이나 附屬約款을 변경하고자 할 때 銀行의 告知義務에 관한 規定이다. 約款은 이를 契約의 內容으로 하고자 하는 當事者의 合意가 있어야 拘束力을 가지는 것이므로(約款法 §§2, 3), 去來關係의 繼續중에 約款이 變更된 경우에도 상대방에게 告知하여 그 承認을 얻어야만 效力이 발생한다.[6)]

告知의 方法은 債務者에게 불리한 內容으로 變更될 경우에는 書面으로 通

1) 李俊相, 銀行去來基本約款解說, 564.
2) 約款의 整備過程과 現行 基本約款·附屬約款의 體系에 관한 자세한 내용은 前述 注解 前論 Ⅱ. 2. 3 및 韓國金融研修院 編, 與信法律(上), 52-64; 李俊相(註 1), 45-73 각 참조.
3) 名稱은 約定書이나 그 性格은 一般去來約款이다.
4) 韓國金融研修院(註 2), 355 이하 부록 참조.
5) 李俊相(註 1), 566.
6) 大判 86. 10. 14, 84다카122(公 789, 3028).

知하고 그렇지 않은 경우에는 營業店 揭示로써 행한다. 債務者에게 不利하지 않은 約款變更의 경우에도 일일이 書面으로 通知하게 하는 것은 銀行業務量이나 費用을 加重시켜 非合理的이라고 할 것이므로 간편한 方法을 취할 수 있게 한 것이다. 不利한 變更인지의 與否는 信義則에 비추어 客觀的으로 判斷해야 한다. 書面 또는 揭示에 의한 告知를 함에 있어서는 Ⅲ의 뜻, 즉 일정 기간 내에 異議가 없을 때에는 變更을 承認한 것으로 본다는 뜻을 밝혀야 한다.

銀行은 告知의 번거로움을 피하기 위하여 從前去來關係가 종료하기까지는 舊約款에 의하고 新規去來에 관하여서만 변경된 約款을 적용할 수도 있는바, 이는 銀行의 選擇에 달려 있다.[7)]

Ⅳ. 承認看做 特約(제3항)

本項은 前項의 銀行의 約款變更 告知에 대하여 一定한 期間 내에 債務者가 書面으로 異議하지 않으면 變更을 承認한 것으로 본다는 約定이다. 承認看做로 인하여 約款變更의 效力이 발생한다.

承認으로 看做되려면 銀行의 約款變更의 通知 또는 揭示에 承認看做에 관한 뜻이 明示되고, 通知의 發送 또는 揭示 후 1개월 내에 債務者의 書面에 의한 異議가 銀行에 到達하지 않아야 한다. 따라서 立證의 便宜를 위하여는 書面通知의 發送資料나 揭示文을 保管해 둘 必要가 있다.

本項은 債務者가 異議의 意思表示를 할 수 있는 상당한 期限을 부여하고, 그 期限 내에 意思表示를 하지 않으면 異議 없는 것으로 본다는 것을 따로 告知하게 되어 있으므로 約款의 規制에 관한 法律 §12 i 본문에 해당하는 무효조항은 아니라고 할 것이다.[8)]

[全 孝 淑]

7) 李俊相(註 1), 573.
8) 李俊相(註 1), 572.

제20조(합의관할)

이 약관에 터잡은 여신거래에 관하여 채무자 또는 보증인 혹은 물상보증인과의 사이에 소송의 필요가 생긴 때에는, 법이 정하는 관할 법원과 아울러 은행의 본점·거래영업점 또는 거래영업점이 속하는 지역본부의 소재지 지방법원을 관할법원으로 하기로 한다.

Ⅰ. 趣旨와 性質

本條는 이 約款에 터잡은 與信去來에 관하여 訴訟의 必要가 생긴 때에 法定 管轄法院과 아울러 銀行의 本店·去來營業店 또는 去來營業店이 속하는 地域本部 所在地 地方法院을 管轄法院으로 한다는 약정이다. 銀行의 訴訟遂行上의 便宜와 費用節減을 도모하려는 데 그 趣旨가 있다.

法定管轄과 아울러 銀行의 本店 所在地 法院 등도 管轄法院으로 하기로 약정한 것이므로 이른바 附加的 合意管轄에 속한다. 管轄에 관한 合意는 第1審 法院의 事物管轄에 관하여도 할 수 있는 것이나[1] 本條의 문언상 土地管轄에 관한 合意만으로 풀이된다.

債務者가 銀行을 상대로 提訴하는 경우에는 이 合意管轄 約定이 없더라도 銀行의 本店所在地(民訴 §§ 1-2, 4) 또는 去來營業店 所在地(民訴 § 10) 法院에 제소할 수 있고, 필요에 따라서는 기타 法定管轄法院에 제소할 수도 있는 것이므로 合意管轄 約定은 거의 실익이 없다. 그러나 銀行이 債務者를 相對로 제소하는 경우에 債務者의 住所地나 營業所 所在地가 銀行의 本·支店으로부터 멀리 떨어진 곳인 경우에는 時間과 費用이 들어 불편하므로 이를 덜기 위하여 銀行의 本·支店所在地 法院에 제소할 수 있도록 하는 合意管轄의 特約은 必要하며 또 그 점에서 實益이 있는 것이라고 하겠다.

Ⅱ. 有 效 性

管轄에 관한 合意는 일정한 法律關係에 기인한 訴에 관하여 書面으로 하

1) 李時潤, 民事訴訟法(1990), 102.

여야 한다(民訴 §26 Ⅱ). 따라서 當事者間에 앞으로 發生할 모든 法律關係에 관한 訴訟과 같은 包括的인 合意는 無效이나[2] 法律關係의 特定은 基本이 되는 法律關係를 명확하게 하는 정도이면 족하다.[3] 本條는 이 約款에 터잡은 與信去來에 관한 訴訟이라고 하여 基本的인 法律關係를 特定하고 있다. 따라서 基本約款 §1 Ⅰ의 어음대출·어음할인·증서대출·당좌대출 기타 여신에 관한 모든 거래가 일정한 法律關係에 해당함은 明白하다. 그러나 基本約款 §1 Ⅱ의 間接去來로 取得한 어음의 경우에는 銀行이 어음을 取得하는 原因關係가 不分明하여 契約을 特定하는 것이 불가능하므로 일정한 法律關係라고 할 수 없고 따라서 合意管轄의 對象이 되지 않는다는 見解가 있다.[4] 그러나 基本約款 §1 Ⅱ의 제3자와의 去來를 與信去來로, 債務를 어음상 채무로 制限解釋한다면 이 역시 일정한 法律關係라고 볼 수 있다.[5] 또 설령 合意管轄의 대상이 안 된다고 하더라도 與信債務와 어음債務가 병존하는 경우에는 關聯 裁判籍 規定에 따라 與信去來의 管轄法院에 제소할 수 있고, 어음債務의 支給地나 義務履行地는 대개 去來營業店 所在地와 一致하므로 銀行으로서는 제소하는 데 큰 지장이 없다고 할 것이다.[6]

管轄의 合意는 당사자에게 중대한 영향을 미치게 되므로 그 意思를 명확하게 하기 위하여 書面에 의할 것을 요한다. 合意는 반드시 同一書面에 의하여야 하는 것은 아니고 별개의 書面으로 때를 달리하여 締結되어도 된다.[7] 따라서 基本約款에 合意管轄 조항이 있고 基本約款을 승인한다는 취지의 個別約定書가 作成되었다면 管轄合意는 이루어진 것으로 보아야 할 것이다.

管轄合意는 合意 當事者 사이에서만 효력이 미치는 것이므로 債權者와 保證人間의 合意, 債權者와 連帶債務者 중 1인 간의 合意는 主債務者나 다른 연대채무자에게 미치지 않는다.[8] 그런데 本條는 保證人 또는 物上保證人과의 사이에 訴訟의 필요가 생긴 경우에도 적용한다고 규정하고 있는바, 保證書, 根抵當權設定契約書 등에 基本約款 및 銀行과 債務者 사이의 約定도 承認한다고 되어 있으므로 結局 銀行과 保證人 사이에 直接 管轄合意가 이루어진 것으로

2) 李時潤(註 1), 103.
3) 鄭東潤, 民事訴訟法(1989), 114.
4) 石井眞司, "銀行取引約定書と貸付實務上の注意點(2)", 手形研究 108, 19.
5) 李俊相, 銀行與信去來基本約款解說, 579.
6) 李俊相(註 5), 580; 日注民(新)(17), 471.
7) 李時潤(註 1), 103.
8) 李時潤(註 1), 106; 大判 88.10.25, 87다카1728(公 837, 1476).

보아야 할 것이다.[9]

한편 約款의 規制에 관한 法律 §14는 顧客에게 부당하게 불리한 재판관할의 合意 條項은 無效라고 規定하고 있다. 去來營業店 所在地는 債務者에게도 豫測可能性이 있는 곳이므로 별 문제가 되지 아니하나 銀行의 本店이 債務者의 주소지 등과 지나치게 멀리 떨어진 경우에는 위 條項에 해당될 여지가 없지 아니하다. 銀行으로서는 수개의 管轄法院이 있는 경우 가능한 한 債務者가 응소하는 데 不便하지 않은 곳을 택하는 배려를 할 필요가 있다고 할 것이다.

[全 孝 淑]

9) 李俊相(註 5), 581.

專屬出演契約

차 례

Ⅰ. 序 論

1. 出演契約의 意義

出演契約이라 함은 배우·탈렌트·가수 등 藝能人(이하 「藝能人」이라고 줄여서 사용함)이 藝能的 活動으로서의 勞務를 제공할 것을 約定하고 이에 대하여 映畫製作者·放送局·劇場主 등의 事業者(이하 「事業者」라고 줄여서 사용함)가 報酬를 지급할 것을 約定함으로써 成立하는 契約을 말한다.

근래 쇼 비지네스(show buisiness) 기타 엔터테인먼트(entertainment) 산업의 발달은 映畫·放送事業 등의 발전과 함께 藝能人의 需要를 확대하기에 이르렀다. 여기서 出演契約 특히 專屬出演契約은 事業者에게는 藝能人의 需要確保를 위해 社會的으로 중요한 역할을 담당하게 되었다. 한편, 事業者와 專屬藝能人 사이에 발생하는 紛糾에 있어서 藝能人에게 어떤 法的 保護를 부여할 것인가 하는 점이 社會問題化되고 있다.

出演契約에 관한 문제점은 出演契約의 法的 性質에 관한 문제와 藝能人의 他社出演의 沮止·制限에 관한 문제로 크게 나누어 볼 수 있다. 前者에는 出演契約의 實態把握을 전제로 하여 出演契約이 雇傭인가 都給인가 委任인가 혹은 前三者의 要素를 결합시킨 混合契約인가 그렇지 않으면 非典型契約의 어떤 것인가 하는 문제, 그리고 出演契約에 대하여 典型契約에 관한 民法規定을 어디까지 類推適用할 것인가의 문제, 또 이와 관련하여 藝能人이 소위 勤勞者로서 勞動法上의 法的 保護를 받을 수 있는 것인가, 아울러 著作隣接權의 歸屬에 관한 문제 등이 있다. 後者에는 事業者가 藝能人의 稀少價値를 獨占的으로 享有하기 위하여 藝能人의 他社出演을 沮止·制限하는 法的 形式 및 그 法的 妥當性에 관한 문제 등이 있다.

이하에서 이들의 諸問題에 관하여 차례로 살펴보기로 한다.

2. 出演契約의 種類

우리 나라에서 통상의 出演契約은 이른바 紳士協定的인 매우 간단한 內容만을 규정한 것이 많고, 또한 단순히 口頭의 約束에 그치는 경우도 적지 않다. 그것은 業界의 特質上 너무 상세한 內容을 규정하는 것이 適合하지 아니할 수도 있다는 事情에 기인하는 것이다. 따라서 각 事業者의 契約書 樣式은 千差萬別의 樣相을 나타내고 있다. 그러나 藝能人에 대한 身分的 拘束의 態樣에 의하여 出演契約을 分類하는 것은 가능하다. 放送事業者와 藝能人 사이에 체결되는 放送出演契約의 경우에 관하여 본다면 出演契約은 다음과 같이 다섯가지로 분류할 수 있다.[1)]

(1) 完全專屬契約

藝能人의 他社出演을 一切 인정하지 아니하는 契約이다.

(2) 準專屬契約

事業者의 許諾을 얻은 경우에만 他社出演을 할 수 있는 契約이다.

(3) 優先出演契約

事業者로부터 出演의 要請이 있을 때에는 반드시(다만 契約書의 文言에는 「優先的으로」라고 표현되고 있다) 出演하지 않으면 아니되는 契約關係, 바꾸어 말하면 當該 事業者의 프로그램의 出演에 支障이 없는 한 藝能人이 他社出演을 할 수 있는 契約이다.

(4) 回數出演契約

一定 契約期間(예컨대 1년) 내에 藝能人이 出演하여야 할 回數를 特約하는 契約이다.

1) 契約法硏究會 編, 現代契約書式要覽 4, 3322; 植林弘, "ラジオ・テレビの出演契約", 契約法大系(Ⅵ)(特殊の契約 2), 131.

(5) **프로그램(program) 出演契約**

藝能人이 特定의 단편 또는 연속 프로그램에만 一定期間 出演하기로 하는 契約이다.

또한 映畫製作者와 映畫俳優간의 出演契約도 專屬契約·優先編數契約·編數契約·臨時契約의 네 種類로 分類할 수 있으나 放送出演契約과 특히 다른 契約類型에 속한다고 생각되는 것은 존재하지 아니한다. 즉 專屬契約은 放送出演契約의 (1), 優先編數契約은 放送出演契約의 (3)과 (4)의 混合形態, 編數契約은 放送出演契約의 (4), 臨時契約은 放送出演契約의 (5)와 각각 같은 契約類型으로 볼 수 있을 것이다.[2)]

또한 放送·映畫 이외의 出演契約에 있어서도 대개 放送出演契約에 있어서 (1) 내지 (5)의 契約類型 내지 그 混合類型의 어느 것으로 分類할 수 있을 것이다.[3)] 大法院도 專屬契約의 種類에 관하여, 「일정한 예능적 활동으로서의 노무를 제공하는 자가 특정의 事業者에게 專屬하는 專屬契約에는 다른 곳에 노무제공하는 것을 일체 인정하지 아니하는 完全專屬契約, 事業者의 허락을 받은 경우에만 다른 곳에 노무를 제공할 수 있는 準專屬契約, 事業者로부터 노무제공의 요청이 있으면 반드시 노무제공을 하지 않으면 안 되는 契約關係 즉 당해 事業者의 사업에 지장이 없으면 다른 곳에 노무제공이 가능한 優先專屬(出演)契約, 一定契約期間 내에 제공하여야 할 노무제공의 回數를 특약하는 回數專屬(出演)契約 등으로 분류할 수 있을 것」이라고 전제한 후, 作家가 자신의 필명 혹은 본명으로 제작한 신간·단행본·만화원고의 전량을 특정 事業者에게만 납고하되 再版이나 잡지 등의 연재물 작품은 事業者와의 양해사항으로 하도록 되어 있다면 위 專屬契約은 完全專屬契約이나 準專屬契約에 해당한다고 判示한 바 있다.[4)]

여기서 留意하여야 할 것은, 從來에는 藝能人이 事業者와 직접 出演契約을 체결하는 경우가 대부분이었으나, 최근에 이르러 藝能人은 특정 프로덕션(production)[5)]에 소속되어 프로덕션이 事業者와 사이에 出演契約을 체결하는

2) 現代契約書式要覽 4(前註), 3323. 다만 回數契約과 編數契約은, 前者에 있어서는 藝能人의 一定期間內의 出演回數를 기준으로 하고 있음에 대하여 後者에 있어서는 藝能人의 一定期間內의 出演編數를 기준으로 하고 있으므로, 이 점에서 差異가 있음을 주의하여야 한다.

3) 現代契約書式要覽 4(註 1), 3323.

4) 大判 93.2.9, 92다33176(公 941, 945).

5) 그 프로덕션은 實質上 그 藝能人 個人과 同一視되는 이른바 스타 프로덕션(star production)인 경우도 있다.

경우가 점차 증가되고 있다. 後者의 경우에 出演契約은 단순히 藝能人을 파견하는 內容만을 정하는 경우도 있고, 혹은 당해 프로덕션이 특정 쇼 내지 프로그램의 企劃·製作을 引受하여 그 製作契約 중에 藝能人의 出演이 포함되어 있는 경우도 있다. 이 때 프로덕션과 藝能人과의 法律關係 또한 出演契約의 形式을 취하게 되는바, 당해 프로덕션의 實所有者格인 스타를 제외하고는 專屬出演契約의 形態를 취하는 것이 보통이다.[6)]

3. 專屬出演契約의 意義

(1) 槪 念

專屬出演契約은 前述한 完全專屬契約과 準專屬契約을 합친 槪念이라 할 수 있다. 앞에서 설명한 바와 같이 完全專屬契約과 準專屬契約의 差異는 事業者의 許諾을 얻음으로써 他社出演을 할 수 있는지 與否에 있다고 하겠으나 이러한 구별은 극히 相對的인 것이다. 즉 完全專屬契約에 있어서도 藝能人이 他社에 一切 出演할 수 없는 것, 당해 事業者와 競爭關係에 있는 他社의 프로그램에만 出演할 수 없는 것, 當該 事業者의 營業地域內에 있어서만 出演할 수 없는 것 등이 있어서 藝能人의 出演이 禁止되는 範圍와 程度에는 差異가 있다. 나아가서 完全專屬藝能人은 위와 같이 制限되는 他社出演이라 할지라도 當該 事業者의 許諾이 있으면 出演이 가능하다고 할 수 있을 것이다.

(2) 社會的 目的

원래 專屬出演契約의 社會的 目的으로서는, 藝能人의 需要擴大에 따라, 첫째 藝能人의 他社出演을 禁止·抑制하는 것, 둘째 藝能人을 自社의 프로그램 등에 排他的으로 出演시킴과 동시에 消極的으로 他社出演을 禁止·抑制하는 것, 셋째 無名의 新人을 自社의 需要를 充足시킬 수 있는 藝能人으로 育成하고 그이후에 自社를 위하여 排他的으로 出演시키는 것의 세 가지를 들 수 있다.[7)]

어떤 경우의 專屬出演契約에 있어서도 藝能人의 他社出演을 禁止·抑制함으로써 藝能人이 特殊한 技術을 발휘하여 出演함에 의한 利益을 事業者가 排他的으로 享受한다는 점에 있어서 共通點을 찾을 수 있다. 그러나 각각의 專屬出演契約이 위의 세 가지 중 어느 目的을 가진 것인가는 각각의 分野에 있어서 藝能人의 需給關係에 의하여 규정되어야 할 것으로 생각된다.

---

6) 印亨武, 例解 契約要論, 688.
7) 植林弘(註 1), 132.

Ⅱ. 實 態

1. 契約締結의 形態

앞에서도 잠시 언급한 바와 같이 專屬出演契約을 포함한 出演契約은 千差萬別의 樣相으로 締結되고 있다. 경우에 따라서는 契約書를 作成하지 아니하고 단순히 口頭로만 締結되기도 한다. 契約書를 作成하는 경우에도 劇場食堂을 비롯한 쇼 무대의 出演契約書는 出演期間과 出演料 등만을 明示한 簡單한 樣式을 사용하고 있음에 반하여 放送局·映畫社·프로덕션의 出演契約書는 比較的 詳細한 樣式을 사용하고 있다. 特記하여 둘 것은 韓國放送公社(KBS)의 경우에는 輕音樂團·合唱團·舞踊團·效果團·어린이合唱團·聲優室 기타 이에 준하는 團體 등 放送製作上 필요한 放送專屬團體의 要員의 維持 및 育成에 관한 事項을 정하고 있는 放送專屬團體管理規定[8]과 交響樂團運營規定[9] 및 國樂管絃樂團運營規定[10]을 두어서 이들 規定에 따라 필요한 藝能人을 任命하여 管理하는 方式을 취하고 있다는 것이다.

2. 專屬出演契約의 實態

현재 藝能人과 사이에 專屬出演契約을 締結하는 事業者로서는 ① 放送局, ② 音盤製作會社, ③ 모델會社, ④ 프로덕션, ⑤ 만화·잡지 出版販賣業者 등을 그 예로 들 수 있을 것이다. 다만 ⑥ 映畫社의 경우에는 과거에 專屬出演契約을 締結하기도 하였으나, 현재는 대부분 編數契約만을 사용하고 있다고 한다.[11]

---

8) 放送專屬團體管理規定은 1973年 6月 11日에 制定되어 施行되고 있는데, 제1장 총칙, 제2장 임면, 제3장 상벌, 제4장 보수 및 퇴직금, 제5장 운영관리로 구분하여 規定하고 있다.

9) 交響樂團運營規定은 제1장 총칙, 제2장 교향악단운영위원회, 제3장 총감독, 제4장 교향악단 사무국, 제5장 인사, 제6장 연주 및 연수, 제7장 상벌, 제8장 경력평정 및 호봉, 제9장 보수, 제10장 교향악단후원회, 제11장 기타로 구성되어 있다.

10) 國樂管絃樂團運營規定은 제1장 총칙, 제2장 자문위원회, 제3장 인사심의위원회, 제4장 인사, 제5장 연주 및 연수, 제6장 상벌, 제7장 경력평정 및 등급, 제8장 보수, 제9장 기타로 구성되어 있다.

11) 현재 실제로 사용되고 있는 專屬出演契約書의 樣式을 各事業者別로 例示하고 있는 것은, 韓相鎬, "專屬出演契約", 民事判例硏究 Ⅺ, 572-80.

3. 專屬出演契約의 內容

(1) 藝能人의 義務

專屬出演契約에서 藝能人의 基本的인 義務는 물론 出演義務이다. 그러므로 藝能人이 出演하여야 할 作品數, 事業者가 藝能人에게 保障하는 作品數, 作品當 基準出演日數 등이 出演義務의 內容으로서 규정된다. 藝能人의 出演義務를 實現·確保하기 위한 義務로서는 身體傷害의 危險을 수반하는 스포츠라든가 整形手術 등을 하지 아니할 義務와 約婚·結婚을 회피하여야 할 義務 등이 규정되기도 한다. 專屬出演契約이므로 藝能人의 不作爲義務로서 他社의 作品이나 舞臺, 放送 등에 出演하지 아니할 것을 정함은 물론, 專屬期間中 발표한 作品은 專屬期間 후에도 他社에 취입 등을 禁止하는 조항을 두는 경우도 있다. 또한 藝能人의 附隨的인 義務로서 宣傳에 協力할 義務를 정하기도 한다.

(2) 事業者의 義務

藝能人의 出演義務에 對應하는 事業者의 基本的인 義務는 報酬支給義務이다. 報酬는 契約金 혹은 專屬料와 出演料로 나누어 支給되는 것이 보통이다. 契約金 혹은 專屬料는 契約締結時에 一時에 支給되는 경우와 數回에 分割하여 支給되는 경우가 있으며, 解約時 返還範圍가 정하여지기도 한다. 出演料는 경우에 따라 出演料保證金과 作品當出演料로 나누어 규정하기도 하고, 出演料引上에 관한 규정을 두는 경우가 있다.

(3) 其 他

契約期間은 모든 專屬出演契約에 必須的이고 나아가서 契約期間 滿了時에 再契約 혹은 解約看做에 관한 조항을 두기도 하며 作品完成時까지 同一한 條件으로 出演完了할 義務를 藝能人에게 지우기도 한다. 不可抗力 또는 一方의 歸責事由에 의한 債務不履行이 契約內容에 미치는 效果로서 契約解除 혹은 損害賠償에 관하여 규정하는 조항도 많이 보인다. 또한 出演한 作品에 대한 著作權 또는 著作隣接權의 歸屬을 명시하고 있는 경우도 있다.

(4) 프로덕션契約

프로덕션契約에 있어서는 프로덕션이 藝能人의 모든 演藝活動을 責任지고 保護·育成하는 한편, 藝能人은 프로덕션이 그를 代理하여 締結한 出演契約의 內容에 따라 演藝活動을 하도록 되어 있다.

(5) 매니저(manager)契約

專屬出演契約 중에는, 事業者가 藝能人의 매니저로서 藝能人의 모든 演藝活動을 責任지는 대신에 藝能人이 對外에 出演하는 契約은 반드시 매니저인 事業者를 통하여 締結하며 事業者에게 一定率의 代行手數料를 支給하도록 되어 있는 것도 보인다.

Ⅲ. 法的 性質

1. 非典型契約

사람의 勞動力의 供給 내지 利用을 目的으로 하는 契約으로서 民法이 규정하는 典型契約에는 雇傭·都給·懸賞廣告·委任 및 任置가 있다. 이들을 통틀어서 學者들은 勞務供給契約(Arbeitslieferungsvertrag)이라고 부른다.[12] 위 典型契約들 중에서 出演契約과 類似하다고 볼 수 있는 것으로는 雇傭·都給·委任의 3종을 들 수 있을 것이다.

雇傭은 어디까지나 勞務者 자신에 의한 勞務의 供給 그 자체를 目的으로 하며 使用者는 勞務者를 指揮, 監督할 權限을 가진다. 都給은 勞務 내지 勞動으로 이루어지는 어떤 결과, 즉 일정한 일의 完成을 目的으로 하며 그 일을 完成하는 과정에 있어서의 勞務提供은 이를 전혀 안중에 두지 않는다. 한편 委任은 일정한 事務를 處理하기 위한 統一的인 勞務를 目的으로 하며 受任人은 자기의 知識·經驗·手腕 등을 동원하여 委任事務의 目的에 따라 자기의 裁量으로써 이를 自主的으로 적절히 處理할 수 있다. 여기서 出演契約을 雇傭, 都給, 委任 중 어느 契約으로 볼 것인가는 쉽지 않은 문제이다.

日本에서는, 出演契約은 그 具體的인 內容에 따라 單純한 雇傭契約에 지나지 아니하는 것, 雇傭契約과 都給契約의 要素가 混合된 非典型契約으로 보아야 하는 것, 都給契約으로 보아야 하는 것 등으로 나누어지지만, 그 대부분은 위 두 번째 類型에 속한다고 해석하고 있다.[13]

한편 우리 나라에서는, 出演契約은 雇傭·都給·委任의 각기 또는 混合契約으로 볼 수 있지만 이것을 논하는 實益은 없고, 契約의 實務的인 形態에 따

12) 郭潤直, 367.
13) 現代契約書式要覽 4(註 1), 3321; 植林弘(註 1), 139.

라서 생각해 갈 수밖에 없다는 見解가 주장되고 있다.[14)]

결국 出演契約이 民法上의 典型契約인 雇傭·都給·委任의 어느 것에 해당하는가 혹은 위 3자 중 어느 2자 아니면 3자의 混合契約에 속하는가 하는 것은 出演契約의 具體的인 內容에 따라 결정되어야 할 것인바, 이와 같이 出演契約의 類型이 결정되면 이에 따라 出演契約이 적용되어야 할 民法規定 또한 결정될 수 있을 것이라는 점에서 이 문제를 논의할 實益은 있다고 하겠다. 出演契約 중에서도 특히 專屬出演契約은 事業者의 承諾 없이(準專屬契約), 혹은 事業者의 承諾에 관계 없이 一切(完全專屬契約) 他社에 出演하여 같은 內容의 勞務를 提供하는 것이 禁止된다는 점에서 雇傭契約의 性質을 강하게 띠고 있지만, 다른 한편 出演이라고 하는 無形의 일의 完成을 目的으로 하는 都給契約의 性質도 다분히 가지고 있고, 또한 藝能人의 個人的인 能力과 技藝 등에 의하여 勞務를 供給하며 藝能人 자신의 意見과 自由裁量의 여지를 인정하며 또 事務處理를 하는 과정을 중시하고 따라서 當事者間의 信賴關係가 긴밀한 점 등 委任契約과 類似한 점도 가지고 있음을 간과할 수 없으므로, 결국 專屬出演契約의 대부분은 이를 民法上의 典型契約으로 보기보다는 위 3자의 性質을 混合한 非典型契約으로 보는 것이 妥當할 것이다.

2. 雇傭契約性

(1) 藝能人은 이를 俳優·歌手·코메디안 등의 그룹(group)과 劇團·樂團·合唱團·效果團 등의 構成員의 그룹으로 大別하는 것이 가능하다. 契約形式의 점으로부터 본다면, 양 그룹간에 현저한 差異를 발견하기 어렵지만 전자는 후자에 비하면 契約을 締結할 때 事業者와 對等한 地位에 서서 高額의 專屬料·出演料 기타 契約條件을 約定할 수 있는 者가 적지 아니하고 이 점은 出演할 때에도 反映되어 전자는 個人的인 經驗·手腕 등에 의존하여 自主的으로 出演할 수 있는 獨立的 地位를 가지는 경우가 많고 따라서 그 出演契約은 出演이라고 하는 無形의 일의 完成을 目的으로 하는 都給契約의 性質을 다분히 가지고 있는 것이다. 그렇지만 出演者의 個性은 出演契約의 重要한 要素이기 때문에 出演者는 事業者의 承諾 없이는 제3자로 하여금 대신 出演하게 할 수 없는 것은 말할 필요도 없다. 나아가 전술한 양그룹에 共通的인 現象은 事業者가 프로그램을 결정함과 동시에 그 內容, 出演者, 藝能人 및 出演의 日時, 場

14) 印亨武(註 6), 688.

所 등을 一方的으로 결정하고, 出演者는 疾病 기타 부득이한 事由가 없는 한 사실상 그 出演計劃을 무시하고 出演을 거부하는 것이 불가능할 뿐만 아니라 出演중에는 監督·프로듀서 등의 指示에 따라야 하기 때문에 事業者는 이들 出演者에 대하여 指揮·命令의 權限을 가지고, 이로써 出演者가 提供하는 藝術的 勞務의 적절한 配置와 利用을 행하는 것이며 따라서 出演契約에는 다분히 雇傭契約的 性質도 있다고 할 것이다.

專屬出演契約에 있어서 雇傭契約性의 承認은 契約書에 就業規則을 적용한다는 취지가 明記되어 있는 경우와 같이 契約書上에 표현되어 있는 경우도 있지만, 그렇지 않더라도 대체로 契約當事者에 의하여 肯定되고 있다.[15] 그러므로 雇傭에 관한 民法의 諸規定은 專屬出演契約의 性質에 反하지 아니하는 한 專屬出演契約에 類推適用된다고 보아야 할 것이다.

(2) 所得稅法上 저술·서화·도안·조각·작곡·음악·무용·만화·삽화·만담·배우·성우·가수 기타 이와 유사한 自由職業所得 등에 대하여는 事業所得으로 규정하고 있고(同法 § 20 I x ; 同法施行令 § 38 i), 勤勞의 提供으로 인하여 받는 俸給·給料·報酬·歲費·賞與·手當과 이와 유사한 성질의 給與 등에 대하여는 이를 勤勞所得으로 규정하고 있으나(同法 § 21),[16] 이를 이유로 專屬出演契約을 都給이나 委任契約으로 단정할 수는 없다. 稅金에 관하여서는 여러 가지의 政策的 考慮도 감안하여 稅法 獨自의 立場으로부터 判斷되는 것이기 때문이다.[17]

(3) 出演契約에 대한 勞動法의 適用有無는 藝能人에 대한 身分的 拘束 즉 事業者와 藝能人 사이의 使用從屬關係가 實質的으로 어느 정도인가 하는 개개의 契約의 具體的 內容에 의하여 정하여지는 것이므로 어떤 契約類型에 속하는 出演契約에 勞動法의 適用이 있고, 어떤 契約類型에 속하는 出演契約에는 勞動法의 適用이 없는가를 一律的으로 결정할 수는 없다. 그러나 藝能人 중에서 事業者와 對等한 地位에 서서 高額의 契約金, 出演料 기타의 契約條件을 約定하고 또한 出演함에 있어서도 自主性과 獨立性을 保障받고 있는 者 이외에는 事業者와의 사이에 使用從屬關係가 있는 것이므로 藝能人의 勞動者性이 인정되어 勤勞基準法·勞動組合法 등의 勞動法이 適用되는 것으로 해석되고 있다.

15) 植林弘(註 1), 139.
16) 事業所得稅와 勤勞所得稅의 차이는 綠色申告가 가능한가 與否 및 稅額控除 등의 점에 있다.
17) 現代契約書式要覽 4(註 1), 3321. 同旨 植林弘(註 1), 141.

위의 基準에 따른다면 專屬出演契約을 締結한 藝能人이 勞動法上의 勤勞者로 취급되어야 한다는 것은 一般的으로 承認되고 있는 바이다.[18] 이 경우에는 出演契約은 동시에 勤勞契約으로서의 效力을 발생한다고 하겠다.

3. 附從契約

최근에는 事業者와 勞動組合과의 團體交涉에 의하여 契約形式이 확정되는 경우를 볼 수 있으나 이를 제외한다면 出演契約은 從來부터 事業者가 一方的으로 作成한 契約書에 의하여 締結되고 있다. 즉 契約의 締結은 事業者의 指示에 의하여 그 指定한 날에 이미 인쇄된 契約書에 事業者 및 藝能人의 양자가 서명날인하는 것에 의하여 이루어지고 이 때 藝能人은 예외적인 경우 이외에는 契約金·出演料 기타 契約條件에 관하여 의논할 여지가 없고, 따라서 出演契約은 契約當事者가 一方的·定型的으로 결정한 約款에 대하여 相對方이 包括的으로 承認함에 의하여 成立되며 이와 달리할 수 없는 契約 즉 附從契約이라고 말할 수 있다.

그러나 出演契約은 극히 특수한 藝能人이라는 不特定人만을 相對方으로 예정하고 있다는 점에서 不特定多數의 一般公衆을 相對方으로 하는 普通契約約款과는 구별된다.

藝能人은 一般的으로 法意識이 낮아서 契約書의 內容을 충분히 熟知하지 아니한 채 契約金·出演料 등의 金額만을 보고 契約書에 서명하는 것이 常例이지만, 그럼에도 불구하고 契約書의 모든 條項을 가지고 藝能人을 구속할 수 있는가 與否는 附合契約 내지 普通契約約款의 法的 性質을 어떻게 해석하는가에 의하여 해결될 문제이므로 여기서는 상세한 설명을 생략하기로 한다.

Ⅳ. 效 力

1. 概 觀

出演契約은 원칙적으로 雇傭·都給·委任의 각 要素를 混合한 非典型契約으로 理解하여야 함은 前述한 바와 같기 때문에 出演契約 當事者間의 法律關

18) 現代契約書式要覽 4(註 1), 3325. 民間放送局의 放送藝能人의 專屬出演契約을 勤勞契約으로 인정하고, 위 契約의 更新拒絕을 解雇權의 濫用이라고 한 事例로서는 日廣島地判 昭 42(1967). 2. 21(判時 482, 67) 참조.

係에 관하여서는 民法의 雇傭·都給·委任의 각 規定을 類推適用하여야 할 것이다. 따라서 出演契約의 基本的인 效力은 藝能人의 出演이라고 하는 藝術的 勞務의 提供이나, 藝術的 일의 完成, 혹은 藝術的 事務의 處理의 義務와 이에 대한 事業者의 報酬支給의 義務가 발생하는 것이라고 하겠다(民 §§ 655, 664, 680).

藝能人에 대한 身分的 拘束은 그것이 강한 것일수록 필연적으로 事業者와 藝能人과의 사이에 使用從屬關係, 指揮命令關係를 발생시키는 결과, 藝能人의 身分的 拘束이 강한 出演契約에는 雇傭契約的 要素가 강하게 인정되는 것이다. 그래서 이 경우의 法律關係에 관하여서는 주로 民法의 雇傭契約에 관한 규정이 類推適用되어야 할 것이다. 專屬出演契約은 바로 이에 해당하는 것이라고 하겠다.

2. 藝能人의 義務

民法 § 657 Ⅰ·Ⅱ 의 類推適用에 의하여 事業者는 藝能人의 承諾이 없으면 자기의 當該 藝能人에 대한 權利를 제3자에게 讓渡하여 當該 藝能人을 제3자의 事業에 出演시킬 수 없다. 藝能人도 當事者의 承諾이 없으면 자기에 대신하여 제3자를 出演시킬 수 없다. 다만 實務上으로는 出演契約을 締結할 때 當事者間에 藝能人이 事業者의 要請에 응하여 他社出演을 하여야 한다는 特約을 하는 경우가 많고, 이러한 特約은 藝能人의 事前의 承諾이라고 보아야 할 것이다. 또한 이러한 特約이 없더라도 藝能人이 事業者의 要請에 응하여 異議 없이 他社出演을 하는 경우에는 默示의 承諾이 있었던 것으로 해석할 수 있다.

이와 같이 藝能人이 他社出演을 承諾하는 경우에는 事業者의 藝能人에 대한 權利만이 他社에 移轉되며, 藝能人에 대한 義務는 他社의 債務引受가 없는 한 移轉하지 아니한다고 해석된다.[19)]

3. 事業者의 義務

事業者가 藝能人에 대하여 支給하여야 할 報酬는 契約金과 出演料의 두 가지로 되어 있는 경우가 많다. 그러나 契約金과 出演料 이외에 危險手當·夜間手當 등의 諸手當이 報酬로서 支給되는 경우도 있다.

19) 後述 專屬出演契約 注解 Ⅳ. 3. (3) 참조.

(1) **契 約 金**

契約金이 金額은 千差萬別이지만, 前述한 俳優·歌手·코메디안 등 獨立的 地位를 누리는 그룹에 있어서는 契約當事者間의 協議에 의하여 결정되고 있으나, 劇團·樂團·合唱團·效果團 등의 構成員의 그룹에 있어서는 事業者가 스스로 作成한 金額의 體系에 따라서 出演者의 技能에 응하여 一方的으로 결정하고 있는 것으로 보인다.

契約金의 法的 性質은 여러 가지이다. 契約締結을 유도하기 위한 贈與의 경우도 있고, 契約締結에 의해 他社出演을 하지 아니하는 不作爲債務負擔의 代償(拘束料)인 경우도 있으며, 出演報酬의 固定給的 部分인 경우, 違約金인 경우 등도 있기 때문에 개개의 契約에 관하여 자세히 검토하여 볼 필요가 있다.[20)]

契約金의 支給時期도 多樣하여 從來의 實務에 있어서는 契約締結日로 하는 경우, 그 후의 特定日로 하는 경우, 出演한 때마다 契約金을 支給하는 경우 등이 있다.

(2) **出 演 料**

出演에 대한 報酬로서 支給되는 出演料는 契約金의 경우와 마찬가지로 俳優·歌手 등의 그룹에 있어서는 當事者 雙方이 對等한 地位에서 交涉하여 出演者의 人氣·技能 등의 정도가 참작되어 적절하게 결정되고 있으나, 劇團員·樂團員 등의 그룹에 있어서는 거의 出演者와 의논할 여지가 없이 事業者가 一方的으로 出演者의 技能의 정도를 평가하여 金額을 결정하고 또 契約更新을 할 때에도 一定率을 機械的으로 올려서 新契約의 出演額이 결정되고 있으며 出演者의 人氣·技能의 向上 등은 그다지 참작되고 있지 않은 것 같다.

出演料의 支給方法은 出演時間에 의한 成果給을 原則으로 하고 있으나, 보통 固定的으로 支給되는 金額이 정하여 있다. 이 固定額部分은 出演者가 契約期間 중 어떤 事情으로 出演의 機會를 부여받지 못하였거나 혹은 疾病 기타 出演者의 부득이한 사유로 인하여 出演할 수 없었던 경우에도 事業者로부터 支給받을 수 있는 것이고, 그것은 出演者의 最低生活保障의 實益이 포함되어 있으므로 이를 단순히 優先出演의 代償이라거나 事業者로부터 恩惠的 利益의

20) 大法院은「專屬契約을 체결함에 있어 專屬料로 금 50,000,000원을 수수하면서 事業者가 契約을 위반하였을 때에는 事業者가 作家에게 지급한 專屬料의 반환을 청구할 수 없고, 作家가 契約을 위반하였을 때에는 專屬料의 배액을 事業者에게 지급하여야 한다고 약정하였다면, 이는 專屬契約에 따른 채무불이행에 대한 違約金의 약정을 한 것으로서 특별한 사정이 없는 한 損害賠償額 豫定의 성질을 갖는 것」이라고 判示하였다. 大判 93. 2. 9(註 4).

부여로 볼 수는 없다. 적어도 事業者와의 사이에 使用從屬關係를 갖는 者가 받아야 할 出演料는 勤勞의 對價인 勤勞基準法上의 賃金으로 볼 수 있고(同法 §18) 또한 위 固定額部分은 都給勤勞者에 대하여 勤勞時間에 응하여 一定額의 賃金을 保障하는 소위 保障給(同法 §39)의 性格을 가지는 것으로 보아야 할 것이다.

(3) 事業者의 要請에 의한 他社出演

위에서 본 바와 같이 出演者에 대하여 契約金과 出演料固定額을 保障하는 결과 事業者가 어떤 事情에서 出演의 機會가 적었던 出演者를 다른 事業者의 要請에 의하여 그 프로그램에 出演시킴으로써 契約金과 出演料의 回收를 꾀하고자 하는 현상이 생긴다. 이 때 다음과 같은 두 가지 法律問題가 발생한다.

그 첫째는 使用者는 勞務者의 同意 없이 그 權利를 제3자에게 讓渡하지 못한다고 하는 民§657 I 과의 관계에 있어서 出演者가 즉각 事業者의 要請에 응할 義務를 負擔하느냐 與否의 문제이다. 위 규정의 취지는 使用者의 變更에 의하여 勞務의 內容에 變更이 생기기 때문에 使用者의 意思만으로 雇傭關係를 제3자에게 移轉시킬 수는 없다고 하는 것이고 따라서 위 규정에는 勞務者의 同意 없이 使用者가 사실상 제3자로 하여금 勞務를 使用하게 할 수 없다는 意味가 포함되어 있는 것으로 보아야 한다. 出演契約도 兩當事者間의 人的 結合關係를 기초로 하여 成立한 雇傭·都給·委任의 要素가 결합된 非典型契約이라고 해석되는 것이므로 出演者는 스스로 承諾하지 아니하는 한 당해 事業者가 一方的으로 한 他社出演要請에 응하여야 할 義務가 없다고 할 것이다.

둘째로는 위와 같이 他社出演이 행하여지는 경우에 그 出演料는 직접 出演者에게 지급되지 아니하고 事業者 상호간에 결재되는 경우가 적지 아니하기 때문에 職業安定法違反의 문제를 검토하여 볼 필요가 있다. 職業安定法이 規制하는 職業紹介는 소위 雇傭契約成立의 알선뿐만 아니라 委任·都給의 成立을 알선하는 경우도 포함된다고 해석되므로[21] 前述한 바와 같은 방법에 의하여 出演者를 他社에 出演시키는 것은 例外的으로 할 수 있는 私人의 有料職業紹介事業으로서 勞動部長官의 許可를 얻어야 하고(同法 §9), 또한 有料職業紹介를 하는 者는 職業安定委員會의 審議를 거쳐 勞動部長官이 決定한 料金을 徵收할 수 있을 뿐이다(同法 §10). 따라서 事業者 상호간에 出演料를 결재하는 것은 위의 職業安定法의 規定에 違反되어 刑事處罰의 對象이 될 뿐만 아니라(同法 §30), 出演

21) 日最判 昭 29(1954).3.11(刑集 8-3, 240); 日東京高判 昭 29(1954).8.16(高裁刑集 7-7, 1152) 각 참조.

料가 賃金인 性質을 갖는 때에는 賃金을 직접 勤勞者에게 全額을 支給하여야 한다고 규정하는 勤基 §36에 違反하는 것으로도 된다고 생각한다.

(4) **不可抗力에 의한 出演不能**

不可抗力에 의한 出演不能의 경우에 藝能人이 報酬請求權을 갖느냐 與否가 문제로 된다. 出演料의 一部로서의 性質을 갖는 契約金이나 出演料에 관하여서는 債務者危險負擔主義를 정하는 民 §537에 의하여 原則的으로 出演不能에 대응한 部分의 請求를 할 수 없지만, 契約締結을 誘導하기 위한 贈與로서의 性質을 갖는 契約金 및 他社出演을 하지 아니하는 不作爲債務負擔의 代償으로서의 性質을 갖는 契約金은 그 性質上 出演不能에도 불구하고 請求할 수 있는 것으로 보아야 할 것이다.

4. 契約解除權 및 損害賠償請求權

契約解除權과 損害賠償請求權에 관한 契約書의 規定은 出演契約의 履行을 强制하는 法的 手段으로서 그 重要性이 인정된다.

거의 모든 契約書는 出演者의 契約違反에 의한 事業者의 損害賠償請求權을 인정하고 있으나 契約違反의 事實이 있었다고 하더라도 當事者 雙方의 法意識의 부족과 損害立證의 곤란 때문에 실제로 損害賠償을 請求한 事例는 없다고 하여도 좋을 정도이다. 그렇기 때문에 事業者로서는 損害賠償請求權보다도 오히려 契約解除權 쪽에 비중을 두고 있는 것 같다. 왜냐하면 契約違反에 의한 解除의 결과 將來 不採用되거나, 藝能界로터 排除될지도 모른다는 意識이 間接强制的인 役割을 하여 出演者의 契約履行을 促求하고 있기 때문이다.

契約解除權은 이를 契約違反·기타 出演者의 無誠意·技能低下를 이유로 하는 卽時解除權과, 疾病 등에 의한 出演不能·正當한 事由·부득이한 事由 등의 存在를 전제로 하는 解除權[22]의 두 가지로 大別할 수 있다. 그러나 解除하는가 여부는 當事者間의 社會的·經濟的 力學關係에 의하여 決定되는 것으로서 契約違反의 事實이 있었더라도 실제로 契約을 解除하는 事例는 많지 않고, 기껏해야 期間이 滿了하는 때에 契約形式을 변경하든가[23] 또는 契約不更新의 조치가 취하여지는 것이다. 다만 一定期間 前에 할 수 있는 解約告知는 企業經營合理化의 觀點으로부터 出演者의 利益을 현저히 해할 方法으로 事業者가

22) 1개월 내지 2개월의 豫告期間의 정함이 있고 또 解除한 當事者의 損害賠償免責規定이 있는 경우가 많다.

23) 예컨대 專屬出演契約을 優先出演契約 등으로 變更하는 事例가 보인다.

행할 可能性을 포함하고 있기 때문에 이 規定과 解約에 의한 損害賠償免責規定의 效力은 法理論的으로 검토하여 볼 필요가 있지 않을까 생각된다.

5. 專屬義務違反과 그 救濟

專屬出演契約을 맺은 藝能人은 다른 事業者와 同種의 契約을 締結하지 아니할 不作爲義務를 부담한다. 藝能人이 위 不作爲義務에 違反하여 다른 事業者와 同種의 契約을 맺고 다른 事業者를 위하여 出演하는 경우 專屬出演契約을 맺은 事業者의 救濟手段으로서는 물론 損害賠償請求權과 契約解除權이 인정되겠으나 그 이외에 間接強制도 可能하다고 볼 것인가 問題이다.

民 §389 Ⅲ에 의하면 "그 債務가 不作爲를 目的으로 한 경우에 債務者가 이에 違反한 때에는 債務者의 費用으로써 그 違反한 것을 除却하고 將來에 대한 適當한 處分을 法院에 請求할 수 있다"라고 규정되어 있다. 그러나 이 不作爲債務에 대한 強制履行은 不作爲債務 그 자체에 대한 것이 아니라 不履行으로 생긴 結果의 代替的 除去義務에 대한 強制履行에 지나지 않는다.[24] 따라서 專屬出演契約의 專屬義務違反과 같이 不作爲債務의 不履行이 있더라도 그 不履行의 結果로서 아무런 有形的 狀態를 남기지 않고 다만 無形의 違反狀態가 繼續되는 경우에는 위의 強制履行方法을 쓰지 못하며 間接強制에 의하는 수밖에 없다. 그러므로 法院은 債務者의 申請에 의하여 決定으로 相當한 期間을 정하고 債務者가 그 期間內에 履行을 하지 아니하는 때에는 그 遲延期間에 응하여 一定한 賠償을 명하거나 또는 卽時 損害의 賠償을 할 것을 명할 수 있다(民訴 §693).

그리고 특히 繼續하는 權利關係에 현저한 損害를 피하거나 急迫한 強暴를 防止하기 위하여 또는 기타 必要한 理由에 의하여 禁止의 假處分이 가능하다고 보아야 할 것이다(同法 §714 Ⅱ). 그러나 藝能人의 利益과 事業者의 損失을 비교교량하고 다른 事業者間의 關係를 具體的으로 검토하여 衡平의 見地로부터 그 必要가 없다고 보여지는 때에는 特別한 事情이 있는 것으로서 擔保를 提供하게 하고 假處分을 取消할 수 있다(同法 §720).

다른 事業者가 藝能人을 強迫하거나 誘惑하거나 自由競爭의 範圍를 逸脫하여 事業者를 해할 意思가 인정되는 경우에는 事業者는 다른 事業者에 대하여 損害賠償을 請求할 수 있을 것이다. 그러나 事業者는 다른 事業者에 대하

24) 註釋債總(上), 225 참조.

여 藝能人과의 契約의 破棄를 구할 수는 없을 것이다.

6. 著作隣接權

出演契約書 중에는 "當該 出演에 의하여 出演者에게 생긴 著作權은 事業者가 자유로이 使用할 수 있다"라든가 "契約에 의하여 藝能人의 出演作品에 대한 一切의 權利는 事業者 또는 그가 指示하는 會社가 保有하기로 한다"라고 하는 規定을 두고 있는 것이 있다. 이러한 契約條項은 요즈음 國際的으로 論議되고 있는, 著作權과 구별되는 概念인 著作隣接權의 問題를 提起하게 된다.

著作隣接權이란 實演者·音盤製作者 및 放送事業者에게 부여된 著作權에 인접하는 權利를 말한다. 著作物을 公衆에게 전달하는 媒體인 實演·音盤·放送 등에 대해 著作物에 준한 일종의 精神的 創作性을 인정하고 무엇인가 保護를 해야 할 必要性이 있지 않겠느냐 하는 문제는 半世紀 이전부터 베른協約 가입국의 내부에서 論議되어 왔다. 著作物은 훌륭한 實演에 의해 한층 그 價値가 增加되며, 音盤의 製作이나 放送프로그램의 製作에도 高度의 技術的·精神的 能力을 필요로 하기 때문이다.[25)]

著作隣接權에는 實演者가 갖는 錄音, 錄畫放送의 각 獨占權과 音盤製作者가 갖는 複製, 配布權 및 放送事業者에 대한 補償請求權 그리고 放送事業者의 複製 및 同時中斷放送權의 3자가 포함되어 있지만, 實演者의 權利는 특히 複製技術의 發達에 수반하는 實演者의 技術的 失業을 救濟한다고 하는 生活保障的 目的이 강한 데 비해 音盤製作者 및 放送事業者의 權利는 주로 獨占的 利益의 確保에 의한 企業維持의 側面이 강조되고 있다.[26)]

實演者, 音盤製作者 및 放送事業者의 3자를 國際的으로 保護하자는 움직임은 일찍이 1928년에 베른協約 改正 로마會議에서부터 시작되어 계속되다가 1961년 10월 로마에서 열린 隣接權協約 外交會議에서 「實演者, 音盤製作者 및 放送事業者의 保護를 위한 國際協約」을 성립시키기에 이르렀다.[27)]

우리 나라는 아직 위 協約에 가입하지 않고 있으나 1986년 改正된 著作權法에서 著作權法의 범위 안에 위 協約이 요구하는 條件을 받아들여 著作隣接權의 保護를 法制化하였다. 우리 나라 著作權法에 규정된 著作隣接權의 內

25) 著作權審議調停委員會 編, 著作權用語解說, 234.
26) 宋榮植 外, 知的所有權法, 898(1991) 참조.
27) 前註, 101. 實演者, 音盤製作者 및 放送事業者의 保護를 위한 國際協約의 全文은, 저작권심의조정위원회 編, 저작권에 관한 국제협약집, 131 참조.

容은 다음과 같다.

實演者의 權利로서는 錄音權, 錄畫權, 撮影權(著作 §63), 實演放送權(著作 §64) 외에 販賣用音盤의 放送에 대하여 2次使用料로서의 補償金을 받을 權利(著作 §65)가 규정되어 있다. 音盤製作者의 權利로서는 複製權, 配布權(著作 §67), 販賣用音盤 2次使用에 대하여 2次使用料로서의 補償金을 받을 權利(著作 §68)가 있다. 放送事業者의 權利로서는 複製權, 同時中斷放送權(著作 §69) 등이 있다.

著作隣接權도 著作財產權과 마찬가지도 社會公共의 利益과 調停의 見地에서 그 權利가 制限된다(著作 §71).

著作隣接權의 保護期間에 관하여서는 實演과 放送은 그 행한 때의 다음 해부터 起算하여 20년, 音盤은 그 音을 맨처음 그 音盤에 固定한 때의 다음 해부터 起算하여 20년간 存續한다고 규정되어 있다(著作 §70).

[韓 相 鎬]

許可權의 讓渡를 목적으로 하는 契約

차 례

Ⅰ. 許可·許可權의 意義

許可는 법규에 의한 일반적인 相對的 禁止를 특정한 경우에 해제하여 적법하게 일정한 사실행위 또는 법률행위를 할 수 있게 하는 行政行爲를 말한다. 그러한 의미에서 許可는, 특정한 권리나 능력을 창설하는 特許나 다른 법률행위를 보충하여 그 효력을 완성시키는 認可 등의 행정행위와 구별된다. 그러나 실제에 있어서는 許可·特許·免許·認許·認可 등의 용어가 혼용되고 있고, 이론상으로도 許可와 特許의 구별이 相對化되어 가면서 그 법적 성질이 융합되는 경향을 보이고 있다.[1] 여기에서는 이른바 講學上의 許可를 주로 그 대상으로 하면서 特許, 免許, 認可 등의 행정행위도 포함하는 의미로 사용하기로 한다.

금지된 행위를 허가 없이 하면 무허가행위로서 형사처벌을 받든가 아니면 행정법규에 의하여 단속이 된다. 그렇기 때문에 허가를 받은 당사자의 지위, 즉 許可權은 금지된 행위를 적법하게 할 수 있도록 허용된 권능을 의미한다고 할 수 있다. 전통적인 법률이론에 의하면, 허가를 받음에 의하여 사실상의 독점적 이익을 받을 때가 있다고 하더라도, 이는 권리가 아니라 反射的 利益에 불과하다고 한다. 그러나 허가는 단순한 自由의 回復(Dürfen) 이상으로 적법하게 어떤 권리·이익을 향유할 수 있는 地位의 設定(Können)으로서의 성질을

1) 金道昶, 一般行政法論(上), 400-2(1992); 朴鈗炘, 行政法講義(上), 372-73(1992); 李尚圭, 新行政法論(上), 231-32(1983).

가진다고 할 수 있기 때문에,[2] 그러한 한도에서 許可權은 權利性을 가진다고 할 수 있다. 한편 허가가 있게 되면 당사자에게 許可證을 교부하고, 관청에서 보관하고 있는 許可臺帳에 그 내용을 기재하게 되는데, 그러한 許可證이나 許可臺帳은 허가가 있었음을 증명하는 문서에 불과하고, 무슨 법률관계의 효력발생요건이나 대항요건이 되는 문서는 아니다.[3]

Ⅱ. 許可權의 讓渡性

通說은 許可를 對物的 許可, 對人的 許可, 混合的 許可이 세 종류로 구별하고, 對人的 許可의 효과는 一身專屬으로 移轉性이 인정되지 아니하는 데 반하여, 對物的 許可는 물적 사정의 변경이 없는 한 移轉性이 인정된다고 하면서 그 효과는 허가를 받은 특정인뿐만 아니라, 당해 물건 또는 사업의 상속·양도 등 이전에 따라 그 물건·사업에 부수하여 허가를 받은 지위를 승계하는 불특정인에게도 미치게 되며, 混合的 許可의 경우에는 법령의 합리적 해석에 의하여 효과의 移轉與否를 구체적으로 결정하여야 할 것이나, 일반적으로는 그것이 제한된다고 설명하고 있다.[4] 그러나 이에 대하여는, 허가는 금지된 자연적 자유의 회복일 따름이고 결코 권리를 설정하는 것이 아니며, 권리가 아닌 단순한 반사적 이익을 이전할 수 있다는 것은 전통적 법이론에 반하기 때문에, 이를 양도할 수 없다는 견해도 있다. 이 견해는 더 나아가 對物的 許可의 경우에 있어서는 허가관청에 허가요건이 변하지 않는 한 누구에게나 동일한 허가를 하여야 한다는 의무가 있게 되므로 그 물적 시설의 양수인은 당연히 동일한 허가를 받을 수 있는 권리가 있다는 의미에서 허가의 양도와 같은 효과를 거둘 수도 있을 것이나, 그것은 對物的 許可의 讓渡性에서 유래되는 것이 아니라, 허가관청이 平等의 原則에 의하여 구속되고 있기 때문이라고 한다.[5]

---

2) 金道昶(前註), 402.

3) 大判 56.5.3, 4288民上179, 180(要集 Ⅲ-1, 423):「영업허가증은 행정법상 허가를 요하는 영업에 있어서 행정관청으로부터 영업의 허가가 있음을 증명하는 문서에 불과한 것으로서 영업허가증 명의변경에 이의가 있는 자는 별도 절차에 의하여 그 시정을 구함은 모르거니와 이미 취소된 영업허가증은 하등 재산적 가치가 없는 것이니 이의 반환을 소구할 이익이 없다.」

4) 金道昶(註 1), 402-3.

5) 尹世昌, 行政法(上), 203-4(1983)(이는 "讓渡의 不可能性"을 아예 許可의 效果의 하나로 들고 있다).

判例도 한때는 목욕탕건물과 함께 그 영업허가권을 매수한 매수인이 매도인을 상대로 그 영업허가에 관한 명의변경 등록절차의 이행을 구한 사안에서,

> "영업허가의 이전성이 있다고 하더라도 영업의 시설이나 영업상의 이익 등이 이전될 뿐, 질서허가로서 영업의 자유를 회복시켜 주는 것에 불과한 허가권 자체가 이전된다고는 할 수 없으며, 양수인으로서는 공중목욕장업법(筆者註 : 公衆衛生法에 의하여 폐지) 제4조 제1항에 따른 영업허가를 새로이 받아야 하는 것"

이라고 판시하여 이러한 견해에 동조하는 듯한 태도를 보인 적도 있다.[6]

그러나 許可權의 讓渡性을 부인하는 위와 같은 견해는 허가관계의 公法的 특성만을 지나치게 강조한 것으로, 私法的 측면이나 거래의 현실을 무시한 것이다. 허가를 받아야 할 행위를 허가 없이 하더라도 그 행위 자체가 私法上으로 무효가 되는 것이 아닌 것처럼,[7] 특별한 법률상의 效力的 禁止規定이 없는 한 당사자간의 허가권의 양도·양수는 얼마든지 가능하고 유효한 것이라고 하여야 할 뿐만 아니라, 公法上으로도 허가를 받은 지위의 移轉性을 긍정하는 것이 거래현실이나 일반관념에 합당하고 당사자에게도 편의롭기 때문이다. 그렇다고 물론 특별한 절차 없이 당사자간의 계약만에 의하여 관청이나 제3자에 대한 관계에 있어서도 허가관계가 완전히 유효하게 이전한다고까지 할 수는 없겠으나, 양수인이 전혀 별개의 새로운 허가를 받아야 한다고 하는 어색한 이론을 펴는 것보다는 명의변경 등의 절차에 의하여 허가를 받은 지위가 그대로 이전되는 것을 인정하는 것이 법률관계를 보다 더 간명하게 처리할 수 있을 것이다.[8] 그러한 의미에서 지난 1986년도에 개정되거나 제정된 食品衛生法이나 公衆衛生法 등의 법규가 명문으로 영업의 양도에 따른 營業者 地位의 承繼를 인정한 것은 타당한 조처라고 할 수 있다. 즉 食品衛生法(1986. 5. 10, 법률 제3823호) §25와 公衆衛生法(1986. 5. 10, 법률 제3822호) §8는 영업의 허가를 받은 자가 영업을 양도하거나 사망한 때 또는 법인의 합병이 있는 때에는 그 양수인·상속인 또는 합병 후 존속하는 법인이나 합병에 의하여 설립되는 법인은 그 영업자의 지위를 승계한다고 하면서, 이러한 地位承繼에는 별도의 허가절차가 필요하지 아니하

6) 大判 81. 1. 13, 80다1126(公 1981, 13628). 다만 이 판결이 파기되어야 하거나, 또는 이미 파기된 것이나 마찬가지라고 함은 後述 Ⅳ의 3에서 다시 논한다.

7) 이 점은 大判 81. 1. 13(前註)도 "공중목욕장업법에 그 영업허가에 대한 양도의 효력에 관하여는 아무런 규정을 두고 있지 아니하므로 공중목욕장의 영업허가를 받은 자가 그 허가를 타인에게 양도한 경우 그 양도계약 자체가 당연히 무효로 된다고는 할 수 없다"고 설시하여, 이를 분명히 밝히고 있다.

8) 權五坤, "許可權의 讓渡를 目的으로 하는 契約", 民判硏 Ⅺ, 537-40.

고 영업자의 지위를 승계한 자가 권리이전을 증빙하는 일정한 서류를 갖춰 관청에 신고하면 족한 것으로 규정하고 있다.[9] 위 규정들은 그 이외에도 더 나아가 民事訴訟法에 의한 競賣, 破産法에 의한 換價나 國稅徵收法·關稅法 또는 地方稅法에 의한 押留財産의 賣却 기타 이에 준하는 절차에 따라 영업시설의 전부를 인수한 자는 그 영업자의 지위를 승계한다고까지 규정하고 있다. 위 법률들이 적용되는 업소는 각종의 음식점이나 숙박, 목욕 등의 접객업소들로서 이러한 업소들에 관한 영업허가는 전형적인 秩序許可로서의 영업허가이고, 종전까지 이러한 업소들에 관한 영업허가권의 양도에 관한 행정적 처리는 許可事項의 變更, 즉 許可者名義의 變更문제로서 다루어져 왔었는데, 이러한 영업허가에 관하여 법률이 명문으로 당사자간의 양도계약에 의한 許可權의 移轉性을 인정한 것은 획기적인 일이다. 다만 위 규정들은 위와 같이 영업양도 등에 따른 許可權의 移轉(承繼)을 인정하고 있으면서도, 별도로 종전과 같은 허가사항 변경의 일종으로 신고에 의한 營業者 姓名의 變更을 인정하고 있는데, 그 필요성은 의문이다.[10]

Ⅲ. 許可權 讓渡契約의 私法的 效力

허가권의 양도가 법률상 명백히 금지되어 있거나 법령의 취지에 비추어 볼 때 금지되어 있는 것으로 보여지는 경우에 허가권의 양도를 목적으로 하는 계약의 私法的 효력이 어떠한가는 일률적으로 논할 수는 없다. 일반적으로는 해당법규의 전취지를 종합적으로 검토하여 그 금지규정이 그 私法上의 효력까지도 부정하려는 效力規定인가 아니면 단순한 團束規定인가를 구별하여 해결하여야 할 것이다.

이에 관한 判例의 태도를 보면, 都市再開發法 §12 Ⅰ에 의한 都市再開發事業의 施行認可를 받은 시행자의 지위는 公法上의 권리의무를 내용으로 하는

9) 食品衛生法施行規則 §33와 公衆衛生法施行規則 §12에 의하면, 영업양도의 경우 양수인이 양도계약서 사본 및 양도인의 인감증명서를 첨부하여 營業者地位承繼申告를 하도록 규정하고 있다.

10) 예컨대 食品衛生法 §22 Ⅳ; 同 施行規則 §23 Ⅲ 참조. 행정관청의 실무관행상으로는 營業者地位承繼申告는 영업 전체를 양도·양수한 경우에 하도록 하고 있고, 營業者의 變更申告는 종전의 허가명의자가 영업은 그대로 하면서 허가명의만을 타인 앞으로 변경하는 경우(이른바 名義信託에 유사한 관계)에 하도록 하고 있는 것으로 보이나, 後者의 경우에는 脫法的인 許可名義의 信託을 명시적으로 인정해 주는 셈이다.

것이어서 私法上의 계약에 의한 양도의 대상이 될 수 없으므로 私法上의 권리양도계약에 따른 시행자 명의변경처분은 법률상의 근거 없이 이루어진 무효의 처분이고,[11] 公有水面埋立免許의 양도에 있어서 면허관청의 허가는 효력요건이므로 그와 같은 강행규정에 위반하여 허가 없이 한 양도계약은 무효[12]라고 하고 있다. 그러나 酒類製造免許의 경우에 있어서는 그 양도가 酒稅法의 취지상 금지되고 있더라도 그 양도계약이 무효가 아니며 또한 그 계약을 履行不能이라고 할 수도 없다고 판시하고 있다 :

> "주세법 제16조 제1항 제5호에 따르면 주류제조업자가 제조의 면허를 사실상 타인에게 양도 또는 대여하거나 타인과 동업 경영을 하고 있는 사실이 발견되었을 때에는 그 주류제조의 면허를 취소하여야 한다고 규정하고 있으나 그 양도, 대여나 동업계약의 효력에 관하여는 아무런 규정을 두고 있지 아니하므로 주류제조의 면허를 받은 자가 그 면허를 사실상 타인에게 양도하였다 할지라도 이로 인하여 그 면허가 취소되는 것은 별론으로 할지라도 그 양도계약 자체가 당연히 무효로 된다고는 볼 수 없다 할 것이며… 변태적이기는 하나 세무관서에 대하여 양도인은 그 면허를 포기하고 동시에 양수인이 신규면허 신청을 하는 방법에 의하여 주류면허를 사실상 양도하는 사례가 허다함을 짐작할 수 있고 또 원고의 주류제조면허가 취소되었다고도 볼 자료가 없는 바이므로 이런 점으로 미루어 보아도 위 양도계약이 반드시는 이행불능이 아님을 알 수 있다."[13]

判例는 또한 酒稅法 §16 Ⅰ ⅴ에서 말하는 免許取消事由로서의 「제조면허를 사실상 타인에게 양도하였을 때」라 함은 양도인이 제조면허를 여전히 보유하면서 제조는 실제로 양수인이 하는 경우를 말하고 제조면허까지 양수인에게 양도하여 양수인이 면허를 받기로 하는 내용의 계약까지 위 조항이 금지하는 것은 아니며 위와 같은 酒類製造免許 양도계약은 私的 自治의 原則에 따라 유효하다고 하고 있다.[14]

---

11) 大判 82. 3. 9, 81누318(公 1982, 439).
12) 大判 84. 12. 11, 81다630(公 1985, 200).
13) 大判 76. 6. 22, 75다1600(公 1976, 9258).
14) 大判 92. 7. 14, 91다45950(公 1992, 2388). 이에 대한 評釋은 尹眞秀, "酒類製造免許讓渡契約의 履行請求와 訴의 利益", 民事裁判의 諸問題 Ⅶ, 654 참조.

Ⅳ. 許可權의 名義變更

1. 名義變更의 態様

허가권 등이 양도된 경우에 대한 행정적 처리는 각 법령에 따라 취급을 달리하고 있다. 公有水面埋立免許(公有水面埋立法施行令 §29 Ⅰ), 建設業免許(建設業法 §§13 Ⅰ, 14 Ⅰ), 自動車運送事業免許(自動車運輸事業法 §28 Ⅰ), 有線放送事業許可(有線放送管理法 §12 Ⅲ) 등의 경우와 같이 양도인·양수인의 連名으로 관청의 許可·認可를 받도록 하는 경우도 있고, 藥局의 醫藥品販賣許可(藥事法 §53 Ⅰ·Ⅲ)의 경우와 같이 양도인이 단독으로 名義變更申告를 하도록 하는 경우도 있으며,[15] 또는 앞에서 본 食品衛生法 §25, 公衆衛生法 §8, 또는 石油事業法 §§12 Ⅳ, 9 Ⅰ의 경우와 같이 양수인이 地位承繼의 申告를 하도록 한 경우도 있다.[16]

2. 名義變更의 意義 및 效力

위와 같이 허가권이 양도된 경우 허가관청과의 관계에 있어서도 허가권자의 적법한 변경(또는 지위승계)이 있은 것으로 처리되는 절차를 모두 名義變更이라는 용어로 통칭한다고 할 때, 그러한 명의변경은 어떠한 의의를 가지고 있는가? 전통적 법률이론은 이를 許可를 받은 地位의 移轉 내지는 承繼라는 차원이 아니라, 舊名義者에 대한 許可의 取消와 新名義者에 대한 새로운 許可로 파악하려고 한다. 예컨대 앞에서 본 大判 56.5.3[17]도 "영업허가증의 명의가 타인명의로 변경되었다 함은 행정법상 구명의자에 대한 영업허가가 취소되고 신명의자에게 영업허가가 있음을 의미하는 것"이라고 판시하여 이와 같은 태도를 보이고 있다. 또한 대법원은 두부류 제조허가를 양수한 자가 명의변경신고를 하여 그 허가를 받은 경우에 관하여 "원고가 사실상 甲으로부터 위 영업을 양수하여 이를 토대로 위 영업허가를 받았다 하여도 법률상으로는 원고의 허가는 甲의 허가와는 별개의 것"[18]이라고 하면서, 종전의 허가에 붙어 있던 附款의 효력이 後者에게 미치지 않는다고 판시하기도 하였는데, 이는 종전의 食品衛

15) 영업양도에 따른 양수인의 地位承繼申告制度가 생기기 이전에는 이와 같은 방법에 의한 名義變更이 대부분이었다.

16) 그 외에도 酒稅法 §6 Ⅳ은 기존의 酒類製造免許를 받은 자가 공동으로 酒類를 제조하기 위하여 종전면허의 취소를 받고 새로이 공동으로 면허를 받는 형태를 인정하고 있다.

17) (註 3).

18) 大判 82.6.22, 80누460(公 1982, 696).

生法上의 제조업허가에 관한 명의변경신고에 따라 新名義者에게 새로운 허가증을 교부하는 행위를 양수인에 대하여 새로운 영업허가를 하는 것으로 파악하는 점에서 위 판결과 그 軌를 같이하는 것으로 볼 수 있다.[19)]

그러나 判例는 당사자간의 영업양도에 따른 지위승계를 인정하고 있는 石油販賣業(注油所)許可에 관하여

> "석유판매업허가는 소위 대물적 허가의 성질을 갖는 것이어서 그 사업의 양도도 가능하고 이 경우 양수인은 양도인의 지위를 승계하게 됨에 따라 양도인의 위 허가에 따른 권리의무가 양수인에게 이전되는 것이므로 만약 양도인에게 그 허가를 취소할 위법사유가 있다면 허가관청은 이를 이유로 양수인에게 응분의 제재조치를 취할 수 있다 할 것이고, 양수인이 그 양수 후 허가관청으로부터 석유판매업허가를 다시 받았다 하더라도 이는 석유판매업의 양수도를 전제로 한 것이어서 이로써 양도인의 지위승계가 부정되는 것은 아니라 할 것"[20)]

이라고 하면서, 영업양수 후에 새로운 허가를 다시 받은 경우에도 前者의 권리의무가 승계된다고 하고 있다.

생각건대 식품업소나 기타 공중접객업소 또는 주유소 등의 영업허가에 관한 한 앞에서 본 법규정들에 의하여 허가를 받은 지위가 승계됨이 명문으로 인정되어 위와 같은 논의의 종지부를 찍게 되었지만, 그 이외에도 허가권의 양도성이 있다고 인정되는 경우에 있어서는, 위와 마찬가지로 허가를 받은 지위가 승계되는 것이라고 이해하는 것이 더 실질에 부합하는 해석일 것이다. 물론 관청과의 관계에 있어서 양수인은 명의변경이라는 절차를 통하여 비로소 허가권자로서의 취급을 받게 되는 것이기는 하지만 그것은 公法的 특수성에 기인한 것이고, 그 때문에 명의변경이 반드시 종전의 허가와는 전혀 별개의 신규의 허가절차가 되어야 하는 것은 아니라 할 것이기 때문이다. 그렇기 때문에 특히 對物的 許可를 양도한 경우에 있어서 양도인에 관한 歸責事由는 특별한 사정이 없는 한 양수인에게도 그 효력이 미친다고 보아야 할 것이다. 따라서 개인택시운송사업면허나 자동차운수사업시한부면허(소위 한시택시면허)가 양도된 경

19) 그러나 대법원은 「건축허가는 대물적 허가의 성질을 가지는 것으로서 그 허가의 효과는 허가대상 건축물에 대한 권리변동에 수반하여 이전되고, 별도의 승인처분에 의하여 이전되는 것이 아니라 할 것이며, 건축주 명의변경은 당초의 허가대장상 건축주 명의를 바꾸어 등재하는 것에 불과하므로 이는 구건축주에 대한 허가를 취소하고 새로운 건축허가를 하는 것과 같은 법률효과를 발생하는 행정처분이라 할 수 없다」는 이유로 건축주 명의변경행위가 행정소송의 대상이 될 수 없다고 판시하고 있다. 大判 79.10.30, 79누190(公 1980, 12353).

20) 大判 86.7.22, 86누203(公 1986, 1133).

우, 양도인에 관한 사정을 이유로 양수인에 대하여 그 면허를 취소할 수 있다.[21] 그러나 判例는 식육판매업(정육점)허가는 對物的 許可라고 쉽게 단정하기 어렵다고 하면서 양도인에 대한 사유를 들어 선의의 양수인에 대하여 그 허가를 취소할 수 없다고 하고 있다.[22]

3. 名義變更請求와 訴의 利益

그런데 위와 같은 명의변경절차에 양도인의 협력이 필요한 경우에 양도인이 그 절차에 협력을 하지 않는 때에는 양수인은 어떠한 방법으로 그 허가권 등을 이전받을 수 있을 것인가?[23] 상식적으로는 법률행위에 의한 부동산물권 변동의 경우와 같이, 양수인이 양도인을 상대로 名義變更請求의 訴를 제기하여 그 意思表示를 명하는 확정판결로써 명의변경을 경료하도록 하는 방안이 第1感으로 떠오를 수 있겠으나, 判例는 쉽사리 이와 같은 결론을 취하지 아니한 채 앞에서 본 바와 같이 비교적 최근에까지 허가권의 양도성을 부인하면서 허가권에 관한 명의변경청구는 그 訴의 利益이 없다고 하고 있었다:

> "영업허가의 이전성이 있다고 하더라도 영업의 시설이나 영업의 자유를 회복시켜 주는 것에 불과한 허가권 자체가 이전된다고는 할 수 없으며, 양수인으로서는 공중목욕장업법 제4조 제1항에 따른 영업허가를 새로이 받아야 하는 것으로서 그 절차에 양도인의 동의를 필요로 하는 것은 아니라고 할 것이다. 다만 그 경우 같은 법조 제2항에 따른 양도인의 폐업신고가 전제되어야 함은 별론이다. 그럼에도 불구하고 영업허가의 이전성만을 이유로…… 이 사건 공중목욕탕 영업허가권에 관하여 원고 명의로서 명의변경 등록절차의 이행을 명하였음은 이유불비가 아니면 공중목욕장업법에 대한 법리를 오해함으로써 판결결과에 영향을 미친 위법이 있다."[24]

그러나 위 판결에는 여러 가지 문제점이 있다. 이미 앞에서 본 바와 같이 위 판결 이후 새로 제정된 公衆衛生法에 의하여 목욕장업 영업허가의 移轉性

21) 大判 86. 1. 21, 85누685(公 1986, 393) 등 多數.

22) 大判 77. 6. 7, 76누303(公 1977, 10176). 다만 정육점허가를 對物的 許可로 쉽게 단정할 수 없다는 위 판결의 判示는 傍論(*obiter dictum*)에 불과하고, 위 判示에서의 중점은 양수인이 善意, 즉 양도인이 양도계약 이전에 밀도살을 하였다는 사실을 양수인이 알 수 없었다는 사정에 비추어 허가를 취소한 조치는 너무 지나치다고 하는 점에 있는 것으로 보여지므로, 위 판결을 判例의 主流로 볼 것은 아니다.

23) 이러한 문제는 비단 명의변경절차에 양도인의 협력이 필요한 경우뿐만 아니라, 예컨대 食品衛生法上의 음식점 영업허가와 같이 양수인이 양도계약서와 양도인의 인감증명서 등 증명서류를 첨부하여 단독으로 지위승계신고를 하도록 되어 있는 경우에도 양도인의 협력거부로 법령이 요구하는 서류를 구할 수 없게 되면 발생할 수 있다.

24) 大判 81. 1. 13(註 6).

이 명문으로 인정됨으로써 위 판결은 그 존립기반을 통째로 잃어버렸다고 하여야 할 것일 뿐만 아니라, 그렇지 않다 하더라도 위 판결은 파기될 수밖에 없는 것이었다. 도대체 위 판결에 의하면 명의변경절차에 협력하지 않는 양도인이 있는 상태에서 양수인은 어떻게 하라는 것인가를 도무지 알 수 없게 되어 있다.[25] 판례의 위와 같은 태도의 배경에는 許可權은 권리가 아니라 反射的 利益에 불과하고, 許可臺帳은 무슨 권리관계의 효력에 영향을 미치는 문서가 아니라는 종래의 전통적인 법률이론이 깔려 있는 것으로 보인다.[26]

그러나 근래의 判例는 법률상 권리관계를 공시하는 등기부나 등록부 등은 아니지만 契約上의 地位 내지 權利者를 사실상 나타내는 기능을 하는 명부 등이 존재하는 경우 그 名簿上의 名義變更을 구하는 訴를 광범위하게 인정하고 있다. 예컨대 서울시가 임대인인 시영아파트의 임차인명부상의 명의변경,[27] 골프장클럽에 비치된 회원명부상의 명의변경,[28] 농업진흥공사에 비치된 매수인명부상의 명의변경,[29] 한국토지개발공사에 비치된 토지피공급자명부상의 명의변경[30] 등이다. 그러므로 이러한 判例의 취지에 비추어 본다면 허가관청으로부터 허가를 받은 허가권자로서의 법률상의 지위를 나타내고 있는 허가대장상의 명의변경을 인정하지 못할 이유가 없다. 따라서 判例도 醫藥品製造業許可上의 名義變更請求,[31] 建築許可上의 建築主名義變更請求,[32] 學園設立認可上의 設立者名義變更請求[33] 등을 인정하고 있다. 다만 이와 같은 判例의 입장은 아직 확고하지 못하여 酒類製造免許에 관하여는 酒稅法上 양도인으로부터 양

25) 다만 위 판결이유의 말미에 「양도인의 폐업신고가 전제되어야 함은 별론」이라고 하는 부분은 마치 원고가 양도인을 상대로 명의변경절차의 이행을 구할 것이 아니라 폐업신고절차 이행청구의 소를 제기하여 그 확정판결을 받은 다음 새로운 영업허가신청을 하라는 취지로 보이기도 한다.

26) 家屋臺帳, 林野臺帳, 地籍圖 등과 같이 권리변동의 공시방법이 아닌 장부에 관한 名義變更 또는 誤謬訂正을 구하는 訴의 利益을 부정하는 것이 判例의 확고한 입장이다 : 家屋臺帳에 관하여는 大判 56.3.22, 4288民上541(要集 民 Ⅰ-1, 343); 林野臺帳에 관하여는 大判 79.2.27, 78다913(公 1979, 11848); 地籍圖에 관하여는 大判 65.12.28, 65다2172(要集 民 Ⅲ-1, 423).

27) 大判 86.2.25, 85다카1812(集 34-1, 69). 이 판결의 평석에 관하여는 權五坤, "건물임차권 명의변경청구와 소의 이익", 民判硏 Ⅸ, 225 참조.

28) 大判 86.6.24, 85다카2469(集 34-2, 31).

29) 大判 90.3.13, 88다카100, 101(集 38-1, 137).

30) 大判 91.10.8, 91다20913(公 1991, 2686).

31) 大判 87.2.24, 86누376(公 1987, 551).

32) 大判 89.5.9, 88다카6754(公 1989, 896). 이 判例의 評釋으로는 陳成奎, "意思의 陳述을 구하는 請求와 訴의 利益", 民判硏 Ⅻ, 306; 金在久, "建築許可名義變更請求", 大法院判例解說 11, 301 참조.

33) 大判 92.4.14, 91다39986(集 40-1, 308).

수인 앞으로 직접 명의변경하는 방법이 인정되고 있지 아니하므로 그와 같은 명의변경청구는 부적법하고, 단지 이른바 補充免許, 즉 양도인이 면허취소신청을 하고 그와 함께 양수인이 면허신청을 하여 면허를 얻는 데 필요한 협력을 訴로써 구하는 것은 허용된다고 한다.[34] 그리고 判例 중에는 山林法上의 土石採取許可에 관하여

> "토석채취허가는 일반적·상대적 금지를 특정한 경우에 한하여 해제하여 줌으로써 채취행위를 할 수 있는 자유를 회복시켜 주는 행정처분으로서 그 허가를 받은 자에게 어떤 새로운 권리나 능력을 부여하는 것이 아니고, 산림법시행규칙을 보면 허가받은 자의 지위를 승계한다는 표현이 있기는 하나 지위를 승계하여 허가를 받고자 하는 자에게도 새로운 토석채취허가를 하도록 되어 있고 수허가자 등 당사자의 의사표시에 의하여 그 허가명의를 변경할 수 있는 제도를 인정한 것도 아니며 이미 허가를 받은 자가 그 수허가자의 명의를 변경해 줄 수 있는 권리 내지 지위를 갖고 있다 할 수도 없으므로 수허가자로부터 그 수허가자의 지위를 양수한 자는 허가관청에 대하여 직접 그 양수사실을 증명하여 새로운 허가를 받을 수 있음은 별론으로 하고 수허가자에게 허가관청에 대하여 그 지위승계에 관한 의사표시를 할 것을 구할 수는 없다."

고 하여 종래의 전통적인 입장을 재확인한 사안도 있다.[35]

위와 같이 허가권자의 명의변경이 인정되는 경우에 있어서, 그 "名義變更請求"라는 의미는 단순히 臺帳이나 帳簿 기타의 서류상의 기재를 물리적으로 변경하는 사실적 행위를 訴求하는 취지라기보다는 許可權者로서의 地位의 讓渡·移轉에 따른 결과로서 허가권자로서의 법률상 지위의 변동을 인정하여 줄 것을 요구하는 申請 내지 申告를 관청에 하여 달라는 취지의 觀念的 意味를 가진 청구, 즉 양도인 대신 양수인을 허가권자로 취급하여 달라고 신청하는 意思의 陳述을 구하는 청구로 파악하여야 할 것이다.[36] 이와 같이 파악하는 한,[37] 判例가 명의변경청구가 허용되지 않는다고 한 酒類製造免許라든가 土石採取許可의 경우에도 그 명의변경청구를 양도인의 면허취소신청 내지 양수인의 신규(보충)허가 절차에 협력하여 달라는 의미의 청구로서 받아들일 수도 있는 것이 아닌가 생각된다. 요컨대 讓渡性이 있다고 인정되는 許可權에 관한

34) 大判 92.7.14(註 14).
35) 大判 90.12.26, 88다카8934(公 1991, 598).
36) 陳成奎(註 32), 319; 權五坤(註 27), 232-36.
37) 이는 임차권명의변경청구를 임차권양도에 관하여 임대인의 동의를 받아달라는 취지로 보는 判例의 입장과 그 軌를 같이하는 것이다. 大判 86.2.25(註 27); 權五坤(註 27), 232-36 참조.

것인 한, 그에 관한 명의변경청구는 위와 같은 의미에서 허용되어야 할 것이다.[38]

양도인을 상대로 한 위와 같은 명의변경청구의 승소판결을 받은 양수인은 이를 근거로 단독으로 영업승계신고 등의 명의변경절차를 밟을 수 있다(民訴 §695 I 참조). 判例도 약사법상의 의약품제조업허가권을 양도하였음에도 불구하고 양도인이 명의변경신고절차를 이행하지 않으므로 양수인이 양도인을 상대로 명의변경절차 이행청구의 소를 제기하여 그 승소확정판결을 받은 후 허가관청에 위 판결을 첨부하여 명의변경신고를 하였으나 허가관청이 그 신고가 허가권자가 아닌 자에 의한 신고로서 법령이 요구하는 서류를 갖추지 못하였다는 이유로 이를 반려하자 양수인의 그 반려처분의 취소를 구한 사안에서, "양도인·양수인 간의 확정판결은 허가권 명의변경의 대위신청의 원인도 되고 또 양수를 증명하는 서류도 되는 것이어서 양수인이 명의변경의 대위신청을 할 수 있는 것이므로 행정청이 그러한 대위신청을 허가권자가 아닌 자가 신청하였다는 이유로 반려한 것은 위법하다"고 판시한 바 있다.[39]

한편 허가관청이 양도인·양수인 간의 명의변경에 관한 민사판결에 구속되어 그에 따른 명의변경을 반드시 해 주어야 하는 것은 물론 아니다. 그리고 명의변경이 허가관청의 재량에 달려 있기 때문에 사실상 명의변경의 실현이 불가능하다고 하는 경우에도 그 자체로써 명의변경청구가 履行不能으로 되거나 訴의 利益이 없는 것으로는 되지 아니한다.[40] 그러나 허가 여부와 마찬가지로 그 허가에 관한 명의변경 여부도 羈束裁量行爲이므로 이를 거부함에는 상당한 公益上 理由가 있어야 한다.[41] 그러므로 허가관청이 위와 같은 공익상의 이유 없이 명의변경신청을 거부하였다면 취소청구소송으로 다툴 수 있다.[42]

38) 權五坤(註 8), 546-48 참조.
39) 大判 87. 2. 24(註 31).
40) 陳成奎(註 32), 317; 權五坤(註 27), 236-37. 이는 「순차적으로 경료된 소유권이전등기의 각 말소등기절차이행을 소구하는 경우에 후순위등기의 말소청구가 인용되지 아니하여 전순위등기의 말소가 불가능하다 하더라도 그 말소등기절차를 이행할 의무가 있는 때에는 전순위 등기의 말소를 명하여야 할 것」이라고 하는 大判 83. 3. 8, 80다3198(公 1983, 646)과 그 취지를 같이하는 것이다.
41) 大判 85. 5. 28, 84누721(公 1985, 944).
42) 大判 87. 2. 24(註 31).

V. 餘 論

1. 許可權의 二重讓渡

허가권을 이중양도하게 되면 양도인은 背任罪의 책임을 지게 된다. 判例는 심지어는 앞에서 본 바와 같이 그 면허의 양도가 면허취소사유로 규정되어 있는 酒類製造免許[43]를 이중으로 양도한 사안에 관하여도, 양도인은 양수인이 면허신청을 하여 면허를 얻도록 하기 위하여 자기 면허의 취소신청과 동시에 면허청의 사무취급관례에 좇아 양수인이 새로운 면허를 얻는 데 있어 양도인으로서 할 수 있는 필요한 모든 협력을 하여야 할 의무가 있고, 그 의무의 이행은 단순한 對向的 의무이행과는 그 성질을 달리하고 있는 것이어서 양도인 자신의 사무인 동시에 양수인이 면허신청을 하여 면허를 얻는 사무의 일부를 이루고 있는 양수인의 사무도 되므로, 양도인은 背任罪의 구성요소인 타인의 사무를 처리하는 자에 해당된다고 하면서, 背任罪의 성립을 인정하고 있다.[44]

그러나 허가권을 이중양도한 경우 누가 우선하는가에 관한 민사적·행정적 처리는 문제이다. 현실적으로는 먼저 명의변경신청을 하여 그 절차를 먼저 거친 양수인이 허가권을 승계하게 되고, 양도인의 다른 양수인에 대한 명의변경의무는 이행불능이 된다고 하여야 할 것이지만, 허가대장이 무슨 권리변동의 성립요건이나 효력발생요건으로 되어 있지 않은 현행 법체제상으로는 매끄러운 결론이 되지 못한다. 또한 단순한 명의변경의 문제뿐만 아니라 예컨대 원인무효의 부동산등기가 된 경우 등과 같이 不實한 명의변경이 이루어진 경우, 또는 허가권 명의를 타인 앞으로 해 놓은 경우 등에 있어서 당사자간에 분쟁이 생기면 이를 민사적으로 해결함에는 상당한 난점이 있다. 그러므로 결국에는 허가권의 權利性을 인정하고, 이를 공시하는 許可臺帳 등에 법률상의 효력을 부여하는 방법에 의하여 이를 해결하여야 할 것이다.

---

43) 註 13) 및 註 14)의 각 본문 참조.

44) 大判(全) 79. 11. 27, 76도3962(集 27-3, 刑 27); 大判 84. 5. 9, 83도3084(集 32-3, 584). 그 외에 다방영업허가권도 재산적 가치가 있는 것으로서 그 명의변경에 관한 사무가 타인의 사무라는 점에 관하여는 大判 81. 8. 20, 80도1176(集 29-2, 刑 102) 참조. 그리고 카바레 영업허가에 관한 같은 점에 관하여는 大判 81. 7. 28, 81도966(集 29-2, 刑 89) 참조. 다만 위 大判(全) 79. 11. 27의 少數意見은 酒類製造免許의 양도계약이 체결된 경우 양도인이 계약을 불이행하더라도 양수인이 그 이행을 訴求할 수 없다는 이유로 背任罪가 성립하지 않는다고 하고 있다.

2. 許可權에 대한 強制執行

허가권의 재산적 가치가 큼에도 불구하고, 執行法上 이에 대한 강제집행의 문제가 전혀 배려되고 있지 않으므로, 이에 대한 정비가 필요하다. 앞에서 본 바와 같이[45] 食品衛生法이나 公衆衛生法 등은 民事訴訟法에 의한 競賣, 破産法에 의한 換價나 國稅徵收法·關稅法 또는 地方稅法에 의한 押留財産의 賣却 기타 이에 준하는 절차에 따라 영업시설의 전부를 인수한 자는 그 영업자의 지위를 승계한다 하고 하면서 그 경우 종전의 영업자에 대한 영업허가 또는 그가 한 신고는 그 효력을 잃는다고 규정하고 이에 따른 公衆衛生法施行令 §7-2는 위 조항에서 말하는 主要施設·設備라 함은 당해 영업에 필요한 객실, 욕조, 급수·배수시설, 유기시설 장비 등을 말한다고 규정하고 있으나, 그와 같은 단순한 몇개의 條文만으로는 權利로서의 許可權에 대한 強制執行의 길이 열렸다고 보기에는 부족하기 때문이다.[46]

[權 五 坤]

---

45) 註 9)의 본문 전후 참조.
46) 權五坤(註 8), 551-52 참조.

事項索引

民法注解〔XVI〕— 債權(9)

1997年　7月　10日　初版一刷發行
2009年　8月　10日　初版十二刷發行

編輯代表　郭　潤　直
發 行 人　安　鍾　萬
發 行 處　(株) 博　英　社
　　　　　110-102　서울特別市 鍾路區 平洞 13-31
　　　　　電話 (733) 6771-3 (734) 3790 · 4790
　　　　　FAX (02) 736-4818
　　　　　登錄 1959. 3. 11. 제 300-1959-1 호(倫)
組 版 所　홍익 m&b

定　價　40,000 원　　　ISBN 978-89-7189-098-1
　　　　　　　　　　　　　　978-89-7189-089-9(세트)

http://www.pakyoungsa.co.kr